Allgemeines Gleichbehandlungsgesetz
Basiskommentar zum AGG
unter Berücksichtigung des EntgTranspG

Christiane Nollert-Borasio
Elisabeth Dickerhof-Borello
Johanna Wenckebach

# Allgemeines Gleichbehandlungsgesetz

## Basiskommentar zum AGG unter Berücksichtigung des EntgTranspG

6., überarbeitete und aktualisierte Auflage

BUND
VERLAG

**Bibliografische Information der Deutschen Nationalbibliothek**
Die Deutsche Nationalbibliothek verzeichnet diese Publikation in der Deutschen Nationalbibliografie; detaillierte bibliografische Daten sind im Internet über *http://dnb.d-nb.de* abrufbar.

**6., überarbeitete und aktualisierte Auflage 2025**
© Bund-Verlag GmbH, Emil-von-Behring-Straße 14,
60439 Frankfurt am Main, 2012
Umschlag: Ute Weber, Geretsried
Satz: Dörlemann Satz, Lemförde
Druck: CPI books GmbH, Birkstr. 10, 25917 Leck

ISBN 978-3-7663-7307-6



**kontakt@bund-verlag.de**
**www.bund-verlag.de**

# Vorwort zur 6. Auflage

Liebe Leser:innen,

in den fünf Jahren seit der letzten Auflage hat sich gezeigt, dass sowohl gesellschaftlich als auch in der Rechtsprechung auf europäischer und nationaler Ebene gleichermaßen der Schutz vor Diskriminierungen im Arbeitsrecht weiterhin eine wichtige Rolle spielt. Neueste empirische Untersuchungen belegen: Diskriminierung bleibt ein virulentes Thema in der Gesellschaft. Erst letztes Jahr hat die zuständige Bundesministerin daran erinnert, dass in Deutschland jede dritte Person in den letzten 24 Monaten wegen eines oder mehrerer Merkmale bereits Diskriminierung erlebt hat und viele Menschen sogar mehrfach von Diskriminierung betroffen waren. Vor diesem Hintergrund ist es eine gute Nachricht, dass 2022 durch Gesetz die Antidiskriminierungsstelle des Bundes (ADS) als zentrale Anlaufstelle für von Benachteiligung betroffene Menschen dadurch aufgewertet wurde, dass diese nun durch eine:n Unabhängigen Bundesbeauftragte:n für Antidiskriminierung geleitet wird, der oder die auf Vorschlag der Bundesregierung vom Bundestag gewählt wird. Die Festsetzung der Amtszeit auf fünf Jahre unterstreicht die fachliche Unabhängigkeit. Auch die finanziellen Mittel der ADS wurden aufgestockt. Die ADS hat viel zu tun: Am 25. 6. 2024 kam die Meldung, dass die Beratungsanfragen im Vergleich zum Vorjahr um 22 % gestiegen sind und mit fast 11 000 ein Rekordhoch erreicht haben. Eine traurige Tatsache: In den letzten beiden Jahren haben die Anfragen wegen rassistischer Diskriminierung stark zugenommen und stehen seitdem mit zwei Fünftel aller Anfragen an erster Stelle. Bei der letzten Umfrage haben deutlich mehr als die Hälfte der Schwarzen Menschen angegeben, dass sie in den letzten fünf Jahren bei der Jobsuche benachteiligt wurden. Wer dies zum Anlass nehmen möchte, tätig zu werden, kann dafür die im Anhang befindliche Musterbetriebsvereinbarung nutzen und durch konkrete Regelungen den Diskriminierungsschutz verbessern, unter anderem auch – soweit noch nicht geschehen – durch die Einrichtung einer Beschwerdestelle.

Das Komitee der Vereinten Nationen zur Beendigung der Diskriminierung von Frauen (CEDAW) hat 2023 Deutschland zwar grundsätzlich Fortschritte in der Gleichstellungspolitik bescheinigt, aber auch deutlich gefordert, stärkere Anstrengungen zu unternehmen, um das sogenannte Gender Pay Gap zu verkleinern und die Beeinträchtigung der Beschäftigungsaussichten von muslimischen Frauen, die ein Kopftuch tragen, zu beseitigen. Ende 2023 hat sich der Ausschuss gegen Rassendiskriminierung (CERD) der Vereinten Nationen u. a. auch dieser Forderung angeschlossen. Beide Berichte zu Deutschland haben außerdem die Verpflichtung hervorgehoben, auch die intersektionelle Diskriminierung zu bekämpfen und sicherzustellen, dass Geschlecht, Alter, Behinderungen, sexuelle Orientierung und Geschlechtsidentität in allen Maßnahmen zur Bekämpfung mehrfacher und intersektionaler Formen der Diskriminierung, einschließlich rassistischer Diskriminierung, durchgängig berücksichtigt werden. Auch in diesem Kommentar wird immer wieder sichtbar, welche Rolle die internationalen und europäischen Verpflichtungen für die Auslegung und praktische Anwendung des AGG spielen.

In Umsetzung der neuen Gleichbehandlungsrichtlinie steht eine grundlegende Reform des Entgelttransparenzgesetzes bevor. Sobald die neuen Regelungen vorliegen, kann eine komplette Neukommentierung erfolgen. Die zahlreichen, hier dokumentierten Entscheidungen zur Entgeltgleichheit zur bisherigen Rechtslage bleiben aber weiterhin relevant. Die Rechtsprechung der letzten Jahre hat hier nach erfolgreichen Klagen einige wichtige Klarstellungen getroffen. Auf das Entgelttransparenzgesetz geht die Kommentierung in seinen Bezügen zum AGG ein. Außerdem müssen bis Juni 2026 zwei EU-Richtlinien zur Konkretisierung der Anforderungen an die Arbeitsweise der Antidiskriminierungs- oder Gleichbehandlungsstellen umgesetzt werden. Bei Drucklegung lag ein Referentenentwurf hierzu vor, der in die Kommentierung mit eingearbeitet wurde.

Unser Basiskommentar soll allen Praktiker:innen, Betriebsrät:innen und Personalsachbearbeitenden, aber auch den Betroffenen selbst auf der Grundlage der aktuellen Rechtsprechung einen schnellen und fundierten Überblick über das Antidiskriminierungsrecht ermöglichen. Zahlreiche Entscheidungen vor allem des EuGH und des BAG konkretisieren die Normen zur Gleichbehandlung. So hat das BAG u. a. die Geltendmachung von Diskriminierungen bei der Einstellung insbesondere für schwerbehinderte Menschen durch seine klarstellende Rechtsprechung zum Auskunftsanspruch und zur abgestuften Darlegungs- und Beweislast deutlich erleichtert und bei der Geltendmachung einer Entgeltdiskriminierung wegen des Geschlechts neue Maßstäbe gesetzt.

An dieser Stelle möchten wir die Mitbegründerin und langjährige Mitautorin dieses Kommentars, Martina Perreng, noch einmal in Erinnerung rufen, die im März 2023 viel zu früh verstorben ist. Wir behalten sie als Freundin und Kollegin in unserer Erinnerung.

Die Autorinnen

# Vorwort zur 1. Auflage

Mit Art. 3 GG, der über die zivilrechtlichen Generalklauseln und den arbeitsrechtlichen Gleichbehandlungsgrundsatz als allgemeiner Rechtsgrundsatz gilt, hat die Gleichbehandlung in Deutschland Tradition und ist seit 1949 fest in den rechtlichen und ethischen Grundsätzen unserer Gesellschaft verankert. Die Grundüberzeugung, dass alle Menschen in ihrer Würde, ihrem Wert und ihrem Rang gleich sind, findet ihren Ausdruck im international anerkannten Grundsatz der Gleichheit vor dem Gesetz als allgemeinem Menschenrecht. Gleichermaßen enthält auch der EG-Vertrag in Art. 113 EGV einen Auftrag an die Europäische Gemeinschaft, Regeln zu schaffen, die Diskriminierungen verhindern.
Trotz des gesamtgesellschaftlichen Konsenses existiert Diskriminierung in den verschiedenen Rechts- und Lebensbereichen. Die alltägliche Realität der Benachteiligung von Menschen wegen ihrer Rasse, ethnischen Herkunft, Religion oder Weltanschauung, Behinderung, Alter, sexuellen Identität oder ihres Geschlechts wird durch die ausführliche Begründung zum Gesetzentwurf zum Allgemeinen Gleichbehandlungsgesetz eindrücklich belegt. Deshalb ist die Umsetzung der EU-Richtlinien zum Schutz vor Diskriminierung nicht nur eine Verpflichtung gegenüber der europäischen Staatengemeinschaft, sondern sie ist auch innerstaatlich notwendig, damit über das politische Bekenntnis hinaus Regelungen geschaffen werden, die geeignet sind, die Lebensrealität der Betroffenen zu verbessern. Die Kodifizierung von Diskriminierungsverboten, effektive Sanktionen und die Verpflichtung zu präventiven Maßnahmen können dazu das Bewusstsein schärfen.
Dennoch tat sich Deutschland mit der Umsetzung von EG-Richtlinien zur Gleichbehandlung schwer und gehörte in Europa zu den Schlusslichtern. Der 1980 zur Umsetzung der Richtlinie 76/207/EWG geschaffene § 611a BGB blieb in seiner ersten und zweiten Fassung hinter den Vorgaben des EG-Rechts zurück und wurde erst 1998 entsprechend angepasst. Das AGG normiert den lang erwarteten Diskriminierungsschutz nunmehr nach mehreren Anläufen des Gesetzgebers und der Verurteilung Deutschlands durch den EuGH wegen der z. T. erheblich verspäteten Umsetzung der EG-Richtlinien. Noch kurz vor Verabschiedung des Gesetzes wurde insbesondere mit dem Versuch des Ausschlusses von Kündigungen aus dem Anwendungs-

bereich wiederum eine Änderung eingefügt, die den EG-rechtlichen Vorgaben klar widerspricht und deshalb nicht anwendbar ist. Dabei haben sich die vor allem von der Wirtschaft mit Vehemenz vorgetragenen Ängste vor nachteiligen Auswirkungen der Diskriminierungsschutzbestimmungen, die vermutlich Grund für die Verzögerungen und die letzten Änderungen waren, weder im europäischen Ausland noch in der Rechtspraxis des ersten Jahres in Deutschland bewahrheitet.

Mit der programmatischen Zielsetzung in § 1, diskriminierende Benachteiligungen möglichst zu verhindern, wird deutlich, dass es im AGG nicht nur darum geht, die Folgen einer Benachteiligung zu beseitigen bzw. auszugleichen. Sinn und Zweck ist vor allem die Prävention von Diskriminierung durch Veränderung der gesellschaftlichen Verhältnisse hin zu einem toleranten von gegenseitigem Respekt und Chancengleichheit geprägten Miteinander. Der Gesetzgeber weist selbst in seiner Begründung zum AGG darauf hin, dass allein durch gesetzgeberische Maßnahmen die soziale Lage der Betroffenen nicht verbessert werden kann. Vielmehr sind alle gesellschaftlichen Kräfte aufgerufen, möglicherweise unter Aufgabe eigener Privilegien, an einem gleichberechtigten Miteinander mitzuwirken, das sich an den Grundsätzen von Humanität und Menschenwürde orientiert, um so einem Klima von Zurücksetzung, Aggression und Gewalt bereits im Ansatz zu begegnen.

Im Arbeitsrecht trägt der Arbeitgeber nunmehr die EG-rechtlich geforderte Verantwortung für eine Diskriminierung der bei ihm Beschäftigten bezogen auf alle Diskriminierungsmerkmale und auf den gesamten Bereich der Beschäftigung. Die Anknüpfung an bestimmte Merkmale der Person macht deutlich, dass es darum geht, Benachteiligungen zu verhindern, die auf Vorurteilen beruhen. Im Vergleich zu den bisher nur auf Benachteiligungen wegen des Geschlechts oder Schwerbehinderung bezogenen Regelungen der §§ 611a und 81 Abs. 2 SGB IX liegt hierin eine wesentliche Verbesserung für die Betroffenen. Nach wie vor besteht indessen im Fall einer rechtswidrigen Benachteiligung bei Einstellung oder beruflichem Aufstieg – anders, als vor allem im anglo-amerikanischen Raum – kein Anspruch auf den Arbeitsplatz oder die Beförderungsstelle. Zusammengenommen mit den bisher von der Rechtsprechung in Fällen einer Benachteiligung wegen des Geschlechts nur in sehr geringem Umfang gewährten Entschädigungen wird die Praxis erweisen müssen, ob die deutsche Regelung den EG-Vorgaben für wirksame, verhältnismäßige und abschreckende Sanktionen entspricht.

Die rechtliche Gestaltung des Diskriminierungsverbotes als zusätzliches Regulativ für die besondere Unterlegenheit bestimmter Gruppen war längst überfällig. Sie ist notwendig für eine Gesellschaft, in der die verschiedensten Bevölkerungsgruppen und Weltanschauungen zusammentreffen, um Toleranz und Respekt an die Stelle von Vorurteilen zu setzen, diese Haltung aber

auch von allen betroffenen Individuen und Gruppen für das Zusammenleben zu fordern.
Deutschland geht mit dem AGG den Weg zum »Arbeitsrecht der Zukunft« Neben der Regelung von Leistung und Gegenleistung im Arbeitsverhältnis wird nun auch der Mensch in seiner Gesamtheit und die Notwendigkeit, seine Würde zu schützen, in den Blickpunkt rechtlicher Beurteilung gerückt.
Die Gefahr einer Verdrängung bestehen»er arbeitsrechtlicher Schutzvorschriften ist gering, denn auch in anderen Ländern, wie beispielsweise Großbritannien, sind neben der Weiterentwicklung des Diskriminierungsschutzes auch andere Regelungen zum Schutz von Arbeitnehmerinteressen nicht nur erhalten, sondern sogar verbessert worden. So steht es auch Deutschland gut an, mit der Entwicklung wirksamer Individualrechte im AGG die bestehenden Schutznormen zu ergänzen.
Mit dem vorliegenden Kommentar soll dieser neue Weg des Rechts begleitet werden.

Die Autorinnen

# Inhaltsverzeichnis

# Abkürzungsverzeichnis

| | |
|---|---|
| a. A. | andere Ansicht |
| a. F. | alte Fassung |
| ABl. | Amtsblatt |
| Abs. | Absatz |
| ADS | Antidiskriminierungsstelle |
| advd | Antidiskriminierungsverband Deutschland |
| AEUV | Vertrag über die Arbeitsweise der Europäischen Union |
| AG | Arbeitgeber |
| AiB | Arbeitsrecht im Betrieb (Zeitschrift) |
| Alt. | Alternative |
| AN | Arbeitnehmer |
| AP | Arbeitsrechtliche Praxis (Zeitschrift) |
| APS-Bearbeiter | Ascheid/Preis/Schmidt, Großkommentar zum Kündigungsrecht |
| Art. | Artikel |
| ArbG | Arbeitsgericht |
| ArbGG | Arbeitsgerichtsgesetz |
| ArbRB | Der Arbeits-Rechts-Berater (Zeitschrift) |
| ArbR Aktuell | Arbeitsrecht Aktuell (Zeitschrift) |
| ArbSchG | Arbeitsschutzgesetz |
| AuA | Arbeit und Arbeitsrecht (Zeitschrift) |
| AuR | Arbeit und Recht (Zeitschrift) |
| Az. | Aktenzeichen |
| BAG | Bundesarbeitsgericht |
| BAT | Bundes-Angestelltentarifvertrag |
| BB | Betriebs-Berater (Zeitschrift) |
| BBiG | Berufsbildungsgesetz |
| Beck-OK-Bearbeiter | Beck'scher Online-Kommentar, Hrsg: Rolfs/Giesen/Kreikebohm/Udsching |
| BeckRS | Beck-Rechtsprechung, ungekürzte Originalurteile der Gerichte in beck-online |
| BeschSchG | Beschäftigtenschutzgesetz |

| | |
|---|---|
| BetrVG | Betriebsverfassungsgesetz |
| BGB | Bürgerliches Gesetzbuch |
| BGBl. | Bundesgesetzblatt |
| BGG | Gesetz zur Gleichstellung behinderter Menschen (Behindertengleichstellungsgesetz) |
| BGH | Bundesgerichtshof |
| B/K/G AGG | Bauer/Krieger/Günther, Allgemeines Gleichbehandlungsgesetz: AGG, Kommentar |
| BGleiG | Gesetz zur Gleichstellung von Frauen und Männern in der Bundesverwaltung und in den Gerichten des Bundes (Bundesgleichstellungsgesetz) |
| BKV | Berufskrankheiten-Verordnung |
| BT-Drs. | Bundestagsdrucksache |
| BVerfG | Bundesverfassungsgericht |
| BVerfGE | Entscheidungssammlung des Bundesverfassungsgerichts |
| bzw. | beziehungsweise |
| CEDAW | Convention on the Elimination of All Forms of Discrimination against Women (Übereinkommen der Vereinten Nationen zur Beseitigung jeder Form von Diskriminierung der Frau – Frauenrechtskonvention) von 1979 |
| CEDAW | Committee on the Elimination of Discrimination against Women (Ausschuss für die Beseitigung der Diskriminierung der Frau der Vereinten Nationen) |
| CERD | Committee on the Elimination of Racial Discrimination (Ausschuss gegen Rassendiskriminierung) |
| DB | Der Betrieb (Zeitschrift) |
| djbZ | Zeitschrift des Deutschen Juristinnenbundes |
| EG | Europäische Gemeinschaft |
| EMRK | Europäische Menschenrechtskonvention |
| EntgTranspG | Entgelttransparenzgesetz |
| EGV | Vertrag zur Gründung der Europäischen Gemeinschaft (EG-Vertrag) |
| ERA-TV | Entgelt-Rahmentarifverträge |
| ErfK-Bearbeiter | Erfurter Kommentar zum Arbeitsrecht |
| EU | Europäische Union |
| EuGH | Europäischer Gerichtshof |
| EuGHMR | Europäischer Gerichtshof für Menschenrechte |
| EuZA | Europäische Zeitschrift für Arbeitsrecht |

| | |
|---|---|
| EzA | Entscheidungssammlung zum Arbeitsrecht (Zeitschrift) |
| EzA SD | EzA Schnelldienst (Zeitschrift) |
| f./ff. | folgende/fortfolgende |
| Fitting | Fitting/Engels/Schmidt/Trebinger/Linsenmaier, Betriebsverfassungsgesetz mit Wahlordnung |
| GdB | Grad der Behinderung |
| GewO | Gewerbeordnung |
| GG | Grundgesetz |
| gem. | gemäß |
| ggf. | gegebenenfalls |
| GRC | Charta der Grundrechte der Europäischen Union (2012/C 326/02) |
| HGB | Handelsgesetzbuch |
| HS | Halbsatz |
| IAO | Internationale Arbeitsorganisation |
| ICERD | International Convention on the Elimination of All Forms of Racial Discrimination (Internationales Übereinkommen zur Beseitigung jeder Form von rassistischer Diskriminierung) vom 21. 12. 1965 |
| i. d. R. | in der Regel |
| i. R. | im Rahmen |
| i. S. | im Sinne |
| i. S. d. | im Sinne des |
| i. S. v. | im Sinne von |
| i. V. m. | in Verbindung mit |
| JM | Juris Die Monatszeitschrift |
| KR-Bearbeiter | Bader/Fischermeier/Gallner u. a., Gemeinschaftskommentar zum Kündigungsschutzgesetz und zu sonstigen kündigungsschutzrechtlichen Vorschriften |
| KSchG | Kündigungsschutzgesetz |
| KI | Künstliche Intelligenz |
| LAG | Landesarbeitsgericht |
| LAGE | Entscheidungen der Landesarbeitsgerichte |
| m. w. N. | mit weiteren Nachweisen |
| MüKoBGB | Münchner-Kommentar zum BGB |

| | |
|---|---|
| NK-ArbR-Bearbeiter | Boecken/Düwell/Diller/Hanau, Gesamtes Arbeitsrecht |
| NJW | Neue juristische Wochenschrift (Zeitschrift) |
| Nr. | Nummer |
| NZA | Neue Zeitschrift für Arbeitsrecht (Zeitschrift) |
| PersR | Der Personalrat (Zeitschrift) |
| PflR | PflegeRecht (Zeitschrift) |
| Rn. | Randnummer |
| s. | siehe |
| S. | Seite |
| SAE | Sammlung arbeitsrechtlicher Entscheidungen |
| SBGG | Gesetz über die Selbstbestimmung in Bezug auf den Geschlechtseintrag |
| SGB | Sozialgesetzbuch |
| SGleiG | Gesetz zur Gleichstellung von Soldatinnen und Soldaten der Bundeswehr |
| SoldGG | Gesetz über die Gleichbehandlung der Soldatinnen und Soldaten |
| SPW | Zeitschrift für sozialistische Politik und Wirtschaft |
| SR | Soziales Recht |
| TSG | Transsexuellengesetz |
| TzBfG | Teilzeit- und Befristungsgesetz |
| TVG | Tarifvertragsgesetz |
| UklaG | Unterlassungsklagengesetz |
| UN-BRK | UN-Behindertenrechtskonvention |
| UWG | Gesetz gegen den unlauteren Wettbewerb |
| vgl. | vergleiche |
| WeimRVerf | Weimarer Reichsverfassung |
| w. N. | weitere(n) Nachweise(n) |
| ZESAR | Zeitschrift für europäisches Sozial- und Arbeitsrecht |
| Ziff. | Ziffer |
| zit. | zitiert |
| ZPO | Zivilprozessordnung |
| z. T. | zum Teil |

# Literaturverzeichnis

*Annuß*, Das Allgemeine Gleichbehandlungsgesetz im Arbeitsrecht, BB 06, 1629

*Annuß*, Das Verbot der Altersdiskriminierung als unmittelbar geltendes Recht, BB 06, 325

*Annuß/Thüsing*, Teilzeit- und Befristungsgesetz, 3. Aufl. 2012

*Antidiskriminierungsstelle*, Information zur sexuellen Belästigung

*https://www.antidiskriminierungsstelle.de/SharedDocs/Downloads/DE/publikationen/Flyer/Grenzen_setzen_Leichte_Sprache_Broschuere_2017.pdf?__blob=publicationFile&v=3*

*Appel u. a.*, Handbuch zur Gleichstellung der Geschlechter im Arbeitsrecht, Stuttgart 1998

*Ascheid/Preis/Schmidt*, Großkommentar zum Kündigungsrecht, 5. Aufl. 2017 (zit. APS-Bearbeiter)

*Bader/Fischermeier/Gallner u. a.*, Gemeinschaftskommentar zum Kündigungsschutzgesetz und zu sonstigen kündigungsschutzrechtlichen Vorschriften, 12. Aufl. 2019 (zit. KR-Bearbeiter)

*Baer/Bittner/Göttsche*, Mehrfach-, mehrdimensionale und intersektionale Diskriminierung im Rahmen des AGG, Berlin 2010

*Bauer*, Falsche Beantwortung der Frage nach einer Schwerbehinderung, ArbRAktuell 2011, 376

*Bauer/Krieger/Günther*, Allgemeines Gleichbehandlungsgesetz: AGG, Kommentar, 5. Auflage 2018, 4 (zit. B/K/G AGG)

*Bauer/Thüsing/Schunder*, Entwurf eines Gesetzes zur Umsetzung europäischer Antidiskriminierungsrichtlinien, NZA 05, 32

*Bauer/Thüsing/Schunder*, Das Allgemeine Gleichbehandlungsgesetz – Alter Wein in neuen Schläuchen?, NZA 06, 774

*Baumann/Klenner/Schmidt*, Entgeltgleichheit von Frauen und Männern. Wie wird das Entgelttransparenzgesetz in Betrieben umgesetzt? Eine Auswertung der WSI-Betriebsrätebefragung 2018, WSI-Report Nr. 45, Januar 2019

*https://www.boeckler.de/pdf/p_wsi_report_45_2019.pdf*

*Bayreuther*, Der neue Kündigungsschutz schwerbehinderter Arbeitnehmer nach § 95 II SGB IX, NZA 17, 87

*Bayreuther*, Kündigungsschutz im Spannungsfeld zwischen Gleichbehandlungsgesetz und europäischem Antidiskriminierungsrecht, DB 06, 1842

*Bayreuther*, »Quotenbeweis« im Diskriminierungsrecht?, NJW 09, 806

*Benecke*, Die neue Rechtsprechung des Bundesarbeitsgerichts zu »Scheinbewerbern« und die Vorgaben des Europäischen Gerichtshofs, EuZA 2018, 403

*Berghahn/Klapp/Tischbirek*, Evaluation des Allgemeinen Gleichbehandlungsgesetzes, 2016

*Bericht der unabhängigen Expert*innenkommission der Antidiskriminierungsstelle des Bundes*, Gleiche Rechte – gegen Diskriminierung aufgrund des Geschlechts, Dezember 2015

*Bettinghausen*, Die geschlechtsneutrale Stellenausschreibung unter Berücksichtigung des dritten Geschlechts, BB 18, 372

*Bettinghausen*, Rechtsprechungsübersicht zur Benachteiligung eines Bewerbers im Stellenbesetzungsverfahren, BB 2018, 2229

*Bezani,/Richter*, Das Allgemeine Gleichbehandlungsgesetz im Arbeitsrecht, Köln 2006 (zit. Bezani/Richter AGG im ArbR)

*Biere*, Beschwerdestelle nach dem AGG, AiB 10, 84

*Bissels*, Entschädigungsanspruch auch ohne Klage gegen diskriminierende Kündigung, jurisPR-ArbR 44/2010 Anm. 6

*Boecken/Düwell/Diller/Hanau*, Gesamtes Arbeitsrecht, 1. Aufl. 2016 (zit. NK-Arb-Bearbeiter)

*Boecken/Joussen*, Teilzeit- und Befristungsgesetz, 5. Aufl. 2018

*Brors*, Gibt es eine religiöse oder weltanschauliche Neutralität? AuR 18, 112

*Brors*, Evaluation AGG, 20. 6. 2022

*Chege*, Die mehrdimensionale Diskriminierung im EU-Arbeitsrecht: ein rechtlicher toter Winkel, NZA 2022, 307

*Cisch/Böhm*, Das Allgemeine Gleichbehandlungsgesetz und die betriebliche Altersversorgung in Deutschland, BB 07, 602

*Cormack/Bell*, Entwicklung des Antidiskriminierungsrechts in Europa, 2005

*Cornelius/Lipinski*, Diskriminierungsabrede im Aufhebungsvertrag, BB 07, 496

*Däubler/Bertzbach*, Allgemeines Gleichbehandlungsgesetz, 4. Aufl. 2018 (zit. Däubler/Bertzbach-Bearbeiter)

*Däubler/Hjort/Schubert/Wolmerath*, Arbeitsrecht, 4. Auflage 2017 (zit. Däubler/Hjort/Schubert/Wolmerath-Bearbeiter)

*Däubler/Kittner/Klebe*, Betriebsverfassungsgesetz mit Wahlordnung, Kommentar für die Praxis, 16. Aufl. 2018

*Däubler*, Mobbing und Arbeitsrecht, BB 95, 1347

*Deutscher Gewerkschaftsbund Bundesvorstand*, Stellungnahme des Deutschen Gewerkschaftsbundes zum Entwurf des Gesetzes zur Förderung der Transparenz von Entgeltstrukturen von Männern und Frauen, 2017

*Dern/Inowlocki/Oberlies*, Mehrdimensionale Diskriminierung – Eine empirische Untersuchung anhand von autobiografisch-narrativen Interviews, Studie erstellt im Auftrag der Antidiskriminierungsstelle des Bundes, 2010

*https://www.antidiskriminierungsstelle.de/SharedDocs/downloads/DE/publikationen/Expertisen/expertise_mehrdimensionale_diskriminierung_empirische_untersuchung.pdf?__blob=publicationFile&v=2*

*Deutscher Juristinnenbund e. V.*, 10 Irrtümer zur Entgeltgleichheit, 2014

*Deutscher Juristinnenbund e. V.*, Stellungnahme vom 27. 2. 2017 zur öffentlichen Anhörung des Familienausschusses am 6. 3. 2017; Ausschussdrucksache 18(13)107g des Deutschen Bundestages, 2017

*Dickerhof-Borello*, Zur Befristung von Arbeitsverhältnissen auf das Renteneintrittsalter, AuR 09, 251

*Düwell*, juris PR-ArbR 28/2006

*Düwell*, Die Neuregelung des Verbots der Benachteiligung wegen Behinderung im AGG, BB 06, 1741

*Deinert*, Anwendungsprobleme der arbeitsrechtlichen Schadenersatzvorschriften im neuen AGG, DB 07, 398

*Dzida/Groh*, Diskriminierung nach dem AGG beim Einsatz von Algorithmen im Bewerbungsverfahren, NJW 2018, 1917

*Ehrich*, Handlungsmöglichkeiten des Betriebsrates bei Einrichtung und Gestaltung der »zuständigen Stellen« i. S. von § 13 Abs. 1 AGG, DB 07, 1026

*Eisenhart-Rothe u. a.*, »Wenn plötzlich die Chemie nicht mehr stimmt, Mobbing der heimliche Kostenfaktor – Handlungsanleitung«, 2003

*Erfurter Kommentar zum Arbeitsrecht*, 19. Aufl. 2019 (zit. ErfK-Bearbeiter)

*Erman*, BGB Handkommentar, 15. Aufl. 2017 (zit. Erman-Bearbeiter)

*Esser/Wolmerath*, Musterbetriebsvereinbarung »Mobbing«, AiB 97, 23

*Feldman/Venkatasubramanian et al.*, Certifying and removing disparate impact

*https://arxiv.org/pdf/1412.3756v3.pdf*

*Fitting/Engels/Schmidt/Trebinger/Linsenmaier*, Betriebsverfassungsgesetz mit Wahlordnung, Handkommentar, 29. Aufl. 2018 (zit. Fitting)

*Franzen/Gallner/Oetker*, Kommentar zum europäischen Arbeitsrecht, 5. Auflage 2024 (zit. EuArbRK-Bearbeiter)

*Freckmann*, Betriebsbedingte Kündigungen und AGG – was ist noch möglich? BB 07, 1049

*Gach/Julis*, Beschwerdestelle und -verfahren nach § 13 Allgemeines Gleichbehandlungsgesetz, BB 07, 773

*Germelmann/Matthes/Müller-Glöge*, Arbeitsgerichtsgesetz Kommentar, 9. Aufl. 2017

*Göpfert/Siegrist*, Stalking – Nach Inkrafttreten des Allgemeinen Gleichbehandlungsgesetzes auch ein Problem für Arbeitgeber? NZA 07, 473

*Greiner*, Kirchliche Loyalitätsobliegenheiten nach dem »IR«-Urteil des EuGH, NZA 2018, 1289

*Greiner*, Neuausrichtung des Kirchenarbeitsrechts durch den EuGH? Die Rechtssache Egenberger, jM 2018, 233

*Grimm/Lang/Stephan*, Tarifverträge und die Lohnlücke zwischen Männern und Frauen: Empirische Evidenz aus Zerlegungsanalysen, Industrielle Beziehungen 3/2016

*Grün/Hecht*, Generation Praktikum? Prekäre Beschäftigungsformen von Hochschulabsolventinnen und -absolventen, Berlin 2007

*Grobys*, Die Beweislast im Anti-Diskriminierungsprozess, NZA 06, 898

*Großmann*, Schwerbehinderte im Konflikt zwischen Statusrecht und Offenbarungspflicht, NZA 89, 702

*Großmann*, Geltendmachung und Nachweis der Schwerbehinderteneigenschaft bei Kündigungen, NZA 92, 241

*Gsell/Krüger/Lorenz/Reymann*, beck-online.GROSSKOMMENTAR, Stand: 1. 6. 2024, (zit. BeckOGK-Bearbeiter)

*Hanau*, Das AGG zwischen Bagatellisierung und Dramatisierung, ZIP 06, 2189

*Hanau*, Die Beweislast bei Klagen wegen Benachteiligung bei Einstellung und Beförderung von Arbeitnehmern wegen des Geschlechts, FS für Gnade, Köln 1992, S. 351

*Henssler/Willemsen/Kalb*, Arbeitsrecht Kommentar, 8. Aufl. 2018 (zitiert: HWK-Bearbeiter)

*Herms/Meinel*, Vorboten einer neuen Ära: Das geplante Antidiskriminierungsgesetz, DB 2004, 2370

*Hueck/Nipperdey*, Lehrbuch des Arbeitsrechts, Bd. I, 17. Aufl. 1970

*Holler*, § 14 Abs. 1 S. 1 EntgTranspG – Ein durchsetzbarer Arbeitnehmeranspruch gegen den Betriebsrat? NZA 2017, 822

*Holwe/Kossens/Pielenz/Räder*, Teilzeit- und Befristungsgesetz, Basiskommentar, 5. Aufl. 2016

*Holzleithner*, in Rudolf: Geschlecht im Recht, Querelles, Jahrbuch für Frauen und Geschlechterforschung, Bd. 14/2009, 37

*Intemann*, Entschädigungen nach § 15 AGG, NZA 2018, 990

*Jacobs*, Grundprobleme des Entschädigungsanspruchs nach § 15 Abs. 2 AGG, RdA 09, 193

*Jochmann-Döll/Tondorf*, Betriebliche Entgeltpolitik für Frauen und Männer, Betriebs- und Dienstvereinbarungen – Analyse und Handlungsempfehlungen, Frankfurt/M. 2013

*Jochmann-Döll/Ranftl*, Impulse für die Entgeltgleichheit, Die ERA und ihre betriebliche Umsetzung auf dem gleichstellungspolitischen Prüfstand, etition sigma, Berlin 2010

*Joussen*, Schwerbehinderung, Fragerecht und positive Diskriminierung nach dem AGG, NZA 07, 174

*Jung*, Die EU-Entgelttransparenz-Richtlinie, RdA 2024, 89 ff.

*Kahlo/Stein*, Intersektionale Diskriminierungen und das AGG, NJW 2022, 2792

*Kamanabrou*, Die arbeitsrechtlichen Vorschriften des Allgemeinen Gleichbehandlungsgesetzes, RDA 06, 321

*Kleinebrink*, Das AGG und das gesetzliche Recht auf Einblick in die Bruttoentgeltlisten, FA 2007, 295

*Klus*, Intersektionelle Diskriminierung im Kontext des europäischen Antidiskriminierungsrechts, EuZA 2022, 73

*Kocher*, Gleichstellungspolitik und Individualansprüche – Bremsen individuelle Ansprüche proaktive Modelle zur Herstellung tatsächlicher Entgeltgerechtigkeit?, KJ 2007, 22

*Kocher*, Die Anpassung diskriminierender Tarifverträge an das Recht, djbZ 10, 128

*Kocher*, Tarifliche?Übergangsregelungen im Interesse des Diskriminierungsschutzes. Grenzen der europarechtlichen Zulässigkeit, ZESAR 11, 265

*Kocher*, Was kann die Tarifautonomie? Überlegungen aus rechtlicher Sicht, spw 2017, 51

*Kocher/Wenckebach*, § 12 AGG als Grundlage für Ansprüche auf angemessene Vorkehrungen, SR 2013, 17

*Köhlert*, Überblick über die arbeitsrechtliche Rechtsprechung des EuGH im Jahre 2017, NZA 18, 113

*Körlings*, Das dritte Geschlecht und die diskriminierungsfreie Einstellung, NZA 18, 282

*Kohte*, Gutachten zur Frage der Rechtmäßigkeit einer erneuten Änderung des § 14 Abs. 3 TzBfG im Entwurf eines Gesetzes zur Verbesserung der Beschäftigungschancen älterer Menschen v. 19.4.2007 (BGBl. I S. 538), AuR 07, 168

*Kollmer/Klindt*, Arbeitsschutzgesetz, 3. Aufl. 2016

*Krause/Rinne/Zimmermann*, Anonymisierte Bewerbungsverfahren, IZA Research Report No. 27

*http://legacy.iza.org/en/webcontent/publications/reports/report_pdfs/iza_report_27.pdf*

*Krieger/Deckers*, #metoo – Was tun beim Vorwurf sexueller Belästigung am Arbeitsplatz? NZA 2018, 1161

*Küttner*, Personalbuch 2018, 25. Aufl. (zit. Küttner-Bearbeiter)

*Kummer*, Umsetzungsanforderungen der neuen arbeitsrechtlichen Antidiskriminierungsrichtlinie (RL 2000/78/EG), Frankfurt a. M. 2003

*Lasserre*, »Rasse«-Begriff der Grundrechtecharta, NZA 2022, 302

*Lehmann*, Die Höhe des finanziellen Ausgleichs nach § 15 Abs. 1 und 2 AGG unter besonderer Berücksichtigung der Rechtsprechung des EuGH, Konstanzer Schriften zur Rechtswissenschaft Band 247, Konstanz 2010

*Lillemeier*, Entgeltgleichheit – Anforderungen einer geschlechtsneutralen Arbeitsbewertung und Entlohnung, AuR 18, 119

*Linde*, Sexuelle Belästigung ist unerwünscht, AuR 18, 123 (zu § 12)

*Lindner*, Die Ausweitung des Diskriminierungsschutzes durch den EuGH, NJW 08, 2750

*Löwisch*, Die Auswirkungen der Gleichstellungsrahmenrichtlinie der EG auf die altersspezifischen Regelungen des Kündigungsrechts, FS für Schwerdtner 2004, S. 769–774

*Löwisch/Fischer*, Kein Fragerecht bei Schwangerschaft trotz mutterschutzrechtlichem Beschäftigungsverbot, SAE 04, 126

*Maccari*, Muss das kirchliche Arbeitsrecht neu geschrieben werden? MDR 2018, R5

*Mareck*, Das Kopftuchverbot in Betrieben öffentlicher und privater Arbeitgeber, JM 18, 416

*Mätzig*, Erfolgsfaktor Anonymität? – Eine rechtliche Einordnung anonymisierter Personalauswahlverfahren, RdA 2017, 187

*Maunz/Dürig*, Grundgesetz – Kommentar, 1960 ff., Loseblattsammlung

*Meinel/Heyn/Herms*, Allgemeines Gleichbehandlungsgesetz, 2. Auflage 2010

*Meinel/Heyn/Herms*, Teilzeit- und Befristungsgesetz, Kommentar, 5. Aufl. 2015

*Meier*, Die zulässige steuerrechtliche Optimierung von Beendigungsvergleichen, NZA 2018, 1120

*Meyer*, Künstliche Intelligenz im Personalmanagement und Arbeitsrecht, NJW 2023, 1841

*Münchner-Kommentar*, zum BGB, AGG-Thüsing, 7. Aufl. 2015 (zit. MüKoBGB-Thüsing)

*Nebe*, Das mutterschutzrechtliche Kündigungsverbot – Gemeinschaftsrechtliche Anforderungen an einen effektiven Rechtsschutz, EuZA 10, 383

*Neumann/Pahlen/Majerski-Pahlen*, SGB IX, 12. Aufl. 2010

*Nicolai*, Anmerkung zu EuGH v. 13. 1. 04 – C-256/01 – [Allonby] SAE 04, 325

*Nollert-Borasio*, 2 Jahre AGG – praktische Auswirkungen und notwendige Änderungen, AuR 2008, 332

*Oetker*, Ausgewählte Probleme zum Beschwerderecht des Beschäftigten nach § 13 AGG, NZA 08, 264

*Oerder/Wenckebach*, Entgelttransparentgesetz Basiskommentar, 1. Auflage 2018
*Palandt*, Bürgerliches Gesetzbuch, 77. Aufl. 2018
*Perreng*, Sachgrundlose Befristung Älterer, AiB 07, 386
*Pfarr*, Entgeltgleichheit in kollektiven Entgeltsystemen, Festschrift 50 Jahre BAG, 2004, 779
*Philipp/Meier/Apostolovski/Starl/Schmidlechner*, Intersektionelle Benachteiligung und Diskriminierung, 2014
*Preis/Bender*, Recht und Zwang zur Lüge – Zwischen List, Tücke und Wohlwollen im Arbeitsleben, NZA 05, 1321
*Preis*, Arbeitsrecht, 4. Aufl. 2012
*Preis*, Verbot der Altersdiskriminierung als Gemeinschaftsgrundrecht, NZA 06, 401
*Pünnel*, Das Rechtsverhältnis der Behinderten zur »Werkstatt für Behinderte«, AuR 78, 44
*Pünnel/Vater*, Rechtsbeziehungen in der Werkstatt für Behinderte nach der Werkstattverordnung, AuR 81, 230
*Reichold/Hahn/Heinrich*, Neuer Anlauf zur Umsetzung der Antidiskriminierungsrichtlinien, NZA 05, 1270
*v. Roetteken*, Allgemeines Gleichbehandlungsgesetz, 58. Aktualisierung November 2018
*v. Roetteken*, Unionsrechtliche Aspekte des Schadensersatzes und der Entschädigung bei Diskriminierungen, NZA-RR 2013, 337
*v. Roetteken*, Beteiligung des Integrationsamts bei Entlassungen von Beamtinnen und Beamten? (»Milkova«), jurisPR-ArbR 16/17, Anm. 4
*Rolfs/Giesen/Meßling/Udsching*, BeckOK Arbeitsrecht, 72. Edition, Stand: 1.6.2024 (zit. BeckOK ArbR-Bearbeiter)
*Rupp*, Die unmittelbare Benachteiligung nach § 3 Abs. 1 AGG, RdA 09, 307
*Sagan*, Sanktion diskriminierender Kündigungen nach dem AGG, NZA 06, 1257
*Schiek*, Sexuelle Belästigung am Arbeitsplatz (mit Musterbetriebsvereinbarung), AiB 97, 441
*Schiek*, Gleichbehandlungsrichtlinien der EU – Umsetzung im deutschen Arbeitsrecht, NZA 04, 873
*Schiek*, Allgemeines Gleichbehandlungsgesetz (AGG) – ein Kommentar aus europäischer Perspektive, 1. Aufl. 2007 (zit. Schiek/Bearbeiter)
*Schiek*, Intersektionelle Diskriminierung vor dem Europäischen Gerichtshof – Ein erster verfehlter Versuch?, EuZA 2017, 407
*Schlachter*, Benachteiligung wegen besonderer Verbindungen statt Zugehörigkeit zu einer benachteiligten Gruppe – Der Diskriminierungsbegriff des EuGH in der Entscheidung Coleman v. 17.7.2008 – C-303/06 – RdA 10, 104

*Schlachter*, Wege zur Gleichberechtigung, 1993

*Schlachter*, Das Arbeitsrecht im Allgemeinen Gleichbehandlungsgesetz, ZESAR 06, 391

*Schleusener*, Europarechts- und Grundgesetzwidrigkeit von § 622 II 2 BGB, NZA 07, 358

*Schleusener/Suckow/Voigt*, AGG, Kommentar zum Allgemeinen Gleichbehandlungsgesetz, 4. Aufl. 2013

*Schmahl*, Recherche und Auswertung der Rechtsprechung des EuGH und des EGMR hinsichtlich der Rechte von älteren Menschen und bezüglich der Altersdiskriminierung bei höherem oder hohem Lebensalter vom 10.11.2021, *https://www.bmfsfj.de/bmfsfj/service/publikationen/recherche-und-auswertung-der-rechtsprechung-des-eugh-und-des-egmr-196042*

*Schmitt*, Aktuelle Rechtsfragen bei der Kündigung schwerbehinderter Menschen, BB 17, 2293

*Schulze/Dörner/Ebert/Hoeren/Kemper/Saenger/Schreiber/Schulte-Nölke/Staudinger*, Bürgerliches Gesetzbuch, 9. Aufl. 2016

*Schwab*, Diskriminierende Stellenanzeige durch Personalvermittler, NZA 07, 178

*Schweibert*, Alter als Differenzierungskriterium in Sozialplänen, in Bauer/Beckmann u. a. (Hrsg.), Arbeitsgemeinschaft Arbeitsrecht im Deutschen Anwaltsverein, FS zum 25-jährigen Bestehen, Bonn 2006, S. 1001–1012

*Selzer*, Krankheit und Behinderung im Diskriminierungsrecht, EuZA 2014, 95

*Sesing/Tschech*, AGG und KI-VO-Entwurf beim Einsatz von Künstlicher Intelligenz, MMR 2022, 24

*Spiecker gen. Döhmann/Towfigh*, Automatisch * benachteiligt, 2023 *https://www.antidiskriminierungsstelle.de/SharedDocs/downloads/DE/publikationen/Rechtsgutachten/schutz_vor_diskriminierung_durch_KI.pdf?__blob=publicationFile&v=1*

*Staudinger*, Kommentar zum BGB mit AGG, Auflage 2018 (zitiert: Staudinger-Verfasser)

*Steinmeyer*, Das AGG und die betriebliche Altersversorgung, ZfA 07, 27

*Stoffels*, Grundprobleme der Schadensersatzverpflichtung nach § 15 Abs. 1 AGG, RdA 09, 204

*Thüsing*, Arbeitsrechtlicher Diskriminierungsschutz, 2. Aufl. 2013

*Thüsing*, Das Arbeitsrecht der Zukunft? – Die deutsche Umsetzung der Anti-Diskriminierungsrichtlinien im internationalen Vergleich, NZA Sonderbeilage zu Heft 22/04, S. 3

*Thüsing*, Gleicher Lohn für gleichwertige Arbeit, NZA 00, 570

*Thüsing/Wege*, Behinderung und Krankheit bei Einstellung und Entlassung, NZA 06, 136

*Teppert-Neumann/Wolmerath*, Dienstvereinbarung bei der Stadt München PersR 98, 355

*Waltermann*, Verbot der Altersdiskriminierung – Richtlinie und Umsetzung, NZA 05, 1265

*Wank*, Diskriminierung in Europa – Die Umsetzung der europäischen Antidiskriminierungsrichtlinien aus deutscher Sicht, NZA 04, Sonderbeilage zu Heft 22, S. 16

*Wagner*, Prävention und Verhaltenssteuerung durch Privatrecht – Anmaßung oder legitime Aufgabe?, AcP 2006, 352

*Wagner/Potsch*, Haftung für Diskriminierungsschäden nach dem Allgemeinen Gleichbehandlungsgesetz, JZ 06, 1085

*Wank*, Arbeitnehmer und Selbständige, 1988, S. 29 ff.

*Weinberg*, Ansätze zur Dogmatik der intersektionalen Benachteiligung, EuZA 2020, 60

*Wenckebach*, Was leistet die Antidiskriminierungsstelle des Bundes? AuR 08, 340

*Wenckebach*, Altersdiskriminierende Kündigung – Altersgruppenbildung, AuR 08, 70

*Wenckebach*, Immaterieller Schadensersatz wegen diskriminierender Probezeitkündigung, AuR 10, 499

*Wenckebach*, Antidiskriminierungsrechtliche Aspekte des Kündigungsschutzes in Deutschland und England, Baden-Baden 2012

*Wenckebach/Welti*, Barrierefreier Zugang zu Waren und Dienstleistungen – ein Recht und seine Durchsetzung, VuR 2015, S. 209 ff.

*Wenckebach*, Entgelt transparent machen!, AiB 2018, 17

*Wendeling-Schröder/Stein*, AGG Allgemeines Gleichbehandlungsgesetz, 1. Aufl. 2008

*Wichert/Zange*, AGG: Suche nach Berufsanfängern in Stellenanzeigen, DB 07, 970

*Wiedmann*, Tarifvertrag und Diskriminierungsschutz, NZA 07, 950

*Wiedemann/Thüsing*, Der Schutz älterer Arbeitnehmer und die Umsetzung der Richtlinie 2000/78/EG, NZA 02, 1234

*Winter*, Den Anforderungen der EU-Entgelttransparenzrichtlinie bald nachkommen – Die Zeit läuft, NZA 2024, 8 ff.

*Winter*, Aufwertung von Frauentätigkeiten, Ein Gutachten im Auftrag der ÖTV, Bundesfrauensekretariat, Stuttgart 1997

*Wisskirchen/Bissels*, Das Fragerecht des Arbeitgebers bei Einstellung unter Berücksichtigung des AGG, NZA 07, 169

*Wisskirchen*, Der Umgang mit dem Allgemeinen Gleichbehandlungsgesetz – ein »Kochrezept für Arbeitgeber«, DB 06, 1491

*Wisskirchen*, Mittelbare Diskriminierung von Frauen im Erwerbsleben, 1994, S. 171 ff.

*Wolmerath*, Einigungsstelle zu »Mobbing«, AiB 02, 475

*Wolmerath*, Mobbing im Betrieb. Rechtsansprüche und deren Durchsetzbarkeit, 2004

*Wurmnest*, Grundzüge eines Europäischen Haftungsrechts, 2003

*Zimmerling/Zimmerling*, Die Entschädigung gem. § 15 Abs. 2 AGG, öAT 2016, 17

*Zwanziger*, Die Neuregelung des Verbots der Geschlechterdiskriminierung im Arbeitsrecht, DB 98, 1330

# Allgemeines Gleichbehandlungsgesetz (AGG)

vom 14. August 2006 (BGBl. I S. 1897), zuletzt geändert durch Gesetz vom 22. Dezember 2023 (BGBl. I Nr. 414)

## Abschnitt 1
## Allgemeiner Teil

### § 1 Ziel des Gesetzes

Ziel des Gesetzes ist, Benachteiligungen aus Gründen der Rasse oder wegen der ethnischen Herkunft, des Geschlechts, der Religion oder Weltanschauung, einer Behinderung, des Alters oder der sexuellen Identität zu verhindern oder zu beseitigen.

### § 2 Anwendungsbereich

(1) Benachteiligungen aus einem in § 1 genannten Grund sind nach Maßgabe dieses Gesetzes unzulässig in Bezug auf:

1. die Bedingungen, einschließlich Auswahlkriterien und Einstellungsbedingungen, für den Zugang zu unselbstständiger und selbstständiger Erwerbstätigkeit, unabhängig von Tätigkeitsfeld und beruflicher Position, sowie für den beruflichen Aufstieg,
2. die Beschäftigungs- und Arbeitsbedingungen einschließlich Arbeitsentgelt und Entlassungsbedingungen, insbesondere in individual- und kollektivrechtlichen Vereinbarungen und Maßnahmen bei der Durchführung und Beendigung eines Beschäftigungsverhältnisses sowie beim beruflichen Aufstieg,
3. den Zugang zu allen Formen und allen Ebenen der Berufsberatung, der Berufsbildung einschließlich der Berufsausbildung, der beruflichen Weiterbildung und der Umschulung sowie der praktischen Berufserfahrung,
4. die Mitgliedschaft und Mitwirkung in einer Beschäftigten- oder Arbeitgebervereinigung oder einer Vereinigung, deren Mitglieder einer bestimmten Berufsgruppe angehören, einschließlich der Inanspruchnahme der Leistungen solcher Vereinigungen,
5. den Sozialschutz, einschließlich der sozialen Sicherheit und der Gesundheitsdienste,

6. die sozialen Vergünstigungen,
7. die Bildung,
8. den Zugang zu und die Versorgung mit Gütern und Dienstleistungen, die der Öffentlichkeit zur Verfügung stehen, einschließlich von Wohnraum.

(2) Für Leistungen nach dem Sozialgesetzbuch gelten § 33c des Ersten Buches Sozialgesetzbuch und § 19a des Vierten Buches Sozialgesetzbuch. Für die betriebliche Altersvorsorge gilt das Betriebsrentengesetz.

(3) Die Geltung sonstiger Benachteiligungsverbote oder Gebote der Gleichbehandlung wird durch dieses Gesetz nicht berührt. Dies gilt auch für öffentlich-rechtliche Vorschriften, die dem Schutz bestimmter Personengruppen dienen.

(4) Für Kündigungen gelten ausschließlich die Bestimmungen zum allgemeinen und besonderen Kündigungsschutz.

## § 3 Begriffsbestimmungen

(1) Eine unmittelbare Benachteiligung liegt vor, wenn eine Person wegen eines in § 1 genannten Grundes eine weniger günstige Behandlung erfährt, als eine andere Person in einer vergleichbaren Situation erfährt, erfahren hat oder erfahren würde. Eine unmittelbare Benachteiligung wegen des Geschlechts liegt in Bezug auf § 2 Abs. 1 Nr. 1 bis 4 auch im Falle einer ungünstigeren Behandlung einer Frau wegen Schwangerschaft oder Mutterschaft vor.

(2) Eine mittelbare Benachteiligung liegt vor, wenn dem Anschein nach neutrale Vorschriften, Kriterien oder Verfahren Personen wegen eines in § 1 genannten Grundes gegenüber anderen Personen in besonderer Weise benachteiligen können, es sei denn, die betreffenden Vorschriften, Kriterien oder Verfahren sind durch ein rechtmäßiges Ziel sachlich gerechtfertigt und die Mittel sind zur Erreichung dieses Ziels angemessen und erforderlich.

(3) Eine Belästigung ist eine Benachteiligung, wenn unerwünschte Verhaltensweisen, die mit einem in § 1 genannten Grund in Zusammenhang stehen, bezwecken oder bewirken, dass die Würde der betreffenden Person verletzt und ein von Einschüchterungen, Anfeindungen, Erniedrigungen, Entwürdigungen oder Beleidigungen gekennzeichnetes Umfeld geschaffen wird.

(4) Eine sexuelle Belästigung ist eine Benachteiligung in Bezug auf § 2 Abs. 1 Nr. 1 bis 4, wenn ein unerwünschtes, sexuell bestimmtes Verhalten, wozu auch unerwünschte sexuelle Handlungen und Aufforderungen zu diesen, sexuell bestimmte körperliche Berührungen, Bemerkungen sexuellen Inhalts sowie unerwünschtes Zeigen und sichtbares Anbringen von pornographischen Darstellungen gehören, bezweckt oder bewirkt, dass die Würde der betreffenden Person verletzt wird, insbesondere wenn ein von

Einschüchterungen, Anfeindungen, Erniedrigungen, Entwürdigungen oder Beleidigungen gekennzeichnetes Umfeld geschaffen wird.
(5) Die Anweisung zur Benachteiligung einer Person aus einem in § 1 genannten Grund gilt als Benachteiligung. Eine solche Anweisung liegt in Bezug auf § 2 Abs. 1 Nr. 1 bis 4 insbesondere vor, wenn jemand eine Person zu einem Verhalten bestimmt, das einen Beschäftigten oder eine Beschäftigte wegen eines in § 1 genannten Grundes benachteiligt oder benachteiligen kann.

### § 4 Unterschiedliche Behandlung wegen mehrerer Gründe

Erfolgt eine unterschiedliche Behandlung wegen mehrerer der in § 1 genannten Gründe, so kann diese unterschiedliche Behandlung nach den §§ 8 bis 10 und 20 nur gerechtfertigt werden, wenn sich die Rechtfertigung auf alle diese Gründe erstreckt, derentwegen die unterschiedliche Behandlung erfolgt.

### § 5 Positive Maßnahmen

Ungeachtet der in den §§ 8 bis 10 sowie in § 20 benannten Gründe ist eine unterschiedliche Behandlung auch zulässig, wenn durch geeignete und angemessene Maßnahmen bestehende Nachteile wegen eines in § 1 genannten Grundes verhindert oder ausgeglichen werden sollen.

## Abschnitt 2
## Schutz der Beschäftigten vor Benachteiligung

## Unterabschnitt 1
## Verbot der Benachteiligung

### § 6 Persönlicher Anwendungsbereich

(1) Beschäftigte im Sinne dieses Gesetzes sind
1. Arbeitnehmerinnen und Arbeitnehmer,
2. die zu ihrer Berufsbildung Beschäftigten,
3. Personen, die wegen ihrer wirtschaftlichen Unselbstständigkeit als arbeitnehmerähnliche Personen anzusehen sind; zu diesen gehören auch die in Heimarbeit Beschäftigten und die ihnen Gleichgestellten.

Als Beschäftigte gelten auch die Bewerberinnen und Bewerber für ein Beschäftigungsverhältnis sowie die Personen, deren Beschäftigungsverhältnis beendet ist.

(2) Arbeitgeber (Arbeitgeber und Arbeitgeberinnen) im Sinne dieses Abschnitts sind natürliche und juristische Personen sowie rechtsfähige Personengesellschaften, die Personen nach Absatz 1 beschäftigen. Werden Beschäftigte einem Dritten zur Arbeitsleistung überlassen, so gilt auch dieser als Arbeitgeber im Sinne dieses Abschnitts. Für die in Heimarbeit Beschäftigten und die ihnen Gleichgestellten tritt an die Stelle des Arbeitgebers der Auftraggeber oder Zwischenmeister.
(3) Soweit es die Bedingungen für den Zugang zur Erwerbstätigkeit sowie den beruflichen Aufstieg betrifft, gelten die Vorschriften dieses Abschnitts für Selbstständige und Organmitglieder, insbesondere Geschäftsführer oder Geschäftsführerinnen und Vorstände, entsprechend.

## § 7 Benachteiligungsverbot

(1) Beschäftigte dürfen nicht wegen eines in § 1 genannten Grundes benachteiligt werden; dies gilt auch, wenn die Person, die die Benachteiligung begeht, das Vorliegen eines in § 1 genannten Grundes bei der Benachteiligung nur annimmt.
(2) Bestimmungen in Vereinbarungen, die gegen das Benachteiligungsverbot des Absatzes 1 verstoßen, sind unwirksam.
(3) Eine Benachteiligung nach Absatz 1 durch Arbeitgeber oder Beschäftigte ist eine Verletzung vertraglicher Pflichten.

## § 8 Zulässige unterschiedliche Behandlung wegen beruflicher Anforderungen

(1) Eine unterschiedliche Behandlung wegen eines in § 1 genannten Grundes ist zulässig, wenn dieser Grund wegen der Art der auszuübenden Tätigkeit oder der Bedingungen ihrer Ausübung eine wesentliche und entscheidende berufliche Anforderung darstellt, sofern der Zweck rechtmäßig und die Anforderung angemessen ist.
(2) Die Vereinbarung einer geringeren Vergütung für gleiche oder gleichwertige Arbeit wegen eines in § 1 genannten Grundes wird nicht dadurch gerechtfertigt, dass wegen eines in § 1 genannten Grundes besondere Schutzvorschriften gelten.

## § 9 Zulässige unterschiedliche Behandlung wegen der Religion oder Weltanschauung

(1) Ungeachtet des § 8 ist eine unterschiedliche Behandlung wegen der Religion oder der Weltanschauung bei der Beschäftigung durch Religionsgemeinschaften, die ihnen zugeordneten Einrichtungen ohne Rücksicht auf ihre Rechtsform oder durch Vereinigungen, die sich die gemeinschaftliche

Pflege einer Religion oder Weltanschauung zur Aufgabe machen, auch zulässig, wenn eine bestimmte Religion oder Weltanschauung unter Beachtung des Selbstverständnisses der jeweiligen Religionsgemeinschaft oder Vereinigung im Hinblick auf ihr Selbstbestimmungsrecht oder nach der Art der Tätigkeit eine gerechtfertigte berufliche Anforderung darstellt.

(2) Das Verbot unterschiedlicher Behandlung wegen der Religion oder der Weltanschauung berührt nicht das Recht der in Absatz 1 genannten Religionsgemeinschaften, der ihnen zugeordneten Einrichtungen ohne Rücksicht auf ihre Rechtsform oder der Vereinigungen, die sich die gemeinschaftliche Pflege einer Religion oder Weltanschauung zur Aufgabe machen, von ihren Beschäftigten ein loyales und aufrichtiges Verhalten im Sinne ihres jeweiligen Selbstverständnisses verlangen zu können.

## § 10 Zulässige unterschiedliche Behandlung wegen des Alters

Ungeachtet des § 8 ist eine unterschiedliche Behandlung wegen des Alters auch zulässig, wenn sie objektiv und angemessen und durch ein legitimes Ziel gerechtfertigt ist. Die Mittel zur Erreichung dieses Ziels müssen angemessen und erforderlich sein. Derartige unterschiedliche Behandlungen können insbesondere Folgendes einschließen:

1. die Festlegung besonderer Bedingungen für den Zugang zur Beschäftigung und zur beruflichen Bildung sowie besonderer Beschäftigungs- und Arbeitsbedingungen, einschließlich der Bedingungen für Entlohnung und Beendigung des Beschäftigungsverhältnisses, um die berufliche Eingliederung von Jugendlichen, älteren Beschäftigten und Personen mit Fürsorgepflichten zu fördern oder ihren Schutz sicherzustellen,
2. die Festlegung von Mindestanforderungen an das Alter, die Berufserfahrung oder das Dienstalter für den Zugang zur Beschäftigung oder für bestimmte mit der Beschäftigung verbundene Vorteile,
3. die Festsetzung eines Höchstalters für die Einstellung auf Grund der spezifischen Ausbildungsanforderungen eines bestimmten Arbeitsplatzes oder auf Grund der Notwendigkeit einer angemessenen Beschäftigungszeit vor dem Eintritt in den Ruhestand,
4. die Festsetzung von Altersgrenzen bei den betrieblichen Systemen der sozialen Sicherheit als Voraussetzung für die Mitgliedschaft oder den Bezug von Altersrente oder von Leistungen bei Invalidität einschließlich der Festsetzung unterschiedlicher Altersgrenzen im Rahmen dieser Systeme für bestimmte Beschäftigte oder Gruppen von Beschäftigten und die Verwendung von Alterskriterien im Rahmen dieser Systeme für versicherungsmathematische Berechnungen,
5. eine Vereinbarung, die die Beendigung des Beschäftigungsverhältnisses ohne Kündigung zu einem Zeitpunkt vorsieht, zu dem der oder die Be-

schäftigte eine Rente wegen Alters beantragen kann; § 41 des Sechsten Buches Sozialgesetzbuch bleibt unberührt,

6. Differenzierungen von Leistungen in Sozialplänen im Sinne des Betriebsverfassungsgesetzes, wenn die Parteien eine nach Alter oder Betriebszugehörigkeit gestaffelte Abfindungsregelung geschaffen haben, in der die wesentlich vom Alter abhängenden Chancen auf dem Arbeitsmarkt durch eine verhältnismäßig starke Betonung des Lebensalters erkennbar berücksichtigt worden sind, oder Beschäftigte von den Leistungen des Sozialplans ausgeschlossen haben, die wirtschaftlich abgesichert sind, weil sie, gegebenenfalls nach Bezug von Arbeitslosengeld, rentenberechtigt sind.

## Unterabschnitt 2
## Organisationspflichten des Arbeitgebers

### § 11 Ausschreibung

Ein Arbeitsplatz darf nicht unter Verstoß gegen § 7 Abs. 1 ausgeschrieben werden.

### § 12 Maßnahmen und Pflichten des Arbeitgebers

(1) Der Arbeitgeber ist verpflichtet, die erforderlichen Maßnahmen zum Schutz vor Benachteiligungen wegen eines in § 1 genannten Grundes zu treffen. Dieser Schutz umfasst auch vorbeugende Maßnahmen.

(2) Der Arbeitgeber soll in geeigneter Art und Weise, insbesondere im Rahmen der beruflichen Aus- und Fortbildung, auf die Unzulässigkeit solcher Benachteiligungen hinweisen und darauf hinwirken, dass diese unterbleiben. Hat der Arbeitgeber seine Beschäftigten in geeigneter Weise zum Zwecke der Verhinderung von Benachteiligung geschult, gilt dies als Erfüllung seiner Pflichten nach Absatz 1.

(3) Verstoßen Beschäftigte gegen das Benachteiligungsverbot des § 7 Abs. 1, so hat der Arbeitgeber die im Einzelfall geeigneten, erforderlichen und angemessenen Maßnahmen zur Unterbindung der Benachteiligung wie Abmahnung, Umsetzung, Versetzung oder Kündigung zu ergreifen.

(4) Werden Beschäftigte bei der Ausübung ihrer Tätigkeit durch Dritte nach § 7 Abs. 1 benachteiligt, so hat der Arbeitgeber die im Einzelfall geeigneten, erforderlichen und angemessenen Maßnahmen zum Schutz der Beschäftigten zu ergreifen.

(5) Dieses Gesetz und § 61b des Arbeitsgerichtsgesetzes sowie Informationen über die für die Behandlung von Beschwerden nach § 13 zuständigen Stellen sind im Betrieb oder in der Dienststelle bekannt zu machen. Die

Bekanntmachung kann durch Aushang oder Auslegung an geeigneter Stelle oder den Einsatz der im Betrieb oder der Dienststelle üblichen Informations- und Kommunikationstechnik erfolgen.

## Unterabschnitt 3
## Rechte der Beschäftigten

### § 13 Beschwerderecht

(1) Die Beschäftigten haben das Recht, sich bei den zuständigen Stellen des Betriebs, des Unternehmens oder der Dienststelle zu beschweren, wenn sie sich im Zusammenhang mit ihrem Beschäftigungsverhältnis vom Arbeitgeber, von Vorgesetzten, anderen Beschäftigten oder Dritten wegen eines in § 1 genannten Grundes benachteiligt fühlen. Die Beschwerde ist zu prüfen und das Ergebnis der oder dem beschwerdeführenden Beschäftigten mitzuteilen.
(2) Die Rechte der Arbeitnehmervertretungen bleiben unberührt.

### § 14 Leistungsverweigerungsrecht

Ergreift der Arbeitgeber keine oder offensichtlich ungeeignete Maßnahmen zur Unterbindung einer Belästigung oder sexuellen Belästigung am Arbeitsplatz, sind die betroffenen Beschäftigten berechtigt, ihre Tätigkeit ohne Verlust des Arbeitsentgelts einzustellen, soweit dies zu ihrem Schutz erforderlich ist. § 273 des Bürgerlichen Gesetzbuchs bleibt unberührt.

### § 15 Entschädigung und Schadensersatz

(1) Bei einem Verstoß gegen das Benachteiligungsverbot ist der Arbeitgeber verpflichtet, den hierdurch entstandenen Schaden zu ersetzen. Dies gilt nicht, wenn der Arbeitgeber die Pflichtverletzung nicht zu vertreten hat.
(2) Wegen eines Schadens, der nicht Vermögensschaden ist, kann der oder die Beschäftigte eine angemessene Entschädigung in Geld verlangen. Die Entschädigung darf bei einer Nichteinstellung drei Monatsgehälter nicht übersteigen, wenn der oder die Beschäftigte auch bei benachteiligungsfreier Auswahl nicht eingestellt worden wäre.
(3) Der Arbeitgeber ist bei der Anwendung kollektivrechtlicher Vereinbarungen nur dann zur Entschädigung verpflichtet, wenn er vorsätzlich oder grob fahrlässig handelt.
(4) Ein Anspruch nach Absatz 1 oder 2 muss innerhalb einer Frist von zwei Monaten schriftlich geltend gemacht werden, es sei denn, die Tarifvertragsparteien haben etwas anderes vereinbart. Die Frist beginnt im Falle einer Bewerbung oder eines beruflichen Aufstiegs mit dem Zugang der Ablehnung

und in den sonstigen Fällen einer Benachteiligung zu dem Zeitpunkt, in dem der oder die Beschäftigte von der Benachteiligung Kenntnis erlangt.
(5) Im Übrigen bleiben Ansprüche gegen den Arbeitgeber, die sich aus anderen Rechtsvorschriften ergeben, unberührt.
(6) Ein Verstoß des Arbeitgebers gegen das Benachteiligungsverbot des § 7 Abs. 1 begründet keinen Anspruch auf Begründung eines Beschäftigungsverhältnisses, Berufsausbildungsverhältnisses oder einen beruflichen Aufstieg, es sei denn, ein solcher ergibt sich aus einem anderen Rechtsgrund.

### § 16 Maßregelungsverbot

(1) Der Arbeitgeber darf Beschäftigte nicht wegen der Inanspruchnahme von Rechten nach diesem Abschnitt oder wegen der Weigerung, eine gegen diesen Abschnitt verstoßende Anweisung auszuführen, benachteiligen. Gleiches gilt für Personen, die den Beschäftigten hierbei unterstützen oder als Zeuginnen oder Zeugen aussagen.
(2) Die Zurückweisung oder Duldung benachteiligender Verhaltensweisen durch betroffene Beschäftigte darf nicht als Grundlage für eine Entscheidung herangezogen werden, die diese Beschäftigten berührt. Absatz 1 Satz 2 gilt entsprechend.
(3) § 22 gilt entsprechend.

## Unterabschnitt 4
## Ergänzende Vorschriften

### § 17 Soziale Verantwortung der Beteiligten

(1) Tarifvertragsparteien, Arbeitgeber, Beschäftigte und deren Vertretungen sind aufgefordert, im Rahmen ihrer Aufgaben und Handlungsmöglichkeiten an der Verwirklichung des in § 1 genannten Ziels mitzuwirken.
(2) In Betrieben, in denen die Voraussetzungen des § 1 Abs. 1 Satz 1 des Betriebsverfassungsgesetzes vorliegen, können bei einem groben Verstoß des Arbeitgebers gegen Vorschriften aus diesem Abschnitt der Betriebsrat oder eine im Betrieb vertretene Gewerkschaft unter der Voraussetzung des § 23 Abs. 3 Satz 1 des Betriebsverfassungsgesetzes die dort genannten Rechte gerichtlich geltend machen; § 23 Abs. 3 Satz 2 bis 5 des Betriebsverfassungsgesetzes gilt entsprechend. Mit dem Antrag dürfen nicht Ansprüche des Benachteiligten geltend gemacht werden.

### § 18 Mitgliedschaft in Vereinigungen

(1) Die Vorschriften dieses Abschnitts gelten entsprechend für die Mitgliedschaft oder die Mitwirkung in einer
1. Tarifvertragspartei,
2. Vereinigung, deren Mitglieder einer bestimmten Berufsgruppe angehören oder die eine überragende Machtstellung im wirtschaftlichen oder sozialen Bereich innehat, wenn ein grundlegendes Interesse am Erwerb der Mitgliedschaft besteht,

sowie deren jeweiligen Zusammenschlüssen.
(2) Wenn die Ablehnung einen Verstoß gegen das Benachteiligungsverbot des § 7 Abs. 1 darstellt, besteht ein Anspruch auf Mitgliedschaft oder Mitwirkung in den in Absatz 1 genannten Vereinigungen.

## Abschnitt 3
## Schutz vor Benachteiligung im Zivilrechtsverkehr

### § 19 Zivilrechtliches Benachteiligungsverbot

(1) Eine Benachteiligung aus Gründen der Rasse oder wegen der ethnischen Herkunft, wegen des Geschlechts, der Religion, einer Behinderung, des Alters oder der sexuellen Identität bei der Begründung, Durchführung und Beendigung zivilrechtlicher Schuldverhältnisse, die
1. typischerweise ohne Ansehen der Person zu vergleichbaren Bedingungen in einer Vielzahl von Fällen zustande kommen (Massengeschäfte) oder bei denen das Ansehen der Person nach der Art des Schuldverhältnisses eine nachrangige Bedeutung hat und die zu vergleichbaren Bedingungen in einer Vielzahl von Fällen zustande kommen oder
2. eine privatrechtliche Versicherung zum Gegenstand haben,

ist unzulässig.
(2) Eine Benachteiligung aus Gründen der Rasse oder wegen der ethnischen Herkunft ist darüber hinaus auch bei der Begründung, Durchführung und Beendigung sonstiger zivilrechtlicher Schuldverhältnisse im Sinne des § 2 Abs. 1 Nr. 5 bis 8 unzulässig.
(3) Bei der Vermietung von Wohnraum ist eine unterschiedliche Behandlung im Hinblick auf die Schaffung und Erhaltung sozial stabiler Bewohnerstrukturen und ausgewogener Siedlungsstrukturen sowie ausgeglichener wirtschaftlicher, sozialer und kultureller Verhältnisse zulässig.
(4) Die Vorschriften dieses Abschnitts finden keine Anwendung auf familien- und erbrechtliche Schuldverhältnisse.
(5) Die Vorschriften dieses Abschnitts finden keine Anwendung auf zivilrechtliche Schuldverhältnisse, bei denen ein besonderes Nähe- oder Ver-

trauensverhältnis der Parteien oder ihrer Angehörigen begründet wird. Bei Mietverhältnissen kann dies insbesondere der Fall sein, wenn die Parteien oder ihre Angehörigen Wohnraum auf demselben Grundstück nutzen. Die Vermietung von Wohnraum zum nicht nur vorübergehenden Gebrauch ist in der Regel kein Geschäft im Sinne des Absatzes 1 Nr. 1, wenn der Vermieter insgesamt nicht mehr als 50 Wohnungen vermietet.

## § 20 Zulässige unterschiedliche Behandlung

(1) Eine Verletzung des Benachteiligungsverbots ist nicht gegeben, wenn für eine unterschiedliche Behandlung wegen der Religion, einer Behinderung, des Alters, der sexuellen Identität oder des Geschlechts ein sachlicher Grund vorliegt. Das kann insbesondere der Fall sein, wenn die unterschiedliche Behandlung

1. der Vermeidung von Gefahren, der Verhütung von Schäden oder anderen Zwecken vergleichbarer Art dient,
2. dem Bedürfnis nach Schutz der Intimsphäre oder der persönlichen Sicherheit Rechnung trägt,
3. besondere Vorteile gewährt und ein Interesse an der Durchsetzung der Gleichbehandlung fehlt,
4. an die Religion eines Menschen anknüpft und im Hinblick auf die Ausübung der Religionsfreiheit oder auf das Selbstbestimmungsrecht der Religionsgemeinschaften, der ihnen zugeordneten Einrichtungen ohne Rücksicht auf ihre Rechtsform sowie der Vereinigungen, die sich die gemeinschaftliche Pflege einer Religion zur Aufgabe machen, unter Beachtung des jeweiligen Selbstverständnisses gerechtfertigt ist.

(2) Kosten im Zusammenhang mit Schwangerschaft und Mutterschaft dürfen auf keinen Fall zu unterschiedlichen Prämien oder Leistungen führen. Eine unterschiedliche Behandlung wegen der Religion, einer Behinderung, des Alters oder der sexuellen Identität ist im Falle des § 19 Abs. 1 Nr. 2 nur zulässig, wenn diese auf anerkannten Prinzipien risikoadäquater Kalkulation beruht, insbesondere auf einer versicherungsmathematisch ermittelten Risikobewertung unter Heranziehung statistischer Erhebungen.

### § 21 Ansprüche

(1) Der Benachteiligte kann bei einem Verstoß gegen das Benachteiligungsverbot unbeschadet weiterer Ansprüche die Beseitigung der Beeinträchtigung verlangen. Sind weitere Beeinträchtigungen zu besorgen, so kann er auf Unterlassung klagen.
(2) Bei einer Verletzung des Benachteiligungsverbots ist der Benachteiligende verpflichtet, den hierdurch entstandenen Schaden zu ersetzen. Dies gilt nicht, wenn der Benachteiligende die Pflichtverletzung nicht zu vertreten hat. Wegen eines Schadens, der nicht Vermögensschaden ist, kann der Benachteiligte eine angemessene Entschädigung in Geld verlangen.
(3) Ansprüche aus unerlaubter Handlung bleiben unberührt.
(4) Auf eine Vereinbarung, die von dem Benachteiligungsverbot abweicht, kann sich der Benachteiligende nicht berufen.
(5) Ein Anspruch nach den Absätzen 1 und 2 muss innerhalb einer Frist von zwei Monaten geltend gemacht werden. Nach Ablauf der Frist kann der Anspruch nur geltend gemacht werden, wenn der Benachteiligte ohne Verschulden an der Einhaltung der Frist verhindert war.

## Abschnitt 4
## Rechtsschutz

### § 22 Beweislast

Wenn im Streitfall die eine Partei Indizien beweist, die eine Benachteiligung wegen eines in § 1 genannten Grundes vermuten lassen, trägt die andere Partei die Beweislast dafür, dass kein Verstoß gegen die Bestimmungen zum Schutz vor Benachteiligung vorgelegen hat.

### § 23 Unterstützung durch Antidiskriminierungsverbände

(1) Antidiskriminierungsverbände sind Personenzusammenschlüsse, die nicht gewerbsmäßig und nicht nur vorübergehend entsprechend ihrer Satzung die besonderen Interessen von benachteiligten Personen oder Personengruppen nach Maßgabe von § 1 wahrnehmen. Die Befugnisse nach den Absätzen 2 bis 4 stehen ihnen zu, wenn sie mindestens 75 Mitglieder haben oder einen Zusammenschluss aus mindestens sieben Verbänden bilden.
(2) Antidiskriminierungsverbände sind befugt, im Rahmen ihres Satzungszwecks in gerichtlichen Verfahren, als Beistände Benachteiligter in der Verhandlung aufzutreten. Im Übrigen bleiben die Vorschriften der Verfahrensordnungen, insbesondere diejenigen, nach denen Beiständen weiterer Vortrag untersagt werden kann, unberührt.

(3) Antidiskriminierungsverbänden ist im Rahmen ihres Satzungszwecks die Besorgung von Rechtsangelegenheiten Benachteiligter gestattet.
(4) Besondere Klagerechte und Vertretungsbefugnisse von Verbänden zu Gunsten von behinderten Menschen bleiben unberührt.

## Abschnitt 5
## Sonderregelungen für öffentlich-rechtliche Dienstverhältnisse

### § 24 Sonderregelung für öffentlich-rechtliche Dienstverhältnisse

Die Vorschriften dieses Gesetzes gelten unter Berücksichtigung ihrer besonderen Rechtsstellung entsprechend für

1. Beamtinnen und Beamte des Bundes, der Länder, der Gemeinden, der Gemeindeverbände sowie der sonstigen der Aufsicht des Bundes oder eines Landes unterstehenden Körperschaften, Anstalten und Stiftungen des öffentlichen Rechts,
2. Richterinnen und Richter des Bundes und der Länder,
3. Zivildienstleistende sowie anerkannte Kriegsdienstverweigerer, soweit ihre Heranziehung zum Zivildienst betroffen ist.

## Abschnitt 6
## Antidiskriminierungsstelle des Bundes und Unabhängige Bundesbeauftragte oder Unabhängiger Bundesbeauftragter für Antidiskriminierung

### § 25 Antidiskriminierungsstelle des Bundes

(1) Beim Bundesministerium für Familie, Senioren, Frauen und Jugend wird unbeschadet der Zuständigkeit der Beauftragten des Deutschen Bundestages oder der Bundesregierung die Stelle des Bundes zum Schutz vor Benachteiligungen wegen eines in § 1 genannten Grundes (Antidiskriminierungsstelle des Bundes) errichtet.
(2) Der Antidiskriminierungsstelle des Bundes ist die für die Erfüllung ihrer Aufgaben notwendige Personal- und Sachausstattung zur Verfügung zu stellen. Sie ist im Einzelplan des Bundesministeriums für Familie, Senioren, Frauen und Jugend in einem eigenen Kapitel auszuweisen.
(3) Die Antidiskriminierungsstelle des Bundes wird von der oder dem Unabhängigen Bundesbeauftragten für Antidiskriminierung geleitet.

## § 26 Wahl der oder des Unabhängigen Bundesbeauftragten für Antidiskriminierung; Anforderungen

(1) Die oder der Unabhängige Bundesbeauftragte für Antidiskriminierung wird auf Vorschlag der Bundesregierung vom Deutschen Bundestag gewählt.
(2) Über den Vorschlag stimmt der Deutsche Bundestag ohne Aussprache ab.
(3) Die vorgeschlagene Person ist gewählt, wenn für sie mehr als die Hälfte der gesetzlichen Zahl der Mitglieder des Deutschen Bundestages gestimmt hat.
(4) Die oder der Unabhängige Bundesbeauftragte für Antidiskriminierung muss zur Erfüllung ihrer oder seiner Aufgaben und zur Ausübung ihrer oder seiner Befugnisse über die erforderliche Qualifikation, Erfahrung und Sachkunde insbesondere im Bereich der Antidiskriminierung verfügen. Insbesondere muss sie oder er über durch einschlägige Berufserfahrung erworbene Kenntnisse des Antidiskriminierungsrechts verfügen und die Befähigung für die Laufbahn des höheren nichttechnischen Verwaltungsdienstes des Bundes haben.

## § 26a Rechtsstellung der oder des Unabhängigen Bundesbeauftragten für Antidiskriminierung

(1) Die oder der Unabhängige Bundesbeauftragte für Antidiskriminierung steht nach Maßgabe dieses Gesetzes in einem öffentlich-rechtlichen Amtsverhältnis zum Bund. Sie oder er ist bei der Ausübung ihres oder seines Amtes unabhängig und nur dem Gesetz unterworfen.
(2) Die oder der Unabhängige Bundesbeauftragte für Antidiskriminierung untersteht der Rechtsaufsicht der Bundesregierung.

## § 26b Amtszeit der oder des Unabhängigen Bundesbeauftragten für Antidiskriminierung

(1) Die Amtszeit der oder des Unabhängigen Bundesbeauftragten für Antidiskriminierung beträgt fünf Jahre.
(2) Eine einmalige Wiederwahl ist zulässig.
(3) Kommt vor Ende des Amtsverhältnisses eine Neuwahl nicht zustande, so führt die oder der bisherige Unabhängige Bundesbeauftragte für Antidiskriminierung auf Ersuchen der Bundespräsidentin oder des Bundespräsidenten die Geschäfte bis zur Neuwahl fort.

### § 26c Beginn und Ende des Amtsverhältnisses der oder des Unabhängigen Bundesbeauftragten für Antidiskriminierung; Amtseid

(1) Die oder der nach § 26 Gewählte ist von der Bundespräsidentin oder dem Bundespräsidenten zu ernennen. Das Amtsverhältnis der oder des Unabhängigen Bundesbeauftragten für Antidiskriminierung beginnt mit der Aushändigung der Ernennungsurkunde.

(2) Die oder der Unabhängige Bundesbeauftragte für Antidiskriminierung leistet vor der Bundespräsidentin oder dem Bundespräsidenten folgenden Eid: ›Ich schwöre, dass ich meine Kraft dem Wohl des deutschen Volkes widmen, seinen Nutzen mehren, Schaden von ihm wenden, das Grundgesetz und die Gesetze des Bundes wahren und verteidigen, meine Pflichten gewissenhaft erfüllen und Gerechtigkeit gegen jedermann üben werde. So wahr mir Gott helfe.‹ Der Eid kann auch ohne religiöse Beteuerung geleistet werden.

(3) Das Amtsverhältnis endet

1. regulär mit dem Ablauf der Amtszeit oder
2. wenn die oder der Unabhängige Bundesbeauftragte für Antidiskriminierung vorzeitig aus dem Amt entlassen wird.

(4) Entlassen wird die oder der Unabhängige Bundesbeauftragte für Antidiskriminierung

1. auf eigenes Verlangen oder
2. auf Vorschlag der Bundesregierung, wenn die oder der Unabhängige Bundesbeauftragte für Antidiskriminierung eine schwere Verfehlung begangen hat oder die Voraussetzungen für die Wahrnehmung ihrer oder seiner Aufgaben nicht mehr erfüllt.

Die Entlassung erfolgt durch die Bundespräsidentin oder den Bundespräsidenten.

(5) Im Fall der Beendigung des Amtsverhältnisses vollzieht die Bundespräsidentin oder der Bundespräsident eine Urkunde. Die Entlassung wird mit der Aushändigung der Urkunde wirksam.

### § 26d Unerlaubte Handlungen und Tätigkeiten der oder des Unabhängigen Bundesbeauftragten für Antidiskriminierung

(1) Die oder der Unabhängige Bundesbeauftragte für Antidiskriminierung darf keine Handlungen vornehmen, die mit den Aufgaben des Amtes nicht zu vereinbaren sind.

(2) Die oder der Unabhängige Bundesbeauftragte für Antidiskriminierung darf während der Amtszeit und während einer anschließenden Geschäftsführung keine anderen Tätigkeiten ausüben, die mit dem Amt nicht zu ver-

einbaren sind, unabhängig davon, ob es entgeltliche oder unentgeltliche Tätigkeiten sind. 2 Insbesondere darf sie oder er

1. kein besoldetes Amt, kein Gewerbe und keinen Beruf ausüben,
2. nicht dem Vorstand, Aufsichtsrat oder Verwaltungsrat eines auf Erwerb gerichteten Unternehmens, nicht einer Regierung oder einer gesetzgebenden Körperschaft des Bundes oder eines Landes angehören und
3. nicht gegen Entgelt außergerichtliche Gutachten abgeben.

### § 26e Verschwiegenheitspflicht der oder des Unabhängigen Bundesbeauftragten für Antidiskriminierung

(1) Die oder der Unabhängige Bundesbeauftragte für Antidiskriminierung ist verpflichtet, über die Angelegenheiten, die ihr oder ihm im Amt oder während einer anschließenden Geschäftsführung bekannt werden, Verschwiegenheit zu bewahren. Dies gilt nicht für Mitteilungen im dienstlichen Verkehr oder für Tatsachen, die offenkundig sind oder ihrer Bedeutung nach keiner Geheimhaltung bedürfen. Die oder der Unabhängige Bundesbeauftragte für Antidiskriminierung entscheidet nach pflichtgemäßem Ermessen, ob und inwieweit sie oder er über solche Angelegenheiten vor Gericht oder außergerichtlich aussagt oder Erklärungen abgibt.

(2) Die Pflicht zur Verschwiegenheit gilt auch nach Beendigung des Amtsverhältnisses oder nach Beendigung einer anschließenden Geschäftsführung. In Angelegenheiten, für die die Pflicht zur Verschwiegenheit gilt, darf vor Gericht oder außergerichtlich nur ausgesagt werden und dürfen Erklärungen nur abgegeben werden, wenn dies die oder der amtierende Unabhängige Bundesbeauftragte für Antidiskriminierung genehmigt hat.

(3) Unberührt bleibt die Pflicht, bei einer Gefährdung der freiheitlichen demokratischen Grundordnung für deren Erhaltung einzutreten und die gesetzlich begründete Pflicht, Straftaten anzuzeigen.

### § 26f Zeugnisverweigerungsrecht der oder des Unabhängigen Bundesbeauftragten für Antidiskriminierung

(1) Die oder der Unabhängige Bundesbeauftragte für Antidiskriminierung ist berechtigt, über Personen, die ihr oder ihm in ihrer oder seiner Eigenschaft als Leitung der Antidiskriminierungsstelle des Bundes Tatsachen anvertraut haben, sowie über diese Tatsachen selbst das Zeugnis zu verweigern. Soweit das Zeugnisverweigerungsrecht der oder des Unabhängigen Bundesbeauftragten für Antidiskriminierung reicht, darf von ihr oder ihm nicht gefordert werden, Akten oder andere Dokumente vorzulegen oder herauszugeben.

(2) Das Zeugnisverweigerungsrecht gilt auch für die der oder dem Unabhängigen Bundesbeauftragten für Antidiskriminierung zugewiesenen

Beschäftigten mit der Maßgabe, dass über die Ausübung dieses Rechts die oder der Unabhängige Bundesbeauftragte für Antidiskriminierung entscheidet.

### § 26g Anspruch der oder des Unabhängigen Bundesbeauftragten für Antidiskriminierung auf Amtsbezüge, Versorgung und auf andere Leistungen

(1) Die oder der Unabhängige Bundesbeauftragte für Antidiskriminierung erhält Amtsbezüge entsprechend dem Grundgehalt der Besoldungsgruppe B 6 und den Familienzuschlag entsprechend den §§ 39 bis 41 des Bundesbesoldungsgesetzes.

(2) Der Anspruch auf die Amtsbezüge besteht für die Zeit vom ersten Tag des Monats, in dem das Amtsverhältnis beginnt, bis zum letzten Tag des Monats, in dem das Amtsverhältnis endet. Werden die Geschäfte über das Ende des Amtsverhältnisses hinaus noch bis zur Neuwahl weitergeführt, so besteht der Anspruch für die Zeit bis zum letzten Tag des Monats, in dem die Geschäftsführung endet. Bezieht die oder der Unabhängige Bundesbeauftragte für Antidiskriminierung für einen Zeitraum, für den sie oder er Amtsbezüge erhält, ein Einkommen aus einer Verwendung im öffentlichen Dienst, so ruht der Anspruch auf dieses Einkommen bis zur Höhe der Amtsbezüge. Die Amtsbezüge werden monatlich im Voraus gezahlt.

(3) Für Ansprüche auf Beihilfe und Versorgung gelten § 12 Absatz 6, die §§ 13 bis 18 und 20 des Bundesministergesetzes entsprechend mit der Maßgabe, dass an die Stelle der vierjährigen Amtszeit in § 15 Absatz 1 des Bundesministergesetzes eine Amtszeit als Unabhängige Bundesbeauftragte oder Unabhängiger Bundesbeauftragter für Antidiskriminierung von fünf Jahren tritt. Ein Anspruch auf Übergangsgeld besteht längstens bis zum Ablauf des Monats, in dem die für Bundesbeamtinnen und Bundesbeamte geltende Regelaltersgrenze nach § 51 Absatz 1 und 2 des Bundesbeamtengesetzes vollendet wird. Ist § 18 Absatz 2 des Bundesministergesetzes nicht anzuwenden, weil das Beamtenverhältnis einer Bundesbeamtin oder eines Bundesbeamten nach Beendigung des Amtsverhältnisses als Unabhängige Bundesbeauftragte oder Unabhängiger Bundesbeauftragter für Antidiskriminierung fortgesetzt wird, dann ist die Amtszeit als Unabhängige Bundesbeauftragte oder Unabhängiger Bundesbeauftragter für Antidiskriminierung bei der wegen Eintritt oder Versetzung der Bundesbeamtin oder des Bundesbeamten in den Ruhestand durchzuführenden Festsetzung des Ruhegehalts als ruhegehaltfähige Dienstzeit zu berücksichtigen.

(4) Die oder der Unabhängige Bundesbeauftragte für Antidiskriminierung erhält Reisekostenvergütung und Umzugskostenvergütung entsprechend den für Bundesbeamtinnen und Bundesbeamte geltenden Vorschriften.

## § 26h Verwendung der Geschenke an die Unabhängige Bundesbeauftragte oder den Unabhängigen Bundesbeauftragten für Antidiskriminierung

(1) Erhält die oder der Unabhängige Bundesbeauftragte für Antidiskriminierung ein Geschenk in Bezug auf das Amt, so muss sie oder er dies der Präsidentin oder dem Präsidenten des Deutschen Bundestages mitteilen.
(2) Die Präsidentin oder der Präsident des Deutschen Bundestages entscheidet über die Verwendung des Geschenks. Sie oder er kann Verfahrensvorschriften erlassen.

## § 26i Berufsbeschränkung

Die oder der Unabhängige Bundesbeauftragte für Antidiskriminierung ist verpflichtet, eine beabsichtigte Erwerbstätigkeit oder sonstige entgeltliche Beschäftigung außerhalb des öffentlichen Dienstes, die innerhalb der ersten 18 Monate nach dem Ende der Amtszeit oder einer anschließenden Geschäftsführung aufgenommen werden soll, schriftlich oder elektronisch gegenüber der Präsidentin oder dem Präsidenten des Deutschen Bundestages anzuzeigen. Die Präsidentin oder der Präsident des Deutschen Bundestages kann der oder dem Unabhängigen Bundesbeauftragten für Antidiskriminierung die beabsichtigte Erwerbstätigkeit oder sonstige entgeltliche Beschäftigung untersagen, soweit zu besorgen ist, dass öffentliche Interessen beeinträchtigt werden. Von einer Beeinträchtigung ist insbesondere dann auszugehen, wenn die beabsichtigte Erwerbstätigkeit oder sonstige entgeltliche Beschäftigung in Angelegenheiten oder Bereichen ausgeführt werden soll, in denen die oder der Unabhängige Bundesbeauftragte für Antidiskriminierung während der Amtszeit oder einer anschließenden Geschäftsführung tätig war. Eine Untersagung soll in der Regel die Dauer von einem Jahr nach dem Ende der Amtszeit oder einer anschließenden Geschäftsführung nicht überschreiten. In Fällen der schweren Beeinträchtigung öffentlicher Interessen kann eine Untersagung auch für die Dauer von bis zu 18 Monaten ausgesprochen werden.

## § 27 Aufgaben der Antidiskriminierungsstelle des Bundes

(1) Wer der Ansicht ist, wegen eines in § 1 genannten Grundes benachteiligt worden zu sein, kann sich an die Antidiskriminierungsstelle des Bundes wenden.
(2) Die Antidiskriminierungsstelle des Bundes unterstützt auf unabhängige Weise Personen, die sich nach Absatz 1 an sie wenden, bei der Durchsetzung ihrer Rechte zum Schutz vor Benachteiligungen. Hierbei kann sie insbesondere

1. über Ansprüche und die Möglichkeiten des rechtlichen Vorgehens im Rahmen gesetzlicher Regelungen zum Schutz vor Benachteiligungen informieren,
2. Beratung durch andere Stellen vermitteln,
3. eine gütliche Beilegung zwischen den Beteiligten anstreben.

Soweit Beauftragte des Deutschen Bundestages oder der Bundesregierung zuständig sind, leitet die Antidiskriminierungsstelle des Bundes die Anliegen der in Absatz 1 genannten Personen mit deren Einverständnis unverzüglich an diese weiter.

(3) Die Antidiskriminierungsstelle des Bundes nimmt auf unabhängige Weise folgende Aufgaben wahr, soweit nicht die Zuständigkeit der Beauftragten der Bundesregierung oder des Deutschen Bundestages berührt ist:

1. Öffentlichkeitsarbeit,
2. Maßnahmen zur Verhinderung von Benachteiligungen aus den in § 1 genannten Gründen,
3. Durchführung wissenschaftlicher Untersuchungen zu diesen Benachteiligungen.

(4) Die Antidiskriminierungsstelle des Bundes und die in ihrem Zuständigkeitsbereich betroffenen Beauftragten der Bundesregierung und des Deutschen Bundestages legen gemeinsam dem Deutschen Bundestag alle vier Jahre Berichte über Benachteiligungen aus den in § 1 genannten Gründen vor und geben Empfehlungen zur Beseitigung und Vermeidung dieser Benachteiligungen. Sie können gemeinsam wissenschaftliche Untersuchungen zu Benachteiligungen durchführen.

(5) Die Antidiskriminierungsstelle des Bundes und die in ihrem Zuständigkeitsbereich betroffenen Beauftragten der Bundesregierung und des Deutschen Bundestages sollen bei Benachteiligungen aus mehreren der in § 1 genannten Gründe zusammenarbeiten.

## § 28 Amtsbefugnisse der oder des Unabhängigen Bundesbeauftragten für Antidiskriminierung und Pflicht zur Unterstützung durch Bundesbehörden und öffentliche Stellen des Bundes

(1) Die oder der Unabhängige Bundesbeauftragte für Antidiskriminierung ist bei allen Vorhaben, die ihre oder seine Aufgaben berühren, zu beteiligen. Die Beteiligung soll möglichst frühzeitig erfolgen. Sie oder er kann der Bundesregierung Vorschläge machen und Stellungnahmen zuleiten.

(2) Die oder der Unabhängige Bundesbeauftragte für Antidiskriminierung informiert die Bundesministerien – vorbehaltlich anderweitiger gesetzlicher Bestimmungen – frühzeitig in Angelegenheiten von grundsätzlicher politischer Bedeutung, soweit Aufgaben der Bundesministerien betroffen sind.

(3) In den Fällen, in denen sich eine Person wegen einer Benachteiligung an die Antidiskriminierungsstelle des Bundes gewandt hat und die Antidiskriminierungsstelle des Bundes die gütliche Beilegung zwischen den Beteiligten anstrebt, kann die oder der Unabhängige Bundesbeauftragte für Antidiskriminierung Beteiligte um Stellungnahmen ersuchen, soweit die Person, die sich an die Antidiskriminierungsstelle des Bundes gewandt hat, hierzu ihr Einverständnis erklärt.
(4) Alle Bundesministerien, sonstigen Bundesbehörden und öffentlichen Stellen im Bereich des Bundes sind verpflichtet, die Unabhängige Bundesbeauftragte oder den Unabhängigen Bundesbeauftragten für Antidiskriminierung bei der Erfüllung der Aufgaben zu unterstützen, insbesondere die erforderlichen Auskünfte zu erteilen.

## § 29 Zusammenarbeit der Antidiskriminierungsstelle des Bundes mit Nichtregierungsorganisationen undanderen Einrichtungen

Die Antidiskriminierungsstelle des Bundes soll bei ihrer Tätigkeit Nichtregierungsorganisationen sowie Einrichtungen, die auf europäischer, Bundes-, Landes- oder regionaler Ebene zum Schutz vor Benachteiligungen wegen eines in § 1 genannten Grundes tätig sind, in geeigneter Form einbeziehen.

## § 30 Beirat der Antidiskriminierungsstelle des Bundes

(1) Zur Förderung des Dialogs mit gesellschaftlichen Gruppen und Organisationen, die sich den Schutz vor Benachteiligungen wegen eines in § 1 genannten Grundes zum Ziel gesetzt haben, wird der Antidiskriminierungsstelle des Bundes ein Beirat beigeordnet. Der Beirat berät die Antidiskriminierungsstelle des Bundes bei der Vorlage von Berichten und Empfehlungen an den Deutschen Bundestag nach § 27 Abs. 4 und kann hierzu sowie zu wissenschaftlichen Untersuchungen nach § 27 Abs. 3 Nr. 3 eigene Vorschläge unterbreiten.
(2) Das Bundesministerium für Familie, Senioren, Frauen und Jugend beruft im Einvernehmen mit der oder dem Unabhängigen Bundesbeauftragten für Antidiskriminierung sowie den entsprechend zuständigen Beauftragten der Bundesregierung oder des Deutschen Bundestages die Mitglieder dieses Beirats und für jedes Mitglied eine Stellvertretung. In den Beirat sollen Vertreterinnen und Vertreter gesellschaftlicher Gruppen und Organisationen sowie Expertinnen und Experten in Benachteiligungsfragen berufen werden. Die Gesamtzahl der Mitglieder des Beirats soll 16 Personen nicht überschreiten. Der Beirat soll zu gleichen Teilen mit Frauen und Männern besetzt sein.

(3) Der Beirat gibt sich eine Geschäftsordnung, die der Zustimmung des Bundesministeriums für Familie, Senioren, Frauen und Jugend bedarf.
(4) Die Mitglieder des Beirats üben die Tätigkeit nach diesem Gesetz ehrenamtlich aus. Sie haben Anspruch auf Aufwandsentschädigung sowie Reisekostenvergütung, Tagegelder und Übernachtungsgelder. Näheres regelt die Geschäftsordnung.

## Abschnitt 7
## Schlussvorschriften

### § 31 Unabdingbarkeit

Von den Vorschriften dieses Gesetzes kann nicht zu Ungunsten der geschützten Personen abgewichen werden.

### § 32 Schlussbestimmung

Soweit in diesem Gesetz nicht Abweichendes bestimmt ist, gelten die allgemeinen Bestimmungen.

### § 33 Übergangsbestimmungen

(1) Bei Benachteiligungen nach den §§ 611a, 611b und 612 Abs. 3 des Bürgerlichen Gesetzbuchs oder sexuellen Belästigungen nach dem Beschäftigtenschutzgesetz ist das vor dem 18. August 2006 maßgebliche Recht anzuwenden.
(2) Bei Benachteiligungen aus Gründen der Rasse oder wegen der ethnischen Herkunft sind die §§ 19 bis 21 nicht auf Schuldverhältnisse anzuwenden, die vor dem 18. August 2006 begründet worden sind. Satz 1 gilt nicht für spätere Änderungen von Dauerschuldverhältnissen.
(3) Bei Benachteiligungen wegen des Geschlechts, der Religion, einer Behinderung, des Alters oder der sexuellen Identität sind die §§ 19 bis 21 nicht auf Schuldverhältnisse anzuwenden, die vor dem 1. Dezember 2006 begründet worden sind. Satz 1 gilt nicht für spätere Änderungen von Dauerschuldverhältnissen.
(4) Auf Schuldverhältnisse, die eine privatrechtliche Versicherung zum Gegenstand haben, ist § 19 Abs. 1 nicht anzuwenden, wenn diese vor dem 22. Dezember 2007 begründet worden sind. Satz 1 gilt nicht für spätere Änderungen solcher Schuldverhältnisse.
(5) Bei Versicherungsverhältnissen, die vor dem 21. Dezember 2012 begründet werden, ist eine unterschiedliche Behandlung wegen des Geschlechts im Falle des § 19 Absatz 1 Nummer 2 bei den Prämien oder Leis-

tungen nur zulässig, wenn dessen Berücksichtigung bei einer auf relevanten und genauen versicherungsmathematischen und statistischen Daten beruhenden Risikobewertung ein bestimmender Faktor ist. Kosten im Zusammenhang mit Schwangerschaft und Mutterschaft dürfen auf keinen Fall zu unterschiedlichen Prämien oder Leistungen führen.

# Kommentierung zum Allgemeinen Gleichbehandlungsgesetz

## Abschnitt 1
## Allgemeiner Teil

### § 1 Ziel des Gesetzes

**Ziel des Gesetzes ist, Benachteiligungen aus Gründen der »Rasse« oder wegen der ethnischen Herkunft, des Geschlechts, der Religion oder Weltanschauung, einer Behinderung, des Alters oder der sexuellen Identität zu verhindern oder zu beseitigen.**

**Inhaltsübersicht** Rn.



### I. Allgemeines

1 **Ziel des Gesetzes** ist in Umsetzung der Richtlinien 2000/43/EG vom 29.6.2000 (Antirassismus-Richtlinie), 2000/78/EG vom 27.11.2000 (Rahmenrichtlinie Beschäftigung), 2002/73/EG vom 23.9.2002 (Änderung der Gender-Richtlinie) (inzwischen ersetzt durch die Richtlinie 2006/54/EG vom 5.7.2006 zur Verwirklichung des Grundsatzes der Chancengleichheit und Gleichbehandlung von Männern und Frauen in Arbeits- und Beschäftigungsfragen) und der Richtlinie 2004/113/EG vom 13.12.2004 (Gleichbehandlungsrichtlinie wegen des Geschlechts außerhalb der Arbeitswelt) die Verhinderung und Beseitigung von Benachteiligungen. Die erwähnten Merkmale entstammen Art. 19 AEUV (früher Art. 13 EG-Vertrag). Ausdrücklich wird in der Begründung zum Gesetzentwurf darauf hingewiesen,

dass der rechtliche Schutz vor Benachteiligung nicht auf den Schutz besonderer Gruppen zielt, sondern auf den Schutz vor Benachteiligungen, die an die in den Richtlinien genannten Merkmale anknüpfen, da die Merkmale selbst in der einen oder anderen Form von jedem Menschen verwirklicht werden.[1] Nach der Struktur des AGG sind Benachteiligungen (§ 3) wegen eines oder mehrerer (§ 4) der in § 1 genannten Merkmale[2] im Rahmen des persönlichen (§ 6) und sachlichen Anwendungsbereichs (§ 2) verboten (§ 7) und können zur Unwirksamkeit einer Maßnahme (§ 134 BGB) und insbesondere zu Schadensersatz und Entschädigung (§ 15) führen, wenn diese nicht ausnahmsweise gerechtfertigt sind (§§ 5, 8–10).
Allerdings ist wegen der Zielsetzung auch die selbstständige Erwerbstätigkeit miterfasst. Zumindest wenn sich die Weigerung, mit einer Person einen Vertrag abzuschließen oder zu verlängern, der die Erbringung bestimmter Leistungen im Rahmen der Ausübung einer selbstständigen Erwerbstätigkeit zum Gegenstand hat, auf eines der Merkmale gründet, muss nach Art. 3 Abs. 1 Buchst. a und c RL 2000/78/EG (Rahmenrichtlinie Beschäftigung) der Schutz vor Diskriminierungen gewährleistet sein.[3] Ggf. ist diesbezüglich eine EU-rechtskonforme weite Auslegung des Beschäftigtenbegriffs in § 6 erforderlich.[4]

1a Am 6.7.2017 ist als Art. 1 des Gesetzes zur Förderung der Transparenz von Entgeltstrukturen[5] das Gesetz zur Förderung der Entgelttransparenz zwischen Frauen und Männern (EntgTranspG) in Kraft getreten. Es behebt Defizite in der Umsetzung der RL 2006/54/EG zur Entgeltgleichheit und verfolgt das allgemeine Ziel, das **Gebot des gleichen Entgelts für Frauen und Männer** bei gleicher oder gleichwertiger Arbeit umzusetzen (§ 1 EntgTranspG). Im AGG selbst fehlt eine klare und eindeutige Rechtsgrundlage, da sich allein aus einer Gesamtschau von § 2 Abs. 1 Nr. 2 und § 8 Abs. 2 ein solcher Anspruch nicht mit der erforderlichen Klarheit erkennen lässt.[6] Neben dem direkt anwendbaren Art. 157 AEUV kann nunmehr ein Anspruch auf gleiches Entgelt für gleiche sowie gleichwertige Arbeit auf § 3 Abs. 1 und § 7 EntgTranspG gestützt werden,[7] der gem. § 10 EntgTranspG gepaart ist mit einem individuellen Auskunftsanspruch. Gem. § 2 Abs. 2 EntgTranspG bleibt das AGG unberührt. Auch wenn nach der Gesetzesbegründung das EntgTranspG bei einer entgeltbezogenen Benachteiligung wegen des Geschlechts dem AGG **als lex specialis vorgeht,** wenn es eine abschließende Regelung

1 BT-Drs. 16/1780 S. 30.
2 Zur intersektionellen Diskriminierung s. Rn. 44.
3 EuGH 12.1.23 – C-356/21.
4 S. hierzu § 6 Rn. 4f.
5 BGBl. 2017 I 2152.
6 BAG 25.6.20 – 8 AZR 145/19, Rn. 57ff. m.w.N.
7 BAG 21.1.21 – 8 AZR 488/19, Rn. 17.

trifft, enthält dieses – mit Ausnahme der nach § 15 Abs. 5 EntgTranspG für nicht tarifgebundene und nicht tarifanwendende AG für den speziellen Fall der Nichterfüllung der Auskunftspflicht getroffenen Bestimmung – keine Regelung zur Darlegungs- und Beweislast, sodass § 2 Abs. 2 Satz 1 EntgTranspG insoweit auf das AGG verweist.[8] Wenn das Entgelt einer Arbeitnehmerin geringer ist als das vom AG nach §§ 10 ff. EntgTranspG mitgeteilte Vergleichsentgelt (Median-Entgelt) der männlichen Vergleichsperson(en), begründet dies regelmäßig die – vom AG widerlegbare – Vermutung, dass die Benachteiligung beim Entgelt wegen des Geschlechts erfolgt ist.[9] Bei nur zwei Vergleichspersonen des anderen Geschlechts wird die Vermutung einer Diskriminierung schon dann begründet, wenn für eine dieser Personen aufgezeigt wird, dass bei gleicher Arbeit ein höheres Entgelt entrichtet wird oder wurde.[10] Neben dem Anspruch auf gleiches Entgelt besteht bei einer Diskriminierung zusätzlich ein Entschädigungsanspruch gem. § 15 Abs. 2. Das EntgTranspG trifft für den Ersatz materieller oder immaterieller Schäden keine abschließende Regelung als lex specialis.[11]

**Benachteiligungen aus anderen Gründen** werden vom AGG nicht erfasst. 2
Insoweit bleibt es aber gem. § 2 Abs. 3 bei den bisherigen Vorschriften, insbesondere dem verfassungsrechtlichen Gleichbehandlungsgrundsatz nach Art. 3 GG, dem nach ganz herrschender Meinung mittelbare Drittwirkung über die zivilrechtlichen Vorschriften §§ 138, 242 BGB zukommt, und den arbeitsrechtlichen Grundsätzen insbesondere zur Gleichbehandlung, die neben den Vorschriften dieses Gesetzes weiterhin Anwendung finden. Während das EU-Freizügigkeitsrecht Wanderarbeitnehmer in den Diskriminierungsschutz mit einbezieht, vermittelt es Inländern keinen Anspruch auf Schutz vor Diskriminierungen gegenüber Wanderarbeitnehmern. Die sogenannte »Inländerdiskriminierung« wird durch Art. 3 Abs. 1 GG behandelt.[12] Zudem konkretisieren die Richtlinien lediglich einen allgemeinen Grundsatz des Unionsrechts[13] bzw. das Unions-Grundrecht auf Nichtdiskriminierung aus Art. 21 Abs. 1 GRC.[14] Das gilt nicht nur für das Alter, sondern

8 BAG 21.1.21 – 8 AZR 488/19, Rn. 26.

9 BAG 21.1.21 – 8 AZR 488/19, Rn. 61 ff.: Auslegung des § 22 AGG in Übereinstimmung mit Art. 19 RL 2006/54/EG.

10 BAG 16.2.23 – 8 AZR 450/21, Rn. 44.

11 BAG 16.2.23 – 8 AZR 450/21, Rn. 100.

12 BAG 25.1.18 – 6 AZR 791/16.

13 EuGH 22.11.05 – C-144/04 – [Mangold/Helm]; EuGH 19.1.10 – C 555/07 – [Kücükdeveci].

14 EuGH 19.1.10 – C 555/07 [Kücükdeveci]; EuGH 1.10.15 – C-432/14; EuGH 21.10.21 – C-824/19, Rn. 32; BVerfG 6.7.10 – 2 BvR 2661/06, Rn. 70 [Honeywell].

für alle in den Richtlinien enthaltenen Merkmale.[15] Der nicht abschließend geregelte Merkmalskatalog von Art. 21 Abs. 1 GRC geht über die von den Richtlinien und dem AGG erfassten Merkmale hinaus und umfasst auch »soziale Herkunft«, »genetische Merkmale«, »politische Anschauungen« sowie »Vermögen« und »Geburt«.

3 Nur mittelbare Auswirkungen hat das Gesetz auf Rechtsfolgen bei **Mobbing**. Während Mobbing in der Regel gerade dadurch gekennzeichnet ist, dass die Ausgrenzung eines Menschen ohne Anlass oder konkreten Grund erfolgt, knüpft die Diskriminierung, die die Rechtsfolgen des AGG auslöst, an ein bestimmtes Merkmal des § 1 an. Allerdings definiert der in § 3 Abs. 3 umschriebene Begriff der »**Belästigung**« auch den Begriff »Mobbing«, der über den Anwendungsbereich von § 1 hinaus für alle darunter zu subsumierenden Fälle gilt[16] und für die Betroffenen im Einzelfall neben Ansprüchen auf Schadensersatz und Entschädigung auch einen Anspruch entsprechend § 12 Abs. 3 auf Durchführung von Schutzmaßnahmen des AG (z. B. durch Ausspruch einer Abmahnung oder das Angebot eines anderen, gleichwertigen Arbeitsplatzes) auslösen kann.[17] Außerdem kommt eine Haftung des Vertragspartners gem. § 241 Abs. 2 BGB (Rücksichtnahme auf die Rechte, Rechtsgüter und Interessen der anderen Partei) und ein Anspruch nach den allgemeinen arbeitsrechtlichen Vorschriften auf Unterlassung in Betracht (weitere Hinweise zu Mobbing s. § 3 Rn. 32 und 34).

## II. Benachteiligung aus Gründen der Rasse oder wegen der ethnischen Herkunft

4 Vor dem Hintergrund einer massiven Zunahme von rassistischen Erfahrungen auch im Berufsleben[18] kommt dieser Form der Benachteiligung und einem effektiven Schutz am Arbeitsplatz eine wachsende Bedeutung

15 So auch Däubler/Beck-Däubler, AGG, § 1 Rn. 8; BeckOGK-Baumgärtner, § 1 AGG Rn. 37.

16 BAG 25.10.07 – 8 AZR 593/06.

17 Ebd.

18 2. Bericht der FRA (Fundamental Rights Agency) zu Erfahrungen von Schwarzen in der EU vom 25.10.2023 (englisch: *https://fra.europa.eu/en/publication/2023/being-black-eu*) (deutsch: Pressemitteilung *https://fra.europa.eu/sites/default/files/fra_uploads/pr-2023-being_black_in_the_eu_de.pdf* und Zusammenfassung unter *https://www.tagesschau.de/ausland/europa/diskriminierung-schwarze-eu-100.html*): in Deutschland geben 56 % der Menschen mit schwarzer Hautfarbe an, dass sie in den letzten fünf Jahren bei der Jobsuche benachteiligt wurden; bei der Antidiskriminierungsstelle des Bundes standen erstmals 2022 mit 43 % die Beratungsanfragen wegen rassistischer Diskriminierung an der Spitze, *https://www.antidiskriminierungsstelle.de/SharedDocs/aktuelles/DE/2023/20230627_Jahresbericht_2022.html*, S. 25.

zu.[19] Die Merkmale sollen einen möglichst lückenlosen Schutz vor ethnisch motivierter Benachteiligung gewährleisten und sind EU-rechtlich in einem umfassenden Sinne so zu verstehen, dass sie die Kriterien der Benachteiligungen auf Grund der »Rasse«, der Hautfarbe, der Abstammung, des nationalen Ursprungs oder des Volkstums (als unverbindliche deutsche Übersetzung von »ethnic origin«, das wohl treffender als ethnische Herkunft bezeichnet wird) aus dem Internationalen Übereinkommen zur Beseitigung jeder Form von Rassendiskriminierung (ICERD – auch als UN-Anti-Rassismus-Konvention bezeichnet),[20] mit einschließen. Die ICERD-Definition gilt unmittelbar im deutschen Recht.[21] Auch wenn sich ein Teil der genannten Begriffe nicht explizit in § 1 wiederfindet, umschreiben die Begriffe verschiedene Facetten der hier gemeinten Benachteiligung aus Gründen der »Rasse« oder wegen der ethnischen Herkunft. Auch andere Normen sind vom Wortlaut her weiter gefasst: Art. 3 Abs. 3 GG nennt neben der »Rasse« auch Abstammung, Sprache, Heimat und Herkunft. Art. 14 EMRK führt außerdem soziale Herkunft, Geburt und Zugehörigkeit zu einer nationalen Minderheit auf. Ähnliche Regelungen enthalten die Präambel zur europäischen Sozialcharta und das IAO-Übereinkommen Nr. 111. Diese Aufzählungen zeigen, dass sich die Bedeutungen der Begriffe überschneiden. Da es sich nach dem Wortlaut von § 1 bei der Benachteiligung wegen der »Rasse« oder der ethnischen Herkunft um nur einen Benachteiligungsgrund i. S. von § 4 handelt, ist eine eindeutige Abgrenzung der Begriffe untereinander nicht erforderlich. Auch auf die Feststellung einer Benachteiligung wegen einer bestimmten ethnischen Herkunft kommt es nicht an, da auch eine nur unterstellte »fremde« Herkunft genügt.[22]

Nach dem Sinn und Zweck der Regelung in § 1 sollen unter Heranziehung **4a**
der **Definition der Rassendiskriminierung** im ICERD alle diese Merkmale von den Begriffen der »Rasse« und der »ethnischen Herkunft« umfasst sein. Allerdings hat der UN-Ausschuss zur Beseitigung rassistischer Diskriminierung in seinen Empfehlungen vom 21.12.2023 zu Deutschland bemängelt, dass es im deutschen Recht keine klare Definition von rassistischer Diskriminierung gibt, die alle in Art. 1 ICERD genannten Gründe umfasst.[23] Außerdem sieht der Ausschuss Deutschland in der Pflicht, auch die

---

19 Unterstützen kann hier der Abschluss einer BV zur Förderung von Gleichbehandlung und zum Schutz der Beschäftigten vor Diskriminierung und Belästigung. Siehe hierzu die Muster-BV im Anhang, S. 409ff.

20 International Convention on the Elimination of All Forms of Racial Discrimination (ICERD) vom 7.3.1966.

21 BGBl. 1969 II S. 961.

22 ErfK-Schlachter, AGG, § 1 Rn. 4.

23 CERD/C/DEU/CO/23-26 vom 21.12.2023, Ziff. 11 und 12, in deutscher Übersetzung: *https://www.un.org/depts/german/menschenrechte/CERD-C-DEU-CO-23-26.pdf.*

**intersektionelle Diskriminierung** zu bekämpfen und sicherzustellen, dass Geschlecht, Alter, Behinderungen, sexuelle Orientierung und Geschlechtsidentität in allen seinen Maßnahmen zur Bekämpfung mehrfacher und intersektioneller Formen der Diskriminierung, einschließlich rassistischer Diskriminierung, durchgängig berücksichtigt werden.[24] Ein Beispiel ist die Benachteiligung von muslimischen Frauen, die **Kopftuch** tragen, die in der Praxis zu einer spürbaren Einschränkung ihrer beruflichen Möglichkeiten führt. Das deutsche Recht soll insoweit sicherstellen, dass ethnisch muslimischen Gemeinschaften angehörende Frauen nicht wegen Tragens des Kopftuchs benachteiligt werden, die entsprechenden Beamtengesetze ändern und Maßnahmen ergreifen, um ihre gleichberechtigte Teilhabe an Bildung und Beschäftigung wie auch am öffentlichen Leben und in Entscheidungspositionen zu verwirklichen.[25] Grund für eine Diskriminierung von Frauen, die ein muslimisches Kopftuch tragen, ist regelmäßig gerade das Zusammentreffen mehrerer Merkmale (»Rasse« oder ethnische Herkunft, Geschlecht und Religion). Verfehlt ist es, wenn die Merkmale für die Prüfung einer Diskriminierung nur jeweils für sich betrachtet werden oder sogar in manchen Konstellationen trotz einer klaren Benachteiligung für jedes Einzelmerkmal eine Diskriminierung verneint wird.[26]

5 Für das Verständnis des Begriffs der »**Rasse**« ist Erwägungsgrund 6 der Antirassismus-Richtlinie 2000/43/EG heranzuziehen, der Theorien zurückweist, die die Existenz verschiedener menschlicher Rassen behaupten. Die Verwendung des Begriffs »Rasse« bildet daher lediglich den sprachlichen Anknüpfungspunkt zu dem Begriff des »**Rassismus**« und dient der Bekämpfung rassistischer Tendenzen. Er lehnt sich an den Wortlaut in Art. 13 des EG-Vertrags sowie in Art. 3 Abs. 3 GG an. Durch die leicht abweichende Formulierung wollte der Gesetzgeber deutlich machen, dass nicht das Gesetz das Vorhandensein verschiedener menschlicher »Rassen« voraussetzt, sondern dass derjenige, der sich rassistisch verhält, eben dies annimmt,[27] auch wenn dies sprachlich nicht recht geglückt ist. Herangezogen werden kann auch die Definition von »Rassismus« aus dem Bericht der Beauftragten der Bundesregierung für Migration, Flüchtlinge und Integration zum Rassismus in Deutschland vom 15.2.2023, die an das wissenschaftliche Verständnis anknüpft. Demnach bezeichnet »Rassismus in all seinen Facetten (…) Überzeugungen und Praktiken, die auf der systematischen Ab-

---

24 CERD/C/DEU/CO/23-26 vom 21.12.2023, Intersektionalität Ziff. 31, s. hierzu § 1 Rn. 44ff. zur intersektionalen Diskriminierung.

25 CERD/C/DEU/CO/23-26 vom 21.12.2023, Ziff. 36 d) und e), s. hierzu auch § 1 Rn. 15a zur Diskriminierung im Zusammenhang mit dem Tragen eines muslimischen Kopftuchs.

26 S. hierzu im Einzelnen Rn. 44ff.

27 Gesetzesbegründung, BT-Drs. 16/1780 S. 31.

wertung und Ausgrenzung sowie Benachteiligung bestimmter Gruppen der Bevölkerung beruhen, denen biologisch oder kulturell konstruierte, nicht veränderbare und angeblich minderwertige Eigenschaften und Verhaltensweisen zugeschrieben werden«.[28] In Übereinstimmung mit der UN ist daher Antisemitismus eine Form von Rassismus.[29]

**Beispiel:**
Ein Kunde eines Getränkelieferers verlangt, dass er nicht von einem »Schwarzen« beliefert wird. Darin liegt eine Benachteiligung wegen der Hautfarbe und damit i. S. des AGG auch aus Gründen der Rasse.

Insbesondere fremdenfeindliche Äußerungen oder Beleidigungen stellen regelmäßig diskriminierende und herabwürdigende Äußerungen mit rassistischem Bezug dar.[30] Hierdurch wird zum Einen die Würde der Betroffenen i. S. von § 3 Abs. 3 verletzt.[31] Zum anderen stellen solche Äußerungen regelmäßig einen Grund für eine Kündigung dar.[32] §§ 1, 7, 12 sind Ausdruck der verfassungsrechtlichen Wertungen der Unantastbarkeit der Menschenwürde und des Diskriminierungsverbots und schränken dementsprechend die Meinungsfreiheit nach Art. 5 Abs. 2 GG berechtigterweise ein.[33] Die Rechtfertigung einer Benachteiligung aus rassistischen Gründen scheint ausgeschlossen.[34] Während rassistisches Verhalten Einzelner (AG oder Kollegenkreis) regelmäßig gut zu fassen ist, geht es bei strukturellem Rassismus um historisch und sozial gewachsene Machtverhältnisse, die tief in den Strukturen, Diskursen oder Bildern einer Gesellschaft verankert sind. Solche Strukturen können dazu führen, dass bestimmte Bevölkerungs-

---

28 BT-Drs. 20/5670 S. 13. Bericht der Beauftragten der Bundesregierung für Migration, Flüchtlinge und Integration zum Rassismus in Deutschland vom 15. 2. 2023; Bericht der Fachkommission der Bundesregierung zu den Rahmenbedingungen der Integrationsfähigkeit, Berlin 2020, S. 61; s. auch Lasserre, NZA 2022, 302.

29 CERD/C/DEU/CO/23-26 vom 21. 12. 2023, a. a. O., Antisemitismus Ziff. 33 f.

30 BAG 24. 9. 09 – 8 AZR 705/08 zu Schmierereien auf der Toilette: Hakenkreuz und die Schriftzüge »Scheiß Ausländer, ihr Hurensöhne, Ausländer raus, ihr Kanaken, Ausländer sind Inländer geworden«; LAG Hessen 21. 9. 19 – 10 Sa 601/18 – »Russenarschloch«; LAG Köln 6. 6. 19 – 4 Sa 18/19: außerordentliche Kündigung wegen Ausstoßes von Affenlauten wie »Ugah Ugah« ggü. Kollegen mit dunklerer Hautfarbe; LAG Nürnberg 7. 11. 17 – 7 Sa 400/16: Bezeichnung zweier polnischer Kollegen als »Polacken« kann grds. Kündigung rechtfertigen.

31 S. auch § 3 Rn. 27. Für eine Belästigung müssen die Würdeverletzung einer Person und ein sog. »feindliches Umfeld« kumulativ vorliegen. Hier tut sich die Rechtsprechung manchmal schwer, sodass die Hürden für die Betroffenen sehr hoch sein können.

32 BAG 24. 9. 09 – 8 AZR 705/08; LAG Köln 6. 6. 19 – 4 Sa 18/19

33 BVerfG 2. 11. 20 – 1 BvR 2727/19.

34 Lasserre, NZA 2022, 302 (306).

gruppen wie Menschen mit Migrationsgeschichte oder People of Color nicht entsprechend ihrem Anteil an der Gesamtbevölkerung in wichtigen Positionen in Politik, Verwaltung oder Wirtschaft vertreten sind.[35] Um solche Strukturen aufzudecken, kann ggf. ein Blick auf die Statistik helfen, und in manchen Fällen kann sich hieraus auch ein Indiz für eine Benachteiligung ergeben.[36] Um strukturellem Rassismus zu begegnen, können auch positive Maßnahmen gem. § 5 getroffen werden.

**6** Das Merkmal der **»ethnischen Herkunft«** ist vom Schutzzweck her weit auszulegen. Ethnie kann allgemein definiert werden als Menschengruppe, die kulturell, sozial und historisch eine Einheit bildet. Die Gruppe muss nicht politisch geeint, aber durch ein Gefühl der Zusammengehörigkeit verbunden sein (Brockhaus). Der Begriff drückt aus Sicht des EuGH aus, »dass gesellschaftliche Gruppen insbesondere durch eine Gemeinsamkeit der Staatsangehörigkeit, Religion, Sprache, kulturelle und traditionelle Herkunft und Lebensumgebung gekennzeichnet sind«.[37] Erfasst werden sowohl Fälle, in denen die Benachteiligung eine bestimmte Herkunft betrifft, als auch solche, in denen die Benachteiligung allein daran anknüpft, dass der Betroffene nichtdeutscher Herkunft ist. Angehörige eines fremden Volkes oder einer fremden Kultur sind vom Merkmal der ethnischen Herkunft erfasst, auch wenn diese Gruppe der in Deutschland lebenden Ausländer nicht durch gemeinsame einheitliche Merkmale geprägt ist.[38] Beispiele für ethnische Gruppen sind Sinti und Roma, Kurden aber auch Religionsgruppen wie die Sikhs und nationale Minderheiten, wie in Deutschland die Sorben in der Oberlausitz.[39] Überschneidungen gibt es mit dem Merkmal der »Religion«, da sie ein wesentliches, die ethnische Herkunft prägendes Kennzeichen sein kann. Auch die Gruppe der Spätaussiedler oder »Russlanddeutschen« verfügt typischerweise über eine eigene Gruppenidentität, die als Ethnie bezeichnet werden kann.[40]

**6a** Bei einer weiten Auslegung des Begriffs der Ethnie unter Einbeziehung der Merkmale Herkunft/Abstammung kann auch die Benachteiligung eines Bewerbers oder einer Bewerberin wegen ihrer **Herkunft aus den neuen Bundesländern** eine Benachteiligung wegen der Ethnie sein.[41] Maßgeblich für

---

35 *https://www.antidiskriminierungsstelle.de/DE/ueber-diskriminierung/diskriminierungsmerkmale/ethnische-herkunft-rassismus/ethnische-herkunft-rassismus-node.html.*

36 S. hierzu § 22 Rn. 11cff.

37 EuGH 16.7.15 – C-83/14.

38 BAG 21.6.12 – 8 AZR 364/11.

39 Thüsing, Sonderbeilage zu NZA 22/2004, 3 [9f.], m.w.N.

40 Däubler/Beck-Däubler, AGG, § 1 Rn. 42; Schiek-Schiek, AGG, § 1 Rn. 15.

41 Für eine weite Auslegung des Begriffs s. B/K/G, AGG, § 1 Rn. 23, die auch in der Unterscheidung zwischen Rheinländern und Westfalen, Schwaben und Badenern eine mögliche Anknüpfung an die ethnische Herkunft sehen; a.A.

den Begriff der »Ethnie« – wie schon für den Begriff der »Rasse« – ist es, ob **aus der vorurteilsbehafteten Sicht des Benachteiligenden** die Zugehörigkeit zu einer Menschengruppe besteht, der er bestimmte soziale und kulturelle Eigenschaften zuschreibt, und nicht darauf, ob die Gruppenbildung tatsächlich die Anforderungen an den Begriff Ethnie erfüllt. Dies ergibt sich auch aus dem Rechtsgedanken des § 7 Abs. 1 Satz 1, der es ausreichen lässt, wenn subjektiv aus der Sicht des Benachteiligenden ein in § 1 genanntes Merkmal vorliegt.[42]

Eine mittelbare Diskriminierung wegen der ethnischen Herkunft kommt in **6b** Betracht, wenn eine unterschiedliche Behandlung an **sprachlichen Voraussetzungen** anknüpft, ohne dass dies durch ein sachliches Ziel gerechtfertigt ist. Dies ist in jedem Fall bei der Anforderung von »deutsch als Muttersprache« für eine Stelle zu bejahen, weil die **Muttersprache** an die Herkunft anknüpft, während die Qualität von Sprachkenntnissen nicht notwendig von diesem Kriterium abhängt.[43] Das Gleiche dürfte gelten, wenn in einer Stellenausschreibung »akzentfreies Deutsch« verlangt wird. In sonstigen Fällen kommt es maßgeblich auf die Anforderungen für eine konkrete Tätigkeit an und darauf, ob diese durch ein rechtmäßiges Ziel sachlich gerechtfertigt und die Mittel zur Erreichung dieses Ziels erforderlich und angemessen sind.[44] Wenn in einem Online-Bewerbungsformular mehrere Möglichkeiten verfügbar sind, um die Frage nach den Deutschkenntnissen zu beantworten und sich darunter auch »Deutsch als Muttersprache« befindet, spricht dies

---

ArbG Stuttgart 15.4.10 – 17 Ca 8907/09: keine Entschädigung wegen des vom AG auf dem Lebenslauf der abgelehnten Bewerberin angebrachten Vermerks »(-) OSSI«; Thüsing, Arbeitsrechtlicher Diskriminierungsschutz, Rn. 181; MüKoBGB-Thüsing, AGG, § 1 Rn. 21.

42 So im Ergebnis auch BeckOK ArbR-Roloff, § 1 Rn. 2.

43 BAG 29.6.17 – 8 AZR 402/15.

44 BAG 7.5.08 – 4 AZR 299/07: keine mittelbare Benachteiligung bei niedrigerer Eingruppierung von Lehrern ausländischer Herkunft für muttersprachlichen Unterricht, die geringeren Anforderungen an die Ausbildung entspricht; BAG 28.1.10 – 2 AZR 764/08: keine mittelbare Benachteiligung durch Kündigung wegen unzureichender Deutschkenntnisse, wenn AN nicht in der Lage sind, in deutscher Sprache abgefasste und für ihre Tätigkeit erforderliche Arbeitsanweisungen zu lesen, und Maßnahmen zur Verbesserung der Deutschkenntnisse nicht erfolgreich waren; BAG 22.6.11 – 8 AZR 48/10: Aufforderung zu Teilnahme an einem Deutschkurs zum Erwerb arbeitsnotwendiger Sprachkenntnisse ist keine Diskriminierung; BAG 23.11.17 – 8 AZR 372/16: weder eine unmittelbare noch mittelbare Benachteiligung wegen der ethnischen Herkunft durch die Anforderung von sehr guten Deutsch- und guten Englischkenntnissen; LAG Nürnberg 5.10.11 – 2 Sa 171/11: bei Anforderung: »sehr gutes Deutsch« in einer Stellenanzeige für »Spezialist Software« kommt es darauf an, ob dies für die Tätigkeit sachlich erforderlich ist; ArbG Hamburg 26.1.10 – 25 Ca 282/09: Diskriminierung bei Vorsehen eines telefonischen Erstkontaktes bei der Bewerbung als Postzusteller.

eher dafür, dass es dem AG um das Sprachniveau geht und mit der Frage keine Benachteiligung verbunden ist.[45] Auch die Anforderung »Hohe Kommunikationsfähigkeit in deutscher Sprache« in einer Stellenanzeige für die Besetzung eines »Service Desk«, an dem telefonische Anfragen von EDV-Nutzern zu bearbeiten sind, stellt kein Indiz für eine Diskriminierung ausländischer Bewerber wegen ihrer Herkunft dar.[46] Das gleiche gilt bei der Forderung nach sehr guten Englischkenntnissen in einer Stellenausschreibung für Java-Entwickler.[47]

7 Eine unterschiedliche Behandlung, die an die **Staatsangehörigkeit** anknüpft, bleibt nach EU-Recht[48] grundsätzlich möglich und bedeutet nicht notwendigerweise eine Benachteiligung wegen der ethnischen Herkunft.[49] Die österreichische Regelung, nach der Beschäftigte nach 25 Jahren beim gleichen AG eine Woche mehr Urlaub erhalten, stellt weder eine Diskriminierung wegen der Staatsangehörigkeit dar[50] noch wegen der ethnischen Herkunft. Allerdings ist in der Praxis zu prüfen, ob nicht tatsächlich die ethnische Zugehörigkeit gemeint ist, wenn eine Maßnahme vordergründig nach der Staatsangehörigkeit unterscheidet. Auch Benachteiligungen wegen nichtdeutscher Herkunft fallen in den Schutzbereich.[51] Eine Verwendung von Schimpfworten mit dem Zusatz »Ausländer« stellt deshalb regelmäßig eine Benachteiligung aus Gründen der »Rasse« oder wegen der ethnischen Herkunft dar.[52]

8 Außerdem gilt für die **Staatsangehörigen der EU-Staaten** gem. Art. 39 EGV und Art. 7 Abs. 4 der EU-Verordnung Nr. 1612/68 des Rates Freizügigkeit innerhalb der EU mit der Folge, dass alle Bestimmungen in Tarifverträgen, Betriebsvereinbarungen und Einzelarbeitsverträgen hinsichtlich Zugang zur Beschäftigung, Entlohnung und aller übrigen Arbeits- und Kündigungsbestimmungen, die für Beschäftigte anderer Mitgliedstaaten diskriminierende Bedingungen vorsehen oder zulassen, nichtig sind.[53]

9 **Mitbestimmung des Betriebsrats:** Der Betriebsrat hat gem. § 80 Abs. 1 Nr. 7 BetrVG die allgemeine Aufgabe der Förderung einer Integration ausländischer AN sowie der Beantragung von Maßnahme zur Bekämpfung von Rassismus und Fremdenfeindlichkeit, die ausdrücklich als möglicher Gegenstand einer freiwilligen Betriebsvereinbarung in § 88 Nr. 4 BetrVG genannt sind.

---

45 BAG 15.12.16 – 8 AZR 418/15.
46 LAG Hessen 12.6.15 – 14 Sa 1075/14.
47 LAG Hamburg 18.5.15 – 5 Sa 79/14.
48 Erwägungsgrund 13 der Richtlinie 2000/43/EG [Antirassismus-Richtlinie].
49 LAG Niedersachsen 24.4.09 – 10 TaBV 55/08.
50 EuGH 13.3.19 – C-437/17.
51 BAG 21.6.12 – 8 AZR 364/11.
52 BAG 24.9.09 – 8 AZR 705/08: Benachteiligung wegen der ethnischen Herkunft.
53 EuGH 15.1.98 – C-15/96 – [Schöning-Kougebetopoulou].

### III. Benachteiligung wegen des Geschlechts

Neben dem Benachteiligungsschutz des AGG ergibt sich ein Verbot der Diskriminierung wegen des Geschlechts auch direkt aus Art. 21 und 23 GRC, die gem. § 6 Abs. 3 EUV als allgemeine Grundsätze Teil des Unionsrechts sind.[54] Das Merkmal betrifft die Benachteiligung wegen des Geschlechts im Sinne von »gender« und hat sowohl die **Gleichbehandlung von Mann und Frau als auch von trans- und intergeschlechtlichen Menschen** zum Ziel,[55] unabhängig davon, ob diese ihre geschlechtliche Identität innerhalb oder dauerhaft außerhalb des binären Geschlechtsverständnisses einordnen. Als intersexuell oder intergeschlechtlich werden Menschen bezeichnet, deren Chromosomensatz keine eindeutige Zuordnung zum männlichen oder weiblichen Geschlecht zulässt. Seit 2019 ist in § 22 Abs. 3 PStG die Intergeschlechtlichkeit als »drittes Geschlecht« anerkannt, das damit ebenfalls vor Benachteiligung geschützt ist.[56] Trans-Sein betrifft Menschen, die sich auf Dauer nicht mit ihrem eindeutig festgestellten biologischen Geschlecht identifizieren (§§ 1 Abs. 1 Nr. 1, 8 Abs. 1 des ehemaligen Transsexuellengesetzes [TSG]. Die Begrifflichkeit des TSG ist immer noch weit verbreitet, obwohl sie zunehmend kritisiert wurde. Zu empfehlen sind stattdessen die Begriffe »Transgender« oder »Trans«.[57] Das TSG war mehr als 40 Jahre alt, entsprach nicht dem Stand der Wissenschaft und enthielt verschiedene Vorschriften, die das Selbstbestimmungsrecht in menschenunwürdiger Weise beeinträchtigten und deshalb nach Entscheidungen des BVerfG nicht mehr anwendbar waren.[58] Um den Vorgaben des BVerfG[59] zum Selbstbestimmungsrecht von 10

---

54 EGMR 20.12.22 – 53282/18, 31428/20: EMRK und Protokoll Nr. 12 über das Diskriminierungsverbot strahlen nach Art. 6 EUV, Art. 19 AEUV sowie Art. 20, 21 GRC auf das Unions- und nationale Recht aus.

55 BeckOGK-Baumgärtner, AGG, § 1 Rn. 104 ff.; Däubler/Beck-Däubler, AGG, § 1 Rn. 48; Bettinghausen, BB 2018, 372; Thüsing, Arbeitsrechtlicher Diskriminierungsschutz, Rn. 182; Schiek-Schiek, AGG, § 1 Rn. 25; BVerfG 10.10.17 – 1 BvR 2019/16: Benachteiligung wegen Intergeschlechtlichkeit/Intersexualität fällt unter Art. 3 Abs. 3 GG.

56 BAG 23.11.23 – 8 AZR 164/22, Rn. 25.

57 Weitere Informationen zum Thema finden sich unter *https://www.uni-due.de/genderportal/studis-transgender.shtml* und *http://www.bpb.de/apuz/135427/geschlechtsidentitaet.*

58 BVerfG 16.3.82 – 1 BvR 983/81; BVerfG 26.1.93 – 1 BvL 38, 40 und 43/92; BVerfG 6.12.05 – 1 BvL 3/03; BVerfG 18.7.06 – 1 BvL 1 und 12/04; BVerfG 27.5.08 – 1 BvL 10/05; BVerfG 11.1.11 – 1 BvR 3295/07; s. hierzu auch den Gesetzentwurf für eine Neuregelung von Volker Beck u.a. und der Fraktion Bündnis 90/DIE GRÜNEN mit Begründung, in der die psychopathologisierende Wirkung und die Verletzungen der Menschenwürde im Einzelnen aufgezeigt werden: *https://www.volkerbeck.de/wp-content/uploads/2017/05/GE-zur-Anerkennung-der-selbst-bestimmten-Geschlechtsidentit%C3%A4t.pdf.*

59 BVerfG 11.1.11 – 1 BvR 3295/07.

Betroffenen Rechnung zu tragen und ihre selbstempfundene geschlechtliche Identität rechtlich anzuerkennen, ist das TSG inzwischen durch das Gesetz über die Selbstbestimmung in Bezug auf den Geschlechtseintrag (SBGG) ersetzt worden und erleichtert es trans- oder intergeschlechtlichen und/oder nichtbinären Personen, ihren Geschlechtseintrag und ihre Vornamen ändern zu lassen. Das Gesetz tritt in zwei Stufen in Kraft: Ab dem 1.8.2024 kann eine Anmeldung der Erklärung zur Änderung des Geschlechtseintrags und der Vornamen abgegeben werden. Am 1.11.2024 löst das SBGG dann das TSG endgültig ab. Nach der Rspr. des BVerfG ist das Merkmal »Geschlecht« im Sinne von »gender« unabhängig von einer biologischen Geschlechtszugehörigkeit als soziale Konvention zu verstehen. Dies entspricht dem Sinn und Zweck des Benachteiligungsverbots, das jeder Person ihr »So-Sein« ermöglichen und ihre autonomen Lebensentscheidungen sichern soll, unabhängig davon, welches Geschlecht sie hat oder welches Geschlecht ihr zugeschrieben wird. Die Geschlechtszugehörigkeit kann nämlich nicht allein nach den physischen Geschlechtsmerkmalen bestimmt werden. Sie hängt wesentlich auch von der psychischen Konstitution eines Menschen und seiner nachhaltig selbst empfundenen Geschlechtlichkeit ab.[60] Das BVerfG hatte eine Benachteiligung intergeschlechtlicher Menschen wegen ihres Geschlechts und einen Verstoß gegen das allgemeine Persönlichkeitsrecht darin gesehen, dass das Personenstandsrecht dazu gezwungen hat, das Geschlecht zu registrieren, aber keinen anderen positiven Geschlechtseintrag als weiblich oder männlich zuließ.[61] Das SBGG belässt es bei den im geänderten PStG vorgesehenen Einträgen »männlich«, »weiblich« und »divers« im Personenstandsregister und der Möglichkeit, keine Angabe beim Geschlecht einzutragen bzw. die Geschlechtsangabe zu streichen.[62] Die Option eines weiteren Geschlechtseintrags außerhalb des binären Systems wird auch als »drittes Geschlecht« bezeichnet.[63] Diejenigen Menschen, die ihre Geschlechtsidentität jenseits des Mann/Frau-Schemas sehen, was insbesondere in der Gruppe der intergeschlechtlichen Menschen und Trans vorkommen kann, haben nunmehr die Wahl, ihren Eintrag in das Personenstandsregister entsprechend zu gestalten. Schutz besteht auch hinsichtlich aller Benachteiligungen, die ihre Ursache in einer **Geschlechtsumwandlung** haben. Von einer solchen ist jedenfalls dann auszugehen, wenn eine Person während eines erheblichen Zeitraums in einer anderen Geschlechtszugehörigkeit als der bei ihrer Geburt eingetragenen gelebt und sich einer operativen Geschlechtsumwandlung unterzogen hat.[64]

60 BVerfG 6.12.05 – 1 BvL 3/03, Rn. 50.
61 BVerfG 10.10.17 – 1 BvR 2019/16.
62 BGBl. I 2018, 2639.
63 Körlings, NZA 2018, 282; Bettinghausen, BB 2018, 372.
64 EuGH 26.6.18 – C-451/16.

Für den arbeitsrechtlichen Teil des AGG[65] ist irrelevant, dass der nationale Gesetzgeber fälschlicherweise Trans-Sein dem Grund »sexuelle Identität« zuordnen wollte, während die EU-Richtlinie den Grund »Geschlecht« benennt.[66] In unionsrechtskonformer Auslegung verzichtet die Rechtsprechung des BAG auf eine Klärung und berücksichtigt Trans-Sein sowohl im Rahmen des Grundes »Geschlecht« als auch des Grundes »sexuelle Identität«.[67] Auch wenn begrifflich die geschlechtliche Identität unabhängig von der sexuellen Ausrichtung ist, wird durch diese Handhabung gewährleistet, dass eine Diskriminierung von Trans-Menschen als Benachteiligung wegen des Geschlechts berücksichtigt wird. Eine Kündigung wegen einer geplanten operativen Geschlechtsangleichung stellt ebenso eine Diskriminierung wegen des Geschlechts dar.[68] Das Gleiche gilt für Benachteiligungen, die eine Person erfährt, weil ihr Auftreten und/oder ihre Kleidung einem anderen Geschlecht entsprechen als dem ihr ursprünglich zugewiesenen biologischen Geschlecht. Absichtlicher, fortwährender Gebrauch von Pronomina bei trans- und intersexuellen Menschen, die nicht ihrer geschlechtlichen Identität entsprechen, können eine Belästigung i. S. von § 3 Abs. 3 darstellen. Eine Frage von Vorgesetzten oder Kollegen nach den Genitalien von trans und intersexuellen Menschen ist in keiner Weise adäquat und als sexuelle Belästigung gem. § 3 Abs. 4 einzuordnen. Zur Geltendmachung einer Benachteiligung reicht gem. § 22 die Darlegung von Indizien, die nach überwiegender Wahrscheinlichkeit darauf schließen lassen, dass eine Person als transsexuell wahrgenommen und deshalb benachteiligt wurde.[69] Es spricht viel dafür, dass nach der Entscheidung des BVerfG auch bei einer **Stellenausschreibung** die Angabe nur der männlichen und weiblichen Form nicht ausreicht, sondern ein Indiz für eine Benachteiligung von Menschen sein kann, die ihre geschlechtliche Identität außerhalb des binären Systems sehen.[70] Hier ist zu empfehlen, durch den Zusatz »divers« oder »d« oder den Gender* oder »:« klarzustellen, dass das Geschlecht für die Einstellungsentscheidung 10a

65 Für das allgemeine Zivilrecht außerhalb des Arbeitsmarktes gilt für die Gleichbehandlung wegen des Geschlechts die Richtlinie 2004/113/EG (Unisex-RL), die in Art. 4 Abs. 5 auch für unmittelbare Diskriminierungen einen allgemeinen Rechtfertigungsgrund vorsieht.

66 Zur Abgrenzung der Begriffe s. das Beispiel bei Rn. 41.

67 BAG 17.12.15 – 8 AZR 421/14.

68 EuGH 30.4.96 – C-13/94 – [P/S und Cornwall County Council].

69 BAG 17.12.15 – 8 AZR 421/14.

70 So Körlings, NZA 2018, 282 (285): Empfehlung des Zusatzes (m/w/i/t) oder (m/w/d); da trans- oder intersexuelle Menschen ihre geschlechtliche Identität z. T. durchaus innerhalb des binären Systems sehen und dann bereits unter die Begriffe männlich oder weiblich fallen, wäre der Zusatz i/t allerdings nicht korrekt; das Personenstandsgesetz sieht in seiner seit 22.12.2018 geltenden Fassung neben »männlich« und »weiblich« auch den Eintrag »divers« vor.

keine Rolle spielt und auch Menschen, die sich nicht dem binären System zuordnen, willkommen sind (s. auch § 11 Rn. 3a). Das BAG hat für die Verwendung des Gender* bei der Ausschreibung klargestellt, dass dieser nach allgemeinem Sprachgebrauch alle Geschlechter symbolisiert und nicht etwa zweigeschlechtliche Menschen benachteiligt oder deren Existenz verleugnet.[71] Werden in einer Stellenausschreibung »coole Typen« als »Anlagenmechaniker« und »Bauhelfer« gesucht, stellt dies als solches bereits ein Indiz für eine Benachteiligung dar. Auch transfeindliche Äußerungen begründen die Vermutung, dass Bewerber:innen wegen ihres Geschlechts benachteiligt werden.[72] Auch eine Absage für eine Stelle in zeitlichem Zusammenhang mit der Offenbarung der Eigenschaft als Trans-Person nach vorheriger Zusage begründet die Vermutungswirkung des § 22 AGG.[73] Gem. § 7 Abs. 1, 2. HS reicht für eine Benachteiligung wegen des Geschlechts subjektiv die Annahme aus, dass eine Person aufgrund ihres äußeren Erscheinungsbildes einem bestimmten Geschlecht zuzuordnen ist.

**11** Der EuGH sieht bei einer Untrennbarkeit des Differenzierungskriteriums mit dem verbotenen Merkmal eine unmittelbare Diskriminierung.[74] Die **Rechtsprechung** hat bisher eine **unmittelbar geschlechtsbezogene Benachteiligung** bejaht, wenn die nachteilig wirkende Maßnahme ausdrücklich oder ihrem Inhalt nach an die Geschlechtszugehörigkeit anknüpft, so dass die benachteiligte und die nicht benachteiligte Gruppe jeweils hinsichtlich des Geschlechts homogen zusammengesetzt sind. **Beispiele** hierfür sind eine nur an ein Geschlecht gerichtete Stellenausschreibung oder Lohnabschlagsklauseln.[75] Auch eine Regelung für einen Stillurlaub für Väter darf nicht vom Beschäftigungsstatus des anderen Elternteils abhängig gemacht werden, wenn das für Mütter nicht der Fall ist.[76] AG und Betriebsrat können

---

71 BAG 23.11.23 – 8 AZR 164/22: kein Indiz für eine Benachteiligung durch die gewählte Form der Ausschreibung oder Verwendung der Anrede »Herrn/Frau« in der Einladung zum Vorstellungsgespräch statt der gewünschten Anrede »Herm« für die sich selbst als »Hermaphrodit« bezeichnende Person; zu der Frage einer Indizwirkung s. § 22 Rn. 13.

72 ArbG Koblenz 9.2.22 – 7 Ca 2291/21, ArbRAktuell 2022, 295 m. Anm. Pletke: Die Bewerberin war ihrem biologischen Geschlecht nach ein Mann und hatte ihre Bewerbung mit »Freundliche Grüße Frau Markus…« geschlossen. Der AG hatte ihr eine Absage erteilt und die Bewerbung an eine Kundin weitergeleitet, versehen mit der Anmerkung »Was läuft da nur falsch« sowie einem Smiley mit heruntergezogenen Mundwinkeln.

73 ArbG Gießen 16.9.22 – 9 Ca 31/22; Berufung eingelegt beim Hess. LAG – 13 Sa 1480/22.

74 EuGH 15.7.21 – C-804/18 und C-341/19 Rn. 52 – WABE und MH Müller Handel.

75 BAG 23.3.57 – 1 AZR 326/56, AP Nr. 16 und 1 AZR 203/56, AP Nr. 17 zu Art. 3 GG.

76 EuGH 30.9.10 – C 104/09 – [Álvarez].

in einer Betriebsvereinbarung das Tragen einer einheitlichen Dienstkleidung regeln. Wird die Dienstkleidung für Männer und Frauen unterschiedlich ausgestaltet, verlangt neben dem AGG schon der betriebsverfassungsrechtliche Gleichbehandlungsgrundsatz, dass eine solche Differenzierung entsprechend dem Regelungszweck sachlich gerechtfertigt ist.[77] Personen, die sich nicht dem binären System zuordnen, müssen ein Wahlrecht haben, welche Kleidung sie tragen wollen (s. zur Rechtfertigung einer geschlechtsbedingten Benachteiligung mit Nachweis der bisherigen Rechtsprechung Rn. 4 ff. zu § 8; zur Frage der gleichen Vergütung s. Rn. 21 ff. zu § 2; zur Frage der Zulässigkeit von unterschiedlichen Altersgrenzen bei Betriebsrenten s. Rn. 53 zu § 2). Je nach den zugrundeliegenden Umständen ist eine Benachteiligung im Zusammenhang mit dem Tragen eines **Kopftuchs durch muslimische Frauen** entweder als unmittelbare oder als mittelbare Diskriminierung zu werten. Da diese Form der Benachteiligung ausschließlich Frauen betrifft, die muslimischen Glaubens sind, und auch mit ethnischen Gründen zusammenhängt, kommen regelmäßig mehrere Merkmale zusammen, so dass auch von einer intersektionellen Benachteiligung gesprochen werden kann.[78] In der Praxis führt diese zu einer deutlichen Benachteiligung der Frauen, die ein Kopftuch tragen, in ihrer Berufsausübung.[79] In der Rechtsprechung wird bei der Prüfung der Rechtfertigung i. d. R. auf eine Benachteiligung wegen der Religion abgestellt, so dass für die Benachteiligung wegen des Tragens eines Kopftuchs auf Rn. 15a verwiesen wird. Grundsätzlich kann eine unmittelbare Ungleichbehandlung wegen des Geschlechts nicht sachlich gerechtfertigt werden. Allerdings kann beim Zugang zur Beschäftigung für die Art der auszuübenden Tätigkeit oder die Bedingungen ihrer Ausübung in Ausnahmefällen ein mit dem Geschlecht verbundenes Merkmal eine wesentliche und entscheidende berufliche Anforderung gem. § 8 Abs. 1 AGG darstellen.[80]

Zu einer unmittelbaren Benachteiligung wegen des Geschlechts gehört gem. 12
§ 3 Abs. 1 Satz 2 auch die **Benachteiligung einer Frau wegen Schwangerschaft** und Geburt. Daher liegt auch in der Frage nach der Schwangerschaft bei der Einstellung eine unzulässige Benachteiligung. Eine Offenbarungspflicht der betroffenen Beschäftigten besteht nicht. Dies gilt selbst dann, wenn sie befristet als Schwangerschaftsvertretung beschäftigt werden soll.[81]

---

77 BAG 30.9.14 – 1 AZR 1083/12: verneint für die Verpflichtung zum Tragen einer Cockpit-Mütze nur für männliche Piloten.

78 S. hierzu Rn. 44.

79 CEDAW/C/DEU/CO/9, D Abs. 44: Forderung des Ausschusses gegenüber Deutschland, die Beeinträchtigung der Beschäftigungsaussichten von muslimischen Frauen, die ein Kopftuch tragen, zu beseitigen und entsprechende Verbote aufzuheben.

80 BAG 19.12.19 – 8 AZR 2/19; s. hierzu im Einzelnen § 8 Rn. 13.

81 LAG Köln 11.10.12 – 6 Sa 641/12.

Auch eine Kündigung im Nachgang zu einer Fehlgeburt mit der Begründung, dass die Mitarbeiterin, wenn ihre Lebensplanung schon beim Einstellungsgespräch war, kurzfristig schwanger zu werden, für die zu besetzende Stelle (Dauerarbeitsplatz) nicht in Frage komme, stellt eine unmittelbare Diskriminierung wegen des Geschlechts dar und belegt, dass die kurz zuvor ausgesprochene Kündigung wegen befürchteter Beeinträchtigungen des Arbeitsverhältnisses infolge einer zukünftigen Schwangerschaft ausgesprochen wurde. Folge ist nicht nur die Unwirksamkeit der Kündigung, sondern auch ein Entschädigungsanspruch.[82] Weder die unrichtige Beantwortung einer gestellten Frage nach der Schwangerschaft noch ein fehlender Hinweis der Beschäftigten berechtigen den AG zur Anfechtung eines Beschäftigungsvertrages[83] (s. auch § 2 Rn. 16 und 36). Eine Benachteiligung liegt gleichfalls vor, wenn der befristete Arbeitsvertrag aufgrund einer Schwangerschaft nicht verlängert wird.[84] Eine Kündigung, die u.a. aus dem Grund erfolgt, dass sich eine Arbeitnehmerin in einem vorgerückten Stadium einer künstlichen Befruchtung befindet, stellt zwar keine Benachteiligung wegen einer (noch nicht) eingetretenen Schwangerschaft dar, enthält aber gleichwohl eine Benachteiligung wegen des Geschlechts.[85] Eine Kündigung wegen einer Schwangerschaft oder eines damit verbundenen Beschäftigungsverbots führt zu einem Anspruch auf Entschädigung gem. § 15 Abs. 1. Aus einem Verstoß gegen das MuSchG ergibt sich eine Vermutung für die Benachteiligung wegen der Schwangerschaft.[86] Insbesondere indiziert die Missachtung der besonderen Schutzvorschriften des MuSchG bei Erklärung einer Kündigung eine Benachteiligung wegen der Schwangerschaft und damit wegen des Geschlechts.[87] Eine unmittelbare Diskriminierung wegen des Geschlechts liegt auch in einer Kündigung, die im Hinblick auf eine mögliche, noch nicht bestehende Schwangerschaft ausgesprochen wird. So ist eine außerhalb des Geltungsbereiches des KSchG ausgesprochene Kündigung gemäß § 134

---

82 LAG Köln 17. 1. 20 – 4 Sa 862/17: Entschädigungsanspruch nach § 15 Abs. 2 jedenfalls dann, wenn die Belastung – wie bei einer schwerwiegenden Persönlichkeitsrechtsverletzung – über das Normalmaß hinausgeht. Die im diskriminierenden Verhalten liegende Persönlichkeitsrechtsverletzung soll als solche unabhängig von der Frage sanktioniert werden, ob nach einer unwirksamen Kündigung das Arbeitsverhältnis fortbesteht, s. hierzu auch § 15 Rn. 14.

83 EuGH 5.5.94 – C-421/92 – [Habermann-Beltermann] und EuGH 27.2.03 – C-320/01 – [Busch]; BAG 6.2.03 – 2 AZR 621/01; LAG Hamm 1.3.99 – 19 Sa 2596/98.

84 ArbG Mainz 2.9.08 – 3 Ca 1133/08.

85 EuGH 26.2.08 – C-506/06 – [Mayr/Flöckner OHG], NZA 2008, 345.

86 BAG 12.12.13 – 8 AZR 838/12: Vermutung einer Benachteiligung wegen Versuchs des AG, die Beschäftigte zum Ignorieren eines Beschäftigungsverbotes zu bewegen, und des Ausspruchs der Kündigung entgegen MuSchG noch vor der künstlich einzuleitenden Fehlgeburt.

87 LAG Berlin-Brandenburg 16.9.15 – 23 Sa 1045/15.

BGB i. V. m. § 7 Abs. 1, §§ 1, 3 AGG nichtig, wenn sie wegen der beabsichtigten Durchführung einer In-vitro-Fertilisation und der damit eingehenden Möglichkeit einer Schwangerschaft erklärt wird.[88] Wird einer AN gekündigt, ohne dass der AG bei Zugang der Kündigungserklärung Kenntnis von ihrer Schwangerschaft hatte, so ist weder die Kündigung selbst noch ein »Festhalten« an der Kündigung ein Indiz für eine Benachteiligung wegen des Geschlechts.[89] Ein Widerruf der bereits erteilten Zustimmung zur Verkürzung der Elternzeit wegen erneuter Schwangerschaft und Beschäftigungsverbot stellt eine unmittelbare Diskriminierung aufgrund des Geschlechts dar.[90] Das gleiche gilt für die Zuweisung eines nicht gleichwertigen Arbeitsplatzes nach Rückkehr aus dem Mutterschutz.[91] Auch jede **im Zusammenhang mit** (und nicht nur wegen) **Schwangerschaft und Mutterschaft** erfolgende Schlechterstellung von Frauen stellt eine unmittelbare Diskriminierung aufgrund des Geschlechts dar, wobei solche Gründe nicht auf biologische Tatsachen zu reduzieren sind, sondern auch Verhaltensweisen mit einschließen, die von tradierten Rollenmustern ausgehen, z. B. die pauschale Annahme, eines der beiden Geschlechter sei hauptsächlich für die Kinderbetreuung zuständig und als Arbeitskraft deshalb weniger flexibel oder nur mit Einschränkungen verfügbar.[92] Bei der Prüfung einer Indizwirkung ist demnach zu berücksichtigen, ob eine Äußerung bei allen Eltern unabhängig vom Geschlecht und aus einer mit dem AGG offensichtlich in Einklang stehenden Motivation heraus (§ 5 AGG) vom AG gemacht wird oder ob die Äußerung sich auf die herkömmliche Rollenverteilung zwischen Männern und Frauen bezieht und die Problematik der Vereinbarkeit von Kinderbetreuung und Berufstätigkeit nur betreffend Frauen und Müttern negativ berücksichtigt.[93]

In der Praxis häufiger ist die **mittelbare Benachteiligung wegen des Geschlechts**, also neutrale, nicht an ein bestimmtes Geschlecht anknüpfende Vorschriften oder Anforderungen, die aber eine Benachteiligung wegen des Geschlechts bewirken (z. B. Mindestanforderungen an Gewicht und/ 13

88 BAG 26. 3. 15 – 2 AZR 237/14; LAG Köln 3. 6. 14 – 12 Sa 911/13: Ausfallzeiten infolge einer In-vitro-Fertilisation.

89 BAG 17. 10. 13 – 8 AZR 742/12.

90 OVG Magdeburg 21. 4. 11 – 1 L 26/10: Die Schwangerschaft und das erteilte ärztliche Beschäftigungsverbot sind Tatsachen, die ein öffentlicher AG bei der Bescheidung eines Antrags auf Verkürzung der Elternzeit nicht berücksichtigen darf.

91 ArbG Wiesbaden 30. 10. 08 – 5 Ca 632/08.

92 BAG 18. 9. 14 – 8 AZR 753/13: dies ergibt sich aus dem Wortlaut »auch« in § 3 Abs. 1 Satz 2 AGG.

93 LAG Rheinland-Pfalz 20. 8. 19 – 8 Sa 424/17: »Es ist zwar nicht Aufgabe der Personalpolitik, die gesellschaftliche Rollenverteilung zu ändern, sie darf aber in der konkreten Personalentscheidung nicht zu Lasten einer ANin an solche gesellschaftlichen Rollenverteilungen anknüpfen.«

oder Körpergröße,[94] aber auch die Anforderung einer mehrjährigen ununterbrochenen Vollzeittätigkeit als Einstellungsvoraussetzung oder eine Anknüpfung von Nachteilen an Elternzeit). Hier stellt sich jeweils die Frage nach der Rechtfertigung im Hinblick auf das verfolgte Ziel und die Geeignetheit und Erforderlichkeit der konkreten Anforderung, um dieses zu erreichen (s. im Einzelnen zur Rechtfertigung § 8 Rn. 3 ff.). Frauen, die nach der Geburt eines Kindes weitaus häufiger als Männer ihre berufliche Tätigkeit unterbrechen, um die Kinderbetreuung sicherzustellen, sind deutlich seltener durchgehend berufstätig als Männer und überwiegen deutlich bei den Beschäftigten, die länger als zwei Monate Elternzeit in Anspruch nehmen. Auch bleiben sie häufiger zu Hause als Männer, wenn ein Kind krank ist. Solange das so ist, stellt das Motiv des AG, keine Frauen mit kleineren Kindern einzustellen, eine Vermutung für eine mittelbare Benachteiligung dar.[95] Allerdings kommt es auf die Zielrichtung an. Eine tarifliche Regelung, die den Erwerb von Berufserfahrung mit Entgeltsteigerungen honoriert und deshalb Zeiten, in denen das Arbeitsverhältnis wegen Elternzeit ruht, nicht oder nur eingeschränkt berücksichtigt, führt nicht zu einer mittelbaren Geschlechtsdiskriminierung[96] (s. im Einzelnen zur bisher ergangenen Rechtsprechung § 3 Rn. 22).

14 **Mitbestimmung des Betriebsrats:** Der Betriebsrat hat gem. § 80 Abs. 1 Nr. 2a BetrVG die allgemeine Aufgabe der Durchsetzung der tatsächlichen Gleichstellung von Frauen und Männern. Geeignete Maßnahmen hierzu können Gegenstand einer freiwilligen Betriebsvereinbarung gem. § 88 BetrVG sein.

## IV. Benachteiligung wegen der Religion oder Weltanschauung

15 Wie bereits durch den Begriff des Glaubens in Art. 3 Abs. 3, Art. 4 Abs. 1 GG wird durch diese Merkmale die Freiheit des religiösen wie des welt-

---

94 EGMR 8.11.22 – 64480/19 (Moraru): unzulässige Diskriminierung durch Mindestgewicht und Mindestkörpergröße für den Zugang zum Studium der Militärmedizin; VG Schleswig-Holstein 26.3.15 – 12 A 120/14: unzulässige Diskriminierung durch Anforderung einer Mindestkörperlänge von 1,63 m für Bewerberinnen und 1,65 m für Bewerber (Einstellung in den Vorbereitungsdienst des höheren Polizeivollzugsdienstes); LAG Köln 25.6.14 – 5 Sa 75/14: Anforderung einer Mindestgröße von 165 cm für den Zugang zur Pilotenausbildung nicht erforderlich, um die Sicherheit des Flugverkehrs zu gewährleisten, und deshalb unzulässig; a.A. OVG Berlin-Brandenburg 27.1.17 – OVG 4 S 48.16 und VG Berlin 1.6.17 – 5 K 219.16: Mindestkörpergröße von 160 cm für die Einstellung in den Polizeivollzugsdienst ist sachgerecht.

95 BAG 18.9.14 – 8 AZR 753/13: Unterstreichen bei der Angabe »ein Kind« auf dem zurückgesandten Lebenslauf zusammen mit dem Vermerk »7 Jahre alt!« beim Familienstand; s. auch LAG Hamm 11.6.15 – 11 Sa 194/15.

96 BAG 21.11.13 – 6 AZR 89/12.

anschaulichen Bekenntnisses gewährleistet. Religion und Weltanschauung werden dementsprechend von der Verfassung grundsätzlich gleichbehandelt und bedürfen keiner Abgrenzung. Beiden liegt eine Gesamtsicht der Welt zugrunde. Beiden geht es um die Stellung des Menschen in der Welt, seine Herkunft, sein Ziel und seine Beziehung zu höheren Mächten oder tieferen Seinsschichten.[97] Unter Religion oder Weltanschauung versteht die Rechtsprechung eine mit der Person des Menschen verbundene Gewissheit über bestimmte Aussagen zum Weltganzen sowie zur Herkunft und zum Ziel des menschlichen Lebens. Die Religion legt eine den Menschen überschreitende und umgreifende (»transzendente«) Wirklichkeit zugrunde, während sich die Weltanschauung auf innerweltliche (»immanente«) Bezüge beschränkt.[98] Der **Begriff der Religion** ist nach dem Schutzzweck des Gesetzes weit auszulegen und schützt die Freiheit des Glaubens und die Freiheit, diesen Glauben zu verwirklichen. Dabei ist Religion nicht nur solche Glaubensbetätigung, die sich bei den heutigen Kulturvölkern auf dem Boden übereinstimmender sittlicher Grundanschauungen im Laufe der geschichtlichen Entwicklung herausgebildet hat. Vielmehr soll jeder seine innersten Anschauungen und Überzeugungen frei bilden und sie nach außen frei bekennen können.[99] Unstreitig fallen unter diesen Begriff die Weltreligionen wie Buddhismus, Christentum, Islam, Judentum und Hinduismus, aber auch das Bekenntnis zur Lehre einer der kleineren Glaubensgemeinschaften bzw. Sekten ist grundsätzlich geschützt. Auch wenn eine nach Religionszugehörigkeit zusammengesetzte Gruppe (hier: AN, die bestimmten christlichen Kirchen angehören) von einer Maßnahme begünstigt wird (Karfreitag als Feiertag mit Zusatzentgelt für an dem Tag geleistete Arbeit), handelt es sich für die nicht Begünstigten um eine unmittelbare Diskriminierung wegen der Religion.[100] Zur Rechtfertigung der unterschiedlichen Behandlung wegen der Religion oder einer Weltanschauung s. § 9.

Eine Benachteiligung wegen des Tragens eines **Kopftuchs muslimischer Frauen** kann je nach den zugrundeliegenden Umständen entweder unmittelbare oder mittelbare Diskriminierung sein.[101] Bei einem Teil der muslimischen Frauen gehört das Tragen eines **Kopftuches** in der Öffentlichkeit zu ihrem religiösen Bekenntnis und ist Akt der Religionsausübung, sodass eine direkte Anknüpfung hieran eine unmittelbare Benachteiligung wegen der 15a

97 BVerwG 7.7.04 – 6 C 17/03.

98 BVerfG 19.10.71 – 1 BvR 387/65; BVerwG 14.11.80 – 8 C 12/79 und 27.3.92 – 7 C 21/90.

99 BVerfG 17.12.75 – 1 BvR 63/68, s. unter Bezugnahme auf völker- und europarechtliche Bezüge: Schiek-Schiek, AGG, § 1 Rn. 19ff.

100 EuGH 22.1.19 – C-193/17; ErfK-Schlachter, AGG, § 1 Rn. 8.

101 Im Einzelnen und zur Frage der Rechtfertigung s. § 3 Rn. 10, 14, § 8 Rn. 8f. und § 9 Rn. 11; EuGH 15.7.21 – C-804/18 und C-341/19 Rn. 52 – [WABE] und [MH Müller Handel]: Rechtfertigung eines Kopftuchverbots im Arbeitsverhältnis.

Religion darstellt und gem. § 8 oder § 9 gerechtfertigt sein muss. Allgemein gilt, dass dann, wenn eine Ungleichbehandlung auf einem Kriterium beruht, das mit dem geschützten Grund untrennbar verbunden ist, diese als unmittelbar auf diesen Grund gestützt anzusehen ist.[102] Dies bejaht der EuGH auch bei einer allgemeineren Fassung, z. B. bei dem Verbot des Tragens auffälliger großflächiger Zeichen politischer, weltanschaulicher oder religiöser Überzeugungen, und sieht dies regelmäßig mit einer oder mehreren bestimmten Religion(en) oder Weltanschauung(en) als untrennbar verbunden.[103] Wegen des daraus resultierenden schwerwiegenden Grundrechtseingriffs muss zur Rechtfertigung eines Kopftuchverbots eine konkrete und nicht nur abstrakte Gefahr für die Neutralität des AG bestehen.[104] Eine solche Einschränkung muss entsprechend den Grundsätzen des Bundesverfassungsgerichts wohl auch für kirchliche Einrichtungen gelten, sodass diese nicht in jedem Fall ihren Mitarbeitern das Tragen eines Kopftuchs verbieten dürfen.[105] Da es um eine gleichberechtigte Teilhabe an Bildung und Beschäftigung geht, ist für eine unmittelbare Diskriminierung kein guter Grund für eine Rechtfertigung ersichtlich. Ein Kopftuchverbot für Rechtsreferendarinnen bedarf zumindest einer gesetzlichen Grundlage und ist auf seine Verhältnismäßigkeit hin zu überprüfen.[106] Auf der Ebene der UNO hat nach einer entsprechenden Beschlussfassung des Ausschusses für die Beseitigung der Diskriminierung der Frau (CEDAW)[107] auch der Ausschuss gegen Rassendiskriminierung (CERD) in seinen jüngsten Empfehlungen hervorgehoben, dass aufgrund der bestehenden Verpflichtungen aus der Konvention gegen Rassismus (ICERD) Deutschland in der Pflicht ist, durch das nationale Recht sicherzustellen, dass ethnisch muslimischen Gemeinschaften angehö-

---

102 EuGH 26.1.21 – C-16/19 – [Szpital Kliniczny].

103 EuGH 15.7.21 – C-804/18 und C-341/19 Rn. 52 – [WABE] und [MH Müller Handel].

104 BVerfG 18.10.16 – 1 BvR 354/11: Für die Beschäftigung einer Erzieherin bei einem öffentlichen Einrichtungsträger unter Aufhebung von BAG 12.8.10 – 2 AZR 593/09; BAG 27.8.20 – 8 AZR 62/19, Rn. 57, 66ff.

105 Nach BVerfG 18.10.16 – 1 BvR 354/11, EuGH 17.4.18 – C-414/16 – [Egenberger Evangelisches Werk für Diakonie und Entwicklung eV] und EuGH 11.9.18 – C-68/17I – [R/JQ] wird es auch hier auf die Art der Tätigkeit und eine konkrete Gefährdung berechtigter Grundsätze des AG ankommen; a. A. noch BAG 24.9.14 – 5 AZR 611/12.

106 BVerfG 27.6.17 – 2 BvR 1333/17: Ablehnung des Erlasses einer einstweiligen Anordnung gegen ein Kopftuchverbot für Rechtsreferendarinnen in Hessen wegen des lediglich zeitlich und örtlich beschränkten Eingriffs in Rechtspositionen; VG Augsburg 30.6.16 – Au 2 K 15.457.

107 CEDAW/C/DEU/CO/9, D Abs. 44: Forderung des Ausschusses gegenüber Deutschland, die Beeinträchtigung der Beschäftigungsaussichten von muslimischen Frauen, die ein Kopftuch tragen, zu beseitigen und entsprechende Verbote aufzuheben.

rende Frauen nicht wegen Tragens des Kopftuchs benachteiligt werden, und die entsprechenden Beamtengesetze zu ändern.[108] Eine mittelbare Benachteiligung kommt in Betracht, wenn eine interne Regel eines privaten AG z. B. allgemein das Tragen sichtbarer Zeichen politischer, philosophischer oder religiöser Überzeugungen verbietet und damit unterschiedslos für jede Bekundung solcher Überzeugungen gilt. Der Wille des AG, politische, philosophische oder religiöse Neutralität zum Ausdruck zu bringen, gehört zur unternehmerischen Freiheit und kann bei Vorliegen der näheren Voraussetzungen ein rechtmäßiges Ziel für ein Verbot darstellen, wenn es unterschiedslos für alle AN konsequent gelebt wird.[109] Allerdings sind wegen des damit verbundenen Grundrechtseingriffs an eine Rechtfertigung hohe Anforderungen zu stellen. Da diese Form der Benachteiligung ausschließlich Frauen betrifft, die muslimischen Glaubens sind, und auch mit ethnischen Gründen zusammenhängt, kann auch von einer Benachteiligung wegen mehrerer Merkmale (§ 4) oder auch einer intersektionellen Benachteiligung gesprochen werden.[110]

Eine kirchliche Einrichtung darf eine bestimmte Religion von Bewerbern **15b** und Bewerberinnen nur dann zur Einstellungsvoraussetzung machen, wenn die Religion nach der Art der Tätigkeit für eine glaubwürdige Vertretung nach außen im Rahmen des Verkündungsauftrags der Kirche als wesentliche berufliche Anforderung verhältnismäßig ist.[111]. Eine Rechtfertigung der Benachteiligung nach § 9 Abs. 1 Alt. 1 AGG aufgrund des Selbstbestimmungsrechts einer Religionsgemeinschaft scheidet aus, da diese Vorschrift

108 CERD/C/DEU/CO/23-26 vom 21.12.2023, Ziff. 36 d) und e), s. hierzu auch § 1 Rn 15a zur Diskriminierung im Zusammenhang mit dem Tragen eines Kopftuchs durch muslimische Frauen.

109 EuGH (Große Kammer) 28.11.23 – C-148/22 (OP / Commune d'Ans) für eine Gemeindeverwaltung, die ein vollständig neutrales Verwaltungsumfeld schaffen möchte: kann gerechtfertigt sein, sofern diese Regel im Hinblick auf diesen Kontext und unter Berücksichtigung der verschiedenen betroffenen Rechte und Belange geeignet, erforderlich und verhältnismäßig ist; EuGH 14.3.17 – C 157/15 – [G4S Solutions oder Achbita]; a. A. LAG Nürnberg 27.3.18 – 7 Sa 304/17: Die unternehmerische Freiheit reicht nicht soweit, dass bereits der subjektive Wunsch des AG, eine Politik der Neutralität zu verfolgen, zu der Rechtmäßigkeit eines Kopftuchverbotes bei einer Verkaufsberaterin und Kassiererin im Einzelhandel führt; s. hierzu auch Brors, AuR 2018, 112 und Mareck, JM 2018, 416.

110 Däubler/Beck-Däubler, AGG, § 4 Rn. 6; Schiek-Schiek, AGG, § 4 Rn. 11; s. hierzu Rn. 44.

111 EuGH 17.4.18 – C-414/16 – [Egenberger/Evangelisches Werk für Diakonie und Entwicklung eV]: volle gerichtliche Überprüfbarkeit der Voraussetzungen ohne Entscheidungsspielraum für kirchliche Gemeinschaften und ihre Einrichtungen; in der Folge ebenso BAG 25.10.18 – 8 AZR 501/14, die hiergegen eingelegte Verfassungsbeschwerde ist noch anhängig.

nicht im Einklang mit Art. 4 Abs. 2 der Richtlinie 2000/78/EG steht und eine unionsrechtskonforme Auslegung nicht möglich ist.[112] Umgekehrt dürfen auch Loyalitätsanforderungen nur dann nach der Religionszugehörigkeit differenzieren, wenn die Tätigkeit im Zusammenhang mit dem Verkündungsauftrag steht[113] (s. auch § 8 Rn. 8 und § 9 Rn. 9). Jüngst hat das BAG noch einmal explizit festgestellt, dass dann, wenn ein AG mit kirchlicher Zuordnung, der auch AN beschäftigt, die nicht dieser Kirche angehören, einem AN (hier: einem Chefarzt) wegen Kirchenaustritt kündigt, diesen unmittelbar wegen der Religion i. S. d. §§ 1, 3 Abs. 1 Satz 1 AGG benachteiligt, und hat dem EuGH die Frage zur Entscheidung vorgelegt, ob ein Verbleib bzw. Wiedereintritt in die Kirche eine gerechtfertigte Loyalitätsanforderung i. S. von § 9 im Hinblick auf die beruflichen Anforderungen seines AG sein kann. Zudem hat das BAG mit Blick auf das BVerfG festgestellt, dass das hier maßgebliche Unionsrecht in der Auslegung des EuGH nicht seinerseits in Deutschland unanwendbar ist, da es weder auf einem Akt ultra vires beruht noch die Verfassungsidentität der Bundesrepublik Deutschland im Sinne der Rspr. des BVerfG berührt. Dabei hat das BAG explizit offengelassen, ob diese Rechtsprechung ihrerseits mit dem Verständnis des Gerichtshofs vom Vorrang des Unionsrechts[114] im Einklang steht oder wie ein Konflikt zwischen dem EuGH und dem BVerfG bei unterschiedlichen Auffassungen in Bezug auf die Gültigkeit von Unionsrecht gegebenenfalls aufzulösen wäre.[115]

16 Umstritten ist, ob es sich bei **Scientology** um eine Religionsgemeinschaft handelt. Das BAG hat dies verneint mit der zutreffenden Begründung, bei den verschiedenen Scientology-Organisationen diene die religiöse und weltanschauliche Lehre nur als Vorwand für die Verfolgung wirtschaftlicher Ziele.[116] Eine Benachteiligung, die an eine Mitgliedschaft bei Scientology anknüpft, ist damit nach der bisherigen deutschen Rechtsprechung keine Benachteiligung gem. § 1. Eine Entscheidung des EuGH zu diesem Thema liegt noch nicht vor. Generell gilt, dass das verfassungsrechtlich gewährleistete Selbstbestimmungsrecht von Religions- und Weltanschauungsgemeinschaften nur von einem Verein in Anspruch genommen werden kann, der

---

112 BAG 25.10.18 – 8 AZR 501/14; s. auch § 9 Rn. 2.

113 EuGH 11.9.18 – C-68/17 – [IR/JQ]: Kündigung eines katholischen Chefarztes wegen Wiederheirat; Folgeentscheidung des BAG 20.2.19 – 2 AZR 746/14.

114 EuGH 11.12.18 – C-493/17, Rn. 19.

115 BAG 1. 2. 24 – 2 AZR 196/22 (A) (Vorlagebeschluss); zur Rückführung der Ultra-vires-Kontrolle auf ein europarechtsfreundlicheres Maß: BVerfG 1.12.20 – 2 BvR 1845/18, 2 BvR 2100/18 (Europäischer Haftbefehl III); s. auch Schubert, NZA 2023, 1374 mit Vorschlägen für eine Anpassung des AGG.

116 BAG 22.3.95 – 5 AZB 21/94; offengelassen BAG 26.9.02 – 5 AZB 19/01; a. A. die französische Rechtsprechung mit Nachweis bei Thüsing, Sonderbeilage zu NZA 22/2004, 3 [10].

ein hinreichendes Maß an religiöser Systembildung und Weltdeutung aufweist.[117]

Der Begriff der **Weltanschauung** ist nicht notwendig gleich umfassend zu sehen wie die religiöse Überzeugung. Ob alle persönlichen Überzeugungen darunterfallen und der Begriff der Religion letztlich nur eine Art der Weltanschauung ist, oder ob eine **ähnlich einer Religion weitreichende, philosophische Überzeugung** vorliegen muss, wird in den Ländern Europas unterschiedlich gesehen.[118] Nach der Rechtsprechung des EuGH ist die Weltanschauung Teil eines einheitlichen Diskriminierungsgrundes, der sich auf religiöse, weltanschauliche und spirituelle Überzeugungen erstreckt.[119] 17

Nach dem Willen des Gesetzgebers muss dagegen nach deutschem Recht »eine mit der Person des Menschen verbundene Gewissheit über bestimmte Aussagen zum Weltganzen sowie zur Herkunft und zum Ziel menschlichen Lebens« vorliegen, wenn man von einer Weltanschauung sprechen will.[120] Auch aus dem Zusammenhang mit der Regelung in § 9 (s. Rn. 2 f. zu § 9) und der Gesetzesbegründung[121] ergibt sich, dass sich der Begriff auf die **bisher geltenden Rechtsvorschriften** bezieht und damit auf Art. 4 Abs. 1 und 140 GG i. V. m. 137 Abs. 7 WeimRVerf. Danach ist **Weltanschauung** eine **Lehre, die** ohne Bindung an ein religiöses Glaubensbekenntnis **das Wertganze universell zu begreifen und die Stellung des Menschen in der Welt zu erkennen und zu bewerten sucht.**[122] Der Begriff setzt also ein »systematisches Gesamtgefüge« voraus, das ein Mindestmaß an Systembildung und Weltdeutung vermittelt.[123] Persönliche Einstellungen, allgemeine politische Gesinnungen oder die Sympathie für eine politische Partei oder für politische Systeme sind keine »Weltanschauung«,[124] ebenso wenig wie 18

---

117 BAG 25.4.23 – 9 AZR 253/22: Bejahung der AN-Eigenschaft für Vereinsangehörige eines Yoga-Vereins, die in der indischen Ashram- und Klostertradition zusammenleben und Tätigkeiten in Küche, Haushalt etc. sowie die Durchführung von Yoga-Unterricht und die Leitung von Seminaren gegen ein monatliches Taschengeld erbringen, mit der Folge eines Anspruchs auf Mindestlohn.

118 Schiek-Schiek, AGG, § 1 Rn. 23 ff. m. w. N.

119 EuGH 13.10.22 – C-344/20.

120 BT-Drs. 16/2022 S. 28, Begründung anlässlich der Streichung des Merkmals Weltanschauung in § 19.

121 BT-Drs. 16/1780 S. 35.

122 BVerfG 19.10.71 – 1 BvR 387/65; BVerwG 14.11.80 – 8 C 12/79 und 27.3.92 – 7 C 21/90; Maunz/Dürig, Art. 140/137 WeimRVerf, Rn. 54.

123 BAG 25.4.23 – 9 AZR 253/22.

124 EuGH 15.7.21 – C-804/18 und C-341/19 – [WABE] und [MH Müller Handel]; BAG 20.6.13 – 8 AZR 482/12: (Vermutete) Sympathie für die Volksrepublik China oder ihre Regierung. Das BAG hat dahinstehen lassen, ob von einer »kommunistischen Weltanschauung« gesprochen werden kann und offengelassen, ob die Zugehörigkeit zu einer Partei oder das Eintreten für deren Ziele unter das Merkmal »Weltanschauung« fällt.

die Tätigkeit als Betriebsrätin[125] oder politische Programme, die sich regelmäßig auf das gesellschaftliche Zusammenleben in einem bestimmten Staatsgefüge beschränken. Deshalb ist eine Diskriminierung wegen eines politischen Standpunkts (z. B. bei Mitgliedschaft in NPD oder KPD) nicht nach dem AGG geschützt und bleibt außerhalb der allgemeinen Regelungen sanktionslos.[126] Allerdings kann eine Benachteiligung wegen politischer Äußerungen, die Ausdruck einer bestimmten Weltanschauung sind, unter den Anwendungsbereich des AGG fallen, z. B. eine Benachteiligung wegen Ablehnung des Truppeneinsatzes der Bundesrepublik in Afghanistan aus einer pazifistischen Überzeugung heraus. Eine Benachteiligung wegen einer früheren Tätigkeit für das Ministerium für Staatssicherheit (MfS) der ehemaligen Deutschen Demokratischen Republik stellt keine Benachteiligung wegen der Weltanschauung dar. Selbst wenn in einer politischen Überzeugung entgegen den obigen Ausführungen eine Weltanschauung zu sehen wäre, ist eine Tätigkeit für das MfS nicht zwingend auf eine bestimmte politische Überzeugung zurückzuführen.[127] Auch die von der NPD vertretene »Weltanschauung des Nationalismus, der die Nation zum Mittelpunkt des Lebens und Handelns mache«, fällt nicht unter den hier relevanten Begriff der Weltanschauung.[128]

19 Nach Art. 4 Abs. 1 GG wird neben religiösem und weltanschaulichem Bekenntnis auch die **Gewissensfreiheit**, also die Freiheit, dem persönlichen Bewusstsein von sittlich Gutem und Bösem gemäß zu handeln, geschützt. Eine Gewissensentscheidung ist damit jede ernste sittliche, d. h. an den Kategorien von »gut« und »böse« orientierte Entscheidung, die der Einzelne in einer bestimmten Lage als für sich bindend und unbedingt verpflichtend innerlich erfährt, so dass er gegen sie nicht ohne ernste Gewissensnot han-

125 ArbG Wuppertal 1.3.12 – 6 Ca 3382/11.

126 LSG Thüringen 8.5.14 – L 1 SV 1263/10: Das AGG gewährt keinen Schutz vor Ungleichbehandlung wegen politischer Ansichten. Der Begriff der Weltanschauung umfasst die politische Überzeugung nicht mit; BVerwG 7.7.04 – 6 C 17/03: Eine politische Überzeugung fällt nicht unter diesen Begriff von Weltanschauung, selbst wenn sie Sichtweisen von Politik und Gesellschaft sehr umfassend erklärt; MüKoBGB-Thüsing, AGG, § 1, Rn. 94, BT-Drs. 16/2022, S. 12; a. A. ArbG Berlin 30.7.09 – 33 Ca 5772/09: Marxismus-Leninismus als gesamtgesellschaftliche Theorie ist eine Weltanschauung; möglicherweise a. A. BAG 12.5.11 – 2 AZR 479/09: Unterstellung ohne nähere Begründung, dass die Zugehörigkeit zu einer Partei oder das Eintreten für deren Ziele eine »Weltanschauung« betrifft; s. auch Wisskirchen/Bissels, NZA 2007, 169 (172 f.).

127 ArbG Berlin 30.7.09 – 33 Ca 5772/09, das hilfsweise für den Fall des Vorliegens einer mittelbaren Benachteiligung wegen der Weltanschauung die Benachteiligung wegen des absehbaren Konflikts mit anderen, langjährig Beschäftigten als gerechtfertigt ansieht.

128 BVerwG 7.7.04 – 6 C 17/03.

deln könnte.[129] Nach der Rechtsprechung des BAG ist der so genannte subjektive Gewissensbegriff maßgebend, nach dem es ausreicht, wenn der oder die Beschäftigte darlegt, ihm oder ihr sei wegen einer aus einer spezifischen Sachlage folgenden Gewissensnot heraus nicht zuzumuten, die an sich vertraglich geschuldete Leistung zu erbringen. Lässt sich aus den festgestellten Tatsachen im konkreten Fall ein Gewissenskonflikt ableiten, so unterliegt die Relevanz und Gewichtigkeit der Gewissensbildung keiner gerichtlichen Kontrolle.[130] Also sind auch solche ggf. einzelfallbezogenen Gewissensentscheidungen unter den Begriff der Weltanschauung des § 1 zu fassen.

In jedem Fall bleiben gem. § 2 Abs. 3 die schon bisher anerkannten **Rechte** 20
**von Beschäftigten** unberührt, **aus Gewissensgründen bestimmte Arbeiten zu verweigern** (§ 275 Abs. 3 BGB) und sich diesbezüglich gem. §§ 84, 85 BetrVG zu beschweren.[131]

Allerdings ist zu beachten, dass für den Fall, dass eine nach § 315 Abs. 1 21
BGB im Rahmen des billigen Ermessens erhebliche Gewissensentscheidung, Religion oder Weltanschauung es dem AG verbietet, den Beschäftigten eine an sich geschuldete Arbeit zuzuweisen, ein personenbezogener Kündigungsgrund bestehen kann, wenn keine anderen Beschäftigungsmöglichkeiten vorhanden sind.[132] Die Gewissensentscheidung der Beschäftigten schränkt die unternehmerische Freiheit des AG, den Inhalt der Tätigkeit zu bestimmen, nicht ein. Der oder die Beschäftigte ist dann vielmehr nach § 297 BGB außerstande, die geschuldete Leistung zu erbringen. Eine Kündigung stellt also in einem solchen Fall keine verbotene Diskriminierung dar, sondern kann gem. § 8 Abs. 1 gerechtfertigt sein.

**Beispiel:**
A arbeitet als Kellner in der Gastwirtschaft des B. Er tritt in die Heilsarmee ein und lehnt es fortan wegen seiner Weltanschauung ab, alkoholische Getränke zu servieren. B hat keine andere Einsatzmöglichkeit für A und kann sich folglich aus personenbedingten Gründen von A trennen. Wenn er ihn bis dahin nicht einsetzen kann, ist er außerdem nicht zur Zahlung von Entgelt verpflichtet.

Problematisch ist in diesem Zusammenhang, dass das AGG auf den ersten 22
Blick vor Benachteiligung wegen jeder Art der **Weltanschauung** schützt,

---

129 BVerfG 20.12.60 – 1 BvL 21/60; BAG 20.12.84 – 2 AZR 436/83.

130 BAG 24.5.89 – 2 AZR 285/88.

131 BAG 25.7.57 – 1 AZR 194/56: Ablehnung von direkter Streikarbeit; BAG 20.12.84 – 2 AZR 436/83: Weigerung eines Kriegsdienstverweigerers, kriegsverherrlichende Schriften zu drucken; BAG 24.5.89 – 2 AZR 285/88: Weigerung eines Mitarbeiters eines Pharmaunternehmens, Arzneimittel zu erforschen und zu produzieren, die auch im militärischen Bereich eingesetzt werden können.

132 BAG 24.2.11 – 2 AZR 636/09: Weigerung einer Ladenhilfe, Alkoholika einzuräumen; LAG Hamm 20.4.11 – 4 Sa 2230/10: Weigerung, bei der Verabschiedung von Telefonkunden auf den Zusatz »Jesus hat Sie lieb« zu verzichten.

also auch bei einer solchen, **die diskriminierend wirkt** oder deren Ziele fragwürdig sein können (z. B. Mitglieder extremistischer Gruppen, religiöse Fanatiker). Die Rechte aus Art. 3 Abs. 3 GG und der arbeitsrechtliche Gleichbehandlungsgrundsatz finden ihre Grenzen an den kollidierenden Grundrechten Dritter und den für alle geltenden Gesetzen, insbesondere dem Strafrecht. Solche **Grenzen** sind im AGG nicht ausdrücklich vorgegeben, gleichwohl aber zu berücksichtigen.

**23** Zunächst ist in einem ersten Schritt unter Berücksichtigung der Rechtsprechung des BAG zu prüfen, ob es sich bei einer solchen Gruppierung tatsächlich um eine Religionsgemeinschaft oder Weltanschauungsgemeinschaft handelt oder ob – wie bei Scientology – die religiösen und weltanschaulichen Lehren nur als Vorwand für die Verfolgung anderer Ziele dienen.[133] Nur wenn Ersteres der Fall ist, wird es notwendig, zwischen diskriminierender Benachteiligung wegen der Weltanschauung und berechtigter Ungleichbehandlung zu differenzieren. Konfliktfälle sind insbesondere bei der Einstellung und bei der Beendigung des Arbeitsverhältnisses denkbar (s. Rn. 20 zu § 7). § 8 Abs. 1 lässt eine unterschiedliche Behandlung hinsichtlich der Weltanschauung nur zu, wenn es um **berufliche Anforderungen** geht (zur Auslegung dieses Begriffs unter Berücksichtigung der Grundsätze von § 75 Abs. 1 und 2 BetrVG und der betrieblichen Interessen s. Rn. 3 ff. zu § 8). § 9 gilt nur für Religions- und Weltanschauungsgemeinschaften.

**24** In solchen Fällen ist nach dem Grund der Benachteiligung zu unterscheiden. Maßgeblich für die Erforderlichkeit einer Rechtfertigung nach §§ 8 ff. ist es, **ob die Benachteiligung** tatsächlich **abstrakt an einer Religion oder Weltanschauung ansetzt oder** vielmehr auf sachlich gerechtfertigten Tatsachen beruht, wie einer **konkreten Gefährdung des Betriebsfriedens oder anderer betrieblicher Belange** durch die Beschäftigung bestimmter Personen. Hierfür kommt es entscheidend auf die Art der Tätigkeit und die Stellung des Arbeitnehmers oder der Arbeitnehmerin im Betrieb an. Eine Anlehnung an die Rechtsprechung zur Berechtigung einer verhaltensbedingten Kündigung bei politischer Betätigung oder Störung des Betriebsfriedens erscheint sinnvoll.[134]

**25** Ausdruck des Schutzes vor einer Benachteiligung wegen der Religion oder Weltanschauung ist die **prinzipielle Unzulässigkeit** von entsprechenden **Fragen des AG bei der** Einstellung.[135]

---

133 BAG 22.3.95 – 5 AZB 21/94.

134 Küttner-Eisemann, Nr. 260, Kündigung, verhaltensbedingte, Rn. 27 und 28, m. w. N.

135 So auch Preis/Bender, NZA 2005, 1321; s. hierzu im Einzelnen Rn. 12 ff. zu § 2.

## V. Benachteiligung wegen einer Behinderung

Der **Begriff der Behinderung** ist im Sinne der Richtlinie 2000/78/EG so zu verstehen, dass er Einschränkungen erfasst, die insbesondere auf physische, geistige oder psychische Beeinträchtigungen zurückzuführen sind, die die Teilhabe am Berufsleben über einen langen Zeitraum einschränken.[136] In Übereinstimmung mit Art. 1 Satz 2 der UN-Behindertenrechtskonvention (UN-BRK) reicht es aus, wenn diese Einschränkungen die Betroffenen in Wechselwirkung mit verschiedenen Barrieren an der vollen und wirksamen Teilhabe am Berufsleben, gleichberechtigt mit den anderen AN, hindern können.[137] Der Begriff der Behinderung in der gesetzlichen Definition in § 2 Abs. 1 Satz 1 und 2 SGB IX wurde in der ab 1.1.2018 geltenden Fassung an internationale Bestimmungen angepasst. Die Bestimmungen der UN-BRK sind Bestandteil der Unionsrechtsordnung[138] und damit zugleich Bestandteil des – unionsrechtskonform auszulegenden – deutschen Rechts.[139] 26

Danach sind Menschen behindert, wenn diese körperliche, seelische, geistige oder Sinnesbeeinträchtigungen haben, die sie in Wechselwirkung mit einstellungs- und umweltbedingten Barrieren an der gleichberechtigten Teilhabe an der Gesellschaft mit hoher Wahrscheinlichkeit länger als sechs Monate hindern können. Durch die geänderte Formulierung wird klargestellt, dass die Behinderung auch erst durch das »Behindern« eines Menschen durch seine Umwelt entstehen kann.[140] Die längere Dauer bezieht sich demgemäß auf die Teilhabeeinschränkung und nicht auf die Krankheit oder Funktionsstörung.[141] Eine solche Beeinträchtigung liegt nach deutschem Recht vor, wenn der Körper- und Gesundheitszustand von dem für das Lebensalter typischen Zustand abweicht. Nach der Definition des EuGH ist der alterstypische Zustand unerheblich. Im Zweifel ist die Definition des EuGH basierend auf der Richtlinie 2000/78/EG (Rahmenrichtlinie Beschäftigung) mit der Auslegung entsprechend den Bestimmungen der UN-BRK maßgeblich.[142] Insoweit der EuGH auch bei einem Zeitraum, der sechs Monate überschreitet, noch keine Behinderung annimmt,[143] ist dies für das deutsche

136 EuGH 11.7.06 – C-13/05 – [Chacón Navas]; EuGH 11.4.13 – verbunden C 335/11 und C 337/11 – [Ring und Skouboe Werge].

137 EuGH 18.12.14 – C-354/13 – [Fag og Arbejde (FOA) / Kommunernes Landsforening]: Adipositas; EuGH 11.9.19 – C-397/18.

138 EuGH 11.9.19 – C-397/18.

139 BAG 25.6.20 – 8 AZR 75/19, Rn. 42.

140 Schmitt, BB 2017, 2293; so bereits BAG 19.12.13 – 6 AZR 190/12.

141 Selzer, EuZA 2014, 95 (100).

142 BAG 25.6.20 – 8 AZR 75/19, Rn. 42; BAG 3.4.07 – 9 AZR 823/06.

143 EuGH 1.12.16 – C-395/15 – [Daouidi/Bootes Plus u.a.].

Recht irrelevant, da ein über die Mindeststandards der Richtlinie hinausgehender Schutz unproblematisch ist.[144]

**26a** Der Begriff der »Behinderung« ist abzugrenzen von einer langfristigen Erkrankung. Nicht bei jeder mehr als sechsmonatigen Erkrankung, die eine Arbeitsunfähigkeit zur Folge hat, liegt eine Behinderung vor.[145] Die Kündigung wegen krankheitsbedingter Fehlzeiten ggü. Behinderten kann eine mittelbare Diskriminierung wegen einer Behinderung darstellen, es sei denn, der AG hat zuvor angemessene Vorkehrungen im Sinne von Art. 5 der RL 2000/78/EG getroffen.[146] Zwar ist nach der Rechtsprechung des BAG eine Kündigung aufgrund hoher Fehlzeiten in der Regel keine hinreichende Indiztatsache für die Vermutung einer Benachteiligung wegen einer Behinderung.[147] Dies kann allerdings im Hinblick auf die Rechtsprechung des EuGH nur dann gelten, wenn der AG zuvor versucht hat, das auf der Behinderung beruhende Beschäftigungshindernis auszugleichen. Das Präventionsverfahren nach § 167 Abs. 1 SGB IX ist keine angemessene Vorkehrung in diesem Sinne.[148] Eine Behinderung ist **nicht notwendig** mit **Arbeitsunfähigkeit** verbunden. Treten Gesundheitsstörungen in Schüben auf, sind aber auf ein Grundleiden zurückzuführen, handelt es sich um ein Dauerleiden mit entsprechend andauernder Funktionsbeeinträchtigung auch dann, wenn die akuten funktionalen Einschränkungen und ggf. Phasen einer Arbeitsunfähigkeit nur kürzere Zeit andauern.[149] Auch länger andauernde gesundheitliche Beeinträchtigungen bzw. chronische Erkrankungen, die sich erst im gesellschaftlichen Kontext auf die Teilhabe des Arbeitnehmers am Arbeitsleben auswirken, können eine Behinderung darstellen. Das gilt beispielsweise für eine symptomlose **HIV-Infektion**, solange das gegenwärtig auf eine solche Infektion zurückzuführende soziale Vermeidungsverhalten und die darauf beruhenden Stigmatisierungen andauern.[150] Die Bedeutung, die der Gemeinschaftsgesetzgeber Maßnahmen zur Einrichtung des Arbeitsplatzes nach Maßgabe der Behinderung beigemessen hat, zeigt, dass er an Fälle gedacht hat, in denen die Teilhabe am Berufsleben **über einen langen Zeitraum hinweg** eingeschränkt ist.[151] Eine seit mehreren Jahren bestehende, körperliche Beeinträchtigung, die einem Einsatz in der Nachtschicht entgegensteht, ist als Behinderung in diesem Sinne zu sehen.[152] Eine

144 So auch ErfK-Schlachter, AGG, § 1 Rn. 10.
145 EuGH 11.7.06 – C-13/05 – [Chacón Navas].
146 EuGH 18.1.18 – C-270/16; EuGH 11.9.19 – C-397/18.
147 BAG 22.10.09 – 8 AZR 642/08; BAG 28.4.11 – 8 AZR 515/10.
148 BAG 21.4.16 – 8 AZR 402/14.
149 Neumann/Pahlen/Majerski-Pahlen-Neumann, SGB IX, § 2 Rn. 13 und 18f.
150 BAG 19.12.13 – 6 AZR 190/12.
151 BAG 22.10.09 – 8 AZR 642/08.
152 LAG Berlin-Brandenburg 4.12.08 – 26 Sa 343/08.

Einschränkung von sechsmonatiger Dauer kann ein Indiz für eine dauerhafte Einschränkung sein.[153]

Der Begriff der »**Behinderung**« ist sprachlich und inhaltlich wesentlich weiter gefasst als der der »Schwerbehinderung«, sodass in Umsetzung der Richtlinie 2000/78/EG (Rahmenrichtlinie Beschäftigung) der Schutzbereich von § 1 über den Schutz Schwerbehinderter vor Diskriminierungen im Erwerbsleben gem. §§ 2, 164 Abs. 2 SGB IX hinausgeht. Das Verbot einer Benachteiligung wegen Behinderung ist nicht auf Personen beschränkt ist, die selbst behindert sind, sondern erfasst auch eine Benachteiligung wegen der Behinderung ihres Kindes.[154] **26b**

Eine in der Praxis häufige Form der Benachteiligung liegt darin, dass behinderte Menschen erst gar nicht eingestellt werden, ihnen also der Zugang zur Erwerbstätigkeit verwehrt wird. Daher ist die Frage nach einer Behinderung bei der Einstellung, die keinen Bezug zu der auszuübenden Tätigkeit hat, unzulässig und stellt ein Indiz für eine Benachteiligung dar. Das gleiche gilt auch für die tätigkeitsneutrale Frage nach einer Schwerbehinderung[155] (s. hierzu im Einzelnen § 2 Rn. 17ff. m.w.N.). Der AG darf Beschäftigte in einem bestehenden Arbeitsverhältnis daher erst ab Erreichen des besonderen Kündigungsschutzes nach §§ 168, 173 SGB IX, also nach sechsmonatigem Bestand des Arbeitsverhältnisses, nach einer Schwerbehinderung fragen. Wird diese Frage wahrheitswidrig verneint, ist eine Berufung auf die Schwerbehinderteneigenschaft im Kündigungsschutzprozess unter dem Gesichtspunkt widersprüchlichen Verhaltens ausgeschlossen.[156] **27**

Große praktische Relevanz für die Bewerbung, das Einstellungsverfahren und die Beendigung der Arbeitsverhältnisse von Schwerbehinderten haben die besonderen Schutzbestimmungen der §§ 164 Abs. 1 ff. SGB IX. Ein Verstoß hiergegen begründet regelmäßig die Vermutung einer Benachteiligung wegen Behinderung (siehe hierzu im Einzelnen § 2 Rn. 7f. und 37a m.w.N.). Unterlässt der AG die Durchführung eines BEM gem. § 167 Abs. 2 SGB IX, ist dies allerdings kein Umstand, der die Vermutung einer Benachteiligung wegen einer (Schwer-)Behinderung i.S. von § 22 begründen kann, da hierin keine Schutzvorschrift für behinderte Menschen zu sehen ist.[157] Die Schutzvorschriften finden nur Anwendung, wenn die Schwerbehinderung nachgewiesen ist oder die Schwerbehinderung, die zu einer Anerkennung **27a**

---

153 Schiek-Welti, § 1 Rn. 41.
154 EuGH 17.7.08 – C-303/06 [Coleman].
155 LAG Hamburg 30.11.17 – 7 Sa 90/17.
156 BAG 16.2.12 – 6 AZR 553/10; s. auch Bayreuther, NZA 2017, 87.
157 BAG 2.6.22 – 8 AZR 191/21.

eines GdB von wenigstens 50 % führen würde, »offensichtlich«, d. h. unzweifelhaft für jede/n ersichtlich besteht.[158]
Ein Verstoß gegen das Benachteiligungsverbot des § 7 Abs. 1 ist gem. § 8 Abs. 1 nur dann ausgeschlossen, wenn die Art der Behinderung die Erfüllung der arbeitsvertraglichen Pflichten beeinträchtigt oder gar ausschließt. Allerdings ist der AG verpflichtet, ggf. für angemessene, behinderungsgerechte Einrichtungen und Unterhaltung der Betriebsanlagen zu sorgen, damit die arbeitsvertraglichen Pflichten auch von Behinderten erfüllt werden können. Anders als § 164 Abs. 4 SGB IX, der eine Verpflichtung des AG nur zugunsten der bereits beschäftigten Behinderten vorsieht, gilt das Gebot, angemessene, d. h. dem AG zumutbare, Vorkehrungen zu treffen, nach Art. 5 der Richtlinie 2000/78/EG (Rahmenrichtlinie Beschäftigung) auch für den Zugang zur Beschäftigung.[159]

**Beispiel:**
A ist behindert und bewirbt sich bei B um eine Bürotätigkeit, die er ohne Einschränkungen ausführen kann, wenn er für seine Tätigkeit am Computer im Handel erhältliche Hilfsmittel sowie ein Stehpult erhält. B darf ihm die Einstellung nicht versagen mit der Begründung, sein Betrieb sei für solche Sonderbedürfnisse nicht ausgerüstet. A darf außerdem beim Einstellungsgespräch die Frage nach einer Behinderung wahrheitswidrig mit »nein« beantworten, weil seine Behinderung ihn im Hinblick auf die angestrebte Tätigkeit nicht einschränkt, soweit er angemessene Hilfsmittel erhält.

**Häufige Fragen zum Einstellungsverfahren:**

- Darf man bei einer Stellenausschreibung darauf hinweisen, dass bei gleicher Eignung Schwerbehinderte bevorzugt eingestellt werden?
  Ein solcher Hinweis ist in aller Regel unproblematisch, da der AG im Hinblick auf die Pflicht zur Erfüllung der Quote nach § 154 Abs. 1 SGB IX ein legitimes Interesse an der bevorzugten Einstellung Schwerbehinderter haben kann. Außerdem ist die Beschäftigungssituation Schwerbehinderter nach wie vor schlecht, sodass die bevorzugte Einstellung eine positive Maßnahme nach § 5 sein kann.[160]
- Gelten die Schutzvorschriften für das Bewerbungsverfahren gem. § 164 Abs. 1 Satz 4, § 178 Abs. 2 Satz 1 SGB IX auch bei Gleichstellung und gilt dementsprechend bei einer fehlenden Einladung zum Vorstellungsgespräch eine Vermutung für eine Benachteiligung?

158 BAG 2.6.22 – 8 AZR 191/21 zur Erforderlichkeit einer Zustimmung des Integrationsamtes vor Ausspruch einer Kündigung gem. §§ 173 Abs. 3, 168 SGB IX.
159 Schiek, NZA 2004, 873 [875 und 881]; Schiek-Schiek, AGG, § 1 Rn. 39; zur Angemessenheit s. auch § 2 Rn. 19.
160 So auch Joussen, NZA 2007, 177.

Die Verfahrensvorschriften zugunsten von schwerbehinderten und diesen gleichgestellten Menschen greifen nur ein, wenn der Bewerber während des Bewerbungsverfahrens bereits schwerbehindert oder durch Bescheid der BfA mit einem schwerbehinderten Menschen **gleichgestellt** ist. Die Rückwirkung aus § 151 Abs. 2 Satz 2, 152 Abs. 1 Satz 1 SGB IX wird erst durch den stattgebenden Gleichstellungsbescheid begründet, weshalb sie im Laufe des Bewerbungsverfahrens noch nicht eingetreten ist.[161]

- Reicht es, wenn ich einen Verstoß gegen Schutzvorschriften nur vermute, aber keine Kenntnis hierüber habe bzw. auch nicht haben kann?
  Grundsätzlich gilt: Wer einen Anspruch geltend macht, muss die Voraussetzungen schlüssig vortragen. Bei der Geltendmachung eines Anspruchs auf Entschädigung reicht zur Erfüllung der Darlegungslast allerdings die **Rüge, dass der AG gegen Schutzvorschriften verstoßen hat, weil der Bewerber regelmäßig** keine konkreten Anhaltspunkte darlegen kann, da es sich um tatsächliche Verhältnisse in der Sphäre des AG handelt, denn nach unionsrechtlicher Vorgabe darf die Ausübung der durch die RL 2000/78/EG verliehenen Rechte weder praktisch unmöglich gemacht noch übermäßig erschwert werden. Erfolglose schwerbehinderte Bewerber:innen können daher z. B. die nur vermutete Tatsache rügen, dass der BR nicht gem. § 164 Abs. 1 S. 4 SGB IX über die Bewerbung unterrichtet wurde. Der AG muss dann seinerseits darlegen, dass er die gerügten Schutzvorschriften beachtet hat.[162]

Wirkt das Diskriminierungsverbot auch bei einer **Beendigung des Beschäftigungsverhältnisses?** Die Kündigung eines Arbeitsverhältnisses ohne Anhörung der Schwerbehindertenvertretung ist gem. § 178 Abs. 2 Satz 3 SGB IX unwirksam. Der erforderliche Inhalt der Anhörung und die Dauer der Frist für eine Stellungnahme der Schwerbehindertenvertretung richten sich nach den für die Anhörung des Betriebsrats geltenden Grundsätzen (§ 102 BetrVG).[163] Unterrichtet der AG die Schwerbehindertenvertretung entgegen § 178 Abs. 2 Satz 1 SGB IX nicht unverzüglich, ist aber allein deshalb eine Kündigung weder unwirksam[164] noch kann hieraus auf eine Benachteiligung wegen der Behinderung i. S. d. § 22 geschlossen werden (s. hierzu im Einzelnen § 22 Rn. 14d). Um bei einer **krankheitsbedingten Kündigung** (zur grundsätzlichen Anwendbarkeit der EU-rechtlichen Diskriminierungsverbote auf Kündigungen s. Rn. 36 ff. zu § 2 Abs. 4) festzustel- 28

161 BAG 23.11.23 – 8 AZR 212/22.

162 BAG 14.6.23 – 8 AZR 136/22.

163 BAG 13.12.18 – 2 AZR 378/18.

164 BAG 13.12.18 – 2 AZR 378/18: Keine Unwirksamkeit der Kündigung, wenn der AG die Schwerbehindertenvertretung erst nach Abschluss des Verfahrens vor dem Integrationsamt und nach Anhörung des Betriebsrats beteiligt.

len, ob hierin eine schlechtere Behandlung wegen einer Behinderung liegt, sind zunächst die Begriffe »Krankheit« und »Behinderung« voneinander abzugrenzen (s. Rn. 26 a). Ab welcher Dauer eine Arbeitsunfähigkeit eine Behinderung darstellen kann, ist offen. Dabei ist zu beachten, dass weder nach der Definition der deutschen Gesetze noch der des EuGHs eine vollständige Aufhebung der Teilhabe am Berufsleben vorliegen muss. Vielmehr reicht eine Einschränkung aus, die sich auch aus häufigen Kurzzeiterkrankungen z. B. aufgrund einer chronischen Krankheit ergeben kann.

**29** Es bleibt die Problematik, dass die **Behinderung** Zeiten einer **Arbeitsunfähigkeit auslösen** kann. Ist dies der Fall, tritt neben die Prüfung der sozialen Rechtfertigung der Kündigung insbesondere durch eine negative Zukunftsprognose unter Berücksichtigung zurückliegender Fehlzeiten, betriebliche Ablaufstörungen und Lohnfortzahlungskosten auch die **Prüfung der Rechtfertigung gem. § 8.** Das Fehlen der Behinderung muss dann eine wesentliche und entscheidende berufliche Anforderung für die Tätigkeit darstellen.[165] Wirkt sich die Behinderung so aus, dass eine dauernde Arbeitsunfähigkeit besteht, fehlt es an der Eignung zur Ausübung der vertraglich geschuldeten Tätigkeit, so dass eine Rechtfertigung gem. § 8 möglich ist. Allerdings hat auch in einem solchen Fall der AG vorrangig nach Art. 5 der Richtlinie 2000/78/EG (Rahmenrichtlinie Beschäftigung) eventuell mögliche **angemessene und ihm zumutbare Vorkehrungen** zu treffen, wenn hierdurch eine Weiterbeschäftigungsmöglichkeit geschaffen werden kann.[166] Bisher gab es diese Verpflichtung nur im Zusammenhang mit einer Schwerbehinderung gem. § 164 Abs. 4 SGB IX.

**30** Darüber hinaus tragen häufig (schwer)behinderte Beschäftigte ein höheres Gesundheitsrisiko, so dass ungünstige Regelungen, die an eine Arbeitsunfähigkeit anknüpfen, zu einer mittelbaren Benachteiligung wegen Behinderung führen können.[167] Eine ungerechtfertigte **mittelbare Diskriminierung** gem. § 3 Abs. 2 kommt auch bei einer **Kündigung** von Behinderten in Betracht, die deshalb ausgesprochen wird, weil diese nicht in der Lage sind, ihre Tätigkeit nach einem neu eingeführten Arbeitssystem zu erbringen, obwohl eine diskriminierungsfreie Übertragung von Arbeitsaufgaben möglich wäre,[168] Regelungen eines Sozialplans, die zu einer Minderung der Abfindung wegen der Möglichkeit eines früheren Rentenbeginns wegen einer

---

165 BAG 15.2.05 – 9 AZR 635/03; s. hierzu auch Thüsing/Wege, NZA 2006, 136 [139].

166 S. a. BAG 19.12.13 – 6 AZR 190/12.

167 So LAG Baden-Württemberg 24.2.12 – 12 Sa 40/11 hinsichtlich der Urlaubsentgeltregelungen des § 8.4 BRTV, die zu einer Minderung des Urlaubsentgelts bei vorjährigem Krankengeldbezug führen.

168 LAG Berlin-Brandenburg 4.12.08 – 26 Sa 343/08 zur Einführung eines rollierenden, dem Anschein nach neutralen Schichtsystems und Kündigung einer Behinderten, die keine Nachschicht leisten kann.

Schwerbehinderung führen, verstoßen gegen das Verbot einer mittelbaren Diskriminierung wegen einer Behinderung.[169]

**Mitbestimmung des Betriebsrats:** Der Betriebsrat hat gem. § 80 Abs. 1 Nr. 4 BetrVG die allgemeine Aufgabe der Eingliederung Schwerbehinderter und sonstiger schutzbedürftiger Personen. Hierunter sind alle Behinderten zu fassen, die auf angemessene, behinderungsgerechte Einrichtungen angewiesen sind, um am Erwerbsleben teilhaben zu können. Die Regelungen des SGB IX, die dem Betriebsrat Aufgaben zuweisen, umfassen alle Menschen mit einem bestimmten Grad der Behinderung und damit auch leitende Angestellte i. S. d. § 5 Abs. 3 BetrVG. Der Betriebsrat kann deshalb zur Wahrnehmung seiner Aufgaben im Zusammenhang mit schwerbehinderten Menschen die Namen aller schwerbehinderten und diesen gleichgestellten behinderten Menschen Beschäftigten verlangen, wenn er einen ausreichenden Datenschutz sicherstellt.[170] Geeignete Maßnahmen, die zur Eingliederung behinderter Menschen in das Erwerbsleben erforderlich sind, können Gegenstand einer freiwilligen Betriebsvereinbarung gem. § 88 BetrVG sein. 31

## VI. Benachteiligung wegen des Alters

Mit dem Begriff »Alter« knüpft das Gesetz an das **biologische Alter**, also das Lebensalter eines Menschen an. Dabei geht es sowohl um den Schutz Älterer vor einer Benachteiligung gegenüber Jüngeren als auch umgekehrt der Jüngeren gegenüber Älteren. 32

Das Verbot der Altersdiskriminierung ist in Art. 21 GRC verankert und zählt zu den allgemeinen Grundsätzen des Unionsrechts. Es wird durch die Richtlinie 2000/78/EG konkretisiert und begründet die Verpflichtung der Gerichte der Mitgliedstaaten, diese allgemeinen Grundsätze des Gemeinschaftsrechts bei allen Rechtsstreitigkeiten zwischen Privaten unmittelbar zu beachten. Damit ist zum einen die **Wirkung** dieser allgemeinen Grundsätze des Gemeinschaftsrechts **zwischen Privaten** erstmals ausdrücklich festgestellt worden.[171] Außerdem hat der EuGH klargestellt, dass die nationalen Gerichte zu einer Vorlage nicht verpflichtet sind, sondern eine bestimmte nationale Regelung bei einem von ihnen festgestellten Verstoß gegen die allgemeinen Grundsätze des Gemeinschaftsrechts bei ihrer Entscheidung unangewandt lassen können, **ohne** dass die Frage der Vereinbarkeit mit 33

---

169 EuGH 6.12.12 – C 385/11 – [Odar]; BAG 28.7.20 – 1 AZR 590/18, Rn. 18 ff., 24 ff; LAG Hamm 2.6.16 – 11 Sa 1344/15: Anspruch auf Gewährung der Leistungen nach den Regeln für nicht schwerbehinderte AN der entsprechenden Altersgruppe.

170 BAG 9.5.23 – 1 ABR 14/22.

171 EuGH 22.11.05 – C-144/04 – [Mangold/Helm].

dem Gemeinschaftsrecht durch ein **Vorabentscheidungsverfahren** geklärt worden ist.[172] Unabhängig von der Normierung im AGG untersagt daher bereits der **allgemeine gemeinschaftsrechtliche Gleichheitssatz** jede Anknüpfung an das Alter, sofern sie nicht durch einen Rechtfertigungsgrund gestattet ist. Zur Rechtfertigung genügt dabei nicht jeder abstrakt anerkennenswerte sachliche Grund, sondern dieser muss in angemessenem Verhältnis zum Grad der Ungleichbehandlung stehen.[173] Die Rechtfertigung einer Ungleichbehandlung wegen des Alters ist in § 10 geregelt, der entsprechend den vom EuGH festgelegten Grundsätzen auszulegen ist.

**34** Für AG und Betriebsrat besteht die Verpflichtung zur Überprüfung betrieblicher Vereinbarungen im Hinblick auf mögliche Benachteiligungen wegen des Merkmals »Alter« auch durch die **Änderung des § 75 Abs. 1 BetrVG**, in dessen Schutzbereich das Merkmal nunmehr miteinbezogen ist. Der Schutzbereich reicht von der Begründung des Beschäftigungsverhältnisses über die Arbeitsbedingungen bis zur Beendigung. Die Vorgabe eines Mindest- oder Höchstalters bei der Einstellung muss ebenso gem. §§ 8 und 10 gerechtfertigt werden, wie Befristungen, Gehaltsstaffelungen, Zusatzurlaub, Arbeitszeitverkürzung und Altersgrenzen. Sowohl Tarifverträge als auch Betriebsvereinbarungen und Individualarbeitsverträge müssen sich an den Kriterien für eine Unterscheidung nach dem Alter messen lassen.

**35** Eine Regelung, die das Lebensalter ohne weitere Differenzierung als lineare Rechengröße berücksichtigt, ist nur wirksam, wenn sie gem. § 10 gerechtfertigt ist. Ansonsten verstößt sie gegen das arbeitsrechtliche Benachteiligungsverbot des § 7 Abs. 1. **Altersstufen, die beim tariflichen Entgelt** statt an die Länge der Betriebszugehörigkeit lediglich an das Alter anknüpfen, stellen deshalb eine Benachteiligung wegen des Alters dar.[174] Das Gleiche gilt für eine **Staffelung der Urlaubsdauer** nach dem Alter, wenn diese nicht durch eine besondere Schutzbedürftigkeit älterer AN gerechtfertigt und

---

172 EuGH 19.1.10 – C 555/07: EU-Rechtswidrigkeit der Nichtberücksichtigung von Beschäftigungszeiten vor dem 25. Lebensjahr bei der Berechnung der Kündigungsfrist gem. § 622 Abs. 2 Satz 2 BGB.

173 EuGH 22.11.05 – C-144/04 – [Mangold/Helm].

174 EuGH 8.9.11 – C-297/10 und C-298/10 – [Hennigs/Mai]: unzulässige Diskriminierung durch die im BAT festgelegte Vergütung nach Altersstufen; in der Folge: BAG 10.11.11 – 6 AZR 148/09; EuGH 7.6.12 – C 132/11 – [Tyrolean]; EuGH 6.12.12 – C-385/11 – [Odar]; EuGH 19.6.14 – C-501/12 bis C-506/12, C-540/12, C-541/12 – [Specht u.a./Land Berlin]: Beamtenbesoldung; EuGH 9.9.15 – C-20/13 – [Daniel Unland/Land Berlin]: Richterbesoldung; BVerwG 30.10.14 – 2 C 3/13: Beamtenbesoldung; BVerwG 6.4.17 – 2 C 11/16: zum BAT; OVG NRW 8.2.17 – 3 A 1972/15: Besoldung nach Altersstufen für Landesbeamte; OVG NRW 8.2.17 – 3 A 80/16: zur Besoldung von Kommunalbeamten; OVG NRW 24.5.17 – 1 A 2493/15: zur Richterbesoldung NRW.

verhältnismäßig ist,[175] für entsprechende Regelungen zur Verkürzung der Wochenarbeitszeit[176] oder für die altersabhängige Verringerung einer persönlichen Zulage.[177] Keine Altersdiskriminierung durch abgesenkte Gehälter bei Neueinstellungen.[178] Die **Betriebszugehörigkeit** oder das **Dienstalter** sind hingegen **legitime Entgeltkriterien**, auch wenn dies zu einer mittelbaren Benachteiligung wegen des Alters führen kann (s. auch § 10 Rn. 19).[179] Werden die Bezüge bei unteren Besoldungsgruppen im Rahmen allgemeiner Gehaltskürzungen zum Abbau eines Haushaltsdefizits prozentual stärker gekürzt als die der höheren Besoldungsgruppen, liegt hierin keine Diskriminierung wegen des Alters, auch wenn die hiervon nachteilig Betroffenen im Allgemeinen jünger sind und in der Regel ein geringeres Dienstalter aufweisen.[180] Die Gewährung von Vertrauensschutz bei der Auslegung von Bezugnahmeklauseln ist zulässig, da es sich bei dem maßgeblichen Zeitpunkt des Abschlusses des Arbeitsvertrags um ein objektives und neutrales Element handelt.[181]

Auch die Bestimmung in einer vom AG geschaffenen Versorgungsordnung, **35a**
wonach ein Anspruch auf Leistungen der **betrieblichen Altersversorgung** nur besteht, wenn der AN eine mindestens 15-jährige Betriebszugehörigkeit bis zur Regelaltersgrenze in der gesetzlichen Rentenversicherung zurücklegen kann, ist wirksam.[182] Eine Bestimmung in einer Versorgungsordnung, nach der ein Anspruch auf eine betriebliche Altersrente nicht besteht, wenn der AN bei Erfüllung der nach der Versorgungsordnung vorgesehenen zehnjährigen Wartezeit das 55. Lebensjahr vollendet hat, ist wegen Altersdis-

---

175 BAG 20.3.12 – 9 AZR 529/10: verneint Rechtfertigung für die Staffelung im TVöD mit Mehrurlaub ab dem 30. und 40. Lebensjahr; BAG 21.10.14 – 9 AZR 956/12: bejaht Rechtfertigung für zwei Tage Mehrurlaub für Beschäftigte ab 58 bei körperlich ermüdender und schwerer Arbeit (hier Schuhproduktion); BAG 12.4.16 – 9 AZR 659/14: BAT: Verlängerung des Urlaubs nach dem 30., 40. und 50. Lebensjahr ist unzulässig; BAG 15.11.16 – 9 AZR 534/15: Verlängerung nach dem 50. Lebensjahr unabhängig vom Berufsbild und der damit verbundenen Belastungen ist unzulässig; BAG 11.12.18 – 9 AZR 161/18: Benachteiligung durch 3 Tage weniger Urlaub für AN unter 50 nach TV; LAG Düsseldorf 18.1.11 – 8 Sa 1274/10: zu § 15 MTV Einzelhandel NRW.

176 BAG 22.10.15 – 8 AZR 168/14: Benachteiligung bejaht für die Anknüpfung an das 50. Lebensjahr.

177 BAG 18.2.16 – 6 AZR 700/14: Differenzierung bei der Verringerung einer persönlichen Zulage bei Beschäftigungszeit von weniger als 25 Jahren nach der Vollendung des 55. Lebensjahres.

178 EuGH 14.2.19 – C-154/18 – [Horgan und Keegan]; EuGH 20.10.22 – C-301/21: zulässige Absenkung der Richterbesoldung für Neueinstellungen.

179 EuGH 3.10.06 – C-17/5 – [Cadman].

180 EuGH 7.2.19 – C-49/18 – [Vindel].

181 BAG 13.12.23 – 4 AZR 286/22.

182 BAG 12.2.13 – 3 AZR 100/11.

kriminierung unwirksam.[183] Eine Begrenzung der anrechenbaren Dienstzeit in der Versorgungsordnung auf 40 Jahre, die dazu führt, dass Dienstzeiten, die vor Vollendung des 25. Lebensjahres zurückgelegt werden, hinsichtlich des Erwerbs von Rentenanwartschaften eine andere Wertigkeit haben, stellt keine unzulässige Diskriminierung dar.[184] Eine Gesamtversorgungsobergrenze, die nicht an das Lebensalter anknüpft, diskriminiert nicht unmittelbar oder mittelbar wegen des Alters.[185] Eine in einer Versorgungsordnung festgelegte konkrete Altersgrenze muss angemessen und erforderlich sein (§ 10 Satz 2). Das ist bei Altersgrenzen in betrieblichen Systemen der sozialen Sicherheit, die an betriebsrentenrechtliche Strukturprinzipien – wie etwa die feste Altersgrenze – anknüpfen, der Fall.[186] Bei der Beurteilung der Frage, ob Regelungen einer betrieblichen Hinterbliebenenversorgung eine Benachteiligung bewirken, ist auf die Person des AN und nicht auf den Hinterbliebenen abzustellen.[187] Spätehenklauseln in Versorgungsordnungen stellen eine unmittelbare Altersdiskriminierung dar, die nur dann gem. § 10 Satz 3 Nr. 4 i. V. m. § 10 Satz 2 gerechtfertigt sein kann, wenn der Ausschluss der Hinterbliebenenversorgung an ein betriebsrentenrechtliches Strukturprinzip anknüpft (z. B. Erreichen der festen Altersgrenze, Eintritt eines Versorgungsfalls oder das Ende des Arbeitsverhältnisses) und nicht lediglich an das Lebensalter des versorgungsberechtigten AN.[188]

**35b** Eine Berücksichtigung des Alters für die soziale Schutzbedürftigkeit bei der **Sozialauswahl** und für die Höhe der Abfindung bei **Sozialplänen** z. B. in Form eines linearen Punkteschemas ist regelmäßig gerechtfertigt, weil hierdurch die schlechteren Chancen älterer AN auf dem Arbeitsmarkt ausgeglichen werden können.[189] Eine **Abfindung** kann nicht ohne Weiteres deswegen versagt werden, weil Beschäftigte eine Altersrente beziehen können. Besteht ein Wahlrecht, ob sie weiterhin dem Arbeitsmarkt zu Verfügung stehen oder eine Altersrente in Anspruch nehmen wollen, ist der Wegfall der Abfindung für den Fall, dass die Altersrente tatsächlich in Anspruch genommen wird, verhältnismäßig.[190] Besteht Anspruch auf eine vorgezogene, gesetzliche Altersrente, kann der Wegfall der Abfindung nur ausnahmsweise dann verhältnismäßig sein, wenn die Sozialplanregelung objektiv und angemessen und durch ein legitimes Ziel aus den Bereichen Beschäftigungspolitik und Arbeitsmarkt

---

183 BAG 18.3.14 – 3 AZR 69/12.
184 BAG 11.12.12 – 3 AZR 634/10.
185 BAG 18.2.14 – 3 AZR 833/12.
186 BAG 14.11.17 – 3 AZR 781/16.
187 BAG 14.11.17 – 3 AZR 781/16.
188 BAG 19.2.19 – 3 AZR 215/18, Rn. 42 ff.: unzulässiger Ausschluss bei Eheschließung nach Vollendung 62. Lebensjahr; BAG 19.2.19 – 3 AZR 198/18: unzulässiger Ausschluss bei Eheschließung nach Vollendung 63. Lebensjahr.
189 BAG 13.10.09 – 9 AZR 722/08.
190 EuGH 12.10.10 – C-499/08 – [Andersen].

gerechtfertigt ist und außerdem ein angemessenes und erforderliches Mittel zur Erreichung dieses Ziels darstellt.[191] Dies ist der Fall, wenn ältere Beschäftigte von Sozialplanleistungen ausgeschlossen werden, die nach dem Bezug von Arbeitslosengeld nahtlos eine Regelaltersrente beanspruchen können und zuvor die Fortsetzung ihres Arbeitsverhältnisses an einem anderen Unternehmensstandort abgelehnt haben, auch wenn dies mit Rentenabschlägen verbunden ist.[192] Eine Verpflichtung, in einem Sozialplan für rentennahe AN einen wirtschaftlichen Ausgleich vorzusehen, der mindestens die Hälfte der Abfindung rentenferner AN beträgt, besteht nicht.[193] Andererseits darf ein Sozialplan die Abfindung auch für Beschäftigte, die sofort oder im Anschluss an Leistungen der Arbeitslosenversicherung lediglich ein vorgezogenes Altersruhegeld in Anspruch nehmen können, im Vergleich zu den jüngeren AN auf die Hälfte begrenzen.[194] Die Bildung von Altersgruppen zur Wahrung einer ausgewogenen Altersstruktur im Betrieb ist nach der Rspr. des BAG zulässig, wenn sie dazu geeignet ist, dass die bestehende Struktur tatsächlich gewahrt bleibt.[195] Bei einer unionsrechtskonformen Auslegung des »legitimen« Zieles i. S. von § 10 S. 1 entsprechend Art. 6 I der Richtlinie 2000/78/EG muss bei einer unmittelbaren Anknüpfung an das Alter das Ziel notwendig auch Gemeinwohlinteressen insbesondere aus den Bereichen Beschäftigungspolitik, Arbeitsmarkt und beruflicher Bildung entsprechen.[196]

Ein **Höchstalter für eine Einstellung** ohne tatsächliche, sachliche Be- **35c**
gründung stellt eine unzulässige Benachteiligung dar.[197] So verstieß eine Altersgrenze von 50 Jahren für die Teilnahme an dem Auswahlverfahren für die Besetzung von Notarstellen gegen Art. 21 GRC, weil dies für die Erreichung der gesetzten Ziele nicht erforderlich war.[198] Unzulässig war auch die Zurückweisung der Bewerbung eines Altersrentners unter Hinweis auf eine beim AG geltende Altersgrenzenregelung.[199] Die Rechtswirksamkeit einer Höchstaltersgrenze für den Zugang zum Beamtenverhältnis setzt voraus, dass ihrer Festlegung ein angemessener Ausgleich zwischen der durch Art. 33 Abs. 2 GG geschützten Zugangschance nach unmittelbar leistungsbezogenen Kriterien und dem in Art. 33 Abs. 5 GG angelegten In-

---

191 EuGH 26.2.15 – C-515/13 – [Ingeniørforeningen i Danmark].
192 BAG 9.12.14 – 1 AZR 102/13; a. A. zuvor LAG Hamm 29.8.12 – 4 Sa 668/11.
193 BAG 26.3.13 – 1 AZR 813/11.
194 BAG 23.4.13 – 1 AZR 916/11.
195 BAG 19.7.12 – 2 AZR 352/11, BAG 22.1.09 – 8 AZR 906/07 und BAG 6.11.08 – 2 AZR 523/07.
196 EuGH 5.3.09 – C-388/07 – [Age Concern England]; zur Abgrenzung s. BAG 15.12.16 – 8 AZR 454/15, Rn. 38.
197 LAG Hamm 7.8.08 – 11 Sa 284/08: rechtswidrige Beschränkung auf Bewerber von 20–25 Jahren.
198 EuGH 3.6.21 – C-914/19 – [Ministero della Giustizia].
199 LAG Niedersachen 1.8.18 – 17 Sa 1302/17.

teresse des Dienstherrn an einer langen Lebensdienstzeit zugrunde liegt.[200] Als gerechtfertigt werden gesehen: ein Höchstalter von 30 Jahren für die Einstellung von Feuerwehrleuten.[201] Nicht gerechtfertigt ist ein Höchstalter von 33 Jahren für die Einstellung von Piloten, die bei anderen Fluggesellschaften ausgebildet wurden,[202] von 40,5 Jahren für Nachwuchswissenschaftler,[203] von 30 Jahren für den örtlichen Polizeidienst.[204]

35d **Altersgrenzen** für ein **Ende der Beschäftigung** zu dem Zeitpunkt, zu dem ein **Anspruch auf Bezug einer beitragsbezogenen Altersrente** besteht, dienen regelmäßig der Schaffung einer ausgewogenen Altersstruktur sowie der Optimierung der Personalplanung und sollen Rechtsstreitigkeiten über die Fähigkeit vorbeugen, einer Tätigkeit über ein bestimmtes Alter hinaus nachzugehen. Solche Regelungen sind nach der Rechtsprechung regelmäßig gerechtfertigt[205] und können auch wirksam in Betriebsvereinbarungen geregelt sein.[206] Voraussetzung ist allerdings, dass das Rentenalter für Frauen und Männer das Gleiche ist, da ansonsten eine Anknüpfung hieran zu einer Diskriminierung wegen des Geschlechts führen kann.[207] Die gleiche Problematik besteht bei Schwerbehinderten, die nach den gesetzlichen Regelungen vorzeitig einen Anspruch auf eine abschlagsfreie Altersrente haben. § 9 Abs. 2 Buchst. a TV ATZ führt zu einer verdeckten, unmittelbaren Schlechterstellung für Schwerbehinderte, die Altersteilzeit im Blockmodell leisten und bei denen durch ein Ausscheiden mit dem Zeitpunkt des Anspruchs auf abschlagsfreie Altersrente die Freistellungsphase kürzer wird als die bereits zurückgelegte Arbeitsphase. Rechtsfolge der unzulässigen Ungleichbehandlung ist, dass schwerbehinderte AN verlangen können, wie nicht schwerbehinderte AN behandelt zu werden.[208] Bei Altersgrenzen für Piloten ist grundsätzlich die Flugsicherheit als Unterfall des Schutzes der öffentlichen Sicherheit im Sinne des Art. 2 Abs. 5 Richtlinie 2000/78/EG als legitimes Ziel anerkannt. Das Vorhandensein besonderer körperlicher Fähigkeiten kann eine »wesentliche und entscheidende berufliche Anforderung« im Sinne von Art. 4 Abs. 1 Richtlinie 2000/78/EG und diese Fähig-

---

200 BVerwG 23.2.12 – 2 C 76/10: Bejaht für eine Höchstaltersgrenze von 40 Jahren für Lehrer, die begründete Ausnahmen zulässt.

201 EuGH 12.1.10 – C 229/08 – [Wolf].

202 BAG Hessen 8.12.10 – 7 ABR 98/09.

203 BAG 6.4.11 – 7 AZR 524/09.

204 EuGH 13.11.2014 – C-416/13 – [Vital Pérez].

205 EuGH 16.10.07 – C-411/05 – [Palacios de la Villa]; EuGH 12.10.10 – C-45/09 – [Rosenbladt]; EuGH 21.7.11 – verbunden C 159/10 – [Fuchs] und C 160/10 – [Köhler]; EuGH 5.7.12 – C-141/11 – [Hörnfeldt]; BAG 18.6.08 – 7 AZR 116/07; BVerwG 6.12.11 – 2 B 85/11.

206 BAG 5.3.13 – 1 AZR 417/12.

207 EuGH 18.10.10 – C 356/09 – [Kleist].

208 BAG 12.11.13 – 9 AZR 484/12.

keiten können altersabhängig sein.[209] Die Prüfung der Angemessenheit im Verhältnis zu den konkret notwendigen Anforderungen obliegt regelmäßig den nationalen Gerichten.

**Höchstaltersgrenzen** wurden von der Rspr. **für die Ausübung folgender Tätigkeiten** als **zulässig** angesehen: 68 Jahre bzw. 70 Jahre für Prüfsachverständige zur Gewährleistung der Bausicherheit,[210] 65 Jahre für Piloten eines Luftfahrzeugs im gewerblichen Luftverkehr (legitimes Ziel der Flugsicherheit),[211] 68 Jahre für einen Zahnarzt mit Kassenzulassung, wenn dies zum Schutz der Gesundheit der Patienten geeignet und erforderlich ist oder mit dem legitimen Ziel einer Verteilung der Berufschancen zwischen den Generationen innerhalb der Berufsgruppe der Vertragszahnärzte (allerdings fehlt die Eignung, dieses Ziel zu erreichen, wenn Höchstaltersgrenzen nur für Vertragszahnärzte vorgesehen sind und Zahnärzte außerhalb des Vertragszahnarztsystems ihren Beruf unabhängig von ihrem Alter ausüben können),[212] 70 Jahre für die Ausübung des Notarberufs,[213] 68 Jahre für Universitätsprofessoren zur Schaffung einer hochwertigen Lehre und der optimalen Verteilung der Professorenstellen auf die Generationen.[214] Eine **Höchstaltersgrenze in einem Leistungsplan einer Unterstützungskasse**, nach der ein Anspruch auf eine betriebliche Altersversorgung nicht mehr erworben werden kann, wenn der AN bei Eintritt in das Arbeitsverhältnis das 50. Lebensjahr vollendet hat, ist wirksam.[215] **Unzulässig** sind hingegen: eine Höchstaltersgrenze für öffentlich bestellte und vereidigte Sachverständige,[216] die tarifrechtliche Altersgrenze von 60 Jahren für Flugingenieure[217], für Piloten[218] sowie für Flugbegleiter[219], die Nichtverlängerung des Berufsfahrerausweises für Trabrennfahrer nach Vollendung des 70. Lebensjahres.[220] **Für weitere Einzelheiten s.**

---

209 EuGH 13.9.11 – C-447/09 Rn. 569 – [Prigge u.a.]; EuGH 7.11.19 – C-396/18, Rn. 64 – [Cafaro].

210 BVerwG 11.5.16 – 10 C 2/15; BVerwG 21.1.15 – 10 CN 1.14.

211 EuGH 13.9.11 – C-447/09 Rn. 569 – [Prigge u.a.]: entsprechend der Altersgrenze von 65 Jahren in FCL.065 lit. b des Anhangs I der Verordnung (EU) Nr. 1178/2011 sowie in den einschlägigen völkerrechtlichen Vorschriften; EuGH 5.7.17 – C-190/16 – [Fries / Lufthansa CityLine GmbH]; EuGH 7.11.19 – C-396/18, Rn. 64 – [Cafaro]: für Piloten, die zum Schutz der nationalen Sicherheit eingesetzt werden, kann ggf. auch eine darunterliegende Altersgrenze angemessen sein.

212 EuGH 12.1.10 – C-341/08 – [Petersen].

213 BGH 23.7.12 – NotZ (Brfg) 15/11.

214 EuGH 18.11.10 – C-250/09, 268/09 – [Georgiev/Tehnicheski].

215 BAG 12.11.13 – 3 AZR 356/12.

216 BVerwG 1.2.12 – 8 C 24/11.

217 BAG 15.2.12 – 7 AZR 904/08.

218 EuGH 13.9.11 – C 447/09 – [Prigge]; BAG 18.1.12 – 7 AZR 112/08.

219 BAG 23.6.10 – 7 AZR 1021/08.

220 LG Berlin 4.7.12 – 22 O 157/12.

**§ 10 Rn. 21, 25 a.** Eine innerbetriebliche Stellenausschreibung ausschließlich für Beschäftigte im 1. Berufsjahr ist mittelbar altersdiskriminierend und nicht durch ein beschränktes Personalbudget gerechtfertigt.[221] Auch durch die Stellenbeschreibung: »als Digital Native fühlst Du Dich in der Welt der Social Media … zu Hause« wird die Vermutung für eine unzulässige Altersdiskriminierung begründet.[222] Die Ausschreibung eines Trainee-Programms für Berufseinsteiger rechtfertigt die Vermutung einer mittelbaren Altersdiskriminierung.[223] Die Selbstbeschreibung eines Unternehmens als »junges, dynamisches Unternehmen« lässt eine Diskriminierung älterer AN nicht vermuten.[224] Die Formulierung »junges, hochmotiviertes oder engagiertes Team« beschreibt hingegen die Mitarbeiter und kann im Einzelfall ein Indiz für eine verbotene Altersdiskriminierung im Sinne der §§ 7, 1 sein[225] (s. hierzu § 22 Rn. 15). Die Benachteiligung älterer Bewerber ist indes aus sachlichen Gründen gerechtfertigt, wenn es das Ziel eines solchen Programms ist, qualifiziertes Nachwuchspersonal zu gewinnen oder erste berufliche Einstiegschancen im Rahmen eines einjährigen Trainee-Programms anzubieten.[226] Der Ausschluss ordentlicher Kündigungen in Tarifverträgen gilt nicht, falls er bei der Sozialauswahl zu einem grob fehlerhaften Auswahlergebnis führt. Insoweit sind Tarifverträge unionsrechtskonform und gesetzeskonform im Sinne von§ 10 Satz 1bzw. § 1 Abs. 3 KSchG auszulegen.[227]

36 Fraglich ist das **Verhältnis von AGG und einfachgesetzlichen Regelungen** wie § 1 Abs. 3 und § 10 KSchG, § 622 Abs. 1 Satz 2 BGB, § 14 Abs. 3 TzBfG sowie tariflichen Regelungen, die an das Alter anknüpfen. Da es sich bei den inhaltlichen Vorgaben des AGG weitgehend um die **Umsetzung von übergeordnetem EU-Recht** handelt, ist dieses **grundsätzlich vorrangig**, wenn die Regelungen sich widersprechen. Soweit möglich, sind die nationalen Normen europarechtskonform auszulegen. Ist eine solche Auslegung nicht möglich, stellt der EuGH klar, dass es dem nationalen Gericht obliegt, bei einem Rechtsstreit über das Verbot der Diskriminierung wegen des Alters den rechtlichen Schutz, der sich für den Einzelnen aus dem Gemeinschaftsrecht ergibt, zu gewährleisten und die volle Wirksamkeit des Gemeinschaftsrechts zu garantieren, indem es jede möglicherweise entgegenstehende Be-

---

221 BAG 18.8.09 – 1 ABR 47/08; LAG Saarland 11.2.09 – 1 TaBV 73/08.
222 ArbG Heilbronn 18.1.2024 – 8 Ca 191/23.
223 BAG 24.1.13 – 8 AZR 429/11.
224 BAG 23.11.17 – 8 AZR 604/16; LAG Kiel 4.5.16 – 6 Sa 419/15.
225 BAG 23.11.17 – 8 AZR 604/16; LAG Kiel 29.10.13 – 1 Sa 142/13; LAG Berlin-Brandenburg 8.8.13 – 26 Sa 1083/13; LAG München 13.11.12 – 7 Sa 105/12: keine Altersdiskriminierung, wenn es sich um eine reine Selbstdarstellung des AG handelt, losgelöst von den folgenden Beschreibungen der Stellenanzeige; a. A. LAG Baden-Württemberg 15.1.16 – 19 Sa 27/15.
226 LAG Nürnberg 11.7.12 – 4 Sa 596/11; LAG Hessen 16.1.12 – 7 Sa 615/11.
227 BAG 20.6.13 – 2 AZR 295/12.

stimmung des nationalen Rechts unangewandt lässt.[228] § 2 Abs. 4 ist europarechtskonform dahingehend auszulegen, dass lediglich das Verhältnis von KSchG und AGG geregelt wird und die Bestimmungen nebeneinander gelten. Eine Herausnahme von Kündigung aus dem Diskriminierungsschutz ist damit nicht verbunden (s. hierzu im Einzelnen Rn. 58 ff. zu § 2).

**§ 1 Abs. 3 KSchG** legt das **Alter** als ein **für die Sozialauswahl zu berücksichtigendes Kriterium** fest, was gem. § 10 Satz 3 Nr. 6 ausdrücklich gerechtfertigt ist. Der gesetzliche Regelungskomplex der Sozialauswahl gem. § 1 Abs. 3 KSchG verstößt daher nicht gegen das unionsrechtliche Verbot der Altersdiskriminierung. Die gesetzliche Vorgabe in § 1 Abs. 3 Satz 1 KSchG, das Lebensalter als eines von mehreren Kriterien bei der Sozialauswahl zu berücksichtigen, und die durch § 1 Abs. 3 Satz 2 KSchG eröffnete Möglichkeit, die Auswahl zum Zweck der Sicherung einer ausgewogenen Personalstruktur innerhalb von Altersgruppen vorzunehmen, verstoßen nicht gegen das unionsrechtliche Verbot der Altersdiskriminierung und dessen Ausgestaltung durch die Richtlinie 2000/78/EG vom 27.11.2000.[229] Bei einem Wiedereinstellungsanspruch können Betriebsparteien vereinbaren, dass ältere AN bevorzugt zu berücksichtigen sind. Sie sind rechtlich nicht verpflichtet, die anspruchsberechtigten AN nach den gleichen Kriterien wie bei der sozialen Auswahl zu bestimmen.[230] Die **Altersstaffelung in § 10 KSchG** erscheint ebenfalls sachlich durch die altersbedingte Verschlechterung der Berufsaussichten gerechtfertigt. Die gem. § 1 Abs. 3 Satz 2 KSchG mögliche Altersgruppenbildung für die Sozialauswahl zum Zweck der Sicherung einer ausgewogenen Personalstruktur verstößt genauso wenig gegen das unionsrechtliche Verbot der Altersdiskriminierung wie die nach § 125 Abs. 1 InsO eröffnete Möglichkeit, über einen Interessenausgleich mit Namensliste eine ausgewogene Personalstruktur zu schaffen.[231] 37

Die Staffelung von Kündigungsfristen nach der Länge der Betriebszugehörigkeit in § 622 Abs. 2 BGB verstößt nicht gegen das Verbot der Altersdiskriminierung. Auch wenn die Anknüpfung an die Länge der Betriebszugehörigkeit geeignet ist, mittelbar jüngere Beschäftigte schlechter zu stellen, ist dies dadurch gerechtfertigt, dass mit dem Alter die Schwierigkeit zunimmt, eine Anschlussbeschäftigung zu finden.[232] Europarechtswidrig ist hingegen die gesetzliche Regelung in **§ 622 Abs. 2 Satz 2 BGB** zu den **verlängerten Kündigungsfristen**, nach der Betriebszugehörigkeitszeiten erst 38

228 EuGH 22.11.05 – C-144/04 – [Mangold/Helm]; EuGH 19.1.10 – C 555/07 – [Kücükdeveci].

229 BAG 15.12.11 – 2 AZR 42/10.

230 LAG Köln 11.5.12 – 5 Sa 1009/10.

231 BAG 19.12.13 – 6 AZR 790/12.

232 BAG 18.9.14 – 6 AZR 636/13.

ab Vollendung des 25. Lebensjahres Berücksichtigung finden.[233] Der EuGH lässt offen, ob das genannte Ziel einer größeren personalwirtschaftlichen Flexibilität der AG durch geringere Belastungen im Zusammenhang mit der Entlassung jüngerer AN zur Rechtfertigung der Benachteiligung grundsätzlich geeignet ist. Die Nichtberücksichtigung von Beschäftigungszeiten vor dem 25. Lebensjahr bei der Berechnung der Kündigungsfristen, ist jedenfalls nicht angemessen, um das genannte Ziel zu erreichen, weil die Maßnahme sich auch dann noch benachteiligend auswirkt, wenn die Beschäftigten bereits ein höheres Lebensalter erreicht haben. Auch bei einem 40jährigen AN, der mit 15 Jahren bei demselben AG eingestellt wurde, wirkt sich die Bestimmung in der Weise aus, dass nicht 25, sondern nur 15 Jahre Betriebszugehörigkeit angerechnet werden und damit eine um einen Monat verkürzte Kündigungsfrist gilt. Das Ziel, den Kündigungsschutz mit wachsenden Beschäftigungszeiten zu stärken, wird vom EuGH als legitim zugrunde gelegt und unterschiedliche Kündigungsfristen für unterschiedliche Altersgruppen nicht beanstandet. Beschäftigte müssen die Nichteinhaltung der objektiv richtigen Kündigungsfrist mit einer **Kündigungsschutzklage innerhalb von drei Wochen** nach Zugang der schriftlichen Kündigung geltend machen (§ 4 Satz 1 KSchG), wenn sich die mit zu kurzer Frist ausgesprochene Kündigung nicht als eine solche mit der rechtlich gebotenen Frist auslegen lässt. Ansonsten gilt bei der Notwendigkeit einer Umdeutung die mit zu kurzer Frist ausgesprochene Kündigung nach § 7 KSchG als rechtswirksam und beendet das Arbeitsverhältnis zum »falschen« Termin.[234] Ob die Regelung in § 14 Abs. 3 TzBfG einer Überprüfung durch den EuGH standhält, ist zweifelhaft. Das BAG[235] geht davon aus, dass jedenfalls bei erstmaliger Inanspruchnahme der Befristungsmöglichkeit gem. § 14 Abs. 3 Satz 1 TzBfG zwischen denselben Arbeitsvertragsparteien diese mit EG-Recht vereinbar sind, hat aber zur Frage der Rechtmäßigkeit auch bei einer mehrmaligen Inanspruchnahme Zweifel geäußert, allerdings die Entscheidung ausdrücklich offengelassen (s. hierzu § 2 Rn. 41 und § 10 Rn. 16).

**39** Regelungen in Tarifverträgen, die an das Merkmal Alter anknüpfen, können entweder eine positive Maßnahme im Sinne des § 5 darstellen oder sie können nach § 10 gerechtfertigt sein (s. ausführlich § 10 Rn. 13 f.).

**39a** Eine mittelbare Diskriminierung wegen des Alters ist zu prüfen bei Regelungen, die eine ungünstige Rechtsfolge an Zeiten von Arbeitsunfähigkeit anknüpfen, da ältere Menschen ein höheres Gesundheitsrisiko tragen.[236]

---

233 EuGH 19.1.10 – C 555/07 – [Kücükdeveci].

234 BAG 1.9.10 – 5 AZR 700/09.

235 28.5.14 – 7 AZR 360/12.

236 So LAG Baden-Württemberg 24.2.12 – 12 Sa 40/11 hinsichtlich der Urlaubsentgeltregelungen des § 8.4 BRTV, die zu einer Minderung des Urlaubsentgelts bei vorjährigem Krankengeldbezug führen.

**Mitbestimmung des Betriebsrats:** Der Betriebsrat hat gem. § 80 Abs. 1 Nr. 4 BetrVG die allgemeine Aufgabe die Beschäftigung älterer AN im Betrieb zu fördern. Geeignete Fördermaßnahmen können Gegenstand einer freiwilligen Betriebsvereinbarung gem. § 88 BetrVG sein und sind, soweit sie die altersbedingte Verschlechterung der Berufsaussichten ausgleichen sollen, als positive Maßnahme gem. § 5 grundsätzlich möglich. 40

## VII. Benachteiligung wegen der sexuellen Identität

Mit dem Begriff der »sexuellen Identität« schließt sich der Gesetzgeber der zur Umsetzung der Richtlinie 2000/78/EG (Rahmenrichtlinie Beschäftigung) in § 75 Betriebsverfassungsgesetz erfolgten Wortwahl an. Der Begriff dürfte von seiner Bedeutung her identisch sein mit dem der »sexuellen Ausrichtung«, der in der Richtlinie und in Art. 19 Abs. 1 AEUV verwandt wird und der sich u. a. auf die homosexuelle, heterosexuelle oder bisexuelle Orientierung eines Menschen bezieht.[237] Insoweit besteht Konsens in den europäischen Regelungen.[238] Erfasst werden nach der deutschen Gesetzesbegründung[239] auch trans- und intergeschlechtliche Menschen. Der EuGH sieht hingegen richtigerweise in einer Benachteiligung von trans Menschen eine Benachteiligung wegen des Geschlechts.[240] Nach der Rechtsprechung des BVerfG ist als »Geschlecht« die selbstempfundene geschlechtliche Identität rechtlich anzuerkennen.[241] Damit hat das Merkmal »Geschlecht« die Bedeutung von »gender«, ist unabhängig von einer biologischen Geschlechtszugehörigkeit als geschlechtliche Identität zu verstehen und klar zu unterscheiden von der sexuellen Orientierung.[242] Ausreichend für eine Benachteiligung wegen der sexuellen Identität ist bereits die entsprechende Absicht des Handelnden, wenn also z. B. eine Person als homosexuell wahrgenommen und deshalb benachteiligt wird.[243] 41

---

237 Diese Aufzählung ist nicht abschließend. Es gibt auch Menschen, die sich als asexuell, pansexuell usw. bezeichnen.

238 Cormack/Bell, S. 26.

239 BT-Drs. 16/1780 S. 31.

240 EuGH 30. 4. 96 – C-13/94; Däubler/Beck-Däubler, AGG, § 1 Rn. 100; Thüsing, Sonderbeilage zu NZA 22/2004, 3 [13].

241 BVerfG 11. 1. 11 – 1 BvR 3295/07.

242 BAG 17. 12. 15 – 8 AZR 421/14 meint fälschlicherweise, dass in unionsrechtskonformer Auslegung Trans-Sein sowohl im Rahmen des Grundes »Geschlecht« als auch des Grundes »sexuelle Identität« berücksichtigt werden kann.

243 BAG 17. 12. 15 – 8 AZR 421/14 zu der Vermutung einer Benachteiligung wegen Transsexualität.

**Beispiel:**
A ist ein Trans-Mann, also männlichen Geschlechts i.S. von »gender«. Biologisch ist er dem weiblichen Geschlecht zuzuordnen, entsprechend dem englischen Begriff »sex«. Würde der AG ihm wegen einer geplanten Geschlechtsangleichung eine Kündigung aussprechen, läge hierin eine Diskriminierung wegen des Geschlechts.[244]
Unabhängig von dem Geschlecht ist die sexuelle Ausrichtung etwa als homosexuell, bisexuell oder heterosexuell. Wenn A homo- oder bisexuell ist oder sein homophober AG ihn ggf. aufgrund seiner Transsexualität fälschlicherweise so wahrnimmt und ihm aus diesem Grund kündigt, liegt hierin eine Benachteiligung wegen seiner sexuellen Identität.

**42** Nach dem Schutzzweck und Wortlaut der Richtlinien ist der Begriff »sexuelle Ausrichtung« tendenziell weit zu verstehen und schließt weder aus, dass es Menschen gibt, die sich nicht mit den Begriffen hetero-, homo- oder bisexuell identifizieren können, noch dass sich die sexuelle Identität von Menschen verändern kann.[245] Eine von einer gesellschaftlichen »Norm« abweichende sexuelle Orientierung darf in keinem Fall ein Anknüpfungspunkt für Benachteiligungen sein, die an Vorurteile und subjektive – meist negative – Zuschreibungen gegenüber anderen Menschen im Zusammenhang mit der von ihnen gelebten Sexualität anknüpfen. Daher ist auch eine Unterscheidung zwischen ihrer sexuellen Identität an sich und ihrem Sexualverhalten, das nach verschiedenen Ansichten in der Literatur nicht vom Schutzzweck umfasst sein soll, abzulehnen.[246] Inwieweit sexuelle Identität auch durch besondere sexuelle Neigungen oder Sexualpraktiken definiert werden kann, ist streitig.[247] Jedenfalls dürften auch sozial zwar wenig angesehene, aber nicht strafbare sexuelle Praktiken vom Merkmal der »Identität« oder »Ausrichtung« erfasst sein.[248] Fraglich ist auch, inwieweit eine Abgrenzung zu strafbarem Verhalten hilfreich ist, da am Beispiel der Homosexualität gut sichtbar wird, wie stark auch Gesetze diskriminieren können und wie sich

---

244 EuGH 30.4.96 – C-13/94 – [P/S und Cornwall County Council].

245 Däubler/Beck-Däubler, AGG, § 1 Rn. 102 ff.

246 So unterscheidet die katholische Kirche z.B. strikt zwischen einer homosexuellen Person an sich und etwaiger homosexueller Verhaltensweisen; ausführlich zum Thema BeckOGK-Baumgärtner, § 1 AGG Rn. 164 f.; a.A. Adomeit/Mohr, Rn. 164; MüKoBGB-Thüsing, Rn. 56; Bauer/Krieger/Günther, § 1 AGG Rn. 53.

247 Für einen weiten diskriminierungsrechtlichen Ansatz auch bei Benachteiligung wegen bestimmter wenig angesehener, aber nicht strafbarer sexueller Praktiken: Däubler/Beck-Däubler, § 1 AGG Rn. 102 ff.; Meinel/Heyn/Herms, § 1 Rn. 27; wie hier Däubler/Hjort/Schubert/Wolmerath-Braun, Arbeitsrecht, § 1 AGG Rn. 16; Wendeling-Schröder/Stein, § 1 Rn. 82.

248 Ausführlich hierzu und für einen diskriminierungsrechtlichen Ansatz Däubler/Beck-Däubler, § 1 AGG Rn. 104; s.a. Meinel/Heyn/Herms, § 1 AGG Rn. 27; Däubler/Hjort/Schubert/Wolmerath-Braun, Arbeitsrecht, § 1 AGG Rn. 16; Wendeling-Schröder-Stein, § 1 Rn. 82.

gesellschaftliche Sichtweisen verändern.[249] Die Fragestellung hat aber in der Praxis geringe Auswirkungen, da in den Fällen, in denen die **Grenze zur Strafbarkeit überschritten wird**, gem. Art. 2 Abs. 5 der Rahmenrichtlinie ein Schutz solchen Verhaltens ausscheidet.[250] Der von Art. 8 Abs. 1 EMRK und Art. 7 GRC freiheitsrechtlich gewährleistete Schutz – auch sexuellen Verhaltens – findet seine Grenzen in den Rechten Dritter und den sonstigen in Art. 8 Abs. 2 EMRK (Art. 52 Abs. 3 EMRK) genannten Gründen.[251] Die im Rahmen des Gesetzgebungsverfahren geäußerten Befürchtungen, dass das AGG auch eine wegen Kindesmissbrauchs verurteilte Person schützt, die sich für eine Tätigkeit in Kindergarten oder Schule bewirbt, sind daher nicht gerechtfertigt. Auf die Rechtfertigung einer hieran anknüpfenden Ungleichbehandlung nach § 8 Abs. 1 kommt es deshalb nicht an. Einschlägige Sexualvorstrafen dürfen also für Berufe, in denen es um den Schutz Minderjähriger geht, entsprechend den allgemeinen Regelungen bei der Einstellung erfragt werden (s. hierzu § 2 Rn. 12 ff.). Wird hingegen die Grenze zu einem strafbaren Verhalten nicht überschritten, gehören entsprechende Verhaltensweisen zur Privatsphäre und lassen das Arbeitsverhältnis unberührt.[252] Jedenfalls ist kaum denkbar, dass wegen bestimmter Anforderungen an die Tätigkeit eine Diskriminierung wegen eines nicht strafbaren sexuellen Verhaltens gem. § 8 gerechtfertigt sein könnte.

Eine Benachteiligung wegen der sexuellen Identität liegt z. B. vor, wenn eine dem AG zurechenbare Person öffentlich mitteilt, einen vermeintlich schwulen Fußballspieler nicht in die Mannschaft aufzunehmen.[253] Auch bei der Verweigerung des geplanten Einsatzes und des Abschlusses eines Anschlussvertrages bei einem selbständig tätigen Mitarbeiter einer Rundfunkanstalt, nachdem diese mit seinem Lebensgefährte auf ihrem YouTube-Kanal ein Weihnachtsmusikvideo gepostet hatte, das für Toleranz gegenüber gleichgeschlechtlichen Paaren wirbt, liegt eine unzulässige Diskriminierung wegen der sexuellen Identität vor.[254] In der Rechtsprechung geht es bei den entschiedenen Fällen einer Benachteiligung wegen der sexuellen Identität vor allem um Leistungen, die an ein traditionelles Familienverständ- 43

249 Bis 1969 war § 175 StGB in der Fassung der Nationalsozilisten geltendes Recht und Geschlechtsverkehr auch zwischen erwachsenen Männern strafbar. Danach galt eine Altersgrenze für beide Partner von mindestens 21 Jahren. Die Aufhebung dieser diskriminierenden Sonderregelung erfolgte erst mit Wirkung zum 11. 6. 1994.

250 Däubler/Beck-Däubler, § 1 AGG Rn. 104.

251 EGMR 22. 10. 81 – 7525/76 – [Dudgeon ./. UK]; EGMR 24. 6. 10 – 0141/04, Rn. 87ff. – [Schalk & Kopf ./. Österreich]; BeckOGK-Baumgärtner, § 1 AGG Rn. 165.

252 Däubler/Beck-Däubler, § 1 AGG Rn. 104, mit Nachweis der Rechtsprechung.

253 EuGH 25. 4. 13 – C-81/12.

254 EuGH 12. 1. 23 – C-356/21.

nis anknüpfen oder eine Lebenspartnerschaft im Vergleich zu einer Ehe benachteiligen. Eine eingetragene Lebenspartnerschaft ist durchweg einer Ehe gleichzustellen.[255] Eine wenig überzeugende Ausnahme wird allerdings dann angenommen, wenn eine Versorgungsordnung voraussetzt, dass eine Ehe oder Lebenspartnerschaft vor Vollendung des 60. Lebensjahrs des Versorgungsberechtigten geschlossen wurde, in diesem Zeitpunkt jedoch eine Lebenspartnerschaft rechtlich noch nicht möglich war.[256] Die Benachteiligung knüpft vielmehr in diesem Fall an das Zusammentreffen der Kriterien »Alter« und »sexuelle Orientierung« an (s. auch Rn. 44 ff.). Nach der Rechtsprechung des BAG liegt zudem mit der Vorgabe eines Höchstalters für eine berücksichtigungsfähige Eheschließung oder Begründung einer Lebenspartnerschaft bereits eine unzulässige Diskriminierung wegen des Alters vor.[257]

---

255 BVerfG 1.8.12 – 2 BvR 1397/09, Familienzuschlag für Beamte in eingetragener Lebenspartnerschaft auch für die Zeit vor 2009; BVerfG 7.7.09 – 1 BvR 1164/07, Hinterbliebenenversorgung; EuGH 1.4.08 – Rs. C-267/06 – [Maruko], berufsständisches Versorgungssystem; BVerwG 19.6.12 – 2 BvR 1397/09, Familienzuschlag der Stufe 1; EuGH 10.5.11 – C 147/08 – [Römer]: Zusatzrente; BVerwG 28.10.10 – 2 C 52/09: Auslandszuschlag und Aufwandsentschädigung bei Dienstleistung im Ausland; OVG Lüneburg 25.02.14 – 5 LA 204/13: Entschädigungsanspruch wegen Vorenthaltung des Familienzuschlags für verpartnerte Beamtin; VGH Baden-Württemberg 3.4.12 – 4 S 1773/09: Witwergeld für den hinterbliebenen Lebenspartner des Beamten; BAG 14.1.09 – 3 AZR 20/07: Gleichstellung von eingetragenen Lebenspartnern mit Ehegatten in der betrieblichen Altersversorgung hinsichtlich der Hinterbliebenenversorgung, soweit am 1. Januar 2005 zwischen dem Versorgungsberechtigten und dem Versorgungsschuldner noch ein Rechtsverhältnis bestand; BAG 29.4.04 – 6 AZR 101/03, Ortszuschlag bei eingetragener Lebenspartnerschaft; BAG 11.12.12 – 3 AZR 684/10: Hinterbliebenenversorgung eingetragener Lebenspartner seit dem 1.1.2005 für Dienstordnungsangestellte bei Verweis auf die Vorschriften über die Versorgung für Beamte des Bundes.

256 EuGH 24.11.16 – C-443/15 – [Parris]: hier; BAG 15.9.09 – 3 AZR 797/08: rechtmäßig geschaffene unterschiedliche rechtliche Situation schließt eine vergleichbare Lage i.S.d. Antidiskriminierungsrechts der EG aus; Schiek, EuZA 2017, 407: Einordnung der Fallkonstellation als unmittelbare Altersdiskriminierung und mittelbare Diskriminierung wegen der sexuellen Ausrichtung (intersektionell).

257 BAG 14.1.09 – 3 AZR 20/07: Gleichstellung von eingetragenen Lebenspartnern mit Ehegatten in der betrieblichen Altersversorgung hinsichtlich der Hinterbliebenenversorgung, soweit am 1.1.2005 zwischen dem Versorgungsberechtigten und dem Versorgungsschuldner noch ein Rechtsverhältnis bestand; BAG 19.2.19 – 3 AZR 215/18, Rn. 42 ff.: Ausschluss bei Eheschließung nach Vollendung 62. Lebensjahr; BAG 19.2.19 – 3 AZR 219/18: Unzulässigkeit einer Altersgrenze, wenn der Ausschluss der Hinterbliebenenversorgung nicht an ein betriebsrentenrechtliches Strukturprinzip anknüpft (z. B. Erreichen der festen

## VII. Benachteiligung wegen mehrerer Merkmale, kumulative und intersektionelle Diskriminierung

Unter den Schutzbereich des AGG fallen auch **Benachteiligungen, die eine Person wegen mehrerer Merkmale** erfährt (§ 4). Die Vorschrift berücksichtigt den Umstand, dass bestimmte Personengruppen typischerweise der Gefahr der Benachteiligung aus mehreren Gründen i.S.v. § 1 AGG ausgesetzt sind, und stellt deshalb klar, dass jede Ungleichbehandlung für sich auf ihre Rechtfertigung hin zu prüfen ist. Ist eine unterschiedliche Behandlung möglicherweise im Hinblick auf einen der in § 1 AGG genannten Gründe gerechtfertigt, liegt darin nicht zugleich die Rechtfertigung einer Benachteiligung wegen eines anderen in § 1 AGG genannten – ebenfalls vorliegenden – Grundes.[258] Mehrfachdiskriminierung oder mehrdimensionale Diskriminierung ist ein Oberbegriff für die hiervon erfassten Diskriminierungsformen einer kumulativen Benachteiligung wegen verschiedener Merkmale (z.B. Einstellung nur von jungen Männern unter 40 Jahren für einen Getränkedienst benachteiligt eine 50-jährige Frau, die sich auf die Stelle bewirbt, gleichzeitig wegen ihres Alters und wegen ihres Geschlechts) und der intersektionellen Benachteiligung (z.B. Höchstalter von 55 Jahren nur für die Einstellung von Frauen betrifft jeweils eine Untergruppe der Frauen bzw. eine Untergruppe der älteren Menschen).[259] Auch wenn § 4 keine konkreten Regelungen zu den verschiedenen Diskriminierungsformen trifft, sondern nur das Erfordernis einer Prüfung der Rechtfertigung wegen aller betroffenen Merkmale normiert, umfasst damit die Norm nach Wortlaut und Gesetzesbegründung alle Formen mehrdimensionaler Diskriminierung, so dass damit auch die intersektionelle Diskriminierung in den Schutzbereich des AGG fällt.[260] Eine intersektionelle Diskriminierung liegt danach vor, wenn eine Benachteiligung nur Personen trifft, die zwei oder mehr Merkmale in sich vereinen, aufgrund derer Diskriminierung verboten ist.[261] In aller Regel liegt eine Kombination von unmittelbarer Benachtei- 44

---

Altersgrenze, Eintritt eines Versorgungsfalls oder das Ende des Arbeitsverhältnisses); s. im Einzelnen zur Zulässigkeit von Spätehenklauseln § 2 Rn. 52 m.w.N.

258 BAG 23.11.17 – 8 AZR 604/16, Rn. 44; BT-Drs. 16/1780 S. 33.

259 Ausführlich zur Begrifflichkeit s. Chege, NZA 2022, 307 (309); noch differenzierter: BeckOGK-Baumgärtner, AGG § 4 Rn. 6.

260 BT-Drs. 16/1780 S. 23 f.; viele Beispiele und Literaturhinweise bei Däubler/Beck-Däubler, AGG, § 4 Rn. 8 ff.; BeckOGK-Baumgärtner, AGG, § 4 Rn. 3, 6.

261 Grundlegend zu dem auf Crenshaw zurückgehenden Begriff, den diese geprägt hat, weil bei der nur getrennten Betrachtung jeweils eines der betroffenen Diskriminierungsmerkmale die Gefahr einer unzutreffenden und wechselnden Vergleichsgruppenbildung sehr hoch ist: Kahlo/Stein, NJW 2022, 2792 (2793); Schiek, EuZA 2017, 407 (413); Klus, EuZA 2022, 73 (83); allerdings werden die Begriffe in verschiedenen Kommentaren höchst unterschiedlich verwendet.

ligung wegen eines Merkmals und mittelbarer Benachteiligung wegen eines zweiten Merkmals vor.[262]

45 Der Wortlaut der frühen EU-Richtlinien enthält keine dem § 4 entsprechende Regelung. Allerdings ist davon auszugehen, dass die Richtliniengeber die betreffenden Richtlinien in diesem weiten Sinne verstanden wissen wollten. So wird in Erwägungsgrund 14 Antidiskriminierungs-RL (RL2000/43/EG) und in Erwägungsgrund 3 Gleichbehandlungs-Rahmen-RL (RL-2000/78/EG) das Problem angesprochen, dass Frauen nicht nur wegen ihres Geschlechts, sondern auch mit Rücksicht auf andere Merkmale benachteiligt werden.[263] In der Entgelttransparenz-RL (RL 2023/970/EU) wird der Begriff der intersektionellen Diskriminierung in Art. 3 Abs. 2 e) erstmals definiert als Diskriminierung aufgrund des Geschlechts kombiniert mit einer Diskriminierung in Bezug auf einen oder mehrere andere Schutzgründe nach Maßgabe der Richtlinie 2000/43/EG oder der Richtlinie 2000/78/EG, um klarzustellen, dass dieser Schutz auch bislang schon gilt. Der Erwägungsgrund 25 erwähnt in diesem Zusammenhang explizit die Problematik des Erkennens und Bestimmens der geeigneten Vergleichsperson(en).[264]

46 In der Praxis sind Diskriminierungen selten ein auch analytisch klarer, eindimensionaler Fall.[265] Jeder Mensch erfüllt zwingend mehrere verpönte Merkmale: Er gehört einer bestimmten Ethnie an, einem bestimmten Geschlecht, hat religiöse oder areligiöse Überzeugungen, verfügt über ein be-

---

262 Weinberg, EuZA 2020, 60 (64): Das Verbot, ein sichtbares religiöses Symbol am Arbeitsplatz – auch im öffentlichen Dienst – zu tragen, stellt eine unmittelbare Benachteiligung wegen der Religion und eine mittelbare Benachteiligung wegen des Geschlechts und der ethnischen Herkunft dar, weil vor allem muslimische Frauen, denen zudem häufig eine nicht deutsche Herkunft zugeschrieben wird, betroffen sind; Schiek, EuZA 2017, 407 (413): Einordnung des Falles Parris als intersektionelle Kombination aus unmittelbarer Altersdiskriminierung und mittelbarer Diskriminierung wegen der sexuellen Ausrichtung.

263 EuArbRK-Winter, RL (EU) 2023/970 Art. 1 Rn. 11; Art. 3 Rn. 56 ff.

264 EuArbRK-Winter, RL (EU) 2023/970 Art. 3 Rn. 63; Erwägungsgrund 25 RL 2023/970/EU: »…geschlechtsspezifischer Entgeltdiskriminierung möglich sein sollte, eine solche Kombination zu berücksichtigen, um etwaige Zweifel auszuräumen, die nach dem geltenden Rechtsrahmen in dieser Hinsicht bestehen können, und nationale Gerichte, Gleichbehandlungsstellen und andere zuständige Behörden in die Lage zu versetzen, insbesondere zu inhaltlichen und verfahrensrechtlichen Zwecken jeder Benachteiligung, die sich aus intersektioneller Diskriminierung ergibt, gebührend Rechnung zu tragen; dazu gehört die Feststellung des Vorliegens einer Diskriminierung, die Wahl der geeigneten Vergleichsperson, die Bewertung der Verhältnismäßigkeit und gegebenenfalls die Festsetzung der Höhe des gewährten Schadensersatzes oder der verhängten Sanktionen.«

265 Baer/Bittner/Göttsche, Mehrdimensionale Diskriminierung, S. 7; BeckOGK-Baumgärtner, AGG, § 4 Rn. 8 ff., 12, 17, m. w. N.; Däubler/Beck-Däubler, AGG, § 4 Rn. 7.

stimmtes Alter und hat eine spezifische sexuelle Identität. Die Anfälligkeit gegenüber Diskriminierungen ist dabei jedoch sehr unterschiedlich und betrifft primär Fälle einer Abweichung von der »Norm«[266] bzw. solche, in denen sich Vorurteile und althergebrachte Rollenzuschreibungen wiederfinden. Empirische Analysen haben gezeigt, dass für eine Benachteiligung insbesondere die Kombinationen der Merkmale eine Rolle spielen: jugendliches Alter, Geschlecht und ethnische Herkunft bzw. ethnische Herkunft, Religion und Geschlecht sowie vorgerücktes Alter und Behinderung bzw. Geschlecht und sexuelle Ausrichtung.[267] Es geht also nicht um einen weiteren Diskriminierungstatbestand,[268] sondern um eine angemessene Würdigung der Benachteiligung, die Menschen aufgrund ihrer Identität bzw. ihres »So-Seins« erfahren, das i. d. R. mehrere der geschützten Merkmale umfasst.[269] Aus diesem Grund lassen sich diese Fälle auch nicht der Benachteiligung wegen des einen oder des anderen betroffenen Merkmals zuordnen. Vielmehr wird die Diskriminierungserfahrung erst durch das spezifische Zusammenwirken der betroffenen Merkmale im Einzelfall abgebildet.[270] Eine isolierte Behandlung führt zu möglichen Fehlerquellen bei der Ermittlung des richtigen Vergleichsmaßstabs.[271] Das AGG zeigt durch die Formulierung von § 4, dass beide Konstellationen in den Schutzbereich fallen, und ordnet an, dass in der Folge eine Rechtfertigung für jedes der Merkmale vorliegen muss.[272]

Der EuGH hat für die Frage, ob der Schutzbereich der Richtlinien eröffnet **47** ist, den Ansatz einer Subgruppenbildung gewählt. Sowohl dann, wenn eine Benachteiligung lediglich an einem geschützten Merkmal anknüpft und ein neutrales Kriterium der Grund für eine Differenzierung ist, fällt dies unter den Schutzbereich (in der Gruppe der Behinderten wurde die Subgruppe der Behinderten, die eine entsprechende Bescheinigung vor einem bestimmten Stichtag eingereicht hatten, gegenüber der Subgruppe der Behinderten benachteiligt, die die Bescheinigung nach diesem Stichtag eingereicht

266 Däubler/Beck-Däubler, AGG, § 4 Rn. 5; Herms/Meinel, DB 2004, 2370.

267 S. Dern/Inowlocki/Oberlies, Mehrdimensionale Diskriminierung, abrufbar unter: *https://www.antidiskriminierungsstelle.de/SharedDocs/downloads/DE/publikationen/Expertisen/expertise_mehrdimensionale_diskriminierung_empirische_untersuchung.pdf?__blob=publicationFile&v=2*; Philipp/Meier/Apostolovski/Starl/Schmidlechner-Meier, Intersektionelle Benachteiligung und Diskriminierung, 127 (133ff.); BeckOGK-Baumgärtner, AGG, § 4 Rn. 2f.

268 BAG 23.11.17 – 8 AZR 604/16, Rn. 44.

269 BeckOGK-Baumgärtner, AGG, § 4 Rn. 13; Däubler/Beck-Däubler, AGG, § 4 Rn. 8ff.

270 Klus, EuZA 2022, 73 (82).

271 BeckOGK-Baumgärtner, AGG, § 4 Rn. 8ff., 13; Erwägungsgrund 25 RL 2023/970/EU; s. hierzu auch § 3 Rn. 10.

272 BAG 26.1.17 – 8 AZR 848/13, Rn. 36.

hatten)[273] als auch dann, wenn bei einem betroffenen Merkmal als Grund für eine Differenzierung ein weiteres geschütztes Merkmal hinzukommt (Diskriminierung einer einzelnen Subgruppe: die der Gruppe der Muslime weiblichen Geschlechts, die als Ausdruck ihrer religiösen Überzeugung das Kopftuch tragen).[274] Der EuGH fordert für die Annahme einer unmittelbaren Diskriminierung in der ersten Fallkonstellation (Behinderung), dass das neutrale Differenzierungskriterium dem Diskriminierungsmerkmal der Behinderung zugerechnet wird, also zwischen beiden ein untrennbarer Zusammenhang angenommen werden kann.[275] Dies scheidet regelmäßig als Möglichkeit bei dem Zusammentreffen verschiedener geschützter Merkmale aus, was bei der zweiten Konstellationen zu Schutzlücken und Problemen führen kann. Daher ist die Einordnung als **intersektionelle Diskriminierung** vorzugswürdig.[276] Auch bedarf es dann keiner schwer verständlichen Unterscheidung, weshalb das Tragen sichtbarer Zeichen politischer, weltanschaulicher oder religiöser Überzeugungen nicht untrennbar mit der Religion verbunden ist, aber das Tragen auffälliger großflächiger Zeichen religiöser, politischer oder sonstiger weltanschaulicher sehr wohl. Vielmehr lässt sich die intersektionelle Diskriminierung – je nach Ausgangssituation – in die üblichen Diskriminierungsformen der unmittelbaren und mittelbaren Diskriminierung einordnen.[277] Eine unmittelbare Diskriminierung liegt dann vor, wenn hierdurch die Personen direkt betroffen werden, bei denen die verschiedenen geschützten Merkmale zusammenkommen – diese also in der Kombination nicht hinweggedacht werden können, ohne dass die Diskriminierung entfällt – und eine mittelbare Diskriminierung, wenn das Unterscheidungskriterium zwar neutral ist, aber zu einer besonderen Betroffenheit der Menschen führt, bei denen die geschützten Merkmale vorliegen. Im Falle des Kopftuchverbots kommen die geschützten Kriterien Religion, Geschlecht und Ethnie zusammen.[278] Das Tragen des Kopftuchs ist Ausdruck der Religion, allerdings nur für eine Gruppe von Muslima. Sind von einem Verbot tatsächlich nur Menschen betroffen, die auf die verbotene Art und Weise ihre religiöse Überzeugung ausdrücken, handelt es sich um

273 EuGH 26.1.21 – C-16/19 – [Szpital Kliniczny].

274 EuGH 15.7.21 – C-804/18 und C-341/19 Rn. 52 – [WABE und MH Müller Handel].

275 EuGH 26.1.21 – C-16/19 Rn. 44 – [Szpital Kliniczny]; EuGH 9.3.17 – C-406/15, Rn. 42 – [Milkova]; EuGH 11.4.13 – C-335/11 und C-337/11, Rn. 72–74 – [HK Danmark]; siehe dazu Selzer, EuZA 2014, 95.

276 Unklar und möglicherweise für das Verständnis der Richtlinien a.A. EuGH 24.11.16 – C-443/15 – [Parris]; dazu aus intersektioneller Perspektive: Schiek, EuZA 2017, 407.

277 MünchKommBGB-Thüsing, § 3 AGG Rn. 17.

278 Weinberg, EuZA 2020, 60 (64).

eine unmittelbare Diskriminierung, deren Rechtfertigung an § 8 zu messen ist.[279]

48 Durch ein entsprechendes Verständnis und Handhabung des AGG ist zudem den internationalen Verpflichtungen Deutschlands aus CEDAW und ICERD Rechnung zu tragen. Der CERD-Ausschuss der UN hat die Verpflichtung hervorgehoben, auch die intersektionelle Diskriminierung zu bekämpfen und sicherzustellen, dass Geschlecht, Alter, Behinderungen, sexuelle Orientierung und Geschlechtsidentität in allen seinen Maßnahmen zur Bekämpfung mehrfacher und intersektionaler Formen der Diskriminierung, einschließlich rassistischer Diskriminierung, durchgängig berücksichtigt werden.[280] Als Beispiel hat er explizit die Benachteiligung von muslimischen Frauen angeführt, die Kopftuch tragen und in der Praxis hierdurch spürbar in ihren beruflichen Möglichkeiten eingeschränkt sind. Das deutsche Recht soll insoweit sicherstellen, dass ethnisch muslimischen Gemeinschaften angehörende Frauen nicht wegen Tragens des Kopftuchs benachteiligt werden, die entsprechenden Beamtengesetze ändern und Maßnahmen ergreifen, um ihre gleichberechtigte Teilhabe an Bildung und Beschäftigung wie auch am öffentlichen Leben und in Entscheidungspositionen zu verwirklichen.[281]

## § 2 Anwendungsbereich

**(1) Benachteiligungen aus einem in § 1 genannten Grund sind nach Maßgabe dieses Gesetzes unzulässig in Bezug auf:**

1. **die Bedingungen, einschließlich Auswahlkriterien und Einstellungsbedingungen, für den Zugang zu unselbstständiger und selbstständiger Erwerbstätigkeit, unabhängig von Tätigkeitsfeld und beruflicher Position, sowie für den beruflichen Aufstieg,**
2. **die Beschäftigungs- und Arbeitsbedingungen einschließlich Arbeitsentgelt und Entlassungsbedingungen, insbesondere in individual- und kollektivrechtlichen Vereinbarungen und Maßnahmen bei der Durchführung und Beendigung eines Beschäftigungsverhältnisses sowie beim beruflichen Aufstieg,**
3. **den Zugang zu allen Formen und allen Ebenen der Berufsberatung, der Berufsbildung einschließlich der Berufsausbildung, der beruflichen Weiterbildung und der Umschulung sowie der praktischen Berufserfahrung,**

279 S. auch § 3 Rn. 5.

280 CERD/C/DEU/CO/23-26 vom 21.12.2023, a.a.O., Intersektionalität Ziff. 31; s. auch CEDAW/C/DEU/CO/9, D Abs. 44.

281 CERD/C/DEU/CO/23-26 vom 21.12.2023, a.a.O., Ziff. 36 d) und e), s. hierzu auch § 1 Rn. 15a zur Diskriminierung im Zusammenhang mit dem Tragen eines Kopftuchs von muslimischen Frauen.

**4. die Mitgliedschaft und Mitwirkung in einer Beschäftigten- oder Arbeitgebervereinigung oder einer Vereinigung, deren Mitglieder einer bestimmten Berufsgruppe angehören, einschließlich der Inanspruchnahme der Leistungen solcher Vereinigungen,**
**5. den Sozialschutz, einschließlich der sozialen Sicherheit und der Gesundheitsdienste,**
**6. die sozialen Vergünstigungen,**
**7. die Bildung,**
**8. den Zugang zu und die Versorgung mit Gütern und Dienstleistungen, die der Öffentlichkeit zur Verfügung stehen, einschließlich von Wohnraum.**

**(2) Für Leistungen nach dem Sozialgesetzbuch gelten § 33c des Ersten Buches Sozialgesetzbuch und § 19a des Vierten Buches Sozialgesetzbuch. Für die betriebliche Altersvorsorge gilt das Betriebsrentengesetz.**

**(3) Die Geltung sonstiger Benachteiligungsverbote oder Gebote der Gleichbehandlung wird durch dieses Gesetz nicht berührt. Dies gilt auch für öffentlich-rechtliche Vorschriften, die dem Schutz bestimmter Personengruppen dienen.**

**(4) Für Kündigungen gelten ausschließlich die Bestimmungen zum allgemeinen und besonderen Kündigungsschutz.**

**Inhaltsübersicht** Rn.

## I. Allgemeines

1 Der in **Abs. 1** geregelte **Anwendungsbereich** nimmt auf den Wortlaut der EU-Richtlinien Bezug. Nr. 1 bis 4 entsprechen weitgehend Art. 3 Abs. 1 a) bis d) der Richtlinien 2000/43/EG (Antirassismus-Richtlinie), 2000/78/EG (Rahmenrichtlinie Beschäftigung) und 76/207/EWG (Gender-Richtlinie). Im Anwendungsbereich des **§ 2 Abs. 1 Nr. 1 bis 4** geht es um das **arbeitsrechtliche Benachteiligungsverbot**, auf das die Bestimmungen des Abschnitts 2 (Benachteiligung von Beschäftigten) und die dort normierten Sanktionen Anwendung finden. Ein direkter Schutz durch das Primärrecht der EU besteht wegen der eingeschränkten Zuständigkeiten im Wesentlichen für die Freizügigkeit und die Niederlassungsfreiheit der Beschäftigten (Art. 45 ff AEUV) und vor einer Benachteiligung wegen der Staatsangehörigkeit (Art. 18 AEUV) und wegen des Geschlechts hinsichtlich des Entgelts (Art. 157 AEUV).

2 § 2 Abs. 1 Nr. 5 bis 8 entsprechen wortgleich Art. 3 Abs. 1 e) bis h) der Antirassismus-Richtlinie 2000/43/EG. Mit § 2 Abs. 1 Nr. 8 wird gleichzeitig die Richtlinie 2004/113/EG (Gleichbehandlungsrichtlinie wegen des Geschlechts außerhalb der Arbeitswelt; Unisex-Richtlinie) umgesetzt. Anders als das EU-Recht erfasst damit der Diskriminierungsschutz des AGG auch den Sozialschutz, die Bildung und Versorgung mit Gütern und Dienstleistungen hinsichtlich aller Diskriminierungsmerkmale und beschränkt sich nicht auf die Merkmale der Rasse, der ethnischen Herkunft und des Geschlechts. Allerdings ist dieses **zivilrechtliche Benachteiligungsverbot** in Abschnitt 3 und die sich daran anknüpfenden Sanktionen für die verschiedenen Merkmale des § 1 unterschiedlich ausgestaltet. § 19 Abs. 2 beschränkt das Benachteiligungsverbot bei Begründung, Durchführung und Beendigung sonstiger zivilrechtlicher Schuldverhältnisse i. S. des Abs. 1 Nr. 5–8 auf Benachteiligungen aus Gründen der Rasse oder der ethnischen Herkunft. Eine Benachteiligung aus den anderen in § 1 genannten Gründen ist gem. § 19 Abs. 1 nur für Massengeschäfte und privatrechtliche Versicherungen verboten. Außerdem sind Einschränkungen für Schuldverhältnisse vorgesehen, bei denen ein besonderes Nähe- oder Vertrauensverhältnis begründet wird, sowie für Wohnraumvermietung (s. Rn. 9 f. zu § 19).

## II. Zugang zu Erwerbstätigkeit und beruflichem Aufstieg

3 **Abs. 1 Nr. 1** nennt als **persönlichen Schutzbereich** den **Zugang zu unselbstständiger und selbstständiger Erwerbstätigkeit** unabhängig von

Tätigkeitsfeld und beruflicher Position sowie den beruflichen Aufstieg. Der Anwendungsbereich des AGG trägt den EU-rechtlichen Vorgaben Rechnung und ist deutlich weiter gefasst als die ehemaligen §§ 611a BGB und 81 Abs. 2 Nr. 1 SGB IX, die sich nur auf AN bezogen. Nunmehr werden gem. § 6 arbeitnehmerähnliche Personen, freie Mitarbeiter:innen sowie Organmitglieder in den Schutzbereich einbezogen und i. V. m. § 24 auch der Zugang zu öffentlich-rechtlichen Dienstverhältnissen (Beamte, Richter, Dienstleistende) geschützt. Da die Richtlinien Ausdruck des Gleichbehandlungsgrundsatzes (Art. 21 GRC) – einem der tragenden Grundsätze des Unionsrechts – sind, ist der Anwendungsbereich weit zu verstehen. Dies spiegelt sich auch in dem Wortlaut von Art. 3 Abs. 1 Buchst. a der Richtlinie 2000/78/EG wider, nach der diese *»für alle Personen in öffentlichen und privaten Bereichen, einschließlich öffentlicher Stellen, ... unabhängig von Tätigkeitsfeld und beruflicher Position«* gilt, und der Zielsetzung, den *»Zugang zu unselbstständiger und selbstständiger Erwerbstätigkeit«* zu gewährleisten.[1]

4 Der Begriff der **unselbstständigen Erwerbstätigkeit** ist entsprechend dem Unionsrecht zu verstehen und in der gesamten Union einheitlich und autonom auszulegen.[2] Insbesondere ist aus der Formulierung »unselbstständige Erwerbstätigkeit« ersichtlich, dass der Begriff nicht auf »Arbeitnehmer« beschränkt ist.[3] Bei unselbstständig Beschäftigten gem. § 6 Abs. 1 wird der Zugang zur Erwerbstätigkeit und der berufliche Aufstieg dadurch geschützt, dass Benachteiligungen im Zusammenhang mit dem Abschluss eines Arbeitsvertrags oder bei arbeitnehmerähnlichen Personen durch den Abschluss eines freien Dienstvertrags verboten sind. Dabei meint der **Begriff der Erwerbstätigkeit** jede Tätigkeit, die üblicherweise vergütet wird und damit dem Lebenserwerb dient.[4] Dem persönlichen Anwendungsbereich des § 6 Abs. 1 Satz 1 Nr. 2 unterfallen auch Praktikant:innen, die i. S. v. § 26 BBiG eingestellt werden, um berufliche Fertigkeiten, Kenntnisse, Fähigkeiten oder Erfahrungen zu erwerben.[5] Auch unbezahlte Praktika dienen regelmäßig dem Erwerbszweck, wenn diese üblicherweise einem bezahlten

---

1 EuGH 23.4.20 – C-507/18 – [Associazione Avvocatura per i diritti LGBTI], Rn. 30 ff., 39; EuGH 2.6.22 – C-587/20, Rn. 30 f.

2 EuGH 2.6.22 – C-587/20, Rn. 25.

3 EuGH 2.6.22 – C-587/20, Rn. 35: Anwendbar auch für das Amt des gewählten Vorsitzenden einer Arbeitnehmerorganisation, für das ein monatliches Gehalt gezahlt wird.

4 Auslegung nach dem gewöhnlichen Sprachgebrauch unter Berücksichtigung des Zusammenhangs und der Ziele, die mit der Regelung verfolgt werden: EuGH 2.6.22 – C-587/20, Rn. 26; EuGH 23.4.20 – C-507/18 – [Associazione Avvocatura per i diritti LGBTI], Rn. 32.

5 BAG 23.11.23 – 8 AZR 212/22.

Arbeitsverhältnis vorgelagert werden, um Berufserfahrung zu erwerben.[6] Abs. 1 Nr. 1 erfasst die gesamte Vertragsanbahnungsphase,[7] angefangen bei der Stellenausschreibung (§ 11), dem Bewerbungsverfahren, der Anforderung von Bewerbungsunterlagen, Fragen des AG ggf. unter Verwendung von Personalfragebögen bis zum Auswahlverfahren. Demgegenüber ist fraglich, ob bei **Selbstständigen** der Diskriminierungsschutz über § 6 Abs. 3 für den Abschluss sämtlicher Dienst-, Kauf- oder Werkverträge entsprechend gilt oder ob der Abschluss solcher Verträge lediglich Ausdruck bereits praktizierter selbstständiger Erwerbstätigkeit ist und nur für solche Verträge ein diskriminierungsfreier Abschluss geschützt wird, die ganz grundsätzlich den Rahmen und die Voraussetzung für selbstständige Tätigkeit bieten. Für die engere Auslegung spricht, dass von § 6 Abs. 3 nur der Zugang und nicht die Ausübung der selbstständigen Erwerbstätigkeit geschützt wird (s. hierzu im Einzelnen § 6 Rn. 16f.). Zur Mitbestimmung des Betriebsrats und seinen Möglichkeiten, Benachteiligungen im Einstellungsverfahren und bei Beförderungen zu verhindern s. § 7 Rn. 18 und 24.

## 1. Auswahlkriterien und Einstellungsbedingungen

Für den Zugang zur Erwerbstätigkeit und für den beruflichen Aufstieg 5
haben **Auswahlkriterien** und **Einstellungsbedingungen** eine besondere Bedeutung. Die Wortwahl geht von den EU-Richtlinien aus und umfasst den Begriff der Auswahlrichtlinien, der gem. **§ 95 BetrVG** für den kollektivrechtlichen Bereich für Einstellungen sowie für Versetzungen und Umgruppierungen definiert wird. In **Abgrenzung zu Abs. 1 Nr. 2** werden von **Abs. 1 Nr. 1** damit die abstrakt generellen Vorgaben für Versetzungen und Umgruppierungen erfasst, die Individualmaßnahmen selbst im Einzelfall aber von **Abs. 1 Nr. 2** (Maßnahmen bei der Durchführung des Beschäftigungsverhältnisses). Richtlinien über die personelle Auswahl bei Kündigungen fallen unter Abs. 1 Nr. 2 (Maßnahmen bei der Beendigung des Beschäftigungsverhältnisses). Die Anwendbarkeit von Nr. 1 ist bei AN sowie arbeitnehmerähnlichen Personen nicht auf wirksame kollektive Regelungen nach § 95 BetrVG beschränkt, sondern umfasst **alle** abstrakt-generellen wie auch für den Einzelfall getroffenen **Regelungen und Bedingungen, die AG für Einstellungen, die interne Besetzung von Stellen und für Beförderungen zugrunde legen**. Die öffentliche Äußerung eines AG, er werde keine Beschäftigten einer bestimmten ethnischen Herkunft oder Rasse einstellen, begründet eine unmittelbare Diskriminierung bei der Einstellung, denn solche Äußerungen können Bewerber:innen ernsthaft davon abhalten,

6 ErfK-Schlachter, § 2 AGG Rn. 5; NK-ArbR-von Steinau-Steinrück/Schneider, § 2 AGG Rn. 3

7 EuGH 10.7.08 – C-54/07 – [Feryn].

ihre Bewerbungen einzureichen, und damit ihren Zugang zum Arbeitsmarkt behindern.[8] Das Gleiche gilt, wenn eine der Arbeitgeberseite zurechenbare Person öffentlich mitteilt, einen vermeintlich schwulen Fußballspieler nicht in die Mannschaft aufzunehmen.[9] Auch Altersgrenzen für die Einstellung zählen hierzu[10] sowie die Forderung mancher kirchlicher Einrichtung hinsichtlich der Zugehörigkeit zu einer bestimmten Religion, die unzulässig ist, wenn die vorgesehene Tätigkeit nicht im Zusammenhang mit dem Verkündungsauftrag steht.[11]

## 2. Einstellungsverfahren

6 Grundlegend für den Zugang zur abhängigen Erwerbstätigkeit ist das **Einstellungsverfahren**. AG haben hinsichtlich aller Merkmale des § 1 einen **diskriminierungsfreien Zugang zu den von ihnen angebotenen Arbeitsplätzen** zu gewährleisten (s. zu den verschiedenen Fallgestaltungen und der hierzu ergangenen Rechtsprechung auch § 7 Rn 11 ff.). Vorausgesetzt wird auf Seiten der Bewerber:innen, dass die Aufnahme einer Beschäftigung auch tatsächlich angestrebt wird und nicht nur »pro forma« eine Bewerbung erfolgt, deren alleiniger Zweck in der Erlangung des Bewerberstatus liegt. Sonst ist die Bewerbung rechtsmissbräuchlich und fällt nicht unter den hier gewährten Diskriminierungsschutz (s. hierzu im Einzelnen § 15 Rn. 26).[12] Das Verbot der Benachteiligung bei der Einstellung beginnt bereits mit der Stellenausschreibung (Nachweis der hierzu ergangenen Rechtsprechung s. § 11 Rn. 3). AG können Personen, die eines der Merkmale des § 1 tragen, bei besserer Eignung nicht einfach als »unsympathisch« ablehnen, ohne sich der Gefahr von Sanktionen nach Abschnitt 2 des AGG auszusetzen. Sie müssen vielmehr im Streitfall und bei Vorliegen der Voraussetzungen des § 22 ihre Auswahlentscheidung transparent machen und gegebenenfalls begründen. Nur objektive Gründe, welche die gesetzlichen Voraussetzungen der §§ 8 ff. erfüllen, können eine Ablehnung wegen eines Merkmals des § 1 rechtfertigen. Der Einsatz von **Algorithmen** kann je nach Programmierung dazu führen, dass Stereotype bei Stellenbesetzungen fortgeschrieben und verstärkt werden und zu einer mittelbaren Benachteiligung von Bewerber:in-

8 EuGH 10.7.08 – C-54/07 – [Feryn].

9 EuGH 25.4.13 – C-81/12.

10 EuGH 2.6.2022 – C-587/20.

11 EuGH 17.4.18 – C-414/16 – [Egenberger/Evangelisches Werk für Diakonie und Entwicklung eV]: Volle gerichtliche Überprüfbarkeit der Voraussetzungen ohne Entscheidungsspielraum für kirchliche Gemeinschaften und ihre Einrichtungen; Folgeentscheidung des BAG 25.10.18 --8 AZR 501/14; s. hierzu auch Rn. 6 zu § 9.

12 EuGH 28.7.16 – C-423/15 – [Kratzer]; BAG 26.1.17 – 8 AZR 848/13; 25.10.18 – 8 AZR 562/16.

nen, zum Beispiel wegen einer Behinderung, ihrer ethnischen Herkunft oder ihres Geschlechts führen[13] (s. hierzu § 15 Rn 6). Auch der immer häufigere Einsatz von KI kann sich möglicherweise nachteilig auswirken;[14] das gilt insbesondere für automatische Entscheidungssysteme.[15]

Eine Benachteiligung bei der Einstellung setzt zunächst voraus, dass eine **Bewerbung** um die Stelle **im Zeitpunkt der Besetzungsentscheidung** vorlag.[16] Der **Bewerberbegriff** ist ein rein formaler Begriff und meint jede Person, die sich für eine Beschäftigung oder abhängige Erwerbstätigkeit beworben hat. Nach der nunmehr geänderten Rechtsprechung zum Rechtsmissbrauch ist weder die subjektive Ernsthaftigkeit der Bewerbung noch die objektive Eignung der Bewerber:innen erforderlich[17] (s. im Einzelnen § 15 Rn. 26 und 27). Außerdem muss die Bewerbung in einem **Zeitpunkt** bei potenziellen AG vorliegen, in dem die **Auswahlentscheidung noch offen** ist. Haben AG sich bereits für einen Kandidaten oder eine Kandidatin entschieden, stellt es keine Benachteiligung dar, wenn sie eine Bewerbung nicht berücksichtigen. Etwas anderes gilt, wenn AG vor Ablauf einer selbst gesetzten Bewerbungsfrist die Stelle besetzen. Schwerbehinderte, die sich noch im Rahmen der Bewerbungsfrist bewerben, werden hierdurch benachteiligt, wenn sie trotz der geltenden Schutzvorschriften deshalb nicht in die Auswahl einbezogen werden.[18] **6a**

Zum Schutz von **Schwerbehinderten und Schwerbehinderten gleichgestellten Personen** bestehen für das Einstellungsverfahren **besondere gesetzliche Vorgaben**. Bei Bewerbungen von Schwerbehinderten haben AG insbesondere die Schwerbehindertenvertretung gem. § 164 Abs. 1 Satz 4, 6 SGB IX über eine eingegangene Bewerbung eines Schwerbehinderten zu unterrichten und anzuhören. Ein Verstoß gegen diese Verpflichtung begründet die Vermutung für eine Benachteiligung wegen der Schwerbehinderteneigenschaft.[19] Objektiv gesetzeswidrig handelnde AG erwecken durch den Verstoß gegen Regelungen zum Schutz von Schwerbehinderten den Anschein, an der Beschäftigung Schwerbehinderter uninteressiert zu sein. Dieser Umstand begründet die Vermutung gem. § 22, dass der Kläger eine unmittelbare Benachteiligung wegen seiner Behinderung gem. § 3 Abs. 1 erfahren hat. Auf den Kenntnisstand einzelner Bewerber:innen bezüglich der **7**

---

13 Dzida/Groh NJW 18, 1917.

14 S. zu aktuellen Fragestellungen: Sesing/Tschech MMR 2022, 24; Meyer NJW 2023, 1841.

15 Spiecker gen. Döhmann/Towfigh 2023, *https://www.antidiskriminierungsstelle.de/SharedDocs/downloads/DE/publikationen/Rechtsgutachten/schutz_vor_diskriminierung_durch_KI.pdf?__blob=publicationFile&v=2.*

16 BAG 19.8.10 – 8 AZR 370/09.

17 BAG 19.5.16 – 8 AZR 470/14; BAG 11.8.16 – 8 AZR 4/15.

18 BAG 17.8.10 – 9 AZR 839/08.

19 BAG 15.2.05 – 9 AZR 635/03.

Einhaltung der Schutzvorschriften kommt es dabei nicht an.[20] Die gleiche Vermutungswirkung gilt, wenn AG entgegen der Verpflichtung nach § 164 Abs. 1 Satz 2 und § 165 SGB IX frei werdende Stellen nicht frühzeitig bei der Agentur für Arbeit gemeldet haben, um die Vermittlung arbeitsloser und arbeitssuchender, schwerbehinderter Menschen zu ermöglichen[21] oder schwerbehinderten AN gegenüber entgegen § 164 Abs. 1 Satz 9 SGB IX keine Gründe für die Ablehnung der Bewerbung mitteilen.[22] Auf ein Verschulden kommt es nicht an. Allerdings gelten diese Bestimmungen nur, wenn Bewerber:innen während des Bewerbungsverfahrens bereits schwerbehindert oder durch Bescheid der Bundesagentur für Arbeit mit einem schwerbehinderten Menschen gleichgestellt sind. Die Rückwirkung aus § 151 Abs. 3 Satz, Abs. 2, 152 Abs. 1 Satz 1 SGB IX wird erst durch den stattgebenden Gleichstellungsbescheid begründet, weshalb sie im Laufe des Bewerbungsverfahrens noch nicht eingetreten ist.[23]

7a Darüber hinaus haben **öffentliche AG** nach § 165 Satz 2 SGB IX den sich bewerbenden schwerbehinderten Menschen zu einem Vorstellungsgespräch zu laden. Diese Pflicht besteht nach § 165 Satz 3 SGB IX nur dann nicht, wenn die fachliche Eignung offensichtlich fehlt.[24] Einer fehlenden fachlichen Eignung steht es gleich, wenn die Eignung wegen Überschreitens der Altersgrenze fehlt.[25] Wenn dies zweifelhaft, aber nicht offensichtlich ausgeschlossen ist, muss der AG auch dann, wenn er sich aufgrund einer anhand der Bewerbungsunterlagen getroffenen Vorauswahl die Meinung gebildet hat, ein oder mehrere andere Bewerber:innen seien so gut geeignet, dass der schwerbehinderte Mensch nicht mehr in die nähere Auswahl einbezogen werden sollte, diesen nach der gesetzlichen Intention einladen und ihm ein Vorstellungsgespräch gewähren. Ein Verstoß hiergegen begründet die Vermutung einer Benachteiligung wegen der Behinderung.[26] Ein Verstoß gegen § 165 Satz 2 SGB IX wird nicht dadurch geheilt, dass öffentliche AG nach einem entsprechenden Hinweis durch den oder die Bewerber:in die zunächst unterbliebene Einladung zu einem Vorstellungsgespräch nachholen. Ein Nachteil im Rahmen einer Auswahlentscheidung liegt nämlich bereits dann vor, wenn Bewerber:innen nicht in die Auswahl einbezogen, sondern vorab ausgenommen und vorzeitig aus dem Bewerbungsverfahren ausgeschlossen werden (Versagung einer Chance). Eine nachträgliche Einladung eröffnet zunächst abgelehnten Bewerber:innen nach Geltendmachung einer Dis-

20 BAG 25.11.21 – 8 AZR 313/20.
21 BAG 12.9.06 – 9 AZR 807/05.
22 LAG Hessen 7.11.05 – 7 Sa 473/05.
23 BAG 23.11.23 – 8 AZR 212/22.
24 LAG Hessen 11.3.09 – 2/1 Sa 554/08.
25 VGH München 22.1.19 – 3 ZB 16.1133 zu Art. 23 Abs. 1 Satz 2 BayBG.
26 BAG 12.9.06 – 9 AZR 807/05.

kriminierung de facto keineswegs dieselbe »Chance« einer Einstellung wie eine ursprüngliche Einladung.[27]

Voraussetzung für das Bestehen der genannten Verpflichtungen eines AG gegenüber schwerbehinderten Bewerber:innen ist, dass der AG **Kenntnis von der Schwerbehinderteneigenschaft** hat oder eine entsprechende **Mitteilung**, die rechtzeitig erfolgen muss, also **regelmäßig in der Bewerbung**, jedenfalls aber bis zum Ablauf einer Bewerbungsfrist. Eine spätere Berücksichtigung ist dem AG nur im Einzelfall zumutbar.[28] Der AG ist verpflichtet, das Bewerbungsschreiben bei seinem Eingang vollständig zur Kenntnis zu nehmen. Die subjektive Unkenntnis der für den AG handelnden Personen hinsichtlich der im Bewerbungsschreiben mitgeteilten Tatsachen entkräftet daher die Vermutung einer Benachteiligung nicht.[29] Allerdings ist der AG nicht verpflichtet, die gesamten Bewerbungsunterlagen nach der Angabe einer Schwerbehinderung zu untersuchen. Schwerbehinderte, die als solche im Bewerbungsverfahren behandelt werden möchten, sind vielmehr verpflichtet, auf die Schwerbehinderung deutlich hinzuweisen. Regelmäßig muss der Hinweis daher bereits im Bewerbungsschreiben oder im Lebenslauf an hervorgehobener Stelle und deutlich (etwa hervorgehoben durch eine besondere Überschrift) erfolgen. »Eingestreute« oder unauffällige Informationen, indirekte Hinweise in beigefügten amtlichen Dokumenten oder eine in den weiteren Bewerbungsunterlagen befindliche Kopie des Schwerbehinderten-Ausweises etc. sind keine ordnungsgemäße Information.[30] Die Mitteilung hat zudem bei jeder einzelnen Bewerbung erneut zu erfolgen.[31] **7b**

In der Praxis stellt sich die Frage, ob **Schwerbehinderte bei gleicher Eignung bevorzugt** eingestellt werden dürfen und dementsprechend die Stellenausschreibung formuliert werden kann. Dies erscheint als positive Maßnahme gem. § 5 und im Hinblick auf die Pflicht zur Erfüllung der Quote gem. § 71 Abs. 1 SGB IX unproblematisch, solange Schwerbehinderten kein absoluter Vorrang bei der Einstellung eingeräumt wird (s. hierzu im Einzelnen Rn. 6 zu § 5). Die gleichen Erwägungen gelten hinsichtlich der anderen Merkmale des § 1, soweit positive Maßnahmen gem. § 5 zulässig sind. Sind positive Maßnahmen nicht festzustellen, kommt eine Rechtfertigung gem. §§ 8–10 in Betracht, etwa, wenn gezielt in einer Stellenanzeige nach Berufsanfängern gesucht wird.[32] **8**

---

27 BAG 22.8.13 – 8 AZR 563/12, Rn 45 und 59: Es ist weder zu erwarten, dass der oder die Bewerber:in selbst unbefangen in ein »nachgeholtes« Vorstellungsgespräch geht, noch kann davon ausgegangen werden, dass potenzielle AG das »Sich-zur-Wehr-Setzen« gegen den Verstoß auszublenden vermögen.

28 BAG 18.11.08 – 9 AZR 643/07; BAG 17.12.20 – 8 AZR 171/20.

29 BAG 16.9.08 – 9 AZR 791/07.

30 BAG 26.9.13 – 8 AZR 650/12.

31 BAG 18.9.14 – 8 AZR 759/13.

32 Wichert/Zange, DB 07, 970 (971).

8a Besondere Verpflichtungen bestehen auch zur **Förderung von Teilzeitarbeit**. Ob ein Verstoß gegen die Verpflichtung gem. § 7 Abs. 1 TzBfG, einen Arbeitsplatz bei entsprechender Eignung auch als Teilzeitarbeitsplatz auszuschreiben, ebenso eine Vermutung für eine mittelbare Benachteiligung von Frauen begründet, wird durch die Rechtsprechung zu klären sein. Jedenfalls im öffentlichen Dienst, für den nach § 6 Abs. 1 Satz 2 BGleiG und den entsprechenden Regelungen in den Gleichstellungsgesetzen der Länder die Verpflichtung zu einer Prüfung von Teilzeitbeschäftigung und einer entsprechenden Ausschreibung besteht, kann bei Verstoß gegen diese Verpflichtung eine Benachteiligung vermutet werden.

8b Da Bewerber:innen regelmäßig über die Vorgänge beim AG und die Frage der Einhaltung von Schutzvorschriften keine Kenntnisse haben, stellt sich die Frage nach einem **Auskunftsanspruch** oder einer deutlich abgestuften Darlegungs- und Beweislast. Der Schutz des AGG kann jedenfalls nicht dadurch umgangen werden, dass sich AG eines **Personalvermittlers** bedienen, der sich auf ein Auskunftsverweigerungsrecht beruft. In diesem Fall können Betroffene zumindest aus dem Grundsatz von Treu und Glauben (§ 242 BGB) einen Auskunftsanspruch gegen den Personalvermittler geltend machen (wegen des drohenden Fristablaufs nach § 15 Abs. 4 im Wege der einstweiligen Verfügung), um dann den dahinter stehenden AG auf Schadensersatz und Entschädigung in Anspruch zu nehmen.[33] Abgelehnte Bewerber:innen, die die Voraussetzungen für eine ausgeschriebene Stelle erfüllen, haben aber **keinen generellen Auskunftsanspruch** gegenüber dem AG über Mitbewerber:innen, die Kriterien für eine Auswahlentscheidung oder die Bezahlung anderer Mitarbeitender oder eine spezifische Möglichkeit der Einsichtnahme in Informationen, um Tatsachen glaubhaft machen zu können, die das Vorliegen einer Diskriminierung vermuten lassen. Bei einer Entgeltdiskriminierung wegen des Geschlechts sieht nunmehr das EntgTranspG einen spezifischen Auskunftsanspruch vor (hierzu Rn. 22a ff.). Da im arbeitsgerichtlichen Verfahren generell Auskunftsansprüche oder alternativ die Verteilung von Darlegungs- und Beweislast von großer Bedeutung für die Durchsetzbarkeit von Ansprüchen sind, trägt allerdings die Rechtsprechung einer »entschuldbaren Unkenntnis« von Betroffenen über Bestehen und Umfang ihrer Rechte nun dadurch Rechnung, dass sie einen **Anspruch auf Auskunftserteilung bejaht**, wenn die Existenz eines Leistungsanspruchs zumindest wahrscheinlich ist und die Auskunftserteilung für Anspruchsgegner:innen zumutbar sind und außerdem hierdurch keine allgemeinen Beweisgrundsätze unterlaufen werden.[34] Auch eine bloße Ver-

---

33 Schwab, NZA 07, 179.

34 BAG 12.10.22 – 5 AZR 135/22: Hiernach können AN sowohl einen Auskunftsanspruch geltend machen, wenn sie keine Kenntnis über die Höhe der gewährten Leistungen haben und erst mit der Auskunft den Leistungsanspruch

mutung eines Verstoßes gegen die Schutzvorschriften für Schwerbehinderte bzw. die Rüge eines Verstoßes, wie z. B. dass der Betriebsrat nicht den Vorgaben des § 164 Abs. 1 Satz 4 SGB IX entsprechend über die Bewerbung unterrichtet wurde, genügt zunächst, um die Vermutung für eine Benachteiligung darzulegen. AG müssen dann ihrerseits die Einhaltung der Schutzvorschriften darlegen oder können bei einem evtl. Verstoß die Kausalitätsvermutung des § 22 ggf. dadurch widerlegen, dass sie darlegen und im Bestreitensfall beweisen, dass erfolglose Bewerber:innen eine formale Qualifikation oder Anforderung nicht erfüllen, die unverzichtbare Voraussetzung für die Ausübung der Tätigkeit bzw. des Berufes an sich ist.[35] Außerdem kann die Verweigerung jeglicher Information zu der Vermutung einer Benachteiligung beitragen.[36]

9 Kriterium für eine **Personalentscheidung** ist regelmäßig die **bessere Eignung von Bewerber:innen nach den Vorgaben des AG**. Daher besteht für den AG ein Interesse, bei der bevorzugten Person eine bessere oder zumindest gleiche Qualifikation festzustellen, um dem Vorwurf einer Diskriminierung zu begegnen. Die geforderten Qualifikationen dürfen jedoch nicht willkürlich festgelegt werden, denn die **Auswahl ist gerichtlich überprüfbar, ob sie verhältnismäßig ist**, also auch darauf, ob zwischen der vom AG geforderten Qualifikation und der unternehmerischen Entscheidung ein nachvollziehbarer Zusammenhang besteht.[37]

---

beziffern und begründen können, als auch ggf. direkt eine Leistung einfordern mit der Begründung, dass der AG einer Gruppe von AN Leistungen gewährt und ihn wegen eines Merkmals gem. § 1 ausnimmt. Der AG muss dann die Behauptung der unzulässigen Ungleichbehandlung entkräften und Gründe für unterschiedliche Behandlung/ Kriterien für vorgenommene Gruppenbildung offenlegen; s. hierzu ausführlich Rn 21 f. zu § 22.

35 BAG 14.6.23 – 8 AZR 136/22.

36 BAG 25.4.13 – 8 AZR 287/08; EuGH 19.4.12 – C-415/10 – [Meister]; EuGH 21.7.11– C-104/10 – [Kelly]; LAG Rheinland-Pfalz 17.6.09 – 8 Sa 639/08.

37 BAG 15.2.05 – 9 AZR 635/03: keine Benachteiligung wegen der Schwerbehinderung bei Fehlen der in der Ausschreibung geforderten Schreibmaschinenkenntnisse; BAG 12.9.06– 9 AZR 807/05: rechtswidrige Benachteiligung eines Behinderten durch Verlangen einer formalen Ausbildungsvoraussetzung ohne Berücksichtigung gleichwertiger Abschlüsse, s. auch die bisherige Rechtsprechung zu § 611a BGB und § 8 TzBfG dargestellt in APS-Linck zu § 611a Rn. 29ff.; ErfK § 611a Rn. 17, 22ff.; Annuß/Thüsing-Mengel, § 8 TzBfG Rn. 130, die sich mit der Frage der Verhältnismäßigkeit der Berufung auf das Organisationskonzept bei Ablehnung des Teilzeitwunsches auseinandersetzt; Meines/Heyn/Herms, § 8 TzBfG Rn. 52.

**Beispiel:**
Ausgezeichnete Deutschkenntnisse in Wort und Schrift als Einstellungsvoraussetzung für eine Reinigungskraft sind durch die Tätigkeit regelmäßig nicht zu rechtfertigen. Sie können deshalb eine Benachteiligung wegen der ethnischen Herkunft darstellen.

Ein **Höchstalter für eine Einstellung** ohne tatsächliche sachliche Begründung stellt eine unzulässige Benachteiligung dar[38] (s. hierzu im Einzelnen § 1 Rn 35c). Aber auch durch bestimmte Formulierungen, wie z. B. »als Digital Native fühlst Du Dich in der Welt der Social Media … zu Hause« wird die Vermutung für eine unzulässige Altersdiskriminierung begründet.[39] Auch darf eine kirchliche Einrichtung die Zugehörigkeit zu einer bestimmten **Religion** von Bewerber:innen nicht zur Einstellungsvoraussetzung machen, wenn die vorgesehene Tätigkeit nicht im Zusammenhang mit dem Verkündungsauftrag steht.[40]

10 Innerhalb dieses Rahmens hat der AG bei gleicher Eignung der Bewerber:innen einen erheblichen Entscheidungsspielraum. **Anforderungskriterien** für die Stelle müssen allerdings bereits **zu Beginn des Auswahlverfahrens** festgelegt werden, um eine Einstellungsentscheidung zu rechtfertigen (s. auch Rn. 13 f. zu § 15).[41] Besondere Anforderungen gelten für öffentliche AG: Diese haben im Anforderungsprofil die formalen Voraussetzungen, fachlichen Kenntnisse und Fähigkeiten sowie außerfachlichen Kompetenzen zu beschreiben, die Bewerber:innen für eine erfolgreiche Bewältigung der künftigen Tätigkeit benötigen und die dementsprechend der leistungsbezogenen Auswahl (»Bestenauslese«) zugrunde zu legen sind.[42] Für die Prüfung einer etwaigen Benachteiligung wegen eines der Merkmale des § 1 sind nur die Anforderungen zugrunde zu legen, die der AG im Hinblick auf die Tätigkeit in redlicher Weise stellen durfte. Durch überzogene Anforderungen, die nach der im Arbeitsleben herrschenden Verkehrsanschauung unter keinem nachvollziehbaren Gesichtspunkt durch die Erfordernisse der wahrzunehmenden Aufgaben gedeckt sind, darf er die Vergleichbarkeit der Bewerber:innen nicht willkürlich einschränken und dadurch den Schutz des AGG de facto beseitigen.[43]

---

38 LAG Hamm 7.8.08 – 11 Sa 284/08: Rechtswidrige Beschränkung auf Bewerber von 20–25 Jahren.

39 ArbG Heilbronn 18.1.2024 – 8 Ca 191/23.

40 EuGH 17.4.18 – C-414/16 – [Egenberger]: Volle gerichtliche Überprüfbarkeit der Voraussetzungen ohne Entscheidungsspielraum für kirchliche Gemeinschaften und ihre Einrichtungen; Folgeentscheidung des BAG 25.10.18 – 8 AZR 501/14; s. hierzu auch Rn. 6 zu § 9.

41 BVerfG 16.11.93 – 1 BvR 258/86; BAG 5.2.04 – 8 AZR 112/03; hierzu kritisch Wank, NZA 04, Sonderbeilage zu Heft 22, S. 16 [18].

42 LAG Berlin-Brandenburg 19.2.15 – 26 Sa 1990/14.

43 BAG 14.11.13 – 8 AZR 997/12.

Eine **Benachteiligung im Einstellungsverfahren** liegt nicht nur dann vor, wenn Bewerber:innen ohne diskriminierendes Verhalten die Stelle erhalten hätten. Diese Unterscheidung spielt allein für die Höhe des Anspruchs auf Entschädigung gem. § 15 Abs. 2 eine Rolle. Schon nach der bisherigen Rechtslage war § 611a BGB im Hinblick auf den Schutzzweck von Art. 3 Abs. 2 GG dahingehend auszulegen, dass auch eine Benachteiligung im Einstellungsverfahren, die dadurch entsteht, dass Bewerber:innen **aufgrund diskriminierenden Verhaltens erst gar nicht in eine engere Auswahl einbezogen oder eingeladen werden**, eine relevante Benachteiligung darstellt.[44] Auch stellt ein sachlich nicht gerechtfertigtes Vorgehen im Einstellungsverfahren, das geeignet ist, Bewerber:innen, die ein Merkmal des § 1 tragen, eher auszuschließen als andere, bereits eine mittelbare Benachteiligung dar. Der AG kann sich in diesem Fall nicht dadurch entlasten, dass er andere Bewerber:innen, die dasselbe Merkmal tragen, tatsächlich eingestellt hat. 11

**Beispiel:**
Telefonischer Erstkontakt mit Personen, die sich als Postzusteller beworben haben, um anhand eines kurzen Gesprächs einen Eindruck über eine klare und deutliche Aussprache im Deutschen zu gewinnen und danach zu entscheiden, ob die Person in die nähere Auswahl gezogen wird. Dieses Vorgehen ist geeignet, Personen, deren Muttersprache nicht Deutsch ist, auch dann zu benachteiligen, wenn die geforderten Sprachkenntnisse in Wort und Schrift vorhanden sind, und stellt deshalb eine mittelbare Benachteiligung dar.[45]

Die Benachteiligung bleibt auch dann bestehen, wenn die personalpolitische Maßnahme später z.B. wegen einer Streichung der zu besetzenden Stelle entfällt (§ 7 Abs. 1, § 3 Abs. 1 und § 2 Abs. 1 Nr. 1). Jede rechtswidrige Benachteiligung hat einen Anspruch auf Entschädigung zur Folge (s. Rn. 20 zu § 15, m.w.N.).

### 3. Fragerecht des AG bei der Einstellung

Das Verbot der Diskriminierung bei der Einstellung umfasst grundsätzlich ein **Frageverbot des AG hinsichtlich der Merkmale des § 1**, soweit diese **nicht** wie das **Alter** oder die **Hautfarbe** evident sind bzw. aus Zeugnissen und Lebenslauf ohnehin hervorgehen.[46] Die Praxis in anderen EU-Ländern, Bewerbungsunterlagen grundsätzlich ohne Foto und Geburtsdatum einzureichen, ist hinsichtlich dieser Merkmale spätestens im Einstellungsgespräch nicht mehr hilfreich, kann aber dazu beitragen, dass bestimmte Bewerbun- 12

44 Siehe hierzu auch BVerfG 16.11.93 – 1 BvR 258/86.
45 ArbG Hamburg 26.1.10 – 25 Ca 282/09.
46 So auch Preis/Bender, NZA 05, 1321; umfassend zum Fragerecht: Wisskirchen/Bissels, NZA 07, 169.

gen nicht von vornherein aussortiert werden und setzt sich auch in Deutschland mehr und mehr durch. Die erste Phase des Verfahrens, bei der nur schriftliche oder digitale Unterlagen vorhanden sind, ist sehr viel diskriminierungsanfälliger als die dann folgende, weil Bewerber:innen im persönlichen Gespräch zahlreiche Vorbehalte auflösen können.[47] **Lichtbilder** geben allerdings eine Fülle von Informationen, die mit den Merkmalen des § 1 nichts zu tun haben. Die in Deutschland gängige Praxis, Bewerbungen mit Lichtbild zu fordern, ist daher für sich genommen noch nicht ausreichend, um gem. § 22 eine Vermutung für eine Benachteiligung zu begründen.[48] Die Antidiskriminierungsstelle des Bundes hat deshalb zusammen mit Unternehmern vorgeschlagen, neutrale Bewerbungen, also solche ohne Angabe des Namens, ohne Foto und ohne Angabe des Alters, zu testen. Eine Untersuchung der FU Berlin hat ergeben, dass bei identischen Qualifikationen bei einer online-Bewerbung Bewerber:innen mit türkischem Namen und insbesondere türkische Frauen gegenüber deutschen Bewerber:innen praktisch chancenlos waren. Solange diese Frage durch die Rechtsprechung nicht geklärt ist, sollten AG in einer Stellenanzeige keine Bewerbungsunterlagen mit Foto fordern, um sich erst gar nicht dem Vorwurf einer rechtswidrigen Benachteiligung auszusetzen. Ein Foto, das freiwillig vorgelegt wurde, begründet für abgelehnte, migrantisch gelesene Bewerber:innen jedenfalls noch keine Vermutung für eine Benachteiligung.[49]

13 Ein Verstoß gegen das Diskriminierungsverbot liegt immer dann vor, wenn bei Bejahung einer gestellten Frage nach einem Merkmal des § 1 die Bewerbung regelmäßig erfolglos bliebe und hierdurch der Zugang zur Erwerbstätigkeit gefährdet würde, ohne dass hierfür ein Rechtfertigungsgrund gem. §§ 8 ff. vorliegt.[50] Stellt der AG eine solche unzulässige Frage, begründet allein diese Tatsache regelmäßig eine Vermutung für eine Benachteiligung gem. § 22. Denkbar ist auch eine mittelbare Diskriminierung durch unzulässige Fragen. Z. B. kann im Rahmen einer Beförderungsentscheidung die Frage nach zeitlicher Verfügbarkeit am Abend oder Wochenende eine mittelbare Diskriminierung von Frauen mit Kindern darstellen oder die Frage nach Unterstützung und Wahrnehmung von gesellschaftlichen Verpflichtungen durch einen Ehepartner eine Diskriminierung von Homosexuellen bedeuten.

14 Generell setzt ein **Fragerecht des AG** ein berechtigtes, billigenswertes und schutzwürdiges Interesse voraus und besteht grundsätzlich nur zur Klärung aller für das konkrete Arbeitsverhältnis erforderlichen Tatsachen. Fragen,

---

47 Mätzig RdA 2017, 187 unter Bezug auf die Untersuchung von Krause/Rinne/Zimmermann, August 2010.

48 A. A. Schiek-Schmidt, § 10 Rn. 34.

49 Hier: Ablehnung eines Schwarzen Menschen ArbG Hamburg 26.1.10 – 25 Ca 282/09.

50 BAG 6.2.03 – 2 AZR 621/01.

die darüber hinausgehen, sind unzulässig und verpflichten nicht zu wahrheitsgemäßer Beantwortung.[51] Ohne eine entsprechende Frage des AG müssen Beweber:innen von sich aus nur auf solche Tatsachen hinweisen (Offenbarungspflicht), die die Erfüllung der arbeitsvertraglichen Leistungspflicht unmöglich machen oder sonst für den in Betracht kommenden Arbeitsplatz von ausschlaggebender Bedeutung sind.[52] Eine arglistige Täuschung i. S. des § 123 BGB kommt daher nur bei Verletzung einer Offenbarungspflicht oder wegen der erforderlichen Rechtswidrigkeit der Täuschung bei einer falschen Antwort auf eine zulässigerweise gestellte Frage in Betracht[53] (s. auch Rn. 39 und § 7 Rn. 29). Nach diesen Grundsätzen und im Hinblick auf die besonderen Rechtfertigungsmöglichkeiten für eine unterschiedliche Behandlung nach §§ 8–10 AGG gilt im Einzelnen Folgendes:

### a) Frage nach der Religionszugehörigkeit oder Weltanschauung

Die Frage nach der **Religionszugehörigkeit** ist unzulässig, weil ein Zusammenhang mit der beruflichen Tätigkeit regelmäßig fehlt. Nur bei der Einstellung durch eine Religionsgemeinschaft gilt gem. § 9 Abs. 1 etwas anderes, allerdings nur, wenn die vorgesehene Tätigkeit im Zusammenhang mit dem Verkündungsauftrag steht.[54] Zur Frage, ob es sich bei Scientology um eine Religionsgemeinschaft handelt, s. Rn. 16 zu § 1 (ablehnend). Insofern ist die Frage nach der Zugehörigkeit zu dieser Gemeinschaft auch ohne Bezug zu einer konkreten Tätigkeit zulässig. Hinsichtlich einer Weltanschauung, die geeignet ist, Zweifel an der Verfassungstreue auszulösen, die i. S. von Art. 33 II GG zu den Eignungskriterien zählt, gilt auch für den öffentlichen Dienst, dass darauf bezogene Fragen nur zulässig sind, soweit die vorgesehene Funktion dies erfordert und rechtfertigt. Wenn politische Einstellungen bei funktionsbezogener Betrachtung eine Bewerberin oder einen Bewerber nicht erkennbar an der ordnungsgemäßen Erfüllung der Berufspflichten hindern, besteht keine Pflicht, die eigenen Überzeugungen und mögliche Parteimitgliedschaften oder Organisationszugehörigkeiten ungefragt zu offenbaren.[55] 15

---

51 BAG 21.2.91 – 2 AZR 449/90; BAG 5.10.95 – 2 AZR 923/94.

52 BAG 1.8.85 – 2 AZR 101/83; BAG 8.9.88 – 2 AZR 102/88.

53 Zum ausführlichen Nachweis der bisherigen Rechtsprechung unter Herstellung der Bezüge zum AGG s. Wisskirchen/Bissels, NZA 07, 169.

54 EuGH 17.4.18 – C-414/16 – [Egenberger/Evangelisches Werk für Diakonie und Entwicklung eV]: Volle gerichtliche Überprüfbarkeit der Voraussetzungen ohne Entscheidungsspielraum für kirchliche Gemeinschaften und ihre Einrichtungen; Folgeentscheidung des BAG 25.10.18 – 8 AZR 501/14; s. hierzu auch Rn. 6 zu § 9.

55 BAG 12.5.11 – 2 AZR 479/09.

### b) Frage nach der Schwangerschaft

16 Ein absolutes Verbot gilt für die Frage nach der **Schwangerschaft** (§ 1 i. V. m. § 3 Abs. 1 Satz 3). Schon nach der bisherigen Rechtlage galt: Der AG, der einer Frau wegen ihrer Schwangerschaft den Zugang zum Beschäftigungsverhältnis verwehrt, verstößt gegen den europarechtlichen Gleichbehandlungsgrundsatz.[56] Eine Pflicht zur Offenbarung der Schwangerschaft im Einstellungsverfahren besteht nicht.[57] Eine Ausnahme bezüglich der Schwangerschaft ist mit der Richtlinie 76/207/EWG (Gender-Richtlinie) nicht vereinbar.[58] Eine Frage nach der Schwangerschaft verstößt bereits als solche gegen das Diskriminierungsverbot, da bei Bejahung dieser Frage die Bewerbung zwangsläufig erfolglos bleibt.[59] Wird zur Umgehung der Problematik des verbotenen Fragerechtes ein befristeter Arbeitsvertrag geschlossen, ist die Befristung wegen Verstoßes gegen das Diskriminierungsverbot unwirksam, so dass das Arbeitsverhältnis unbefristet fortbesteht.[60]

### c) Frage nach einer Behinderung bzw. Schwerbehinderung

17 Eine Diskriminierung liegt grundsätzlich auch in einer **Frage nach einer Behinderung**, soweit die Behinderung nicht die Eignung für die vorgesehene Tätigkeit einschränkt oder ausschließt und damit eine wesentliche und entscheidende berufliche Anforderung gem. § 8 darstellt. Hiermit unvereinbar war die frühere BAG-Rechtsprechung zur Frage nach einer Schwerbehinderung.[61] Während die Frage nach der Behinderung nur arbeitsplatzbezogen zugelassen wird, nämlich dann, wenn diese die Eignung für die vorgesehene Tätigkeit einschränkt oder ausschließt, hat das BAG in seiner früheren Rechtsprechung eine Frage nach der **Schwerbehinderung** grundsätzlich für zulässig gehalten, weil es dem AG darum gehen kann, den Schutz der Schwerbehinderten zu ermöglichen oder die Beschäftigungsquote zu erfüllen und ggf. bevorzugt Schwerbehinderte einstellen zu wollen. Folgerichtig hat das BAG an eine wahrheitswidrige Verneinung der Frage durch Beschäftigte das Recht des AG angeknüpft, den Arbeitsvertrag wegen arglistiger Täuschung gem. § 123 BGB anzufechten.[62] In seinen jüngeren Ent-

---

56 EuGH 8.11.90 – C-177/88.

57 EuGH 5.5.94 – C-421/92 – [Habermann-Beltermann]; EuGH 27.2.03 – C-320/01 – [Busch]; LAG Hamm 1.3.99 – 19 Sa 2596/98; BAG 6.2.03 – 2 AZR 621/01.

58 EuGH 3.2.00 – C-207/98 – [Mahlburg].

59 BAG 6.2.03 – 2 AZR 621/01.

60 EuGH 4.10.01 – C-438/99 – [Melgar]; LAG Köln 26.5.95 – 10 Sa 244/94.

61 So auch Preis/Bender, NZA 05, 1321.

62 BAG 5.10.95 – 22 AZR 923/94; BAG 3.12.98 – 2 AZR 754/97; BAG 18.12.2000 – 2 AZR 380/99.

scheidungen zu diesem Thema hat das BAG offengelassen, ob die Frage nach der Schwerbehinderung wahrheitsgemäß beantwortet werden muss,[63] die Zulässigkeit der Frage nach der Schwerbehinderung aber weiterhin in einem mindestens sechs Monate bestehenden Arbeitsverhältnisses bejaht.[64]

Der Schutz der Schwerbehinderten gebietet hingegen eine **Einschränkung des Fragerechts auf eine behinderungsbedingte Funktionsbeeinträchtigung.**[65] Solange Schwerbehinderte noch nicht über den Sonderkündigungsschutz nach § 168 SGB IX verfügen (vgl. § 173 Abs. 1 Nr. 1 SGB IX), muss ihnen grundsätzlich freigestellt sein, ob, wann, wie und wem gegenüber sie ihre Schwerbehinderung offenbaren und ggf. einen besonderen Schutz in Anspruch nehmen möchten. Erst ab Erreichen des besonderen Kündigungsschutzes nach §§ 168 ff. SGB IX, also nach sechsmonatigem Bestand des Arbeitsverhältnisses, darf der AG seine Beschäftigten ohne einen konkreten Bezug zu ihrer Tätigkeit nach ihrer Schwerbehinderung fragen. Eine wahrheitswidrige Verneinung der Frage hat dann zur Folge, dass in einem etwaigen Kündigungsschutzprozess der besondere Schwerbehindertenschutz nicht in Anspruch genommen werden kann.[66] **18**

Ein Vergleich mit der Entwicklung der Rechtsprechung zum Fragerecht nach einer Schwangerschaft und der Zulässigkeit einer Anfechtung wegen der wahrheitswidrigen Verneinung dieser Frage legt im Übrigen eine **Einschränkung** des Fragerechts nach der Schwerbehinderung auf solche Fälle nahe, in denen die Behinderung die persönliche Eignung für die dauerhafte Ausführung einer Tätigkeit oder Teile dieser Tätigkeit ausschließt. Wie auch bei der Frage nach einer Schwangerschaft würde die generelle Zulässigkeit der Frage nach der Schwerbehinderung in einer Mehrzahl der Fälle dazu führen, dass bei Bejahung dieser Frage keine Einstellung erfolgt. Die tätigkeitsneutrale Frage nach einer anerkannten Schwerbehinderung oder Gleichstellung im Rahmen der Einstellung ist daher unzulässig. Sie stellt eine sachlich nicht gerechtfertigte Benachteiligung schwerbehinderter Menschen dar. Ein Arbeitsvertrag, der die Formulierung enthält, »Der Mitarbeiter erklärt, dass er zum Zeitpunkt des Vertragsschlusses den Bestimmungen des Schwerbehindertengesetzes nicht unterliegt«, stellt folglich eine unzulässige Benachteiligung wegen der Behinderung nach § 3 Satz 1 AGG dar.[67] **18a**

Dementsprechend kann eine **Anfechtung** des Arbeitsvertrags wegen arglistiger Täuschung durch **wahrheitswidrige Verneinung der Schwerbehinderteneigenschaft** vor der Einstellung nur dann Erfolg haben, wenn **18b**

---

63 BAG 7.7.11 – 2 AZR 396/10.
64 BAG 16.2.12 – 6 AZR 553/10.
65 So bereits Großmann, NZA 89, 702; NZA 92, 241; ArbG Siegburg 22.3.94 – 1 Ca 3454/93; Löwisch/Fischer, SAE 04, 126.
66 BAG 16.2.12 – 6 AZR 553/10; s. auch Bayreuther, NZA 17, 87.
67 LAG Hamburg 30.11.17 – 7 Sa 90/17.

die Schwerbehinderteneigenschaft konkrete Beeinträchtigungen für die Eignung des oder der Beschäftigten im Hinblick auf die in Aussicht genommene Tätigkeit hat und sie dazu führen würde, dass Bewerber:innen die vorgesehene Arbeit nicht oder nur eingeschränkt ausüben können.[68] Besteht hingegen keine Einschränkung hinsichtlich der auszuübenden Tätigkeit, ist auch eine Anfechtung des Arbeitsvertrages oder Kündigung wegen unwahrer Beantwortung der Frage nach einer Schwerbehinderung unzulässig.[69]

**18c** Im Hinblick auf die bestehenden Pflichten des AG zur Beschäftigungsquote gem. § 71 Abs. 1 SGB IX ist fraglich, ob sich allein aus einer unzulässigen, tätigkeitsneutralen Frage nach der Schwerbehinderung gem. § 22 eine Vermutung für eine Diskriminierung herleiten lässt. Dies ist bei einer unzulässigen Frage nach einer Behinderung genauso wie bei unzulässigen Fragen nach anderen Merkmalen des § 1 grundsätzlich der Fall (s. hierzu Rn 12 ff und § 22 Rn. 12). Das gleiche muss trotz der noch nicht explizit geänderten Rechtsprechung des BAG nunmehr auch für die tätigkeitsneutrale Frage nach einer anerkannten Schwerbehinderung gelten.[70] Auch die in einem Bewerbungsgespräch gestellte Frage nach näher bezeichneten gesundheitlichen Beeinträchtigungen, die mit der Tätigkeit nichts zu tun haben, können darauf schließen lassen, dass die Frage nach einer Behinderung gemeint ist. Eine Benachteiligung wegen einer Behinderung kann auch dann vorliegen, wenn der Benachteiligende das Diskriminierungsmerkmal nur annimmt.[71] Besteht bereits Kenntnis von einer Schwerbehinderung, stellt die Frage nach der Fähigkeit, Überstunden zu leisten, ebenso wenig ein Indiz für eine Benachteiligung dar wie die Frage nach einem Bedarf an Hilfsmitteln, da in aller Regel ein AG hiermit erkennbar seine Pflichten aus dem § 164 Abs. 4 Satz 1 Nr. 5 SGB IX erfüllen will.[72]

---

68 Weitergehend Düwell, BB 06, 1742, der ein Fragerecht auch dann bejaht, wenn die Frage auf die Eingliederung Behinderter oder die Steigerung der Beschäftigtenzahlen Behinderter zur Erfüllung der Beschäftigungspflicht gem. § 71 Abs. 1 SGB IX abzielt.

69 LAG Hessen 24.3.10 – 6/7 Sa 1373/09 mit Literatur; a. A. BAG (Revision eingelegt unter 2 AZR 396/10).

70 Bauer, ArbRAktuell 2011, 376; offengelassen von BAG 7.7.11 – 2 AZR 396/10; verneinend für den Fall des mindestens sechs Monate bestehenden Arbeitsverhältnisses BAG 16.2.12 – 6 AZR 553/10.

71 BAG 17.12.09 – 8 AZR 670/08.

72 BAG 21.2.13 – 8 AZR 180/12.

### 4. Angemessene Vorkehrungen zur Ermöglichung der Einstellung von Menschen mit Behinderung

Nach EU-Recht besteht außerdem die **Verpflichtung des AG**, die **Einstellung** behinderter Menschen durch die **Schaffung einer angemessenen, behinderungsgerechten Einrichtung** und Unterhaltung der Betriebsanlagen **zu ermöglichen**. Anders als § 164 Abs. 4 SGB IX, der eine Verpflichtung des AG nur zugunsten der bereits beschäftigten Behinderten vorsieht, gilt das Gebot, angemessene Vorkehrungen zu treffen, nach Art. 5 der Richtlinie 2000/78/EG (Rahmenrichtlinie Beschäftigung) auch für den Zugang zur Beschäftigung. **Angemessene Vorkehrungen** sind konkret-individuelle Maßnahmen, die Menschen mit Behinderungen den Zugang zur Beschäftigung, die Ausübung eines Berufes, den beruflichen Aufstieg oder die Teilnahme an einer Weiterbildung ermöglichen, wie z. B. die Ausstattung eines Computerarbeitsplatzes mit Braille-Tastatur und -Drucker (Blindenschrift) bzw. Voice-Funktion für einen blinden Bewerber, Rampen und Fahrstühle für gehbehinderte Menschen etc., deren Anschaffung für den AG aber nicht zu einer unverhältnismäßigen Belastung führen darf.[73] 19

### III. Beschäftigungs- und Arbeitsbedingungen, Vergütung

**Abs. 1 Nr. 2** schließt **alle Beschäftigungs- und Arbeitsbedingungen** einschließlich Arbeitsentgelt, insbesondere Vereinbarungen und Maßnahmen bei der Durchführung eines Beschäftigungsverhältnisses sowie für den beruflichen Aufstieg in den Anwendungsbereich des Gesetzes ein (s. zu den verschiedenen Fallgestaltungen und der hierzu ergangenen Rechtsprechung s. auch § 7 Rn. 21 ff). Der Zusatz, dass es sich bei den Beschäftigungs- und Arbeitsbedingungen insbesondere um **individual- und kollektivrechtliche Vereinbarungen** handelt, konkretisiert den Wortlaut der EU-Richtlinien. Der Begriff der Vereinbarung ist nach der Gesetzesbegründung weit zu verstehen und erfasst vertragliche Regelungen zwischen AG und Beschäftigten ebenso wie Vereinbarungen mit Arbeitnehmervertretungen sowie Tarifverträge und vergleichbare kollektive Regelungen.[74] Hierunter fallen also Arbeitsverträge, Gesamtzusagen, Ansprüche aus betrieblicher Übung, Betriebsvereinbarungen und Tarifverträge. 20

Durch Art. 3 GG und den arbeitsrechtlichen Gleichbehandlungsgrundsatz galt schon vor Inkrafttreten des AGG bei kollektiven Sachverhalten das Verbot einer willkürlichen Diskriminierung, das unmittelbar oder mittelbar 21

73 Schiek, NZA 04, 873 [875 und 881].
74 BT-Drs. 16/1780 S. 31.

(umstritten) **auch für Tarifverträge** Anwendung findet.[75] Der allgemeine Gleichheitssatz des Art. 3 Abs. 1 GG bildet demnach als fundamentale Gerechtigkeitsnorm eine ungeschriebene Grenze der Tarifautonomie. Der Schutzauftrag der Verfassung verpflichtet laut BAG die Arbeitsgerichte dazu, gleichheitswidrige Differenzierungen in Tarifnormen zu unterbinden. Dementsprechend ist Tarifregelungen die Durchsetzung zu verweigern, die zu gleichheitswidrigen Differenzierungen führen.[76]

22 **Betriebsvereinbarungen** unterliegen bereits gem. § 75 BetrVG dem Diskriminierungsverbot. Auf der Ebene des **Arbeitsvertrages** gilt der arbeitsrechtliche Gleichbehandlungsgrundsatz für alle Leistungen, die aufgrund einer einheitlichen Zusage gewährt werden und für die eine einseitige Gestaltungsmacht des AG besteht, wie z. B. Gratifikationen. Für die einzelvertragliche Vereinbarung der **Höhe der Vergütung** galt außerhalb des in Art. 141 Abs. 1 EG-Vertrag normierten und durch § 612 Abs. 3 BGB in das deutsche Recht übernommenen Grundsatzes der gleichen Vergütung für Frauen und Männer keine Bindung an den Gleichheitsgrundsatz. Der Grundsatz »**Gleicher Lohn für gleiche Arbeit**« ist daher keine allgemeingültige Anspruchsgrundlage. Vielmehr besteht in Fragen der Vergütung Vertragsfreiheit, die lediglich durch verschiedene rechtliche Bindungen wie die Diskriminierungsverbote nach § 2 Abs. 1 Nr. 2 AGG[77] eingeschränkt wird.

22a Das Gebot der **Entgeltgleichheit zwischen Frauen und Männern** und dessen Durchsetzung sind seit 2017 im **Entgelttransparenzgesetz (EntgTranspG)**[78] geregelt, dessen Normen denen des AGG wegen Spezialität vorgehen. Da das AGG im Übrigen gem. § 2 Abs. 2 unberührt bleibt, gilt das Verbot der Entgeltdiskriminierung wegen der weiteren Merkmale des § 1 außer dem Geschlecht weiter. Auch andere Benachteiligungsverbote und Gebote der Gleichbehandlung sowie öffentlich-rechtliche Vorschriften, die dem Schutz oder der Förderung bestimmter Personengruppen dienen, bleiben von den Regelungen des EntgTranspG unberührt. Das **geschlechtsbezogene Entgeltgleichheitsgebot** galt in Deutschland schon vor Inkrafttreten des AGG: Art. 157 des Vertrags über die Arbeitsweise der Europäischen Union (i. d. Fassung des am 1. 12. 2009 in Kraft getretenen Vertrags von Lissabon – AEUV; früher Art. 141 EG-Vertrag) bestimmt, dass Frauen und Männer, die gleiche oder gleichwertige Arbeit leisten, gleich zu entlohnen sind. Diese Norm gilt ohne weiteren Umsetzungsakt in Deutschland auch

75 Vgl. hierzu BAG 30. 8. 00 – 4 AZR 563/99, das eine unmittelbare Wirkung der Grundrechte für Tarifverträge ablehnt und umfassend den Meinungsstand darstellt.

76 BAG 16. 8. 22 – 9 AZR 490/21, Rn. 20; BAG 22. 3. 23 – 10 AZR 600/20, Rn. 19.

77 BAG 13. 9. 06 – 4 AZR 236/05.

78 Dazu im Einzelnen Oerder/Wenckebach, Entgelttransparenzgesetz, 2018.

zwischen privaten AG und deren Beschäftigten. Im deutschen Recht wurde dieses Gebot danach bis zum Inkrafttreten des AGG durch § 612 Abs. 3 BGB a. F. geregelt. Als Anspruchsgrundlage für gleiches Entgelt für gleiche sowie gleichwertige Arbeit ohne Diskriminierung wegen des Geschlechts kommen heute also sowohl der direkt anwendbare Art. 157 AEUV als auch – für die Zeit ab dem Inkrafttreten des Entgelttransparenzgesetzes – § 3 Abs. 1 und § 7 EntgTranspG in Betracht.[79]

Trotz dieser Entgeltgleichheitsgebote besteht in der Bundesrepublik nach wie vor eine **Entgeltlücke zwischen Männern und Frauen**. Der sogenannte **Gender Pay Gap** ist von 24 % im Jahr 2007 auf aktuell 18 % gesunken, blieb in den letzten vier Jahren jedoch unverändert.[80] Es ist deshalb wenig überraschend, dass eine neue **EU-Entgelttransparenzrichtlinie**[81] auf den Weg gebracht wurde, die bis Juni 2026 in das deutsche Recht umzusetzen ist.

**Das EntgTranspG** wurde mit dem **Ziel** verabschiedet, Entgeltgleichheit zwischen den Geschlechtern durchzusetzen (§ 1 EntgTranspG). Das Gesetz enthält eine Definition wesentlicher Begriffe zur geschlechtsbezogenen Entgeltgleichheit, etwa gleiche und gleichwertige Arbeit, § 4 EntgTranspG (s. Rn. 25 ff.). § 4 Abs. 4 EntgTranspG trifft gesetzliche Regeln zu **diskriminierungsfreien Entgeltsystemen**. Demnach muss, sofern ein Unternehmen ein System verwendet, mit dem die Entgelte der Beschäftigten bestimmt werden, bereits dieses System – und nicht erst die Anwendung in der Praxis – frei von geschlechtsspezifischer Diskriminierung sein (§ 4 Abs. 4 Satz 1 EntgTranspG). Damit stellt der Gesetzgeber **Anforderungen** an die **Bewertung von Arbeit**: Diese muss geschlechtsneutral erfolgen.[82] Ohne eine diskriminierungsfreie Arbeitsbewertung kann eine Entlohnung nicht frei von Benachteiligung sein; daher ist hierauf besonderes Augenmerk zu legen. So kann es vorkommen, dass bei »typischen Frauenberufen« wie dem der Krankenpflege vermeintlich unweibliche Attribute wie »körperlicher Kraftaufwand« (dessen es beispielsweise bedarf, um Menschen von einem Stuhl in ein Bett zu heben) nicht mitgedacht werden mit der Folge, dass diese Erschwernis auch nicht in die Arbeitsbewertung einfließt. Verwenden AG ein Entgeltsystem, müssen nach § 4 Abs. 4 EntgTranspG und Art. 4 Abs. 2 EGRL 54/2006 dieses **Entgeltsystem als Ganzes und die einzelnen Entgeltbestandteile** so ausgestaltet sein, dass eine Benachteiligung wegen des Geschlechts ausgeschlossen ist. Erforderlich ist zudem eine konsequent **22b**

79 BAG 21.1.21 – 8 AZR 488/19, Rn. 17; BAG 16.23 – 8 AZR 450/21, Rn. 22.
80 Destatis, Gender Pay Gap 2023: Frauen verdienten pro Stunde 18 % weniger als Männer, PM Nr. 027 vom 18.1.2024.
81 2023/970 vom 10.5.23; dazu Jung, RdA 2024, 89 ff.; Winter, NZA 2024, 8 ff.
82 BT-Drs. 18/11133, S. 53; ausführlich dazu Oerder/Wenckebach, EntgTranspG, § 4 Rn. 13 ff.

**geschlechtsneutrale Auslegung und Anwendung der Kriterien der Entgeltdifferenzierung.**[83]

Gem. § 3 Abs. 1 EntgTranspG ist eine unmittelbare oder mittelbare Benachteiligung wegen des Geschlechts im Hinblick auf sämtliche Entgeltbestandteile und Entgeltbedingungen verboten. § 3 Abs. 1 und § 7 EntgTranspG sind entsprechend den Vorgaben der Richtlinie 2006/54/EG und im Einklang mit Art. 157 AEUV unter Berücksichtigung der Rechtsprechung des Gerichtshofs der Europäischen Union unionsrechtskonform auszulegen.[84]

Die wesentlichen Instrumente des EntgTranspG sind **Auskunftsansprüche** für Beschäftigte in Großbetrieben (§§ 10 ff. EntgTranspG, s. Rn. 22c), **freiwillige betriebliche Prüfverfahren** in Großunternehmen (§§ 17 ff. EntgTranspG) sowie **Berichtspflichten** (§ 21, 22 EntgTranspG). § 16 EntgTranspG regelt ein **Maßregelungsverbot**. Die noch ins deutsche Recht umzusetzende **EU-Entgelttransparenzrichtlinie** (s. Rn. 22a) schreibt weitergehende Transparenz- und Berichtspflichten vor als das aktuelle EntgTranspG und sieht die bisher im EntgTranspG noch vorgesehenen Ausnahmen von Pflichten der AG (zu diesen Pflichten vgl. auch § 12 Rn. 4) explizit nicht mehr vor.[85]

22c Der im EntgTranspG zentrale **Auskunftsanspruch** gem. § 10 ff. EntgTranspG ist auf die Durchsetzung des Entgeltgleichheitsanspruchs von Männern und Frauen ausgerichtet und dient dem Zweck, die Durchsetzung des Anspruchs auf gleiches Entgelt für gleiche oder gleichwertige Arbeit zu erleichtern.[86] Gerade vor diesem Hintergrund ist kaum nachvollziehbar, dass der Anspruch erst in Betrieben oder Dienststellen mit in der Regel mehr als 200 Beschäftigten greift, § 12 Abs. 1 EntgTranspG. §§ 10 ff. EntgTranspG sehen weitere inhaltliche Beschränkungen des Anspruchs vor.[87] Das BAG musste klarstellen, dass zur Feststellung der **anspruchsberechtigten »Arbeitnehmer:innen«** i. S. d. § 5 Abs. 2 Nr. 1 EntgTranspG der Arbeitnehmerbegriff nicht nach einem rein nationalen Rechtsverständnis, sondern unionsrechtskonform in Übereinstimmung mit dem Arbeitnehmerbegriff der Richtlinie 2006/54/EG auszulegen ist. Danach können im Einzelfall **auch arbeitnehmerähnliche Personen** i. S. d. innerstaatlichen Rechts Beschäftigte i. S. v. § 5 Abs. 2 Nr. 1 EntgTranspG sein.[88]

Nach § 10 Abs. 1 Satz 3 EntgTranspG können die Beschäftigten **Auskunft zu dem durchschnittlichen monatlichen Bruttoentgelt** nach § 5 Abs. 1 Entg-

83 BAG 21.1.21 – 8 AZR 488/19, Rn. 66 ff.
84 BAG 21.1.21 – 8 AZR 488/19, Rn. 19.
85 Winter, NZA 2024, 8 ff.
86 BT-Drs. 18/11133 S. 22; BAG 25.6.20 – 8 AZR 145/19, Rn. 98; BAG 21.1.21 – 8 AZR 488/19, Rn. 43.
87 Ausführlich und kritisch Oerder/Wenckebach, EntgTranspG, § 10.
88 BAG 25.6.20 – 8 AZR 145/19, Rn. 39 ff. mit ausführlicher Begründung.

TranspG und zu **bis zu zwei einzelnen Entgeltbestandteilen** verlangen. Der Begriff »einzelne Entgeltbestandteile« in § 10 Abs. 1 Satz 3 EntgTranspG ist laut BAG dahin auszulegen, dass sowohl gezielt nach bestimmten Entgeltbestandteilen gefragt werden kann, bei denen eine Ungleichbehandlung vermutet wird, als auch nach vergleichbaren Entgeltbestandteilen, die eine Gruppe bilden.[89] Der **Begriff des Entgelts** (s. auch Rn. 23 ff.) ist umfassend i. S. d. § 5 Abs. 1 EntgTranspG zu verstehen, umfasst also alle **Grund- oder Mindestarbeitsentgelte** sowie **alle sonstigen Vergütungen**, die unmittelbar oder mittelbar in bar oder in **Sachleistungen** aufgrund eines Beschäftigungsverhältnisses gewährt werden. Dabei stellt das durchschnittliche monatliche Entgelt das arithmetische Mittel des kalenderjährlichen Entgelts dar. Bei Sachleistungen, wie beispielsweise einem **Dienstwagen** oder einem **Betriebskitaplatz**, sind entsprechend die finanziellen Werte dieser Leistungen anzusetzen.[90] Nach § 11 Abs. 1 und Abs. 2 EntgTranspG erstreckt sich die Auskunftsverpflichtung zu den **Kriterien und Verfahren der Entgeltfindung** auf die Information über die Festlegung des Entgelts des/der Auskunft verlangenden Beschäftigten sowie des Entgelts für die Vergleichstätigkeit.[91] Das Gesetz sieht in § 11 i. V. m. § 14 bzw. § 15 EntgTranspG unterschiedliche Regeln für den Auskunftsanspruch vor bei nicht tarifgebundenen AG einerseits und tarifgebundenen AG sowie diesen im EntgTranspG gesetzlich gleichgestellten »tarifanwendenden« AG – definiert in § 5 EntgTranspG[92] – andererseits. Die Bindung an Tarifverträge oder deren Anwendung erlaubt ein aus Sicht der AG erleichtertes Auskunftsverfahren. Dies soll der Stärkung der Tarifautonomie dienen[93] – ein Ziel, dessen Erreichen bereits fraglich ist, weil nicht nur tatsächlich Tarifgebundene von der Erleichterung profitieren, sondern auch »Tarifanwender«. § 4 Abs. 5 EntgTranspG regelt eine **Angemessenheitsvermutung für Tarifverträge.** Damit wird der Tarifautonomie Rechnung getragen. Allerdings darf der verfassungsrechtlich geschützte Gestaltungsspielraum der Tarifvertragsparteien nicht dazu führen, dass Diskriminierungsverbote ausgehöhlt werden. Für das Verbot der Diskriminierung Teilzeitbeschäftigter hat das BAG das explizit entschieden.[94] Die Vermutung, dass tarifrechtliche Entgeltregelungen diskriminierungsfrei sind, ist mit der Angemessenheitsvermutung nicht verbunden.[95] Die neue Entgelttransparenzrichtlinie (s. Rn. 22b) sieht keine Privilegierung von tariflichen Entgeltregeln mehr vor. Auch Tarifverträge

---

89 BAG 25.6.20 – 8 AZR 145/19, Rn. 105, 110.

90 BT-Drs. 18/11133 S. 60; BAG 25.6.20 – 8 AZR 145/19, Rn. 105.

91 BAG 25.6.20 – 8 AZR 145/19, Rn. 99; ausführlich zum Umfang der Auskunft Oerder/Wenckebach, EntgTranspG, § 11.

92 Dazu kritisch Oerder/Wenckebach, EntgTranspG, § 5 Rn. 22; § 11 Rn. 6.

93 BT-Drs. 18/11133, S. 60.

94 BAG 23.7.19 – 9 AZR 372/18, Rn. 24.

95 Däubler/Beck-Zimmer, EntgTranspG § 4 Rn. 1; ErfK/Schlachter § 4 Rn. 9.

sind nicht frei von strukturellen Diskriminierungsrisiken, insbesondere bei »gleichwertiger Arbeit«.[96]

22d § 14 EntgTranspG regelt, dass Beschäftigte sich mit ihren Auskunftsverlangen an den **Betriebsrat** wenden, dessen Aufgaben und Rechte in Bezug auf Entgelttransparenz in § 13 EntgTranspG[97] geregelt sind. Es ist allerdings alleinige **Entscheidung der AG**, ob sie die Beantwortung von Auskunftsverlangen im Betrieb gänzlich an sich ziehen, § 14 Abs. 2 EntgTranspG. Beschäftigten darf kein Nachteil daraus erwachsen, dass sie ihr Auskunftsverlangen nicht an die zuständige Stelle richten. Laut BAG stellt es die Ordnungsgemäßheit des Auskunftverlangens nicht in Frage, wenn das Verlangen nicht den Vorgaben der §§ 14 und des EntgTranspG entsprechend addressiert wurde, und zwar auch dann nicht, wenn AG die Beschäftigten darüber informiert haben, an wen ein Auskunftsverlangen zu richten ist.[98]

22e **§ 22 ist** nach unionsrechtskonformer Auslegung – insbesondere unter Berücksichtigung des Grundsatzes der effektiven Geltung des Europarechts – auch im Rechtsstreit um gleiches Entgelt für gleiche sowie gleichwertige Arbeit nach den speziellen Regelungen in § 3 Abs. 1 bzw. § 7 EntgTranspG **maßgebend.**[99] Die Vermutung des § 22 für eine geschlechtsbedingte Benachteiligung wird in diesen Fällen bereits dadurch ausgelöst, dass trotz gleicher oder gleichwertiger Arbeit geringerer Lohn gezahlt wird. Der Umstand, dass ein Auskunftsverlangen ergibt, dass das Entgelt einer Frau geringer ist als das vom AG nach §§ 10 ff. EntgTranspG mitgeteilte Vergleichsentgelt (Median-Entgelt) der männlichen Vergleichspersonen, begründet somit regelmäßig die **Vermutung**, dass die Benachteiligung beim Entgelt wegen des Geschlechts erfolgt ist.[100] Diese Vermutung kann durch AG **widerlegt** werden (s. § 22). Welche Begründung geeignet ist, eine Entgeltdifferenz trotz gleicher Arbeit objektiv zu rechtfertigen, hängt von den konkreten Umständen im Einzelfall ab; der Rechtsprechung des EuGH lassen sich einige verallgemeinerungsfähige Anwendungsbeispiele entnehmen, die allerdings auch konkret belegt werden müssen: die Arbeitsmarktsituation bei Einstellung, die Berufserfahrung und Betriebszugehörigkeitsdauer sowie die Qualifikation der Vergleichsperson.[101] **Nicht** dazu geeignet, die Vermutung zu widerlegen, ist allerdings die Begründung, die Vergleichsperson habe sich »besser verkauft« und »**mehr Verhandlungsgeschick**« bewiesen. Denn die

96 Winter, NZA 24, 8, 17.

97 Dazu Oerder/Wenckebach, EntgTranspG, § 13; das BAG sieht in § 13 EntgTranspG keine Intention des Gesetzgebers, die inhaltlich Reichweite des Einsichtsrechts nach § 80 Abs. 2 Satz 2 Halbs. 2 BetrVG auszugestalten; BAG 7.5.19 – 1 ABR 53/17, Rn. 25.

98 BAG 25.6.20 – 8 AZR 145/19, Rn. 83 ff.

99 BAG 21.1.21 – 8 AZR 488/19.

100 BAG 21.1.21 – 8 AZR 488/19, Rn. 50.

101 BAG 16.2.23 – 8 AZR 450/21 Rn. 51 ff.; Schlachter, RdA 2024, 52, 55.

**Vertragsfreiheit** vermag Diskriminierungen aufgrund des Geschlechts gerade nicht auszuschließen und nähme, ließe man sie als Widerlegung der Vermutung einer Benachteiligung genügen, dem Entgeltgleichheitsgebot seine praktische Wirksamkeit.[102] Hat die betroffene Person andere Vorteile ausgehandelt als die Vergleichsperson (zum Beispiel zusätzliche freie Tage), vermag dies die Vermutung einer Entgeltdiskriminierung nicht zu widerlegen, wenn die Betroffene keine Kenntnis von einem möglichen höheren Entgelt hatte.[103]

**§ 8 EntgTranspG** erklärt diskriminierende Vereinbarungen ausdrücklich für unwirksam – was sich allerdings bereits aus § 134 BGB und §§ 3, 7 AGG ergibt. Die Unwirksamkeitsregel kann auch bedeuten, dass Regelungen aus einem Tarifvertrag nicht angewendet werden dürfen.[104] Anstelle der diskriminierenden Regelung tritt nach der Rechtsprechung des EuGH eine »Angleichung nach oben«,[105] dies jedoch nur so lange, bis eine diskriminierungsfreie Regelung an die Stelle der unwirksamen Vereinbarung tritt.[106] Diskriminierende Vereinbarungen sind als ex tunc (von Anfang an) unwirksam anzusehen. Aufgrund der Notwendigkeit der »Anpassung nach oben« haben betroffene Beschäftigte erhöhten Entgeltanspruch auch für die Vergangenheit.[107] Es besteht somit ein **Erfüllungsanspruch** in Form eines Leistungsanspruchs auf Zahlung des Entgelts, das bei Beachtung des Entgeltgleichgebots zu zahlen gewesen wäre. Für diesen Anspruch gelten die **Verjährungsfristen** der §§ 195, 199 BGB und nicht die kurze Frist des § 15 Abs. 4 AGG.[108] **Ausschlussfristen** aus Arbeitsvertrag oder Tarifverträgen sind zu beachten.[109] Eventuelle Ansprüche auf Entschädigung oder Schadensersatz aus § 15 Abs. 1 oder 2 AGG (s. dort) bestehen neben diesem Erfüllungsanspruch.[110] Auch dazu, wie zu verfahren ist, wenn im Zuge eines Auskunftsverlangens eine Entgeltdiskriminierung festgestellt wird, macht die Entgelttransparenzrichtlinie neue Vorgaben, die einer Umsetzung in das deutsche Recht bedürfen.[111] 22f

Der im AGG in § 2 Abs. 1 Nr. 2 geregelte **Grundsatz des gleichen Entgelts** 23
ersetzt den früheren § 612 Abs. 3 BGB. Die bisher nur geschlechtsbezogen

102 BAG 16.2.23 – 8 AZR 450/21 Rn. 56; Däubler/Beck/Zimmer, EntgTranspG, Rn. 1.

103 BAG 16.2.23 – 8 AZR 450/21 Rn. 58.

104 EuGH 7.2.91 – C-184/89.

105 EuGH 7.2.91 – C-184/89; BAG 10.11.11 – 6 AZR 148/09.

106 BAG 8.12.11 – 6 AZR 319/09.

107 Ebenso: ErfK, EntgTranspG § 7 Rn. 1; Kocher, AuR 18, 8.

108 BAG 30.11.10 – 3 AZR 754/08; LAG Rheinland-Pfalz 13.5.15 – 5 Sa 436/13 m.w.N.

109 Kocher, AuR 2018, 8.

110 BAG 16.2.23 – 8 AZR 450/21, hier: 2000 Euro.

111 Winter, NZA 24, 8 ff.

geltende Regelung wird durch § 2 Abs. 1 Nr. 2 auf alle Merkmale des § 1 erstreckt und bestimmt, dass **für gleiche oder gleichwertige Arbeit** (Definition s. Rn. 25 ff.) wegen eines Merkmals des § 1 keine geringere Vergütung vereinbart werden darf als bei Beschäftigten ohne das entsprechende Merkmal. Gem. § 8 Abs. 2 kann eine geringere Vergütung nicht dadurch gerechtfertigt werden, dass wegen des in § 1 genannten Merkmals besondere Schutzvorschriften (wie etwa Schutz von Menschen mit Behinderung oder Mutterschutz) gelten. Dies führt in der Praxis zu einem absoluten Verbot der Ungleichbehandlung, da Rechtfertigungsgründe gem. § 8 Abs. 1 regelmäßig nicht in Betracht kommen. Auch hier genügt gem. § 22 die Darlegung und der Beweis von Indizien, die eine Vermutung für eine Benachteiligung begründen. Die kurze Ausschlussfrist des § 15 Abs. 4 gilt nur für die Geltendmachung einer Entschädigung, während es sich bei der Geltendmachung eines Anspruchs auf höhere Vergütung, wie sie der nicht benachteiligten Vergleichsgruppe gezahlt worden ist, um einen Erfüllungsanspruch handelt, der dieser Ausschlussfrist nicht unterliegt.[112]

24 Der **Begriff des gleichen Entgelts** ist unter Berücksichtigung der europarechtlichen Vorgaben weit auszulegen. Nach Art. 2 Abs. 1 Buchst. e der Richtlinie 2006/54/EG, der auch dem Art. 157 Abs. 2 Satz 1 AEUV entspricht, bezeichnet der Ausdruck »Entgelt« die **üblichen Grund- oder Mindestlöhne und -gehälter** sowie **alle sonstigen Vergütungen**, die AG aufgrund des Dienstverhältnisses AN mittelbar oder unmittelbar als **Geld- oder Sachleistung** zahlen.[113] Art. 2 Abs. 1 Buchst. e der Richtlinie 2006/54/EG wurde mit § 5 Abs. 1 EntgTranspG in das innerstaatliche Recht umgesetzt. Erfasst sind damit Zulagen, Gratifikationen und Einmalzahlungen, Prämien, Sondervergütungen, Sachbezüge und die Leistungen einer betrieblichen Altersversorgung[114] sowie bezahlte Freistellung[115] auch von Betriebsratsmitgliedern gem. § 37 Abs. 4 BetrVG[116] und Vergünstigungen im Reiseverkehr nach Eintritt in den Ruhestand,[117] Dienstwagen oder Kitaplätze.[118]

25 Die Begriffe »**gleiche Arbeit**« und »**gleichwertige Arbeit**« haben nach EG-Recht eine rein qualitative Bedeutung und hängen ausschließlich mit der Art der von den betroffenen AN verrichteten Arbeit zusammen. Sie sind

112 LAG Rheinland-Pfalz 13.5.2015 – 5 Sa 436/13: Entschädigung von 6000,00 Euro für jede betroffene Frau wegen geringerer Vergütung von Frauen gegenüber Männern bei gleicher Tätigkeit.

113 EuGH 25.5.71 – C-80/70 – [Defrenne I]; BAG 20.11.90 – 3 AZR 613/89; BAG 21.1.21 – 8 AZR 488/19, Rn. 20, BAG 25.6.20 – 8 AZR 145/19, Rn. 52; BAG, 16.2.23 – 8 AZR 450/21, Rn. 28.

114 EuGH 11.3.81 – C-69/80.

115 BAG 26.5.93 – 5 AZR 184/92.

116 EuGH 4.6.92 – C-360/90.

117 EuGH 9.2.82 – C-12/81.

118 BAG 25.6.20 – 8 AZR 145/19, Rn. 105.

legaldefiniert in § 4 EntgTranspG. Demnach liegt **gleiche Arbeit** vor, wenn weibliche und männliche Beschäftigte an verschiedenen Arbeitsplätzen oder nacheinander an demselben Arbeitsplatz eine **identische oder gleichartige Tätigkeit** ausführen. Zur Feststellung, ob AN gleiche oder als gleichwertig anerkannte Arbeit verrichten, ist zu prüfen, ob diese AN unter Zugrundelegung einer Gesamtheit von Faktoren, wie Art der Arbeit, Ausbildungsanforderungen und Arbeitsbedingungen, als in einer vergleichbaren Situation befindlich angesehen werden können.[119] Es ist nicht erforderlich, dass gleichzeitig die gleiche Arbeit für den gleichen AG ausgeübt wird.[120] Ob die Arbeit gleich ist, muss durch einen Gesamtvergleich der Tätigkeiten unter Berücksichtigung der jeweiligen Arbeitsvorgänge und des Verhältnisses dieser Arbeitsvorgänge zueinander ermittelt werden. Bei einzelnen Abweichungen ist die jeweils überwiegende Tätigkeit maßgebend.[121] **Gleichartigkeit der Tätigkeiten** ist anzunehmen, wenn unter Berücksichtigung von Belastung, Verantwortung, Arbeitsbedingungen und Qualifikation **die Beschäftigten einander bei Bedarf ersetzen können.**[122] Lediglich unterschiedliche Arbeitsplatzbeschreibungen oder selten erforderliche Zusatzpflichten nur der einen Gruppe schließen deshalb die Gleichartigkeit nicht aus.[123] Hierzu im Widerspruch steht die Entscheidung des EuGH, der trotz gleicher Tätigkeit über einen erheblichen Zeitraum nur wegen einer **unterschiedlichen Berufsberechtigung** »gleiche Arbeit« i. S. d. Art. 141 EG-Vertrag verneint hat.[124] Dieser Ansatz geht in die falsche Richtung, da er nicht an die tatsächlich ausgeübte Tätigkeit anknüpft, sondern an formale Gesichtspunkte. Mit seiner Entscheidung vom 28. 2. 13 in der Rechtssache Kenny[125] hat der EuGH nunmehr die Grundsätze für die Vergleichbarkeit von Arbeit klar definiert und den Prüfungsmaßstab der nationalen Gerichte scharf umrissen.

Das Gebot der gleichen Vergütung erstreckt sich auch auf **gleichwertige** 26
**Arbeit**. Der Rechtsbegriff der gleichwertigen Arbeit lässt zu, nicht gleiche Tätigkeiten daraufhin zu überprüfen, ob sie von gleichem Arbeitswert sind, wodurch die Feststellung struktureller und mittelbar diskriminierender Entgeltungleichheiten ermöglicht wird.[126] Dies kann insbesondere mit den Methoden der **Arbeitsbewertung** erfolgen, soweit diese selbst diskriminierungsfrei sind.[127] Für den Bereich der Geschlechtergleichheit gilt die als

119 EuGH 26.6.01 – C-381/99 – [Brunnhofer]; EuGH 3.6.21 – C-624/19 – [Tesco Stores] Rn. 30; BAG 16.2.23 – 8 AZR 450/21, Rn. 32ff.
120 EuGH 27.3.80 – C-129/79.
121 BAG 23.8.95 – 5 AZR 942/93.
122 Anschaulich BAG 16.2.2023 – 8 AZR 450/21.
123 ErfK-Schlachter, § 612 Abs. 3 BGB Rn. 62.
124 EuGH 11.5.99 – C-309/97.
125 EuGH 28.2.13 – C-427/11 – [Kenny].
126 BAG 21.1.21 – 8 AZR 488/19, Rn. 22.
127 BAG 21.1.21 – 8 AZR 488/19, Rn. 37; BAG 16.2.23 – 8 AZR 450/21, Rn. 35.

Spezialgesetz vorrangige Regelung des § 4 Abs. 2 EntgTranspG mit einer Legaldefinition: Weibliche und männliche Beschäftigte üben dann eine gleichwertige Arbeit aus, wenn sie unter Zugrundelegung einer **Gesamtheit von Faktoren** als in einer vergleichbaren Situation befindlich angesehen werden können. Zu den zu berücksichtigenden Faktoren gehören gem. § 4 Abs. 2 EntgTranspG unter anderem die **Art der Arbeit, die Ausbildungsanforderungen und die Arbeitsbedingungen**. Es ist von den tatsächlichen, für die jeweilige Tätigkeit wesentlichen Anforderungen auszugehen, die von den ausübenden Beschäftigten und deren Leistungen unabhängig sind. Dies entspricht der Rechtsprechung des EuGH, der darauf abstellt, ob die betreffenden Beschäftigten als in einer **vergleichbaren Situation** angesehen werden können, wenn bei der Bewertung der Tätigkeit auf die **Gesamtheit objektiver Faktoren** Bezug genommen wird.[128] Das BAG ist in seiner bisherigen Rechtsprechung davon ausgegangen, dass bei dem Gesamtvergleich der Tätigkeiten die Tarifpraxis und die Verkehrsanschauung Anhaltspunkte geben können.[129] Um eine gleichwertige Arbeit handelt es sich demnach, wenn Beschäftigte Tätigkeiten ausüben, die nach objektiven Maßstäben der Arbeitsbewertung **denselben Arbeitswert** haben. Auch insoweit ist ein Gesamtvergleich der Tätigkeiten erforderlich. Dabei ist der jeweils erforderliche Umfang von Vorkenntnissen und Fähigkeiten zu berücksichtigen.[130] Zur Beurteilung können Kriterien wie Ausbildung und Erfahrung, Fähigkeiten, körperliche, nervliche und geistige Beanspruchung, Verantwortung für Personen und Sachen, Umgebungseinflüsse usw. herangezogen werden.[131] Zur Arbeitsbewertung verwendete Verfahren müssen diskriminierungsfrei und geschlechtsneutral gestaltet sein sowie auf gemeinsamen Kriterien für männliche und weibliche Beschäftigte beruhen (Art. 4 RL 2006/54/EG [Gleichbehandlung]) und können bereits verletzt werden, wenn bestimmte Beschäftigtengruppen aus dem Geltungsbereich einer Reglung zur Bewertung ausgeschlossen werden und diese Gruppen hauptsächlich von Frauen oder Männern besetzt sind.[132] Eine **ähnliche Abgrenzung** erfolgt bei der **Sozialauswahl**, die sich ebenfalls auf vergleichbare AN bezieht, die austauschbar sind, wenn sie aufgrund ihrer bisherigen Aufgaben und beruflichen Qualifikation die andersartigen, aber gleichwertigen Tätigkeiten von Kolleg:innen

---

128 EuGH 28.2.13 – C-427/11; EuGH 26.6.01 – C-381/99; EuGH 31.5.95 – C-400/93.

129 BAG 23.8.95 – 5 AZR 942/93.

130 BAG 23.8.95 – 5 AZR 942/93.

131 ErfK-Preis, § 612 Abs. 3 BGB Rn. 63; zur Problematik von Arbeitsbewertungen: Lillemeier, AuR 18, 119; Thüsing, NZA 00, 570 und Schlachter, Wege zur Gleichberechtigung, S. 205ff.

132 Lillemeier, AuR 18, 119; Jochmann-Döll/Tondorf, Betriebliche Entgeltpolitik für Frauen und Männer, Betriebs- und Dienstvereinbarungen – Analyse und Handlungsempfehlungen.

ausüben können.[133] Die hier von der Rechtsprechung entwickelten Kriterien für eine gleichwertige Tätigkeit können deshalb herangezogen werden.

Der **objektive Arbeitswert** kann regelmäßig am tariflichen Eingruppierungssystem gemessen werden. Verschiedene Tätigkeiten innerhalb derselben tariflichen Lohngruppe sind als gleichwertig anzusehen. Umgekehrt kann aus einer unterschiedlichen Eingruppierung aber nicht zwingend auf die fehlende Gleichwertigkeit geschlossen werden. Auch haben wissenschaftliche Untersuchungen gezeigt, dass die rechtlichen Anforderungen einer geschlechtsneutralen Gestaltung z. B. beim ehemaligen BAT[134] oder dem ERA-TV[135] den normativen Vorgaben nach EU-Recht und der hierzu ergangenen Rechtsprechung nicht vollständig genügen.[136] Erschwerend kommt hinzu, dass die vertraglichen Vereinbarungen und Arbeitsplatzbeschreibungen nicht ausschlaggebend sind, da es nach den tariflichen Regelungen allein auf die geleistete Arbeit und nicht auf die vertraglich formulierten Anforderungen ankommt.[137] 27

In der Praxis bestehen verschiedene Gründe für Lohnunterschiede zwischen Einzelpersonen und Gruppen. In den wenigsten Fällen wird eine einzel- oder kollektivvertragliche Regelung, die zu einer unterschiedlich hohen Vergütung für gleiche oder gleichwertige Arbeit führt, direkt an einem Merkmal des § 1 anknüpfen. Inzwischen historisch sind folgende Fälle einer **unmittelbaren Diskriminierung** wegen des **Geschlechts**: Unvereinbarkeit von Lohnabschlagsklauseln mit Art. 3 Abs. 2 GG;[138] »Ehefrauenzulage« nur für männliche AN;[139] Haushaltszulage für weibliche AN nur unter erschwerten Bedingungen.[140] Eine unmittelbare Diskriminierung von **Schwerbehinderten** liegt vor im Fall einer singulären Streichung einer Zulage, die im Übrigen alle Beschäftigten erhalten.[141] Eine unmittelbare Altersdiskriminierung erfolgt durch ein Vergütungssystem, das eine Differenzierung direkt nach dem Lebensalter vorsieht statt ausschließlich an die erlangte Berufserfahrung anzuknüpfen, wie dies z. B. bei einer Staffelung der Grundvergütung nach Lebensaltersstufen der Fall war[142] oder bei der ausschließlichen Anerkennung 28

---

133 BAG 23.11.04 – 2 AZR 38/04.

134 Winter, Aufwertung von Frauentätigkeiten.

135 Jochmann-Döll/Ranftl, Impulse für die Entgeltgleichheit, Die ERA und ihre betriebliche Umsetzung auf dem gleichstellungspolitischen Prüfstand.

136 Lillemeier, AuR 18, 119.

137 ErfK-Preis, § 612 Abs. 3 BGB Rn. 63.

138 BAG 15.1.55 – 1 AZR 305/54; BAG 11.1.73 – 5 AZR 321/72.

139 BAG 13.11.85 – 4 AZR 234/84.

140 BAG 20.4.77 – 4 AZR 732/75.

141 ArbG München 9.3.05 – 38 Ca 13399/04.

142 EuGH 9.9.15 – C-20/13 – [Daniel Unland/Land Berlin]: Richterbesoldung; EuGH 6.12.12 – C-385/11 – [Odar]; EuGH 8.9.11 verb. C-297/10 und C-298/10 – [Hennigs/Mai]; BAG 10.11.11 – 6 AZR 148/09; EuGH 19.6.14 –

von Beschäftigungsjahren nur nach Vollendung eines bestimmten Lebensjahres[143] (s. zur Rechtfertigung von Altersstaffeln § 10 Rn. 19 und zur Höhe der pauschalierten Entschädigung s. § 15 Rn. 25). Diskriminierend wirken bei fehlender Rechtfertigung auch eine Staffelung des Urlaubsanspruchs nach dem Lebensalter,[144] eine altersabhängige Regelung zur Verkürzung der Wochenarbeitszeit[145] oder die altersabhängige Verringerung einer persönlichen Zulage[146] (s. im Einzelnen § 10 Rn. 16).

29 Häufiger kommen **mittelbare Benachteiligungen** bei der **Vergütung** vor, die gem. § 3 Abs. 2 an neutrale Kriterien anknüpfen, aber zu einer Benachteiligung Einzelner oder einer Gruppe wegen eines der Merkmale des § 1 führen, weil sie von ihnen wesentlich häufiger erfüllt werden als von anderen, vergleichbaren Personen oder Gruppen, ohne dass die Verwendung dieser Kriterien durch ein wesentliches unternehmerisches oder sozialpolitisches Bedürfnis gerechtfertigt ist. Die bisherige Rechtsprechung zur mittelbaren **Diskriminierung wegen des Geschlechts** hat dies wiederholt bei einer Anknüpfung an das Kriterium **Teilzeitarbeit** oder geringfügige Beschäftigung angenommen (s. weiterführende Nachweise der bisherigen Rechtsprechung zur mittelbaren geschlechtsbedingten Benachteiligung in § 3 Rn. 16 f.).[147]

---

C-501/12 bis C-506/12, C-540/12, C-541/12 – [Specht ua/Land Berlin]: Beamtenbesoldung; BVerwG 30.10.14 – 2 C 3/13: Beamtenbesoldung; BVerwG 6.4.17 – 2 C 11/16: zum BAT; OVG NRW 24.5.17 – A 2493/15: zur Richterbesoldung NRW; OVG NRW 8.2.17 – 3 A 1972/15: Besoldung nach Altersstufen für Landesbeamte; OVG NRW 8.2.17 – 3 A 80/16: zur Besoldung von Kommunalbeamten.

143 VG Ansbach 24.3.15 – AN 1 K 13.0047.

144 BAG 20.3.12 – 9 AZR 529/10 und BAG 12.4.16 – 9 AZR 659/14 BAT: Verlängerung des Urlaubs nach dem 30., 40. und 50. Lebensjahr ist unzulässig; BAG 15.11.16 – 9 AZR 534/15: Verlängerung nach dem 50. Lebensjahr unabhängig vom Berufsbild und der damit verbundenen Belastungen ist unzulässig; BAG 21.10.14 – 9 AZR 956/12: Zusatzurlaub für Mitarbeiter in der Produktion nach Vollendung des 58. Lebensjahres ist zulässig.

145 BAG 22.10.15 – 8 AZR 168/14: Benachteiligung bejaht für die Anknüpfung an das 50. Lebensjahr; a. A. LAG Baden-Württemberg 29.1.16 – 17 Sa 84/15.

146 BAG 18.2.16 – 6 AZR 700/14: Differenzierung bei der Verringerung einer persönlichen Zulage bei Beschäftigungszeit von weniger als 25 Jahren nach der Vollendung des 55. Lebensjahres.

147 BAG 27.7.94 – 10 AZR 538/93 zur rechtswidrigen Versagung von Sonderkonditionen für Arbeitgeberdarlehen für Teilzeitbeschäftigte; BAG 5.3.97 – 7 AZR 581/92 zur mittelbaren Diskriminierung von teilzeitbeschäftigten Betriebsratsmitgliedern durch den Ausschluss von Freizeitausgleich für die Teilnahme an einer Betriebsratsschulung; EuGH 9.9.99 – C-281/97 – [Krüger] zum tarifvertraglichen Ausschluss geringfügig Beschäftigter von einer Jahressonderzuwendung; EuGH 6.12.07 – C-300/06 – [Voß], zu § 6 BBesG und der geringeren Vergütung von Mehrarbeit, die zur Folge hat, dass ein Vollzeitbeschäftigte innerhalb der vereinbarten Arbeitszeit mehr Geld erhalten, als Teilzeitbeschäftigte,

Eine solche Benachteiligung muss von betroffenen Beschäftigten im Streitfall glaubhaft gemacht werden. Dazu reicht es regelmäßig aus, wenn das zahlenmäßige Verhältnis der Personen, die das Merkmal tragen, zu denen, die es nicht tragen, in der Gruppe der Benachteiligten wesentlich größer ist als in der Vergleichsgruppe (s. zur Frage einer wesentlichen Unterscheidung Rn. 12a ff zu § 3 und zur Frage einer Indizwirkung für eine Benachteiligung Rn. 13 zu § 22).

Eine mittelbare Benachteiligung wegen des Geschlechts kommt deshalb **29a** auch im Zusammenhang mit **Elternzeit** in Betracht, da diese statistisch gesehen – zumindest über einen Zeitraum von zwei Monaten (den sog. Partnermonaten gem. § 4 Abs. 4 Satz 2 BEEG bei Elternzeit mit Basiselterngeld) hinaus – ganz überwiegend von Frauen in Anspruch genommen wird. Die Nichtberücksichtigung der Elternzeiten bei der Ermittlung der Berufsjahre i. R. der tariflichen Eingruppierung kann i. d. R. als wesentliche berufliche Anforderung gem. § 8 gerechtfertigt sein, wenn es auf die Berufserfahrung ankommt.[148] Dies hat das BAG bezüglich der Hemmung der Stufenlaufzeit durch die Inanspruchnahme von Elternzeit im Entgeltsystem des TVöD bestätigt; es sah darin weder eine unmittelbare noch eine mittelbare Diskriminierung.[149] Allerdings muss eine solche Regelung angemessen und erforderlich sein. Das war im BAT z. B. nicht der Fall, insoweit Unterbrechungszeiträume bis zu einer Gesamtdauer von fünf Jahren als unschädlich angesehen wurden und längere Zeiträume von Elternzeit hingegen zum Verlust der gesamten bis dahin zurückgelegten Bewährungszeit führten.[150] Zeiten der **Beschäftigungsverbote nach dem Mutterschutzgesetz** sind für einen Bewährungsaufstieg, anders als Elternzeit, grundsätzlich mitzuzählen.[151] Unterbrechungen durch Elternzeit können im Übrigen auch zu Nachteilen bei der betrieblichen Altersversorgung führen. Dies stellt bei einer tariflichen Regelung wegen der Einschätzungsprärogative der Tarifvertragsparteien im Rahmen der Tarifautonomie i. d. R. keine mittelbare Benachteiligung wegen des Geschlechts dar.[152]

Eine mittelbare Benachteiligung wegen der sexuellen Identität kommt in Betracht, wenn Beschäftigte, die in einer **eingetragenen Lebenspartnerschaft** **29b**

---

die die gleiche Stundenzahl leisten, aber über ihre individuelle Arbeitszeit hinauskommen; EuGH 22.11.12 – C-385/11 – [Elbal Moreno]: mittelbare Diskriminierung wegen des Geschlechts, wenn Teilzeitbeschäftigte gegenüber Vollzeitbeschäftigten proportional längere Beitragszeiten zurücklegen müssen, um einen Anspruch auf eine beitragsbezogene Altersrente zu haben, deren Höhe bereits proportional zu ihrer Arbeitszeit herabgesetzt ist.

148 ArbG Heilbronn 3.4.07 – 5 Ca 12/07 mit Anm. Meier: AuR 07, 391.

149 BAG 27.1.11 – 6 AZR 526/09.

150 BAG 12.4.16 – 6 AZR 731/13 zu § 23a Satz 2 Nr. 4 Satz 2 Buchst. d BAT.

151 LAG Berlin-Brandenburg 7.1.09 – 15 Sa 1717/08.

152 BAG 19.1.11 – 3 AZR 29/09.

leben gegenüber Ehegatten schlechter gestellt werden (z. B. Vorenthaltung des Familienzuschlags oder anderer Leistungen; zur Rechtsprechung im Einzelnen s. § 1 Rn. 43, Fußnote 128). Der EuGH weist unter grundsätzlicher Anerkennung der bestehenden Zuständigkeit der Mitgliedstaaten für den Familienstand und der davon abhängigen Leistungen darauf hin, dass bei Vergleichbarkeit der Situation von Lebenspartnern und Ehegatten Art. 1 i. V. m. Art. 2 der RL 2000/78/EG einer Benachteiligung entgegensteht.[153] Das BVerfG[154] hat hinsichtlich der **Hinterbliebenenversorgung** grundsätzlich entschieden, dass Art 6 Abs. 1 GG keine Privilegierung der Ehe bei Benachteiligung anderer vergleichbarer Lebensformen rechtfertigt. Zum selben Ergebnis kommt das BAG.[155] Aus den gleichen Gründen besteht für Beschäftigte, die in einer eingetragenen Lebenspartnerschaft leben, auch ein Anspruch auf **Auslandszuschlag** in derselben Höhe wie für verheiratete Beschäftigte.[156] Bei einem tariflichen Ausschluss von Leistungen für Beschäftigte, die ihr Arbeitsverhältnis vor einem bestimmten Stichtag begonnen haben, erfolgt i. d. R. eine mittelbare Diskriminierung wegen des Alters, wenn der Stichtag nicht mit einem »tarifhistorischen Ereignis« begründet werden kann.[157] Allerdings stellt die Gewährung von Vertrauensschutz bei der Auslegung von Bezugnahmeklauseln keine unzulässige mittelbare Diskriminierung wegen des Alters dar, denn beim hier maßgeblichen Zeitpunkt des Abschlusses des Arbeitsvertrages handelt es sich um ein objektives und neutrales Element.[158]

## IV. Durchführung des Arbeitsverhältnisses und beruflicher Aufstieg

30 Der Anwendungsbereich des Abs. 1 Nr. 2 schließt **Maßnahmen bei der Durchführung und Beendigung eines Arbeitsverhältnisses sowie beim beruflichen Aufstieg** mit ein. Die Aufzählung im zweiten Halbsatz dient

153 EuGH 1.4.08 – C-267/06 – [Maruko].

154 BVerfG 7.7.09 – 1 BvR 1164/07.

155 BAG 14.1.09 – 3 AZR 20/07.

156 BAG 18.3.10 – 6 AZR 434/07: Teilnichtigkeit des § 45 Nr. 8 Abs. 1 Satz 1 Buchst. a TVöD-BT-V (Bund), soweit er auf § 55 Abs. 2 und Abs. 3 BBesG verweist, wegen mittelbarer Diskriminierung aufgrund der sexuellen Orientierung; a. A. BVerwG 26.1.06 – 2 C 43/04: kein Anspruch auf Familienzuschlag gem. § 40 Abs. 1 Nr. 1 BBesG und BVerwG 25.7.07 – 6 C 27/06: rechtmäßiger Ausschluss von Lebenspartnern aus der Hinterbliebenenversorgung, sowie BGH 14.2.07 – IV ZR 267/04: keine Hinterbliebenenrente und nicht die für Verheiratete geltende, günstigere Steuerklasse; Verfassungsbeschwerde zur Frage der steuerlichen Behandlung ist anhängig: BVerfG 29.8.11 – 1 BvR 280/09 ist nach Erledigung durch Abhilfe der Verwaltung in der Kostenentscheidung von der Berechtigung der Verfassungsbeschwerde ausgegangen.

157 BAG 9.12.15 – 4 AZR 684/12.

158 BAG 13.12.23 – 4 AZR 286/22.

nach der Begründung des Gesetzgebers der Konkretisierung und ist nicht abschließend. Sie umfasst alle Maßnahmen bei der Durchführung und Beendigung des Arbeitsvertrages, wie Weisungen, Versetzungen, Umsetzungen, Abmahnungen und Kündigungen durch den AG[159] (zu den verschiedenen Fallgestaltungen und der hierzu ergangenen Rechtsprechung s. auch § 7 Rn. 22 f. und zu Benachteiligungen durch [sexuelle] Belästigungen s. § 7 Rn. 25 f., § 3 Rn. 32 und § 15 Rn. 7 und 43).

Zu den **Maßnahmen** bei der **Durchführung eines Beschäftigungsverhältnisses** sowie beim **beruflichen Aufstieg** zählen alle Arten von **Einzelmaßnahmen** im Rahmen der Personalführung, wie z. B. Weisungen, Beurteilungen, Zielvereinbarungen, Ermahnungen und Abmahnungen, aber auch Versetzungen, Umsetzungen und Umgruppierungen und zwar unabhängig davon, ob sie mit einer Beförderung verbunden sind oder nicht. Diese Maßnahmen dürfen gem. § 7 Abs. 1 Beschäftigte nicht wegen eines Merkmals gem. § 1 benachteiligen. **Mitbestimmungspflichtig** sind im Zusammenhang der Durchführung eines Beschäftigungsverhältnisses nur die personellen Einzelmaßnahmen gem. § 99 BetrVG (Versetzungen, Umsetzungen und Umgruppierungen) und die hierzu bestimmten Auswahlrichtlinien. Der Betriebsrat hat allerdings gem. § 75 BetrVG generell die Aufgabe, auf eine diskriminierungsfreie Handhabung zu achten. Die Vermutung der Benachteiligung gem. § 22 durch eine Maßnahme oder deren Versagung greift nur, wenn die benachteiligte Person Indizien vorträgt und ggfs. beweist, die mit überwiegender Wahrscheinlichkeit darauf schließen lassen, dass ein Merkmal gem. § 1 für die Benachteiligung mitursächlich ist. Nicht ausreichend ist es, wenn Indizien eine Benachteiligung wegen eines Merkmals gem. § 1 nur als möglich erscheinen lassen. Wird ein schwerbehinderter Mensch entgegen seinem Antrag bei Aufstockung der wöchentlichen Arbeitszeit der teilzeitbeschäftigten Kuriere nicht berücksichtigt, besteht nicht schon deshalb eine Vermutung einer Diskriminierung wegen der Schwerbehinderung, weil er der einzige schwerbehinderte AN in der Vergleichsgruppe ist. Auch ein eventueller Verstoß gegen § 7 Abs. 2 TzBfG begründet keine entsprechende Vermutung, weil dies keine Vorschrift zum Schutz schwerbehinderter Menschen ist.[160] 31

Für die **Glaubhaftmachung einer Benachteiligung** beim **beruflichen Aufstieg** ist die statistische Vergleichsgruppenbildung, wie sie bereits bei der geschlechtsbedingten Benachteiligung anerkannt ist, von erheblicher Bedeutung (s. Rn. 13 zu § 22). Zum beruflichen Aufstieg gehört auch das Beurteilungswesen. 32

159 BT-Drs. 16/1780 S. 31.
160 BAG 26.1.17 – 8 AZR 736/15.

**Beispiel:**
Werden statistisch gesehen in einem größeren Unternehmen weiße Mitarbeiter erheblich schneller befördert als Menschen mit einer anderen Hautfarbe, muss der AG den Nachweis führen, dass hierin keine Diskriminierung wegen der Rasse oder ethnischen Herkunft liegt. Gelingt ihm der Nachweis nicht, ist er zum Schadensersatz und zur Entschädigung verpflichtet. Gleiches gilt bei einer statistisch relevanten, schlechteren **Beurteilung** von Teilzeitbeschäftigten, solange überwiegend Frauen in Teilzeit arbeiten.

**33** Eine Benachteiligung kann auch in der Erteilung einer **Abmahnung** liegen. Eine solche stellt eine Maßnahme im laufenden Beschäftigungsverhältnis dar und kann gleichzeitig Voraussetzung für eine verhaltensbedingte Kündigung sein. Deshalb sind Abmahnungen häufig Gegenstand eines Rechtsstreits. Ganz allgemein besteht gem. § 1004 BGB analog ein Anspruch auf deren Entfernung aus der Personalakte, wenn die Abmahnung zu Unrecht ergangen oder inhaltlich unrichtig ist. Besteht gem. § 22 die Vermutung für eine Benachteiligung wegen eines Merkmals des § 1, erstreckt sich die Vermutung darauf, dass die Abmahnung zu Unrecht erfolgt ist und einen Verstoß gegen das Benachteiligungsverbot des § 7 Abs. 1 darstellt. Das subjektive Empfinden und/oder die bloße Behauptung einer Benachteiligung sind allerdings nicht ausreichend (für die Anforderungen an die Darlegung und den Beweis von Tatsachen, die eine Benachteiligung vermuten lassen s. § 22 Rn. 6 ff.). Knüpft eine Abmahnung unmittelbar an ein Merkmal des § 1 an (z. B. Abmahnung wegen Tragens eines Kopftuches), darf eine solche nur erteilt werden, wenn die Anforderung im Hinblick auf die Tätigkeit gerechtfertigt ist.[161]

**Beispiel:**
H ist Altenpfleger bei einem ambulanten Pflegedienst und homosexuell. Er erhält von seinem AG eine Abmahnung wegen seiner Teilnahme am Christopher Street Day mit der Begründung, sein Verhalten sei geschäftsschädigend, weil die älteren Kunden sich nicht von einem »Schwulen« betreuen lassen wollten. Die Abmahnung erfolgt demnach wegen der sexuellen Identität des H und fällt unter den Schutz des § 1. Sie verstößt damit gegen das Benachteiligungsverbot des § 7 Abs. 1, ist deswegen rechtswidrig und aus der Personalakte zu entfernen.

## V. Entlassungsbedingungen und Beendigung des Arbeitsverhältnisses

**34** Abs. 1 Nr. 2 schließt ferner die **Entlassungsbedingungen und Maßnahmen bei der Beendigung eines Beschäftigungsverhältnisses** mit ein. **Entlassungsbedingungen** sind sowohl in Regelungen zur Sozialauswahl als auch in Sozialplänen zu sehen (s. § 7 Rn 30a und § 10 Rn 10 zu Fragen einer

161 BAG 12.8.10 – 2 AZR 593/09.

Benachteiligung bei der Abfindungsberechnung wegen der Möglichkeit des Bezugs einer gesetzlichen Rente), aber auch in der Festlegung eines Verhaltenskodex, der für einen Verstoß eine Beendigung eines Beschäftigungsverhältnisses vorsieht, wie z. B. die Kirchen dies im Hinblick auf ein Verhalten, das ihrem Selbstverständnis widerspricht, praktizieren. Von großer praktischer Bedeutung sind die im Rahmen der Sozialauswahl üblichen Punkteschemata, die auch dann gem. § 95 Abs. 1 Satz 1 BetrVG als Auswahlrichtlinie mitbestimmungspflichtig sind, wenn sie lediglich für konkret anstehende und nicht für alle künftig auszusprechenden Kündigungen maßgeblich sein sollen.[162] Ist der Anwendungsbereich des AGG eröffnet, bedarf eine wegen eines Merkmals des § 1 erfolgende Benachteiligung eines Beschäftigten der Rechtfertigung gem. §§ 8 ff. (s. hierzu im Einzelnen § 1 Rn. 35 und § 10 Rn. 13).

Bei der **Beendigung** eines Beschäftigungsverhältnisses kommt eine Benachteiligung durch **Kündigung, Anfechtung, Befristung oder Aufhebungsvertrag** in Betracht. Auch Altersgrenzen unterfallen dem Anwendungsbereich des AGG und der Richtlinie 2000/78/EG.[163] Alle diese Tatbestände werden **vom Schutz der Richtlinien und** damit auch von dem in **Abs. 1 Nr. 2** normierten Anwendungsbereich **erfasst**, während bisher bei der Beendigung des Arbeitsverhältnisses der allgemeine arbeitsrechtliche Gleichbehandlungsgrundsatz keine Anwendung fand.[164] Die Befristung eines Arbeitsverhältnisses kann unwirksam sein, wenn sie wegen eines Merkmals gem. § 1 erfolgt (z. B. Befristung wegen Befürchtung einer Schwangerschaft bei Frau in gebärfähigem Alter),[165] wenn einer Vergleichsperson, die dieses Merkmal nicht trägt, ein unbefristeter Vertrag angeboten wird. Ein Wertungswiderspruch zu § 15 Abs. 6 AGG bzw. der dort zum Ausdruck kommenden gesetzgeberischen Wertung, wonach eine Diskriminierung nicht zur Verpflichtung des AG führt, ein Arbeitsverhältnis zu begründen, besteht in einem solchen Fall nicht, da es wertungsmäßig einen Unterschied macht, ob ein AG verpflichtet ist, einen von ihm abgelehnten AN einzustellen oder auf einer anderen (Beförderungs-)Position zu beschäftigen, oder ob er verpflichtet ist, einen AN, den er aus eigener Willensentscheidung auf einer bestimmten Position eingestellt hat, weiter zu beschäftigen.[166] Allein durch das Angebot eines Aufhebungsvertrages gegen Zahlung einer Abfindung nach einem im Unternehmen geltenden Konzept bei Erreichen einer bestimmten Altersgrenze erfolgt aber noch keine Benachteiligung, da hier- 35

162 BAG 26.7.05 – 1 ABR 29/04.

163 EuGH 16.10.07 – C-411/05 – [Palacios de la Villa].

164 BAG 22.2.79 – 2 AZR 115/7; BAG 28.4.82 – 7 AZR 1139/79 mit der Begründung der Gleichbehandlungsgrundsatz gelte nur bei der Erfüllung von Ansprüchen und nicht bei der Ausübung von Gestaltungsrechten.

165 EuGH 4.10.01 – C-438/99 – [Melgar].

166 LAG Berlin-Brandenburg 23.4.21 – 12 Sa 1421/20 mit Bezugnahme auf BAG 6.4.11 – 7 AZR 524/09, Rn. 34

durch lediglich eine zusätzliche Chance eröffnet wird.[167] Gleichwohl sind die Kündigungsschutzvorschriften »Einfallstor« für die mittelbare Geltung der Grundrechte mit der Folge, dass ein willkürliches Herausgreifen Einzelner bei gleichem Tatsachenhintergrund bereits nach bisheriger Rechtslage unzulässig war.[168] Gem. Abs. 3 bleiben die **mittelbare Drittwirkung von Art. 3 GG** und die von der Rechtsprechung hierzu entwickelten Grundsätze **neben dem AGG** von Bedeutung.

### 1. Benachteiligungsschutz bei Ausspruch einer Kündigung

**36** Der Diskriminierungsschutz bei Kündigungen ist **nicht** gem. **§ 2 Abs. 4 aus dem Anwendungsbereich des AGG ausgenommen**. Der EuGH hat die Anwendbarkeit des Diskriminierungsverbots auf Kündigungen bestätigt.[169] Das bedeutet, dass das Verbot der Benachteiligung ausdrücklich auch für Kündigungen Anwendung findet. Dies ist auch ständige Rspr. des BAG. So indiziert z.B. ein Verstoß gegen das Kündigungsverbot gem. § 17 Abs. 1 MuSchG gegenüber einer schwangeren AN die Benachteiligung wegen der Schwangerschaft und damit wegen des Geschlechtes. Die Unwirksamkeit einer diskriminierenden Kündigung beurteilt sich dann gem. § 2 Abs. 4 nach den Schutzbestimmungen des allgemeinen und besonderen Kündigungsschutzes, soweit diese anzuwenden sind.[170] Das gleiche gilt für Verstöße gegen besondere Kündigungsvorschriften für Schwerbehinderte.[171] Die Diskriminierungsverbote des AGG einschließlich der im Gesetz vorgesehenen Rechtfertigungen sind bei der Auslegung der unbestimmten Rechtsbegriffe des Kündigungsschutzgesetzes als Konkretisierungen des Begriffs der Sozialwidrigkeit zu beachten (s. zur Bedeutung von Abs. 4 im Einzelnen Rn. 58ff.).[172] Damit besteht auch bei einer Kündigung, die wegen eines Verstoßes gegen das Benachteiligungsverbot sozial nicht gerechtfertigt ist, die Möglichkeit eines Antrags gem. §§ 9, 10 KSchG auf Auflösung gegen Zahlung einer Abfindung. Außerhalb der Regelungen zum allgemeinen und besonderen Kündigungsschutz ist eine diskriminierende Kündigung nach § 134 BGB i.V.m. § 7 Abs. 1, §§ 1, 3 AGG nichtig. Bei diskriminierenden Kündigungen ist zudem grundsätzlich unbeschadet des § 2 Abs. 4 ein Anspruch auf Entschädigung nach § 15 Abs. 2 möglich. Die

---

167 BAG 17.3.16 – 8 AZR 677/14.

168 S. auch zur Unwirksamkeit einer Kündigung gem. § 242 BGB: BVerfG 27.1.98 – 1 BvL 15/87; BAG 25.4.01 – 5 AZR 360/99; zur Unwirksamkeit einer Kündigung wegen Homosexualität: BAG 23.6.94 – 2 AZR 617/93.

169 EuGH 11.7.06 – C-13/05.

170 BAG 12.12.13 – 8 AZR 838/12.

171 BAG 26.1.17 – 8 AZR 736/15; BAG 2.6.22 – 8 AZR 191/21.

172 Entschieden für eine betriebsbedingte Kündigung BAG 6.11.08 – 2 AZR 523/07 und für eine personenbedingte Kündigung BAG 22.10.09 – 8 AZR 642/08.

merkmalsbezogene Belastung in Zusammenhang mit dem Ausspruch einer Kündigung führt jedenfalls dann zu einem Entschädigungsanspruch, wenn sie über das Normalmaß hinausgeht.[173] In welchem Verhältnis die Abfindungszahlung und die Entschädigung zueinander stehen, ist noch nicht geklärt. Da aber die zu zahlende Entschädigung einen Ausgleich wegen der erlittenen Persönlichkeitsrechtsverletzung darstellt, die in der Diskriminierung liegt, und eine nach dem KSchG zu zahlende Abfindung einen Ausgleich für den Verlust des Arbeitsplatzes, dürften beide Ansprüche unabhängig voneinander bestehen.

Das Benachteiligungsverbot gilt auch außerhalb des Kündigungsschutz- **37** gesetzes. Für Beschäftigte, die (noch) keinen Kündigungsschutz nach dem Kündigungsschutzgesetz haben, gelten die Bestimmungen des AGG direkt, da § 2 Abs. 4 insoweit keine Anwendung findet. Eine diskriminierende Kündigung ist daher auch in einem Kleinbetreib gem. § 134 BGB i. V. m. §§ 1, 3 GG unzulässig.[174] So gilt das Benachteiligungsverbot auch bei einer Kündigung in der Wartezeit, in der das KSchG gemäß § 1 Abs. 1 KSchG noch keine Anwendung findet.[175] In jedem Fall muss gem. **§ 4 KSchG** die Unwirksamkeit einer Kündigung wegen eines Verstoßes gegen das Benachteiligungsverbot (§ 134 BGB i. V. m. Abs. 1) innerhalb von **drei Wochen nach deren Zugang** gerichtlich geltend gemacht werden (materielle Ausschlussfrist). Das BAG hat klargestellt, dass die Bedeutung von § 2 Abs. 4 im Wesentlichen darauf zu reduzieren ist, dass die Unwirksamkeit einer Kündigung auch bei einem Verstoß gegen Benachteiligungsverbote in jedem Fall im Kündigungsschutzverfahren gem. §§ 4, 7, 13 KSchG geltend zu machen ist.[176]

Auch bei der Beendigung des Arbeitsverhältnisses begründet ein Verstoß **37a** gegen besondere Schutzvorschriften die Vermutung einer Benachteiligung. So indiziert ein Verstoß gegen das Kündigungsverbot gem. § 17 Abs. 1 MuSchG gegenüber einer schwangeren AN die Benachteiligung wegen der Schwangerschaft und damit wegen des Geschlechtes.[177] Das gleiche gilt bei Verstößen gegen die Vorschriften zum besonderen Kündigungsschutz für Schwerbehinderte gem. §§ 168 ff. SGB IX. Insbesondere muss der AG die Schwerbehindertenvertretung beteiligen (§ 178 Abs. 2 Satz 1 und 3 SGB IX) und die Zustimmung des Integrationsamtes gem. § 168 SGB IX einholen. Die Kündigung **schwerbehinderter Menschen** ohne Beteiligung der Schwerbehindertenvertretung ist unwirksam. Dies gilt auch dann, wenn das Arbeitsverhältnis noch keine sechs Monate bestanden hat (s. hierzu

173 BAG 12.12.13 – 8 AZR 838/12.
174 BAG 23.7.15 – 6 AZR 457/14.
175 BAG 19.12.13 – 6 AZR 190/12: Unwirksamkeit der Kündigung eines HIV-Infizierten wegen ungerechtfertigter Benachteiligung.
176 BAG 6.11.08 – 2 AZR 523/07; BAG 22.10.09 – 8 AZR 642/08.
177 BAG 12.12.13 – 8 AZR 838/12.

auch § 1 Rn. 28). Hat der AG Kenntnis von der Schwerbehinderung und beteiligt dennoch – entgegen den geltenden Schutzbestimmungen – die Schwerbehindertenvertretung nicht oder holt er nicht die Zustimmung des Integrationsamtes ein, ist dies ein Indiz für eine Benachteiligung wegen der Schwerbehinderung mit der Folge, dass nicht nur die Kündigung unwirksam ist, sondern auch ein Anspruch auf Entschädigung besteht.[178] Damit dieser Schutz greift, müssen schwerbehinderte Beschäftigte dem AG die Schwerbehinderung zur Kenntnis bringen. Dies sollten sie so tun, dass die **Kenntnis** im Streitfall auch nachweisbar ist, also am besten eine Kopie des Schwerbehindertenausweises mit einem Anschreiben zur Personalakte geben und sich den Empfang bestätigen lassen. Das gleiche gilt für Menschen, die Schwerbehinderten gleichgestellt sind. Fragt der AG vor Ausspruch einer Kündigung nach einer Schwerbehinderung, ist diese Frage nach sechsmonatigem Bestand des Arbeitsverhältnisses wahrheitsgemäß zu beantworten. Anderenfalls können sich Beschäftigte in einem anschließenden Kündigungsschutzprozess wegen widersprüchlichen Verhaltens nicht auf die Schwerbehinderteneigenschaft berufen.[179] Grundsätzlich finden die Schutzvorschriften nur Anwendung, wenn die Schwerbehinderung nachgewiesen ist. Ein Nachweis durch behördliche Feststellung ist nur dann nicht erforderlich, wenn die **Schwerbehinderung »offensichtlich« ist**, weil eine Schwerbehinderung, die zu einer Anerkennung eines GdB von wenigstens 50 % führen würde, unzweifelhaft für jede/n ersichtlich besteht.[180] Unterlässt der AG die **Durchführung eines BEM** gem. § 167 Abs. 2 SGB IX, begründet dies hingegen keine Vermutung einer Benachteiligung wegen einer (Schwer-)Behinderung i. S. von § 22, da hierin keine spezifische Schutzvorschrift für behinderte Menschen zu sehen ist.[181]

**37b** Der besondere Kündigungsschutz für Schwerbehinderte muss aufgrund des allgemeinen Gleichbehandlungsgrundsatzes nach der Rechtsprechung des EuGH auch auf Beamtinnen und Beamte erstreckt werden, da beim Schutz von Behinderten nicht nach der Art des Beschäftigungsverhältnisses differenziert werden darf, soweit kein anderweitiger, vergleichbarer Schutz besteht.[182] Der EuGH wendet damit im Ergebnis über die Anknüpfung an Art. 7 II RL 2000/78/EG im Lichte der UN-BRK den allgemeinen Gleichbehandlungsgrundsatz der EU-Grundrechtecharta im (öffentlichen) Arbeitsverhältnis an.[183]

178 BAG 26.1.17 – 8 AZR 736/15; BAG 2.6.22 –8 AZR 191/21.
179 BAG 16.2.12 – 6 AZR 553/10; s. auch Bayreuther, NZA 17, 87.
180 BAG 2.6.22 – 8 AZR 191/21.
181 BAG 2.6.22 – 8 AZR 191/21
182 EuGH 9.3.17 – C-406/15 – [Milkova]; Köhlert, NZA 18, 113 (117); v. Roetteken, jurisPR-ArbR 16/17, Anm. 4; Schmitt, BB 17, 2293.
183 Köhlert, Überblick über die arbeitsrechtliche Rechtsprechung des EuGH im Jahre 2017, NZA 18, 113.

Für die Frage, ob eine relevante Benachteiligung vorliegt, ist **zu unterscheiden, aus welchem Grund eine Kündigung** tatsächlich **ausgesprochen wird**. Dabei reicht es aus, wenn in dem **Motivbündel**, das der Entscheidung des AG zugrunde liegt, die verbotene Anknüpfung an ein Merkmal des § 1 als eines von mehreren Kriterien enthalten ist.[184] Dies kann z. B. dann der Fall sein, wenn der AG ein Verhalten für die Kündigung zum Anlass nimmt, für das jüngere oder nicht behinderte AN lediglich abgemahnt werden. Eine Kündigung hauptsächlich aus dem Grund, dass sich eine AN in einem vorgerückten Stadium einer **künstlichen Befruchtung** befindet, stellt noch keine Benachteiligung wegen einer Schwangerschaft dar, enthält aber eine Benachteiligung wegen des Geschlechts.[185] Demgegenüber liegt keine geschlechtsbedingte Benachteiligung vor, wenn eine Entlassung auf Fehlzeiten gestützt wird, die zwar durch eine **schwangerschaftsbedingte Erkrankung** verursacht waren, aber unter den gleichen Voraussetzungen erfolgt wie bei Fehlzeiten eines Mannes wegen einer ebenso langen Arbeitsunfähigkeit. Die Zeiträume von Schwangerschaft und Mutterschutz müssen bei Berechnung der kündigungsrelevanten Fehlzeiten außer Betracht bleiben, und die Kündigung darf erst nach Ablauf der geschützten Zeiten erfolgen. Ist dies der Fall, erfolgt die Kündigung nicht wegen Schwangerschaft oder Mutterschaft, sondern **wegen der krankheitsbedingten Fehlzeiten.**[186] Insofern liegt kein Fall einer Benachteiligung nach § 3 Abs. 1 Satz 2 vor. 38

Die Abgrenzung, ob eine **Kündigung wegen Krankheit oder wegen Behinderung** erfolgt, ist nicht immer einfach. Nach der geltenden Definition für Behinderung (§ 1 Rn. 26 ff.) ist eine Behinderung ein Zustand, der durch eine ärztlich diagnostizierte heilbare oder unheilbare Krankheit verursacht wird, wenn diese Einschränkungen mit sich bringt, insbesondere durch physische, geistige oder psychische Beeinträchtigungen, die in Wechselwirkung mit verschiedenen Barrieren den Betroffenen an der vollen und wirksamen Teilhabe am Berufsleben – gleichberechtigt mit anderen AN – hindern können und die von langer Dauer sind.[187] Eine Behinderung entsteht also erst durch eine Wechselwirkung zwischen den in der Person liegenden Einschränkungen und verschiedenen sozialen Kontextfaktoren (Barrieren), durch die eine gesellschaftliche Teilhabe (auch am Berufsleben) beeinträchtigt sein kann.[188] Nicht in jeder mehr als sechsmonatigen Erkrankung 38a

184 LAG Niedersachsen 12.3.10 – 10 Sa 583/09 ; BVerfG 16.11.93 – 1 BvR 258/86; BAG 12.9.06 – 9 AZR 807/05; BAG 5.2.04 – 8 AZR 112/03.

185 EuGH 26.2.08 – C-506/06 – [Mayr/Flöckner OHG].

186 EuGH 30.6.98 – C-394/96.

187 EuGH 10.2.22 – C-485/20; EuGH 11.4.13 – C-335/11 und C-337/11 (Langzeiterkrankung (HIV) mit phys. oder psych. Einschränkung im Beruf).

188 BAG 19.12.13 – 6 AZR 190/12.

liegt daher schon eine Behinderung.[189] Deshalb ist eine Kündigung aufgrund hoher Fehlzeiten in der Regel noch keine hinreichende Indiztatsache für die Vermutung einer Benachteiligung wegen einer Behinderung.[190] Besteht die Möglichkeit, ein behindertes Belegschaftsmitglied bei behindertengerechter und dem AG auch zumutbarer Gestaltung der Arbeitsabläufe adäquat zu beschäftigen, liegt zudem keine Arbeitsunfähigkeit vor mit der Folge, dass der AG Beschäftigung und – ggf. unter dem Gesichtspunkt von Annahmeverzug – Vergütung schuldet. Maßgeblich für eine Prognose vor Ausspruch einer personenbedingten Kündigung ist dementsprechend der einzurichtende, mögliche und zumutbare Arbeitsplatz, nicht der bisherige[191] (s. auch § 1 Rn. 29 f.). In der Kündigung von Behinderten, die aufgrund ihres Leidens keine Nachtschicht leisten können, liegt eine ungerechtfertigte mittelbare Diskriminierung, wenn außerhalb des neuen Schichtsystems im Bereich der diskriminierungsfrei übertragbaren Arbeitsaufgaben keine Einschränkung der Leistungsfähigkeit besteht. Eine in diesem Zusammenhang ausgesprochene Kündigung verstößt zudem gegen den Verhältnismäßigkeitsgrundsatz, wenn es dem AG möglich ist, die Beschäftigte leidensgerecht einzusetzen.[192]

**38b** Unzureichende **Deutschkenntnisse** können eine ordentliche Kündigung rechtfertigen. Es stellt keine nach § 3 Abs. 2 AGG verbotene mittelbare Benachteiligung wegen der ethnischen Herkunft dar, wenn der AG aus Gründen der Qualitätssicherung die Kenntnis der deutschen Schriftsprache verlangt.[193] In einer Kündigung wegen erhöhter Anfälligkeit für Kurzerkrankungen kann auch eine mittelbare **Altersdiskriminierung** liegen, wenn die Fehlzeiten die aufgrund eines statistischen Vergleichs zu berücksichtigenden Zahlen der für die Altersgruppe durchschnittlichen Fehlzeiten nicht übersteigen.[194] Das Verbot der Altersdiskriminierung steht der grundsätzlichen Berücksichtigung des Lebensalters im Rahmen der **Sozialauswahl** und der Bildung von Altersgruppen nicht entgegen. Beruht das Zustandekommen einer Namensliste nach § 1 Abs. 5 KSchG auf einem Verstoß gegen Vorschriften des AGG, so kann dies zur groben Fehlerhaftigkeit der Sozialauswahl führen.[195] Die Nichtberücksichtigung von Beschäftigungszeiten vor dem 25. Lebensjahr für verlängerte **Kündigungsfristen** gem. § 622 Abs. 2

---

189 EuGH 11.7.06 – C-13/05 – [Chacón Navas]; s. zum Begriff der Behinderung § 1 Rn 26 ff.

190 BAG 22.10.09 – 8 AZR 642/08.

191 LAG Berlin-Brandenburg 5.6.14 – 26 Sa 427/14.

192 LAG Berlin-Brandenburg 4.12.08 – 26 Sa 343/08.

193 BAG 28.1.10 – 2 AZR 764/08.

194 LAG Baden-Württemberg 18.6.07 – 4 Sa 14/07.

195 BAG 6.11.08 – 2 AZR 701/07 – (Parallelverfahren: 2 AZR 523/07, 2 AZR 709/07, 2 AZR 749/07, 2 AZR 777/07, 2 AZR 748/07, 2 AZR 796/07, 2 AZR 945/07 und 2 AZR 980/07).

Satz 2 BGB verstößt gegen die EU-rechtlichen Diskriminierungsverbote und ist daher nicht anzuwenden.[196] Die Staffelung der Kündigungsfristen gem. § 622 Abs. 2 Satz 1 BGB bei längerer Betriebszugehörigkeit verletzt hingegen das Verbot der mittelbaren Altersdiskriminierung nicht.[197]

## 2. Benachteiligungsschutz bei Anfechtung des Arbeitsvertrages

Das Diskriminierungsverbot des § 7 spielt auch bei der **Anfechtung** eine Rolle. Der EuGH bezeichnet in seiner Rechtsprechung zur geschlechtsbezogenen Diskriminierung ausdrücklich eine **Anfechtung wegen Schwangerschaft** als **unmittelbare Benachteiligung**[198] (s. auch § 7 Rn. 29). Eine Anfechtung kann daher grundsätzlich nicht auf eine Schwangerschaft gestützt werden. Übertragen auf die anderen Merkmale des § 1 bedeutet dies, dass eine wegen eines Merkmals erklärte Anfechtung (§§ 123, 119 Abs. 2 BGB) regelmäßig unwirksam ist. Eine rechtswidrige Täuschung gem. § 123 BGB scheidet aus, weil Beschäftigte hinsichtlich des Vorliegens eines Merkmals des § 1 weder eine Offenbarungspflicht haben noch eine entsprechende Frage des AG wahrheitsgemäß beantworten müssen, wenn diese nicht durch arbeitsplatzbezogene Interessen ausnahmsweise gerechtfertigt ist. Eine verkehrswesentliche Eigenschaft gem. § 119 Abs. 2 BGB kann in einem der Merkmale des § 1 nur dann liegen, wenn die Eigenschaft gem. § 8 Abs. 1 wegen der Art der auszuübenden Tätigkeit eine wesentliche und entscheidende berufliche Anforderung darstellt. Insofern kann im »wahren« Geschlecht einer transsexuellen Person, die sich als Arzthelferin bewirbt, keine »verkehrswesentliche« Eigenschaft gesehen werden.[199] **39**

## 3. Benachteiligungsschutz bei Befristungen

Eine diskriminierende Benachteiligung bei grundsätzlich gem. § 14 TzBfG zulässigen **Befristungen** kommt insbesondere in den Fällen in Betracht, in denen ein besonderer Kündigungsschutz umgangen werden soll, also bei **Schwangerschaft** und **Schwerbehinderung**. Ein befristetes Arbeitsverhältnis endet mit Ablauf des vorgegebenen Zeitraums automatisch, ohne dass es einer Kündigung bedarf. Die Befristung eines Arbeitsverhältnisses ist unwirksam, wenn sie wegen eines Merkmals gem. § 1 erfolgt (z. B. Befristung wegen Befürchtung einer Schwangerschaft bei einer Frau im gebärfähigen Alter oder Einstellung Schwerbehinderter). Eine Vermutung hierfür besteht, wenn einer Vergleichsperson, die dieses Merkmal nicht trägt, ein **40**

196 EuGH 19.1.10 – C-555/07 – [Kücükdeveci].
197 BAG 18.9.14 – 6 AZR 636/13.
198 EuGH 27.2.03 – C-320/01 – [Busch].
199 A. A. wohl BAG 21.2.91 – 2 AZR 449/90.

unbefristeter Vertrag angeboten wird. In der Rechtsfolge der Unwirksamkeit der Befristung und dem daraus resultierenden Fortbestand des Arbeitsverhältnisses ist kein Wertungswiderspruch zu § 15 Abs. 6 zu sehen, wonach eine Diskriminierung nicht zur Verpflichtung des AG führt, ein Arbeitsverhältnis zu begründen, weil es wertungsmäßig einen Unterschied macht, ob ein AG verpflichtet ist, einen von ihm abgelehnten AN zu beschäftigen, oder ob er verpflichtet ist, einen AN, den er aus eigener Willensentscheidung auf einer bestimmten Position eingestellt hat, dort weiter zu beschäftigen.[200] Neben dem Fortbestand des Arbeitsverhältnisses besteht außerdem wegen der mit der Diskriminierung erlittenen Persönlichkeitsrechtsverletzung ein Anspruch auf Zahlung einer Entschädigung (§ 15 Abs. 2). Bestehen Anhaltspunkte dafür, dass die Befristung aus Gründen des § 1 erfolgt ist oder das befristete Arbeitsverhältnis oder Vertragsverhältnis mit selbständig tätigen Mitarbeiter:innen deswegen nicht verlängert wird,[201] liegt hierin ebenfalls eine Diskriminierung, die zum einem Anspruch auf Entschädigung und bei einem Arbeitsvertrag zu dessen Fortführung führen kann. In diesen Fällen kommt den betroffenen Beschäftigten in gerichtlichen Auseinandersetzungen über die Wirksamkeit der Befristung zudem die Beweiserleichterung des § 22 zugute.

41 Die in § 14 Abs. 3 Satz 4 TzBfG a. F. geregelte sachgrundlose Befristung eines Arbeitsverhältnisses ab dem 52. Lebensjahr verstieß gegen das Verbot der Diskriminierung wegen des **Alters** und war deswegen unwirksam.[202] Die Vereinbarkeit von § 14 Abs. 3 Satz 1 TzBfG in der bis zum 30. April 2007 geltenden Fassung (sachgrundlose Befristung eines Arbeitsverhältnisses ab dem 58. Lebensjahr) mit dem Diskriminierungsschutz hat die Rechtsprechung offengelassen.[203] Fraglich ist die Zulässigkeit der aktuellen Fassung des Gesetzes, die nunmehr in Satz 1 neben der Altersgrenze von 52 Jahren eine viermonatige Beschäftigungslosigkeit voraussetzt und in Satz 2 auch die mehrfache befristete Verlängerung des Arbeitsvertrages bis zur Höchstgrenze von 5 Jahren zulässt. BAG und EuGH sehen in der Verbesserung der Beschäftigungschancen älterer Arbeitsuchender grundsätzlich ein legitimes

200 LAG Berlin-Brandenburg 23.4.21 – 12 Sa 1421/20 mit Bezugnahme auf BAG 6.4.11 – 7 AZR 524/09, Rn 34.

201 EuGH 12.1.23 – C-356/21: Diskriminierung wegen sexueller Orientierung – Verweigerter Vertragsschluss: Verweigerung des geplanten Einsatzes und des Abschlusses eines Anschlussvertrages bei einem selbständig tätigen Mitarbeiter einer Rundfunkanstalt, nachdem dieser mit seinem Lebensgefährten auf ihrem YouTube-Kanal ein Weihnachtsmusikvideo gepostet hatte, das für Toleranz gegenüber gleichgeschlechtlichen Paaren wirbt; ArbG Mainz 2.9.08 – 3 Ca 1133/08 im Fall einer Schwangerschaft.

202 EuGH 22.11.05 – C-144/04 – [Mangold/Helm].

203 EuGH 10.3.11 – C-109/09 – [Deutsche Lufthansa]; BAG 19.10.11 – 7 AZR 253/07.

Ziel.[204] Das BAG hat entschieden, dass die Regelung bei ihrer erstmaligen Anwendung zwischen denselben Arbeitsvertragsparteien verhältnismäßig und mit Unionsrechts und Verfassungsrecht vereinbar ist, weil sie nicht mehr ausschließlich auf das Alter abstellt und auch die unbegrenzte Aneinanderreihung sachgrundlos befristeter Arbeitsverträge unterbindet. Gleichzeitig hat das BAG aber Bedenken hinsichtlich der Verhältnismäßigkeit der Regelung geäußert für Fälle, in denen es nach der vorgeschriebenen Mindestarbeitslosigkeit zu einer erneuten Befristung kommt. Diesbezüglich hat das BAG seine Entscheidung offengelassen, aber darauf hingewiesen, dass § 14 Abs. 3 Satz 1 und 2 TzBfG ggf. einschränkend unionsrechtskonform auszulegen ist bzw., sofern eine solche Auslegung wegen eines etwa entgegenstehenden ausdrücklichen Willens des deutschen Gesetzgebers nicht als möglich erachtet werden sollte, teilweise unanwendbar sein könnte.[205]

In diesem Zusammenhang stellt sich auch die Frage nach der Gültigkeit **41a** von **Höchstaltersgrenzen**, die sich für Beschäftigte in vielen Tarifverträgen und Individualarbeitsverträgen finden. Eine in Tarifverträgen enthaltene Klausel über die Zwangsversetzung in den Ruhestand oder eine Befristung auf den Zeitpunkt, in dem Beschäftigte die im nationalen Recht festgesetzte Altersgrenze für den Anspruch auf Bezug einer beitragsbezogenen Altersrente erfüllen, werden von der Rechtsprechung regelmäßig anerkannt, weil sie dem legitimen Ziel dienen, im Rahmen der nationalen Beschäftigungspolitik jüngeren Beschäftigten Chancen auf dem Arbeitsmarkt zu eröffnen, wenn die Mittel hierfür angemessen und erforderlich sind.[206] Die Regelaltersgrenze wurde gem. § 35 SGB VI auf die Vollendung des 67. Lebensjahres angehoben. Für schwerbehinderte Menschen gilt gem. § 37 SGB VI die Vollendung des 65. Lebensjahres. Das BAG geht dementsprechend auch von einem sachlichen Grund (§ 14 Abs. 1 Satz 1 TzBfG) bei einer Befristung auf den Zeitpunkt des Erreichens der Regelaltersgrenze aus, ohne die konkret ausgeübte Tätigkeit oder die konkrete wirtschaftliche Absicherung der betroffenen Beschäftigten zu beachten.[207] Dies erscheint im Einzelfall im Hinblick auf die gestiegene Leistungsfähigkeit im Alter und die gerade bei

---

204 BAG 28.5.14 – 7 AZR 360/12; EuGH 22.11.05 – C-144/04 – [Mangold/Helm].

205 BAG 28.5.14 – 7 AZR 360/12, Rn. 36; klar gegen die Zulässigkeit ArbG Köln 1.12.17 – 9 Ca 4675/17; zu Zweifeln an der Geeignetheit, das Ziel zu erreichen s. Kohte, Gutachten zur Frage der Rechtmäßigkeit einer erneuten Änderung des § 14 Abs. 3 TzBfG im Entwurf eines Gesetzes zur Verbesserung der Beschäftigungschancen älterer Menschen (BT-Drs. 16/37 S. 93), Bericht 2006 der Bundesregierung zur Wirksamkeit moderner Dienstleistungen am Arbeitsmarkt, BT-Drs. 16/3982 S. 152; Perreng, AiB 2007, 386.

206 EuGH 12.10.10 – C-45/09 8 – [Rosenbladt]; EuGH 16.10.07 – C-411/05 –[Palacios de la Villa].

207 BAG 18.6.08 – 7 AZR 116/07; BAG 5.3.13 – 1 AZR 417/12: Geltung auch für die Regelung von Altersgrenzen in Betriebsvereinbarungen.

Frauen mit durchbrochener Erwerbsbiographie häufig nicht gewährleistete Absicherung durch eine Altersrente problematisch.[208] Bei einer Altersgrenze, die ein Ausscheiden aus dem Beschäftigungsverhältnis vor Erreichen des Regelrentenalters vorsieht, sind sowohl an eine Rechtfertigung gem. § 10 wie auch an das Vorliegen eines sachlichen Grundes (§ 14 Abs. 1 Satz 1 TzBfG) schon deshalb erhöhte Anforderungen zu setzen, weil in diesen Fällen regelmäßig keine ausreichende Absicherung durch einen Rentenanspruch besteht.[209] Eine tarifvertragliche Bestimmung, die eine Versetzung in den Ruhestand für weibliche Chormitglieder mit Vollendung des 60. Lebensjahres und für männliche Chormitglieder mit Vollendung des 63. Lebensjahres vorsieht, ist wegen der altersdiskriminierenden Wirkung unwirksam[210] (zur Rechtfertigung von Altersgrenzen s. § 10 Rn. 25 f.; zur Rechtsprechungsübersicht s. § 1 Rn. 35).

42 Ist die Befristung unwirksam, gilt gem. § 16 TzBfG der Arbeitsvertrag als unbefristeter Vertrag weiter. Gleiches gilt, wenn die Nichtverlängerung eines befristeten Arbeitsverhältnisses diskriminierenden Charakter hat.[211] Die Unwirksamkeit einer Befristung muss gem. § 17 TzBfG innerhalb von 3 Wochen nach dem vereinbarten Ende des Arbeitsvertrages gerichtlich geltend gemacht werden.

### 4. Rechtsfolgen einer Benachteiligung bei der Beendigung eines Arbeitsverhältnisses

43 In Abschnitt 2 sind die **Rechtsfolgen** auch für den Fall einer Benachteiligung bei der Beendigung des Beschäftigungsverhältnisses geregelt. Beschäftigte können neben der **Unwirksamkeit einer diskriminierenden Beendigung** ihres Beschäftigungsverhältnisses deshalb außerdem gem. § 15 Abs. 1 und 2 **Schadensersatz und Entschädigung** fordern und zwar unabhängig davon, ob das Arbeitsverhältnis oder sonstige Beschäftigungsverhältnis tatsächlich fortgesetzt wird oder nicht.[212] Auch bei diskriminierenden Kündigungen ist unbeschadet von Abs. 4 ein Anspruch auf Entschädigung nach § 15 Abs. 2 grundsätzlich möglich. Die merkmalsbezogene Belastung in Zusammenhang mit dem Ausspruch einer Kündigung führt jedenfalls dann zu einem

208 Dickerhof-Borello, ArbuR 09, 251.

209 BAG 18.1.12 – 7 AZR 112/08 hat die Altersgrenze von 60 Jahren für Piloten nach dem Lufthansa TV nach einer entsprechend entschiedenen Vorlageentscheidung des EuGH als unwirksam angesehen, da sie ohne sachliche Rechtfertigung deutlich unter der sonst in Europa üblichen Altersgrenze von 63 liegt.

210 ArbG München 16.6.10 – 38 Ca 1892/10.

211 EuGH 4.10.01 – C-438/99 – [Melgar] zur Nichtverlängerung wegen Schwangerschaft.

212 BAG 12.12.13 – 8 AZR 838/12.

Entschädigungsanspruch, wenn sie über das Normalmaß hinausgeht.[213] Eine eventuelle Fortsetzung des Beschäftigungsverhältnisses kann sich ggf. auf die Höhe eines Schadens und auch die angemessene Höhe einer Entschädigung auswirken (s. Rn. 14ff. u. Rn. 21ff. zu § 15). Zusätzlich zu einem etwaigen Anspruch auf Entschädigung besteht nach der Rechtsprechung des BAG bei einer benachteiligenden und damit i.R. der Anwendbarkeit des KSchG auch sozialwidrigen Kündigung[214] die Möglichkeit eines Antrages gem. §§ 9, 10 KSchG auf Auflösung des Arbeitsverhältnisses gegen Zahlung einer Abfindung. Das Verhältnis von Abfindungszahlung und der Höhe einer ggf. zusätzlich festzusetzenden Entschädigung ist in der Rechtsprechung noch nicht geklärt. Während die Entschädigung ein Ausgleich für die mit einer Benachteiligung regelmäßig einhergehende Persönlichkeitsrechtsverletzung ist, erfolgt die Zahlung einer **Abfindung** als Ausgleich für die mit einer Beendigung des Arbeitsverhältnisses verbundenen Nachteile. Aus diesem Grunde bestehen beide Ansprüche unabhängig voneinander. Die Forderungen gem. § 15 Abs. 1 und 2 treten außerdem neben die in der Praxis verbreitete Form der vergleichsweisen Einigung über die Beendigung eines Beschäftigungsverhältnisses gegen Zahlung einer Abfindung. Zu den Möglichkeiten der Vereinbarung einer (steuerfreien) Entschädigung statt oder neben der Vereinbarung einer Abfindung und zu den steuerrechtlichen und sozialversicherungsrechtlichen Folgen s. Rn. 3 zu § 15.

## VI. Nachwirkende Folgen eines beendeten Beschäftigungsverhältnisses

Von Abs. 1 Nr. 2 werden schließlich nach der Gesetzesbegründung auch Benachteiligungen bei den **nachwirkenden Folgen eines beendeten Beschäftigungsverhältnisses** miterfasst.[215] Hierunter fallen regelmäßig Ansprüche auf Zeugniserteilung (§ 109 Abs. 1 GewO), Ausstellung und Herausgabe der Arbeitspapiere und noch offene Ansprüche auf Zahlung von Vergütung, aber auch Ansprüche auf betriebliche Altersversorgung (s. Rn. 52f.). 44

## VII. Berufsberatung und Berufsbildung

**Abs. 1 Nr. 3** schützt den Zugang zu allen Formen und Ebenen der **Berufsberatung und Berufsbildung**. Hiermit ist zum einen die Begründung von privatrechtlichen Ausbildungsverhältnissen gemeint, aber auch der Zugang zu betrieblich angebotener Fortbildung und Umschulung, wie die Möglichkeit, diskriminierungsfrei praktische Berufserfahrung zu gewinnen. Der Be- 45

213 BAG 12.12.13 – 8 AZR 838/12.
214 BAG 22.10.09 – 8 AZR 642/08.
215 BT-Drs. 16/1780 S. 31.

griff der Berufsbildung ist in der systematischen Gesamtschau der anderen Merkmale des § 2 Abs. 1 Nr. 3 sehr weit zu verstehen und erfasst sämtliche Formen der betrieblichen Aus- und Weiterbildung. Auf das Erlangen einer höheren Qualifikation oder Ähnliches kommt es für den sachlichen Anwendungsbereich nicht an.[216] Dem persönlichen Anwendungsbereich gem. § 6 Abs. 1 Satz 1 Nr. 2 unterfallen auch **Praktikant:innen**, die i. S. v. § 26 BBiG eingestellt werden, um berufliche Fertigkeiten, Kenntnisse, Fähigkeiten oder Erfahrungen zu erwerben.[217] Wenn hierdurch bestehende Nachteile verhindert oder ausgeglichen werden sollen, darf ein AG eine Fortbildungsveranstaltung ausschließlich für berufstätige Mütter und nicht auch für berufstätige Väter anbieten, solange für die ausgeschlossene Gruppe eine gleichwertige Veranstaltung angeboten wird.[218] Maßnahmen der betrieblichen Berufsbildung des AG unterliegen der **Mitbestimmung des Betriebsrats** nach §§ 96 ff., 92 Abs. 1 und 92a Abs. 1 BetrVG. Daneben wird der Schutz vor Benachteiligung auf die Angebote der öffentlichen Hand, wie den Zugang zu Berufsschulen etc. ausgedehnt. Allerdings ist nur die Benachteiligung im arbeitsrechtlichen Bereich mit Sanktionen gem. dem 2. Abschnitt verbunden (s. zum Begriff der Berufsbildung Rn. 7 zu § 6).

## VIII. Mitgliedschaft und Mitwirkung in berufsbezogenen Vereinigungen

46 **Abs. 1 Nr. 4** erstreckt den Schutz vor Diskriminierung für Beschäftigte und AG sowohl auf das Innenverhältnis der Koalitionen des Art. 9 Abs. 3 GG als auch allgemein auf die **Mitgliedschaft und Mitwirkung in berufsbezogenen Vereinigungen**. Ausdrückliches Ziel der EU-Richtlinien und des AGG ist es, umfassend der Benachteiligung in Beschäftigung und Beruf entgegenwirken. Um dieses Ziel zu erreichen, kommt der Möglichkeit der ungehinderten Mitwirkung in entsprechenden Berufsverbänden und ähnlichen Vereinigungen erhebliche Bedeutung zu (s. hierzu die Kommentierung zu § 18).

## IX. Sozialschutz, soziale Vergünstigungen und Bildung

47 **Nr. 5, 6 und 7** setzten die Antirassismus-Richtlinie 2000/43/EG um, die im Gegensatz zu der Richtlinie 2000/78/EG (Rahmenrichtlinie Beschäftigung) und der geänderten Gender-Richtlinie 76/207/EWG nicht nur für Beschäftigung und Beruf gilt, sondern auch für den Sozialschutz, die sozialen Vergünstigungen und die Bildung. Überwiegend geht es hierbei um **öffentlich-**

216 ArbG Köln 31. 5. 07 – 22 Ca 8421/06.
217 BAG 23. 11. 23 – 8 AZR 212/22.
218 VG Saarland 4. 4. 17 – 2 L 236/17.

**rechtliche Regelungen**, da es sich beim Sozialschutz sowie den sozialen Vergünstigungen und der Bildung überwiegend um staatliche Leistungen handelt. Hierunter fallen sowohl der Zugang zu Kranken- und Pflegeversicherung als auch der Anspruch auf Inanspruchnahme von Rettungsdiensten oder Büchereien. Werden entsprechende **Leistungen auf privatrechtlicher Grundlage** erbracht,[219] findet das **zivilrechtliche Benachteiligungsverbot** aus Gründen der Rasse oder wegen der ethnischen Herkunft gem. § 19 Abs. 2 Anwendung. Dessen Verletzung löst Ansprüche des Benachteiligten gem. § 21 auf Beseitigung der Beeinträchtigung, Unterlassung und Schadensersatz aus. Der private Bereich der Berufsbildung fällt nicht unter Nr. 7, sondern ist bereits von Nr. 3 erfasst. Der gesamte **öffentliche Bereich der Nr. 5–7** ist den verwaltungsrechtlichen Grundsätzen unterworfen und unterliegt gem. § 2 Abs. 3 auch weiterhin unmittelbar dem Art. 3 GG. Sanktionen sind für Verstöße außerhalb zivilrechtlicher Schuldverhältnisse im AGG nicht normiert. Die Aufnahme von »Bildung« in den Anwendungsbereich erfolgt für alle Merkmale und erstreckt den Schutzbereich auch auf den Zugang zu Forschung und Studium.[220]

## X. Freier Waren- und Dienstleistungsverkehr

**Abs. 1 Nr. 8** betrifft im Wesentlichen **privatrechtliche Schuldverhältnisse** und setzt die Antirassismus-Richtlinie 2000/43/EG sowie die Richtlinie 2004/113/EG (Gleichbehandlungsrichtlinie wegen des Geschlechts außerhalb der Arbeitswelt) in nationales Recht um. Der Wortlaut entspricht Art. 3 Abs. 1 h) der Antirassismus-Richtlinie 2000/43/EG sowie dem Sprachgebrauch des EG-Vertrags und den dort garantierten Freiheiten, insbesondere dem freien Waren- und Dienstleistungsverkehr (Art. 23 ff., 49 ff. EG-Vertrag). Mit dem Begriff der Dienstleistungen sind also nicht nur Dienst-, und Werkverträge (§§ 611, 631 BGB) gemeint, sondern auch Geschäftsbesorgungsverträge, Mietverträge und Finanzdienstleistungen (wie Kredit- und Versicherungsverträge, Leasingverträge etc.).[221] **48**

Abweichend hiervon formuliert die Richtlinie 2004/113/EG (Gleichbehandlungsrichtlinie wegen des Geschlechts außerhalb der Arbeitswelt) in Art. 3. Abs. 1, dass der Geltungsbereich sich auf alle Personen bezieht, die **Güter und Dienstleistungen** bereitstellen, **die der Öffentlichkeit ohne Ansehen der Person zur Verfügung stehen** und die außerhalb des Bereichs des Privat- und Familienlebens und der in diesem Kontext stattfindenden **49**

---

219 Die Begründung zum Gesetzentwurf nennt als Beispiele einen privaten Arztvertrag oder Bildungsleistungen privater Anbieter, s. BT-Drs. 16/1780 S. 32.

220 EuGH 15.11.18 – C-457/17 zum sachlichen Anwendungsbereich der Antirassismus-RL 2000/43/EG.

221 S. hierzu die Gesetzesbegründung BT-Drs. 16/1780 S. 32.

Transaktionen angeboten werden. Diese Einschränkungen meint der Gesetzgeber in § 19 Abs. 1 Nr. 1, Abs. 3, 4 und 5 übernommen zu haben, geht aber tatsächlich weit darüber hinaus (s. Rn. 2 ff. zu § 19).

50 Güter und Dienstleistungen stehen dann **der Öffentlichkeit zur Verfügung**, wenn das **öffentliche Angebot** des Schuldners eine Aufforderung an mögliche Interessenten enthält, ihrerseits einen bindenden Antrag abzugeben (invitatio ad offerendum), oder in denen der Anbietende sich selbst bereits nach § 145 BGB bindet und dieser öffentlich erklärte Antrag nur noch der Annahme bedarf. Gemeint sind vor allem Anzeigen in Tageszeitungen, Schaufensterauslagen, Veröffentlichungen im Internet, das Angebot von Kaufhäusern etc. Relevant ist nicht, wie groß die angesprochene Öffentlichkeit ist, sondern nur, dass die Erklärung über die Privatsphäre des Anbietenden hinausgelangt.[222] Sanktionen sind in § 21 für Verstöße gegen das zivilrechtliche Benachteiligungsverbot des § 19 Abs. 1–5 geregelt. Außerhalb von Massengeschäften gem. § 19 Abs. 1 Nr. 1 oder privatrechtlichen Versicherungsverträgen löst nur eine nicht gerechtfertigte Benachteiligung wegen der Rasse oder ethnischen Herkunft Sanktionen aus.

## XI. Sozialleistungen

51 Die Regelung in **Abs. 2 Satz 1** trägt den Anforderungen der Richtlinien 2000/43/EG (Antirassismus-Richtlinie), 2000/78/EG (Rahmenrichtlinie Beschäftigung) und 2002/73/EG (Änderung der Gender-Richtlinie) für den Bereich des **Sozialschutzes** Rechnung. Soweit es um Leistungen nach dem Sozialgesetzbuch geht, gelten ausschließlich die Regelungen in § 33c SGB I und § 19a SGB IV. Nach § 33c SGB I darf niemand bei der Inanspruchnahme sozialer Rechte aus Gründen der Rasse, wegen der ethnischen Herkunft oder einer Behinderung benachteiligt werden. Unter die **sozialen Rechte** fallen die in den Büchern des Sozialgesetzbuches vorgesehenen Dienst-, Sach- und Geldleistungen (§ 11 SGB I), insbesondere auch die Aufklärung, Auskunft und Beratung im Sinne des Sozialgesetzbuches (§§ 13 bis 15 SGB I). Aus § 33c SGB I entstehen keine neuen sozialen Rechte. Es geht allein um die in den einzelnen Büchern des Sozialgesetzbuches bereits normierten Rechte. § 19a SGB IV setzt das Benachteiligungsverbot für den Bereich der **Berufsberatung** um.

## XII. Betriebliche Altersversorgung

52 **Nach Abs. 2 Satz 2** gilt für die **betriebliche Altersversorgung** das Betriebsrentengesetz. Die Regelung soll nach dem Willen des Gesetzgebers klarstellen, dass für die betriebliche Altersversorgung ausschließlich die auf

222 BT-Drs. 16/1780 S. 32.

der Grundlage des Betriebsrentengesetzes geregelten Benachteiligungsverbote gelten,[223] enthält aber keine »Bereichsausnahme« für die betriebliche Altersversorgung, sondern hat lediglich Hinweischarakter. Abs. 2 Satz 2 wird dadurch nicht gegenstandslos. Vielmehr behält diese Bestimmung als Kollisionsregel Bedeutung. Während § 32 vorsieht, dass die allgemeinen Bestimmungen nur gelten, soweit im AGG nichts Abweichendes bestimmt ist, gilt dieser Vorrang des AGG bezogen auf das Betriebsrentengesetz nicht. Wenn und soweit das BetrAVG Aussagen hinsichtlich bestimmter Unterscheidungen enthält, die einen Bezug zu den in § 1 erwähnten Merkmalen haben, hat das AGG gegenüber diesen älteren Bestimmungen keinen Vorrang. Vielmehr bleibt es bei den Regelungen im Betriebsrentengesetz. Das gilt z. B. hinsichtlich der an das Merkmal »Alter« anknüpfenden Vorschriften zur gesetzlichen Unverfallbarkeit (§ 1b BetrAVG) und im Hinblick darauf, dass das Betriebsrentengesetz eine feste Altersgrenze voraussetzt (§ 2 Abs. 1 BetrAVG).[224] Weitere Regelungen zum Verbot der Benachteiligung wegen eines der Merkmale aus § 1 oder zu Rechtsfolgen von Ungleichbehandlungen enthält das BetrAVG nicht. Dagegen ist im AGG in § 10 Satz 3 Nr. 4 eine Regelung enthalten, wonach Ungleichbehandlungen wegen des Alters im Rahmen der betrieblichen Altersversorgung gerechtfertigt sein können. Vor allem aber fällt nach Art. 3 Abs. 1c der Richtlinie 2000/78/EG (Rahmenrichtlinie Beschäftigung) der Anspruch auf betriebliche Altersversorgung wegen ihres Entgeltcharakters unter ihren Anwendungsbereich.[225] Soweit Regelungen in Versorgungsordnungen benachteiligenden Charakter haben können und das BetrAVG hierzu keine Lösung bietet (was praktisch immer der Fall sein wird), erfolgt eine Prüfung nach dem AGG. In Betracht kommt eine Kollision einzelner Bestimmungen vor allem mit dem Verbot der Benachteiligung wegen des Geschlechts (z. B. als mittelbare Benachteiligung bei Wartezeitregelungen und Teilzeit[226]), wegen des Alters (in Bezug auf Unverfallbarkeit, Höchstalter für den Zugang, Wartezeiten, Spätehenklausel oder Kürzung der Witwenrente bei großem Altersunterschied) und der sexuellen Identität (in Bezug auf Regelungen zur Hinterbliebenenversorgung). Zur möglichen Rechtfertigung solcher Regelungen s. unter Rn. 3 ff. zu § 8 und Rn. 22 zu § 10. **Spätehenklauseln** in Versorgungsordnungen stellen allerdings eine unmittelbare Altersdiskriminierung dar, die nur dann gem. § 10 Satz 3 Nr. 4 i. V. m. § 10 Satz 2 gerechtfertigt sein kann, wenn der Ausschluss der Hinterbliebenenversorgung an ein betriebsrentenrechtliches Strukturprinzip anknüpft (z. B. Erreichen der festen Altersgrenze, Eintritt

---

223 BT-Drs. 16/1780 S. 32.

224 BAG 11.12.07 – 3 AZR 249/06.

225 Steinmeyer, ZfA 07, 28.

226 BAG 19.4.16 – 3 AZR 526/14: pro rata temporis Grundsatz gem. § 4 Abs. 1 Satz 2 TzBfG.

eines Versorgungsfalls oder das Ende des Arbeitsverhältnisses) und nicht lediglich an das Lebensalter des versorgungsberechtigten AN.[227]

53 Dass grundsätzlich Regelungen zur betrieblichen Altersversorgung den Benachteiligungsverboten der EU-Richtlinien entsprechen müssen, ist im Übrigen Gegenstand zahlreicher Entscheidungen. So folgt aus dem Verbot der Benachteiligung wegen des Geschlechts die Unzulässigkeit einer **vorgezogenen Altersgrenze für Frauen.**[228] Die Rechtsprechung hatte mit Rücksicht auf die erheblichen Kosten für die AG die **Rückwirkung auf den 17. 5. 1990 beschränkt**. Die Rentenhöhe konnte bis zum Stichtag noch auf der Basis der zuvor unterschiedlichen Altersgrenzen berechnet werden, während die vereinheitlichte Altersgrenze erst für spätere Dienstzeiten die maßgebliche Berechnungsgrundlage darstellt.

54 Der **Zugang zu Versorgungssystemen** muss beiden Geschlechtern gleichermaßen offenstehen und darf grundsätzlich an Teilzeittätigkeit keine Nachteile knüpfen.[229] Insoweit gilt kein Rückwirkungsverbot, sodass der un-

---

227 **Unzulässig**: BAG 4.8.15 – 3 AZR 137/13: Berücksichtigung einer Ehe nur dann, wenn diese vor Vollendung des 60. Lebensjahres des AN geschlossen wurde; BAG 19.2.19 – 3 AZR 215/18, Rn. 42 ff: Ausschluss bei Eheschließung nach Vollendung 62. Lebensjahr; BAG 19.2.19 – 3 AZR 198/18: Ausschluss bei Eheschließung nach Vollendung 63. Lebensjahr; **zulässig**: BAG 14.11.17 – 3 AZR 781/16, Rn. 30 f.: Regelung, die einen Ausschluss der Leistung bei Verheiratung nach dem 65. Lebensjahr vorsieht; BAG 15.10.13 – 3 AZR 294/11, Rn. 26 ff.: Beschränkung eines Anspruchs auf eine Witwen-/Witwerversorgung auf den Fall, dass die Ehe vor Eintritt des Versorgungsfalles beim versorgungsberechtigten AN geschlossen wurde; die gleichen Prinzipien müssen für eine eingetragene Lebenspartnerschaft gelten (BVerfG 7.7.09 – 1 BvR 1164/07, Hinterbliebenenversorgung; BAG 14.1.09 – 3 AZR 20/07: Gleichstellung von eingetragenen Lebenspartnern mit Ehegatten in der betrieblichen Altersversorgung hinsichtlich der Hinterbliebenenversorgung, soweit am 1.1.2005 zwischen dem Versorgungsberechtigten und dem Versorgungsschuldner noch ein Rechtsverhältnis bestand): auch hier ist ein Ausschluss allein wegen des Alters im Zeitpunkt der Eintragung unzulässig, wenn keine Anknüpfung an ein betriebsrentenrechtliches Strukturprinzip vorliegt; EuGH 24.11.16 – C-443/15 – [Parris]: weder Benachteiligung wegen der sexuellen Ausrichtung noch wegen des Alters, wenn Voraussetzung für den Anspruch ist, dass eine eingetragene Lebenspartnerschaft geschlossen wurde, bevor das Mitglied das 60. Lebensjahr vollendet hat, obwohl es dem Mitglied nach nationalem Recht nicht möglich war, vor Erreichen dieser Altersgrenze eine eingetragene Lebenspartnerschaft zu schließen.

228 EuGH 17.5.90 – C-262/88 – [Barber], sowie nachfolgend EuGH 14.12.93 – C-110/91; EuGH 28.9.94 – C-408/92 – [Smith]; EuGH 28.9.94 – C-200/91; BAG 3.6.97 – 3 AZR 910/95.

229 EuGH 13.5.86 – C-170/84.

zulässig ausgeschlossene Personenkreis die gleichen Ansprüche hat wie die von der Regelung begünstigten Personen.[230]

Die bisherige Rechtsprechung hat eine **unzulässige unmittelbare Benachteiligung** im Zusammenhang mit der betrieblichen Altersversorgung außerdem bei **unterschiedlichem Zugangsalter für Männer und Frauen** bejaht[231] sowie bei einer Witwenversorgung nur für weibliche Hinterbliebene.[232] Unterschiedliche Beitragsleistungen, die wegen geschlechtsspezifisch verschiedener Berechnungsfaktoren eine gleich hohe Versorgung gewährleisten, werden für zulässig erachtet.[233] Allerdings sieht Art. 5 der Richtlinie 2004/113/EG die Verpflichtung der Mitgliedstaaten vor, ab 21.12.07 bei der Berechnung von Prämien und Leistungen das Geschlecht unberücksichtigt zu lassen. Bis dahin konnten aufgrund versicherungsmathematischer Daten und entsprechender Risikobewertungen unterschiedliche Tarife gelten, wobei jedoch über die Grundlagen dafür die Kommission zu unterrichten war. Längerfristig ist es Ziel der Richtlinie, eine Angleichung von Prämien und Leistungen (sog. Unisextarife) auch im Bereich der betrieblichen Altersversorgung herbeizuführen. 55

## XIII. Andere Benachteiligungsverbote oder Gleichbehandlungsgebote

**Abs. 3 Satz 1** stellt klar, dass das AGG keine vollständige und abschließende Regelung des Diskriminierungsschutzes beinhaltet. Daher bleiben Benachteiligungsverbote oder Gleichbehandlungsgebote, die auf anderen Rechtsvorschriften beruhen, unberührt (z.B. Art. 3 GG und der arbeitsrechtliche Gleichbehandlungsgrundsatz, § 3 EntgTranspG, § 4 TzBfG, § 164 Abs. 2 SGB IX, § 75 BetrVG und § 612a BGB). Besondere Bedeutung hat im Hinblick auf Abschnitt 2 der **allgemeine arbeitsrechtliche Gleichbehandlungsgrundsatz**, der neben dem AGG anwendbar ist. Nur eine Benachteiligung wegen eines in § 1 genannten Merkmals im Anwendungsbereich des § 2 bedarf einer spezifischen Rechtfertigung gem. §§ 8ff. Für Ungleichbehandlungen, die nicht vom Anwendungsbereich des AGG erfasst werden, bleibt es bei den von der Rechtsprechung zum allgemeinen arbeitsrechtlichen Gleichbehandlungsgrundsatz entwickelten Grundsätzen (§ 7 Rn. 1).[234] Auch das Unionsrecht enthält weitere Diskriminierungsverbote: Neben den im 56

230 BAG 20.11.90 – 3 AZR 613/89 zum Ausschluss von Teilzeitbeschäftigten aus der betrieblichen Altersversorgung, bestätigt von BVerfG 28.9.92 – 1 BvR 496/87; BAG 7.3.95 – 3 AZR 282/94 bestätigt von BVerfG 19.5.99 – 1 BvR 263/98.

231 BAG 31.8.78 – 3 AZR 313/77; BAG 18.3.97 – 3 AZR 759/95.

232 BAG 5.9.89 – 3 AZR 575/88.

233 EuGH 22.12.93 – C-152/92 – DB 94, 484.

234 Weiterführend Küttner-Kania, Nr. 198, Gleichbehandlung, Rn. 4ff.

deutschen Recht entwickelten arbeitsrechtlichen Gleichbehandlungsgrundsatz tritt der hiermit nicht deckungsgleiche **allgemeine gemeinschaftsrechtliche Gleichheitssatz**, den der EuGH in Bezug auf das Alter definiert hat.[235] Unmittelbar anwendbar sind auch die **europäischen Grundrechte** in Art. 20 ff. GRC und das **Verbot der Entgeltdiskriminierung** gem. Art. 157 AEUV. Diese sind gegenüber nationalen Gesetzen ohnehin vorrangig, sodass die Regelung in Abs. 3 insbesondere eine Klarstellung für das Verhältnis des AGG zu anderen nationalen Benachteiligungsverboten enthält. Innerhalb des Anwendungsbereiches des AGG sind die Grundsätze zur europarechtskonformen Auslegung der Vorschriften heranzuziehen (s. hierzu Rn. 59).[236]

57 **Abs. 3 Satz 2** macht deutlich, dass nicht nur privatrechtliche Normen fortgelten, sondern auch **öffentlich-rechtliche Schutzvorschriften** für bestimmte Personengruppen, wie z. B. die Mutterschutzvorschriften oder die Schutzbestimmungen für Schwerbehinderte im SGB IX (Jugendschutz, Altersteilzeit, Sozialauswahl). Dem speziellen **Benachteiligungsverbot des Art. 9 Abs. 3 GG** zum Schutze der Koalitionsfreiheit kommt kraft der ausdrücklichen Regelung unmittelbare Verbindlichkeit für den Privatrechtsverkehr zu.

## XIV. Verhältnis des AGG zum Kündigungsschutz

58 **Abs. 4** soll nach der Gesetzesbegründung klarstellen, dass die Vorschriften des Kündigungsschutzgesetzes unberührt bleiben, und der Praxis verdeutlichen, dass Rechtsstreitigkeiten bei **Kündigungen** auch in Zukunft **ausschließlich nach dem allgemeinen und besonderen Kündigungsschutz zu entscheiden** sein werden.[237] Dies bedeutet jedoch keine Ausnahme der Kündigungen vom Diskriminierungsschutz. Die Antidiskriminierungsrichtlinien, namentlich die Richtlinie 2000/78/EG des Rates vom 27. November 2000 zur Festlegung eines allgemeinen Rahmens für die Verwirklichung der Gleichbehandlung in Beschäftigung und Beruf (RL 2000/78/EG), gebieten auch einen Schutz vor diskriminierenden Kündigungen.[238]

59 Die Unwirksamkeit einer diskriminierenden Kündigung beurteilt sich gem. Abs. 4 grundsätzlich nach den Schutzbestimmungen des allgemeinen und besonderen Kündigungsschutzes, soweit diese anzuwenden sind.[239] Im Rahmen der Anwendbarkeit des KSchG sind die Diskriminierungsverbote des

---

235 EuGH 22. 11. 05 – C-144/04 – [Mangold/Helm].
236 EuGH 10. 4. 84 – C-14/83; BAG 2. 4. 96 – 1 ABR 47/95.
237 Antrag der Bundestagsfraktionen der CDU/CSU und SPD vom 27. 6. 06 Ausschussdrucksache 16[11]337 S. 2.
238 EuGH 11. 7. 06 – C-13/05 – [Chacon Navas].
239 BAG 12. 12. 2013 – 8 AZR 838/12.

AGG einschließlich der im Gesetz vorgesehenen Rechtfertigungen bei der Auslegung der unbestimmten Rechtsbegriffe des Kündigungsschutzgesetzes als **Konkretisierungen des Begriffs der Sozialwidrigkeit** zu beachten.[240]

Außerhalb dieser Bestimmungen gilt das AGG direkt. Abs. 4 regelt für Kündigungen nur das Verhältnis zwischen dem AGG und KSchG sowie den speziell auf Kündigungen zugeschnittenen Bestimmungen des besonderen Kündigungsschutzes. Die zivilrechtlichen Generalklauseln werden dagegen von Abs. 4 nicht erfasst. Der Diskriminierungsschutz des AGG geht insoweit diesen Klauseln vor und verdrängt sie. Ordentliche Kündigungen während der Wartezeit und in Kleinbetrieben sind deshalb unmittelbar am Maßstab des AGG zu messen.[241] Dies ergibt sich aus der Gesetzgebungsgeschichte und dem Zweck des § 2 Abs. 4. Der Wortlaut der Bestimmung steht dem nicht entgegen. Das AGG regelt allerdings nicht selbst die Nichtigkeitsfolge einer diskriminierenden Kündigung; diese Rechtsfolge ergibt sich erst aus § 134 BGB.[242] Die Beweislastregelung des § 22 findet Anwendung.[243] **60**

Bei einer diskriminierenden Kündigung besteht ein Anspruch auf Entschädigung nach § 15 Abs. 2.[244] **61**

## § 3 Begriffsbestimmungen

**(1) Eine unmittelbare Benachteiligung liegt vor, wenn eine Person wegen eines in § 1 genannten Grundes eine weniger günstige Behandlung erfährt, als eine andere Person in einer vergleichbaren Situation erfährt, erfahren hat oder erfahren würde. Eine unmittelbare Benachteiligung wegen des Geschlechts liegt in Bezug auf § 2 Abs. 1 Nr. 1 bis 4 auch im Fall einer ungünstigeren Behandlung einer Frau wegen Schwangerschaft oder Mutterschaft vor.**

**(2) Eine mittelbare Benachteiligung liegt vor, wenn dem Anschein nach neutrale Vorschriften, Kriterien oder Verfahren Personen wegen eines in § 1 genannten Grundes gegenüber anderen Personen in besonderer Weise benachteiligen können, es sei denn, die betreffenden Vorschriften, Kriterien oder Verfahren sind durch ein rechtmäßiges Ziel sachlich gerechtfertigt und die Mittel sind zur Erreichung dieses Ziels angemessen und erforderlich.**

---

240 Entschieden für eine betriebsbedingte Kündigung: BAG 6.11.08 – 2 AZR 523/07; BAG 15.12.11 – 2 AZR 42/10 und für eine personenbedingte Kündigung: BAG 22.10.09 – 8 AZR 642/08; BAG 15.12.11 – 2 AZR 42/10.

241 BAG 19.12.13 – 6 AZR 190/12.

242 BAG 19.12.13 – 6 AZR 190/12; BAG 26.3.15 – 2 AZR 237/14.

243 BAG 19.12.13 – 6 AZR 190/12; BAG 26.3.15 – 2 AZR 237/14.

244 BAG 12.12.13 – 8 AZR 838/12.

**(3) Eine Belästigung ist eine Benachteiligung, wenn unerwünschte Verhaltensweisen, die mit einem in § 1 genannten Grund in Zusammenhang stehen, bezwecken oder bewirken, dass die Würde der betreffenden Person verletzt und ein von Einschüchterungen, Anfeindungen, Erniedrigungen, Entwürdigungen oder Beleidigungen gekennzeichnetes Umfeld geschaffen wird.**

**(4) Eine sexuelle Belästigung ist eine Benachteiligung in Bezug auf § 2 Abs. 1 Nr. 1 bis 4, wenn ein unerwünschtes, sexuell bestimmtes Verhalten, wozu auch unerwünschte sexuelle Handlungen und Aufforderungen zu diesen, sexuell bestimmte körperliche Berührungen, Bemerkungen sexuellen Inhalts sowie unerwünschtes Zeigen und sichtbares Anbringen von pornographischen Darstellungen gehören, bezweckt oder bewirkt, dass die Würde der betreffenden Person verletzt wird, insbesondere wenn ein von Einschüchterungen, Anfeindungen, Erniedrigungen, Entwürdigungen oder Beleidigungen gekennzeichnetes Umfeld geschaffen wird.**

**(5) Die Anweisung zur Benachteiligung einer Person aus einem in § 1 genannten Grund gilt als Benachteiligung. Eine solche Anweisung liegt in Bezug auf § 2 Abs. 1 Nr. 1 bis 4 insbesondere vor, wenn jemand eine Person zu einem Verhalten bestimmt, das einen Beschäftigten oder eine Beschäftigte wegen eines in § 1 genannten Grundes benachteiligt oder benachteiligen kann.**

**Inhaltsübersicht** Rn.



## I. Allgemeines

1 § 3 übernimmt in Umsetzung von Art. 2 Abs. 2 bis 4 der Richtlinien 2000/43/EG (Antirassismus-Richtlinie), 2000/78/EG (Rahmenrichtlinie Beschäftigung) und 76/207/EWG (Gender-Richtlinie) im Wesentlichen die dort verwendeten Begriffsbestimmungen. Allerdings wird im AGG anstelle des Begriffs der »**Diskriminierung**« der Begriff der »**Benachteiligung**«

verwendet.[1] Das Vorliegen einer Benachteiligung soll nach dem Willen des Gesetzgebers noch nichts über deren Rechtswidrigkeit sagen, während unter »Diskriminierung« im allgemeinen Sprachgebrauch nur die rechtswidrige, sozial verwerfliche Ungleichbehandlung verstanden werde; die §§ 5, 8 bis 10 und 20 zeigten, dass es auch Fälle der zulässigen unterschiedlichen Behandlung gebe.[2] Die unterschiedliche Begrifflichkeit hat allerdings keine praktische Relevanz und entspricht im Ergebnis auch der Terminologie des EuGH in seinen Entscheidungen.[3]

Die Begriffe der **unmittelbaren Benachteiligung** und der **mittelbaren Benachteiligung** werden erstmals gesetzlich gefasst und im **Vergleich zur früheren Rechtsprechung** entsprechend den EU-Richtlinien **neu und weiterreichend definiert**. Eine unmittelbare Benachteiligung liegt dann vor, wenn eine hypothetische Vergleichsperson besser behandelt würde (s. Rn. 7). Für den Nachweis einer mittelbaren Benachteiligung ist kein strenger statistischer Beweis mehr erforderlich (Rn. 14). 2

## II. Unmittelbare Benachteiligung

**Abs. 1** enthält die Legaldefinition einer **unmittelbaren Benachteiligung**, die einen Nachteil im Verhältnis zu einer Vergleichsperson voraussetzt. Eine **Benachteiligung** liegt nach der gesetzlichen Definition **in jeder Form der Zurücksetzung**, sodass bei deren Vorliegen auf die Benachteiligung geschlossen werden kann und der Tatbestand kein *bestimmtes* Handeln oder Unterlassen voraussetzt.[4] Der Begriff der Benachteiligung gem. § 3 Abs. 1 Satz 1 ist weiter als der frühere Benachteiligungsbegriff des § 611a BGB, der sich nur auf Benachteiligungen durch AG bei der Begründung des Arbeitsverhältnisses und beim beruflichen Aufstieg bezog, während § 3 Abs. 1 **alle Fälle von § 2 Abs. 1 Nr. 1–8** betrifft und es für die Feststellung einer Benachteiligung **nicht relevant** ist, **durch wen** oder was die »weniger günstige Behandlung« **verursacht** oder **verschuldet** wird. Folglich ist auch kein absichtliches Handeln oder Unterlassen erforderlich. Allein **ausschlaggebend ist das Ergebnis** einer Benachteiligung. 3

Eine Benachteiligung in diesem Sinne erfolgt also **durch jede Handlung/Maßnahme oder Unterlassung**, die bei dem oder der Betroffenen wegen eines in § 1 normierten Merkmals im Vergleich zu anderen Personen, die das 4

1 I.R.d. Evaluation 2016 wurde die Ersetzung des Begriffs »Benachteiligung« durch »Diskriminierung« abgelehnt; Brandl/Hempel AR 22, 340.

2 BT-Drs. 16/1780 S. 30. Zur Erheblichkeit der (Vor-)Auswahl durch Algorithmen vgl. v. Lewinski/de Barros, NZA 18, 620.

3 EuGH 24.11.16 – C-443/15- [Parris], Rn. 76: Der EuGH unterscheidet zwischen Ungleichbehandlung und Diskriminierung als nicht gerechtfertigter Ungleichbehandlung; EuGH 15.7.21 – C-804/18 und C-341/19, Rn. 60.

4 BT-Drs. 16/1780 S. 32.

entsprechende Merkmal nicht erfüllen, als **Zurücksetzung bzw. Nachteil** anzusehen ist.[5] Daran fehlt es, wenn ältere Beschäftigte generell von einem Personalabbau ausgenommen werden, auch wenn der Personalabbau durch freiwillige Aufhebungsverträge unter Zahlung attraktiver Abfindungen erfolgen soll; denn der Zweck des Diskriminierungsverbots, ältere AN im Arbeitsmarkt zu halten, wird dadurch gerade verwirklicht.[6]

**4a** Eine Besonderheit ergibt sich hinsichtlich einer **Benachteiligung durch Unterlassen** für das Merkmal **Behinderung**: Gem. Art. 5 der Richtlinie 2000/78/EG und Art. 27 Abs. 1 Satz 2 i), Art. 2 Unterabsatz 4 der UN-BRK[7] besteht die **Verpflichtung, angemessene Vorkehrungen zu treffen**, um Menschen mit Behinderung den Zugang zur Beschäftigung, die Ausübung eines Berufes, den Erhalt einer Stelle,[8] den beruflichen Aufstieg und die Teilnahme an Aus- und Weiterbildungsmaßnahmen zu ermöglichen – also die hierzu im konkreten Fall geeigneten und erforderlichen Maßnahmen zu treffen, wenn diese AG nicht unverhältnismäßig belasten.[9] Insofern besteht eine **Pflicht der AG,** durch wirksame und praktikable Maßnahmen, etwa durch eine entsprechende Gestaltung der Räumlichkeiten oder eine Anpassung des Arbeitsgeräts und des Arbeitsrhythmusses, der Aufgabenverteilung oder des Angebots an Ausbildungs- und Einarbeitungsmaßnahmen den Arbeitsplatz der Behinderung entsprechend einzurichten.[10] **Deren Missachtung kann als Vorenthaltung von Chancen eine Benachteiligung** darstellen.[11] Die Anknüpfung erfolgt an den Begriff der »Behinderung« (s. zur Definition § 1 Rn. 26 ff.) und geht damit über die in § 164 Abs. 4 Nr. 1–4 SGB IX normierten Verpflichtungen gegenüber »Schwerbehinderten« hinaus. Kommen AG

5 BT-Dr. 16/1780 S. 32.

6 BAG 25.2.10 – 6 AZR 911/08.

7 Die Bestimmungen der UN-BRK sind Bestandteil der Unionsrechtsordnung und damit zugleich des – unionsrechtskonform auszulegenden – deutschen Rechts. Vgl. BAG 21.4.16 – 8 AZR 402/14.

8 BAG 21.4.16 – 8 AZR 402/14.

9 EuGH 4.7.13 – C-312/11; EuGH 10.2.22 – C-485/20 zur Notwendigkeit des Angebots eines »leidensgerechten« Arbeitsplatzes; BAG 21.4.16 – 8 AZR 401/14.

10 Erwägungsgrund 20 der RiLi 2000/78/EG; EuGH 11.4.13 – C-335/11 und C-337/11; EuGH 10.2.22 – C-485/20, Rn. 38: keine abschließende Aufzählung und weite Auslegung im Licht von Art. 2 Unterabschnitt 4 UN-BRK.

11 Art. 2 Unterabs. 3 der UN-BRK bestimmt ausdrücklich, dass von der »Diskriminierung aufgrund von Behinderung« alle Formen der Diskriminierung erfasst sind einschließlich der Versagung angemessener Vorkehrungen. EuGH 10.2.22 – C-485/20, Rn. 38; BAG 21.4.16 – 8 AZR 402/14: Die Bestimmungen der UN-BRK sind Bestandteil der Unionsrechtsordnung und damit zugleich Bestandteil des – ggf. unionsrechtskonform auszulegenden – deutschen Rechts. Allerdings gehört das Präventionsverfahren nach § 167 Abs. 1 SGB IX nicht zu den angemessenen Vorkehrungen. Vgl. ergänzend zur Abgrenzung von positiven Maßnahmen § 5 Rn. 3.

dieser Verpflichtung nicht nach, kommen Ansprüche auf Schadensersatz und Entschädigung gem. § 15 Abs. 1 und Abs. 2 in Betracht.

Die Benachteiligung muss **an ein in § 1 genanntes Merkmal anknüpfen:** 5
Dazu muss die nachteilig wirkende Maßnahme entweder ausdrücklich an dem verbotenen Differenzierungsmerkmal anknüpfen oder untrennbar mit dem verbotenen Merkmal verbunden sein.[12]

> **Beispiele:**
> Eine Firma lädt grundsätzlich keine Bewerber:innen zum Vorstellungsgespräch ein, die älter als 35 Jahre sind.
> Ein Orchester beschäftigt ausschließlich männliche Musiker.

Da jeder Mensch unweigerlich viele der in § 1 genannten Merkmale trägt und daher in der Praxis häufig Benachteiligungen nicht nur an ein Merkmal anknüpfen, ist es für die Feststellung einer Benachteiligung von großer Bedeutung, die zutreffende Vergleichsgruppe zu wählen (s. hierzu § 1 Rn 44 ff). Ausgehend von dem Kriterium der Untrennbarkeit liegt daher eine direkte Anknüfung an ein Merkmal auch dann vor, wenn eine Subgruppe der Merkmalsträger benachteiligt wird.

> **Beispiel:**
> Macht der AG einen Zuschlag zur Vergütung für AN mit Behinderung davon abhängig, dass sie ihre Bescheinigung über ihre Anerkennung als Menschen mit Behinderung nach einem von ihm gewählten Datum eingereicht haben, so benachteiligt dies diejenigen mit erheblicher Behinderung, die diese Bescheinigung regelmäßig bereits früher eingereicht haben.[13]

Der EuGH hat z. B. auch eine Untrennbarkeit zwischen dem Verbot des Tragens auffälliger großflächiger Zeichen religiöser, politischer oder sonstiger weltanschaulicher Überzeugungen als Maßnahme und dem Merkmal der Religion festgestellt und deshalb eine unmittelbare Diskriminierung von Frauen bejaht, die ein muslimisches Kopftuch tragen. Es ist also weder erforderlich, dass eine Regelung alle Frauen benachteiligt, noch alle Muslima. Für die Merkmale Religion und Geschlecht kann jeweils das Merkmal nicht hinweggedacht werden, ohne dass die Benachteiligung durch das ausgesprochene Verbot entfiele. Eine homogene Zusammensetzung der Vergleichsgruppen ist daher ein guter Anhaltspunkt, aber nicht erforderlich, soweit eine Benachteiligung zwischen unterschiedlich stark betroffenen Merkmalsträgern erfolgt.[14]

---

12 EuGH 22.1.19 – C-193/17, Rn. 37 ff.; EuGH 15.7.21 – C-804/18 und C-341/19, Rn. 73: »untrennbar verbunden«.

13 EuGH 26.1.2021 – C-16/19 – [Celex].

14 ErfK-Schlachter AGG § 3 Rn. 2.

Für die Annahme einer Benachteiligung ist es weiterhin nicht notwendig, dass die Betroffenen das Merkmal selbst tragen. Eine unmittelbare Diskriminierung wegen Behinderung liegt auch dann vor, wenn die Benachteiligung wegen der **Behinderung eines Kindes** erfolgt, weil es Zweck der Richtlinie ist, in Beschäftigung und Beruf jede Form der Diskriminierung »aus Gründen einer Behinderung« zu bekämpfen.[15] Die Begründung des EuGH spricht für eine Übertragbarkeit der Argumentation auf die anderen Merkmale des § 1.[16] Eine Diskriminierung kann schließlich auch eintreten, wenn es kein identifizierbares Opfer gibt: In der **öffentlichen Äußerung** eines AG, er werde keine Beschäftigten einer bestimmten ethnischen Herkunft oder Rasse einstellen, liegt eine unmittelbare Diskriminierung, da derartige Äußerungen potentielle Bewerber:innen abhalten können und damit ihren Zugang zum Arbeitsmarkt behindern.[17]

5a Die unmittelbare Benachteiligung **setzt nicht voraus, dass *alle* Personen einer Gruppe**, die ein geschütztes Merkmal tragen, **benachteiligt werden**, sondern nur, dass die Benachteiligung direkt an diesem Merkmal ansetzt.

> **Beispiel:**
> Sind männliche und weibliche AN mit der gleichen Arbeit beschäftigt und gewährt der AG fast der Hälfte der Männer, dagegen nur 1/10 der Frauen Fortbildungsmaßnahmen, dann liegt hierin ein Verstoß gegen das Gebot der gleichen Behandlung, wenn die Fortbildung der männlichen AN nicht durch Gründe gerechtfertigt ist, die nicht auf das Geschlecht bezogen sind.

Die Benachteiligung wegen des Geschlechts wird hier wie im Fall unterschiedlicher Vergütung bereits durch die statistisch relevante Abweichung der zahlenmäßig wesentlich größeren nachteiligen Betroffenheit der Angehörigen des weiblichen Geschlechts glaubhaft gemacht, wenn die Kriterien für die Vergabepraxis des AG für die Beschäftigten nicht durchschaubar sind.[18]

6 Der Begriff »unmittelbare Benachteiligung« schließt auch alle Fälle mit ein, in denen eine Eigenschaft, die als Anknüpfungspunkt für eine Benachteiligung dient, **untrennbar mit einem in § 1 genannten Merkmal verbunden ist**. Relevant ist nach Abs. 1 insoweit nur, dass die benachteiligende Wirkung bei den Personen eintritt, die das Merkmal aufweisen. Regelmäßig werden

---

15 EuGH 17.7.08 – C-303/06 – [Coleman]; s.a. Lindner NJW 08, 2750 [2751] zur »Transindividualisierung« des Diskriminierungsschutzes.

16 EuGH 16.7.15 – RS C 83/14 – [CHEZ]: Mitbetroffenheit eines Bewohners eines überwiegend von Roma bewohnten Stadtviertels von der Behandlung durch die Stadtwerke als Fall unzulässiger Diskriminierung.

17 EuGH 10.7.08 – C-54/07 – [Feryn].

18 EuGH 17.10.89 – 139/88 [Danfoss], Rn. 12f., 15; BAG 23.9.92 – 4 AZR 30/92, Rn. 4; BAG 21.2.21 – 8 AZR 488/19, Rn. 67.

hierdurch auch die Fälle der so genannten **verdeckten Diskriminierung** erfasst, die auf **Merkmale** abstellt, die nur bei einer bestimmten Gruppe mit einem nach § 1 geschützten Merkmal vorhanden sind.

> **Beispiele:**
> Sonderurlaub für Eheschließung, wenn die Ehe Personen unterschiedlichen Geschlechts vorbehalten ist.[19]
> Benachteiligung von Personen, die sich zu ihrer Homosexualität *bekennen*: Auch wenn hier die Benachteiligung nicht alle Homosexuellen trifft, so ist die sexuelle Identität Voraussetzung für das Bekenntnis zur Homosexualität und daher untrennbar damit verbunden; Vergleichspersonen, die sich *nicht* zu ihrer Heterosexualität bekennen, werden hingegen nicht benachteiligt.

Für das Vorliegen einer unmittelbaren Benachteiligung ist ausreichend, dass eine Person eine weniger günstige Behandlung als eine **Vergleichsperson erfährt, erfahren hat oder erfahren würde**. Es genügt also eine **hypothetische Vergleichsperson**, d. h. es muss nicht tatsächlich Vergleichspersonen geben, die besser behandelt werden. Anders ausgedrückt: Es reicht die Feststellung, dass bei einem hypothetischen Fehlen des Merkmals eine bessere Behandlung der betroffenen Person erfolgen würde.[20] 7

> **Beispiele:**
> Erfolglose Bewerbung eines Mannes auf die Stelle einer Sportlehrerin für Mädchen der Oberstufe unabhängig davon, ob sich andere Personen auf die Stelle beworben haben.[21]
> Ablehnung der Beschäftigung einer schwarzen Zeitarbeitskraft wegen ihres krausen Haares: Hier handelt es sich um eine rassistische Diskriminierung, auch wenn es keine weiße Vergleichsperson mit krausen Haaren im Betrieb gibt.

Für die Fälle einer Benachteiligung wegen **Schwangerschaft** und **Mutterschaft**, in denen es keine männlichen Vergleichspersonen geben kann, ist in **Abs. 1 Satz 2** ausdrücklich normiert, dass es sich um eine unmittelbare Benachteiligung wegen des Geschlechts handelt. Die Vorschrift trägt der Rechtsprechung des EuGH zur unmittelbaren Diskriminierung Rechnung[22] und entspricht Art. 2 Abs. 7 der Richtlinie 76/207/EWG (Gender-Richtlinie). So kann das Unterbleiben einer ordnungsgemäßen Risikobewertung des Arbeitsplatzes eine Diskriminierung wegen Schwangerschaft oder 8

19 EuGH 26.1.2021 – C-16/19, Rn. 45 ff.
20 BAG 19.12.19 – 8 AZR 2/18, Rn. 28 f.
21 BAG 19.12.19 – 8 AZR 2/19, Rn. 29 f.
22 EuGH 19.10.17 – C-531/15, Rn. 45 ff., 63.

Stillens und damit wegen des Geschlechts indizieren.[23] Ebenfalls benachteiligend sind Maßnahmen, die an traditionelle Rollenmuster anknüpfen.[24]

9 Werden **Personen**, die ein bestimmtes Merkmal gem. § 1 erfüllen, **nur diskriminiert, wenn ein anderes** (nicht sanktioniertes) **Merkmal hinzutritt, dann ist** für die **Abgrenzung zur mittelbaren Benachteiligung** die Gegenüberstellung der Vergleichsgruppen maßgeblich.

> **Beispiel 1:**
> Zurückweisung von Frauen, wenn sie Kinder haben.

Hier kommt es auf die Vergleichsgruppe an: Werden nur Frauen, nicht aber Männer benachteiligt, die Kinder haben, ist die **Determinante für die Benachteiligung** das Geschlecht. In diesem Fall liegt eine unmittelbare Benachteiligung wegen des Geschlechts vor. Die Vergleichsgruppen sind bezogen auf das Geschlecht homogen: Benachteiligt wird nur die Gruppe der Frauen.

> **Beispiel 2:**
> Zurückweisung von Männern nur, wenn sie einen Sticker tragen, der darauf hinweist, dass sie für die Gleichstellung von Homosexuellen eintreten.

Im Fall der Benachteiligung von Männern, die den Sticker tragen, trifft die Benachteiligung nicht die homosexuellen Männer, die sich zwar zu ihrer Homosexualität bekennen, aber den Sticker nicht tragen. Die Benachteiligung trifft vielmehr auch Männer, die nicht homosexuell sind, aber trotzdem den Sticker tragen. Die Vergleichsgruppen sind hinsichtlich des geschützten Merkmals (sexuelle Orientierung) nicht homogen; der Anknüpfungspunkt der Schlechterbehandlung liegt im Tragen des Stickers, sodass keine unmittelbare Benachteiligung wegen der sexuellen Identität vorliegt. Allerdings sind von einer solchen Maßnahme möglicherweise ganz überwiegend homosexuelle Männer betroffen, so dass insoweit eine mittelbare Benachteiligung vorliegen kann. Ebenso ist ein allgemeines Verbot von AG, sichtbare Zeichen u. a. religiöser, weltanschaulicher oder politischer Überzeugung zu tragen, keine unmittelbare, möglicherweise aber eine mittelbare Benachteiligung, weil sie unterschiedslos alle AN betrifft.[25]

10 Daneben gibt es Konstellationen, in denen die konkrete Benachteiligung gerade darin liegt, dass zwei oder mehr nach § 1 geschützte Merkmale in einer

---

23 EuGH 19.10.17 – C-531/15, Rn. 45 ff., 63.

24 BAG 18.9.14 – 8 AZR 753/13: Die schriftliche Anmerkung an einer Bewerbung »ein Kind 7 Jahre alt!« kann Anhaltspunkt für eine unmittelbare Diskriminierung einer Frau sein.

25 EuGH 14.3.17 – C 157/15 und C 188/15; EuGH 15.7.21 – C-804/18 und C-341/19; EuGH 28.11.23 – C-148/22, Rn. 26 f.

Person zusammentreffen (sog. überschneidende oder **intersektionelle Diskriminierung**) wie etwa bei kopftuchtragenden muslimischen Frauen, die durch das Verbot, auffällige großflächige religiöse Zeichen zu tragen, wegen des Zusammenspiels ihrer Religion wie ihres Geschlechts und ihrer Ethnie benachteiligt sein können. Dabei treffen hier regelmäßig beide Formen der Benachteiligung zusammen, nämlich im genannten Beispiel die unmittelbare wegen der Religion[26] mit der mittelbaren wegen des Geschlechts – es existieren mehr religiöse Kleiderordnungen für Frauen als für Männer – und der Ethnie. Auch diese Konstellationen fallen unter den Schutzbereich des Gesetzes. Zur Rechtfertigung der Benachteiligung muss gem. § 4 ein rechtfertigender Grund für jedes der Merkmale vorliegen.[27] Zum Meinungsstand s. § 1 Rn. 44ff.; § 4 Rn. 1.

Zur **Rechtfertigung einer unmittelbaren Diskriminierung** s. Rn. 3ff. zu **11**
§ 8; Rn. 1 und 6 zu § 9; Rn. 5ff. zu § 10 für Benachteiligungen im Bereich der Beschäftigung und Rn. 1ff. zu § 20 im Übrigen. Zu den konkreten Formen der Benachteiligung von Beschäftigten im Hinblick auf die geschützten Merkmale gem. § 1 s. die Kommentierung zu den einzelnen Merkmalen dort sowie im Hinblick auf den Anwendungsbereich des § 2 Abs. 1 Nr. 1–4 Rn. 3ff. zu § 2 sowie die Fallgruppen in Rn. 9ff. zu § 7.

## III. Mittelbare Benachteiligung

Das Verbot der mittelbaren Diskriminierung enthält eine notwendige Er- **12**
gänzung zum Verbot der unmittelbaren Diskriminierung, um die Umgehung des Diskriminierungsschutzes zu verhindern. Die Definition in **Abs. 2** entspricht Art. 2 Abs. 2 der Richtlinien 76/207/EWG (Gender-Richtlinie), 2000/43/EG (Antirassismus-Richtlinie) und 2000/78/EG (Rahmenrichtlinie Beschäftigung). Eine mittelbare Benachteiligung liegt vor, wenn **dem Anschein nach neutrale Vorschriften** ihrem Wesen nach **geeignet** sind, Personen oder Personengruppen aus den in § 1 genannten Gründen **in besonderer Weise zu benachteiligen, es sei denn**, die betreffenden Vorschriften, Kriterien oder Verfahren sind durch ein rechtmäßiges Ziel **sachlich gerechtfertigt** und die Mittel sind zur Erreichung dieses Ziels angemessen und erforderlich. (Scheinbar) neutral ist der Anknüpfungspunkt dann, wenn

- Vorschriften auf andere Kriterien Bezug nehmen, die mit dem geschützten Merkmal in keinem Zusammenhang stehen, gleichwohl im Wesentlichen oder ganz überwiegend Personen betreffen, die eines der geschützten Merkmale erfüllen,

---

26 EuGH 28.11.23 – C-148/22, Rn. 25: Unmittelbare Benachteiligung dann, wenn das Kriterium – auffälliges großflächiges religiöses Zeichen – untrennbar mit einer oder mehreren bestimmten Religionen verbunden ist.

27 Wie hier BeckOGK-Baumgärtner AGG § 4 Rn. 6, 15ff.

- Vorschriften an Voraussetzungen anknüpfen, die von Personen, die von § 1 nicht erfasst sind, leichter erfüllt werden oder
- sich die Tatbestandsvoraussetzungen einer Norm besonders zum Nachteil von Personen, für die ein Merkmal des § 1 gilt, auswirken.[28]

### 1. Ungleichbehandlung, Bildung von Vergleichsgruppen

13 Das Verbot mittelbarer Diskriminierung ist eine besondere Ausprägung des allgemeinen Gleichheitssatzes, wonach gleiche Sachverhalte nicht ohne sachlichen Grund ungleich behandelt werden dürfen. Eine mittelbare Diskriminierung kann daher nur vorliegen, wenn die benachteiligten und die begünstigten Personen vergleichbar sind. Daher ist zunächst die Bildung von **Vergleichsgruppen** notwendig, um feststellen zu können, ob in der Gruppe der nachteilig Behandelten signifikant häufiger Personen vorkommen, die ein gem. § 1 geschütztes Merkmal aufweisen. Die Vergleichsgruppen müssen also entsprechend dem (neutralen) Unterscheidungsmerkmal gebildet werden.[29]

**Beispiel:**
Schließt eine tarifliche Regelung die Anrechnung von Elternzeit oder längeren Krankheitszeiten auf die Frist eines möglichen Stufenaufstiegs aus, so ist Differenzierungsgrund nicht die Elternzeit (wodurch vor allem Frauen betroffen wären), sondern die Aussetzung des Arbeitsverhältnisses und die damit einhergehende fehlende Berufserfahrung. Die Vergleichsgruppen sind also AN ohne und AN mit Ausfallzeiten (wozu auch, aber nicht allein, Frauen mit Elternzeit gehören).[30]

Dass die Merkmalsträger **»in besonderer Weise«** betroffen sind, verlangt nicht besonders erhebliche, offensichtliche und schwerwiegende Fälle von Ungleichbehandlung, sondern dass sie gerade wegen ihres Merkmals durch die Vorschrift, das Kriterium oder das Verfahren, welche in Frage stehen, benachteiligt werden.[31] Dies gilt auch bei einer Schlechterstellung innerhalb einer Merkmalsgruppe, etwa Menschen mit schwerem Grad der Behinderung gegenüber leichter Behinderten.[32]

---

28 EuGH 16.7.15 – C-83/14 – [CHEZ Razpredelenie Bulgaria]; EuGH 13.10.22 – C-344/20; BAG 27.1.11 – 6 AZR 526/09.
29 EuGH 30.11.93 – C-189/91; EuGH 13.1.04 – C-256/01 – [Allonby].
30 BAG 27.1.11 – 6 AZR 526/09.
31 EuGH 16.7.15 – RS C83/14 – [CHEZ Razpredelenie Bulgaria].
32 EuGH 21.1.21 – C-16/19.

### a) Statistischer Nachweis

13a Die Darlegung einer Benachteiligung »in besonderer Weise« kann durch den **statistischen Nachweis** erfolgen, dass ein wesentlich höherer Anteil der Gruppe, die ein geschütztes Merkmal aufweist, durch eine Regelung benachteiligt wird, als Mitglieder der Vergleichsgruppe betroffen sind.[33] Dabei kann ein Gericht gem. § 291 ZPO ohne Parteibehauptung auf Statistiken aus einschlägigen Publikationen zurückgreifen und sie zur Prüfung einer Benachteiligung heranziehen, soweit diese hinreichend aussagekräftig sind, insbesondere nicht rein zufällige oder konjunkturelle Erscheinungen widerspiegeln.[34] Es ist die Gesamtheit der Personen zu berücksichtigen, für die eine Regelung gilt, auf der die Ungleichbehandlung beruht. Der Vergleich besteht dann darin, die Gruppe der in die Regelung fallenden Merkmalstragenden daraufhin anzuschauen, wie hoch in dieser Gruppe und in der der Nicht-Merkmalstragenden der Anteil derer ist, die von der Ungleichbehandlung betroffen sind.[35] Sind die absoluten Zahlen der betroffenen Personen grundsätzlich kein hinreichend aussagekräftiges Indiz für eine Benachteiligung,[36] so können prozentuale Unterschiede ein stichhaltiges Indiz bilden, wenn sie hinreichend groß sind. Die bisherige Rechtsprechung legt keine Grenze fest, ab welcher Prozentzahl eine Benachteiligung anzunehmen sein soll; die entschiedenen Fälle betragen Konstellationen, in denen der Anteil der betroffenen Frauen um die 90 % betrug.[37]

**Beispiel 1:**
Das Unternehmen U beschäftigt auf Management-Ebene 80 Männer und 20 Frauen. Aus diesem Kreis erhalten 75 Männer und 2 Frauen einen Dienstwagen auch zur privaten Nutzung. Ausgeschlossen von dem Vorteil sind also nur 6,25 % der Männer, aber 90 % der Frauen. Damit liegt eine statistisch relevante Benachteiligung der weiblichen Mitarbeiterinnen im Vergleich zu den männlichen Mitarbeitern vor.

---

33 EuGH 27.10.93 – C-127/92 – [Enderby], NZA 94, 797; EuGH 6.12.07 – C 300/06 – [Voß]; EuGH 3.10.19 – C-274/18 [Schuch-Ghannadan]; EuGH 24.9.20 – C-223/19; BAG 18.9.14 – 8 AZR 753/13.

34 EuGH 27.10.93 – C 127/92 – [Enderby]; EuGH 24.9.20 – C-223/19; LAG Baden-Württemberg 18.6.07 – 4 Sa 14/07.

35 EuGH 3.10.19 – C-274/18 [Schuch-Ghannadan]; EuGH 24.9.20 – C-223/19.

36 BAG 2.12.92 – 4 AZR 152/92; BAG 18.2.03 – 9 AZR 272/0.

37 EuGH 8.5.19 – C-486/18 –[Praxair MRC]: Diskriminierung durch Entlassungsentschädigung, die im Fall von Teilzeit in der Elternzeit abgesenkt wird: 96 % (Rn. 82); BAG 28.11.21 – 8 AZR 370/20 (A): Anteil der Frauen, die betroffen sind durch eine Regelung, wonach Mehrarbeitszuschläge erst ab einer über Vollzeit liegenden Stundenzahl zu zahlen sind: 84 % (Rn. 30).

**Beispiel 2:**
75 % der Pensionisten, aber nur 43 % der Pensionistinnen kommen für eine außerordentliche Pensionserhöhung in Betracht.[38]

### b) Wertende Betrachtung

14 Konnte früher nach der Formulierung von Art. 2 Abs. 2 der Richtlinie 97/80/EG der Nachweis einer mittelbaren Benachteiligung nur statistisch erbracht werden, kann dies nunmehr nach dem Wortlaut des **Abs. 2** auch durch eine wertende Betrachtung geschehen:[39] Wenn die indirekte Benachteiligung einer geschützten Gruppe offensichtlich, aber der Nachweis tatsächlich ungleicher Betroffenheit schwer zu führen ist,[40] genügt nach der **hypothetischen Betrachtungsweise**, dass die angegriffene Maßnahme eine besondere Benachteiligung wegen eines Merkmals des § 1 auslösen *kann* bzw. hierzu typischerweise geeignet ist. So kann die Beschränkung des Bewerberkreises in einer innerbetrieblichen Stellenausschreibung auf AN im ersten Berufs-/Tätigkeitsjahr eine mittelbare Benachteiligung wegen des Alters darstellen.[41] Das Verbot »auffälliger großflächiger Zeichen religiöser oder weltanschaulicher Überzeugung« am Arbeitsplatz ist einerseits eine unmittelbare Benachteiligung wegen der Religion;[42] gleichzeitig kann es eine mittelbare wegen des Geschlechts und der Ethnie darstellen, weil es besonders muslimische Frauen, die Kopftuch tragen, trifft.[43] Dabei ist sorgfältig auf die Bildung der Vergleichsgruppe zu achten: Allein die Gruppe der Männer mit der der Frauen zu vergleichen, führte lediglich zu dem Ergebnis, dass Personen jeden Geschlechts von dem Verbot betroffen sein können, nicht aber zu der Erkenntnis der spezifischen Betroffenheit der Gruppe der muslimischer

38 EuGH 20.10.11 – C 123/10.

39 Hierdurch wird dem Umstand Rechnung getragen, dass die Erhebung von Statistiken in manchen Bereichen nicht möglich ist; so zur Benachteiligung von Wanderarbeitern: EuGH 23.5.96 – C-237/94 – [O'Flynn]: Verzicht auf einen statistischen Nachweis bei Sterbegeld nur für Beschäftigte, die sich im Inland begraben lassen, und EuGH 21.9.00 – C-124/99 – [Borawitz], bei einem Mindestbeitrag für die Rentennachzahlung ins Ausland; weiterführend Schiek, NZA 04, 875.

40 Thüsing, NZA Sonderbeilage zu Heft 22/2004, 3 [7].

41 BAG 18.8.09 – 1 ABR 47/08, Rn. 27.

42 Zur – schwer nachzuvollziehenden – Unterscheidung von unmittelbarer und mittelbarer Benachteiligung durch derartige Verbote vgl. EuGH 14.3.17 – C 157/15 und C 188/15; EuGH 15.7.21 – C-804/18 und C-341/19; EuGH 28.11.23 – C-148/22, Rn. 25 ff.

43 BAG 30.1.19 – 10 AZR 299/18 (A) und nachfolgend EuGH 15.7.21 – C-804/18 und C-3341/19, der für die dortige Formulierung des Verbots eine mittelbare Benachteiligung wegen der Religion annimmt; zur Rechtfertigung s. unten Rn. 16.

Frauen, die Kopftuch tragen. Diese wird offenbar, wenn Vergleichsgruppe die der männlichen Muslime ist. Entsprechendes gilt für die Ethnie im Vergleich der Betroffenheit deutscher und etwa türkischer Muslime. Sichtbar wird dies auch in einer Betrachtung als Untergruppe, wie der EuGH sie in anderem Zusammenhang vornimmt:[44] In der Gruppe der Muslime ist die Untergruppe der (kopftuchtragenden) Frauen von einem Verbot wie dem oben genannten besonders betroffen.

## 2. Rechtfertigung

Eine mittelbare Diskriminierung ist **ausgeschlossen**, wenn Vorschriften, 15
Kriterien oder Verfahren zwar zu einer Ungleichbehandlung für Personen mit einem Merkmal nach § 1 führen, diese aber durch ein **rechtmäßiges Ziel sachlich gerechtfertigt ist und die Mittel zur Erreichung dieses Ziels angemessen und erforderlich sind**. Das Vorliegen einer Rechtfertigung schließt also bereits die Qualifikation einer Ungleichbehandlung als Benachteiligung aus. Die Prüfung der Rechtfertigung erfolgt in drei Schritten:

1. Vorliegen eines Sachgrundes in Form eines rechtmäßigen Ziels
2. Geeignetheit und Erforderlichkeit des Mittels
3. Angemessenheit des Eingriffs in die Rechte der Benachteiligten im Verhältnis zur Bedeutung des Ziels.[45]

Als rechtmäßige Ziele sind in jedem Fall die in §§ 8 ff. genannten Rechtfertigungsgründe zu sehen. Dabei ist zu beachten, dass § 10 – EU-rechtskonform ausgelegt – nur Maßnahmen als legitim anerkennt, die durch rechtmäßige sozialpolitische Ziele (wie solche aus den Bereichen Beschäftigungspolitik, Arbeitsmarkt und berufliche Bildung) gerechtfertigt sind, und damit strengere Anforderungen stellt als im Übrigen zur Rechtfertigung der mittelbaren Benachteiligung erforderlich (dazu gleich unter 15a).[46] Jedenfalls sind die in § 10 Satz 3 Nr. 1 – 6 genannten Ziele vor dem Hintergrund des EU-Rechts als rechtmäßige Ziele anzuerkennen.[47]

---

44 EuGH 26.1.21 – C-16/19: Untergruppe der besonders schwer behinderten AN gegenüber denen, die weniger schwer behindert sind.

45 EuGH 5.3.09 – C-388/07 – [Age Concern England], Rn. 59.

46 EuGH 5.3.09 – C-388/07 – [Age Concern England]; vgl. auch BAG 18.1.12 – 7 AZR 112/08, Rn. 33 ff.: Gründe der Flugsicherheit können eine Altersgrenze von 60 Jahren nicht rechtfertigen; EuGH 18.1.18 – C 270/16 – [Conejero]: beschäftigungspolitische Maßnahmen, die gegen Absentismus am Arbeitsplatz vorgehen, sind sachlich begründet.

47 BAG 11.8.09 – 3 AZR 23/08 zu § 10 Satz 3 Nr. 4; BAG 26.5.09 – 1 AZR 198/08 zu § 10 Satz 3 Nr. 6.

15a Bei der mittelbaren Benachteiligung ist aber auch eine **Rechtfertigung** denkbar, **die nicht unter §§ 8 ff. subsumierbar ist.**[48] Der Wortlaut der Norm ist ähnlich der Formulierung in § 10 Satz 1 und 2. Allerdings liegt ein wesentlicher Unterschied darin, dass es hier um ein rechtmäßiges Ziel für dem Anschein nach *neutrale* Vorschriften, Kriterien oder Verfahren geht, bei § 10 hingegen um ein rechtmäßiges Ziel für eine unmittelbare Benachteiligung wegen des Alters. Bei § 3 Abs. 2 soll die Überprüfung des rechtmäßigen Ziels vor allem dazu dienen, die tatsächliche Neutralität der Maßnahme im Hinblick auf die in § 1 genannten Merkmale zu überprüfen. Dies spricht dafür, dass rechtmäßige Ziele im Rahmen der mittelbaren Diskriminierung weiter zu fassen sind als bei § 10 und keine Ziele sein müssen, die im Allgemeininteresse stehen, sondern **auch anerkennenswerte Erfordernisse des Arbeitgebers** sein können wie z. B. eigenwirtschaftliche Interessen oder ein vom AG vorgegebenes betriebliches Konzept.[49] Allerdings muss es sich um ein **objektives** Ziel handeln, das seinerseits **nicht diskriminierend und legal** ist.[50] Zudem muss die benachteiligende Maßnahme zur Erreichung des Ziels **erforderlich und angemessen** sein[51] und das legitime Ziel mit ihr **in kohärenter und systematischer Weise verfolgt** werden.[52]

16 Von der Rechtsprechung wurden als **rechtmäßige Ziele** anerkannt:

- Einführung eines rollierenden Schichtsystems mit dem Ziel, in der Altenpflege möglichst umfassend eine Bezugspflegeperson zuzuweisen, auch wenn dies zur Benachteiligung schwerbehinderter AN führt, die keine Nachtschicht leisten können;[53]
- Qualitätssicherung durch schriftliche Arbeitsanweisungen mit der Folge, dass die Kenntnis der deutschen Schriftsprache für eine Tätigkeit erforderlich ist;[54]
- Neutralitätsgebot mit dem Verbot für Lehrer:innen, in der Schule religiöse Bekundungen abzugeben einschließlich des Tragens religiös bestimmter Kleidung;[55]

---

48 S. a. LAG Saarland 11.2.09 – 1 TaBV 73/08, das §§ 8 ff. neben § 3 Abs. 2 prüft; LAG Berlin-Brandenburg 4.12.08 – 26 Sa 343/08 lässt die Frage offen.

49 BAG 15.12.16 – 8 AZR 454/15, Rn. 38 f.

50 EuGH 5.5.22 – C-405/20, Rn. 51; BAG 20.6.13 – 6 AZR 907/12, Rn. 49; BAG 15.12.16 –8 AZR 454/15, Rn. 38.

51 EuGH 16.7.15 – C-83/14 – [CHEZ], Rn. 113 ff.; EuGH 5.5.22 – C-405/20, Rn. 53; BAG 15.12.16 – 8 AZR 454/15, Rn. 39.

52 EuGH 5.5.22 – C-405/20, Rn. 53.

53 LAG Berlin-Brandenburg 4.12.08 – 26 Sa 343/08; im konkreten Fall allerdings war die Kündigung der schwerbehinderten ANin wegen der Möglichkeit anderweitiger Beschäftigung unangemessen und damit i. E. nicht gerechtfertigt und unwirksam.

54 BAG 28.1.10 – 2 AZR 764/08.

55 BAG 10.12.09 – 2 AZR 55/09: Tragen eines Kopftuchs; BAG 20.8.09 – 2 AZR 499/08: Tragen einer Haaransatz und Ohren vollständig bedeckenden Mütze

- die Gewährung von Zulagen nach Kriterien, die die weiblichen AN im konkreten Fall seltener erfüllt haben wie z. B. Flexibilität im Sinne von Anpassungsfähigkeit an unterschiedliche Arbeitszeiten und -orte, wenn dies für die Ausführung der spezifischen Aufgaben von Bedeutung ist, sowie die hierfür erforderliche Berufsausbildung und Dauer der Betriebszugehörigkeit;[56]
- Honorierung der Betriebstreue und Schaffung einer überschaubaren und kalkulierbaren Belastung der betrieblichen Pensionsrücklagen bei Anwendung des Ratierungsprinzips im Rahmen betrieblicher Altersversorgung (eventuelle Schlechterstellung jüngerer Beschäftigter).[57]

**Nicht anerkannt** wurden: Kostenersparnis durch Beschäftigung jüngerer Mitarbeiter:innen,[58] verlängerte Zeiten der geforderten Berufserfahrung bei Teilzeitarbeit,[59] begrenzte Berücksichtigung von Teilzeitarbeit bei der Berechnung von Dienstzeiten;[60] und Benachteiligung beim Bewährungsaufstieg wegen Teilzeit, wenn keine objektiven Faktoren vorliegen, die nichts mit einer Diskriminierung aufgrund des Geschlechts zu tun haben.[61] Allgemeine Behauptungen wie die, dass eine Regelung zur Förderung besonderer Ziele wie z. B. Erhöhung der Zahl der Einstellungen, geeignet sei,[62] oder Behauptungen über angebliche Unterschiede zwischen AN-Gruppen wie erhöhte Personalkosten, geringere betriebliche Verbundenheit, soziale Schutzbedürftigkeit von Teilzeitkräften oder schlechtere Arbeitsergebnisse, sind ohne konkreten Nachweis grundsätzlich nicht geeignet, die Schlechter- 17

---

durch Sozialpädagogin muslimischen Glaubens. Für eine entsprechende Anweisung privatrechtlicher Unternehmen EuGH 14.3.17 – C 157/15 und C 188/15 – [Achbita und Bougnaoui], Rn. 44: Rechtfertigung einer mittelbaren Ungleichbehandlung bei Kopftuchverbot, wenn die zugrundeliegende betriebsinterne Regelung auf umfassende Neutralität in politischer, philosophischer und religiöser Hinsicht abzielt; ebenso EuGH 15.7.21 – C-804/18 und C-341/19 bei Beschäftigung mit Kundenkontakt, wenn entsprechende Kundenerwartung besteht und andernfalls ein Nachteil für den AG entstünde; vgl. auch die entspr. Vorlageentscheidung des BAG 30.1.19 – 10 AZR 299/18 (A) und vorangehend LAG Nürnberg 27.3.18 – 7 Sa 304/17, das im konkreten Fall das Verbot religiöser Zeichen für diskriminierend gehalten hat; zum öffentlichen Dienst auch EuGH 28.11.2023 – C-148/22.

56 EuGH 17.10.89 – C-109/88 – [Danfoss].

57 EuGH 13.7.17 – C 354/16 – [Kleinsteuber]; zur Zulässigkeit des Ziels übersichtlicher Belastung bei Versorgungszusagen vgl. auch EuGH 5.5.22 – C-405/20.

58 LAG Saarland 11.2.09 – 1 TaBV 73/08; vgl. auch BAG 15.12.16 – 8 AZR 454/15.

59 EuGH 2.10.97 – C-100/95.

60 EuGH 2.10.97 – C-1/95: nur mit 2/3 statt ganz; EuGH 9.11.17 – C 98/15 – [Espadas Recio]: Abstellen auf die gearbeiteten Tage statt auf die geleisteten Beiträge für die Bezugsdauer des Arbeitslosengeldes.

61 BAG 2.11.92 – 4 AZR 152/92.

62 EuGH 20.3.03 – C-187/00 – [Kutz-Bauer].

behandlung einer geschützten Gruppe zu rechtfertigen.[63] Die Kürzung von Abfindungen schwerbehinderter Menschen wegen der Möglichkeit vorzeitiger Altersrente ist unzulässig.[64] Haushaltserwägungen sind zur Rechtfertigung mittelbarer Benachteiligung nicht geeignet.[65] Rein subjektive, nicht objektivierbare Interessen des AG haben keinen Vorrang vor dem Schutz der nach § 1 geschützten Merkmalsträger.[66] Normativ durch Gesetz oder Tarifvertrag geregelte Differenzierungsmerkmale müssen zur Rechtfertigung ihrer mittelbar benachteiligenden Wirkung zur Durchsetzung eines objektiven sozialpolitischen Konzepts geeignet und erforderlich sein.[67] Individuell ausgehandelte Vertragsbedingungen genügen an sich nicht, eine unterschiedliche Vergütung bei gleicher Arbeit zu rechtfertigen, wohl aber ggf. wenn sie durch Erfordernisse des Arbeitsmarkts bedingt sind.[68]

### 3. Darlegung und Beweis

**18** Der Gesetzgeber wollte durch die Einbeziehung einer fehlenden sachlichen Rechtfertigung in den Tatbestand der mittelbaren Benachteiligung den weiten Anwendungsbereich einschränken und dabei die Darlegungs- und Beweislast auch hinsichtlich der Rechtfertigungsgründe **dem Betroffenen übertragen.**[69] Danach hätte derjenige, der sich auf eine mittelbare Diskriminierung beruft, die Vergleichsgruppe und besondere Betroffenheit der Merkmalsträger ebenso wie das Fehlen einer Rechtfertigung darzulegen.

**19** Regelmäßig jedoch werden die Betroffenen nicht in der Lage sein, im Einzelnen das Fehlen einer sachlichen Rechtfertigung darzulegen; zu den Motiven und Zielen der AG können sie allenfalls Vermutungen äußern. Im Sinne einer effizienten Umsetzung des europarechtlichen Diskriminierungsschutzes geht die Rechtsprechung inzwischen von einer **abweichend verteilten Darlegungs- und Beweislast** aus: Haben Beschäftigte eine **Ungleichbehandlung durch neutrale Vorschriften** dargelegt, so müssen diejenigen, gegen die sich der Diskriminierungsvorwurf richtet, sich dadurch **entlasten**, dass sie darlegen und notfalls beweisen, dass entweder das Merkmal nicht kausal für die überwiegende Betroffenheit der Gruppe ist oder sachlich rechtfertigende Gründe hierfür bestehen, die zu einer nicht unverhältnismäßigen

63 BAG 23.1.90 – 3 AZR 58/88; BAG 23.2.94 – 4 AZR 219/9.
64 BAG 28.7.20 – 1 AZR 590/18, Rn. 18 ff., 24 ff.
65 EuGH 20.3.03 – C-187/00 – [Kutz-Bauer]; EuGH 5.5.22 – C-405/20 Rn. 57.
66 BAG 15.12.16 – 8 AZR 454/15.
67 EuGH 27.6.90 – C-33/89; EuGH 20.3.03 – C-187/00 – [Kutz-Bauer]; BAG 5.3.97 – 7 AZR 581/92.
68 BAG 16.2.23 – 8 AZR 450/21, Rn. 54 ff.
69 BT-Drs. 16/1780 S. 33.

Benachteiligung führen.[70] Diese Verteilung entspricht dem Grundsatz, dass jeder die Voraussetzungen der für ihn günstigen Umstände darzulegen und im Bestreitensfalle zu beweisen hat, und findet sich auch in der Formulierung der Norm (»es sei denn ...«).

20 Entsprechendes wird durch die Erleichterung des § 22 erreicht: Sie knüpft an die Vermutung einer Benachteiligung gem. § 3 und damit bei der mittelbaren Benachteiligung auch an das Fehlen einer Rechtfertigung an. So begründen statistisch relevante Abweichungen bereits die Vermutung für eine fehlende Rechtfertigung der Ungleichbehandlung: Wenn auf der Grundlage einer größeren Zahl von AN nachgewiesen werden kann, dass der Teil der Gruppe, der ein Merkmal des § 1 trägt, ohne ersichtlichen Grund schlechter behandelt wird als der andere Teil, ergibt sich hieraus auch eine Vermutung für die fehlende Rechtfertigung der mittelbaren Benachteiligung (s. auch § 22 Rn. 11c, 16).[71]

21 Vor allem, wenn es um normative Regelungen im arbeitsrechtlichen Bereich geht, die gem. § 7 Abs. 2 unwirksam sein können, ist zu beachten, dass für eine mittelbare Benachteiligung ausreicht, wenn die **Möglichkeit einer Benachteiligung** besteht. Der Gesetzgeber zielt hierbei auf Fälle, in denen eine hinreichend konkrete Gefahr besteht, dass Personen wegen eines Merkmals des § 1 im Vergleich zu Angehörigen anderer Personengruppen einen besonderen Nachteil erleiden,[72] auch wenn für den Einzelnen noch keine konkrete Benachteiligung eingetreten ist.

## 4. Fallbeispiele

22 a) Die bisherige Rechtsprechung hat eine **geschlechtsbedingte mittelbare Benachteiligung** hinsichtlich der Lohnhöhe bejaht, wenn diese von **Merkmalen** abhängt, die von einem Geschlecht wesentlich seltener erfüllt werden als vom anderen, ohne dass die Verwendung dieser Kriterien durch ein wesentliches unternehmerisches oder sozialpolitisches Bedürfnis gerechtfertigt werden könnte.[73] **Allein die Tatsache einer wesentlich geringeren Entlohnung der Angehörigen eines Geschlechts** reicht nur dann aus, um eine mit dem Geschlecht zusammenhängende Ursache zu vermuten, wenn

70 EuGH 16.7.15 – C-83/14 – [CHEZ Razpredelenie Bulgaria]. BAG 15.12.16 – 8 AZR 454/15; ErfK-Schlachter § 3 AGG Rn. 13.

71 So auch Schiek-Kocher, § 22 Rn. 40, 54.

72 BT-Drs. 16/1780 S. 33; eine abstrakte Gefährdungslage soll allerdings nicht genügen.

73 Dies gilt auch für andere Arbeitsumstände, wie etwa den Zugang zu bestimmten Stellen: EuGH 18.10.17 – C 409/16 – [Kalliri]: Mindestkörpergröße für den Zugang zum Polizeidienst.

namentlich die Kriterien für die Entlohnungspraxis des AG für die AN nicht durchschaubar sind.[74]

**Beispiele:**
In einem großen Versicherungsunternehmen mit 600 Mitarbeitern verdienen weibliche Abteilungsleiterinnen durchschnittlich 20% weniger als ihre männlichen Kollegen. Bei einer großen Textilfabrik verdienen die dunkelhäutigen Arbeiterinnen im Schnitt 15% weniger als die weißen Arbeiterinnen mit gleichen Tätigkeiten. Hier ist jeweils von einer mittelbaren Benachteiligung auszugehen. Zu den Rechtsfolgen s. Rn. 38 ff. zu § 7.

23 b) An **Teilzeitarbeit** darf bereits gem. § 4 Abs. 1 TzBfG keine unterschiedliche Behandlung anknüpfen. Diese Regelung gilt gem. § 2 Abs. 3 neben dem AGG weiter. Erhalten Teilzeitbeschäftigte Arbeitsentgelt oder eine andere teilbare geldwerte Leistung in dem Umfang, der dem Anteil ihrer Arbeitszeit an der Arbeitszeit vergleichbarer Vollzeitbeschäftigter entspricht, werden sie grundsätzlich nicht benachteiligt.[75] Mehrarbeitszuschläge sind für die Arbeitszeit geschuldet, die über die Teilzeitquote hinausgeht, auch wenn sie die Arbeitszeit einer Vollzeittätigkeit nicht überschreitet.[76] Urlaubsabgeltung kann ggf. nach der früheren höheren Vergütung zu bemessen sein, wenn der Urlaubsanspruch damals erdient worden ist; eine Berechnung, die allein auf das ausgefallene Entgelt abstellt, ist nichtig.[77] Ungleichbehandlungen hinsichtlich aller nicht leistungsbezogenen Vergütungsbestandteile wegen Teilzeitarbeit sind grundsätzlich unzulässig.[78] Gem. § 4 Abs. 1 Satz 2 TzBfG

74 EuGH 17.10.89 – C-109/88 – [Danfoss], Rn. 12 f., 15; BAG 23.9.92 – 4 AZR 30/92; BAG 21.2.218 – AZR 488/19, Rn. 67.

75 BAG 24.9.08 – 10 AZR 639/07. Anders für die Berechnung der Bezugsdauer von Arbeitslosengeld EuGH 9.11.17 – C 98/15 – [Espadas Recio].

76 BAG 19.12.18 – 10 AZR 231/18, 10 AZR 617/17, 10 AZR 618/17, 10 AZR 140/18, unter Aufgabe der bisherigen Rechtsprechung des Senats und unter Anschluss an diejenige des 6. Senats s. auch BAG 11.11.20 – 10 AZR 185/20 (A) und anschließend EuGH 19.10.23 – C-660/20 zu gleichen Auslösegrenzen für voll- und teilzeitbeschäftigte Pilot:innen.

77 BAG 20.3.18 – 9 AZR 486/17.

78 EuGH 9.9.99 – C-281/97 – [Krüger] zum tarifvertraglichen Ausschluss geringfügig Beschäftigter von einer Jahressonderzuwendung; EuGH 27.6.90 – C-33/89 zum Ausschluss Teilzeitbeschäftigter vom tariflichen Übergangsgeld; BAG 27.7.94 – 10 AZR 538/93 zur rechtswidrigen Versagung von Sonderkonditionen bei Arbeitgeberdarlehen für Teilzeitbeschäftigte; BAG 5.3.97 – 7 AZR 581/92 zur mittelbaren Diskriminierung von teilzeitbeschäftigten Betriebsratsmitgliedern durch den Ausschluss von Freizeitausgleich für die Teilnahme an einer Betriebsratsschulung; BAG 15.12.98 – 3 AZR 239/97 zum Anspruch auf Zuschläge für Spät- und Nachtarbeit; BAG 5.8.09 – 10 AZR 634/08 zur Herausnahme von Teilzeitbeschäftigten von einem Anspruch auf Ausgleichszulage; BAG 22.10.19 – 9 AZR 71/19 zu Altersfreizeit für AN, deren wöchentliche Arbeitszeit mehr als 35 Stunden beträgt.

dürfen nicht leistungsbezogene Entgeltbestandteile nur im Verhältnis der individuellen zur betriebsüblichen Arbeitszeit »ratierlich« gekürzt werden. Dies gilt aber im Hinblick auf das Benachteiligungsverbot nur dann, wenn dies nach dem vom Betrieb gesetzten Leistungszweck gerechtfertigt ist. Andere zusätzliche Leistungen wie etwa ein freier Nachmittag können nur dann als gerechtfertigte Ungleichbehandlung gelten, wenn sie streng anlassbezogen gewährt werden, wie z.B. am 24. und 31. 12. oder Faschingsdienstag.[79] Würde dagegen an jedem Geburtstag, der auf einen Arbeitstag fällt, der Nachmittag frei gegeben, so könnte darin eine mittelbare Benachteiligung wegen des Geschlechts liegen, weil Frauen deutlich häufiger als Männer als Teilzeitbeschäftigte vor allem vormittags arbeiten.

c) Eine mittelbare Benachteiligung besteht ebenso bei Kürzung des Urlaubs- 24
gelds aufgrund der Inanspruchnahme der **Mutterschutzfrist**[80] und kommt auch bei einer Anknüpfung an die Inanspruchnahme von **Elternzeit** in Betracht, da sie zu etwa 3/4 von Frauen beansprucht wird.[81] Hier hat die Rechtsprechung eine sachliche Rechtfertigung bejaht für die Anrechnung auf Bewährungszeiten.[82] Soweit es sich um Arbeitsentgelt handelt, ist die Anknüpfung von Sondervergütungen (z.B. 13. Gehalt) an die tatsächlich erbrachte Arbeitsleistung nicht zu beanstanden. Demgegenüber muss für Gratifikationen, die Betriebstreue honorieren, auch Elternzeit angerechnet werden. Das gleiche gilt für alle Regelungen, die an die Länge des bestehenden Arbeitsverhältnisses anknüpfen.[83]

In der Praxis ist zu beobachten, dass der **berufliche Wiedereinstieg** nach 25
der Elternzeit häufig an der fehlenden Zuweisung von adäquater Arbeit oder an Arbeitszeiten, die mit familiären Verpflichtungen nicht vereinbar sind, scheitert. Dabei ist gem. § 7 Abs. 1 zu prüfen, inwieweit Maßnahmen der AG ggf. diskriminierenden Charakter haben und zu Ansprüchen nach dem 2. Abschnitt führen können. Während nach Rückkehr aus den Mutterschutzzeiten nach dem MuSchG in der Zuweisung eines Arbeitsplatzes, der dem vorherigen Arbeitsplatz nicht gleichwertig ist, eine *unmittelbare* Benachteiligung wegen des Geschlechts liegen kann,[84] kommt bei einer entsprechenden Behandlung nach Rückkehr aus der Elternzeit eine *mittelbare* Benachteiligung von Frauen in Betracht.

d) Die höhere Bezahlung **körperlich schwerer Arbeit** kann durch die An- 26
forderungen bestimmter Arbeitsplätze gerechtfertigt sein, wenn das Ein-

79 BAG 26.5.93 – 5 AZR 184/92, Rn. 28 ff.
80 BAG 20.8.02 – 9 AZR 353/01.
81 Zahl des statistischen Bundesamts 2022.
82 BAG 18.6.97 – 4 AZR 647/95 soweit überhaupt eine Ungleichbehandlung wegen des Geschlechts vorliegt, vgl. dazu oben Rn. 13 und BAG 27.1.11 – 6 AZR 526/09.
83 BAG 21.10.92 – 4 AZR 73/92; BAG 12.11.02 – 1 AZR 58/02.
84 ArbG Wiesbaden 18.12.08 – 5 Ca 46/08.

gruppierungssystem insgesamt nicht diskriminierend ist, etwa auch solche Differenzierungsmerkmale enthält, die von typischerweise mit Frauen besetzten Arbeitsplätzen verlangt werden,[85] oder »körperlich schwere Arbeit« nach gemeinschaftsrechtskonformer Auslegung so verstanden wird, dass neben der Muskelbelastung alle Umstände berücksichtigt werden, die auf den Menschen belastend einwirken und zu körperlichen Reaktionen führen können wie ausschließlich stehende Tätigkeit, belastende Körperhaltung, taktgebundene, repetitive Arbeit, nervliche Belastungen und Lärmeinwirkung sowie eine erhöhte Arbeitspulsfrequenz.[86]

e) **Eingetragene Lebenspartner** werden mittelbar wegen ihrer sexuellen Orientierung gleichheitswidrig benachteiligt durch die Versagung eines kinderbezogenen Entgeltbestandteils im Ortszuschlag[87] und durch die Versagung ehegattenbezogener Vergütungsbestandteile,[88] ohne dass dies durch den besonderen Schutz von Ehe und Familie (Art. 6 GG) gerechtfertigt ist. In der betrieblichen Altersversorgung sind sie hinsichtlich der Hinterbliebenenversorgung Ehegatten gleichzustellen.[89]

f) Die Beschränkung des Bewerberkreises in einer Stellenausschreibung auf AN im ersten Berufs-/Tätigkeitsjahr führt zu einer mittelbaren Benachteiligung wegen des **Alters**, die nicht geeignet ist, das genannte Ziel einer ausgewogenen Altersstruktur zu erreichen.[90] Der Ausschluss von Betriebsrentnern und ihnen gleichgestellten ehemaligen Mitarbeitern von verbessernden Regelungen für eine Betriebsrente ist im Hinblick auf das gesetzgeberische Ziel der Förderung der betrieblichen Altersversorgung (§ 10 Sätze 1, 2 und 3 Nr. 4) angemessen.[91]

## IV. Belästigung

27 **Abs. 3** definiert entsprechend den Richtlinien 2000/43/EG (Antirassismus-Richtlinie), 2000/78/EG (Rahmenrichtlinie Beschäftigung) und 76/207/EG (Gender-Richtlinie) bestimmte Formen der **Belästigung** als Benachteiligung. »Belästigung« steht in der deutschen Übersetzung der EU-Richtlinien für das englische »harassment«, das die Bedeutung einer ständigen, starken Belästigung hat. Wie in den EU-Richtlinien setzt eine Belästigung die **Schaffung eines »feindlichen Umfeldes«** und damit in der Regel ein **kontinuierliches Handeln** voraus (Art. 2 Abs. 2 der Richtlinien 2000/43/

85 EuGH 1.7.86 – C-237/85.
86 BAG 27.4.88 – 4 AZR 707/87.
87 BAG 18.3.10 – 6 AZR 156/09.
88 BAG 18.3.10 – 6 AZR 434/07 zum Auslandszuschlag nach § 55 BbesG.
89 BAG 14.1.09 – 3 AZR 20/07.
90 BAG 19.5.16 – 8 AZR 470/14.
91 BAG 11.8.09 – 3 AZR 23/08.

EG [Antirassismus-Richtlinie], 2000/78/EG [Rahmenrichtlinie Beschäftigung] bzw. Art. 2 Abs. 2 der Richtlinie 76/207/EG [Gender-Richtlinie]). Ein feindliches Umfeld beschreibt einen sozialen Lebensraum (z. B. Arbeits- oder Wohnumgebung), der durch bestimmte Verhaltensweisen einer oder mehrerer Personen für die Betroffenen »vergiftet« wird. Dabei sind alle Handlungen und Verhaltensweisen, die dem **systematischen Prozess** der Schaffung eines bestimmten Umfeldes zuzuordnen sind, in die Betrachtung einzubeziehen, wobei den einzelnen Handlungen oder Verhaltensweisen für sich allein betrachtet oft keine rechtliche Bedeutung zukommt.[92] Vielmehr ist immer eine **wertende Gesamtschau aller Faktoren** vorzunehmen. »Gekennzeichnet« ist ein Umfeld dann von Einschüchterungen, Anfeindungen, Erniedrigungen, Entwürdigungen oder Beleidigungen, wenn diese für das Umfeld »charakteristisch oder typisch« sind[93] bzw. prägende Bedeutung dadurch erlangen, dass einzelne Tathandlungen aufeinander aufbauen und ineinander greifen, also systematisch dazu dienen, die Würde der Betroffenen zu verletzen.[94] Deshalb führt einmaliges Verhalten – anders als im Fall der sexuellen Belästigung nach Abs. 4 – regelmäßig nicht zur Schaffung eines feindlichen Umfeldes. Vielmehr ist dafür regelmäßig ein Verhalten von gewisser Dauer erforderlich.[95] Denkbar ist aber auch, dass die Belästigung so schwer wiegt, dass durch ein einmaliges Handeln und die bestehende Wiederholungsgefahr bereits ein feindliches Umfeld geschaffen wird.

Die Belästigung setzt eine **unerwünschte Verhaltensweise** voraus. Verhalten ist dabei umfassend zu verstehen und kann sowohl verbaler als auch nonverbaler Art sein. Hierunter fallen z. B. Verleumdungen, Beleidigungen und abwertende Äußerungen, Anfeindungen, Drohungen und körperliche Übergriffe, die im Zusammenhang mit einem der in § 1 genannten Gründe stehen.[96] Davon, dass ein Verhalten unerwünscht ist, ist immer dann auszugehen, wenn der oder die Betroffene dies ausdrücklich gegenüber dem Belästigenden zum Ausdruck gebracht hat, aber auch dann, wenn die Handelnden **aus der Sicht eines objektiven Beobachters** davon ausgehen können, dass ihr Verhalten unter den gegebenen Umständen von den Betroffenen nicht erwünscht ist oder nicht akzeptiert wird.[97] Bei dieser Beurteilung sind alle Umstände des Falles zu berücksichtigen, also auch die individuelle Situation der Betroffenen, die Art des Arbeitsplatzes und die Person der Ver- 28

92 BAG 25.10.07 – 8 AZR 593/06; BAG 29.6.17 – 2 AZR 302/16, Rn. 17; BAG 20.5.21 – 2 AZR 596/20, Rn. 24.

93 BAG 24.9.09 – 8 AZR 705/08, Rn. 28ff., 32.

94 Abgelehnt bei ausländerfeindlichen Beschimpfungen in zwei von fünf Herrentoiletten eines Betriebs, wenn nicht weitere Umstände hinzukommen: BAG 24.9.09 – 8 AZR 705/08.

95 BAG 9.6.11 – 2 AZR 323/10, Rn. 19; BAG 29.6.17 – 2 AZR 302/16, Rn. 21.

96 BT-Drs. 16/1780 S. 33. BAG 20.6.2011 – 8 AZR 48/10.

97 BAG 29.6.17 – 2 AZR 302/16, Rn. 17; BAG 20.5.21 – 2 AZR 596/20, Rn. 24.

ursacher. Auf das eigene Verständnis der belästigenden Person kommt es nicht an.[98]

29 Eine Belästigung hat nur dann die Qualität einer Benachteiligung, wenn durch sie **ein feindliches Umfeld** durch Einschüchterungen, Anfeindungen, Erniedrigungen, Entwürdigungen und Beleidigungen **geschaffen** wird **und** sie bezweckt oder dazu führt, dass die **Würde einer Person** aus einem in § 1 genannten Grund **verletzt** wird. Das notwendige **kumulative** Zusammentreffen beider Voraussetzungen stellt klar, dass geringfügige Eingriffe keine rechtsrelevante Belästigung darstellen.[99] Wiederholte ausländerfeindliche und rassistische Äußerungen eines Mitarbeiters des öffentlichen Dienstes in sozialen Medien können dieses Gewicht erreichen,[100] ebenso das Insistieren auf der Andersartigkeit einer Kollegin mit dunkler Hausfarbe.[101]

30 Unklar ist, wann eine Belästigung die **Geringfügigkeitsschwelle** nach Abs. 3 überschreitet. In Bezug auf den Schutz der Würde einer Person besteht eine **Parallele zum allgemeinen Persönlichkeitsrecht**. Dieses wird definiert als das Recht des Einzelnen auf Achtung seiner Menschenwürde und auf Entfaltung seiner individuellen Persönlichkeit.[102] Nur schwerwiegende Persönlichkeitsverletzungen lösen bisher einen Anspruch auf Schmerzensgeld aus. Anders als bei einer **rechtserheblichen Belästigung** setzt ein Anspruch aufgrund einer Verletzung des allgemeinen Persönlichkeitsrechts ein Verschulden voraus. Ob ein Anspruch besteht, hängt nach der Rechtsprechung vom Grad des Verschuldens, von Art und Schwere der Benachteiligung, von Nachhaltigkeit und Fortdauer der Interessenschädigung sowie von Anlass und Beweggrund des Handelnden ab.[103] Für die Fälle einer geschlechtsspezifischen Diskriminierung bejaht die Rechtsprechung regelmäßig eine erhebliche Verletzung des Persönlichkeitsrechts, die die Geringfügigkeitsschwelle überschreitet. Die Erheblichkeitsschwelle ist nicht überschritten, wenn an einen AN, der nicht deutscher »Muttersprachler« ist, die Aufforderung gerichtet wird, einen Deutschkurs zu besuchen.[104]

31 Die unerwünschte Verhaltensweise muss **bezwecken oder bewirken**, die Würde der betroffenen Person **zu verletzen**. Eine Belästigung ist also dann gegeben, wenn ein Verhalten die Würde der Betroffenen verletzt, ohne dass es auf einen entsprechenden Vorsatz ankommt oder, wenn die Verletzung

98 BAG 9.6.11 – 2 AZR 323/10, Rn. 24.
99 BAG 24.9.09 – 8 AZR 705/08, Rn. 32; BAG 18.5.17 – 8 AZR 74/16, Rn. 97.
100 ArbG Gelsenkirchen 24.11.15 – 5 Ca 1444/15.
101 LAG Berlin-Brandenburg 14.10.22 – 12 Sa 51/22, Rn. 47.
102 BGH 14.2.58 – I ZR 151/56.
103 BAG 5.3.96 –1 AZR 590/92 [A], Rn. 71.
104 BAG 22.6.2011 –8 AZR 48/10, Rn. 46.

tatsächlich nicht eintritt, der Handelnde eine Verletzung der Würde angenommen hat.[105]

**Beispiel:**
Ein Kollege macht im Beisein seiner Kollegin ständig Bemerkungen über die Unfähigkeit und Dummheit von »Blondinen«. Auch wenn die Bemerkungen die Mitarbeiterin nicht verletzen, zielt der Kollege darauf ab, sie als Frau herabzuwürdigen. Sein Verhalten stellt eine Belästigung dar.

Der Begriff der Belästigung umfasst auch die Fälle beeinträchtigenden Verhaltens am Arbeitsplatz, die in der Praxis unter »**Mobbing**« subsumiert werden, soweit sie Merkmale des § 1 betreffen.[106] Während »Mobbing« kein Rechtsbegriff und damit auch keine Anspruchsgrundlage für Ansprüche der Beschäftigten gegen AG, Vorgesetzte oder Arbeitskolleg:innen darstellt,[107] umschreibt die in Abs. 3 enthaltene Definition der »Belästigung« auch den Begriff des »Mobbings« und kann auf alle Fälle einer solchen Benachteiligung einer oder eines AN – gleich aus welchen Gründen – übertragen werden.[108] Abs. 3 zeigt vor allem, dass es grundsätzlich auf die Zusammenschau der einzelnen »unerwünschten« Verhaltensweisen ankommt, um zu beurteilen, ob »Mobbing« vorliegt. Wesensmerkmal der als »Mobbing« bezeichneten Form der Rechtsverletzung ist die systematische, sich aus vielen einzelnen Handlungen/Verhaltensweisen zusammensetzende Verletzung, wobei den einzelnen Handlungen oder Verhaltensweisen für sich allein betrachtet oft keine rechtliche Bedeutung zukommt;[109] deshalb kommt es auf eine Gesamtschau aller Umstände an.[110] 32

Eine **Rechtfertigung** einer rechtserheblichen Belästigung, die eine Benachteiligung darstellt, ist **nicht möglich**, da von den Rechtfertigungsmöglichkeiten nur Ungleichbehandlungen erfasst werden, die nicht notwendig Unrechtscharakter haben. Die §§ 8 ff. sind in solchen Fällen nicht anwendbar. 33

Die Rechte der Betroffenen ergeben sich aus Abschnitt 2. Neben Ansprüchen auf Schadensersatz und Entschädigung[111] kommt im Einzelfall gem. § 12 34

---

105 BAG 9.6.11 –2 AZR 323/10 Rn. 19; LAG Berlin-Brandenburg 14.10.22 – 12 Sa 51/22, Rn. 49.

106 LAG Köln 7.5.18 – 4 Sa 482/13.

107 BAG 16.5.07 – 8 AZR 709/06.

108 BAG 25.10.07 – 8 AZR 593/06; BAG 15.9.16 – 8 AZR 351/15; BAG 18.5.17 – 8 AZR 74/16, Rn. 98; LAG Köln 7.5.18 – 4 Sa 482/13; LAG Köln 6.5.22 – 10 Sa 560/21, Rn. 30; LAG Rheinland-Pfalz 18.8.16 – 5 Sa 61/16.

109 BAG 16.5.07 – 8 AZR 709/06; BAG 25.10.07 – 8 AZR 593/06.

110 BAG 18.5.17 – 8 AZR 74/16; LAG Rheinland-Pfalz 18.8.16 – 5 Sa 61/16.

111 BAG 18.5.17 – 8 AZR 74/16: Für den Beginn der Frist des § 15 Abs. 4 kommt es wegen des typischerweise prozesshaften Charakters der Belästigung auf den Abschluss des letzten von der klagenden Partei geschilderten Vorfalls an.

Abs. 3 auch ein Anspruch auf Ausspruch einer konkreten Abmahnung oder auf das Angebot eines gleichwertigen Arbeitsplatzes in Betracht, an dem Betroffene nicht mehr mit einem Schädiger zusammenarbeiten müssen, wenn ein solcher Arbeitsplatz im Unternehmen vorhanden ist (s. auch Rn. 41).[112] Neben Ansprüchen aus dem AGG kommen bei Belästigungen gem. Abs. 3 außerdem eine **Verpflichtung des Vertragspartners gem. § 241 Abs. 2 BGB** (Rücksichtnahme auf die Rechte, Rechtsgüter und Interessen der anderen Partei) und bei Missachtung seine **Haftung nach § 280 BGB** sowie in der vorvertraglichen Phase bei der Aufnahme von Vertragsverhandlungen, der Anbahnung eines Vertrags oder bei ähnlichen geschäftlichen Kontakten Ansprüche nach **§ 311 Abs. 2 BGB** in Betracht. Daneben können Handlungen, die das Persönlichkeitsrecht, die Gesundheit oder die sexuelle Selbstbestimmung verletzen, Schadenersatz- oder Schmerzensgeldansprüche auslösen (s. auch §§ 15 Abs. 5, 21 Abs. 3). In Betracht kommen insbesondere §§ 823 Abs. 1, 253 Abs. 2 BGB. Auch kann gleichzeitig eine sittenwidrige vorsätzliche Schädigung i. S. d. § 826 BGB vorliegen. Entsprechende Handlungen können strafrechtliche Konsequenzen nach sich ziehen.

35 **Mitbestimmung:** Neben der Möglichkeit zum Abschluss freiwilliger Betriebsvereinbarungen gem. §§ 88, 80 Abs. 1 BetrVG kommt je nach Inhalt gem. **§ 87 Abs. 1 Nr. 1 BetrVG** der Abschluss einer **Betriebsvereinbarung zum Schutz vor Benachteiligung durch Belästigung** in Betracht, die erzwingbaren Charakter hat[113] (siehe dazu die Musterbetriebsvereinbarung im Anhang). Ein **Schulungsbedarf** gem. § 37 Abs. 6 besteht in jedem Fall dann, wenn eine vorbeugende Betriebsvereinbarung hierzu geplant ist.[114]

## V. Sexuelle Belästigung

36 **Abs. 4** definiert, wann eine **sexuelle Belästigung** eine nach dem AGG relevante Benachteiligung darstellt, und ist im Anwendungsbereich beschränkt auf den arbeitsrechtlichen Bereich des § 2 Abs. 1 Nr. 1–4; sexuelle Belästigungen in anderen Bereichen können unter Abs. 3 fallen. Das AGG erfasst entsprechend den EU-rechtlichen Vorgaben (Änderung in Art. 2 Abs. 2 der Richtlinie 76/207/EWG [Gender-Richtlinie]) **jede sexuelle Belästigung, die auf ein unerwünschtes, sexuell bestimmtes Verhalten zurückgeht**. Die Definition ist weiter als diejenige im früheren § 2 Abs. 2 BeschSchG,

112 BAG 25.10.07 – 8 AZR 593/06.

113 LAG Düsseldorf 22.7.04 – 5 TaBV 38/04 bejaht die grundsätzliche Möglichkeit einer erzwingbaren Betriebsvereinbarung gem. § 81 Abs. 1 Nr. 1 BetrVG zum Thema »Schutz der Arbeitnehmer vor Mobbing und sexueller Belästigung«; a. A. LAG Hamburg 5.7.97 – 5 TaBV 4/98.

114 Zu den Voraussetzungen beim Thema »Mobbing« s. BAG 14.1.15 – 7 ABR 95/12, Rn. 15 ff., 20: Konfliktlagen im Betrieb, aus denen Mobbing entstehen kann.

wonach Voraussetzung der sexuellen Belästigung eine vorsätzliche Verletzung der Würde von Beschäftigten war, die entweder einen Straftatbestand erfüllte oder als sonstige sexuelle Handlung von den Betroffenen »erkennbar abgelehnt« wurde. Nunmehr reicht aus, wenn **aus der Sicht eines objektiven Beobachters** davon auszugehen ist, dass ein Verhalten unter den gegebenen Umständen von den Betroffenen nicht erwünscht ist oder akzeptiert wird.

Das **unerwünschte Verhalten** muss **sexuell bestimmt** sein. Die Vorschrift 37
enthält in einer beispielhaften Aufzählung, die **nicht abschließend** ist, typische Fälle sexuell bestimmter Verhaltensweisen. Ob ein Verhalten **»sexuell«** ist, hängt in Zweifelsfällen zum einen davon ab, welche Intention der oder die Handelnde hat, zum anderen davon, wie der oder die Betroffene sie empfindet.[115] Auch hier ist darauf zurückzugreifen, **wie das Verhalten aus der Sicht eines objektiven Beobachters zu verstehen ist.**[116] Der sexualisierte Charakter eines Verhaltens wird daran deutlich, dass die im dienstlichen Bereich generell vorgegebene psychische und körperliche Grenze zum individuellen Intimbereich überschritten wird und es zu einer Verletzung der (sexuellen) Würde des Beschäftigten kommt.[117] Das gleiche gilt für die Beurteilung, ob Bemerkungen einen sexuell bestimmten Inhalt haben oder ob das Zeigen und das sichtbare Anbringen von pornographischen Darstellungen unerwünscht ist, was regelmäßig der Fall sein dürfte.[118] **Sexuelle Handlungen und Verhaltensweisen, die nach strafgesetzlichen Vorschriften unter Strafe gestellt** sind, sind in jedem Fall eine sexuelle Belästigung i. S. des Abs. 4, da sie schwerer wiegen als die aufgeführten Beispiele. Eine sexuelle Belästigung ist nicht nur möglich zwischen den verschiedenen Geschlechtern; es ist z. B. auch denkbar, dass sich ein Mann durch das Zeigen pornographischer Darstellungen von männlichen Kollegen sexuell belästigt fühlt.

Das sexuell bestimmte Verhalten muss **bezwecken oder bewirken, dass die** 38
**Würde der betreffenden Person verletzt wird**, insbesondere wenn ein von Einschüchterungen, Anfeindungen, Erniedrigungen, Entwürdigungen oder Beleidigungen gekennzeichnetes Umfeld geschaffen wird. Die **Schaffung eines feindlichen Umfeldes** muss also entgegen Abs. 3 **nicht kumulativ** zu

115 BAG 29.6.17 – 2 AZR 302/16, Rn. 18: Sexuelle Handlungen sind entweder solche, die in den Intimbereich eingreifen, oder aber solche, die nicht unmittelbar das Geschlechtliche betreffen (wie etwa eine Umarmung), die aber entsprechend verstanden werden.

116 Sexuelle Belästigung am Arbeitsplatz ist häufig Ausdruck von Hierarchien und Machtausübung und weniger von sexuell bestimmter Lust, BAG 29.6.17 – 2 AZR 302/16, Rn. 19.

117 BVerwG 14.5.02 – 1 D 30/01.

118 LAG Mecklenburg-Vorpommern 5.3.20 – 5 TaBV 9/19, Rn. 85 ff., 89: Das manuelle Starten eines übersandten Videos ändert nichts an der Unerwünschtheit.

der Verletzung der **Würde einer Person** hinzutreten, sondern ist hier nur ein Beispiel dafür, wann in jedem Fall von einer solchen Verletzung auszugehen ist (zur Schaffung eines feindlichen Umfeldes und zur Schwelle, ab der von einer Verletzung der Würde auszugehen ist, s. Rn. 29 f. zu Abs. 3). Eine einmalige Handlung kann hier genügen.[119]

39 Wie bei der Belästigung gem. Abs. 3 reicht es aus, dass die unerwünschte Verhaltensweise die Verletzung der Würde der betreffenden Person **bezweckt oder bewirkt**. Relevant sind also entweder das Ergebnis oder die Absicht einer Verletzung.

> **Beispiel:**
> Ein Pirelli Kalender in einer Werkstatt ist dann unproblematisch, wenn er im nichtöffentlichen Bereich aufgehängt ist, zu dem nur Mitarbeitende Zutritt haben, die sich nicht daran stören. Hängt der Kalender allerdings so, dass eine Person damit konfrontiert ist, die sich mit der sexualisierten Darstellung unwohl fühlt oder sich gar in der Vergangenheit gegen derartige Darstellungen verwehrt hat, kann eine sexuelle Belästigung vorliegen.

40 Wie bei Abs. 3 ist auch bei Abs. 4 eine **Rechtfertigung** einer rechtserheblichen sexuellen Belästigung, die eine Benachteiligung darstellt, gem. §§ 8 ff. **nicht möglich**, da von den Rechtfertigungsmöglichkeiten nur ungleiche Behandlungen erfasst werden, die nicht notwendig Unrechtscharakter haben.

41 **Handlungsmöglichkeiten der betroffenen Beschäftigten** ergeben sich aus Abschnitt 2.[120] Hier sind das Beschwerderecht (§ 13), das Leistungsverweigerungsrecht (§ 14), Schadensersatz und Entschädigung (§ 15 Abs. 1 und 2) sowie das Maßregelungsverbot (§ 16) geregelt. Hinzu kommen nach allgemeinen rechtlichen Bestimmungen ein Unterlassungsanspruch gem. § 1004 BGB i. V. m. § 7 Abs. 3 und die Möglichkeit der Eigenkündigung gem. § 626 BGB mit der Folge des Schadensersatzanspruchs nach § 628 Abs. 2 BGB. Solche Ansprüche bleiben gem. § 15 Abs. 5 vom AGG unberührt. **Handlungspflichten der AG** bestehen vorbeugend (§ 12 Abs. 1 und 2) und repressiv (§ 12 Abs. 3 und 4).[121] Eine sexuelle Belästigung stellt eine Pflichtverletzung dar, die zur Kündigung berechtigt. Eine fristlose Kündigung eines Mitarbeiters, der andere sexuell belästigt, wird je nach den Umständen des

---

119 BAG 20. 11. 14 – 2 AZR 651/13; BAG 29. 6. 17 – 2 AZR 302/16; BAG 20. 5. 21 – 2 AZR 596/20, Rn. 24.

120 Praktisch hilfreich dafür die Informationsbroschüre der Antidiskriminierungsstelle in leichter Sprache (Stand 19. 4. 24) unter *http://www.antidiskriminierungsstelle.de/SharedDocs/downloads/DE/publikationen/leicht-sprache/grenzen_setzen_leichte_sprache_broschuere_2017.html.*

121 Einen guten Überblick bietet Linde, Sexuelle Belästigung ist unerwünscht, AuR 18, 123 ff.; ausführlich dazu auch Krieger/Deckers, #metoo – Was tun beim Vorwurf sexueller Belästigung am Arbeitsplatz, NZA 18, 1161 ff.; Bauer/Schunder, Maßnahmen und Pflichten des AG bei sexuellen Belästigungen, NZA 22, 1368 ff.

Einzelfalls, namentlich dem Umfang und der Intensität, eine Abmahnung voraussetzen[122] (s. im Übrigen dazu § 12 Rn. 12). Der Ausschluss eines Personalratsmitglieds aufgrund sexueller Belästigung soll nur in der Amtsperiode möglich sein, in der der Übergriff stattgefunden hat.[123]

**Mitbestimmung:** Als vorbeugende Maßnahme kommt der Abschluss einer **Betriebsvereinbarung zum Schutz vor sexueller Belästigung** in Betracht. Siehe im Übrigen Rn. 35.[124] 42

## VI. Benachteiligung durch Anweisung zu einer Benachteiligung

**Abs. 5** sieht in Umsetzung von Art. 2 Abs. 4 der Richtlinien 2000/43/EG 43
(Antirassismus-Richtlinie), 2000/78/EG (Rahmenrichtlinie Beschäftigung) und 76/207/EWG (Gender-Richtlinie) vor, dass eine **Anweisung zu einer Benachteiligung** eine eigenständige Benachteiligung darstellt. Darauf, dass die Benachteiligung dann tatsächlich erfolgt, kommt es nicht an. Der Begriff »Anweisung« setzt ein Weisungsrecht voraus und ist damit enger zu verstehen als der strafrechtliche Begriff der »Anstiftung«.[125] Regelmäßig wird es deshalb um eine Weisung von AG oder Vorgesetzten an weisungsgebundene Beschäftigte gehen. Nach seiner Systematik erfasst das gesetzliche Benachteiligungsverbot alle Benachteiligungen, ohne dass ein Verschulden erforderlich ist. Die Gesetzesbegründung führt dagegen aus, dass die **Anweisung** selbst **vorsätzlich** erfolgen muss.[126] Dies ergibt sich aus dem Gesetzeswortlaut nicht. Zwar wird in der Praxis mit einer entsprechenden Anweisung regelmäßig eine bestimmte Absicht einhergehen, denkbar ist aber auch, dass die Benachteiligung wegen eines Merkmals des § 1 bloße Nebenwirkung einer Weisung und nicht vom Vorsatz umfasst ist (mittelbare Benachteiligung). Der Vorschrift kann jedenfalls nicht entnommen werden, dass im Falle einer Anweisung zur Benachteiligung der Vorsatz des Anweisenden im Verfahren dargelegt – und bewiesen – werden muss.

Die Vorschrift gilt allgemein: Durch eine Anweisung kann **jede Person**, die 44
ein Merkmal des § 1 trägt, benachteiligt werden. Erfasst wird daher auch die Anweisung von AG an ihre Beschäftigten, Dritte z. B. Kunden aus einem der sanktionierten Gründe zu benachteiligen. Satz 2, der ausdrücklich die Benachteiligung von Beschäftigten nennt, enthält damit lediglich ein Beispiel, wie seine Formulierung (»insbesondere«) zeigt.[127]

---

122 BAG 20.11.14 – 2 AZR 651/13.

123 VG Berlin 11.1.18 – 72 K 5.17 PVB.

124 Schiek, AiB 97, 441; siehe auch die Musterbetriebsvereinbarung im Anhang.

125 Thüsing, Sonderbeilage zu NZA 04, 3.

126 BT-Drs. 16/1780 S. 33.

127 A. A. Thüsing, Sonderbeilage zu NZA 04, 3, der meint, es würde ausschließlich die Benachteiligung von Beschäftigten geregelt.

> **Beispiel:**
> A leitet die Abteilung »Wohnungsvermietungen« bei einer großen Versicherung und weist seine Mitarbeiter:innen an, nicht an Menschen dunkler Hautfarbe zu vermieten.

45 **Satz 2** hebt ausdrücklich hervor, dass eine **Benachteiligung von Beschäftigten** im arbeitsrechtlichen Anwendungsbereich des § 2 Abs. 1 Nr. 1–4 bereits in der Anweisung durch AG oder Vorgesetzte zu sehen ist; es genügt, dass durch das angewiesene Verhalten die **Möglichkeit einer Benachteiligung** besteht.

46 Die **Haftung** ist im arbeitsrechtlichen Bereich (§ 2 Abs. 1 Nr. 1–4) gem. § 15 auf AG beschränkt. Vorgesetzte, die eine diskriminierende Weisung erteilen, können nicht nach dem AGG belangt werden, sind aber gegebenenfalls nach allgemeinem Zivilrecht (etwa wegen Persönlichkeitsrechtsverletzung) zum Schadensersatz verpflichtet. Beschäftigte haben außerdem ein Beschwerderecht gegen sie gem. § 13 Abs. 1.

47 Neben Abs. 5 gelten die **allgemeinen zivilrechtlichen Zurechnungsnormen** (§§ 31, 278, 831 BGB). Dies ist ausdrücklich in §§ 2 Abs. 3, 14 Satz 2, 15 Abs. 4 Satz 3, 20 Abs. 3 geregelt. Anders als bei diesen handelt es sich bei Abs. 5 aber **nicht um eine Zurechnung fremden, sondern** um die **Sanktionierung eigenen Verhaltens:** Die **Anweisung selbst stellt bereits eine Benachteiligung dar**, also die Verhaltensweise, die unmittelbar und ohne weitere Voraussetzungen zu den Sanktionen nach §§ 15, 21 führt. Es ist ohne Belang, was die angewiesene Person tut oder ob eine Verletzung tatsächlich eintritt.

## § 4 Unterschiedliche Behandlung wegen mehrerer Gründe

**Erfolgt eine unterschiedliche Behandlung wegen mehrerer der in § 1 genannten Gründe, so kann diese unterschiedliche Behandlung nach den §§ 8 bis 10 und 20 nur gerechtfertigt werden, wenn sich die Rechtfertigung auf alle diese Gründe erstreckt, derentwegen die unterschiedliche Behandlung erfolgt.**

1 Mit der Regelung, die den Fall der Mehrfachdiskriminierung bzw. mehrdimensionalen Diskriminierung berücksichtigt, wollte der Gesetzgeber dem Umstand Rechnung tragen, *»dass bestimmte Personengruppen typischerweise der Gefahr der Benachteiligung aus mehreren nach § 1 unzulässigen Gründen ausgesetzt sind«*.[1] Tatsächlich trägt jeder Mensch mehrere der sanktionierten Merkmale in sich und ist daher der Möglichkeit vielfältiger an sie anknüpfender Benachteiligungen ausgesetzt. Die gesetzliche Norm begründet kei-

1 S. Gesetzesbegründung, BT-Drs. 16/1780 S. 33.

nen eigenen Tatbestand einer Diskriminierung: Nicht allein wegen der Betroffenheit mehrerer Merkmale liegt eine unzulässige Benachteiligung vor; § 4 setzt vielmehr die Tatsache einer mehrfachen Benachteiligung voraus und regelt die sich daraus ergebende Rechtsfolge der erforderlichen Rechtfertigung hinsichtlich aller Gründe. Dabei sind folgende Konstellationen denkbar:

1. 1.Eine Benachteiligung **betrifft mehrere sanktionierte Merkmale einer Person**, etwa die Stellenanzeige, mit der ein »starker junger Mann« zur Unterstützung des Teams gesucht wird, wodurch eine 60jährige Frau sowohl wegen des Geschlechts als auch wegen des Alters benachteiligt wird (kumulative Benachteiligung).
2. 2.Eine Benachteiligung erfolgt gerade im Hinblick darauf, dass zwei oder mehr nach § 1 geschützte Merkmale in einer Person zusammentreffen (sog. überschneidende oder **intersektionelle Diskriminierung**) wie etwa bei kopftuchtragenden muslimischen Frauen, die durch das Verbot großflächiger religiöser Zeichen am Arbeitsplatz wegen ihrer Religion und ihrer Ethnie sowie wegen ihres Geschlechts benachteiligt werden, wobei sie im ersten Merkmal unmittelbar und in den beiden letztgenannten mittelbar betroffen sind (vgl. dazu auch § 1 Rn. 44 ff; § 3 Rn. 10).

Hinsichtlich der zweiten Gruppe ist umstritten, ob diese unter den Anwendungsbereich des Gesetzes fällt.[2] Dies ist jedoch zu bejahen: Das AGG soll jeden Menschen in seinem spezifischen Sein vor Benachteiligung schützen, sodass nicht einsichtig ist, diejenigen Fälle auszunehmen, in denen das spezifische Diskriminierungsunrecht sich gerade in der Kombination von Merkmalen verwirklicht. Die zutreffende Bildung von Vergleichsgruppen unter Berücksichtigung von Untergruppen ist hier entscheidend[3] und ergibt auch für solche Konstellationen regelmäßig eine Benachteiligung wegen mindestens einem der verbotenen Merkmale. Beispielsweise wird eine kopftuchtragende Muslima durch ein Kopftuchverbot am Arbeitsplatz bzw. entsprechende Kleidervorschriften, die dieses umfassen, in ihrer Identität benachteiligt. Diese Identität läßt sich nicht aufspalten. Dennoch

---

2 Missverständlich insoweit EuGH 24.11.16 – C-443/15 -[Parris], Rn. 79 ff. und im Anschluss daran ohne nähere Auseinandersetzung BAG 23.11.17 – 8 AZR 372/16, Rn. 60, das zu dem Schluss kommen, dass es keinen eigenen Tatbestand einer Diskriminierung wegen zweier Merkmale gebe, wenn hinsichtlich jedes einzelnen keine Diskriminierung vorliege. Ein solcher gesonderter Tatbestand aber ist nicht erforderlich: Das BAG ist in den vergleichbaren Fällen der Spätehenklauseln von einer unmittelbaren Benachteiligung wegen des Alters ausgegangen, die in der Sache Parris kombiniert war mit einer mittelbaren Benachteiligung wegen der sexuellen Ausrichtung.

3 EuGH 26.1.21 – C-16/19 [Szpital Kliniczny]; EuGH 15.7.21 – C-804/18 und C-341/19 [WABE und MH Müller Handel], Rn. 52; Klus, EuZA 2022, 73 (77).

kann zumindest eine Benachteiligung wegen der Religion und wegen ihres Geschlechts festgestellt werden, denn dieVerbote treffen regelmäßig weder muslimische Männer noch christliche Frauen.[4]

2 Die Vorschrift stellt klar, dass die **Rechtfertigung** einer Ungleichbehandlung **für jedes betroffene Merkmal gesondert** zu prüfen ist. Ist eine unterschiedliche Behandlung im Hinblick auf einen der in § 1 genannten Gründe gerechtfertigt, liegt darin nicht zugleich die Rechtfertigung der Benachteiligung wegen eines anderen ebenfalls vorliegenden Grundes; da die Rechtfertigungsgründe bzgl. der einzelnen Merkmale des § 1 in §§ 5, 8, 9, 10, 20 unterschiedlich ausgestaltet sind, müssen die Voraussetzungen für eine Rechtfertigung kumulativ vorliegen. Die Rechtfertigung des weiteren Grundes der Ungleichbehandlung ist daher in einem eigenen Prüfungsschritt zu untersuchen. Dies gilt auch für eine Rechtfertigung nach § 9 Abs. 2: Die Norm betrifft nur die Ungleichbehandlung wegen der Religion oder Weltanschauung.[5]

3 Für die Höhe einer nach § 15 festzusetzenden **Entschädigung** kann die mehrfache Diskriminierung eine Rolle spielen. Allerdings führt sie nicht notwendig zu einem größeren Gewicht der Benachteiligung im Sinne von 1+1. Vielmehr ist die Entschädigung an der konkreten Betroffenheit der jeweiligen Person zu messen. Dies wird regelmäßig – es handelt sich vielfach um vulnerable Gruppen – eine Erhöhung der kompensatorischen Entschädigung notwendig machen.[6]

## § 5 Positive Maßnahmen

**Ungeachtet der in den §§ 8 bis 10 sowie in § 20 benannten Gründe ist eine unterschiedliche Behandlung auch zulässig, wenn durch geeignete und angemessene Maßnahmen bestehende Nachteile wegen eines in § 1 genannten Grundes verhindert oder ausgeglichen werden sollen.**

**Inhaltsübersicht**



4 BeckOGK-Baumgärtner AGG § 4 Rn. 6, 8 ff; ablehnend MüKoBGB-Thüsing AGG § 4 Rn. 2.

5 Vgl. dazu § 9 Rn. 8.

6 Für eine regelmäßige Erhöhung der Entschädigung vgl. BT-Drs.16/1780 S. 38; Colling AGG § 4 Rn. 10; MüKoBGB-Thüsing AGG § 4 Rn. 6; kritisch BeckOGK-Baumgärtner AGG § 4 Rn. 22, weil damit diese häufige Konstellation als Ausnahmesituation behandelt werde.

## I. Allgemeines

Die Regelung orientiert sich an den EU-rechtlichen Vorgaben zu positiven Maßnahmen (Art. 5 der Richtlinie 2000/43/EG [Antirassismus-Richtlinie], Art. 7 Abs. 1 der Richtlinie 2000/78/EG [Rahmenrichtlinie Beschäftigung], Art. 2 Abs. 8 der Richtlinie 76/207/EWG [Gender-Richtlinie] und Art. 6 der Richtlinie 2004/113/EG [Gender-Richtlinie]) und bezweckt die Durchsetzung des Gleichheitsgrundsatzes in der Praxis und die Beseitigung tatsächlicher und struktureller Nachteile. Der Gesetzgeber hat darauf verzichtet, von den AG oder den Tarifvertrags- und Betriebsparteien konkrete Maßnahmen zu verlangen, die dazu dienen, Benachteiligungen abzubauen. Stattdessen hat er den Weg gewählt, die Regelungsbefugnis für positive Maßnahmen ohne nähere Vorgaben auf diese zu übertragen.[1] Dies ist grundsätzlich möglich.[2] 1

Die Vorschrift ist **nicht verfassungswidrig**, obwohl sie positive Maßnahmen nicht nur für die Merkmale Geschlecht und Behinderung, sondern auch bei Nachteilen wegen anderer in § 1 genannter Gründe vorsieht, für die Art. 3 Abs. 3 Satz 1 GG eine Bevorzugung verbietet: § 5 setzt höherrangiges EU-Recht um und kann daher über die bisherige Regelung in der Verfassung hinausgehen.[3]

## II. Begriff und Abgrenzung

**Positive Maßnahmen** sind **gezielte Maßnahmen zur Förderung bisher benachteiligter Gruppen** und können sowohl vom **Gesetzgeber** –wie etwa im Gesetz zur Gleichstellung behinderter Menschen (BGG) und im Gesetz zur Gleichstellung von Frauen und Männern (Bundesgleichstellungsgesetz – BGleiG) – als auch durch **AG, Tarifvertrags- und Betriebspartner** sowie seitens der Parteien eines privatrechtlichen Vertrags wirksam getroffen werden. Nach der Gesetzesbegründung[4] lässt die Vorschrift Maßnahmen zur **Behebung bestehender Nachteile** ebenso zu wie **präventive** Maßnahmen zur **Vermeidung künftiger Nachteile**. Im Wesen solcher Maßnahmen liegt die gezielte Anknüpfung an einen in § 1 genannten Grund für eine Besserstellung der betroffenen Personen und damit umgekehrt eine **Benachteiligung der Vergleichsgruppe**. 2

---

1 BT-Drs. 16/1780, 34.

2 Schiek-Schiek, § 5 Rn. 11; Thüsing, AGG, Rn. 389; v.Roetteker-v.Roetteker § 5 Rn. 4; Colling, AGG § 5 Rn. 5; a. A. ErfK-Schlachter, AGG § 5 Rn. 2; Kamanabrou, RdA 06, 321.

3 A. A. Rieble, Ausschuss für Wirtschaft und Arbeit, Ausschussdrucksache 15 [9] 1732, S. 2.

4 BT-Drs. 16/1780 S. 34.

**Beispiele**
- Diversifizierung der Mitarbeiterstruktur durch forcierte Einstellung etwa von Frauen oder jüngeren Mitarbeiter:innen;
- obligatorische Einladung von Bewerbern mit Schwerbehinderung zu Vorstellungsgesprächen durch öffentliche AG nach § 165 Satz 3 SGB IX.

Insbesondere zugunsten von Menschen mit Behinderung finden sich in den gesetzlichen Vorschriften zahlreiche positive Maßnahmen wie z. B. Beschäftigungsquoten, Schutzvorschriften für das Einstellungsverfahren insbesondere für öffentliche AG, die Berücksichtigung einer Schwerbehinderung bei der Bestimmung des Maßstabs für die Beurteilung der Leistungen von Beamtinnen und Beamten (§ 25 Abs. 3 LfbG),[5] Zusatzurlaub und Befreiung von Mehrarbeit auf Verlangen und der besondere Kündigungsschutz. Auch die Verpflichtung zur Prävention gehört dazu.[6]

3 **Keine positive Maßnahme** liegt darin, **angemessene Vorkehrungen für Behinderte** gem. Art. 5 der Richtlinie 2000/78/EG zu treffen. Danach sind AG verpflichtet, die im Einzelfall wirksamen und praktikablen Maßnahmen zu ergreifen, sodass Menschen mit Behinderung im konkreten Fall Zugang zu Beschäftigung oder beruflichem Aufstieg bekommen, ihnen die weitere Ausübung einer Beschäftigung erhalten oder die Teilnahme an Weiterbildungsmaßnahmen ermöglicht werden kann, sofern dies den AG nicht unverhältnismäßig belastet (z. B. besonderer Bildschirm, Hebevorrichtungen, Assistenzleistungen nach § 78 SGB IX). Im Unterschied zu positiven Maßnahmen sind derartige »angemessene Maßnahmen« nicht gleichheitswidrig, sondern ermöglichen umgekehrt erst eine Gleichbehandlung:[7] Die hier erforderliche unterschiedliche Behandlung soll vor allem den körperlichen Einschränkungen behinderter Menschen Rechnung tragen und ist nicht geeignet, andere Gruppen, die diese Einschränkungen nicht haben, zu benachteiligen. Kommen AG ihrer Verpflichtung nicht nach, angemessene Vorkehrungen zu treffen, obwohl ihnen solche Maßnahmen zumutbar sind, handelt es sich um eine Benachteiligung von Menschen mit Behinderung durch Unterlassen.[8] Zur Verpflichtung der AG zu angemessenen Vorkehrungen vgl. § 3 Rn. 4a. Anders zu beurteilen sind hingegen Subventionen für die Gründung von Handwerksbetrieben für Menschen mit Behinderung: Sie

---

5 VG Berlin 12.11.20 – VG 5K11.9.

6 Däubler/Beck-Zimmer AGG § 5 Rn. 53; ErfK-Schlachter AGG § 5 Rn. 5; EuGH 9.3.17 – C-406/15 -[Milkova], Rn. 46; offengelassen von BAG 21.4.16 – 8 AZR 402/14.

7 ErfK-Schlachter AGG § 5 Rn. 5.

8 Schiek, NZA 04, 870; BVerwG 3.3.2011 – 5 C 16/10, Rn. 17; VG Sigmaringen 10.2.2023 – 7 K 4878/20, Rn. 28.

sind nach § 5 nur zulässig, wenn sie zum Ausgleich bestehender Nachteile geeignet und erforderlich sind.[9]

4 Desgleichen sind arbeitsmarktpolitisch orientierte Fördermaßnahmen etwa für ältere oder behinderte Menschen, die individuelle Benachteiligungen anderer vermeiden, als sogenannte »**proaktive Maßnahmen**« regelmäßig keine positiven Maßnahmen gem. § 5 und bedürfen keiner Rechtfertigung.[10] Hierunter fallen Fördermaßnahmen durch den Staat (z. B. Gesetz zur Verbesserung der Chancen älterer Menschen auf dem Arbeitsmarkt[11]) genauso wie gezielte Maßnahmen durch AG (Gesundheitstraining für ältere Menschen).

## III. Rechtfertigung positiver Maßnahmen

5 Maßnahmen, die eine Ungleichbehandlung verursachen, sind nach § 5 dann zulässig, wenn dadurch bestehende Nachteile tatsächlicher oder struktureller Art wegen eines in § 1 genannten Grundes verhindert oder ausgeglichen werden sollen. Die Rechtfertigung der Ungleichbehandlung besteht »ungeachtet« der anderen Rechtfertigungsgründe; § 5 stellt damit einen **eigenen Rechtfertigungstatbestand** dar und ist nicht als Auffangtatbestand im Verhältnis zu §§ 8–10 und 20 zu verstehen. Daher ist die Prüfung einer möglichen Rechtfertigung nach diesen Normen nicht erforderlich.[12]

6 Die Maßnahmen müssen der Verhinderung oder dem Ausgleich **bestehender Nachteile** dienen. Ein Nachteil muss **aktuell** feststellbar sein.[13]

7 Die – präventiven oder ausgleichenden – Maßnahmen müssen nach **objektivem Maßstab geeignet und angemessen** sein und bedürfen im konkreten Fall der **Abwägung** mit Rechtspositionen der von ihnen negativ Betroffenen. Ein absoluter Vorrang der geförderten Position besteht nicht.[14] Deshalb ist ein leistungsunabhängiger Vorrang des bislang unterrepräsentierten Geschlechts unangemessen und für den Zweck unzulässig;[15] ebenso sind starre Quoten und automatische Vorrangregelungen auf der Grundlage gleicher Qualifikation ohne Öffnungsklausel/Härtefallregelung weder mit Art. 3 Abs. 3 GG noch mit dem EU-rechtlichen Diskriminierungsverbot zu vereinbaren.[16]

---

9 Zur Besserstellung von Frauen bei der Gewährung von Subventionen für Meister:innen im Handwerk vgl. BVerwG 18.7.02 – 3 C 54/01.

10 Schiek-Schiek, § 5 Rn. 3.

11 BGBl. I 2007, S. 538.

12 A. A. Däubler/Bertzbach-Hinrichs, § 5 Rn. 10; ErfK-Schlachter § 5 Rn. 3

13 Colling AGG § 5 Rn. 7. Nicht feststellbar etwa bei Altersstaffelung für Sonderurlaub für Piloten, LAG Köln 8.7.2021 – 6 Sa 56/21, Rn. 74.

14 EuGH 17.10.1995 – C-450/93 [Kalanke] Rn. 22.

15 EuGH 6.7.00 – C-407/98 – [Abrahamsson u. a.].

16 EuGH 17.10.95 – C-450/93 – [Kalanke]; BAG 5.3.96 – 1 AZR 590/92 [A].

8 **Zulässig** sind die Bereitstellung subventionierter Kinderbetreuungsplätze zur Förderung der besseren Vereinbarkeit von Familie und Beruf vorrangig an weibliche AN,[17] Quotierung von Ausbildungsplätzen, wenn sie gewährleistet, dass der Zugang zu bestimmten Berufen für Angehörige des bislang überrepräsentierten Geschlechts dadurch nicht versperrt wird,[18] Quotenregelungen mit Öffnungsklausel,[19] Stellenausschreibung, in der ausdrücklich die Bewerbung von Frauen erwünscht ist, wenn bisher in der entsprechenden Beschäftigtengruppe Frauen unterrepräsentiert waren,[20] Berücksichtigung des Kriteriums »Frauen vor Männer« bei der Vergabe von Stellplätzen auf einem Firmenparkplatz.[21]

## Abschnitt 2
## Schutz der Beschäftigten vor Benachteiligung

### Vor §§ 6–10

1 Abschnitt 2 regelt in Umsetzung der Richtlinien 2000/43/EG (Antirassismus-Richtlinie), 2000/78/EG (Rahmenrichtlinie Beschäftigung) und 2002/73/EG (Änderung der Gender-Richtlinie), deren arbeitsrechtlicher Geltungsbereich identisch ausgestaltet ist, ein **Benachteiligungsverbot für persönlich oder wirtschaftlich abhängig Beschäftigte**. Wesentlicher Inhalt des Abschnitts 2 ist die Übernahme der früheren arbeitsrechtlichen Verbote der geschlechtsbezogenen Benachteiligung der §§ 611a, 611b und 612 Abs. 3 BGB und der Benachteiligung wegen einer Schwerbehinderung gem. § 81 Abs. 2 Satz 2 Nr. 1–5 SGB IX a. F. in das AGG sowie deren Ausweitung auf alle Diskriminierungsmerkmale des § 1 und auf die Diskriminierungstatbestände des § 2. Für Selbstständige und Organmitglieder ist der Schutz vor Benachteiligung beschränkt auf den Zugang zur Erwerbstätigkeit und den beruflichen Aufstieg.

2 §§ 6 bis 10 enthalten die Bestimmung des persönlichen Anwendungsbereichs, definieren das zentrale Benachteiligungsverbot in Beschäftigung und Beruf und regeln anschließend die Zulässigkeit einer unterschiedlichen Behandlung wegen beruflicher Anforderungen, wegen der Religion oder Weltanschauung (Tendenzbetriebe) und wegen des Alters. §§ 11 und 12 beschreiben die Pflicht zu diskriminierungsfreier Arbeitsplatzausschreibung

17 EuGH 19.3.02 – C-476/99 – [Lommers].
18 EuGH 28.3.00 – C-158/97 – [Badeck].
19 EuGH 11.11.97 – C-409/95 – [Marschall]; EuGH 28.3.00 – C-158/97 – [Badeck]; BAG 21.1.03 – 9 AZR 307/02.
20 LAG Düsseldorf 12.11.08 – 12 Sa 1102/08.
21 LAG Mainz 29.9.11 – 10 Sa 314/11.

und enthalten erstmals ausdrücklich normierte Organisationspflichten der AG, die die erforderlichen Maßnahmen zur Beseitigung der Benachteiligung im Einzelfall und vorbeugende Maßnahmen umfassen. Die §§ 13 bis 16 enthalten die Rechte der Beschäftigten und die privatrechtlichen Folgen bei einem Verstoß gegen das Benachteiligungsverbot. Der Gesetzgeber hat ausdrücklich auf öffentlich-rechtliche Elemente wie z. B. Bußgelder oder eine behördliche Aufsicht verzichtet.[1] § 17 richtet sich an Tarifvertragsparteien, AG, Beschäftigte, Betriebs- und Personalräte und Gewerkschaften mit dem Ziel einer Zusammenarbeit bei der Verwirklichung einer benachteiligungsfreien Beschäftigungswelt und eröffnet bei gravierenden Verstößen der AG den Rechtsweg zum Arbeitsgericht für den Betriebsrat und die im Betrieb vertretene Gewerkschaft. § 18 schließlich erstreckt die Geltung des Gesetzes auf die Mitgliedschaft und Mitwirkung in Organisationen der AG und Beschäftigten.

Ziel des Gesetzgebers ist es, mit den Bestimmungen des 2. Abschnitts Benachteiligungen in Beschäftigung und Beruf wirksam zu begegnen, Rechtsunsicherheiten zu beseitigen und die Grundlage für ein tolerantes und benachteiligungsfreies Arbeitsumfeld zu schaffen. Der Gesetzgeber verweist darauf, dass es zur dauerhaften Überwindung von Benachteiligungen einer nachhaltigen Änderung der Einstellung und insbesondere des Verhaltens jedes Einzelnen bedarf. Er betont, dass ein positives Arbeitsklima und eine benachteiligungsfreie Beziehung zwischen AG und Beschäftigten wegen ihrer direkten Auswirkungen auf Motivation und Gesundheit der Beschäftigten und damit auch auf Arbeitsqualität und Produktivität im Interesse aller liege. Das bewusste Eintreten für eine benachteiligungsfreie Beschäftigungswelt wird als Frage der wirtschaftlichen Vernunft gesehen, die sich z. B. in entsprechenden Betriebsvereinbarungen (s. Musterbetriebsvereinbarung im Anhang) oder speziellen Förderprogrammen ausdrücken soll.[2] 3

1 BT-Drs. 16/1780 S. 25.
2 BT-Drs. 16/1780 S. 25.

## Unterabschnitt 1
## Verbot der Benachteiligung

### § 6 Persönlicher Anwendungsbereich

**(1) Beschäftigte im Sinne dieses Gesetzes sind**

**1. Arbeitnehmerinnen und Arbeitnehmer,**

**2. die zu ihrer Berufsbildung Beschäftigten,**

**3. Personen, die wegen ihrer wirtschaftlichen Unselbstständigkeit als arbeitnehmerähnliche Personen anzusehen sind; zu diesen gehören auch die in Heimarbeit Beschäftigten und die ihnen Gleichgestellten.**

**Als Beschäftigte gelten auch die Bewerberinnen und Bewerber für ein Beschäftigungsverhältnis sowie die Personen, deren Beschäftigungsverhältnis beendet ist.**

**(2) Arbeitgeber (Arbeitgeber und Arbeitgeberinnen) im Sinne dieses Abschnitts sind natürliche und juristische Personen sowie rechtsfähige Personengesellschaften, die Personen nach Abs. 1 beschäftigen. Werden Beschäftigte einem Dritten zur Arbeitsleistung überlassen, so gilt auch dieser als Arbeitgeber im Sinne dieses Abschnitts. Für die in Heimarbeit Beschäftigten und die ihnen Gleichgestellten tritt an die Stelle des Arbeitgebers der Auftraggeber oder Zwischenmeister.**

**(3) Soweit es die Bedingungen für den Zugang zur Erwerbstätigkeit sowie den beruflichen Aufstieg betrifft, gelten die Vorschriften dieses Abschnitts für Selbständige und Organmitglieder, insbesondere Geschäftsführer oder Geschäftsführerinnen und Vorstände, entsprechend.**

**Inhaltsübersicht** Rn.



#### I. Persönlich oder wirtschaftlich abhängig Beschäftigte

1 Eine § 6 entsprechende Regelung findet sich in den EU-Richtlinien nicht. Daher dient die Norm nur der Klarstellung bestimmter Begriffe, ohne den Anwendungsbereich des AGG, wie er in § 2 geregelt ist, einzuschränken. Entsprechend sind die Begrifflichkeiten hinsichtlich des in § 2 Abs. 1 Nr. 1

geschützten Zugangs zu jeglicher Erwerbstätigkeit und zum beruflichen Aufstieg wie zu Bildung weit auszulegen (s. dazu Rn. 17).

**Abs. 1** legt den persönlichen Anwendungsbereich des 2. Abschnitts auf alle **persönlich oder wirtschaftlich abhängig Beschäftigten fest. Satz 1** definiert mit einer Aufzählung, wer Beschäftigte i.S. des Gesetzes sind. Ihnen werden in Satz 2 die Bewerberin und der Bewerber gleichgestellt.

Mit der Wahl des Begriffs der »Beschäftigten« übernimmt der Gesetzgeber im Wesentlichen die Formulierungen in den neueren Gesetzen, die in Umsetzung von EG-Richtlinien erlassen wurden, wie § 2 Abs. 2 ArbSchG, § 1 Abs. 2 BeschSchG und § 164 Abs. 2 SGB IX. Der Begriff der Beschäftigten wird als Oberbegriff zum bisher üblichen Arbeitnehmerbegriff gewählt. Bisher wurde der Arbeitnehmerbegriff in Abhängigkeit von Sinn und Zweck des betreffenden Gesetzes in § 5 ArbGG und § 5 BetrVG unterschiedlich behandelt und entweder ausgeweitet oder eingeschränkt. Im AGG wie auch im ArbSchG und BeschSchG wird »Arbeitnehmer« zu einer von mehreren Gruppen statt zum Oberbegriff. Der Begriff der Beschäftigten im Arbeitsrecht ist weiter als der Beschäftigtenbegriff im Sozialrecht, der in § 7 SGB IV definiert wird und zu dem keine arbeitnehmerähnlichen Personen zählen.

## 1. Arbeitnehmerinnen und Arbeitnehmer

**Ziff. 1** nennt zunächst die **Arbeitnehmerinnen und Arbeitnehmer**. Nach 2 § 611a BGB ist AN, wer aufgrund eines privatrechtlichen Vertrages im Dienste einer anderen Person zur Leistung **weisungsgebundener oder fremdbestimmter Arbeit in persönlicher Abhängigkeit** verpflichtet ist.[1] Das Weisungsrecht betrifft Inhalt, Durchführung, Zeit und Ort der Tätigkeit. AN ist in Umkehrung der in § 84 Abs. 1 HGB festgelegten gesetzlichen Definition der selbständigen Tätigkeit diejenige Person, die nicht im Wesentlichen frei ihre Tätigkeit gestalten und ihre Arbeitszeit bestimmen kann. Der jeweilige Vertragstyp ergibt sich aus dem wirklichen Geschäftsinhalt und nicht aus der Bezeichnung durch die Parteien (§ 611a Abs. 1 Satz 6 BGB). Der Geschäftsinhalt ist den ausdrücklich getroffenen Vereinbarungen und der praktischen Durchführung des Vertrags zu entnehmen. Widersprechen sich Vereinbarung und tatsächliche Durchführung, ist letztere maßgebend.[2] Bei der Frage, in welchem Maße eine Mitarbeiterin/ein Mitarbeiter persönlich abhängig ist, ist vor allem die Eigenart der jeweiligen Tätigkeit zu berücksichtigen. Abstrakte, für alle Arbeitsverhältnisse geltende Kriterien lassen sich nicht aufstellen. Eine Anzahl von Tätigkeiten kann sowohl im Rahmen eines Arbeitsverhältnisses als auch im Rahmen eines freien Dienst-

1 Vgl. ErfK-Preis, § 611a BGB Rn. 10 zur gesetzlichen Neuregelung.
2 BAG 20.5.09 – 5 AZR 31/08; BAG 24.8.16 – 7 AZR 625/15, Rn. 16.

verhältnisses erbracht werden. Letztlich kommt es für die Beantwortung der Frage, welches Rechtsverhältnis im konkreten Fall vorliegt, auf eine Gesamtwürdigung aller maßgebenden Umstände des Einzelfalles an (§ 611a Abs. 1 Satz 5 BGB). Dabei ist nicht erforderlich, dass sämtliche kennzeichnenden Merkmale vorliegen; diese können vielmehr in unterschiedlichem Maße und in verschiedener Intensität gegeben sein. Maßgeblich ist das Gesamtbild.

3 Dem entspricht weitgehend der **unionsrechtliche Arbeitnehmerbegriff**. Danach ist als »AN« im Sinne von Art. 45 AEUV anzusehen, wer während einer bestimmten Zeit für eine andere Person **nach deren Weisung** Leistungen erbringt, für die sie oder er als Gegenleistung eine Vergütung erhält. Außer Betracht bleiben Tätigkeiten, die einen so geringen Umfang haben, dass sie sich als völlig untergeordnet und unwesentlich darstellen. Der AN-Begriff ist nach dem Verständnis des EuGH ein autonomer und weit auszulegen.[3]

4 Als Umsetzung einer europarechtlichen Richtlinie hat das AGG bei der Auslegung das unionsrechtliche Verständnis zu berücksichtigen. Für die AN-Eigenschaft im Sinne des Unionsrechts ist es ohne Bedeutung, wie das Beschäftigungsverhältnis nach nationalem Recht zu qualifizieren ist. Namentlich sind weitergehende Voraussetzungen für die Arbeitnehmereigenschaft durch das nationale Recht nicht zu beachten. Auch die formale Einstufung als Selbständiger nach innerstaatlichem Recht schließt nicht aus, dass eine Person als AN im Sinne des EG-Rechts einzustufen ist, wenn ihre Selbständigkeit nur fiktiv ist und damit ein Arbeitsverhältnis im Sinne dieser Richtlinie verschleiert.[4] So kann nach europarechtlichem Verständnis die AN-Eigenschaft eines Fremdgeschäftsführers einer GmbH abweichend von § 14 Abs. 1 KSchG, § 5 Abs. 1 Satz 2 ArbGG zu bejahen sein.[5] Insoweit hat die unionsrechtliche Auslegung Vorrang vor der nationalen,[6] wenn sie auch angesichts der weitgehend übereinstimmenden Auslegung selten divergieren werden.[7] Der europarechtliche AN-Begriff gilt jedoch nicht für nationale Schutznormen, die nicht den Anwendungsbereich einer Richt-

3 EuGH 19.7.17 – C 143/16, Rn. 19; EuGH 1.10.15 – C 432/14, Rn. 22; zum unionsrechtlichen Arbeitnehmerbegriff vgl. ErfK-Preis BGB, § 611a Rn. 18ff.

4 EuGH 13.1.04 – C 256/01 – [Allonby]; EuGH 11.11.10 – C 232/09 – [Danosa], Rn. 41.

5 EuGH 11.11.10 – C 232/09 – [Danosa]; EuGH 9.7.15 – C 229/14 – [Balkaya]; BGH 26.3.19 – II ZR 244/17, Rn. 24ff. Konsequenz ist, dass die Beschränkung des Abs. 3 nicht gilt, also nicht nur der Zugang, sondern auch die Beendigung von entsprechenden Verhältnissen den Anforderungen des AGG genügen muss.

6 EuGH 11.11.10 – C 232/09 – [Danosa]; BAG 26.4.22 – 9 AZR 139/21, Rn. 65ff. (für das parallele Problem von Leiharbeitnehmer:innen).

7 LAG Rheinland-Pfalz 4.12.17 – 3 Sa 380/17, Rn. 70ff.; ErfK-Schlachter Rn. 1; a. A. Bauer/Krieger Rn. 35a im Hinblick auf den Wortlaut des § 6 Abs. 3.

linie berühren, wie etwa das Zustimmungserfordernis des § 168 SGB IX, das allein auf AN im Sinne des § 611a BGB anwendbar ist.[8]

Vom AN-Begriff des AGG erfasst sind auch **leitende Angestellte**, da sie abhängig beschäftigt sind, auch wenn ihnen herausgehobene Funktionen übertragen wurden. Dies hat vor allem Konsequenzen für ein mögliches Verfahren nach § 17 Abs. 2. Denn anders als § 23 BetrVG findet § 17 Abs. 2 auch dann Anwendung, wenn der grobe Verstoß gegen das AGG Auswirkungen ausschließlich auf leitende Angestellte hat. Ist beispielsweise ein System erkennbar, dass bei der Besetzung von Positionen leitender Angestellter grundsätzlich Bewerbungen von Frauen oder Menschen nicht-deutscher Herkunft nicht berücksichtigt werden, kann der Betriebsrat dem AG aufgeben lassen, zukünftig diese Praxis einzustellen. 5

**Leih-AN** i. S. des AÜG sind AN des Verleihers. Insoweit der Entleiher ihnen gegenüber AG-Funktionen ausübt, kann der Leiharbeitnehmer oder die Leiharbeitnehmerin nach dem Sinn und Zweck der Regelungen des 2. Abschnitts auch ihm gegenüber Rechte aus diesem Gesetz geltend machen (Abs. 2 Satz 2). 6

## 2. Zu ihrer Berufsbildung Beschäftigte

Beschäftigte i. S. des Gesetzes nach **Ziff. 2** sind außerdem die **zu ihrer Berufsbildung Beschäftigten.**[9] Die **Legaldefinition der Berufsbildung** findet sich in **§ 1 Abs. 1 BBiG**. Danach gehören zur Berufsbildung die **Berufsausbildungsvorbereitung** (z. B. Praktikanten, Volontäre), die **Berufsausbildung** in einem anerkannten Ausbildungsberuf oder einer gleichwertigen Berufsausbildung (also alle Auszubildenden), die **berufliche Fortbildung** (von dieser ist die Fortbildung im Arbeitsverhältnis oder neben dem Arbeitsverhältnis durch AG zu unterscheiden; für die Beschäftigten gilt Ziffer 1 – »Arbeitnehmer«), sowie die **berufliche Umschulung**. Neben den Auszubildenden sind also alle diejenigen zur Berufsbildung Beschäftigte, die gem. § 26 BBiG außerhalb eines Arbeitsverhältnisses beschäftigt werden, um berufliche Kenntnisse, Fertigkeiten oder Erfahrungen zu erwerben. Berufsbildung ist mithin jede Maßnahme, die berufliche Kenntnisse und Fähigkeiten auf betrieblicher Ebene vermittelt und die aufgrund privatrechtlicher Vereinbarung erfolgt.[10] Auch **Praktikant:innen,** die i. S. v. § 26 BBiG eingestellt werden, fallen i. d. R. unter den Anwendungsbereich.[11] Dies gilt auch 7

8 OLG Düsseldorf 18.10.12 – I-6 U 47/12.

9 Sie unterfallen dem unionsrechtlichen Arbeitnehmerbegriff des § 45 AEUV (ErfK-Wießmann, Art. 45 AEUV Rn. 10), nach Auffassung des BAG sind sie nach deutschem Recht keine AN (BAG 21.9.11 – 7 AZR 375/10).

10 BAG 10.2.81 – 6 ABR 86/78; BAG 24.9.81 – 6 ABR 7/81.

11 BAG 23.11.23 – 8 AZR 212/22.

dann, wenn sie keine Vergütung erhalten. Der Begriff der Erwerbstätigkeit in § 2 Abs. 1 Nr. 1 umfasst jede Tätigkeit, die üblicherweise vergütet wird und damit dem Lebenserwerb dient. Auch unbezahlte Praktika dienen regelmäßig dem Erwerbszweck, wenn sie einem bezahlten Arbeitsverhältnis vorgelagert werden, um Berufserfahrung zu erwerben.[12] Auch der Zugang zu Bildung fällt gem. § 2 Nr. 7 in den Anwendungsbereich des AGG, sodass bei gebotener weiter Auslegung auch der Zugang zu Stipendien für Forschung und Studium umfasst wird.[13]

### 3. Wirtschaftlich abhängig Beschäftigte

8 Gem. **Ziff. 3** sind außerdem alle Personen, die wegen ihrer wirtschaftlichen Unselbstständigkeit als arbeitnehmerähnliche Personen anzusehen sind, sowie die in Heimarbeit Beschäftigten und die ihnen Gleichgestellten (§ 1 des Heimarbeitsgesetzes vom 14.3.51, BGBl. I S. 191) Beschäftigte i. S. des Gesetzes. Der Begriff der **arbeitnehmerähnlichen Personen** entspricht demjenigen in § 5 Abs. 1 Satz 2 2. Alt. ArbGG und bezeichnet Selbstständige, die sich von AN durch den Grad der persönlichen Abhängigkeit unterscheiden, wobei vor allem die Eigenart der jeweiligen Tätigkeit zu berücksichtigen ist. Maßgeblich ist die wirtschaftliche, nicht die persönliche Abhängigkeit noch die Weisungsgebundenheit oder Fremdbestimmtheit der Tätigkeit. Für die **wirtschaftliche Abhängigkeit** ist kennzeichnend, dass die Person ihre Tätigkeit für einen Auftraggeber erbringt und die hieraus fließende Vergütung die entscheidende Existenzgrundlage darstellt.[14] Dazu kommt die Notwendigkeit einer **vergleichbaren sozialen Schutzbedürftigkeit**, für die letztlich eine Betrachtung aller Umstände des Einzelfalls unter Berücksichtigung der Verkehrsanschauung bestimmend ist.[15] Arbeitnehmerähnliche Personen erbringen ihre Dienstleistungen regelmäßig persönlich ohne Mithilfe Dritter.

9 Nach § 12a TVG, der die gleiche Definition des Begriffs enthält, sind arbeitnehmerähnlich die Personen, deren Rechtsverhältnis mit dem Auftraggeber durch Tarifvertrag geregelt ist und die überwiegend für eine Person tätig sind oder denen von einer Person im Durchschnitt mehr als die Hälfte des Entgelts zusteht, das sie insgesamt aus ihrer Erwerbstätigkeit beziehen (§ 12a Abs. 1 Nr. 1a und b TVG), bzw. bei Erbringung von künstlerischen,

---

12 ErfK-Schlachter, AGG § 2 Rn. 5; zum Rechtsstatus von Praktikanten und Volontären s. ErfK-Preis, § 611a BGB Rn. 198.

13 EuGH 15.11.18 – C-457/17 zum sachlichen Anwendungsbereich der Antirassismus-RL 2000/43/EG; § 2 Abs. 1 Nr. 7 setzt diesen Anwendungsbereich für alle Merkmale um.

14 BAG 21.2.07 – 5 AZB 52/06; BAG 21.12.10 – 10 AZB 14/10, Rn. 8; ErfK-Preis, BGB § 611a Rn. 87.

15 BAG 15.4.93 – 2 AZB 32/92; ErfK-Preis, BGB § 611a Rn. 87.

schriftstellerischen, journalistischen oder ähnlichen Leistungen ein Drittel des Entgelts (§ 12a Abs. 3 TVG).[16] Auf diese **Grenzen** kann auch allgemein **für die Frage der wirtschaftlichen Abhängigkeit** abgestellt werden.[17] Nach dem Sinn und Zweck des Benachteiligungsschutzes findet auf Beschäftigte, die arbeitnehmerähnliche Personen sind, der 2. Abschnitt des AGG nur Anwendung im Verhältnis zu dem Auftraggeber, von dem sie die Vergütung erhalten, die nach dem genannten Maßstab ihre Existenzgrundlage ausmacht.

Ein in **§ 5 Abs. 3 ArbGG** genannter Unterfall der arbeitnehmerähnlichen 10
Personen sind **Handelsvertreter:innen** gem. § 92a HGB, also Einfirmenvertreter, die während der letzten 6 Monate durchschnittlich nicht mehr als 1000 Euro im Monat einschließlich Provision und Aufwendungsersatz verdient haben. Die wirtschaftliche Abhängigkeit braucht nicht gegenüber nur einem Auftraggebenden zu bestehen.

Arbeitnehmerähnlich sind auch solche Personen, die **in Heimarbeit be-** 11
**schäftigt** sind, d.h. die in einer eigenen Wohnung oder einer selbstgewählten Betriebsstätte allein oder mit ihren Familienangehörigen im Auftrag von Gewerbebetreibenden oder Zwischenmeistern arbeiten, jedoch die Verwertung der Arbeitsergebnisse dem unmittelbar oder mittelbar auftraggebenden Gewerbetreibenden überlassen (§ 2 Abs. 1 HAG). Hierunter fallen auch die Hausgewerbetreibenden (§ 2 Abs. 2 HAG), da sie zwar persönlich selbstständig sind, ihre Produkte aber nicht unmittelbar auf dem Markt, sondern an einen Unternehmer absetzen. Den in Heimarbeit Beschäftigten können die in § 1 Abs. 2a bis d HAG genannten Personen durch den Heimarbeitsausschuss mit Zustimmung der zuständigen Arbeitsbehörde gleichgestellt werden, wenn dies wegen ihrer Schutzbedürftigkeit gerechtfertigt erscheint. Maßgebend für ihre Stellung als »Beschäftigte« i.S. des AGG ist allein die förmliche Gleichstellung durch den Heimarbeitsausschuss unabhängig davon, ob diese zu Recht erfolgt ist. Auch eine partielle Gleichstellung nach § 1 Abs. 3 Satz 2 HAG genügt, um die Beschäftigteneigenschaft zu begründen.[18]

Auf Menschen, denen aufgrund des SGB IX eine arbeitnehmerähnliche 12
Stellung zukommt, wie **den Beschäftigten in Werkstätten für behinderte Menschen** und **Rehabilitanden**, findet das Gleichbehandlungsgebot ebenfalls Anwendung.[19] Für erstere bestimmt § 221 Abs. 1 SGB IX, dass sie arbeitnehmerähnlich sind, sofern kein Arbeitsverhältnis besteht; für Teil-

---

16 S. mit Beispielen: Däubler/Beck – Schrader/Schubert, § 6 Rn. 43.
17 BAG 17.10.90 – 5 AZR 639/89; LAG Schleswig-Holstein 28.5.86 – 3 Sa 15/86; ErfK-Franzen TVG § 12a Rn. 4.
18 Germelmann/Matthes/Prütting, ArbGG, § 5 Rn. 30.
19 Die Gesetzesbegründung spricht lapidar davon, dass das Gesetz auf diese Rechtsverhältnisse entsprechend anwendbar sei: BT-Drs. 16/1780 S. 34.

nehmende an Rehabilitationsmaßnahmen verneint § 52 Satz 2 SGB IX die AN-Eigenschaft, ordnet in Satz 3 aber den Schutz vor Diskriminierung an. Behinderte Menschen, die aufgrund eines Berufsausbildungs-, Anlern- (§ 19 BBiG) oder Arbeitsvertrages beschäftigt werden, sind ohnehin als Beschäftigte nach § 6 Abs. 1 Nr. 1 und 2 zu qualifizieren.

13 Konsequenz des weiten persönlichen Anwendungsbereiches des Gesetzes ist, dass sich die Frage der Ungleichbehandlung **nicht nur im Vergleich mit Beschäftigten der gleichen Art** stellt, sondern auch mit anderen Beschäftigungstypen. So ist etwa denkbar, dass bestimmte Tätigkeiten, die besonders hoch vergütet sind, von männlichen Beschäftigten ausgeführt werden, die den Status von freien Mitarbeitern haben, während Frauen die niedrigbezahlten Angestelltenposten innehaben. In einer solchen Praxis könnte eine mittelbare Benachteiligung wegen des Geschlechts liegen.

### 4. Bewerberinnen und Bewerber

14 **Satz 2** trägt dem Anwendungsbereich in § 2 Abs. 1 Ziff. 1 und 2 Rechnung und stellt klar, dass auch **Bewerberinnen und Bewerber** für ein Beschäftigungsverhältnis sowie **Personen, deren Beschäftigungsverhältnis beendet** ist (etwa Betriebsrentner:innen), als Beschäftigte gelten. Es gilt ein formaler Bewerberbegriff: Danach ist Bewerber:in, wer eine Bewerbung einreicht[20] oder als Interessent in Frage kommt.[21] Weder auf die objektive Eignung der Interessenten noch auf die subjektive Ernsthaftigkeit der Bewerbung kommt es dabei an.[22] Ein Fehlen der objektiven Eignung führt nach neuerer Rechtsprechung nicht zur mangelnden Vergleichbarkeit mit anderen Bewerber:innen.[23] Fehlt es an einer subjektiven Ernsthaftigkeit der Bewerbung, ist die Geltendmachung einer Entschädigung treuwidrig (s. im Einzelnen dazu Rn. 6a zu § 2 und Rn. 26 zu § 15).[24] Eine Überqualifikation kann ein Indiz dafür darstellen, dass es an der subjektiven Ernsthaftigkeit der Bewerbung fehlt; sie kann auch bei einem entsprechenden Personalkonzept das Indiz

---

20 BAG 19.5.16 – 8 AZR 470/14; BAG 19.12.19 – 8 AZR 2/19, Rn. 22.

21 BAG 22.7.10 – 8 AZR 1012/08: Eine Benachteiligung i. S. d. § 3 AGG kann auch vorliegen, wenn eine Bewerbung deshalb unterblieben ist, weil der Arbeitgeber seine Auswahl (im entschiedenen Fall: Beförderung) ohne eine Ausschreibung der Stelle oder eine Aufforderung zu Bewerbungen getroffen hat.

22 BAG 11.8.16 – 8 AZR 406/14; anders noch für die subjektive Zielrichtung BAG 18.6.15 – 8 AZR 848/13.

23 BAG 19.5.16 – 8 AZR 470/14; 11.8.16 – 8 AZR 809/14. Anders noch BAG 14.11.13 – 8 AZR 997/12, wonach maßgeblich für die objektive Eignung nicht das formelle Anforderungsprofil des jeweiligen Arbeitgebers, sondern die Anforderungen sein sollten, welche an die jeweilige Tätigkeit nach der im Arbeitsleben herrschenden Verkehrsanschauung gestellt würden.

24 BAG 11.8.16 – 8 AZR 406/14; i. E. ebenso EuGH 28.7.16 – C 423/15 – [Kratzer].

einer Diskriminierung widerlegen.[25] Für den Zugang zu Stipendien und außerhalb der Regelungen in Abs. 1 liegenden Beschäftigungsverhältnissen s. Rn. 17.

### 5. Öffentlicher Dienst

Das Gleichbehandlungsgebot erfasst **alle Beschäftigten** und unterscheidet folglich nicht danach, ob die Beschäftigung in der Privatwirtschaft oder im öffentlichen Dienst erfolgt, erfolgen soll oder erfolgt ist. Für **Beamtinnen und Beamte und Richterinnen und Richter** gelten daher nach **§ 24** die Vorschriften entsprechend, allerdings mit der Einschränkung, dass ihre besondere Rechtstellung zu berücksichtigen ist (s. § 24 Rn. 2 ff.). 15

## II. Arbeitgeber

**Arbeitgeber** sind nach der Definition des Gesetzes in **Abs. 2** alle natürlichen oder juristischen Personen, die Personen nach Abs. 1 beschäftigen. Auf die Größe des Betriebes oder die Zahl der Beschäftigten kommt es für den persönlichen Anwendungsbereich des AGG nicht an. In Abs. 2 Satz 2 wird klargestellt, dass im Fall der AN-Überlassung sowohl der entleihende AG als auch der die Beschäftigten überlassende AG als Arbeitgeber im Sinne des AGG gilt und damit für die Gleichbehandlung verantwortlich ist. Für die Frage, ob es sich um AN-Überlassung oder eine andere Form des drittbezogenen Personaleinsatzes handelt, ist die tatsächliche Vertragsdurchführung maßgebend.[26] Satz 3 betrifft die Besonderheiten des Heimarbeitsverhältnisses; er bestimmt für die in Heimarbeit Beschäftigten und die ihnen Gleichgestellten, dass der Auftraggeber oder Zwischenmeister an die Stelle des AG tritt. 16

## III. Selbstständige und Organmitglieder

**Abs. 3** regelt die entsprechende Anwendung der Vorschriften des Abschnittes 2 auf **Selbstständige und Organmitglieder**. Dies erfolgt in Umsetzung von Art. 3 I a der Richtlinien 2000/43/EG (Antirassismus-Richtlinie), 2000/78/EG (Rahmenrichtlinie Beschäftigung) und 2002/73/EG (Änderung der Gender-Richtlinie), wonach vom Diskriminierungsverbot ausdrücklich der Zugang zu unselbstständiger und selbstständiger Erwerbstätigkeit erfasst wird. Eine **entsprechende Anwendung** der Vorschriften des 2. Abschnitts auf Selbstständige und Organmitglieder hinsichtlich der 17

---

25 BAG 20.1.16 – 8 AZR 194/14; ArbG Kempten 18.04.18 – 3 Ca 1581/17.

26 LAG Niedersachsen 15.9.08 – 14 Sa 1769/07, Rn. 91, m.w.N.; BAG 10.10.07 – 7 AZR 448/06, Rn. 42.

Bedingungen für den **Zugang zur Erwerbstätigkeit und den beruflichen Aufstieg** zielt auf den Schutzbereich des § 2 Abs. 1 Nr. 1, der Art. 3 Abs. 1a der EU-Richtlinie entspricht. Dabei hat der EuGH betont, dass unabhängig von dem herkömmlichen Verständnis der Begriffe der unselbständigen und selbständigen Erwerbsarbeit dem Sinn und Zweck der Richtlinien Rechnung zu tragen ist, der u. a. durch § 2 Abs. 1 Nr. 1 umgesetzt wird und in einer weiten Auslegung als Konkretisierung des in Art. 21 GRC verankerten Verbots von Diskriminierung in Beschäftigung und Beruf zu verstehen ist und den Zugang zu jeglicher Art von Tätigkeit unabhängig von deren Art und Merkmalen erfasst. Daher hat er das Amt des gewählten Vorsitzenden einer AN-Organisation, für das ein monatliches Gehalt gezahlt wird, unter den Begriff der unselbständigen Erwerbstätigkeit gefasst, obwohl diese Tätigkeit nicht ohne Weiteres unter Abs. 1 zu subsumieren ist. Der persönliche Anwendungsbereich ist daher in Übereinstimmung mit dem Unionsrecht so zu verstehen, dass unabhängig von der Einordnung der Erwerbstätigkeit in die Kategorien des § 6 jedenfalls der Zugang und der berufliche Aufstieg vom Anwendungsbereich erfasst werden.[27] Auch der Zugang zu Bildung und damit Stipendien fallen darunter, wenn sie die Teilnahme an Forschungs- und Studienvorhaben ermöglichen sollen.[28]

18 **Selbstständige** sind Personen, die gegen Entgelt Dienstleistungen erbringen, ohne persönlich abhängig und weisungsgebunden zu sein. Relevant ist die Regelung nur für Selbständige, die keine arbeitnehmerähnliche Stellung haben. Ansonsten werden sie gem. Abs. 1 Ziff. 3 bereits als Beschäftigte unmittelbar geschützt (vgl. dazu Rn. 8 f.).

19 Eine **entsprechende Anwendung** der Schutzvorschriften bedeutet die Übertragung der Schutzvorschriften des Abschnitts 2 auf die Situation von Selbstständigen und setzt rechtsdogmatisch eine vergleichbare Interessenlage voraus. Eine mit Beschäftigten i. S. des Abs. 1 **vergleichbare Interessenlage** besteht für Selbstständige insbesondere für den **Abschluss von Verträgen, die den Rahmen und die Grundlage für ihre Tätigkeit bilden**. Um einen wirksamen Diskriminierungsschutz für jede Form der Erwerbstätigkeit als Sicherung des Lebensunterhalts und der gesellschaftlichen Teilhabe zu sichern, ist die Regelung weit zu verstehen in dem Sinne, dass hierunter Vertragsverhältnisse fallen, in denen eine gewisse Kontinuität liegt. Dazu gehört beispielsweise der Dienstvertrag eines selbstständigen Alleinunternehmers, der auf Dauer oder im Wesentlichen nur für einen Auftraggeber tätig ist (§ 2 Nr. 9 SGB VI). Charakteristikum ist hier – wie beim Arbeitsverhältnis – ein auf Dauer angelegtes Schuldverhältnis. Grundlegend für die Möglichkeit, die selbstständige Erwerbstätigkeit auszuüben, sind etwa der Abschluss eines langfristigen Rahmenvertrages für die Vergabe von Aufträgen, ein Vertrag

27 EuGH 2. 6. 22 – C-587/20, Rn. 27 und 35.
28 EuGH 15. 11. 18 – C-457/17.

zwischen Franchisegeber und Franchisenehmer oder die Aufnahme in eine Partnerschaft z. B. eine Rechtsanwaltskanzlei bzw. eine ärztliche Gemeinschaftspraxis.[29] Der verweigerte Wieder-Abschluss eines Dienstvertrags über Marketingleistungen eines für einen Auftraggeber tätigen Mitarbeiters wegen dessen sexueller Orientierung fällt damit unter den Schutzbereich.[30] Einzelaufträge wie Werkverträge oder Kaufverträge haben hingegen regelmäßig keine derartige Dauerhaftigkeit, dass sie entsprechend einzuordnen wären.

Mit dem Begriff »**Organmitglieder**« sind, wie die Beispiele des Geschäfts- **20**
führers oder Vorstands zeigen, alle Personen gemeint, die kraft Gesetzes, Satzung oder Gesellschaftsvertrag allein oder als Mitglieder des Vertretungsorgans zur Vertretung einer juristischen Person oder einer Personengesamtheit berufen sind. Sie fallen nicht unter den nationalen AN-Begriff (§§ 5 Abs. 1 Satz 3 ArbGG, 14 Abs. 1 KSchG, § 5 Abs. 2 Ziff. 1 und 2 BetrVG), wohl aber ggf. unter den unionsrechtlichen mit der Folge, dass die Beschränkung auf Zugang und Aufstieg dann nicht gilt (vgl. oben Rn. 3 f). Nach der Gesetzesbegründung geht es um eine Klarstellung, dass sich **Geschäftsführer** auf den Schutz gegen Benachteiligungen berufen können, soweit es um Sachverhalte wie den Zugang zur Tätigkeit als Organmitglied oder das Fortkommen in dieser Tätigkeit geht. Daher finden die Vorschriften des 2. Abschnitts und § 22 auch entsprechende Anwendung, wenn Geschäftsführer einer GmbH, deren Bestellung und Anstellung infolge einer Befristung abläuft, sich erneut um das Amt bewerben. Entscheidet ein Gremium über die Bestellung und Anstellung von Bewerbern als Geschäftsführer:in, reicht es für die Vermutungswirkung des § 22 AGG aus, dass der oder die Vorsitzende des Gremiums die Gründe, aus denen die Entscheidung getroffen worden ist, unwidersprochen öffentlich wiedergibt und sich daraus Indizien ergeben, die eine Benachteiligung im Sinne des § 7 Abs. 1 AGG vermuten lassen.[31]

**Gerichtliche Geltendmachung** von Ansprüchen: Nachdem der Beschäftig- **21**
tenbegriff weitgehend mit dem AN-Begriff des § 5 ArbGG übereinstimmt,[32] werden Streitigkeiten zwischen Beschäftigten und AG nach diesem Gesetz regelmäßig vor dem Arbeitsgericht auszutragen sein. Für Klagen von Organmitgliedern und Selbstständigen ist der Rechtsweg zu den Amts- und Landgerichten und nicht zu den Arbeitsgerichten eröffnet; davon zu trennen ist die Frage, ob sie im Hinblick auf den Diskriminierungsschutz unter Abs. 1 oder Abs. 3 fallen.

---

29 S. hierzu Bauer/Thüsing/Schunder, NZA 05, 32.
30 EuGH 12.1.23 – C-356/21, Rn. 53 ff., 58.
31 BGH 23.4.12 – II ZR 163/10.
32 Zu den möglichen unionsrechtlichen Abweichungen vgl. oben Rn. 3 f.

22 Nach dem Referentenentwurf des Bundesministeriums für Familie, Senioren, Frauen und Jugend zur Umsetzung der seit 18.6.2024 geltenden Richtlinien über Standards für Gleichbehandlungsstellen sollen Ansprüche aus dem AGG künftig auch durch die in § 23 definierten Antidiskriminierungsverbände in eigenem Namen und damit in Prozessstandschaft geltend gemacht werden können, wenn die berechtigten Personen nach § 6 sie dazu ermächtigen (§ 23 Abs. 3 des Entwurfs).

## § 7 Benachteiligungsverbot

**(1) Beschäftigte dürfen nicht wegen eines in § 1 genannten Grundes benachteiligt werden; dies gilt auch, wenn die Person, die die Benachteiligung begeht, das Vorliegen eines in § 1 genannten Grundes bei der Benachteiligung nur annimmt.**
**(2) Bestimmungen in Vereinbarungen, die gegen das Benachteiligungsverbot des Absatzes 1 verstoßen, sind unwirksam.**
**(3) Eine Benachteiligung nach Abs. 1 durch Arbeitgeber oder Beschäftigte ist eine Verletzung vertraglicher Pflichten.**

**Inhaltsübersicht** Rn.

## I. Allgemeines

Die Regelung enthält für alle Beschäftigten das Verbot der Benachteiligung im Zusammenhang mit Beruf und Erwerbstätigkeit (§ 2 Abs. 1 Nr. 1–4) bezogen auf alle Merkmale des § 1. Im Verhältnis zum AG galt das Benachteiligungsverbot schon **bisher** aufgrund von Art. 3 GG über §§ 138, 242 BGB oder direkt in seiner Ausformung als **allgemeiner arbeitsrechtlicher Gleichbehandlungsgrundsatz** für alle vom AG einheitlich für den ganzen Betrieb, einzelne Betriebsabteilungen oder Arbeitnehmergruppen aufgestellten Regelungen.[1] Der arbeitsrechtliche Gleichbehandlungsgrundsatz findet allerdings **nur für Maßnahmen innerhalb des laufenden Arbeitsverhältnisses** Anwendung, nicht aber bei dessen Begründung oder Beendigung. Für Betriebsvereinbarungen ergibt sich die Pflicht zur Gleichbehandlung bereits aus § 75 BetrVG. 1

Das Benachteiligungsverbot des AGG geht über die früheren Regelungen hinaus, weil es ein **absolutes Gleichbehandlungsgebot** enthält. Der arbeitsrechtliche Gleichbehandlungsgrundsatz verbietet nur die willkürliche, ohne sachlichen Grund erfolgende Differenzierung. Das Verbot der Benachteiligung **verbietet jede Differenzierung**, die an eines der in § 1 genannten Merkmale anknüpft und die nicht durch eine gesetzliche Ausnahme gem. § 8 ff. gerechtfertigt ist. Im Bereich der mittelbaren Benachteiligung muss die unterschiedliche Behandlung einem rechtmäßigen Ziel i. S. eines wirklichen 2

1 S. hierzu im Einzelnen: Küttner-Kania, Nr. 198, Gleichbehandlung Rn. 4 und 9 ff.; ErfK-Dieterich, GG Art. 3 I Nr. 6, Arbeitsverträge, Rn. 32 f., m. w. N.

Bedürfnisses des Unternehmens dienen, für die Erreichung dieses Zieles geeignet und nach den Grundsätzen der Verhältnismäßigkeit erforderlich sein. Außerdem muss die Angemessenheit des Eingriffs in die Rechte der Benachteiligten im Verhältnis zur Bedeutung des Ziels bestehen[2] (s. hierzu im Einzelnen Rn. 15 ff. zu § 3). Ein sachlicher Grund alleine ist dementsprechend nicht ausreichend, um eine Ungleichbehandlung zu rechtfertigen. Auch **Privilegierungen**, die zu einer Benachteiligung anderer Personen oder Gruppen führen, werden vom Benachteiligungsverbot umfasst und sind nur im Rahmen von § 5 (positive Maßnahmen) zulässig.

3 Eine wesentliche **Erweiterung** erfährt das Benachteiligungsverbot dadurch, dass das **AGG** sich nunmehr auf **alle Benachteiligungen** im Zusammenhang mit Beruf, Berufsbildung und Erwerbstätigkeit erstreckt, angefangen **von Berufsberatung** und **Berufsbildung** und weiter über **Einstellung, Arbeitsbedingungen** und **beruflichen Aufstieg** bis zur **Beendigung** des Beschäftigungsverhältnisses (§ 2 Abs. 1 Nr. 1–4). Auch gilt das Benachteiligungsverbot für **alle in § 1 genannten Gründe**. Im Zusammenhang mit den Arbeitsbedingungen wird auch der bisher nur geschlechtsbezogen normierte **Grundsatz der Entgeltgleichheit** (Art. 141 Abs. 1 EG-Vertrag, § 612 Abs. 3 BGB und §§ 3, 7 EntgTranspG) auf alle in § 1 genannten Merkmale erstreckt. Darüber hinaus ist das Benachteiligungsverbot des AGG verknüpft mit den in §§ 12 ff. geregelten Pflichten des AG und den Rechten der Beschäftigten, vor allem das Zusammenspiel eines Entschädigungsanspruchs gem. § 15 und der Beweiserleichterung in § 22.

## II. Adressatenkreis

4 **Die passive** Formulierung des **Abs. 1** verbietet eine Benachteiligung **durch alle Personen**, die insoweit Einwirkungsmöglichkeiten haben. Aus dem Regelungszusammenhang mit Abs. 3 lassen sich zunächst **vier Gruppen** von Personen, die Benachteiligungen verursachen, unterscheiden: 1) Benachteiligung durch **AG** selbst, das heißt durch AG, die natürliche Personen sind, bzw. bei juristischen Personen durch die gesetzlichen Vertreter; 2) Benachteiligung durch **Beschäftigte**, die **im Namen des AG** weisungsbefugt sind, also regelmäßig die Vorgesetzten; 3) Benachteiligung durch **andere Beschäftigte**, also regelmäßig die Arbeitskollegen und 4) Benachteiligung durch **Dritte**, wie z. B. Geschäftspartner oder Kunden des AG.

5 Eine Benachteiligung kann auch durch kollektivrechtliche Regelungen erfolgen. Als Benachteiligende kommen deshalb neben dem AG außerdem die **Tarifvertragsparteien** oder der **Betriebsrat** als Vertragspartner beim Ab-

---

2 EuGH 13.5.86 – C-170/84; EuGH 26.6.01 – C-381/99 – [Brunnhofer]; EuGH 5.3.09 – C-388/07 – [Age Concern England]; BAG 23.1.90 – 3 AZR 58/88; BAG 15.12.16 – 8 AZR 454/15.

schluss einer Betriebsvereinbarung in Betracht. Einzige Sanktion bei einem Verstoß bleibt insoweit die **Nichtigkeit der betroffenen Regelung** gem. §§ 134 BGB, 7 Abs. 2, die wiederum zu einem Anspruch gegenüber dem AG führen kann (s. hierzu Rn. 32 ff.).

## III. Verstoß gegen das Benachteiligungsverbot

### 1. Benachteiligende Wirkung

6 **Abs. 1, 1. HS** enthält ein generelles Verbot der Benachteiligung aller Beschäftigten **wegen** eines in § 1 genannten Grundes (zum Vorliegen der Merkmale s. die Kommentierungen zu § 1). Zwischen der benachteiligenden Behandlung und einem in § 1 genannten Grund muss demnach ein Kausalzusammenhang bestehen. Für den Kausalzusammenhang ist es nicht erforderlich, dass der betreffende Grund i. S. v. § 1 das ausschließliche oder auch nur ein wesentliches Motiv für das Handeln der Benachteiligenden ist. Es muss auch nicht als vorherrschender Beweggrund, Hauptmotiv oder »Triebfeder« des Verhaltens handlungsleitend oder bewusstseinsdominant gewesen sein. Vielmehr ist der Kausalzusammenhang bereits dann gegeben, wenn die Benachteiligung an einen Grund i. S. v. § 1 anknüpft oder durch diesen motiviert ist, wobei die bloße Mitursächlichkeit genügt (Motivbündel).[3] Ob eine Benachteiligung vorliegt, hängt aufgrund der Formulierung der Benachteiligungstatbestände in § 3 und dem Benachteiligungsverbot in § 7 Abs. 1 zunächst von der **Wirkung einer Maßnahme oder Unterlassung** ab. Maßgeblich ist, ob eine der in § 1 genannten Gruppen hiervon nachteilig gem. § 3 betroffen ist. So liegt ein Nachteil in diesem Sinne bereits dann vor, wenn ein oder eine Bewerber:in im Rahmen einer Auswahlentscheidung nicht in die Auswahl einbezogen, sondern von vorneherein ausgeschlossen wird. Da eine Schlechterstellung schon in der Versagung einer Chance liegt, kommt es nicht darauf an, ob im Zuge des Auswahlverfahrens tatsächlich jemand eingestellt wird oder nicht.[4] **Auf ein Verschulden oder eine besondere Absicht kommt es nicht an** (s. § 3 Rn. 3a). Ein Verschulden des AG ist erst relevant für die Frage, ob gem. § 15 Abs. 1 Anspruch auf den Ersatz eines materiellen Schadens besteht.

### 2. Absicht der Benachteiligung

7 Allerdings kann nach **Abs. 1, 2. HS** auch dann eine Benachteiligung vorliegen, wenn im Ergebnis keine Nachteile bei Personen eintreten, die eines

3 BAG 26.6.14 – 8 AZR 547/13; BAG 15.12.16 – 8 AZR 454/15, Rn. 20; BAG 1.8.16 – 8 AZR 4/15; BAG 19.5.16 – 8 AZR 470/14.
4 BAG 23.8.12 – 8 AZR 285/11.

der Merkmale des § 1 aufweisen, sondern lediglich die **Absicht der Benachteiligung** wegen eines der Merkmale besteht. Die Formulierung »wegen« entspricht derjenigen in § 1 und bedeutet gem. § 3 Abs. 1 schon dann eine unmittelbare Benachteiligung, wenn eine weniger günstige Behandlung **an einen in § 1 genannten Grund anknüpft**. Die Merkmale des § 1 müssen also nicht notwendig in der Person einer **deswegen** diskriminierten Person vorliegen, um das Benachteiligungsverbot auszulösen. Es reicht aus, wenn die Person, die eine Benachteiligung begeht, subjektiv davon ausgeht, dass die Benachteiligung wegen eines in § 1 genannten Merkmals erfolgt, also die entsprechende Absicht vorliegt. Dann ist es nicht mehr relevant, ob tatsächlich im Ergebnis eine Benachteiligung gem. §§ 3, 1 vorliegt oder nicht. Die Benachteiligung tritt hier bei dem oder der Beschäftigten gegebenenfalls aus anderen Gründen ein als in den in § 1 genannten, nämlich wegen einer sich als falsch erweisenden Annahme des Benachteiligenden. Der Gesetzgeber wollte hierdurch dem Umstand Rechnung tragen, dass Menschen z. B. allein aufgrund ihres äußeren Erscheinungsbildes bestimmte Eigenschaften oder Verhaltensweisen zugeschrieben werden.[5] Im Fall des Abs. 1, 2. HS reicht es also aus, eine Benachteiligung i. S. von § 3 unabhängig vom Vorliegen eines Grundes nach § 1 festzustellen, wenn die Absicht der Benachteiligung aus einem der in § 1 geregelten Gründe bestand.

> **Beispiel:**
> Ein AG befördert eine Mitarbeiterin nur deshalb nicht zur Abteilungsleiterin, weil er von ihrer Homosexualität überzeugt ist. Die Annahme erweist sich als falsch. Dennoch liegt ein Verstoß gegen das Benachteiligungsverbot des § 7 aufgrund der beabsichtigten Diskriminierung wegen der sexuellen Identität vor.

### 3. Anweisung zu einer Benachteiligung

8 Die Regelung wird ergänzt durch § 3 Abs. 5. Hier ist die **Möglichkeit einer Benachteiligung** aus einem in § 1 genannten Grund ausreichend, wenn die **Erteilung einer entsprechenden Anweisung** erfolgt. Es kommt also weder auf die Ausführung der Anweisung noch deren Erfolgseintritt an: Die Anweisung zu einer Benachteiligung stellt bereits eine Benachteiligung dar.

> **Beispiel:**
> A weist ihre Personalleiterin an, H nicht einzustellen, weil dieser Moslem sei. Die Annahme erweist sich später als falsch. H wurde außerdem entgegen der Anweisung durch die Personalleiterin eingestellt. Dennoch liegt eine Benachteiligung vor, weil A den H wegen seiner Religion benachteiligen wollte.

5 BT-Drs. 16/1780 S. 34.

## IV. Voraussetzungen für das Vorliegen einer Benachteiligung und Fallgruppen

Die **Prüfung einer verbotenen Benachteiligung** nach Abs. 1 erfolgt in folgenden Schritten: (1) **persönlicher Anwendungsbereich** des § 6 (Vorliegen der Beschäftigteneigenschaft); (2) **sachlicher Anwendungsbereich** des § 2 Abs. 1 Nr. 1–4 (Begründung, Ausgestaltung und Beendigung von Beschäftigungsverhältnissen einschließlich Berufsbildung); (3) Vorliegen einer **Benachteiligung** (Wirkung oder Absicht) i. S. von § 3 (unmittelbar, mittelbar oder Belästigung wegen eines in § 1 genannten Merkmals oder sexuelle Belästigung); (4) **Fehlen einer Rechtfertigung** gem. §§ 8 ff. bei der unmittelbaren Benachteiligung. 9

Daraus ergeben sich folgende Fallgruppen: 10

1. Benachteiligungsverbot bei der Einstellung (s. Rn. 11 ff.);
2. Benachteiligungsverbot im laufenden Beschäftigungsverhältnis einschließlich der Benachteiligung beim beruflichen Aufstieg und der Benachteiligung durch (sexuelle) Belästigung (s. Rn. 21 ff.);
3. Benachteiligungsverbot bei der Beendigung des Beschäftigungsverhältnisses (s. Rn. 27 ff.);
4. Benachteiligungsverbot bei der Mitgliedschaft in einer beruflichen Vereinigung (s. Rn. 31)

### 1. Benachteiligungsverbot bei der Einstellung

#### a) Einbeziehung in das Einstellungsverfahren

Das Benachteiligungsverbot besteht gem. § 2 Abs. 1 Nr. 1 bereits für den besonders sensiblen Bereich des Einstellungsverfahrens.[6] Das Unionsrecht gebietet eine weite Auslegung des Schutzbereichs.[7] Da der Zugang zu unselbständiger und selbständiger Erwerbstätigkeit unabhängig von Tätigkeitsfeld und beruflicher Position geschützt wird, ist der Anwendungsbereich nicht nur auf AN bezogen und schließt gem. § 24 auch den Zugang zu öffentlich-rechtlichen Dienstverhältnissen mit ein. Sind die Chancen eines Bewerbers oder einer Bewerberin durch ein diskriminierendes Verfahren von Anfang an beeinträchtigt worden, so kann es danach nicht mehr darauf ankommen, ob einer der in § 1 genannten Gründe bei der abschließenden Einstellungsentscheidung noch eine nachweisbare Rolle gespielt hat.[8] Deshalb stellt auch 11

---

6 S. hierzu auch § 2 Rn. 6 ff., insbesondere auch zu einem Verhalten, das die Vermutung für eine Diskriminierung begründet, und zum Auskunftsanspruch § 2 Rn. 8b.

7 EuGH 23.4.20 – C-507/18 – [Associazione Avvocatura per i diritti LGBTI], Rn. 30 ff., 39; EuGH 2.6.22 – C-587/20, Rn. 30 f.; s. auch § 2 Rn. 3 f.

8 BVerfG 16.11.93 – 1 BvR 258/86.

eine **Benachteiligung im Einstellungsverfahren** einen Verstoß gegen das Benachteiligungsverbot des Abs. 1 dar. Die Benachteiligung liegt in der **verminderten oder versagten Chance**, ohne dass es darauf ankommt, ob die Bewerber ohne diskriminierendes Verhalten die Stelle bekommen hätten oder ob im Zuge des Auswahlverfahrens überhaupt jemand eingestellt wurde.[9] Außerdem darf der AG es nicht in der Hand haben, durch eine geeignete Verfahrensgestaltung die Chancen von Bewerbern wegen eines Merkmals des § 1 so zu mindern, dass seine Entscheidung praktisch unangreifbar wird.[10]

**Beispiel:**
Keine Entgegennahme von Bewerbungen von Frauen mit mehreren minderjährigen Kindern und von Bewerbern über 50 Jahren wegen der Angst vor häufigen Fehlzeiten.

12 Eine Benachteiligung setzt weder eine **ernsthafte Bewerbung noch eine objektive Eignung** des Bewerbers voraus.[11] Wenn allerdings eine Bewerbung nur »pro-forma« erfolgt, um eine Entschädigung geltend zu machen, wird die Rechtsstellung eines Bewerbers rechtsmissbräuchlich erworben mit der Folge, dass auch das Verlangen einer Entschädigung rechtsmissbräuchlich ist und der AG den Einwand der unzulässigen Rechtsausübung geltend machen kann.[12] Dies kann in der Gesamtschau der Umstände festgestellt werden[13] (s. im Einzelnen § 15 Rn. 26f.). Geht eine Bewerbung um eine Stelle erst nach einer getroffenen Auswahlentscheidung[14] oder nach deren Besetzung ein, so kommt eine Benachteiligung gem. § 3 Abs. 1 AGG regelmäßig nicht in Betracht.[15] Anders ist es, wenn ein AG die ausgeschriebene Stelle vor Ablauf einer von ihm gesetzten Bewerbungsfrist besetzt.[16] Ein Anspruch auf **Unterlassung einer diskriminierenden Ausschreibung** und auf Neuausschreibung während eines laufenden Auswahlverfahrens besteht ebenso wenig wie ein Anspruch auf Unterlassung künftiger diskriminierender Aus-

9 BAG 23.8.12 – 8 AZR 285/11.

10 BVerfG 21.9.06 – 1 BvR 308/03: Haftung für eine diskriminierende Stellenausschreibung, die der AG durch einen Dritten, z.B. die Agentur für Arbeit, vornehmen lässt.

11 Änderung der Rechtsprechung: EuGH 28.7.16 – C-423/15 – [Kratzer]; BAG 19.5.16 – 8 AZR 470/14; BAG 11.8.16 – 8 AZR 4/15.

12 EuGH 28.7.16 – C-423/15 – [Kratzer]; BAG 19.5.16 – 8 AZR 470/14; BAG 11.8.16 – 8 AZR 4/15; BAG 31.3.22 – 8 AZR 238/ 21; BAG 19.1.23 – 8 AZR 437/21.

13 BAG 19.1.23 – 8 AZR 437/21.

14 BAG 17.8.10 – 9 AZR 839/08.

15 BAG 19.8.10 – 8 AZR 370/09; LAG Köln 1.10.10 – 4 Sa 796/10.

16 BAG 17.8.10 – 9 AZR 839/08.

schreibungen[17]. Lediglich für den Betriebsrat oder eine im Betrieb vertretene Gewerkschaft ist in § 17 Abs. 2 AGG i. V. m. § 23 Abs. 3 BetrVG bei einem groben Verstoß des AG ein Unterlassungsanspruch vorgesehen und kommt dann auch bei diskriminierenden Stellenausschreibungen in Betracht.[18]

### b) Zulässige Anknüpfung an ein Merkmal des § 1

Der AG, der es wegen eines in § 1 genannten Merkmals ablehnt, Bewerber:innen in das Einstellungsverfahren mit einzubeziehen und/oder einzustellen, oder der höhere Anforderungen mit einem der Merkmale verknüpft (z. B. erforderliches Abitur nur bei ausländischen Bewerber:innen), verstößt unmittelbar gegen das Benachteiligungsverbot. **AG** ist hier i. S. von § 6 Abs. 2 zu verstehen und bezieht die Auftraggeber von arbeitnehmerähnlichen Personen gem. § 6 Ab. 1 Nr. 3 mit ein. Ausreichend ist es, wenn in einem **Motivbündel**, das die Entscheidung beeinflusst, **eines der Merkmale des § 1 als Kriterium enthalten** gewesen ist,[19] wenn also die Entscheidung **unter anderem** an eines der Merkmale anknüpft. Daher stellt auch eine Befristung wegen eines in § 1 genannten Merkmals (z. B. bei Frauen nur befristete Einstellung wegen der Befürchtung einer Schwangerschaft) einen Verstoß gegen das Benachteiligungsverbot dar.[20] Etwas anderes gilt nur, wenn eine unterschiedliche Behandlung zulässig ist, weil das Vorhandensein oder Nichtvorhandensein eines der Merkmale Voraussetzung für eine sinnvolle Ausübung dieser Tätigkeit ist (berufliche Anforderung gem. § 8) oder durch die §§ 9, 10 gerechtfertigt wird. Daher ist es zulässig, einen älteren Schauspieler für die Rolle eines Greises einzustellen und ein weibliches Model für Damenmode oder einen Mitarbeiter auszusuchen, der keine Behinderungen aufweist, die die Fähigkeit zur Ausübung der Tätigkeit ausschließt (vgl. § 8 Rn. 12 ff.). Zur Zulässigkeit von Höchstaltersgrenzen s. § 1 Rn. 35c. Der AG darf im Einstellungsverfahren auch keine Fragen nach einem der Merkmale des § 1 stellen, wenn dies nicht einen direkten Bezug zu der ausgeübten Tätigkeit hat (insbesondere relevant bei Fragen nach der Schwangerschaft, einer Behinderung oder Schwerbehinderung, der Religionszugehörigkeit oder Weltanschauung; s. im Einzelnen mit Rechtsprechungsnachweis § 2 Rn. 12 ff.). 13

17 Vgl. BayVGH 4.12.12 – 7 ZB 12.1816.

18 BAG 14.11.13 – 8 AZR 997/12.

19 St. Rspr. BVerfG 16.11.93 – 1 BvR 258/86; BAG 12.12.13 – 8 AZR 838/12; BAG 15.12.16 – 8 AZR 454/15, Rn. 20.

20 EuGH 4.10.01 – C-438/99 – [Melgar].

### c) Unzulässige oder nachgeschobene Auswahlkriterien

14 Der AG legt häufig bereits in der Stellenausschreibung oder im Einstellungsverfahren **Auswahlkriterien** für die Bewerber auf eine bestimmte Tätigkeit fest. Hierunter sind alle Voraussetzungen zu verstehen, die Bewerber nach den **subjektiven Vorgaben des AG** ganz allgemein oder bezogen auf den Einzelfall erfüllen müssen, um eine bestimmte Tätigkeit auszuüben (wie z. B. Ausbildung, Sprachkenntnisse, Berufserfahrung, aber auch Alter, Aussehen, Geschlecht etc.). Die Auswahlkriterien, die entweder unmittelbar an ein Merkmal des § 1 anknüpfen (z. B. Vorgabe eines Höchstalters) oder an scheinbar neutrale Kriterien (mittelbar), können zu einer Benachteiligung wegen eines Merkmals des § 1 führen.

**Beispiel:**
»Bewerber für die Stelle eines Personalleiters/-leiterin sollten eine langjährige, ununterbrochene Vollzeittätigkeit im Personalbereich vorweisen können«.

Hierin kann eine mittelbare Benachteiligung von Frauen liegen, die im Zusammenhang mit der Geburt von Kindern wesentlich häufiger unterbrochene Erwerbsbiographien und Phasen von Teilzeittätigkeit haben.

15 Der AG darf grundsätzlich den Aufgabenbereich einer Stelle und die dafür geforderte Qualifikation frei festlegen. Um Willkür auszuschließen, sind die zulässigen Anforderungen allerdings auf solche beschränkt, die in einem **nachvollziehbaren Zusammenhang mit der für die Stelle erforderlichen Qualifikation** stehen und die deshalb ein AG an Bewerber in redlicher Weise stellen darf. Eine Grenze wird dann überschritten, wenn der AG durch überzogene Anforderungen, die unter keinem nachvollziehbaren Gesichtspunkt durch die Erfordernisse der wahrzunehmenden Aufgaben gedeckt sind, die Vergleichbarkeit der Situation willkürlich gestaltet und dadurch den Schutz des AGG de facto beseitigt.[21] Der AG ist außerdem verpflichtet, für eine benachteiligungsfreie Auswahl **nur** die **Auswahlkriterien** zugrunde zu legen, die er selbst **von vornherein** aufgestellt hat. Kriterien, die sich durch die Tätigkeit nicht rechtfertigen lassen, sind nicht geeignet, eine benachteiligende Auswahlentscheidung zu rechtfertigen oder eine bestehende Vermutung einer Benachteiligung gem. § 22 zu widerlegen.[22] Außerdem sind nachgeschobene Einstellungsvoraussetzungen grundsätzlich nicht als Nachweis einer diskriminierungsfreien Entscheidung anzuerkennen. Der

---

21 BAG 7.4.11 – 8 AZR 679/09; BAG 14.11.13 – 8 AZR 997/12.

22 BAG 15.2.05 – 9 AZR 635/03: keine Benachteiligung wegen der Schwerbehinderung bei Fehlen der in der Ausschreibung geforderten Schreibmaschinenkenntnisse; BAG 12.9.06 – 9 AZR 807/05: rechtswidrige Benachteiligung eines Behinderten durch Verlangen einer formalen Ausbildungsvoraussetzung ohne Berücksichtigung gleichwertiger Abschlüsse.

AG muss vielmehr positiv nachweisen, dass besondere Umstände vorliegen, weshalb die erst später in das Bewerbungsverfahren eingeführten Anforderungen kein bloßer Vorwand sind, um konkrete Bewerber abzuweisen. Hierzu ist erforderlich, dass in dem Motivbündel, das die Auswahlentscheidung beeinflusst hat, das Merkmal des abgewiesenen Bewerbers nach § 1 überhaupt nicht als negatives oder dessen Nichtvorliegen als positives Kriterium enthalten ist.[23] Eine Diskriminierung von Behinderten im Einstellungsverfahren kann auch dadurch erfolgen, dass angemessene Vorkehrungen (Art. 5 Richtlinie 2000/78) nicht getroffen werden (Verbot der Diskriminierung durch Verweigerung angemessener Vorkehrungen) oder eine Hilfe, deren Beschaffung dem AG zumutbar ist, nicht vorhanden ist (zur Benachteiligung von Behinderten durch Versagung zumutbarer Vorkehrungen, s. § 2 Rn. 19; § 1 Rn. 27 und § 3 Rn. 4).

### d) Vermutung für eine Benachteiligung

Die **Vermutung einer Benachteiligung** aus einem der in § 1 genannten **16**
Gründe kann sich insbesondere aus der **Stellenausschreibung** (z. B. suche Mitarbeiter/in unter 40, suche Sekretärin etc.) (s. § 22 Rn. 11a) oder durch **unzulässige Fragen** ergeben, die dem Beschäftigten vor der Einstellung mündlich oder schriftlich gestellt werden (Religionszugehörigkeit, Behinderung) und die nur Sinn haben können, wenn sie einen Einfluss auf die Auswahlentscheidung haben (s. § 22 Rn. 11b und 14). Da anders als im anglo-amerikanischen Raum eine Bewerbung mit Lichtbild in Deutschland nach wie vor üblich ist, folgt allein aus der Anforderung eines Lichtbildes noch keine Vermutung für eine Benachteiligung (s. § 22 Rn. 11b). Eine Vermutung kann durch **abfällige Bemerkungen** eines zuständigen Mitarbeiters im Bewerbungsverfahren begründet werden[24] oder durch falsche, wechselnde oder in sich widersprüchliche Begründungen für eine Ablehnung.[25] Hierunter fallen auch Verhaltensweisen, die von tradierten Rollenmustern ausgehen und die Problematik der Vereinbarkeit von Kinderbetreuung und Berufstätigkeit nur betreffend Frauen und Müttern negativ berücksichtigen.[26] Sind überhaupt **keine Kriterien** für die Einstellung erkennbar, kann

23 BVerfG 16.11.93 – 1 BvR 258/86 zur geschlechtsbedingten Benachteiligung; BAG 5.2.04 – 8 AZR 112/03.

24 EuGH 10.7.08 – C-54/07 – [Feryn]: öffentliche Äußerung eines Direktors, dass er keine Beschäftigten einer bestimmten ethnischen Herkunft einstellt; EuGH 25.4.13 – C-81/12 – [Asociatia ACCEPT]: homophobe Äußerungen eines einflussreichen »Patrons« eines Profifußballvereins, die auf eine diskriminierende Einstellungspraxis schließen lassen.

25 BAG 21.6.12 – 8 AZR 364/11.

26 LAG Rheinland-Pfalz 20.8.19 – 8 Sa 424/17: »Es ist zwar nicht Aufgabe der Personalpolitik, die gesellschaftliche Rollenverteilung zu ändern, sie darf aber in

sich die Vermutung einer Benachteiligung allein aus der Tatsache ergeben, dass trotz einer hervorragenden Qualifikation keinerlei Berücksichtigung der Bewerbung erfolgt ist (s. § 22 Rn. 10).

17 Eine Benachteiligung im Einstellungsverfahren kann ebenfalls aus der Missachtung **gesetzlicher Vorgaben** zum **Schutz von Schwerbehinderten** gefolgert werden (ausführlich hierzu s. § 1 Rn. 7ff.; § 22 Rn. 11 und 14aff.). In diesem Fall greift die Beweiserleichterung in § 22, sodass der AG seine Auswahl transparent machen und darlegen und beweisen muss, dass kein Fall einer Benachteiligung vorliegt. Zu einem Auskunftsanspruch, um eine Benachteiligung darlegen zu können, s. § 2 Rn. 8b).

### e) Benachteiligung bei der Einstellung im Hinblick auf einzelne Merkmale des § 1

18 Zu den Besonderheiten im Zusammenhang mit den einzelnen Merkmalen des § 1 s. die Kommentierung zu § 1: Rn. 10f. zum Geschlecht, Rn. 25 zur Behinderung, Rn. 32ff. zum Alter; zur Problematik eines Höchstalters bei Einstellungen s. auch § 10 Rn. 18 und 21.

### f) Mitbestimmung zur Vermeidung von Benachteiligungen bei der Einstellung

19 **Mitbestimmung:** Neben der Möglichkeit zum Abschluss von Auswahlrichtlinien gem. § 95 Abs. 1 hat der Betriebsrat bei Einstellungen gem. **§ 99 Abs. 1 BetrVG** mitzubestimmen. Zunächst hat der Betriebsrat in diesem Zusammenhang einen umfassenden Anspruch auf **Unterrichtung** hinsichtlich aller Bewerber. Der Betriebsrat ist auch über den Inhalt von Vorstellungsgesprächen zu unterrichten, wenn ein Frauenförderplan besteht, Frauen und Männer zu Vorstellungsgesprächen eingeladen sind und ein Mann eingestellt werden soll.[27] Die Zustimmung zu einer Einstellung kann der Betriebsrat nur unter den Voraussetzungen des § 99 Abs. 2 BetrVG verweigern. Verstößt der AG hinsichtlich einer Mitbewerberin oder eines Mitbewerbers gegen das Benachteiligungsverbot, liegt darin ein **Gesetzesverstoß**, der die personelle Maßnahme rechtswidrig macht.[28] Bei einem Verstoß gegen das Benachteiligungsverbot kann der Betriebsrat daher seine Zustimmung gem. **§ 99 Abs. 2 Nr. 1 BetrVG** verweigern. Dieser Möglichkeit kommt im Hinblick darauf, dass der oder die benachteiligte Bewerber:in keinen Anspruch auf die Begründung eines Beschäftigungsverhältnisses hat (§ 15 Abs. 6), eine

---

der konkreten Personalentscheidung nicht zu Lasten einer Arbeitnehmerin an solche gesellschaftlichen Rollenverteilungen anknüpfen.«

27 BAG 28.6.05 – 1 ABR 26/04.

28 So auch ErfK-Kania, BetrVG § 99 Rn. 24; Fitting, BetrVG § 99 Rn. 198f.

besondere Bedeutung zu. Die Wertung des § 15 AGG steht dem nicht entgegen, da im Rahmen der Mitbestimmung des Betriebsrats keine Einstellung der diskriminierten Person durchgesetzt werden kann.[29]

20 Der Betriebsrat kann außerdem gem. **§ 99 Abs. 2 Nr. 2 BetrVG** seine Zustimmung zu einer Einstellung versagen, wenn diese gegen eine Richtlinie gem. § 95 verstößt, die eine diskriminierungsfreie Auswahl sicherstellen soll. Besteht die durch Tatsachen begründete Besorgnis, dass der oder die für die personelle Maßnahme in Aussicht genommene Bewerber:in eine rassistische oder fremdenfeindliche Weltanschauung hat und möglicherweise den Betriebsfrieden durch eine grobe Verletzung der in § 75 Abs. 1 enthaltenen Grundsätze stören wird, kommt ein Widerspruchsrecht gem. **§ 99 Abs. 2 Nr. 6 BetrVG** in Betracht. Der Betriebsrat hat zudem nach § 87 Abs. 1 Nr. 1 BetrVG bei der Erstellung von Ethik-Richtlinien oder einem Verhaltenskodex mitzubestimmen, die das Verhalten der AN und die betriebliche Ordnung betreffen.[30]

## 2. Benachteiligungsverbot im laufenden Beschäftigungsverhältnis einschließlich der Benachteiligung beim beruflichen Aufstieg und der Benachteiligung durch (sexuelle) Belästigung

### a) Anspruch auf gleiche Vergütung

21 Auch eine Benachteiligung im Hinblick auf die **Beschäftigungs- und Arbeitsbedingungen** verstößt gegen das Benachteiligungsverbot. Hauptanwendungsfall ist in der Praxis der **Grundsatz der gleichen Vergütung**, der gem. §§ 2 Abs. 1 Nr. 2 und 8 Abs. 2 nunmehr für alle Merkmale des § 1 gilt. Liegt eine gleiche oder gleichwertige Arbeit vor, darf diese nicht mehr aus einem der in § 1 genannten Gründe unterschiedlich bezahlt werden (s. zu den Begriffen der Vergütung und der **gleichen** oder **gleichwertigen Arbeit** Rn. 23 ff. zu § 2 mit Beispielen, sowie zur **mittelbaren Benachteiligung bei der Vergütung** Rn. 22 ff. zu § 3, jeweils mit Nachweisen der bisherigen Rechtsprechung). Benachteiligende Vereinbarungen über eine niedrigere Vergütung sind nach Abs. 2 unwirksam und generell als Folge der Diskriminierung nach oben anzupassen (s. Rn. 38 ff. und 46). Da in den seltensten Fällen die Höhe der Vergütung unmittelbar an eines der Kriterien des § 1 anknüpft, kommt der **mittelbaren Benachteiligung** in diesem Zusammenhang besondere Bedeutung zu. So kann eine höhere Bezahlung körperlich schwerer Arbeit durch die Anforderungen bestimmter Arbeitsplätze nur gerechtfertigt werden, wenn das Eingruppierungssystem auch solche Differenzierungsmerkmale enthält und gewichtet, die an Frauenarbeitsplätzen

29 ErfK-Kania, BetrVG § 99 Rn. 24.
30 BAG 22.7.08 – 1 ABR 40/07.

verlangt werden.[31] Eine anteilige Kürzung von Zulagen bei Teilzeitkräften ist nur dann rechtmäßig, wenn dies dem Ziel der Zulage und der tatsächlich geringeren Belastung durch die geringere Arbeitszeit entspricht.[32] Eine angeblich geringere Berufserfahrung von Teilzeitbeschäftigten kann nur dann eine geringere Vergütung bzw. einen verzögerten Zeitaufstieg rechtfertigen, wenn diese nachweislich Auswirkungen auf Qualität bzw. Quantität der verrichteten Arbeit hat.[33] Gem. § 3 Abs. 2 kann die erforderliche »besondere« Benachteiligung zum einen streng statistisch, zum anderen aber **auch ohne statistischen Nachweis** durch eine **wertende Betrachtung** belegt werden (s. Rn. 14 zu § 3). Hinsichtlich einer gleichen Vergütung von Frauen und Männern enthält das **Entgelttransparenzgesetz** (EntgTranspG) Sonderregelungen und z. T. erweiterte Auskunftsansprüche, die in § 2 Rn. 22cf. im Einzelnen dargestellt sind.

### b) Benachteiligende Weisungen, Abmahnungen und sonstige Maßnahmen

22 Eine Benachteiligung ist auch bei **Weisungen** des AG und bei **Abmahnungen** wegen eines angeblichen Verstoßes gegen die arbeitsvertraglichen Pflichten möglich (s. hierzu § 2 Rn. 33). Das Direktionsrecht des AG, das grundsätzlich die Freiheit beinhaltet, einseitig die Arbeitspflicht hinsichtlich Zeit, Ort, Inhalt und Art der Arbeit näher auszugestalten, wird neben dem gem. § 106 GewO bestehenden Willkürverbot auch durch das AGG beschränkt durch das Verbot einer Benachteiligung wegen eines der in § 1 genannten Gründe. Weisungen, die gegen das Benachteiligungsverbot verstoßen, sind rechtswidrig und müssen von Beschäftigten nicht befolgt werden. An die berechtigte Weigerung des oder der Beschäftigten darf der AG gem. § 16 Abs. 1 keine nachteiligen Maßnahmen wie z. B. eine Abmahnung oder Kündigung knüpfen. Das Benachteiligungsverbot gilt in gleicher Weise für alle anderen Maßnahmen im laufenden Beschäftigungsverhältnis wie z. B. Ermahnungen, Abmahnungen oder die Zuweisung von schlechteren Arbeitsbedingungen. Diese sind bei einem Verstoß gegen das Benachteiligungsverbot rechtswidrig und können einen Anspruch auf Entschädigung und gegebenenfalls Schadensersatz auslösen.

---

31 EuGH 1.7.86 – C-237/85.

32 Anspruch auf Spät- und Nachtarbeitszuschläge: BAG 15.12.98 – 3 AZR 239/97; Anspruch auf Essensgeldzuschuss: BAG 26.9.01 – 10 AZR 714/00; BAG 25.9.03 – 10 AZR 675/02.

33 EuGH 17.6.98 – C – 243/95 – [Hill/Stapleton].

**Beispiel:**
S ist schwerbehindert und weist zunehmende Fehlzeiten auf. B erhält keine Zustimmung des Integrationsamtes zur Kündigung von S und weist ihr ab sofort ein kleines, schlecht beheiztes Zimmer ohne Tageslicht zu.

Auch die Ablehnung eines Antrags auf Aufstockung der Arbeitszeit kann diskriminierend sein, wenn sie wegen eines der geschützten Merkmale erfolgt. Allerdings reicht es nicht, wenn Indizien eine Benachteiligung wegen eines Merkmals gem. § 1 nur als möglich erscheinen lassen. Eine Vermutung einer Diskriminierung wegen einer Schwerbehinderung besteht nicht allein deswegen, weil der oder die Betroffene der einzige schwerbehinderte Mensch in der Vergleichsgruppe ist. Ein eventueller Verstoß gegen § 7 Abs. 2 TzBfG begründet keine entsprechende Vermutung, weil dies keine Vorschrift zum Schutz schwerbehinderter Menschen (oder wegen eines anderen Merkmals des § 1) beinhaltet.[34]

### c) Beruflicher Aufstieg

23 Das Benachteiligungsverbot gilt ebenfalls im Zusammenhang mit dem **beruflichen Aufstieg**. Auch hier ist der Schutzbereich gem. § 2 Abs. 1 Nr. 1 weit und schließt für den beruflichen Aufstieg unselbständige und selbständige Erwerbstätigkeit unabhängig von Tätigkeitsfeld und beruflicher Position sowie gem. § 24 öffentlich-rechtliche Dienstverhältnissen mit ein. Eine direkte Anknüpfung an ein Merkmal des § 1 für eine **Beförderungsentscheidung** ist regelmäßig verboten. Eine Rechtfertigung gem. § 8 ff. ist in diesem Rahmen kaum denkbar, da es sich um Personen handelt, die in der Vergangenheit bereits beschäftigt wurden. Vom Benachteiligungsverbot werden auch alle eine **Beförderung vorbereitenden Maßnahmen**, wie insbesondere Leistungsbeurteilungen erfasst. Häufiger als eine direkte Anknüpfung an ein Merkmal des § 1 sind mittelbare Benachteiligungen. Die erforderliche Benachteiligung kann sich insbesondere mit einer Statistik belegen lassen (s. § 3 Rn. 13 f. und § 22 Rn. 11 c ff.).

**Beispiele:**
Bei einer großen Supermarktkette werden männliche Beschäftigte im Durchschnitt 2,5 Jahre nach ihrer Einstellung befördert, weibliche Beschäftigte hingegen erst nach 5 Jahren.
Der Gleichstellungsbericht der Behörde B mit 500 Beschäftigten belegt, dass die 200 Teilzeitkräfte (190 davon sind weiblich) im Durchschnitt bei der turnusmäßigen Beurteilung zwei Notenstufen unter den Vollzeitkräften liegen.

34 BAG 26.1.17 – 8 AZR 736/15.

Allerdings besteht trotz des Verstoßes gegen das Benachteiligungsverbot gem. § 15 Abs. 6 in diesen Fällen **kein Anspruch auf einen beruflichen Aufstieg**, so dass es ausschließlich bei den Ansprüchen auf Schadensersatz und Entschädigung bleibt. Bei groben Verstößen können außerdem der Betriebsrat oder eine im Betrieb vertretene Gewerkschaft nach § 17 Abs. 2 vorgehen (s. Rn. 9 ff. zu § 17).

### d) Mitbestimmung zur Vermeidung von Benachteiligungen bei Beförderungen

24 **Mitbestimmung:** Der Betriebsrat hat gem. **§ 95 Abs. 2 BetrVG** ein Mitbestimmungsrecht bei Auswahlrichtlinien bei Versetzungen und Umgruppierungen, die im Rahmen von Beförderungen durchgeführt werden. Unabhängig von einer Beförderungsmaßnahme können Versetzungen und Umgruppierungen zumindest Einfluss auf Beförderungschancen haben. Soweit mit der Beförderung eine Versetzung, Ein- oder Umgruppierung verbunden ist, besteht für den Betriebsrat außerdem ein Mitbestimmungsrecht gem. § 99 Abs. 1 BetrVG. Bei einem Verstoß gegen das Benachteiligungsverbot gegenüber einem Mitbewerber kann der Betriebsrat seine Zustimmung gem. **§ 99 Abs. 2 Nr. 1 BetrVG** verweigern. Auch entsteht für den benachteiligten Bewerber ein Nachteil i. S. d. **§ 99 Abs. 2 Nr. 3 BetrVG**, der im Fall eines Verstoßes gegen das Benachteiligungsverbot nicht aus betrieblichen oder persönlichen Gründen gerechtfertigt ist.

### e) Belästigungen und sexuelle Belästigungen

25 **Belästigungen** i. S. des § 3 Abs. 3 und 4 stellen ebenfalls Benachteiligungen dar, die gem. Abs. 1 verboten sind. Zwar erfolgt die sexuelle Belästigung nicht wegen eines in § 1 genannten Grundes, so dass der Wortlaut insoweit nicht recht passt. Allerdings werden nach der Gesetzessystematik alle Formen der Belästigung gem. § 3 von dem arbeitsrechtlichen Benachteiligungsverbot erfasst werden, da das AGG ausdrücklich das BeschSchG ersetzt hat. Das bisherige Schutzniveau bleibt erhalten.

26 Anders als die bisher aufgeführten Fälle von Benachteiligungen gehen **Belästigungen** i. S. des § 3 Abs. 3 und 4 nicht notwendig vom AG aus. Häufiger dürften es Fälle sein, in denen Verursacher der Benachteiligung Kolleg:innen und Vorgesetzte sind. Eine Belästigung kann aber auch von Dritten, z. B. Kunden, ausgehen. Abs. 3 stellt klar, dass es sich bei einer Belästigung durch andere Beschäftigte um eine Verletzung vertraglicher Pflichten handelt. Diese sind durch den AG durch Maßnahmen gem. § 12 Abs. 3 zu ahnden, wenn der vorbeugende Schutz gem. § 12 Abs. 1 versagt hat. Verursacht der AG selbst die Belästigung oder ist ihm die Belästigung durch einen Erfüllungsgehilfen nach § 278 BGB zuzurechnen, bestehen Ansprüche auf Ent-

schädigung und Schadensersatz gem. § 15 Abs. 1 und 2. Trifft der AG keine geeigneten Maßnahmen, um eine Belästigung durch Mitarbeiter:innen oder Dritte zu unterbinden, haftet er gem. § 280 Abs. 1 BGB i. V. m. einer Verletzung der in § 12 Abs. 3 und 4 geregelten Fürsorgepflichten (s. zur Haftung im Einzelnen § 15 Rn. 7 und 43, sowie zum Mobbing § 3 Rn. 32).[35]

## 3. Benachteiligungsverbot bei der Beendigung des Beschäftigungsverhältnisses

### a) Benachteiligung durch diskriminierende Kündigung, Anfechtung, Befristung oder Aufhebungs-/Abwicklungsverträge

Das Benachteiligungsverbot wegen eines in § 1 genannten Grundes gilt 27
für alle **Kündigungen von Beschäftigten** (§ 6 Abs. 1). Die Unwirksamkeit einer diskriminierenden Kündigung beurteilt sich gem. § 2 Abs. 4 grundsätzlich nach den Schutzbestimmungen des allgemeinen und besonderen Kündigungsschutzes, soweit diese anzuwenden sind.[36] Soweit das Kündigungsschutzgesetz Anwendung findet, sind die Diskriminierungsverbote des AGG einschließlich der im Gesetz vorgesehenen Rechtfertigungen bei der Auslegung der unbestimmten Rechtsbegriffe des Kündigungsschutzgesetzes als **Konkretisierungen des Begriffs der Sozialwidrigkeit** zu prüfen.[37] Außerhalb des allgemeinen und besonderen Kündigungsschutzes gilt das AGG direkt (s. im Einzelnen § 2 Rn. 36 ff., 58 und 60). Damit ist eine diskriminierende Kündigung in jedem Fall unwirksam, weil sie entweder sozialwidrig ist oder gegen das Benachteiligungsverbot nach Abs. 1 i. V. m. § 134 BGB verstößt. Die Ausschließlichkeitsanordnung des § 2 Abs. 4 steht weder der Rechtsfolge der Unwirksamkeit einer diskriminierenden Kündigung noch einem Entschädigungsanspruch gem. § 15 Abs. 2 entgegen.[38] Beim Ausspruch einer Kündigung ist grundsätzlich das direkte Anknüpfen an ein geschütztes Merkmal ebenso verboten wie die mittelbare Benachteiligung im Vergleich zu anderen Beschäftigtengruppen. Ausgenommen ist die Berücksichtigung des Alters für die soziale Schutzbedürftigkeit bei der **Sozialauswahl** gem. § 1 Abs. 3 KSchG (s. auch Rn. 13 zu § 10). Das Benachteiligungsverbot kommt auch Beschäftigten zugute, die (noch) keinen Kün-

---

35 Zur zunehmenden Problematik des Stalking und die sich daraus im Zusammenhang mit dem AGG ergebenden Haftungsfragen: Göpfert/Siegrist, NZA 2007, 473.

36 BAG 12.12.13 – 8 AZR 838/12.

37 Entschieden für eine betriebsbedingte Kündigung: BAG 6.11.08 – 2 AZR 523/07; BAG 15.12.11 – 2 AZR 42/10 und für eine personenbedingte Kündigung: BAG 22.10.09 – 8 AZR 642/08; BAG 15.12.11 – 2 AZR 42/10.

38 BAG 12.12.13 – 8 AZR 838/12.

digungsschutz nach dem Kündigungsschutzgesetz haben. Gem. **§ 4 KSchG** muss auch die Unwirksamkeit einer Kündigung wegen eines Verstoßes gegen das Benachteiligungsverbot (§ 134 BGB i. V. m. Abs. 1) von AN als anderer Grund für die Unwirksamkeit einer Kündigung innerhalb von **drei Wochen nach deren Zugang** gerichtlich geltend gemacht werden. Bei Versäumung der Klagefrist können sich die Betroffenen nicht mehr auf einen Verstoß gegen das Benachteiligungsverbot berufen (materielle Ausschlussfrist).

28 **Arbeitnehmerähnliche Personen** sind für die Geltendmachung der Unwirksamkeit einer Kündigung wegen eines Verstoßes gegen das Benachteiligungsverbot nicht an diese Frist gebunden. Allerdings sollten auch diese Personen zumindest außergerichtlich die Unwirksamkeit der Kündigung so bald wie möglich geltend machen, da die Rechtsprechung zu kurzen Fristen für eine **Verwirkung** tendiert, wenn es um den Bestand eines Beschäftigungsverhältnisses geht.[39] Angesichts der Tatsache, dass bei einem Verstoß gegen das Benachteiligungsverbot der AG selbst gegen geltende Rechtsgrundsätze verstößt, kommt zumindest bei einem verschuldeten Verstoß des AG wie auch im Fall einer Anfechtung nach § 123 BGB eine Verwirkung nur bei ganz außergewöhnlichen Umständen in Betracht.[40]

29 Erklärt der AG die **Anfechtung** des Arbeitsverhältnisses wegen eines Merkmals gem. § 1, liegt hierin eine unmittelbare Benachteiligung.[41] Erfolgt eine Anfechtung, weil Beschäftigte eine Frage nach einem Merkmal des § 1 unrichtig beantwortet haben, liegt auch hierin ein Verstoß gegen das Benachteiligungsverbot mit der Folge, dass die Anfechtung unwirksam ist (s. zum Frageverbot nach Schwangerschaft und Behinderung § 1 Rn. 12 und § 2 Rn. 12 ff.). Die **Befristung** eines Arbeitsverhältnisses ist unwirksam, wenn sie wegen eines Merkmals gem. § 1 erfolgt (z. B. Befristung wegen Befürchtung einer Schwangerschaft bei einer Frau im gebärfähigen Alter oder bei der Einstellung Schwerbehinderter). Eine Vermutung hierfür besteht, wenn einer Vergleichsperson, die dieses Merkmal nicht trägt, ein unbefristeter Vertrag angeboten wird.[42] Ein Verstoß gegen das Diskriminierungsverbot liegt auch dann vor, wenn das befristete Arbeitsverhältnis oder Vertragsverhältnis mit selbständig tätigen Mitarbeiter:innen deswegen nicht verlängert wird,[43] Auch **Aufhebungs- oder Abwicklungsverträge** fallen unter das

---

39 Prozessverwirkung: BAG 2. 12. 99 – 8 AZR 890/98: spätestens nach 1 Jahr; LAG Tübingen 6. 6. 58 – VII Sa 39/58: 3 Monate.

40 BAG 6. 11. 97 – 2 AZR 162/97.

41 EuGH 27. 2. 03 – C-320/01 – [Busch]: Kündigung wegen Schwangerschaft; s. hierzu auch § 2 Rn. 40 ff.

42 LAG Berlin-Brandenburg 23. 4. 21 – 12 Sa 1421/20 mit Bezugnahme auf BAG 6. 4. 11 – 7 AZR 524/09, Rn. 34.

43 EuGH 12. 1. 23 – C-356/21: Diskriminierung wegen sexueller Orientierung – verweigerter Vertragsschluss: Verweigerung des geplanten Einsatzes und des Abschlusses eines Anschlussvertrages bei einem selbständig tätigen Mitarbeiter

Benachteiligungsverbot.[44] Abs. 2 ordnet bei einem Verstoß hiergegen deren Unwirksamkeit an. Zu den Rechtsfolgen s. Rn. 46. Benachteiligungen sind im Rahmen der Beendigung eines Beschäftigungsverhältnisses außerdem verboten für Sozialplanleistungen (Rn. 30a-c und § 10 Rn. 26, insbesondere zu der Problematik einer Anknüpfung an das Lebensalter) und nachwirkende Ansprüche auf Ausstellung und Herausgabe der Arbeitspapiere, ausstehende Vergütung etc.

**Mitbestimmung:** Der Betriebsrat hat bei einer benachteiligenden Beendigung eines Arbeitsverhältnisses durch Kündigung gem. **§§ 102, 103 BetrVG** die Möglichkeit zur **Stellungnahme und zum Widerspruch** gegen die Kündigung. Ein Widerspruch löst zwar nur dann einen Weiterbeschäftigungsanspruch gem. § 102 Abs. 5 BetrVG aus, wenn der Betriebsrat einen der in § 102 Abs. 3 BetrVG abschließend genannten Gründe geltend machen kann. Aber auch für den Fall, dass diese Gründe auf die benachteiligende Kündigung nicht passen, ist ein begründeter Widerspruch gegen die Kündigung für betroffene Beschäftigte hilfreich, weil der Betriebsrat im Widerspruchschreiben wichtige Informationen zum Vorliegen einer Benachteiligung geben kann, die ggf. erst die Darlegung der Vermutung einer Benachteiligung gem. § 22 ermöglichen. 30

### b) Benachteiligung durch Sozialpläne und Vorruhestandregelungen

In Zusammenhang mit **Sozialplanleistungen** geht es in der Praxis regelmäßig um eine direkte Anknüpfung an das Alter oder an die Berechtigung zum Rentenbezug. Die Vergleichbarkeit mit anderen Beschäftigtengruppen bestimmt sich nach der zukunftsbezogenen Ausgleichs- und Überbrückungsfunktion des Sozialplans und damit regelmäßig nach der Vergleichbarkeit in Bezug auf die durch die Betriebsstilllegung verursachten wirtschaftlichen Nachteile. Eine auf privaten Dispositionen des Einzelnen beruhende wirtschaftliche Absicherung steht allerdings in keinem Zusammenhang mit dem Verlust des Arbeitsplatzes infolge einer Betriebsänderung und der damit einhergehenden Verdiensteinbuße und darf aus diesem Grund nicht berücksichtigt werden.[45] Die unmittelbar auf dem Merkmal des Alters beruhende Ungleichbehandlung von Beschäftigtengruppen in einem Sozialplan ist nach § 10 Satz 3 Nr. 6 und Satz 2 grundsätzlich gerechtfertigt und eine Staffelung von Sozialplanleistungen nach Lebensalter und Betriebszugehörigkeit zu- 30a

---

einer Rundfunkanstalt, nachdem dieser mit seinem Lebensgefährten auf ihrem YouTube-Kanal ein Weihnachtsmusikvideo gepostet hatte, das für Toleranz gegenüber gleichgeschlechtlichen Paaren wirbt.

44 BAG 25.2.10 – 6 AZR 911/08.

45 BAG 7.6.11 – 1 AZR 34/10.

lässig,[46] wie z. B. in Form eines linearen Punkteschemas.[47] Das gilt nach der älteren Rechtsprechung für den Ausgleich des erhöhten wirtschaftlichen Nachteils für ältere Beschäftigte, z. B. durch gestaffelte Alterszuschläge mit Erreichen des 45. und des 50. Lebensjahres.[48] Allerdings entspricht es inzwischen nicht mehr den tatsächlichen Verhältnissen, dass der wirtschaftliche Nachteil durch eine Kündigung mit dem Lebensalter kontinuierlich steigt. Vielmehr ergibt z. B. ein Blick in die Statistik der Verteilung der Arbeitslosen in Deutschland nach Alter im Jahr 2022, dass Beschäftigte zwischen dem 45. und dem 50. Lebensjahr eine niedrigere Arbeitslosenquote aufweisen als die unmittelbar darunter und darüber liegenden Lebensalter und lediglich bei den unter-25-jährigen die Quote geringer ist.[49] Werden also jüngere AN z. B. zwischen 25 und 30 Jahren von einem Abfindungsanspruch ausgeschlossen oder wesentlich geringer bedacht als ältere AN, kann darin je nach Branche eine unzulässige Altersdiskriminierung liegen. Die Begrenzung der Sozialplanabfindung von Beschäftigten, die sofort oder im Anschluss an Leistungen der Arbeitslosenversicherung eine **Altersrente** in Anspruch nehmen können (rentennahe Jahrgänge), ist regelmäßig zulässig.[50] Eine Vorgabe, in welcher Relation der wirtschaftliche Ausgleich für rentennahe Beschäftigte zu der Leistung für rentenfernere Beschäftigte stehen muss, gibt es nicht.[51] Ein Sozialplan darf die Abfindung für Beschäftigte, die sofort oder im Anschluss an Leistungen der Arbeitslosenversicherung ein vorgezogenes Altersruhegeld in Anspruch nehmen können, im Vergleich zu den jüngeren AN auf die Hälfte begrenzen.[52] Außerdem können in einem Sozialplan Beschäftigte von Abfindungsleistungen ausgeschlossen werden, wenn diese nach dem Bezug von Arbeitslosengeld rentenberechtigt sind und zuvor die Fortsetzung des Arbeitsverhältnisses an einem anderen Unternehmensstandort abgelehnt haben.[53] § 10 Satz 3 Nr. 6 Alt. 2 ist auch dann anwendbar, wenn die betroffenen Beschäftigten zwar nicht unmittelbar nach dem Bezug von Arbeitslosengeld rentenberechtigt sind, die Abfindung aber ausreichend bemessen ist, um die wirtschaftlichen Nachteile auszugleichen, die sie in der Zeit nach der Erfüllung ihres Arbeitslosengeldanspruchs bis

---

46 BVerfG 25.3.15 --1 BvR 2803/11; EuGH 6.12.12 – C-152/11 – [Odar]; BAG 23.4.13 – 1 AZR 916/11.

47 BAG 13.10.09 – 9 AZR 722/08.

48 BAG 12.4.11 – 1 AZR 743/09.

49 *https://de.statista.com/statistik/daten/studie/817539/umfrage/verteilung-der-arbeitslosen-in-deutschland-nach-alter/*.

50 BAG 23.4.13 – 1 AZR 25/12: zulässige Begrenzung auf die Hälfte im Vergleich zu jüngeren Beschäftigten.

51 BAG 26.3.13 – 1 AZR 813/11: kein Anspruch auf mindestens 50 % der Abfindung.

52 BAG 23.4.13 – 1 AZR 916/11.

53 BAG 9.12.14 – 1 AZR102/13.

zum frühestmöglichen Bezug einer Altersrente erleiden. Dies ist stets der Fall, wenn die Abfindungshöhe für diesen Zeitraum den Betrag der zuletzt bezogenen Arbeitsvergütung erreicht.[54]

Eine **Abfindung** kann nicht ohne Weiteres versagt werden, wenn Beschäftigte lediglich die **Möglichkeit** haben, eine **Altersrente zu beziehen.** Wenn ein Wahlrecht besteht, ob sie weiterhin dem Arbeitsmarkt zur Verfügung stehen oder eine Altersrente in Anspruch nehmen wollen, ist der Wegfall der Abfindung nur dann verhältnismäßig, wenn die Altersrente tatsächlich in Anspruch genommen wird,[55] oder in Ausnahmefällen, wenn Anspruch auf eine gesetzliche Altersrente besteht und die Sozialplanregelung objektiv und angemessen und durch ein legitimes Ziel aus den Bereichen Beschäftigungspolitik und Arbeitsmarkt gerechtfertigt ist und außerdem ein angemessenes und erforderliches Mittel zur Erreichung dieses Ziels darstellt[56] (s. auch Rn. 26 zu § 10 und Rn. 35b zu § 1). 30b

Eine Sozialplanregelung, die für rentennahe Beschäftigte einen **pauschalierten Rentenausgleich** vorsieht, stellt **keine Altersdiskriminierung** dar. Allerdings verstoßen Regelungen eines Sozialplans, die wegen der Möglichkeit eines früheren Rentenbeginns wegen einer Behinderung zu einer Minderung der Abfindung führen, gegen das Verbot einer mittelbaren **Diskriminierung wegen einer Behinderung.**[57] Schwerbehinderte, die nach § 236a Abs. 1 Satz 2 SGB VI eine vorgezogene Altersrente in Anspruch nehmen können, werden durch eine Abfindungsregelung für über 59-Jährige, die nicht an den frühestmöglichen Renteneintritt, sondern ausschließlich an das Lebensalter anknüpft, nicht weniger günstig behandelt als andere Beschäftigte, die eine Abfindung nach einer Standardabfindungsformel erhalten.[58] Beschäftigte können von Sozialplanleistungen ausgenommen werden, wenn sie wegen des Bezugs einer befristeten vollen Erwerbsminderungsrente nicht beschäftigt sind und mit der Wiederherstellung ihrer Arbeitsfähigkeit nicht zu rechnen ist.[59] 30c

Eine tarifvertragliche **Vorruhestandsregelung,** nach der das Übergangsgeld zu dem Zeitpunkt endet, an dem Versorgungsempfänger vorzeitig Altersrente in Anspruch nehmen können, konnte weibliche Beschäftigte, die vor dem 1.1.1952 geboren sind und gem. § 237a SGB VI früher als männliche Beschäftigte rentenberechtigt waren, gegenüber Männern benachteiligen, weil sie dadurch weniger Übergangsgeld erhielten. Hat eine solche Vorruhestandregelung das Ziel, Versorgungslücken (vollständig) zu überbrücken, 30d

---

54 BAG 26.3.13 – 1 AZR 857/11.
55 EuGH 12.10.10 – C-499/08 – [Andersen].
56 EuGH 26.2.15 – C-515/13 – [Ingeniørforeningen i Danmark].
57 EuGH 6.12.12 – C 385/11 – [Odar].
58 BAG 23.4.13 – 1 AZR 916/11.
59 BAG 7.6.11 – 1 AZR 34/10.

müssen männliche und weibliche Beschäftigte beide so behandelt werden, dass sie keine unterschiedlichen rentenrechtlichen Nachteile erleiden. Handelt es sich lediglich um einen Beitrag zur Milderung der Nachteile, die bis zum Erreichen des Rentenalters entstehen (»Überbrückungsbeihilfe«), kann es gerechtfertigt sein, an das frühestmögliche Renteneintrittsalter anzuknüpfen.[60]

### 4. Benachteiligungsverbot bezüglich der Mitgliedschaft in einer beruflichen Vereinigung

31 Das Benachteiligungsverbot bezieht sich auch auf die Mitgliedschaft und Mitwirkung in einer beruflichen Vereinigung (s. hierzu im Einzelnen § 18 Rn. 3 ff.). Es richtet sich an die Vereinigungen selbst und nicht an den AG, der insoweit regelmäßig keinen Einfluss hat. Ansprüche auf Schadensersatz und Entschädigung gem. § 15 Abs. 1 und 2 scheiden daher aus. Ansprüche aus § 21 Abs. 1 und 2 auf Beseitigung, Unterlassung und Schadensersatz kommen ebenfalls nicht in Betracht, da regelmäßig weder ein Sachverhalt des § 19 Abs. 1 vorliegt noch Schuldverhältnisse gem. § 2 Abs. 1 Nr. 5–8 betroffen sind. Es bleibt daher bei den allgemeinen Haftungsansprüchen (s. auch Rn. 48 sowie Rn. 41 f. zu § 15 Abs. 5).

## V. Unwirksamkeit von Vereinbarungen

### 1. Allgemeines

32 **Abs. 2** stellt für **Vereinbarungen** die **Rechtsfolge bei einem Verstoß gegen das Benachteiligungsverbot** des Abs. 1 klar.[61] Damit setzt der Gesetzgeber Art. 14 der Richtlinie 2000/43/EG (Antirassismus-Richtlinie), Art. 16 der Richtlinie 2000/78/EG (Rahmenrichtlinie Beschäftigung) und Art. 3 Abs. 2 der Richtlinie 76/207/EWG (Gender-Richtlinie) um und regelt explizit die **Nichtigkeit von Klauseln in Individual- oder Kollektivverträgen**. Die Vorschrift hat deklaratorischen Charakter, da auch ohne diese Norm solche Regelungen, die gegen das Diskriminierungsverbot des § 7 Abs. 1 verstoßen, gem. § 134 BGB nichtig sind. Sie soll nach dem Willen des Gesetzgebers die primäre Sanktionierung derartiger Rechtsverstöße deutlich machen ohne sonstige Unwirksamkeits- oder Nichtigkeitsgründe zu berühren.[62] Die Regelung betrifft individual- und kollektivvertragliche Vereinbarungen aller Art, wie Arbeitsverträge einschließlich arbeitsvertraglicher Einheitsregelungen in Form von Gesamtzusagen oder betrieblicher Übung, Tarifver-

---

60 BAG 15.2.11 – 9 AZR 584/09; LAG Mecklenburg-Vorpommern 25.9.12 – 5 Sa 297/11.

61 S. hierzu Wiedemann, NZA 2007, 950 ff.

62 BT-Drs. 16/1780 S. 34.

träge, Betriebs- und Dienstvereinbarungen sowie Regelungsabreden. Soweit einseitig vom AG vorgegebene Arbeitsbedingungen (z. B. Arbeitsordnung, kirchliche Arbeitsbedingungen) nicht vertraglich vereinbart wurden, sind diese ebenfalls bei einem Verstoß gegen das Benachteiligungsverbot auch ohne die Nennung in Abs. 2 gem. § 134 BGB unwirksam. Benachteiligende Satzungen und einseitige Rechtsgeschäfte, wie z. B. eine Kündigung, sind gem. § 7 I AGG i. V. m. § 134 BGB unwirksam.[63] Abs. 2 findet **keine Anwendung auf Gesetze**, da das AGG als Prüfungsmaßstab für die Wirksamkeit gleichrangiger Normen von vornherein nicht in Betracht kommt.[64] Soweit möglich, sind die nationalen Normen europarechtskonform auszulegen. Ist eine solche Auslegung nicht möglich, sind nationale Gesetze, die gegen die dem AGG zugrundeliegenden EG-Richtlinien verstoßen, unwirksam und können von den Gerichten unangewendet bleiben, ohne dass ein Vorlageverfahren beim EuGH erforderlich ist.[65]

Die Nichtigkeit erfasst gem. § 139 HS 2 BGB nur die benachteiligende Be- **33**
stimmung selbst und nicht den gesamten Vertrag und auch nicht die mit der Benachteiligung ggf. einhergehende Bevorzugung eines Dritten.[66] Ist eine Befristungsabrede in einem Arbeitsvertrag diskriminierend, ist nur diese unwirksam, und es entsteht ein unbefristetes Arbeitsverhältnis.[67] Dies gilt auch für vorformulierte Verträge (Allgemeine Geschäftsbedingungen gem. § 305 Abs. 1 S. 1 und 2 BGB), wenn die Lücke auf einem Verstoß gegen das Benachteiligungsverbot beruht und nicht auf der für allgemeine Geschäftsbedingungen spezifischen Inhaltskontrolle, sodass die Sonderregelung des § 306 BGB keine Anwendung findet.[68] Die Folge der Nichtigkeit von kollektivrechtlichen und individualvertraglichen Vereinbarungen sind Regelungslücken, die grundsätzlich im Wege der ergänzenden Vertragsauslegung zugunsten der benachteiligten Personen auszufüllen sind.[69]

Die bisherige Rechtsprechung im Zusammenhang mit Diskriminierungs- **33a**
verboten aus dem **arbeitsrechtlichen Gleichbehandlungsgrundsatz** und der früheren §§ 611a, 612 Abs. 3 BGB, § 164 Abs. 2 SGB IX und § 4 TzBfG wurde fortgeführt. Der EuGH hat zunächst grundsätzlich eine **Anpassung nach oben** verlangt.[70] Das BAG hat sich dem angeschlossen, insbesondere

---

63 BAG 23.7.15 – 6 AZR 457/14.
64 BVerfG 18.11.08 – 1 BvL 4/08.
65 EuGH 19.1.10 – C-555/07 – [Kücükdeveci].
66 LAG Baden-Württemberg 23.4.07 – 15 Sa 116/06 für arbeitsvertragliche Zusagen; Wiedemann, NZA 07, 950 für Regelungen in Kollektivverträgen.
67 BAG 6.4.11 – 7 AZR 524/09.
68 BAG 25.6.15 – 6 AZR 383/14; BAG 21.11.17 – 9 AZR 141/17.
69 Ebd.
70 EuGH 27.6.90 – C-33/89 zu Art. 119 EGV; EuGH 15.1.98 – C-15/96 – [Schöning-Kougebetopoulou] zu Art 48 EGV; EuGH 28.1.15 – C-417/13 – [Starjakob]; EuGH 14.3.18 – C-482/16 – [Stollwitzer].

dann, wenn den Begünstigten für die Vergangenheit die Leistung nicht mehr entzogen werden kann.[71] Allerdings gilt dieser Grundsatz nicht uneingeschränkt. Bei einer diskriminierenden Tarifregelung kann sich die Unwirksamkeitsfolge auf den diskriminierenden Teil beschränken, wenn die verbleibende Regelung »noch eine sinnvolle und in sich geschlossene Regelung darstellt«.[72] Für die Zukunft sind der Gesetzgeber, die Tarifparteien und die Betriebsparteien frei in der Entscheidung, wie sie eine Gleichbehandlung herstellen. Die Rechtsprechung versucht passende Lösungen für den Einzelfall zu finden und der Tatsache Rechnung zu tragen, dass in der Praxis begünstigende Regelungen ggf. nur für eine kleine Gruppe von Mitarbeiter:innen funktionieren können, nicht aber für alle Beschäftigten. Deshalb können beispielsweise aus einer wegen Altersdiskriminierung unwirksamen Betriebsvereinbarung zur Dienstplangestaltung die benachteiligten (jüngeren) Beschäftigten keinen Anspruch auf Anwendung der günstigeren Regelung herleiten, wenn ansonsten der Betrieb zum Erliegen käme. Im konkreten Fall waren die jüngeren Mitarbeiter:innen nach Ansicht des BAG vor weiterer dauerhafter Benachteiligung durch die Unwirksamkeit der Regelung bereits ausreichend geschützt und konnten auf ein Leistungsverweigerungsrecht verwiesen werden für den Fall, dass der AG die unwirksame Regelung weiter anwendet.[73]

### 2. Überprüfung tarifvertraglicher Regelungen nach dem AGG

34 Für die **Tarifvertragsparteien** konkretisiert sich in § 7 für den Bereich des AGG die Pflicht zur Beachtung des Gleichbehandlungsgrundsatzes. Auch das BAG hat die grundsätzliche Pflicht zur Gleichbehandlung durch die Tarifpartner festgestellt. Diese Pflicht findet dort ihre Grenze, wo für verschiedene ANgruppen Tarifverträge mit verschiedenen Gewerkschaften abgeschlossen werden, weil dann die unterschiedlichen Arbeitsbedingungen Folge der Organisation sind und nicht an ein Merkmal des § 1 anknüpfen. Den Tarifvertragsparteien kommt als selbständigen Grundrechtsträgern außerdem aufgrund der von Art. 9 Abs. 3 GG geschützten Tarifautonomie ein weiter Gestaltungsspielraum zu. Wie weit dieser Spielraum reicht, hängt von den Differenzierungsmerkmalen im Einzelfall ab. Hinsichtlich der tatsächlichen

71 BAG 10.11.11 – 6 AZR 148/09: Lebensaltersstufen im BAT; BAG 20.3.12 – 9 AZR 529/10: bei diskriminierender Staffelung der Urlaubsdauer nach dem Alter höherer Urlaubsanspruch für alle Beschäftigten (entschieden für den TVöD); BAG 21.11.17 – 9 AZR 141/17; BAG 18.2.16 – 6 AZR 700/14: altersabhängige tarifvertragliche Entgelterhöhung.

72 BAG 18.2.16 – 6 AZR 700/14.

73 BAG 14.5.13 – 1 AZR 44/12: altersdiskriminierende Grundsätze der Dienstplangestaltung von Flugbegleitern/altersbezogene Gruppenbildung ohne Rechtfertigung.

Gegebenheiten und betroffenen Interessen liegt die Einschätzungsprärogative bei den Tarifvertragsparteien. Sie brauchen nicht die sachgerechteste oder zweckmäßigste Regelung zu finden[74] (zu den Grenzen der Überprüfung tariflicher Regelungen s. § 10 Rn. 14f.). Bei einer Regelung im Tarifvertrag, die zu einem Ausschluss von tariflichen Leistungen für Beschäftigte führt, die vor einem bestimmten **Stichtag** ein Arbeitsverhältnis begonnen haben, liegt eine mittelbare Diskriminierung wegen des Alters vor, wenn hierfür kein legitimes Ziel erkennbar ist. Die Wahl eines Stichtags muss ein rechtmäßiges Ziel verfolgen und die dafür eingesetzten Mittel müssen angemessen und erforderlich sein. Rechtsfolge einer Benachteiligung ist die Nichtanwendung allein der diskriminierenden Regelung, sodass bei einer unwirksamen Stichtagsregelung auf die ausgeschlossenen Beschäftigten die gleiche Regelung anzuwenden ist wie auf die hiervon Begünstigten.[75] Eine auf wenige Ausnahmefälle in einer **Übergangszeit** beschränkte mittelbare Benachteiligung älterer Beschäftigter durch eine Besitzstandsregelung (hier zum früheren fingierten Bewährungsaufstieg) verfolgt ein rechtmäßiges Ziel und ist von der Generalisierungs- und Typisierungsbefugnis der Tarifvertragsparteien gedeckt, wenn eine Besserstellung nur unter Schwierigkeiten vermeidbar wäre.[76] Eine zur Beseitigung der Altersdiskriminierung erlassene Übergangsregelung (hier: Neuzuordnung der Vergütungsstufen), die vorübergehend noch diskriminierend wirkt, kann gerechtfertigt sein, wenn dies anders nicht »handhabbar« wäre.[77] Auch Besitzstandsklauseln für zuvor Begünstigte bei einer Neuregelung, die eine Benachteiligung (hier Berücksichtigung von Berufserfahrung erst ab dem 18. Lebensjahr) beseitigt, aber gleichzeitig engere Voraussetzungen schafft (nur Berücksichtigung von Berufserfahrung desselben Wirtschaftssektors), sind zulässig.[78] Wie die entschiedenen Fälle zeigen, erfolgt ein direktes Anknüpfen (§ 3 Abs. 1) tariflicher Regelungen an ein Merkmal des § 1 vor allem beim Alter. Hier ist in jedem Fall eine strenge Verhältnismäßigkeitsprüfung gem. § 10 erforderlich. Näherer Betrachtung bedürfen in diesem Zusammenhang insbesondere die gängigen tariflichen Regelungen zum **Bestandsschutz** (Regelungen zur Verlängerung der Kündigungsfrist und zum Ausschluss der ordentlichen Kündigung, die an Beschäftigungszeit und/oder Lebensalter anknüpfen), **Entgelt** (Staffelung der Tarifentgelte altersbezogen oder nach der Betriebszugehörigkeit, sowie Regelungen zur Verdienstsicherung/Schutz vor Abgruppierung in Abhän-

---

74 BAG 30.8.00 – 4 AZR 563/99; zur europarechtlichen Zulässigkeit diskriminierender Übergangsregelungen s. auch Kocher, ZESAR 2011, 265.

75 BAG 9.12.15 – 4 AZR 684/12.

76 BAG 29.1.14 – 6 AZR 943/11.

77 EuGH 19.6.14 – C-501/12 und Parallelfälle – [Specht ua]; BVerwG 30.10.14 – 2 C 3/13.

78 EuGH 14.3.18 – C-482/16 – [Stollwitzer/ÖBB], Rn. 28ff.

gigkeit von Lebensalter und Beschäftigungszeit), **Abfindungsregelungen/ Tarifsozialpläne** (Abfindungszahlungen bei Beendigung des Arbeitsverhältnisses in Abhängigkeit von Betriebszugehörigkeit und Lebensalter), **Arbeitszeit**, (unterschiedliche Arbeitszeiten oder höherer Urlaubsanspruch in Abhängigkeit vom Lebensalter und/oder Betriebszugehörigkeit) **Weiterbildung**, (Weiterbildungsanspruch/Qualifizierungsanspruch für bestimmte Beschäftigungsgruppen), **Krankengeldzuschuss** (ab einer bestimmten Beschäftigungszeit und/oder einem bestimmten Lebensalter) (s. zur Frage der Überprüfung tariflicher Regelungen auch § 10 Rn. 14f.).

### 3. Überprüfung von Betriebsvereinbarungen

35 Für **Betriebsvereinbarungen** gilt neben dem Benachteiligungsverbot des AGG für AG und Betriebsrat § 75 BetrVG. Auch hieraus ergibt sich eine Pflicht zur Gleichbehandlung von Beschäftigten und Beschäftigtengruppen beim Abschluss von Regelungsabreden und Betriebsvereinbarungen. Problematisch können in der Praxis vor allem Regelungen sein, die Vergünstigungen an ein bestimmtes Alter knüpfen oder mittelbar zu einer Benachteiligung wegen eines Merkmals des § 1 führen. So ist beispielsweise eine altersbezogene Gruppenbildung bei der Dienstplangestaltung von Flugbegleiter:innen, die jüngere Mitarbeiter:innen benachteiligt, in aller Regel nicht gerechtfertigt.[79] Eine Regelung, die den Nachmittag frei gibt, darf dies nur streng anlassbezogen tun, wie am 24. und 31. 12. oder am Faschingsdienstag, weil diese ansonsten eine ungerechtfertigte Benachteiligung bei am Vormittag arbeitenden Teilzeitbeschäftigten zur Folge haben kann, die gem. § 4 Abs. 1 TzBfG verboten ist und gegebenenfalls gleichzeitig eine mittelbare Diskriminierung von Frauen darstellt.[80] Soll anlässlich eines Geburtstages Freizeit gewährt werden, ist eine Bindung der Freistellung an den Nachmittag nicht erforderlich und daher auch nicht gerechtfertigt.

### 4. Überprüfung von individualvertraglichen Vereinbarungen

36 Das Benachteiligungsverbot des AGG erstreckt sich auf alle **individualrechtlichen Vereinbarungen** zwischen AG und Beschäftigten. Bisher wurde der AG in seiner Vertragsfreiheit durch den arbeitsrechtlichen Gleichbehandlungsgrundsatz nur bei einheitlichen Regelungen für alle Beschäftigten oder für bestimmte Gruppen eingeschränkt. Abs. 2 erfasst nunmehr unabhängig vom Bestehen eines solchen kollektiven Tatbestandes alle **Vereinbarungen**, die vom Ergebnis her eine Benachteiligung nach § 3 aus einem der in § 1 geschützten Merkmale bedingen.

---

79 BAG 14.5.13 – 1 AZR 44/12.

80 BAG 26.5.93 – 5 AZR 184/92.

> **Beispiel:**
> A vereinbart mit der schwerbehinderten B wegen ihrer Schwerbehinderung eine Kürzung des Urlaubsgeldes um 20,00 € pro Tag ihrer Arbeitsunfähigkeit, was er ohne Vorliegen der Behinderung nicht getan hätte. Wenn kein Rechtfertigungsgrund besteht, liegt hierin ein Verstoß gegen das Benachteiligungsverbot, auch wenn nur B betroffen ist. Der Arbeitsvertrag ist daher insoweit unwirksam.

Die Beschränkung der Vertragsfreiheit besteht also auch bei individuell ausgehandelten Bedingungen. Allerdings ist es in solchen Fällen in der Praxis schwerer, ohne kollektiven Tatbestand gem. § 22 Umstände glaubhaft zu machen, die eine Benachteiligung aus einem der in § 1 genannten Gründe war. Nunmehr dürfte sich allein aus der Tatsache, dass AN ohne das Merkmal bei gleicher oder gleichwertiger Arbeit bessere Arbeitsbedingungen haben, die Vermutüng für eine Diskriminierung ergeben, die nicht dadurch widerlegt werden kann, dass die Arbeitsbedingungen im Rahmen ihrer Vertragsfreiheit vereinbart, wurden.[81]

Das für Vereinbarungen geltende **Benachteiligungsverbot** ist insbesondere 37
bei Abschluss eines Beschäftigungsvertrages (im Regelfall eines Arbeitsvertrages) und dessen Änderung, aber auch bei einer vertraglichen Beendigung durch Aufhebungsvertrag zu beachten. Außerdem kommt es während des bestehenden Beschäftigungsverhältnisses vor allem dort zum Tragen, wo der AG über eine einseitige Gestaltungsmacht verfügt, also z. B. bei **freiwillig und generell gewährten Leistungen** wie Gratifikationen, Versorgungszulagen usw. Auch bei widerruflichen Leistungszulagen, die nach der Rechtsprechung in Höhe von 15–20 % des Bruttogehaltes als zulässig angesehen werden[82] und in der Praxis zunehmende Bedeutung erhalten, ist das Benachteiligungsverbot von entscheidender Bedeutung.[83] Während früher bei einer individuellen Vereinbarung davon ausgegangen wurde, dass ein Merkmal des § 1 nicht der Grund für die unterschiedliche Behandlung ist,[84] geht das BAG nunmehr davon aus, dass eine solche individuelle Vereinbarung für sich allein betrachtet nicht geeignet ist, die Vermutung einer Benachteiligung wegen eines der Merkmale zu widerlegen.[85]

---

81 BAG 16.2.23 – 8 AZR 450/21, Rn. 54 ff.

82 BAG 7.1.71 – 5 AZR 92/70; BAG 7.10.82 – 2 AZR 455/80; bei übertariflicher Zahlung gegebenenfalls auch bei 25–30 % des tariflichen Stundenlohns BAG 13.5.87 – 5 AZR 125/86; BAG 15.11.95 – 2 AZR 521/95.

83 S. zur Ungleichbehandlung durch Widerruf einer Leistungszulage wegen einer Behinderung ArbG München 9.3.05 – 38 Ca 13399/04.

84 BAG 13.2.02 – 5 AZR 712/00.

85 BAG 16.2.23 – 8 AZR 450/21, Rn. 54 ff. zu einer geschlechtsbezogenen Entgeltbenachteiligung.

## 5. Rechtsfolgen der Nichtigkeit einer kollektiven Vereinbarung

38 Die **Rechtsfolgen** der **Nichtigkeit einer Vereinbarung**, die gegen das Benachteiligungsverbot verstößt, stellen sich wie folgt dar: Verstößt eine Klausel gegen das Benachteiligungsverbot des Abs. 1, ist sie nach § 134 BGB und Abs. 2 unwirksam. Hieraus folgt im Hinblick auf den Normcharakter von Betriebsvereinbarungen und Tarifverträgen und dem Schutzzweck des Diskriminierungsverbots regelmäßig nur eine Teilnichtigkeit der Vereinbarung und nicht ihre Gesamtnichtigkeit (§ 139 BGB).[86] Die hierdurch entstehende Regelungslücke ist durch ergänzende Vertragsauslegung zu schließen. Im Gesetz fehlt eine Regelung, was inhaltlich an die Stelle der benachteiligenden Vereinbarung treten soll. Hat eine Klausel anknüpfend an ein Merkmal des § 1 lediglich belastende Wirkung auf die betroffenen Beschäftigten, ist diese unwirksam und folglich nicht mehr anwendbar. Für die Beseitigung der Benachteiligung reicht hier der ersatzlose Wegfall der Klausel. Bei einer für andere Mitarbeiter begünstigenden Klausel kann diese nicht ersatzlos entfallen. Dies entspricht in aller Regel nicht dem Willen der Vertragspartner. Zudem wirkt der Gleichbehandlungsgrundsatz nur zugunsten der benachteiligten Beschäftigten und nicht zu Lasten der begünstigten Gruppe.[87] Nach der ständigen Rechtsprechung des EuGH sind für den Fall, dass gesetzliche oder tarifvertragliche Regelungen eine mit der Richtlinie unvereinbare Diskriminierung vorsehen, die nationalen Gerichte gehalten, die Diskriminierung auf jede denkbare Weise und insbesondere dadurch auszuschließen, dass sie die Regelung für die nicht benachteiligte Gruppe auch auf die benachteiligte Gruppe anwenden, ohne die Beseitigung der Diskriminierung durch den Gesetzgeber, die Tarifvertragsparteien oder in anderer Weise abzuwarten.[88] Die durch den Wegfall einer begünstigenden Klausel entstandene **Regelungslücke** ist in daher im Wege der ergänzenden Vertragsauslegung **durch richterliche Anpassung nach oben zu schließen.**[89] Nachfolgend ist zu differenzieren hinsichtlich einer Anpassung bezüglich der **Vergangenheit** und einer Anpassung für die **Zukunft,** bei der, soweit es um die Unwirksamkeit tariflicher Normen geht, die Tarifautonomie des

---

86 BAG 7.3.95 – 3 AZR 282/94; BAG 10.11.11 – 6 AZR 148/09; BAG 16.11.11 – 4 AZR 856/09; BAG 18.2.16 – 6 AZR 700/14.

87 S. zu dieser Thematik MüKoBGB-Thüsing, § 7 AGG Rn. 14.

88 S. EuGH 20.3.03 – C-187/00 – [Kutz-Bauer]; so auch BAG 20.3.12 – 9 AZR 529/10.

89 EuGH 13.12.89 – C-102/88; EuGH 27.6.90 – C-33189 – [Kowalska]; EuGH 28.1.15 – C-417/13 – [Starjakob]; EuGH 14.3.18 – C-482/16 – [Stollwitzer]; BAG 20.7.93 – 3 AZR 52/93; BAG 24.9.03 – 10 AZR 675/02; BAG 29.9.11 – 2 AZR 177/10; BAG 10.11.11 – 6 AZR 148/09; BAG 20.3.12 – 9 AZR 529/10; ErfK-Schlachter, AGG, § 7 Rn. 7; Däubler/Hjort/Schubert/Wolmerath-Berg, AGG, § 7 Rn 18; Meinel/Heyn/Herms, AGG, § 7 Rn. 39ff., 42; Schiek/Schmidt, AGG, § 7 Rn. 5; Schleusener/Suckow/Voigt/Schleusener, AGG, § 7 Rn. 47ff.

Art. 9 Abs. 3 GG in besonderer Weise zu achten ist. Insoweit bestehen vergleichbare Spielräume wie für den Gesetzgeber.

### a) Herstellung der Gleichbehandlung für die Vergangenheit

Für die Vergangenheit kann den Anforderungen des Gleichheitssatzes im Entgeltbereich in den meisten Fällen nur dadurch entsprochen werden, dass die Gewährung der Leistung auch an die bisher ausgeschlossene Gruppe erfolgt, also eine Anpassung »**nach oben**« stattfindet.[90] Einer Angleichung »nach unten« stehen regelmäßig der Bestandsschutz der begünstigten Gruppe und die weitgehende Unzulässigkeit einer Rückforderung entgegen.[91] Die Notwendigkeit einer Angleichung »nach oben« gilt für Entgeltregelungen in Kollektivverträgen[92] und auch dann, wenn dies im Einzelfall zu erheblichen finanziellen Belastungen führen kann.[93] Die Tarifvertragsparteien können kein Vertrauen auf die Wirksamkeit schon lange bestehender Regelungen einwenden.[94] Dementsprechend stehen auch gleichheitswidrig gewährte kürzere Arbeitszeiten[95] und längere Urlaubsansprüche für die Vergangenheit allen Benachteiligten zu.[96] Das ohne Rechtfertigung zu niedrige Entgelt für Teilzeitkräfte wird »nach oben« angepasst.[97] 39

Bei einem Tarifvertrag setzt eine ergänzende Vertragsauslegung im Hinblick auf die **Tarifautonomie** auch für die Vergangenheit voraus, dass ein entsprechender Wille der Tarifvertragsparteien angenommen werden kann oder eine Beseitigung der Benachteiligung auf andere Weise nicht möglich ist.[98] Wenn zur Schließung der Lücke verschiedene Möglichkeiten bestehen, bleibt die Entscheidungskompetenz bei den Tarifparteien.[99] Dementspre- 40

---

90 EuGH 13.12.89 – C-102/88; EuGH 27.6.90 – C-33189 – [Kowalska]; EuGH 28.1.15 – C-417/13 – [Starjakob]; EuGH 14.3.18 – C-482/16 – [Stollwitzer]; BAG 13.11.85 – 4 AZR 234/84; BAG 20.7.93 – 3 AZR 52/93; BAG 24.9.03 – 10 AZR 675/02; BAG 29.9.11 – 2 AZR 177/10; BAG 10.11.11 – 6 AZR 148/09; BAG 20.3.12 – 9 AZR 529/10; BAG 18.2.16 – 6 AZR 700/14.

91 EuGH 19.6.14 – C-501/12 und Parallelfälle – [Specht ua]; BAG 18.2.16 – 6 AZR 700/14.

92 EuGH 27.6.90 – C-33/89.

93 EuGH 8.4.76 – C-43/75; BAG 7.3.95 – 3 AZR 282/94; BAG 10.11.11 – 6 AZR 148/09; BAG 18.2.16 – 6 AZR 700/14.

94 BAG 20.3.12 – 9 AZR 529/10.

95 BAG 22.10.15 – 8 AZR 168/14; BAG 18.2.16 – 6 AZR 700/14.

96 BAG 20.3.12 – 9 AZR 529/10; BAG 21.10.14 – 9 AZR 956/12; BAG 12.4.16 – 9 AZR 659/14; BAG 15.11.16 – 9 AZR 534/15; LAG Düsseldorf 15.2.08 – 9 Sa 955/07.

97 BAG 25.3.15 – 5 AZR 460/13.

98 BAG 30.8.00 – 4 AZR 563/99.

99 BVerfG 28.4.11 – 1 BvR 1409/10.

chend entfällt eine diskriminierende tarifliche Altersgrenze ersatzlos.[100] Das Gleiche gilt für ein dem europäischen Benachteiligungsverbot entgegenstehendes Gesetz. Die Beseitigung einer Diskriminierung bedeutet daher nicht, dass die unter der früheren Regelung diskriminierte Person automatisch das Recht hat, rückwirkend in den Genuss einer höheren Leistung zu kommen. Vielmehr besteht nach Maßgabe der unterschiedlichen denkbaren Sachverhalte die Freiheit, unter den verschiedenen zur Beseitigung der Benachteiligung geeigneten Lösungen zu wählen. Solange der Gesetzgeber oder die Tarifparteien keine Maßnahmen zur Wiederherstellung der Gleichbehandlung ergriffen haben, kann diese nur dadurch gewährleistet werden, dass den Angehörigen der benachteiligten Gruppe dieselben Vorteile gewährt werden wie denjenigen der privilegierten Gruppe.[101]

**41** Scheidet für die Vergangenheit eine ergänzende Vertragsauslegung aus, weil das tarifliche Vergütungssystem insgesamt gemäß § 7 Abs. 2 AGG unwirksam ist, und führt dies zu einem Regelungsvakuum, findet regelmäßig durch gerichtliche Entscheidung eine Angleichung »nach oben« statt, wenn die Tarifvertragsparteien bewusst keine kollektivrechtliche Neuregelung treffen. In einem solchen Fall liegt kein unzulässiger Eingriff in die Tarifautonomie vor.[102]

**42** Fraglich ist, **auf welchen Zeitpunkt** ein etwaiger Anspruch der benachteiligten Beschäftigten auf eine Ausgleichsleistung **zurückwirkt**. Grundsätzlich deckt sich die Rückwirkung mit dem Zeitraum der erfahrenen Benachteiligung. Der EuGH hat allerdings bisher die unmittelbare Wirkung von Art. 141 EG-Vertrag zur Stützung der Forderung nach Gleichbehandlung auf dem Gebiet der Betriebsrenten (einheitliches Rentenzugangsalter für Frauen und Männer) aus Gründen der Rechtssicherheit auf Leistungen beschränkt, die für Beschäftigungszeiten nach dem 17.5.1990, also nach dem Tag der Verkündung des maßgeblichen Barber-Urteils erworben wurden.[103] Davon abgesehen ist eine Rückwirkung auch im Zusammenhang mit diskriminierenden Regelungen der betrieblichen Altersversorgung nicht ausgeschlossen.[104] Tarifvertragsparteien genießen insoweit keinen Vertrauensschutz.[105] Gegebenenfalls kommt als Zeitpunkt der Rückwirkung der Zeit-

---

100 BAG 18.1.12 – 7 AZR 112/08.

101 EuGH 28.1.15 – C-417/13 – [Starjakob]; EuGH 14.3.18 – C-482/16 – [Stollwitzer].

102 BAG 10.11.11 – 6 AZR 148/09; zur europarechtlichen Zulässigkeit diskriminierender Übergangsregelungen s. auch Kocher, ZESAR 2011, 265.

103 EuGH 17.5.90 – C-262/88 – [Barber]; EuGH 6.10.93 – C-109/91 – [Ten Oever]; EuGH 28.9.94 – C-200/91.

104 S. zur Problematik der Rückwirkung auch im Zusammenhang mit Benachteiligungen bei der betrieblichen Altersversorgung BVerfG 28.9.92 – 1 BvR 496/87; BVerfG 19.5.99 – 1 BvR 263/98; BAG 20.11.90 – 3 AZR 613/89.

105 BAG 20.3.12 – 9 AZR 529/10.

punkt des Erlasses der maßgeblichen EG-Richtlinien oder des AGG in Betracht, jedenfalls soweit das Benachteiligungsverbot nicht vorher schon nach Art. 3 GG und dem daraus entwickelten arbeitsrechtlichen Gleichbehandlungsgebot bestand. Im Falle von tariflichen oder vertraglichen Ausschlussfristen ist die Rückwirkung regelmäßig auf den Zeitraum beschränkt, für den entsprechende Ansprüche rechtzeitig geltend gemacht worden sind.[106] Entsprechendes gilt für die gesetzliche Verjährung (§ 195 BGB).

### b) Herstellung der Gleichbehandlung für die Zukunft

Der Verstoß gegen das Benachteiligungsverbot hat zunächst die Nichtanwendung der benachteiligenden Klausel zur Folge.[107] Ist lediglich der benachteiligende Teil der Vereinbarung nichtig, besteht i. d. R. für die Zukunft ein Anspruch auf die höhere Leistung,[108] jedenfalls solange, bis eine Neuregelung getroffen ist. Enthält z. B. eine betriebliche Versorgungsordnung eine Benachteiligung von Teilzeitbeschäftigten, führt dies nicht zur Gesamtnichtigkeit der Versorgungsordnung, sondern nur dazu, dass der gleichbehandlungswidrige Ausschlusstatbestand entfällt – mit der Folge, dass die Kostensteigerung, die durch die Einbeziehung der Teilzeitbeschäftigten entsteht, nur für die Zukunft durch eine anpassende Betriebsvereinbarung korrigiert werden kann.[109] Ist die Benachteiligung für die Vergangenheit beseitigt worden, besteht für die Zukunft kein Anspruch auf Fortführung der vergangenen Besserstellung für alle Mitarbeiter:innen. Bei Gesetzen und kollektiven Vereinbarungen kann eine Neuregelung ohne Weiteres auch Verschlechterungen beinhalten[110] oder Stichtags- und Überleitungsbestimmungen vorsehen.[111] Ein anhängiges Gerichtsverfahren darf nicht dazu ausgesetzt werden, um den Tarifparteien die Gelegenheit für eine Beseitigung einer Benachteiligung durch eine Neuregelung zu geben.[112] Beschäftigte müssen grundsätzlich eine Benachteiligung auch nicht zeitweilig hinnehmen; deshalb ist eine Anpassungsfrist für eine benachteiligende Klausel ausgeschlossen.[113] Tarifvertragliche **Überleitungsvorschriften** dürfen bei einer diskriminierungsfreien Neuregelung eine zeitlich begrenz- 43

106 BAG 10.11.11 – 6 AZR 148/09.

107 EuGH 22.11.05 – C 144/04 – [Mangold/Helm]; BAG 29.9.11 – 2 AZR 177/10; BAG 18.2.16 – 6 AZR 700/14.

108 EuGH 27.6.90 – C-33/89; EuGH 15.1.98 – C-15/96 – [Schöning-Kougebetopoulou]; BAG 15.12.98 – 3 AZR 239/97; BAG 24.5.00 – 10 AZR 629/99.

109 BAG 14.10.86 – 3 AZR 66/83; BAG 14.3.89 – 3 AZR 490/87; BAG 20.11.90 – 3 AZR 613/89.

110 BAG 18.2.16 – 6 AZR 700/14.

111 BVerfG 7.10.15 – 2 BvR 413/15.

112 BAG 20.3.12 – 9 AZR 529/10; BAG 18.2.16 – 6 AZR 700/14, Rn. 35 ff.

113 BAG 5.9.89 – 3 AZR 575/88; BAG 20.11.90 – 3 AZR 613/89.

te Fortschreibung der Begünstigung vorsehen, um eine plötzliche Senkung von Bezügen zu vermeiden und **Besitzstände** aus den diskriminierenden Altregelungen berücksichtigen.[114] Den Besitzstand einer Personengruppe zu wahren kann ein Ziel sein, das eine unmittelbare Benachteiligung wegen des Alters rechtfertigt.[115] Allerdings kann das Ziel der Besitzstandswahrung keine Maßnahme rechtfertigen, mit der eine Ungleichbehandlung wegen des Alters endgültig festgeschrieben wird, statt eine graduelle Minderung der Benachteiligung vorzusehen.[116] Bei einer solchermaßen diskriminierenden Wirkung der Übergangsregelung erfolgt zur Beseitigung der Benachteiligung eine Anpassung »**nach oben**«.[117]

**43a** Die Nichtigkeit einer tariflichen Teilregelung kann bei einer benachteiligenden Ausnahmebestimmung nach Ansicht des BAG durch deren Streichung auch zu einer Angleichung »**nach unten**« führen.[118] Fraglich bleibt, ob dies mit dem Sinn und Zweck des Diskriminierungsschutzes vereinbar ist und den Bessergestellten ihr tarifvertraglich vorgesehener Anspruch durch die Gerichtsentscheidung genommen werden darf.[119] Bei einer Betriebsvereinbarung zur Dienstplangestaltung reicht die Feststellung der Unwirksamkeit einer altersdiskriminierenden Regelung, wenn aus rein praktischen Gründen eine gleich günstige Behandlung aller Mitarbeiter:innen ausscheidet. Für den Fall, dass der AG auch für die Zukunft an der unwirksamen Regelung festhält, hat das BAG die benachteiligten Mitarbeiter:innen auf ein Leistungsverweigerungsrecht verwiesen.[120]

**44** Ist die Benachteiligung die Folge **eines insgesamt diskriminierenden Entgeltsystems** – wie dies z. B. bei der fehlenden Bewertung der für Frauenarbeitsplätze typischen Anforderungen oder der diskriminierenden Gewichtung dieser Anforderungen der Fall ist – ist das System insgesamt nicht

---

114 EuGH 8.9.11 – C-297/19 – [Hennings], C-298/19 – [Mai]: Überleitung vom BAT in den TVöD; EuGH 19.6.14 – C-501/12 und Parallelfälle – [Specht u. a.]; EuGH 9.9.15 – C-20/13 – [Unland]; BAG 10.11.11 – 6 AZR 148/09; BAG 8.12.11 – 7 AZR 112/08; BAG 18.2.16 – 6 AZR 700/14.

115 EuGH 19.6.14 – C-501/12 und Parallelfälle – [Specht u. a.].

116 EuGH 11.11.14 – C-530/13 – [Schmitzer]; EuGH 28.1.15 – C-417/13 – [Starjakob]; BAG 27.4.17 – 6 AZR 119/16.

117 BAG 27.4.17 – 6 AZR 119/16.

118 BAG 18.2.16 – 6 AZR 700/14: Unwirksamkeit einer Teilregelung bei einer aus mehreren selbständigen Teilregelungen bestehenden Tarifnorm; a. A. EuGH 20.3.03 – C-187/00 – [Kutz-Bauer]; so auch BAG 20.3.12 – 9 AZR 529/10.

119 MüKo BGB-Thüsing, AGG, § 7 Rn. 14 hat dies vor Erlass der BAG-Entscheidung als »Aufruf zum Tarifbruch« bezeichnet.

120 BAG 14.5.13 – 1 AZR 44/12: altersdiskriminierende Grundsätze der Dienstplangestaltung von Flugbegleitern/altersbezogene Gruppenbildung ohne Rechtfertigung.

anzuwenden.[121] Allerdings fällt damit das gesamte Bezugssystem weg, sodass die **Herstellung der Gleichbehandlung für die Zukunft**, problematisch ist, weil eine ergänzende Vertragsauslegung scheitert.[122] Wenn ganze Gruppen von Beschäftigten durch **Gesetz oder Tarifvertrag** ungerechtfertigt benachteiligt werden, kann nicht durch ergänzende Vertragsauslegung davon ausgegangen werden, dass generell die höhere Leistung gewährt werden muss. Ist dies nicht der Fall, kommt in solchen Fällen eine richterliche **Anpassung für die Zukunft** nur in Betracht, wenn aufgrund des Regelungsgegenstandes unter Berücksichtigung der zusätzlichen Belastung davon auszugehen ist, dass der Gesetzgeber bzw. die Tarifvertragsparteien die Regelung selbst dann getroffen hätten, wenn sie die Gleichheitswidrigkeit der von ihnen vorgenommenen Gruppenbildung gekannt hätten.[123] Allerdings ist dem Willen der Tarifvertragsparteien regelmäßig keine Beschränkung einer Leistung auf ein festes Leistungsvolumen zu entnehmen, sodass eine Angleichung auf dem höheren Niveau erfolgt, ohne dass hierin ein Verstoß gegen die Tarifautonomie gem. Art. 9 Abs. 3 GG liegt.[124] Scheidet eine ergänzende Auslegung aus, bleibt es dem Gesetzgeber bzw. den Tarifparteien überlassen, auf welchem Niveau die Gleichbehandlung hergestellt wird.[125] **Übergangsweise** ist auf die Angehörigen der benachteiligten Gruppe allerdings solange dieselbe Regelung anzuwenden wie auf die übrigen Beschäftigten, bis die Tarifvertragsparteien selbst eine benachteiligungsfreie Regelung geschaffen und das Entgeltgleichheitsgebot wirksam umgesetzt haben.[126] Der Anspruch auf eine Ausgleichszahlung folgt insoweit aus § 134 i. V. m. § 612 Abs. 2 BGB.[127] Die Ausschlussfrist des § 15 Abs. 4 greift für Vergütungsansprüche nicht.[128]

---

121 EuGH 13.12.89 – C-102/88; EuGH 27.6.90 – C-33/89; EuGH 7.2.91 – C-184/89 zur Verdoppelung der Bewährungszeit für teilzeitbeschäftigte AN.

122 BAG 13.11.85 – 4 AZR 234/84; BAG 10.11.11 – 6 AZR 148/09.

123 BAG 7.3.95 – 3 AZR 282/94; BAG 28.5.96 – 3 AZR 752/95; zur Tarifautonomie s. BVerfG 28.4.11 – 1 BvR 1409/10.

124 BAG 24.9.03 – 10 AZR 675/02 zum Anspruch Teilzeitbeschäftigter auf eine Spätarbeitszulage.

125 BVerfG 30.5.90 – 1 BvL 2/83 zur Verfassungswidrigkeit der unterschiedlichen Kündigungsfristen für Arbeiter und Angestellte und im Anschluss daran BAG 21.3.91 – 2 AZR 296/87; s. auch BAG 13.11.85 – 4 AZR 234/84 zur Nichtigkeit einer verfassungswidrigen tariflichen Ehefrauenzulage.

126 EuGH 7.2.91 – C-184/89; EuGH 28.9.94 – C-200/91; BAG 11.12.03 – 6 AZR 64/03; BAG 5.8.09 – 10 AZR 634/08.

127 BAG 5.8.09 – 10 AZR 634/08.

128 BAG 10.11.11 – 6 AZR 148/09 zum BAT.

### 6. Rechtsfolgen bei unwirksamen arbeitsvertraglichen Vereinbarungen

45 **Einzelarbeitsverträge**, die gegen das Benachteiligungsverbot verstoßen, sind nach Abs. 2 nichtig. Gem. § 139 2. HS BGB ergreift die Nichtigkeit regelmäßig nur die verbotswidrige Regelung selbst, nicht aber den Arbeitsvertrag im Übrigen. Auch die begünstigende Vereinbarung mit anderen Beschäftigten oder Beschäftigtengruppen wird von der Unwirksamkeit nicht erfasst, denn der Gleichbehandlungsgrundsatz wirkt nur zugunsten der Beschäftigten. Den benachteiligten Beschäftigten steht bei ergänzender Vertragsauslegung grundsätzlich ein Anspruch auf die höhere Leistung zu, soweit es um die Teilhabe an der einheitlichen Regelung geht.[129] Für den Anspruch auf die höhere Leistung aufgrund ergänzender Vertragsauslegung kommt es damit auf ein Verschulden des AG nicht an. Scheitert eine ergänzende Vertragsauslegung z. B. deswegen, weil eine einheitliche Regelung für andere Beschäftigte nicht festgestellt werden kann, gilt hinsichtlich der Vergütung § 612 Abs. 2 BGB. Die Üblichkeit einer Vergütung ist nicht auf einen Betrieb oder ein Unternehmen beschränkt und muss notfalls mit Hilfe eines Gutachtens festgestellt werden. Anders als bei kollektiven Vereinbarungen ist bei benachteiligenden arbeitsvertraglichen Regelungen eine verschlechternde Neuregelung problematisch. Der Entzug der günstigeren Rechtsposition gegenüber den Angehörigen der begünstigten Gruppe ist einseitig nicht möglich und bedarf einer einvernehmlichen Vertragsänderung oder einer Änderungskündigung, die aber in den seltensten Fällen sozial gerechtfertigt sein wird. Für die Vergangenheit kommen neben den Ausgleichsansprüchen wegen des Verstoßes gegen das Benachteiligungsverbot außerdem Ansprüche auf Entschädigung und Schadensersatz gegenüber dem AG gem. § 15 Abs. 1 und 2 in Betracht. Ein materieller Schaden ist verschuldensunabhängig im Rahmen einer gem. § 15 Abs. 2 festzusetzenden Entschädigung zu berücksichtigen (s. Rn. 11 und 21 zu § 15). Die Ausschlussfrist des § 15 Abs. 4 greift für Vergütungsansprüche nicht.[130]

46 Der **AG** kann auch **im Bereich arbeitsvertraglicher Einheitsregelungen** die Gleichstellung für die Zukunft nicht ohne weiteres dadurch herstellen, dass er gegenüber der bevorzugten Gruppe eine Änderungskündigung zur Verschlechterung der Arbeitsbedingungen ausspricht. Die Wahrung des Gleichbehandlungsgrundsatzes stellt keinen betriebsbedingten Grund zur sozialen Rechtfertigung einer Änderungskündigung dar. Wegen des Bestandsschutzes der bevorzugten Gruppe ist die Gleichbehandlung für die benachteiligte Gruppe durch eine Anpassung nach oben zu gewährleisten.[131]

---

129 BAG 11.9.85 – 7 AZR 371/83 .
130 BAG 10.11.11 – 6 AZR 148/09 zum BAT.
131 BAG 28.4.82 – 7 AZR 1139/79.

Etwas Anderes kann für Leistungen gelten, die unter Widerrufsvorbehalt gewährt werden: Hier kann ein Widerruf zur Vereinheitlichung der Leistungen in der Zukunft in Betracht kommen. Allerdings ist zumindest für vorformulierte Arbeitsverträge, die nach dem 1.1.2002 abgeschlossen wurden, die Inhaltskontrolle gem. §§ 305ff. BGB vorgegeben. Insbesondere muss eine solche Regelung, einschließlich der Voraussetzungen für einen Widerruf gem. § 307 Abs. 1 Satz 2 BGB, transparent sein. Eine Klausel, nach der übertarifliche Lohnbestandteile jederzeit unbeschränkt widerruflich sind, ist hiermit nicht zu vereinbaren.[132]

**Einseitige Maßnahmen des AG** sind nicht vom Wortlaut des Abs. 2 erfasst, 47 sind aber bei einem Verstoß gegen das Benachteiligungsverbot gem. Abs. 1 i.V.m. § 134 BGB unwirksam. So sind benachteiligende **Weisungen** (»Maßnahmen«) des AG unwirksam mit der Folge, dass den Betroffenen nach allgemeinen Grundsätzen ein **Leistungsverweigerungsrecht** in Bezug auf diese Weisung zusteht. Wirkt die Benachteiligung weiter, kann gem. Abs. 1 i.V.m. § 1004 BGB analog eine Beseitigung der Benachteiligung und bei Besorgnis zukünftiger Beeinträchtigungen auch Unterlassung verlangt werden.

**Abs. 3** stellt klar, dass eine Benachteiligung durch den AG oder durch Be- 48 schäftigte im Rahmen von § 7 Abs. 1 eine **Verletzung vertraglicher Pflichten** darstellt. Ein diskriminierungsfreies Verhalten im Bereich des Beschäftigungsverhältnisses wird damit zur gesetzlich explizit geregelten Nebenpflicht sowohl für den AG als auch für die Beschäftigten. Sie ist Ausdruck der allgemein bestehenden Pflicht zur Rücksichtnahme auf die Interessen und die Persönlichkeitssphäre der anderen Vertragspartei (§ 241 Abs. 2 BGB). Nach § 32 gelten außerdem die Vorschriften des allgemeinen Schuldrechts des BGB. Deshalb sind die Regelungen des vertraglichen Leistungsstörungsrechts (§§ 275ff. BGB) auch bei einem Verstoß gegen das Benachteiligungsverbot anwendbar.[133] Eine Haftung besteht für eigenes Verhalten und für Benachteiligungen durch einen Erfüllungsgehilfen, die gem. § 278 BGB zuzurechnen sind (s. Rn. 41 f. zu § 15).

Handelt es sich um eine Benachteiligung von Beschäftigten untereinander, 49 ist Abs. 3 dahingehend zu verstehen, dass der Handelnde die Nebenpflicht aus seinem Arbeitsvertrag zum AG verletzt, dessen Interesse an einem störungsfreien Betriebsablauf nicht zu beeinträchtigen.[134] Relevant sind in diesem Zusammenhang insbesondere Benachteiligungen durch Belästigung und sexuelle Belästigung gem. § 3 Abs. 3 und 4 und eine Beteiligung hieran. Der AG kann bzw. muss gem. § 12 Abs. 1 und 3 geeignete Maßnahmen gegenüber Störern ergreifen und das vertragswidrige Verhalten i.d.R. durch

132 BAG 12.7.05 – 5 AZR 364/04.
133 Schieck-Schmidt, AGG, § 7 Rn. 6.
134 ErfK-Schlachter, AGG, § 7 Rn. 7.

Ermahnung, Abmahnung, Umsetzung, Versetzung oder Kündigung ahnden (s. hierzu auch Rn. 10 ff. zu § 12). Auch die Pflichten aus § 12 stellen gesetzliche Nebenpflichten dar. Ein Verstoß gegen die Pflichten aus § 12 ist aber nicht mit einer Benachteiligung durch den AG gleichzusetzen. Die Haftung des AG folgt daher in einem solchen Fall aus § 280 Abs. 1 BGB (s. Rn. 43 zu § 15).

50 Verstößt der AG gegenüber Bewerbern gegen das Benachteiligungsverbot, bevor ein Beschäftigungsverhältnis zustande gekommen ist, greift gem. § 2 Abs. 1 Nr. 1, § 6 Abs. 1 Satz 2 bereits die Haftung aus § 15 Abs. 1 und 2. Daneben besteht die Pflicht zu diskriminierungsfreiem Verhalten sowohl für Bewerber, Mitbewerber, Beschäftigte und AG gem. § 241 Abs. 2 BGB, auch wenn noch kein Beschäftigungsvertrag zustande gekommen ist.

51 Das AGG regelt bei einem Verstoß gegen das Benachteiligungsverbot in **§ 15 Abs. 1 und 2** ausschließlich Ansprüche von Beschäftigten im Verhältnis zum AG. Gem. § 2 Abs. 3 richten sich **Ansprüche gegenüber anderen Beteiligten** (gegenüber anderen Beschäftigten und Dritten) nach den allgemeinen Regeln. Hier kommt insbesondere die Verletzung des allgemeinen Persönlichkeitsrechts mit einem daraus resultierenden Anspruch auf Ersatz des materiellen und immateriellen Schadens,[135] sowie ein Anspruch gem. § 823 Abs. 2 BGB i. V. m. § 7 Abs. 1 (Benachteiligungsverbot als Schutzgesetz) in Betracht. Das Benachteiligungsverbot ist wie der frühere § 611a Abs. 1 BGB als **Schutzgesetz i. S. d. § 823 Abs. 2 BGB** zu verstehen.[136]

## § 8 Zulässige unterschiedliche Behandlung wegen beruflicher Anforderungen

**(1) Eine unterschiedliche Behandlung wegen eines in § 1 genannten Grundes ist zulässig, wenn dieser Grund wegen der Art der auszuübenden Tätigkeit oder der Bedingungen ihrer Ausübung eine wesentliche und entscheidende berufliche Anforderung darstellt, sofern der Zweck rechtmäßig und die Anforderung angemessen ist.**

**(2) Die Vereinbarung einer geringeren Vergütung für gleiche oder gleichwertige Arbeit wegen eines in § 1 genannten Grundes wird nicht dadurch gerechtfertigt, dass wegen eines in § 1 genannten Grundes besondere Schutzvorschriften gelten.**

**Inhaltsübersicht**



---

135 Grüneberg, BGB, § 823 Rn. 175 ff., 199 ff.

136 LAG Hamm 21.11.96 – 17 Sa 987/96.

## I. Allgemeines

1 **Abs. 1** macht von der Möglichkeit nach Art. 4 Abs. 1 der Richtlinien 2000/43/EG (Antirassismus-Richtlinie) und 2000/78/EG (Rahmenrichtlinie Beschäftigung) und Art. 2 Abs. 6 der Richtlinie 76/207/EWG (Gender-Richtlinie)[1] Gebrauch, Ungleichbehandlungen wegen beruflicher Anforderungen im Hinblick auf die in § 1 genannten Merkmale zuzulassen.

2 Die Rechtfertigung einer unterschiedlichen Behandlung wegen beruflicher Anforderungen wird nach der Gesetzessystematik nur für den Fall einer **unmittelbaren Benachteiligung** gem. § 3 Abs. 1 **oder** der **Anweisung** zu einer solchen Benachteiligung gem. § 3 Abs. 5 relevant. Nur bei einer direkten Anknüpfung an ein Merkmal gem. § 1 kann dieses als wesentliche und entscheidende berufliche Anforderung gefordert oder abgelehnt werden. Besondere Relevanz kommt der Regelung bei **Einstellungen** oder der Beendigung des **Einsatzes von Beschäftigten für eine bestimmte Aufgabe** zu, für die eine sinnvolle Eignung aufgrund eines Merkmals nach § 1 von vornherein nicht besteht oder später entfällt. Die Frage einer Rechtfertigung ist auch bei einer benachteiligenden Kündigung zu prüfen. Das BAG hat explizit darauf hingewiesen, dass die Diskriminierungsverbote und die Rechtfertigungsgründe gem. §§ 8–10 im Rahmen der Sozialwidrigkeit einer Kündigung zu überprüfen sind (s. hierzu im Einzelnen § 2 Rn. 58 f.). Bei einer mittelbaren Benachteiligung gem. § 3 Abs. 2 entfällt bei einer Rechtfertigung durch einen sachlichen Grund bereits der Tatbestand einer Diskriminierung, sodass es auf deren Zulässigkeit gem. § 8 nicht mehr ankommt. Bei einer Belästigung gem. § 3 Abs. 3 oder einer sexuellen Belästigung gem. § 3 Abs. 4 ist eine Rechtfertigung regelmäßig ausgeschlossen. Außerdem ist der Anknüpfungspunkt hier nicht eine unterschiedliche Behandlung, sondern eine rechtserhebliche Belästigung, die schon dem Wortlaut nach nicht unter Abs. 1 fällt. Die Rechtfertigungsnorm gilt auch für kollektive Regelungen.[2]

---

1 Ebenso Art. 14 Abs. 2 der Änderungsrichtlinie 2006/54/EG.

2 BAG 15.11.16 – 9 AZR 534/15 und BAG 18.10.16 – 9 AZR 123/16: mangelnde Rechtfertigung tarifvertraglicher Regelungen, nach denen Urlaubsansprüche für alle Tarifbeschäftigten (unabhängig von der Tätigkeit) nach Alter gestaffelt sind.

2a Die Norm ist unionsrechtskonform eng auszulegen:[3] Eine unmittelbare Diskriminierung kann grundsätzlich sachlich nicht gerechtfertigt sein.[4] Deshalb kann nicht der Grund i. S. v. § 1, auf den die Ungleichbehandlung gestützt ist, sondern nur ein mit diesem Grund im Zusammenhang stehendes Merkmal eine wesentliche und entscheidende berufliche Anforderung darstellen.[5]

## II. Wesentliche und entscheidende berufliche Anforderung

3 **Abs. 1** lässt eine unterschiedliche Behandlung entsprechend den EU-rechtlichen Vorgaben nur dann zu, wenn der Grund hierfür in **wesentlichen und entscheidenden beruflichen Anforderungen** liegt, die geeignet sein müssen, einem **rechtmäßigen Zweck** zu dienen, und hierfür eine **angemessene Anforderung** darstellen. Mit dem Erfordernis »wesentlicher und entscheidender beruflicher Anforderungen« geht § 8 über das Vorliegen eines sachlichen Grundes, wie er in § 20 für die Rechtfertigung sonstiger zivilrechtlicher Ungleichbehandlung gefordert ist, und über das Willkürverbot des arbeitsrechtlichen Gleichbehandlungsgrundsatzes hinaus. Bloße Zweckmäßigkeitserwägungen genügen nach der Gesetzesbegründung nicht.[6]

4 Abs. 1 schafft einen **einheitlichen Rechtfertigungsmaßstab bezüglich aller in § 1 genannten Gründe**. Er weicht in der Formulierung vom früheren § 611a Abs. 1 BGB ab, nach dem eine Ungleichbehandlung der Geschlechter nur zulässig war, wenn ein bestimmtes Geschlecht **unverzichtbare** Voraussetzung für diese Tätigkeit war.[7] Der Verzicht auf unterschiedliche Rechtfertigungsmaßstäbe für Benachteiligungen wegen des Geschlechts einerseits und den übrigen in § 1 AGG genannten Gründen andererseits erfolgt nach dem Willen des Gesetzgebers nur aus redaktionellen Gründen in Angleichung an die EG-Richtlinien. Eine Absenkung des Schutzstandards ist damit nicht verbunden[8] und wäre nach Art. 8e Abs. 2 der Richtlinie 76/207/EWG (Gender-Richtlinie), eingefügt durch die Richtlinie 2002/73/EG (Änderung der Gender-Richtlinie), auch verboten.

---

3 EuGH 6.3.19 – C 595/12 – [Napoli], Rn. 41; EuGH 21.10.21 – C-824/19, Rn. 44 f., unter Berufung auf den 23. Erwägungsgrund zu Art. 4 Abs. 1 der Richtlinie 2000/78, der auf »sehr (begrenzte) Bedingungen« Bezug nehme, unter denen eine Ungleichbehandlung gerechtfertigt sein könne; BAG 11.8.16 – 8 AZR 4/15, Rn. 101; BAG 19.12.19 – 8 AZR 2/19, Rn. 37.

4 EuGH 13.9.11 – C 447/09 – [Prigge] Rn. 66; EuGH 7.2.18 – C 142/17 und 143/17, Rn. 38 f.; EuGH 15.7.21 – C 795/19, Rn. 33.

5 EuGH 15.7.21 – C 795/19 – [Tartu Vangla], Rn. 32 f.; BAG 19.12.19 – 8 AZR 2/19; BAG 24.2.22 – 8 AZR 208/21 (A), Rn. 41.

6 BT-Drs. 16/1780 S. 35.

7 Die Regelung entsprach damit dem früheren Wortlaut von Art. 2 Abs. 2 der Richtlinie 76/207/EWG (Gender-Richtlinie).

8 BAG 28.5.09 – 8 AZR 536/08 ; BT-Drs. 16/1780 S. 35.

Im Hinblick auf die von der EU gewollte Anpassung der Rechtfertigungsvoraussetzungen für alle Formen der Benachteiligung sind bei einer Auslegung strenge Anforderungen anzulegen (vgl. Rn. 2a). Als unverzichtbar wurde in der Vergangenheit eine Anknüpfung an das Geschlecht nur dann angesehen, wenn Angehörige des jeweils anderen Geschlechts die vertragsgemäße Leistung nicht erbringen konnten und dieses Unvermögen auf Gründen beruhte, die ihrerseits der gesetzlichen Wertentscheidung der Gleichberechtigung beider Geschlechter genügten.[9] 5

**Wesentliche und entscheidende berufliche Anforderungen** i. S. der jetzigen Formulierung können deshalb nur dann vorliegen, wenn davon die ordnungsgemäße Durchführung der Tätigkeit abhängt, wobei ein objektiver Maßstab und nicht subjektive Erwägungen gelten.[10] Nicht auf den zeitlichen Anteil der Tätigkeit, sondern darauf kommt es an, ob das Merkmal für die Erreichung des unternehmerischen Zwecks erforderlich (wesentlich) ist. Das Differenzierungsmerkmal darf nicht nur für unbedeutende, für den Arbeitsplatz nicht charakteristische Tätigkeiten notwendig sein.[11] Umgekehrt ist unschädlich, wenn einige der Aufgaben nicht das Vorhandensein des Merkmals erfordern.[12] 6

> **Beispiel:**
> Einige Aufgaben der Berufsfeuerwehr (Brandbekämpfung, Personenrettung) erfordern eine außergewöhnliche körperliche Eignung, die nach wissenschaftlichen Erkenntnissen nur von jüngeren Mitarbeiter:innen (unter 45 Jahren) garantiert werden kann. Eine Altershöchstgrenze für Bewerber:innen ist damit rechtmäßig.[13] Zu weiteren Beispielen aus der Rechtsprechung siehe Rn. 12 ff.

## III. Bezug zur Tätigkeit

Die wesentlichen und entscheidenden beruflichen Anforderungen müssen tätigkeitsbezogen sein oder mit den Bedingungen der Ausübung der Tätigkeit zusammenhängen. Maßgebliches Abgrenzungskriterium ist, ob Personen, die ein Merkmal des § 1 tragen, für AG den Zweck ihrer Tätigkeit gleichermaßen erfüllen können. Abzustellen ist auf die **konkret auszuübende Tätigkeit**, die sich nach dem von den AG festgelegten **Unternehmens-** 7

9 BAG 12.11.98 – 8 AZR 365/97; BAG 27.4.00 – 8 AZR 295/99.

10 BAG 25.10.18 – 8 AZR 501/14, Rn. 65; BAG 19.12.19 – 8 AZR 2/19, Rn. 39; BAG 24.2.22 – 8 AZR 208/21 (A), Rn. 41.

11 BAG 28.5.09 – 8 AZR 536/08: Betreuerstelle für ein Mädcheninternat; BAG 18.3.10 – 8 AZR 77/09: kommunale Gleichstellungsbeauftragte mit Integrationsarbeit für zugewanderte muslimische Frauen.

12 EuGH 13.11.14 – C 416/13 – [Vital Perez], Rn. 39; BAG 19.12.19 – 8 AZR 2/19.

13 EuGH 12.1.10 – C 229/08; ähnlich EuGH 15.11.16 – C 258/15: Altersgrenze für Polizei.

**konzept** richtet.[14] Dabei ergeben sich **zwei Kategorien** der Rechtfertigung: Zum einen führt ein Merkmal des § 1 oder dessen Fehlen zum **persönlichen Unvermögen**, die Tätigkeit auszufüllen (Schauspieler für die Rolle eines alten Mannes). Zum anderen können bestimmte **Konzepte der AG** zugrunde liegen, die aus deren Sicht das Vorliegen oder Nichtvorliegen eines bestimmten Merkmals bedingen (weibliche Gleichstellungsbeauftragte, wenn das Aufgabengebiet auch die Betreuung muslimischer Frauen umfasst;[15] zu weiteren Beispielen vgl. Rn. 12 ff.).

**8** In diesem Zusammenhang spielt die Zumutbarkeit für AG und daher eine Abwägung der geschützten Rechtspositionen beider Seiten eine Rolle. Führt das Merkmal zu einem **Unvermögen, die vertragsgemäßen Leistungen in einer für die AG sinnvollen Art und Weise zu erbringen**, so dient es einem rechtmäßigen Zweck, Personen mit diesem Merkmal nicht zu beschäftigen; im Einzelfall ist die Verhältnismäßigkeit zu beachten.[16] Das Neutralitätsgebot des Staates in Bezug auf Religion kann gem. § 8 Abs. 1 ein pauschales Kopftuchverbot für Lehrkräfte nur dann rechtfertigen, wenn eine konkrete Gefahr für den Schulfrieden bzw. für die staatliche Neutralität besteht; andernfalls gewährleistet das Grundrecht auf Glaubens- und Bekenntnisfreiheit gem. Art. 4 GG auch Lehrkräften in einer öffentlichen, bekenntnisoffenen Schule die Freiheit, einem aus religiösen Gründen als verpflichtend verstandenen Bedeckungsgebot zu genügen, wie dies etwa durch das Tragen eines islamischen Kopftuchs der Fall sein kann.[17] In privaten Arbeitsverhältnissen dürfen AG religiöse Symbole wie das Kopftuch nur verbieten, wenn es dafür objektive Gründe wie Hygiene- oder Sicherheitsvorschriften oder allgemeine Regelungen im Sinne eines Neutralitätsgebotes[18] gibt (vgl. auch

---

14 BAG 18.3.10 – 8 AZR 77/09.

15 BAG 18.3.10 – 8 AZR 77/09.

16 EuGH 14.3.17 – C 157/15 – [Achbita].

17 BVerfG 27.1.15 – 1 BvR 471/10 und 1 BVR 1181/10; BVerfG 18.10.16 – 1 BvR 354/11: abstrakte Gefahr genügt nicht; a. A. noch BAG 20.8.09 – 2 AZR 499/08; BAG 10.12.09 – 2 AZR 55/09 – AuR 10, 271, das die staatliche Neutralitätspflicht als ausreichende Rechtfertigung verstanden hat für staatliche Einrichtungen und solche, in denen die Neutralität in Bezug auf die Religion eine Wirkung nach außen und auf Dritte hat, wie z. B. Schulen oder staatliche Kindergärten. Nunmehr BAG 27.8.20 – 8 AZR 62/19, Rn. 57, 66 ff.

18 EuGH 14.3.17 – C 157/17 – [Achbita]: Die gewünschte Neutralität nach außen ist nach Art. 16 der Charta als Teil der unternehmerischen Freiheit anerkannt; EuGH 14.3.17 – C-188/15 – [Bougnaoui]; noch enger LAG Nürnberg 27.3.18 – 7 Sa 304/17, wonach die unternehmerische Freiheit nicht so weit reicht, dass bereits der subjektive Wunsch der AG, eine Politik der Neutralität zu verfolgen, zu der Rechtmäßigkeit eines Kopftuchverbotes bei einer Verkaufsberaterin und Kassiererin im Einzelhandel führt. Auf die erneute Vorlage durch das BAG (30.1.19 – 10 AZR 299/18 [A]) hat der EuGH entschieden, ein allgemeines und unterschiedsloses Verbot des Tragens jedes sichtbaren Zeichens politischer,

§ 1 Rn. 15a und § 3 Rn. 16, 17). In kirchlichen Einrichtungen richtet sich die Rechtfertigung einer Benachteiligung nach den Voraussetzungen von § 9 (vgl. dort Rn. 6 ff.).

**Diskriminierende Kundenwünsche** rechtfertigen keine diskriminierende Personalpolitik eines Unternehmens.[19] Das BAG hat schon vor Inkrafttreten des AGG festgestellt, dass AG nicht nur behaupten können, ihre Kunden würden ein bestimmtes Merkmal nicht akzeptieren. Es muss entweder einen gesicherten Erfahrungssatz geben, dass dies tatsächlich so ist, oder aber es ist den AG zumindest bei einem bestehenden Arbeitsverhältnis zunächst einmal zuzumuten, die betroffenen Beschäftigten vertragsgemäß einzusetzen und abzuwarten, ob sich ihre Befürchtungen in einem entsprechenden Maße realisieren und ob etwaigen Störungen nicht auf andere Weise begegnet werden kann.[20] Zwar besteht hier ein legitimes wirtschaftliches Interesse der AG; aber nicht alle legitimen Unternehmensinteressen können eine Ungleichbehandlung wegen eines Merkmals des § 1 rechtfertigen.[21] 8a

**Beispiel:**
Die Erwartung eines Kaufhausinhabers, eine Beschäftigung von Menschen dunkler Hautfarbe werde zu Umsatzeinbußen führen, ist weder belegbar – und damit kein beachtliches Interesse – noch tätigkeitsbezogen.

Das Nichtvorliegen einer **Behinderung** kann dann eine wesentliche und entscheidende berufliche Anforderung darstellen, wenn die Tätigkeit eine bestimmte körperliche Funktion voraussetzt ist. Allerdings ist zu beachten, dass in einem solchen Fall AG entsprechend Art. 5 der Richtlinie 2000/78/EG (Rahmenrichtlinie Beschäftigung) nach § 241 Abs. 2 BGB verpflichtet sind, eventuell **angemessene und ihnen zumutbare Vorkehrungen** zu treffen, wenn hierdurch eine Beschäftigungsmöglichkeit geschaffen werden kann.[22] Für Schwerbehinderte gilt außerdem § 164 Abs. 4 Satz 1 Nr. 1, 4 und 5 SGB IX. 9

---

weltanschaulicher oder religiöser Überzeugung am Arbeitsplatz stelle keine unmittelbare Diskriminierung dar; die dadurch realisierte mittelbare Ungleichbehandlung wegen der Religion könne gerechtfertigt sein, wenn AG andernfalls nachteilige Konsequenzen zu gewärtigen hätten und ihr Neutralitätsgebot angemessen sei (15.7.21 – C-804/18 und C-341/18).

19 Für Einstellungen: EuGH 10.7.08 – C-54/07 – [Feryn]; für Kündigungen: EuGH 14.3.17 – C 188/15 – [Bougnaoui]; BAG 10.10.02 – 2 AZR 472/01.

20 BAG 10.10.02 – 2 AZR 472/01.

21 Schiek, NZA 2004, 870 [879].

22 EuGH 15.7.21 – C-795/19 – [Tartu Vangla]: Anforderungen an das Hörvermögen von Strafvollzugsbeamten; BAG 19.12.13 – 6 AZR 190/13; vgl. dazu § 3 Rn. 4a.

**Beispiel:**
A wird wegen einer Sehschwäche nicht in den Schalterdienst bei der Bank B eingestellt, weil sie Probleme mit einem herkömmlichen Computerbildschirm hat. Die Sehschwäche könnte durch einen speziellen Filteraufsatz auf den Computerbildschirm mit geringem Aufwand ausgeglichen werden. B hat keine Rechtfertigung für die Benachteiligung der A, weil die Beschäftigung mit einer zumutbaren Maßnahme möglich war.

Unterlassen AG eine organisatorische und zumutbare Vorkehrung, stellt dies seinerseits eine Diskriminierung dar.[23] Eine blinde Schöffin kann nicht ohne Prüfung ihrer individuellen Fähigkeiten und eines Angebots angemessener Vorkehrungen (wie die einer materiellen, persönlichen oder organisatorischen Unterstützung) von jeglicher Teilnahme an Rechtssachen in Strafverfahren ausgeschlossen werden.[24]

## IV. Bezug zu den Bedingungen der Ausübung der Tätigkeit

10 Wesentliche und entscheidende berufliche Anforderungen können nach dem Gesetzeswortlaut auch mit den **Bedingungen der Ausübung der Tätigkeit zusammenhängen**. Damit sind die rechtmäßigen Ziele der AG nicht eng auf die fachliche Tätigkeit beschränkt, sondern beziehen den **betrieblichen Rahmen** mit ein, in dem die Tätigkeit auszuüben ist. In diesem Zusammenhang sind zum Schutz der anderen Beschäftigten die Grundsätze von § 75 Abs. 1 und 2 BetrVG zu beachten: AG und Betriebsrat haben darüber zu wachen, dass alle im Betrieb tätigen Personen nach den Grundsätzen von Recht und Billigkeit behandelt und insbesondere nicht wegen eines der in § 1 genannten Gründe benachteiligt werden. Damit gehört zu den beruflichen Anforderungen, die potentielle Bewerber:innen erfüllen müssen, auch, dass sie keine Einstellungen vertreten, die die Zusammenarbeit mit anderen Beschäftigten im Betrieb ernsthaft beeinträchtigen.[25] Der Betriebsrat hat gem. § 99 Abs. 2 Nr. 6 BetrVG das Recht, die Zustimmung zur Einstellung solcher Bewerber:innen zu verweigern,[26] und gem. § 104 BetrVG ein Recht darauf, dass solche AN, die bereits beschäftigt sind, wieder aus dem Betrieb entfernt werden.

---

23 EuGH 11.9.19 – C 397/18 – [DW/Nobel Plaques Ibérica SA], Rn. 56ff., 72; EuGH 15.7.21 – C-795/19 – [Tartu Vangla].

24 EuGH 21.10.21 – C-824/19, Rn. 56f.

25 Weitergehend ArbG Berlin 30.7.09 – 33 Ca 5772/09, das eine Rechtfertigung für eine mittelbare Benachteiligung bejaht, wenn wegen der Weltanschauung von Bewerber:innen ein Konflikt mit anderen langjährig Beschäftigten absehbar ist.

26 S. hierzu auch BAG 16.11.04 – 1 ABR 48/03.

> **Beispiele:**
> A betrachtet Ausländer:innen als minderwertig und lehnt eine Zusammenarbeit mit ihnen im Betrieb strikt ab. B ist Moslem und macht geltend, dass er aufgrund seiner Religion seine Vorgesetzte wegen ihres Geschlechts nicht akzeptieren könne. Beide können aufgrund ihrer Einstellung abgelehnt werden.

## V. Strenge Verhältnismäßigkeitsprüfung

Nach dem Gesetzeswortlaut ist jede wesentliche und entscheidende An- 11
forderung einer strengen Verhältnismäßigkeitsprüfung zu unterziehen.[27] Der EuGH fordert entsprechend, dass der **Rechtfertigungsgrund** für eine Ungleichbehandlung in einem angemessenen Verhältnis zum Grad der Ungleichbehandlung steht, also **von ausreichendem Gewicht** ist, um das konkrete Ausmaß der Ungleichbehandlung zu rechtfertigen.[28]

## VI. Beispiele

Der **Gesetzgeber** nennt als **Beispiel** einer berechtigten Ungleichbehand- 12
lung die bevorzugte Einstellung von Personen, die der jeweiligen Gruppe angehören bei Organisationen der in Deutschland anerkannten nationalen Minderheiten und der anerkannten Regional- oder Minderheitensprachen.[29] Im Gesetzgebungsverfahren zu § 611a BGB wurden beispielhaft eine männliche Schauspielrolle oder die Aufsicht über weibliche Gefangene als rechtfertigend genannt.[30] In einer Mitteilung an die EU-Kommission[31] hat die Bundesregierung in Erfüllung einer Auflage des EuGH[32] außerdem den Schutz der Persönlichkeitsrechte von Patienten oder Betreuten und die Aufrechterhaltung eines sozialpädagogischen oder therapeutischen Konzepts als rechtmäßige Ziele benannt.

In der Rechtsprechung wurde die Unverzichtbarkeit des weiblichen Ge- 13
schlechts **bejaht** für getrennte Einstellungsverfahren für den Strafvollzugsdienst,[33] Zugang zum Hebammenberuf,[34] Betreuerstelle für ein Mädcheninternat,[35] Tätigkeit einer Gleichstellungsbeauftragten mit Zuständigkeit speziell auch als Anlaufpunkt für muslimische Frauen,[36] Tätigkeit einer

27 S. zum zugrundeliegenden EU-Recht: Schiek, NZA 2004, 870.
28 EuGH 22.11.05 – C-365/02 – [Mangold/Helm]; EuGH 13.9.11 – C 447/09.
29 BT-Drs. 16/1780 S. 35.
30 BT-Drs. 8/3317 S 9.
31 BArbBl. 11/1987, 40 ff.
32 EuGH 21.5.85 – C-248/83.
33 EuGH 30.6.88 – C 318/86.
34 EuGH 8.11.83 – C 165/82.
35 BAG 28.5.09 – 8 AZR 536/08.
36 BAG 18.3.10 – 8 AZR 77/09.

Arzthelferin,[37] Frauenreferentin einer politischen Partei,[38] Geschäftsführerin eines Frauenverbands[39] und Pflegekraft einer kleinen Belegarztklinik mit ganz überwiegend gynäkologischen Operationen und u. a. muslimische Patientinnen bei nur einer Pflegekraft nachts und am Wochenende[40] sowie beim Verkauf von Damenbadebekleidung.[41] Für eine Bundestagsfraktion als **Tendenzträger** wurde eine Ausnahme vom Gleichbehandlungsgebot bejaht.[42] **Verneint** wurde die Unverzichtbarkeit des Geschlechts hingegen für schwere körperliche Arbeit;[43] Arbeit in Tischlerei- und Baubetrieben, Einbau von Fenstern;[44] Gleichstellungsbeauftragte;[45] Spätdienst und Bewachung in einem Tierheim;[46] aus der allenfalls sachlichen Überlegung, für männliche Jugendliche einen männlichen Pädagogen anzustellen;[47] Pflegekraft, wenn der Einsatz bei Patientinnen möglich ist, die die Pflege durch männliche Krankenpfleger nicht abgelehnt haben;[48] Arzthelferin/Arzthelfer;[49] männlicher Sportlehrer für Oberstufensport für Mädchen.[50]

**14** Ein Großteil der zitierten Entscheidungen bezieht sich auf eine Verletzung des Gebots zur geschlechtsneutralen **Stellenausschreibung**, das nunmehr in § 11 für alle Merkmale des § 1 geregelt ist. Eine Verletzung dieses Gebots reicht allein schon aus, um die Vermutung einer Benachteiligung gem. § 7 Abs. 1 zu begründen, und führt zur Darlegungs- und Beweislast der AG gem. § 22 (s. dort Rn. 11 und 15).

## VII. Darlegungs- und Beweislast

**14a** Die Darlegungs- und Beweislast für das Vorliegen einer Rechtfertigung tragen AG. Zunächst muss allerdings die oder der Betroffene eine Benachteiligung darlegen, wobei es im Hinblick auf § 22 genügt, wenn Tatsachen vorgetragen werden, die eine Vermutung für eine unmittelbare Benachtei-

---

37 BAG 21.2.91 – 2 AZR 449/90.
38 LAG Berlin 14.1.98 – 8 Sa 118/97.
39 ArbG München 14.2.01 – 38 Ca 8663/00.
40 ArbG Hamburg 10.4.01 – 20 Ca 188/00.
41 LAG Köln 19.7.96 – 7 Sa 499/96.
42 ArbG Bonn 16.9.87 – 4 Ca 1398/87.
43 LAG Köln 8.11.00 – 3 Sa 974/00.
44 LAG Hamburg 18.8.99 – 4 Sa 41/99.
45 BAG 12.11.98 – 8 AZR 365/97.
46 BAG 14.3.89 – 8 AZR 447/88.
47 LAG Düsseldorf 1.2.02 – 9 Sa 1451/01: nur sachlicher Grund, kein ausreichend bestimmtes Konzept des Arbeitgebers; vgl. aber BAG 14.3.89 – 8 AZR 351/86: offen gelassen für ein von vornherein bestimmtes pädagogisches Konzept.
48 ArbG Bonn 31.3.01 – 5 Ca 2781/00.
49 ArbG Düsseldorf 15.11.00 – 8 Ca 6041/00.
50 BAG 19.12.19 – 8 AZR 2/19.

ligung begründen.[51] Für die rechtfertigenden Tatsachen gilt das Beweismaß des Vollbeweises (s. § 22 Rn. 16).[52]

## VIII. Verhältnis zu §§ 9, 10

15 Für Beschäftigte von Religionsgemeinschaften regelt § 9 weitere Möglichkeiten für die Zulässigkeit einer Ungleichbehandlung, die sich ggf. mit § 8 überschneiden. Für eine Ungleichbehandlung wegen des Alters reichen neben einer Rechtfertigung nach Abs. 1 gem. § 10 bereits objektive und angemessene und durch ein legitimes Ziel gerechtfertigte Gründe aus (zum Verhältnis der beiden Vorschriften s. § 10 Rn. 2 f.).

## IX. Schutzvorschriften

16 **Abs. 2** stellt klar, dass **besondere Schutzvorschriften** für Personen wegen eines in § 1 genannten Merkmals – wie diejenigen zum **Schutz von Menschen mit Behinderung oder zum Mutterschutz** – nicht ausreichen, um eine Schlechterstellung im Hinblick auf das Entgelt zu rechtfertigen.[53] Bei dieser Bestimmung handelt es sich um eine Ausprägung des Grundsatzes, dass nur solche Zwecke zur Rechtfertigung eines benachteiligend wirkenden Differenzierungskriteriums verwendet werden dürfen, die selbst unabhängig von einem Merkmal des § 1 sind und zudem fair und gleichmäßig angewendet werden.

## X. Grundsatz der gleichen Vergütung

17 Durch den Wortlaut von Abs. 2 wird klar, dass § 7 i. V. m. § 2 Abs. 1 Nr. 2 den in Art. 141 Abs. 1 EGV normierten, durch den früheren § 612 Abs. 3 BGB in das deutsche Recht übernommenen und nunmehr in §§ 3, 7 EntgTranspG niedergelegten **Grundsatz der gleichen Vergütung** für Männer und Frauen (vgl. dazu § 2 Rn. 22a ff.) über das Merkmal Geschlecht hinaus auf alle in § 1 genannten Merkmale erstreckt und in Verbindung mit § 2 Abs. 1 Nr. 2 die Grundlage für Ansprüche auf gleiches Entgelt für gleiche oder gleichwertige Arbeit darstellt. Für die Vergangenheit und für die Zukunft können Benachteiligte regelmäßig Gleichstellung mit den (meist-)begünstigten AN (»Anpassung nach oben«) verlangen, bis es zu einer Neuregelung kommt,

---

51 BAG 19.12.19 – 8 AZR 2/19, Rn. 41; ErfK-Schlachter, AGG, § 8 Rn. 4.
52 MüKo-Thüsing, AGG, § 22 Rn. 24 ff.
53 Im Hinblick darauf, dass bestehende Schutzvorschriften allenfalls einen sachlichen Grund für eine Ungleichbehandlung darstellen, dieser aber schon nach Abs. 1 für die Rechtfertigung einer Ungleichbehandlung nicht ausreicht, wäre eine ausdrückliche Regelung nicht erforderlich gewesen.

wenn den Begünstigten die Vorteile nicht mehr entzogen werden können und die privilegierende Regelung das einzig griffige Bezugssystem darstellt[54] (siehe hierzu im Einzelnen § 7 Rn. 38 ff.; zu einer Anpassung für die Zukunft § 7 Rn. 43 f.). Zur gleichen oder gleichwertigen Arbeit s. § 2 Rn. 23 ff., sowie zur mittelbaren Benachteiligung bei der Höhe der Vergütung § 3 Rn. 22 ff.; zur Rechtfertigung einer höheren Vergütung für ältere AN s. § 10 Rn. 19.

## § 9 Zulässige unterschiedliche Behandlung wegen der Religion oder Weltanschauung

**(1) Ungeachtet des § 8 ist eine unterschiedliche Behandlung wegen der Religion oder der Weltanschauung bei der Beschäftigung durch Religionsgemeinschaften, die ihnen zugeordneten Einrichtungen ohne Rücksicht auf ihre Rechtsform oder durch Vereinigungen, die sich die gemeinschaftliche Pflege einer Religion oder Weltanschauung zur Aufgabe machen, auch zulässig, wenn eine bestimmte Religion oder Weltanschauung unter Beachtung des Selbstverständnisses der jeweiligen Religionsgemeinschaft oder Vereinigung im Hinblick auf ihr Selbstbestimmungsrecht oder nach der Art der Tätigkeit eine gerechtfertigte berufliche Anforderung darstellt.**

**(2) Das Verbot unterschiedlicher Behandlung wegen der Religion oder der Weltanschauung berührt nicht das Recht der in Absatz 1 genannten Religionsgemeinschaften, der ihnen zugeordneten Einrichtungen ohne Rücksicht auf ihre Rechtsform oder der Vereinigungen, die sich die gemeinschaftliche Pflege einer Religion oder Weltanschauung zur Aufgabe machen, von ihren Beschäftigten ein loyales und aufrichtiges Verhalten im Sinne ihres jeweiligen Selbstverständnisses verlangen zu können.**

**Inhaltsübersicht**



54 BAG 18.2.16 – 6 AZR 700/14: Vergütung/Zulagen; BAG 15.11.16 – 9 AZR 534/15: Urlaubsdauer; EuGH 28.1.15 – C 417/13; anders EuGH 19.6.14 – C-501 bis 506/12 u.a., wenn kein gültiges Bezugssystem besteht, also keine Kategorie von Begünstigten. Nach EuGH 14.3.18 – C-482/16 kann die Neuregelung für einzelne nachteilig wirken; sie ist dadurch aber nicht diskriminierend i.S.d. AGG.

## I. Unionsrechtskonforme Anwendung

Die Vorschrift macht von der Möglichkeit in Art. 4 Abs. 2 der Richtlinie 2000/78/EG (Rahmenrichtlinie Beschäftigung) Gebrauch und erlaubt im Hinblick auf das Selbstbestimmungsrecht der genannten Gemeinschaften in bestimmten Fällen eine unterschiedliche Behandlung der Beschäftigten wegen ihrer Religion und/oder Weltanschauung. 1

Nach dem ausdrücklichen Willen des Gesetzgebers sollten insbesondere durch die Regelung in § 9 Abs. 1 Alt. 1 die vor Erlass der Richtlinie geltenden Rechtsvorschriften und Gepflogenheiten fortgelten. Dies erfolgte im Hinblick auf die Rechtsprechung des BVerfG zum kirchlichen Privileg der Selbstbestimmung, wonach die gerichtliche Prüfung auf eine Plausibilitätskontrolle auf Grundlage des glaubensdefinierten Selbstverständnisses beschränkt war. Soweit der Wortlaut des § 9 den persönlichen Anwendungsbereich enger als das EU-Recht definiert und eine Ausnahme nur für **Religionsgesellschaften und Vereinigungen, die sich die gemeinschaftliche Pflege einer Religion oder Weltanschauung zur Aufgabe machen**, vorsieht, ist diese Umsetzung unproblematisch. Soweit aber danach eine unterschiedliche Behandlung auch dann gerechtfertigt sein sollte, wenn allein das Selbstverständnis der Gemeinschaft ohne Ansehen der Art der Tätigkeit die Religion oder Weltanschauung als berufliche Anforderung versteht, widerspricht die Norm der europarechtlichen Vorgabe: Die EG-Richtlinie erlaubt nur dann eine unterschiedliche Behandlung, wenn die Religion oder die Weltanschauung der betroffenen Person »nach der Art dieser Tätigkeiten oder der Umstände ihrer Ausübung eine wesentliche, rechtmäßige und gerechtfertigte berufliche Anforderung angesichts des Ethos der Organisation darstellt«.[1] Die EG-Kommission hat die mangelhafte Umsetzung der EG-Richtlinien in diesem Punkt gerügt;[2] der EuGH hat § 9 Abs. 1 Alt. 1 als Verstoß gegen die Richtlinie angesehen,[3] und das Bundesarbeitsgericht hat daraufhin entschieden, dass diese Regelung unangewendet bleiben muss.[4] Eine richtlinienkonforme einschränkende Auslegung, wie sie in der Literatur befürwortet worden ist,[5] scheidet damit für Alt. 1 aus. 1a

1 Entsprechend in der Anwendung EuGH 17.4.18 – C-414/17 – [Egenberger], Rn. 62 f.; EuGH 11.9.18 – C-68/17, Rn. 50; BAG 25.10.18 – 8 AZR 501/14; BAG 20.2.19 – 2 AZR 746/14, Rn. 32.

2 Schreiben der EG-Kommission vom 31.1.2008 (IP/08/155); s. auch Nollert-Borasio, AuR 2008, 332.

3 EuGH 17.4.18 – C-414/16 – [Egenberger]; kritisch im Hinblick auf Art. 17 AEUV Greiner, jM 2018, 233 ff.

4 BAG 25.10.18 – 8 AZR 501/14 Rn. 24; vgl. auch BAG 20.2.19 – 2 AZR 746/14.

5 Zum Meinungsstand vgl. ErfK-Schlachter, § 9 Rn. 1, m. w. N.

## II. Selbstbestimmungsrecht der Kirchen, Religionsgesellschaften und Weltanschauungsgemeinschaften

### 1. Einrichtungen

2 **Abs. 1** geht in seiner Formulierung auf die Vorgaben des deutschen Verfassungsrechts zurück (Art. 140 GG i. V. m. Art. 136 ff. Weimarer Reichsverfassung). Danach steht den **Kirchen, sonstigen Religionsgesellschaften und Weltanschauungsgemeinschaften** das Recht der Selbstbestimmung über Ordnung und Verwaltung in ihren Angelegenheiten zu. Dies erstreckt sich auch auf die ihnen zugeordneten Einrichtungen ohne Rücksicht auf ihre Rechtsform, insbesondere im kirchlichen Bereich auch auf die karitativen und erzieherischen Einrichtungen, mit deren Hilfe die Kirchen ihre erzieherischen und sozialen Aufgaben erfüllen.[6] Von der Ausnahme des Abs. 1 werden daher auch die **rechtlich selbstständigen Einrichtungen in kirchlicher Trägerschaft** wie Krankenhäuser, Kindergärten, Schulen etc. und die dort Beschäftigten umfasst. Träger des kirchlichen Selbstbestimmungsrechts sind nicht nur die Kirchen selbst, sondern alle ihr zugeordneten Institutionen, Gesellschaften, Organisationen und Einrichtungen, wenn und soweit sie nach dem glaubensdefinierten Selbstverständnis der Kirchen entsprechend ihrem Zweck oder ihrer Aufgabe berufen sind, Auftrag und Sendung der Kirchen wahrzunehmen und zu erfüllen (z. B. Caritas, Diakonie). Dies gilt unbeschadet der Rechtsform der einzelnen Einrichtung auch dann, wenn der kirchliche Träger sich privatrechtlicher Organisationsformen bedient;[7] denn die Kirchen können die jedermann offen stehenden privatautonomen Gestaltungsformen nutzen, Dienstverhältnisse begründen und nach ihrem Selbstverständnis ausgestalten. Ganz überwiegend der Gewinnerzielung dienende Organisationen und Einrichtungen können das Privileg der Selbstbestimmung allerdings nicht in Anspruch nehmen, da bei ihnen der enge Konnex zum glaubensdefinierten Selbstverständnis aufgehoben ist.[8] Nicht erfasst werden demnach Einrichtungen von Kirchen, die weder mit dem eigentlichen Verkündungsauftrag noch mit den daran anknüpfenden erzieherischen oder sozialen Aufgaben etwas zu tun haben, sondern z. B. nur der Personal- oder Vermögensverwaltung dienen.[9]

---

6 BVerfG 11.10.77 – 2 BvR 209/76; BAG 25.4.78 – 1 AZR 70/76.

7 EuGH 11.9.18 – C-68/17, Rn. 40; ebenso auch die st. Rspr. des BVerfG, etwa in 22.10.14 – 2 BvR 661/12.

8 BVerfG 22.10.14 – 2 BvR 661/12, Rn. 94.

9 LAG Hessen 8.7.11 – 3 Sa 742/10: keine Anwendung der Kirchenklausel auf die evangelische Zusatzversorgungskasse.

## 2. Gemeinschaftliche Pflege einer Religion oder Weltanschauung

Weniger klar ist der Begriff der **Vereinigungen, die sich die gemeinschaftliche Pflege einer Religion oder Weltanschauung zur Aufgabe machen.** 3
Hierunter sind in jedem Fall die **Weltanschauungsgemeinschaften** selbst zu verstehen, die nach Art. 137 Abs. 7 WeimRVerf den Religionsgesellschaften gleichgestellt sind. Weltanschauungsgemeinschaften sind Vereinigungen, die sich die gemeinschaftliche Pflege einer Weltanschauung zur Aufgabe gemacht haben, d.h. einer Lehre, die ohne Bindung an ein religiöses Glaubensbekenntnis das Wertganze universell zu begreifen und die Stellung des Menschen in der Welt zu erkennen und zu bewerten sucht (zu Einzelheiten vgl. Rn. 15ff. zu § 1).[10] Keine Religionsgemeinschaften oder Weltanschauungsgemeinschaften sind die verschiedenen **Scientology**-Organisationen und ähnliche Vereinigungen, bei denen die religiösen oder weltanschaulichen Lehren nur als Vorwand für die Verfolgung wirtschaftlicher Ziele dienen.[11]

**Der gemeinschaftlichen Pflege einer Religion oder Weltanschauung** 4
dienen nach der Rechtsprechung des **BVerfG** auch **Vereinigungen**, die sich nicht die allseitige, sondern nur die **partielle Pflege des religiösen oder weltanschaulichen Lebens ihrer Mitglieder** zum Ziel gesetzt haben. Voraussetzung dafür ist aber, dass der **Zweck der Vereinigung** gerade auf die Erreichung eines solchen Zieles gerichtet ist. Das gilt ohne weiteres für organisatorisch oder institutionell mit Kirchen verbundene Vereinigungen wie kirchliche Orden, deren Daseinszweck eine Intensivierung der gesamtkirchlichen Aufgaben enthält. Es gilt aber auch für andere selbstständige oder unselbstständige Vereinigungen, wenn und soweit ihr Zweck die Pflege oder Förderung eines religiösen Bekenntnisses oder die Verkündung des Glaubens ihrer Mitglieder ist (etwa ein Verein zur Förderung des meditativen christlichen Gebets). Maßstab für das Vorliegen dieser Voraussetzungen kann das Ausmaß der institutionellen Verbindung mit einer Religionsgemeinschaft oder die Art der mit der Vereinigung verfolgten Ziele sein.[12]

## 3. Andere Vereinigungen

Andere **Vereinigungen, deren Ethos lediglich auf religiösen Grundsätzen** 5
**oder Weltanschauungen beruht**, wie z.B. eine politische Partei, die sich in ihrem Programm humanistischen Grundsätzen verpflichtet, fallen nicht darunter. Ihre Aufgabe ist die Mitwirkung an der politischen Willensbildung

10 Maunz/Dürig, Art. 140/137 WeimRVerf, Rn. 54.
11 BAG 22.3.95 – 5 AZB 21/94.
12 BVerfG 16.10.68 – 1 BvR 241/66; BVerfG 11.10.77 – 2 BvR 209/76; BVerfG 4.6.85 – 2 BvR 1703/83, 2 BvR 1718/83, 2 BvR 856/84.

und nicht die gemeinschaftliche Pflege einer Weltanschauung. Daher fallen weder politische Parteien noch weltanschaulich oder konfessionell geprägte Vereinigungen und Koalitionen (z. B. Christliche Gewerkschaften, Bund katholischer Unternehmer, denen nach Art. 9 Abs. 3 GG Zweckautonomie zukommt) unter den Ausnahmetatbestand des Abs. 1.[13]

## III. Rechtfertigung einer Ungleichbehandlung wegen der Religion oder Weltanschauung

6 Abs. 1 **gestattet eine Ungleichbehandlung** bei Religionsgemeinschaften oder Weltanschauungsgemeinschaften in unionsrechtskonformer Anwendung ausschließlich nach Alt. 2 und nur dann, wenn die Religion oder Weltanschauung einer Person unter Beachtung des Selbstverständnisses der jeweiligen Religionsgemeinschaft oder Vereinigung nach der Art der Tätigkeit eine gerechtfertigte berufliche Anforderung darstellt. Dazu muss die Religion **nach der Art der Tätigkeiten oder den Umständen ihrer Ausübung eine wesentliche, rechtmäßige und gerechtfertigte berufliche Anforderung** angesichts des Ethos' der Religionsgemeinschaft bzw. Einrichtung darstellen.[14] »Wesentlich« bedeutet, dass die Zugehörigkeit zu der Religion oder Weltanschauung aufgrund der Bedeutung der konkreten Tätigkeit für die Außenwirkung oder die Autonomie der Gemeinschaft notwendig erscheinen muss. Ein solcher Zusammenhang kann sich entweder aus der Art dieser Tätigkeit ergeben (z. B. wenn sie mit der Mitwirkung an der Bestimmung des Ethos' der betreffenden Kirche oder Organisation oder einem Beitrag zu deren Verkündigungsauftrag verbunden ist) oder aus den Umständen ihrer Ausübung (z. B. der Notwendigkeit, für eine glaubwürdige Vertretung der Kirche oder Organisation nach außen zu sorgen). Die Anforderung darf, um rechtmäßig zu sein, nicht missbräuchlich zur Verfolgung sachfremder Ziele dienen und ist nur dann gerechtfertigt, wenn die geltend gemachte Gefahr einer Beeinträchtigung des Ethos' oder des Rechts auf Autonomie wahrscheinlich und erheblich und die Anforderung insgesamt verhältnismäßig ist.[15] Ob diese Voraussetzungen vorliegen, ist von den Gerichten vollumfänglich zu überprüfen,[16] wozu auch die Bedeutung des Loyalitätsverstoßes und sein Gewicht gehört.[17] Nach alledem erfasst die Ausnahmeregelung in jedem Fall den **Bereich der Repräsentation und Lei-**

13 So auch Rieble, Ausschuss für Wirtschaft und Arbeit, Ausschussdrucksache 15[9]1731 vom 1. 3. 2005, S. 3.

14 EuGH 17. 4. 18 – C-414/16 – [Egenberger]; BAG 25. 10. 18 – 8 AZR 501/14.

15 EuGH 17. 4. 18 – C-414/16 – [Egenberger], Rn. 62.

16 EuGH 17. 4. 18 – C 414/16 – [Egenberger], Rn. 59; EuGH 11. 9. 18 – C-68/17, Rn. 43 ff.

17 Die Wertung der Kirche muss der gerichtlichen Beurteilung standhalten; anders noch BVerfG 22. 10. 14 – 2 BvR 661/12.

**tung sowie der Glaubensverkündung** (z. B. Pastoralreferentin, Religionslehrer).[18] Umgekehrt dürfen an einfache Arbeiten oder Hilfstätigkeiten (z. B. Hausmeister einer kirchlichen Schule oder Putzhilfe) im Hinblick auf das Wesentlichkeitskriterium keine derartigen Anforderungen gestellt werden; sie sind konfessionsneutral. Schwierig wird die Abgrenzung im Einzelfall im Bereich glaubensgeprägter kirchlicher Aufgaben, namentlich im sozialkaritativen Bereich wie der Pflege und der Kinder- und Jugenderziehung[19] (zu Einzelfällen siehe Rn. 9).

**Abs. 2 ergänzt** Abs. 1 insofern, als zu den beruflichen Anforderungen, die 7
eine Kirche oder andere öffentliche oder private Organisation im genannten Sinn von den für sie arbeitenden Personen verlangen kann, die **Anforderung** gehört, dass sich diese Personen **loyal und aufrichtig** im Sinne des Ethos, der Kirche oder Organisation **verhalten.**[20] Wie in Abs. 1 setzt die Loyalitätsanforderung voraus, dass ein direkter Zusammenhang zwischen der vom AG aufgestellten Loyalitätsanforderung und der fraglichen Tätigkeit besteht und diese Anforderung sich als wesentlich, rechtmäßig und gerechtfertigt darstellt.[21] Für die Wesentlichkeit ist wie oben (Rn. 6) zwischen verkündungsnahen und leitend-repräsentativen Tätigkeiten einerseits und sonstigen Aufgaben andererseits zu unterscheiden: Je repräsentativer eine Position ist und je näher die Tätigkeit dem Verkündungsauftrag steht, desto größer ist die Pflicht zur Loyalität.[22] Außerdem ist zu differenzieren, ob es um ein Verhalten im privaten und persönlichen Bereich geht oder um öffentliche Äußerungen, die in Zusammenhang mit der Tätigkeit gebracht werden können.[23] Die bisherige Rechtsprechung insbesondere des BVerfG, nach der es den verfassten Kirchen unabhängig von der Tätigkeit überlassen war, verbindlich selbst zu bestimmen, was »die Glaubwürdigkeit der Kirche und ihre Verkündigung erfordert« und welche die »wesentlichen Grundsätze der Glaubens- und Sittenlehre« sind (wonach die Kirchen i. d. R. keine

18 BeckOGK-Benecke, § 9 AGG Rn. 53, 58; Däubler/Beck-Wedde, § 9 AGG Rn. 54 f., 64.

19 Vgl. dazu Greiner, jM 2018, 233, 237.

20 EuGH 11.9.18 – C-68/17.

21 EuGH 11.9.18 – C-68/17, Rn. 50, 55.

22 BeckOGK-Benecke, § 9 AGG Rn. 58; Däubler/Beck-Wedde, § 9 AGG Rn 64.

23 Auch nach diesen neuen Kriterien bleibt zutreffend: BAG 21.02.01 – 2 AZR 139/00: Berechtigung zur Kündigung einer Mitarbeiterin eines ev. Kindergartens, die in der Öffentlichkeit werbend für eine andere Glaubensgemeinschaft auftritt. Die Kündigung eines katholischen Chefarztes eines katholischen Krankenhauses wegen seiner Wiederheirat hingegen ist unwirksam: BAG 20.2.19 – 2 AZR 746/14, infolge der Entscheidung des EuGH 11.9.18 – C-68/17. Zweifelhaft ist noch die Wirksamkeit der Kündigung eines Chefarztes infolge dessen Kirchenaustritts, wenn die arbeitgebende Einrichtung im übrigen keine Kirchenzugehörigkeit verlangt, vgl. BAG 1.2.24 – 2 AZR 196/22 (A), derzeit anhängig beim EuGH C-258/24; allgemein dazu Schubert, NZA 2023, 1374.

Mitarbeiter beschäftigen mussten, die nicht bereit waren, die kirchlichen Grundsätze zu leben, zu akzeptieren oder einzuhalten), ist vor diesem Hintergrund nicht zu halten.[24] Im Rahmen der Verhältnismäßigkeitsprüfung sind die Grundrechte der Beschäftigten, namentlich ihr Recht auf Gleichbehandlung mit Beschäftigten anderer Religionen nach Art. 3 Abs. 1 GG (Wiederheirat des katholischen Chefarztes in einem katholischen Krankenhaus),[25] auf Achtung ihres Privat- und Familienlebens nach Art. 6 Abs. 1 GG, 8, 12 EMRK (ebenfalls im Fall der Wiederheirat)[26] und auf die Freiheit ihrer Weltanschauung nach Art. 4 Abs. 1 GG (etwa im Fall des Kirchenaustritts)[27] zu beachten.

> **Beispiel:**
> Die Ablehnung einer muslimischen Bewerberin um die Stelle der Leitung eines von einer evangelischen Kirchengemeinde getragenen Kindergartens bleibt möglich. Ein katholischer Religionslehrer kann aufgrund seines Kirchenaustritts gekündigt werden.

Die **Vorgaben** müssen für die Betroffenen **erkennbar** sein, und zwar sowohl hinsichtlich der Reichweite der Obliegenheiten sowie hinsichtlich der sich aus einem Verstoß möglicherweise ergebenden (arbeitsrechtlichen) Konsequenzen.[28] Für katholische Einrichtungen, die der bischöflichen Ordnung unterliegen, erfüllt die Grundordnung des kirchlichen Dienstes im Rahmen kirchlicher Arbeitsverhältnisse (zuletzt in der Fassung vom 22. 11. 2022) diese Funktion.[29] Bei der evangelisch-lutherischen Kirche besteht die »Richt-

---

24 BVerfG 4.6.85 – 2 BvR 1703/83 und 2 BvR 1718/83 und 2 BvR 856/84; BAG 16.9.04 – 2 AZR 447/03: Kündigung eines Kirchenmusikers bei einer katholischen Kirchengemeinde wegen Wiederverheiratung; anders jetzt BAG 20.2.19 – 2 AZR 746/14 (Chefarzt; vgl. die vorige Fußnote).

25 BAG 20.2.19 – 2 AZR 746/14.

26 BAG 8.9.11 – 2 AZR 543/10.

27 EuGHMR 23.9.10 Obst gegen Deutschland [Beschwerde-Nr. 425/03], und Schüth gegen Deutschland [Beschwerde-Nr. 1620/03]; BAG 25.4.13 – 2 AZR 579/12; BeckOGK-Benecke, § 9 AGG Rn. 66f., vertritt die Ansicht, dass in denjenigen Positionen, in denen die Zugehörigkeit gerechtfertigte berufliche Anforderung i. S. v. § 9 Abs. 1 ist, umgekehrt der Austritt einen Grund für eine Kündigung bildet; kritisch demgegenüber Greiner, Kirchliche Loyalitätsobliegenheiten nach dem »IR«-Urteil des EuGH, NZA 2018, 1289 (1293), der einen aktiven Austritt als gröberen Mangel beurteilt als eine bei der Einstellung fehlende Zugehörigkeit.

28 BVerfG 4.6.85 – 2 BvR 1703/83, 2 BvR 1718/83, 2 BvR 856/84; BVerfG 22.10.14 – 2 BvR 661/12.

29 Art. 6 verlangt von allen Mitarbeitenden eine Identifikation mit den Zielen und Werten der Einrichtung (Abs. 2) und die Zugehörigkeit zur kath. Kirche von pastoral oder katechetisch Tätigen oder Repräsentanten (Abs. 3 und 4). Kirchenfeindliches Verhalten hindert eine Einstellung (Abs. 5) bzw. führt zu rechtlichen

linie des Rates der Evangelischen Kirche in Deutschland nach Art. 9 lit. b Grundordnung über die Anforderungen der privatrechtlichen beruflichen Mitarbeit in der Evangelischen Kirche in Deutschland und des Diakonischen Werks der EKD« (RL EKD) vom 4.7.2005,[30] die eine Empfehlung ohne rechtliche Bindungswirkung darstellt und eigene Regelungen nicht ausschließt.[31]

Abs. 1 und 2 rechtfertigen nur die Benachteiligung wegen der Religion oder Weltanschauung. Dies ergibt sich aus dem Wortlaut und aus dem zugrundeliegenden Art. 4 Abs. 2 der RiLi 2000/78. **Nicht erfasst** sind Fälle einer **Benachteiligung aus anderen in § 1 genannten Gründen**, die nicht an die Religion oder Weltanschauung anknüpfen.[32] Insoweit ist eine Benachteiligung nur nach den allgemeinen Regeln der §§ 8 und 10 zulässig. Zu beachten ist in diesem Zusammenhang auch die Regelung über mehrfache Benachteiligungen in § 4: Eine Benachteiligung, die beispielsweise sowohl an der Religion als auch an der sexuellen Ausrichtung anknüpft (wie etwa der Ausschluss eines Bewerbers wegen fehlender Zugehörigkeit zur Glaubensgemeinschaft sowie der Tatsache, dass er in eingetragener Lebenspartnerschaft lebt), muss für beide Merkmale gerechtfertigt sein. S. auch § 4 Rn. 2. 8

## IV. Einzelfälle

**Einstellungsvoraussetzung**: Die Ablehnung einer konfessionslosen Bewerberin auf die Stelle einer Referentin im Themenbereich Rassismus und Menschenrechte bei der Diakonie hat das BAG nach dem Urteil des EuGH mangels Wesentlichkeit der Konfessionszugehörigkeit für nicht gerechtfertigt erachtet.[33] Das ArbG Hamburg hatte 2007 den Ausschluss einer muslimischen Bewerberin aus dem Auswahlverfahren um die Besetzung einer von einer Einrichtung des Diakonischen Werkes der Evangelischen Kirche in Deutschland ausgeschriebenen Stelle einer Sozialpädagogin für ein aus Mitteln des Europäischen Sozialfonds sowie des Bundes finanziertes Projekt zur beruflichen Integration von Migrantinnen und Migranten wegen Nicht- 9

Konsequenzen im laufenden Arbeitsverhältnis (Art. 7 Abs. 3); bei Kirchenaustritt gilt regelmäßig entsprechendes (Art. 6 Abs. 5 Satz 2; Art. 7 Abs. 4).

30 Abgedruckt in ABl. EKD, 413 ff. und Thüsing, Kirchliches Arbeitsrecht, 2006, 301 ff. (312 ff.).

31 Z.B. die »Arbeitsrechtsregelung über die berufliche Mitarbeit in der evangelisch-lutherischen Kirche in Bayern und ihrer Diakonie für den Bereich der privatrechtlichen Dienstverhältnisse«, RS-Nr. 840 KABl. 2001, 6 ff.

32 A. A. ArbG Stuttgart 28.4.10 – 14 Ca 1585/09, das in § 9 Abs. 2 einen speziellen Rechtfertigungsgrund für eine unterschiedliche Behandlung wegen aller in § 1 genannten Merkmale im Zusammenhang Loyalitätsverstößen sieht.

33 BAG 25.10.18 – 8 AZR 501/14; vorgehend EuGH 17.4.18 – C-441/16 – [Egenberger].

zugehörigkeit zur christlichen Religion als unzulässigen Verstoß gegen das Benachteiligungsverbot angesehen.[34]

10 **Beendigungsgründe:** Der EuGHMR hat die Kündigung eines Gebietsdirektors Europa der Mormonenkirche in der Abteilung Öffentlichkeitsarbeit wegen Ehebruchs als zulässig erachtet[35] und gleichzeitig die Kündigung eines Organisten und Chorleiters in einer katholischen Kirchengemeinde, der sich von seiner Ehefrau getrennt hatte und mit seiner neuen Lebensgefährtin ein Kind erwartete, an der Interessenabwägung im Hinblick auf Art. 8 EMRK scheitern lassen.[36] Das BAG hatte die außerordentliche Kündigung eines Sozialarbeiters in einer Kinderbetreuungseinrichtung nach Kirchenaustritt[37] und die Probezeitkündigung eines Kirchenmusikers wegen dessen Wiederheirat[38] als gerechtfertigt angesehen. Letztere Entscheidung dürfte vor dem Hintergrund der neueren Rechtsprechung als nicht vertretbar anzusehen sein, weil es an einer Verkündungsnähe fehlt. Die gegenteilige Entscheidung zur Kündigung eines Chefarztes eines katholischen Krankenhauses wegen dessen Wiederheirat[39] hatte das BVerfG aufgehoben, weil das BAG das Selbstbestimmungsrecht der Kirchen nicht ausreichend beachtet habe.[40] Mit Beschluss vom 28.7.2016 hat das BAG diesen Fall dem EuGH vorgelegt,[41] der die o.g. Grundsätze entwickelt und angesichts dessen Zweifel an der Rechtmäßigkeit der Kündigung geäußert hat,[42] was das BAG im Anschluss an die EuGH-Entscheidung i.S.d. Unwirksamkeit der Kündigung entschieden hat.[43] Die außerordentliche Kündigung wegen Wiederheirat eines katholischen Mitarbeiters einer von der Caritas getragenen Behindertenhilfe, dessen Aufgaben in Recherche und Konzeptentwicklung liegen, ist nicht sozial gerechtfertigt,[44] ebenso wenig die des Kochs in einer ev. Kindertages-

---

34 ArbG Hamburg 4.12.07 – 20 Ca 105/07; offen gelassen von den Folgeinstanzen LAG Hamburg 29.10.08 – 3 Sa 15/08, und BAG 19.8.10 – 8 AZR 466/09, mit der Begründung, dass wegen fehlender objektiver Eignung keine Benachteiligung vorliege, die hätte gerechtfertigt werden müssen.

35 EuGHMR 23.9.10 Obst gegen Deutschland [Beschwerde-Nr. 425/03].

36 EuGHMR 23.9.10 Schüth gegen Deutschland [Beschwerde-Nr. 1620/03].

37 BAG 25.4.13 – 2 AZR 579/12.

38 BAG 16.9.06 – 2 AZR 447/03.

39 BAG 8.9.11 – 2 AZR 543/10; die Vorinstanzen hatten die Kündigung ebenfalls für unwirksam gehalten (ArbG Düsseldorf 30.7.09 – 6 Ca 2377/09; LAG Düsseldorf 1.7.10 – 5 Sa 996/09).

40 BVerfG 22.10.14 – 2 BvR 661/12.

41 BAG 28.7.16 – 2 AZR 746/14.

42 EuGH 11.9.18 – C-68/17: mangelnde Relevanz der Wiederheirat für die konkrete Tätigkeit.

43 BAG 20.2.19 – 2 AZR 746/14; vgl. zum gesamten Verfahren Maccari, MDR 2018, R5.

44 ArbG Hagen 14.8.18 – 4 Ca 1055/18. Die Entscheidung, die die Nichteinhaltung der Grundordnung moniert, erfolgte vor der des EuGH vom 11.9.18 – C-68/17,

stätte wegen Kirchenaustritts.[45] Im Fall einer Hebamme an einem von der Caritas getragenen Krankenhaus, die vor ihrer Einstellung aus der Kirche ausgetreten war und dies bei der Einstellung mitgeteilt hatte, hat das Berufungsgericht im Sinne der Wirksamkeit der Kündigung entschieden, das BAG aber zweifelnd dem EuGH die Frage vorgelegt.[46] Eine früher von den Arbeitsgerichten entgegen der jetzigen Rechtsprechung des EuGH rechtskräftig für wirksam erachtete Kündigung löst keine Schadenersatzansprüche aus;[47] ebenso wenig besteht ein Wiedereinstellungsanspruch.[48]

**Durchführung des Arbeitsverhältnisses:** Das Tragen eines islamischen Kopftuches muss als Kundgabe einer abweichenden Religionszugehörigkeit von einer Einrichtung der evangelischen Kirche nicht hingenommen werden, wenn die Tätigkeit oder die Umstände ihrer Ausübung dieses verbieten (z. B. Einrichtungsleitung eines ev. Kindergartens).[49] 11

## § 10 Zulässige unterschiedliche Behandlung wegen des Alters

**Ungeachtet des § 8 ist eine unterschiedliche Behandlung wegen des Alters auch zulässig, wenn sie objektiv und angemessen und durch ein legitimes Ziel gerechtfertigt ist. Die Mittel zur Erreichung dieses Ziels müssen angemessen und erforderlich sein. Derartige unterschiedliche Behandlungen können insbesondere Folgendes einschließen:**

1. **die Festlegung besonderer Bedingungen für den Zugang zur Beschäftigung und zur beruflichen Bildung sowie besonderer Beschäftigungs- und Arbeitsbedingungen, einschließlich der Bedingungen für Entlohnung und Beendigung des Beschäftigungsverhältnisses, um die berufliche Eingliederung von Jugendlichen, älteren Beschäftigten und Personen mit Fürsorgepflichten zu fördern oder ihren Schutz sicherzustellen,**

---

ist aber wohl nach deren Kriterien wegen Fehlens des Zusammenhangs mit der Tätigkeit i. E. zutreffend.

45 LAG Baden-Württemberg 10. 2. 21 – 4 Sa 27/20.

46 LAG Hamm 20. 9. 20 – 18 Sa 210/20; zweifelnd BAG 21. 7. 22 – 2 AZR 130/21 (A), Rn. 26, 35 (durch Anerkenntnisurteil erledigt, sodass das Verfahren vor dem EuGH C-630/22 eingestellt wurde).

47 LAG Düsseldorf 12. 9. 18 – 12 Sa 757/17.

48 BAG 20. 10. 15 – 9 AZR 743/14.

49 Die Beurteilung unabhängig von der konkreten Tätigkeit, von der die Gerichte bisher ausgegangen sind (so LAG Hamm 8. 5. 05 – 18 Sa 1727/14, und nachfolgend BAG 24. 9. 14 – 5 AZR 611/14, zur unterlassenen Beschäftigung einer muslimischen Krankenschwester, die Kopftuch tragen wollte), kann vor dem Hintergrund der Rechtsprechung des EuGH keinen Bestand haben.

**2. die Festlegung von Mindestanforderungen an das Alter, die Berufserfahrung oder das Dienstalter für den Zugang zur Beschäftigung oder für bestimmte mit der Beschäftigung verbundene Vorteile,**

**3. die Festsetzung eines Höchstalters für die Einstellung auf Grund der spezifischen Ausbildungsanforderungen eines bestimmten Arbeitsplatzes oder auf Grund der Notwendigkeit einer angemessenen Beschäftigungszeit vor dem Eintritt in den Ruhestand,**

**4. die Festsetzung von Altersgrenzen bei den betrieblichen Systemen der sozialen Sicherheit als Voraussetzung für die Mitgliedschaft oder den Bezug von Altersrente oder von Leistungen bei Invalidität einschließlich der Festsetzung unterschiedlicher Altersgrenzen im Rahmen dieser Systeme für bestimmte Beschäftigte oder Gruppen von Beschäftigten und die Verwendung von Alterskriterien im Rahmen dieser Systeme für versicherungsmathematische Berechnungen,**

**5. eine Vereinbarung, die die Beendigung des Beschäftigungsverhältnisses ohne Kündigung zu einem Zeitpunkt vorsieht, zu dem der oder die Beschäftigte eine Rente wegen Alters beantragen kann; § 41 des Sechsten Buches Sozialgesetzbuch bleibt unberührt,**

**6. Differenzierungen von Leistungen in Sozialplänen im Sinne des Betriebsverfassungsgesetzes, wenn die Parteien eine nach Alter oder Betriebszugehörigkeit gestaffelte Abfindungsregelung geschaffen haben, in der die wesentlich vom Alter abhängenden Chancen auf dem Arbeitsmarkt durch eine verhältnismäßig starke Betonung des Lebensalters erkennbar berücksichtigt worden sind, oder Beschäftigte von den Leistungen des Sozialplans ausgeschlossen haben, die wirtschaftlich abgesichert sind, weil sie, gegebenenfalls nach Bezug von Arbeitslosengeld, rentenberechtigt sind.**

**Inhaltsübersicht** Rn.

## I. Funktion der Vorschrift

1 Die Vorschrift regelt die Rechtfertigung einer unterschiedlichen Behandlung wegen des Alters und macht von der Möglichkeit einer Ausnahmeregelung gem. Art. 6 Abs. 1 der Richtlinie 2000/78/EG Gebrauch. Die Möglichkeit einer Rechtfertigung bezieht sich grundsätzlich auf alle Maßnahmen oder Unterlassungen, die eine Benachteiligung nach § 3 Abs. 1, 2 und 5 darstellen können. Der Wortlaut folgt weitgehend den EU-rechtlichen Vorgaben und stellt in Satz 1 und 2 die maßgebliche Generalklausel für eine sachlich gerechtfertigte Ungleichbehandlung auf, während in Satz 3 die Nr. 1–6 Beispiele für mögliche unterschiedliche Behandlungen geben, für deren Rechtfertigung die Voraussetzungen von Satz 1und 2 erfüllt sein müssen. Sie sind deshalb in jedem Fall zu prüfen und gegebenenfalls zu beweisen. Umgekehrt können über die in S. 3 genannten Fallkonstellationen hinaus auch andere Maßnahmen unter den Voraussetzungen der Generalklausel der S. 1 und 2 eine Ungleichbehandlung wegen des Alters rechtfertigen; der Beispielskatalog ist also nicht abschließend.

## II. Verhältnis zu § 8 AGG

2 Nach Satz 1 soll die Vorschrift **neben § 8** gelten (»auch«). Die zulässige Unterscheidung nach dem Alter erfordert allerdings lediglich einen sachlichen Grund und nicht eine wesentliche berufliche Anforderung (vgl. dazu § 8 Rn. 3). Sie unterliegt daher geringeren Anforderungen als eine unterschiedliche Behandlung wegen anderer Merkmale des § 1. Dennoch hat **§ 8** eine eigene Bedeutung für **tätigkeitsbezogene Rechtfertigungsgründe**, die sich konkret an den Bedürfnissen eines Arbeitsplatzes orientieren.

3 Der Zusammenhang der beiden Normen wird im Fall ungleicher Entlohnung deutlich: § 8 Abs. 2 schließt die Rechtfertigung einer schlechteren Behandlung im Hinblick auf Schutzvorschriften aus, während § 10 besondere Anforderungen an eine günstigere Behandlung stellt (vgl. vor allem S. 3 Nr. 2 und dazu Rn. 18 f.). Die Prüfung einer Rechtfertigung der Ungleichbehandlung führt regelmäßig bei beiden Vorschriften zum gleichen Ergebnis.

## III. Anwendungsbereich

4 Geschützt werden durch das Merkmal Alter **grundsätzlich alle Altersgruppen**. In der Gesetzesbegründung heißt es, dass zum einen dem Schutz Älterer im Beschäftigungsverhältnis besondere Bedeutung zukomme und daher bei gleicher Qualifikation nicht automatisch jüngeren der Vorzug vor älteren Bewerbern gegeben werden solle. Zum anderen seien durch das Merkmal alle Beschäftigten betroffen, die während ihres Berufslebens einmal ein »kritisches« Alter durchlaufen; dies könne z. B. sowohl der Zugang zum Beruf nach der Ausbildung für 20-jährige als auch die Verdrängung aus dem Arbeitsmarkt für 55-jährige Beschäftigte sein. Wegen der komplexen Zusammenhänge beschränke sich die Vorschrift daher auf die Umsetzung der in den Richtlinien vorgegebenen allgemeinen Grundsätze und bleibe flexibel handhabbar.[1]

## IV. Prüfung der Rechtfertigung

5 Nach dem Wortlaut von § 10 ist eine unterschiedliche Behandlung dann möglich, wenn sie **objektiv und angemessen und durch ein legitimes Ziel gerechtfertigt** ist **und die Verhältnismäßigkeit der Mittel** gewahrt bleibt. Der Wortlaut, der im deutschen Recht nicht gebräuchlich ist und demjenigen der EG-Richtlinie[2] und der Rechtsprechung des EuGH[3] folgt, entspricht dem Grundsatz der Verhältnismäßigkeit, der im Rahmen einer Ungleichbehandlung gem. Art. 3 Abs. 1 GG gewahrt werden muss[4] und im Arbeitsrecht seinen Niederschlag in § 315 BGB (billiges Ermessen) und § 75 BetrVG (Grundsatz von Recht und Billigkeit) gefunden hat.

6 Die Prüfung, ob eine Ungleichbehandlung wegen des Alters gerechtfertigt ist, erfolgt in zwei Schritten: Zunächst ist das Vorliegen eines sachlichen Grundes, nämlich eines **objektiv nachvollziehbaren, legitimen Zieles** zu prüfen. In einem zweiten Schritt ist dann die **Verhältnismäßigkeit der Mittel** (angemessen und erforderlich) im Hinblick auf die Bedeutung des Nachteils für die betroffenen Beschäftigten festzustellen.[5]

---

1 BT-Drs. 16/1780 S. 36.

2 Zur Kritik an der reinen Wiedergabe des Richtlinientextes, die nach richtiger Auffassung keine Umsetzung der Richtlinie darstellt vgl. Däubler/Beck-Brors, § 10 Rn. 4ff., insb. 5.

3 EuGH 15.7.04 – C-365/02 – [Lindfors]; EuGH 22.11.05 – C-144/04 – [Mangold/Helm]: Eine Ungleichbehandlung muss auf Grund objektiver, unabhängiger Erwägungen gerechtfertigt sein und in angemessenem Verhältnis zu einem legitimen Zweck stehen.

4 BVerfG 15.3.00 – 1 BvL 18/97.

5 Den Mitgliedsstaaten gesteht der EuGH einen weiten Ermessensspielraum bei der Festlegung der legitimen Ziele wie der Auswahl der dazu erforderlichen Mittel zu, EuGH 8.5.19 – C-396/17, Rn. 41; EuGH 15.4.21 – C-511/10, Rn. 30.

## 1. Legitimes Ziel

Die **Legitimität eines Zieles** ist nach der Begründung zum Gesetzentwurf[6] unter Berücksichtigung der fachlich-beruflichen Zusammenhänge aus Sicht der AG oder der Tarifvertragsparteien zu beurteilen. Dabei sind jedenfalls die in Art. 6 Abs. 1 der Richtlinie 2000/78/EG genannten Ziele aus den Bereichen **Beschäftigungspolitik, Arbeitsmarkt und berufliche Bildung** als legitim zu beurteilen.[7] 7

§ 10 enthält zulässigerweise keine abschließende Aufzählung der legitimen Ziele für eine Differenzierung nach dem Alter (»insbesondere«),[8] doch müssen sich andere Ziele und Maßnahmen an den genannten orientieren. Damit ist eine **sozialpolitische, im Allgemeininteresse stehende Zielsetzung** notwendig.[9] Rein individuelle Beweggründe wie Kostenersparnis oder Steigerung der Wettbewerbsfähigkeit[10] genügen ebenso wenig wie Aspekte der Flugsicherheit[11] oder der Sicherung des geordneten Rechtsverkehrs.[12] Betriebs- und unternehmensbezogene Interessen können hingegen beachtlich sein, wenn sie Teil eines sozialpolitischen (Gesamt-)Ziels und einer Überprüfung zugänglich sind und sich nicht in allgemeinen Überlegungen erschöpfen:[13] Eine ausgewogene Altersstruktur und eine Optimierung der Personalplanung durch eine Zwangsversetzung in den Ruhestand bei 7a

---

6 BT-Drs. 16/1780 S. 36.

7 Art. 6 Abs. 1 lautet: Ungeachtet des Artikels 2 Absatz 2 können die Mitgliedstaaten vorsehen, dass Ungleichbehandlungen wegen des Alters keine Diskriminierung darstellen, sofern sie objektiv und angemessen sind und im Rahmen des nationalen Rechts durch ein legitimes Ziel, worunter insbesondere rechtmäßige Ziele aus den Bereichen Beschäftigungspolitik, Arbeitsmarkt und berufliche Bildung zu verstehen sind, gerechtfertigt sind und die Mittel zur Erreichung dieses Ziels angemessen und erforderlich sind.

8 EuGH 5.3.09 – C-388/07 – [Age Concern England].

9 EuGH 5.3.09 – C-388/07 – [Age Concern England]: »Nach Art. 6 Abs. 1 der Richtlinie besteht die Möglichkeit, Ausnahmen von diesem Grundsatz vorzusehen, jedoch nur für Maßnahmen, die durch rechtmäßige sozialpolitische Ziele wie solche aus den Bereichen Beschäftigungspolitik, Arbeitsmarkt und berufliche Bildung gerechtfertigt sind.«; ebenso EuGH 13.9.11 – C-447/09 – [Prigge] Rn. 80; BAG 31.3.22 – 8 AZR 238/21, Rn. 22; EuGH 2.4.10 – C-670/18: Das Ziel der Verringerung öffentlicher Ausgaben genügt nicht.

10 BAG 18.8.08 – 1 ABR 47/08: unzulässige mittelbare Benachteiligung wegen des Alters durch Beschränkung einer Ausschreibung auf Bewerber im ersten Berufsjahr wegen des vorgegebenen Personalbudgets; ebenso BAG 31.3.22 – 8 AZR 238/21, Rn. 22; vgl. auch EuGH 15.4.21 – C-511/19, Rn. 34 ff.: Unzulässigkeit der Zwangsversetzung von Rentenanspruchsberechtigten in eine Personalreserve mit geringerer Vergütung zur Sanierung des öffentlichen Haushalts.

11 EuGH 13.9.11 – C 447/09 – [Prigge], Rn. 82.

12 BVerwG 1.12.12 – 8 C 24/11 zur Frage der Altersgrenze für Sachverständige.

13 BGH 26.3.19 – II ZR 244/17.

Erreichung eines bestimmten Alters oder durch die Förderung des Zugangs jüngerer Bewerber:innen sollen der unionsrechtlichen Vorgabe entsprechen,[14] ebenso die Förderung der betrieblichen Altersversorgung durch Höchstaltersgrenzen, die die Belastung für die AG berechenbar, begrenzbar und kalkulierbar machen.[15] Es können gleichzeitig mehrere Ziele verfolgt werden; dass dabei die Maßnahme auch den Interessen der AG entspricht (etwa sie finanziell entlastet), hindert die Legitimität nicht.[16]

8 Das legitime Ziel muss objektiv und angemessen sein. **Objektiv** bedeutet, dass die Zielsetzung auf tatsächlichen und nachvollziehbaren Erwägungen beruht und die Ungleichbehandlung nicht allein aufgrund loser Vermutungen oder subjektiver Einschätzungen vorgenommen wird.[17] Das Ziel muss nicht ausdrücklich genannt sein, doch sind konkrete Anhaltspunkte für die hinter der jeweiligen Maßnahme liegende Zielsetzung nötig.[18] **Angemessenheit** fordert eine Verhältnismäßigkeitsprüfung, wonach das verfolgte Ziel in einem angemessenen Verhältnis zu der Ungleichbehandlung stehen muss; dafür ist eine Abwägung zwischen dem Schutz vor Ungleichbehandlung und dem verfolgten Ziel vorzunehmen. Die Ungleichbehandlung muss letztlich durch das verfolgte Ziel sachlich gerechtfertigt sein.[19]

## 2. Interessenabwägung – Angemessenheit und Erforderlichkeit der Mittel

9 Die Mittel die gewählt werden, um das Ziel zu erreichen, müssen nach S. 2 angemessen und erforderlich sein. Dabei ist zunächst zu überprüfen, ob die gewählte Maßnahme zum Erreichen des Ziels **geeignet** ist, was dann zu bejahen ist, wenn sie tatsächlich dem Anliegen gerecht wird, es in kohärenter und systematischer Weise zu verwirklichen.[20] Insofern sind Maßnahmen, bei denen von vornherein feststeht, dass mit ihnen das legitime Ziel nicht verwirklicht werden kann, weder angemessen noch erforderlich.

10 Die Legitimität einer Unterscheidung wegen des Alters kann anschließend nur aufgrund einer **Abwägung zwischen dem legitimen Ziel einerseits und der Schwere der Belastung durch die konkrete Maßnahme anderer-**

---

14 EuGH 21.7.11 – C-159/10 – [Fuchs] und C-160/10 – [Köhler]; EuGH 3.6.21 – C-914/19 – [Ministero della Giustizia/GN], Rn. 36 ff.

15 BAG 22.1.09 – 8 AZR 906/07; BAG 12.11.13 – 3 AZR 356/12; BAG 21.9.21 – 3 AZR 147/21, Rn. 27 ff.

16 EuGH 22.1.11 – C-159/10 – [Fuchs] und C-160/10 – [Köhler]; EuGH 2.4.20 – C-670/18 – [CO/Comune di Gesturi], Rn. 33 ff.; EuGH 15.4.21 – C-511/19, Rn. 42.

17 BAG 22.1.09 – 8 AZR 906/07, Rn. 55.

18 EuGH 21.7.11 – C 159/10 und 160/10 – [Fuchs und Köhler], Rn. 39.

19 BAG 22.1.09 – 8 AZR 906/07, Rn. 55.

20 EuGH 22.1.11 – C-159/10 – [Fuchs] und C-160/10 – [Köhler].

**seits** festgestellt werden. So ist eine Regelung unangemessen, wonach eine Abfindung bei der Möglichkeit abschlagsfreien Übergangs in die Rente in jedem Fall ausgeschlossen ist (also auch dann, wenn die Beschäftigten sich für eine weitere Tätigkeit entscheiden).[21] Die unterbleibende Berücksichtigung von vor dem 25. Lebensjahr zurückgelegten Beschäftigungszeiten nach § 622 Abs. 2 S. 2 BGB ist für das Ziel, Jugendliche in den Arbeitsmarkt zu integrieren, nicht angemessen[22] mit der Folge, dass die Norm nicht anzuwenden ist.[23]

Ob ein legitimes Ziel vorliegt und dieses erforderlich und angemessen ist, ist gerichtlich überprüfbar. Dabei besteht ein **Beurteilungs- und Gestaltungsspielraum** bei der Festlegung der Ziele und der Maßnahmen für die Erreichung des Ziels sowohl für den Gesetzgeber[24] als auch für Tarifvertragsparteien[25] und AG,[26] solange dadurch der Grundsatz des Verbots der Diskriminierung wegen Alters nicht ausgehöhlt wird.[27] Ein pauschaler Verweis der Art, eine Maßnahme sei geeignet, dem Arbeitsmarkt zu dienen[28] oder ältere AN zu schützen,[29] genügt nicht; die Annahme ist vielmehr zu konkretisieren und – etwa mit Statistiken – zu belegen. 11

## V. Regelbeispiele nach Satz 3

### 1. Streichung der Regelungen zu Sozialauswahl und Unkündbarkeit (Nr. 6 und 7 a. F.)

Ursprünglich enthielt § 10 unter Nr. 6 Regelungen zur Berücksichtigung des 12
Merkmales Alter bei der Sozialauswahl nach dem Kündigungsschutzgesetz. § 10 Nr. 7 bezog sich auf Bestimmungen in Kollektiv- und Individualverträgen, die ab einem bestimmten Alter bei Vorliegen einer bestimmten Betriebszugehörigkeit die ordentliche Kündigung ausschlossen. Durch Streichung von Nr. 6 und 7 durch das 2. Gesetz zur Änderung des Betriebsrentengesetzes[30] zum 11.12.2006 mit dem Argument, dass angesichts der Herausnahme

---

21 EuGH 12.10.10 – C-499/08 – [Andersen].

22 EuGH 19.1.10 – C-555/07 – [Kücükdevici].

23 BAG 29.9.11 – 2 AZR 177/10.

24 EuGH 22.1.11 – C-159/10 – [Fuchs] und C-160/10 – [Köhler].

25 EuGH 5.7.12 – C-141/11 – [Hörnfeldt]; EuGH 26.2.15 – C-515/13 – [Pou Landin/ENCO A/S], Rn. 19; BVerfG 25.3.15 – 1 BvR 2803/11.

26 BAG 9.12.15 – 7 AZR 98/14.

27 EuGH 5.3.09 – C-388/07 – [Age Concern England]; EuGH 26.2.15 – C-515/13 – [Pou Landin/ENCO A/S], Rn. 26.

28 EuGH 5.3.09 – C-388/07 – [Age Concern England]; EuGH 21.7.11 – C-159/10 – [Fuchs] und C-160/10 – [Köhler]; BAG 22.1.09 – 8 AZR 906/07; BAG 22.10.15 – 8 AZR 168/14; BAG 12.4.16 – 9 AZR 659/14.

29 BAG 12.4.16 – 9 AZR 659/14.

30 BGBl. 2006 I, 2742, 2745.

des Kündigungsschutzes aus dem AGG kein Anwendungsbereich gegeben sei, ist keine inhaltliche Änderung erfolgt: Denn im Hinblick darauf, dass die Diskriminierungsverbote trotz § 2 Abs. 4 auch bei Kündigungen Anwendung finden (s. § 2 Rn. 58 ff.), sind sowohl die Kriterien nach § 1 Abs. 3 KSchG als auch die Unkündbarkeitsvorschriften in Arbeits- und Tarifverträgen an § 10 zu messen. Beide Vorschriften werden von Nr. 1 erfasst, da sie der beruflichen Eingliederung von älteren Beschäftigten dienen. Nr. 2 kommt in Betracht, soweit es um Vorteile durch die Unkündbarkeit geht.

13 Regelungen zur **Sozialauswahl**, die an das Alter anknüpfen, sind auf ihre Rechtfertigung hin zu überprüfen unabhängig davon, ob sie sich in einem Sozialplan oder in einem durch AG vorgegebenen Schema finden. Soweit mit der Berücksichtigung des Alters bei der Sozialauswahl die schlechteren Chancen älterer Beschäftigter auf dem Arbeitsmarkt ausgeglichen werden sollen, ist dies zulässig. Hierbei handelt es sich um ein legitimes sozialpolitisches Ziel mit der Folge, dass das Lebensalter im Rahmen der Sozialauswahl auch weiterhin pauschalierend in einem Punkteschema berücksichtigt werden darf.[31] Auch die Bildung von Altersgruppen mit dem Ziel der Erhaltung einer auch altersmäßig ausgewogenen, betrieblichen Personalstruktur ist zulässig,[32] jedenfalls dann, wenn dies auch dem Gemeinwohlinteresse entspricht.[33] Die Berücksichtigung der Regelaltersrentenberechtigung i. R. d. Sozialauswahl ist als Instrument nationaler Arbeitsmarktpolitik zulässig i. S. gerechter Beschäftigungsverteilung zwischen den Generationen, allerdings nur im Fall einer abschlagsfreien Regelaltersrente,[34] nicht für eine vorzeitige wegen Behinderung (nach §§ 37, 236a SGB-VI).[35]

14 **Tarifliche Regelungen zur Unkündbarkeit** können jüngere AN vor allem dadurch benachteiligen, dass unkündbare AN von vornherein aus der Sozialauswahl herausgenommen werden oder deren Belange bei der Gesamtabwägung der sozialen Schutzbedürftigkeit in höherem Maße Berücksichtigung finden. Nach der obigen Darstellung reicht der Gestaltungsraum der Sozialpartner nur so weit, wie das Verbot der Diskriminierung dadurch nicht ausgehöhlt wird (vgl. Rn. 11). Entsprechend hatte Nr. 7 a. F. die Rechtfertigung solcher Regelungen dahingehend eingeschränkt, dass »der Kündi-

---

31 BAG 13.10.09 – 9 AZR 722/08; BAG 5.11.09 – 2 AZR 676/08.

32 BAG 6.11.08 – 2 AZR 523/07; BAG 19.6.07 – 2AZR 304/06 zur Rechtmäßigkeit eines Punkteschemas; BAG 15.12.11 – 2 AZR 42/10 zur Sozialauswahl mit Altersgruppenbildung; BAG 19.7.12 – 2 AZR 352/11 zum Interessenausgleich mit Namensliste; BAG 19.12.13 – 6 AZR 790/12 zum Interessenausgleich mit Namensliste im Insolvenzverfahren gem. § 125 Abs. 1 S. 1 Nr. 2 HS. 2 InsO. Zum weiteren Nachweis der Rechtsprechung s. § 1 Rn. 35b und 37.

33 EuGH 5.3.09 – C-388/07 – [Age Concern England].

34 BAG 27.4.17 – 2 AZR 67/16, Rn. 23 ff.

35 BAG 8.12.22 – 6 AZR 31/22, Rn. 28 ff., 35.

gungsschutz anderer Beschäftigter im Rahmen der Sozialauswahl nach § 1 Abs. 3 KSchG« nicht »grob fehlerhaft gemindert« werden darf.

Nach alledem liegt in einer tariflichen Regelung zur Unkündbarkeit grund- 15 sätzlich kein Verstoß gegen das AGG.[36] Allerdings gilt der Ausschluss ordentlicher Kündigungen in Tarifverträgen nicht, wenn er bei der Sozialauswahl zu einem grob fehlerhaften Auswahlergebnis führte;[37] insoweit sind Tarifverträge unionsrechtskonform und gesetzeskonform im Sinne von § 10 Satz 1 bzw. § 1 Abs. 3 KSchG auszulegen.[38]

## 2. Förderung der beruflichen Eingliederung und positive Maßnahmen zum Schutz besonderer Altersgruppen

**Nr. 1** entspricht Art. 6 Abs. 1 a) der Richtlinie 2000/78/EG und nennt die 16 **Förderung der beruflichen Eingliederung** sowie den Schutz von jugendlichen und älteren Beschäftigten und von Personen mit Fürsorgepflichten als legitimes Ziel. Diese Regelung stellt eine Spezialregelung zu § 5 dar und erfasst **positive Maßnahmen zum Schutz besonderer Altersgruppen** im Zusammenhang mit deren beruflicher Eingliederung. Als geeignete Maßnahmen zur Erreichung dieser Ziele werden die Festlegung besonderer Bedingungen für den Zugang zur Beschäftigung und besondere Beschäftigungs- und Arbeitsbedingungen einschließlich der Beendigung des Arbeitsverhältnisses genannt. Damit sind vor allem abstrakt generelle Regelungen wie Gesetze, Tarifverträge und Betriebsvereinbarungen angesprochen, die insoweit einem übergeordneten Interesse der Allgemeinheit Rechnung tragen. Nr. 1 erfasst auch Schutzmaßnahmen bei der Beendigung des Arbeitsverhältnisses wie den Sonderkündigungsschutz für ältere Arbeitnehmer und die Berücksichtigung des Alters bei der Sozialauswahl wegen der erschwerten Bedingungen auf dem Arbeitsmarkt (vgl. Rn. 13 und § 1 Rn. 35b). Außerdem sind auch Qualifizierungsmaßnahmen im Zusammenhang mit betriebsbedingten Kündigungen, die an das Merkmal Alter anknüpfen und die ebenfalls auf die Verbesserung der Chancen auf dem Arbeitsmarkt abzielen, in der Regel weiterhin gerechtfertigt. Ebenfalls gerechtfertigt ist die Verlängerung der Kündigungsfristen bei längerem Bestand eines Arbeitsverhältnisses nach § 622 Abs. 2 BGB;[39] die rechtsgrundlose Befristung über 52-Jähriger, die mindestens vier Monate beschäftigungslos waren nach § 14

---

36 LAG Baden-Württemberg 15.3.07 – 21 Sa 97/06. Dies gilt auch für einzelvertragliche Absprachen zur Unkündbarkeit: BAG 20.6.13 – 2 AZR 295/12; LAG Berlin 13.2.18 – 11 S 159/17.

37 ArbG Stuttgart 20.1.17 – 26 Ca 866/16: der oder die kündbare Arbeitnehmer:in hat deutlich mehr Sozialpunkte (Unterhaltspflichten, Betriebszugehörigkeitszeiten) als die oder der von Sozialauswahl ausgenommene unkündbare.

38 BAG 5.6.08 – 2 AZR 907/06; BAG 20.6.13 – 2 AZR 295/12.

39 BAG 18.9.14 – 6 AZR 636/13.

Abs. 3 TzBfG,[40] jedenfalls bei einmaliger Befristung;[41] die Möglichkeit nach § 41 SGB VI, Arbeitsverhältnisse, die aufgrund des Erreichens der Regelaltersgrenze aufgelöst würden, weiter zu befristen.[42] Die Gewährung von zusätzlichem Erholungsurlaub ab einem Lebensalter von 50 Jahren ist unzulässig,[43] ab einem Lebensalter von 58 hingegen gerechtfertigt[44] (vgl. dazu § 1 Rn. 35 m. w. N.).

### 3. Festlegung von Mindestanforderungen an das Alter oder die Berufserfahrung

17 **Nr. 2** entspricht Art. 6 Abs. 1 b) der Richtlinie 2000/78/EG und nennt ohne Angabe eines konkreten Ziels als grundsätzlich geeignete Maßnahmen die **Festlegung von Mindestanforderungen** an das Alter oder die Berufserfahrung **für den Zugang zur Beschäftigung** oder bestimmte mit der Beschäftigung verbundene Vorteile. Da es sich hierbei um eine nähere Konkretisierung der bereits in Nr. 1 genannten Maßnahmen handelt, kann der eigene Anwendungsbereich der Nr. 2 nur zum Tragen kommen, wenn damit andere Ziele verfolgt werden als die Förderung der beruflichen Eingliederung sowie der Schutz von jugendlichen und älteren Beschäftigten und von Personen mit Fürsorgepflichten. Hierunter fallen insbesondere Entgeltregelungen, aber auch alle Regelungen und Einzelmaßnahmen, die zu einer Bevorzugung der mittleren Altersgruppen führen. In diesem Zusammenhang ist die gesetzliche Regelung der Kündigungsfristen **in § 622 Abs. 1 Satz 2 BGB** zur Berücksichtigung von Betriebszugehörigkeitszeiten erst ab Vollendung des 25. Lebensjahres und die damit einhergehende Diskriminierung wegen des Alters nicht gerechtfertigt.[45] Bei Kündigungen, die nach dem 2. 12. 2006 ausgesprochen wurden, besteht regelmäßig kein Vertrauensschutz für AG.[46]

18 Die **Anknüpfung der Neueinstellung von Beschäftigten an das Lebensalter** ist nicht mehr ohne weiteres möglich. Vor Inkrafttreten des AGG wurde dies im Rahmen der Vertragsfreiheit für zulässig gehalten. Im Hin-

---

40 Anders noch für die Anknüpfung allein am Alter EuGH 22. 11. 05 – C-144/04 – [Mangold].

41 BAG 28. 5. 14 – 7 AZR 360/12, das die Entscheidung über die Frage von Mehrfachbefristung offenlässt; deutlicher ArbG Köln 1. 12. 17 – 9 Ca 4675/17, das von der Unvereinbarkeit bei Mehrfachbefristungen zwischen denselben Parteien ausgeht und für eine richtlinienkonforme Auslegung plädiert.

42 EuGH 28. 2. 18 – C-46/17 – [John].

43 BAG 20. 3. 12 – 9 AZR 529/10; BAG 11. 12. 18 – 9 AZR 161/18, Rn. 41, wonach der Anknüpfungspunkt fehlerhaft sei, weil kein Erfahrungssatz existiere, wonach Beschäftigte über 50 mehr Urlaub bräuchten.

44 BAG 21. 10. 14 – 9 AZR 956/12.

45 EuGH 19. 1. 10 – C-555/07 – [Kücükdeveci].

46 LAG Düsseldorf 17. 2. 10 – 12 Sa 1311/07.

blick gerade auf die Benachteiligung älterer Beschäftigter auf dem Arbeitsmarkt bedarf künftig eine Anknüpfung an das Alter einer Rechtfertigung.[47] Wegen der Spezialregelung in Nr. 3 (Festsetzung eines Höchstalters für die Einstellung) betrifft Nr. 2 insbesondere die Festsetzung eines **Mindestalters** sowie bessere Arbeitsbedingungen für bestimmte Altersgruppen. Eine innerbetriebliche Stellenausschreibung ausschließlich für AN im 1. Berufsjahr ist mittelbar altersdiskriminierend und nicht durch die Berufung auf das (beschränkte) Personalbudget gerechtfertigt.[48]

Die in Nr. 2 genannten **Vorteile**, die an die Erfüllung von Mindestanfor- **19**
derungen an das Alter oder die Berufserfahrung knüpfen, bestehen in der Praxis vor allem in einer **höheren Vergütung, Zusatzurlaub und Arbeitszeitverkürzung**. Tarifverträge, Betriebsvereinbarungen und Individualarbeitsverträge müssen sich an den Kriterien für eine Unterscheidung nach dem Alter messen lassen. Eine Entgeltregelung, die die Höhe der Vergütung **ausschließlich an das Lebensalter** als lineare Rechengröße knüpft, ist mit § 7 Abs. 1, § 1 und § 2 Abs. 1 Ziff. 2 regelmäßig nicht vereinbar,[49] anders hingegen können die Betriebszugehörigkeit oder das **Dienstalter** legitime Entgeltkriterien darstellen.[50]

Die Zahlung einer **Abfindung**, die das Lebensalter als Multiplikationsfaktor **20**
einsetzt, stellt eine Mindestanforderung für den Zugang zu einem mit der Beschäftigung verbundenen Vorteil i. S. von Nr. 2 dar. Sie bedarf einer Rechtfertigung unabhängig davon, ob der Anspruch auf Abfindung in einem Sozialplan geregelt ist oder auf einer einseitigen Handhabung des AG beruht. Für Ansprüche auf Abfindung, die in einem Sozialplan vereinbart sind, trifft Nr. 6 eine Spezialregelung (Rn. 26). Ebenso begründet eine Unkündbarkeit nach tarifvertraglichen Bestimmungen einen Vorteil in diesem Sinne (dazu oben Rn. 14).

---

47 S. hierzu auch Waltermann, NZA 2005, 1265 [1268], der als legitimes Ziel der AG bei der Einstellungsentscheidung auch eine ausgewogene Altersstruktur im Betrieb sieht, aber wegen der Bedeutung des Zugangs zur Beschäftigung für eine strenge Verhältnismäßigkeitsprüfung plädiert.

48 BAG 18.8.09 – 1 ABR 47/08; vgl. dazu § 11 Rn. 3 und § 1 Rn. 35c, m. w. N.

49 EuGH 20.6.14 – C-501/12 bis C-506/12, C-540/12, C-541/12 – [Specht u. a.]: Beamtenbesoldung; EuGH 28.1.15 – C-417/13 – [Starjakob]; EuGH 9.9.15 – C-20/12 – [Unland]: Richterbesoldung; LAG Berlin-Brandenburg 11.9.08 – 20 Sa 2244/07; LAG Hessen 6.1.10 – 2 Sa 1121/09: Anspruch der jüngeren Arbeitnehmer auf Angleichung nach oben; BAG 10.11.11 – 6 AZR 148/09 zu Lebensaltersstufen nach dem BAT – Altersdiskriminierung und Pflicht zur Anpassung nach oben; BAG 8.12.11 – 6 AZR 319/09: Überleitung von BAT zu TVöD keine Altersdiskriminierung trotz diskriminierender Regelungen im BAT, da TVöD diskriminierungsfrei ist; vgl. im Einzelnen zur Rechtsprechung namentlich der Verwaltungsgerichtsbarkeit § 1 Rn. 35.

50 EuGH 27.2.20 – C-773-775/18: Zulässigkeit von Erfahrungsstufen in der Beamten- und Richterbesoldung.

### 4. Festlegung eines Höchstalters für die Einstellung

21 **Nr. 3** entspricht Art. 6 Abs. 1 c) der Richtlinie 2000/78/EG und nennt als Maßnahme die Festlegung eines **Höchstalters für die Einstellung**. Dem liegt nach der Begründung zum Gesetzentwurf[51] die Überlegung zugrunde, dass bei älteren Beschäftigten, deren Rentenalter bereits absehbar ist, einer aufwendigen Einarbeitung am Arbeitsplatz auch eine betriebswirtschaftlich sinnvolle Mindestdauer einer produktiven Arbeitsleistung gegenüberstehen muss. Damit müssen beide im Gesetz genannten Gründe zusammenkommen und nicht als zwei alternativ mögliche Ziele definiert werden. Stellt ein Merkmal, das mit dem Alter zusammenhängt, (sogar) eine notwendige berufliche Anforderung i. S. d. § 8 dar, so liegt keine Diskriminierung wegen des Alters vor; entsprechend ist angesichts der notwendigen besonderen körperlichen Fähigkeiten ein Höchstalter von 30 Jahren für die Einstellung von Feuerwehrleuten[52] und von 35 Jahren für den Polizeidienst mit Sicherheitsaufgaben[53] nach § 8 zulässig und bedarf nicht gesondert der Rechtfertigung nach § 10. Hingegen diskriminiert ein Höchstalter von 30 Jahren für eine Einstellung zum örtlichen Polizeidienst ältere Bewerber:innen, weil durch Tests die körperliche Eignung weniger einschneidend überprüft werden könne.[54] Die Rechtswirksamkeit einer Höchstaltersgrenze für den Zugang zum Beamtenverhältnis setzt voraus, dass ihrer Festlegung ein angemessener Ausgleich zwischen der durch Art. 33 Abs. 2 GG geschützten Zugangschance nach unmittelbar leistungsbezogenen Kriterien und dem in Art. 33 Abs. 5 GG angelegten Interesse des Dienstherrn an einer langen Lebensdienstzeit zugrunde liegt.[55] Die Begründung, eine Verbeamtung sei nur bis zum 30. Lebensjahr möglich, rechtfertigt nicht die Beschränkung auf Bewerber:innen von 20–25 Jahren für die Stellenausschreibung auf ein Arbeitsverhältnis und die Zurückweisung eines 28-jährigen, auch wenn eine spätere Verbeamtung erfolgen soll.[56] Das Gleiche gilt für ein Höchstalter von 40,5 Jahren für Nachwuchswissenschaftler:innen[57] und das Höchstalter von 33 Jahren für die Einstellung von Pilot:innen, die bei anderen Fluggesellschaften ausgebildet wurden.[58]

---

51 BT-Drs. 16/1780 S. 36.
52 EuGH 12. 1. 10 – C-229/08 – [Wolf].
53 EuGH 15. 11. 2016 – C-258/15.
54 EuGH 13. 11. 2014 – C-416/13 – [Vital Pérez], Rn. 55, 57.
55 BVerwG 23. 2. 12 – 2 C 76/10: bejaht für eine Höchstaltersgrenze von 40 Jahren für Lehrer:innen, die begründete Ausnahmen zulässt.
56 LAG Hamm 7. 8. 08 – 11 Sa 284/08.
57 BAG 6. 4. 11 – 7 AZR 524/09.
58 LAG Hessen 17. 3. 09 – 4 TaBV168/08 sieht keine Gefährdung des Luftverkehrs durch die Notwendigkeit eines Umlernens einstudierter Verhaltensmuster.

## 5. Festsetzung von Altersgrenzen bei den betrieblichen Systemen der sozialen Sicherheit

**Nr. 4** stellt die Regel auf, dass die Festsetzung von **Altersgrenzen bei den betrieblichen Systemen der sozialen Sicherheit** – insbesondere der betrieblichen Altersversorgung – im Hinblick auf die Funktionsfähigkeit der betrieblichen Sozialsysteme eine gerechtfertigte Ungleichbehandlung darstellen kann. Dies gilt über den Wortlaut hinaus nicht nur für Fälle der Alters- oder Invaliditäts-, sondern auch für solche der Hinterbliebenenrente, soweit diese sich an der Höhe der betrieblichen Rente orientiert.[59] Die Regelung hat insbesondere Folgen für den Erwerb unverfallbarer Anwartschaften, Wartezeiten und für die Hinterbliebenenversorgung. Die bestehende Regelung zur **Unverfallbarkeit** nach § 1b BetrAVG dürfte grundsätzlich gerechtfertigt sein in der Abwägung der Förderung der Betriebsrentensysteme durch Berücksichtigung des personalpolitischen Interesses der AG (Honorierung der Betriebstreue) und der Begrenztheit der ihnen zur Finanzierung zur Verfügung stehenden Mittel auf der einen Seite und der Tatsache, dass die Fluktuation bei jüngeren AN höher ist als bei älteren, auf der anderen. Das gleiche dürfte für **Wartezeiten** gelten, soweit sie nicht unangemessen lang sind. Die Forderung einer 15-jährigen Betriebszugehörigkeit ist in Ordnung,[60] nicht jedoch ein Höchstalter von 45 Jahren für die Aufnahme in ein Rentensystem.[61] Dieselben Grundsätze gelten für die ratierliche Kürzung der Versorgungsbezüge bei vorzeitigem Ausscheiden[62] und für die Begrenzung der anrechnungsfähigen Dienstzeiten.[63] **Altersabstandsklauseln** für den Ausschluss der Hinterbliebenenversorgung können durch das legitime Ziel, die finanzielle Belastung durch die Versorgung zu begrenzen und kalkulierbar zu machen, gerechtfertigt sein.[64] Für die Frage der Benachteiligung ist 22

59 BAG 22.1.19 – 3 AZR 560/17, Rn. 41. Das BAG prüft die Zulässigkeit der Ungleichbehandlung hinsichtlich der Hinterbliebenenrente seit EuGH 24.11.16 – C-443/15 – [Parris] an Nr. 4; anders noch BAG 4.8.15 – 3 AZR 137/13, das die Generalklausel heranzog, weil in Nr. 4 nur von Alters- oder Invaliditätsrente die Rede ist.

60 BAG 12.2.13 – 3 AZR 100/12.

61 BAG 18.3.14 – 3 AZR 69/12: Im konkreten Fall dürfte bei Ablauf der 10-jährigen Wartefrist das 55. Lebensjahr noch nicht vollendet sein.

62 LAG Köln 6.5.09 – 9 Sa 1/09.

63 EuGH 16.6.16 – C-159/15 – [Lesar]: Ausschluss der Anrechnung von Dienstzeiten vor dem 18. Lebensjahr ist gerechtfertigt; BAG 26.4.18 – 3 AZR 19/17: Beitragszeiten nur bis 60. Lebensjahr.

64 BAG 21.3.17 – 3 AZR 86/16; BAG 20.2.18 – 3 AZR 43/17: Ausschluss der Hinterbliebenenrente bei Altersunterschied der Ehegatten von 15 Jahren zulässig; BAG 11.12.18 – 3 AZR 400/17: Kürzung der Hinterbliebenenversorgung für jedes über 10 Jahre hinausgehende Jahr des Altersunterschieds der Ehegatten um 5 % zulässig.

auf die Person des AN und nicht auf die Hinterbliebenen abzustellen.[65] Sogenannte **Spätehenklauseln** stellen eine Benachteiligung wegen des Alters dar, die nur dann gem. § 10 Satz 3 Nr. 4 i. V. m. Satz 2 gerechtfertigt sein kann, wenn der Ausschluss der Hinterbliebenenversorgung an ein betriebsrentenrechtliches Strukturprinzip (etwa Eintritt des Versorgungsfalls, Ende des Arbeitsverhältnisses) und nicht lediglich an das Lebensalter der versorgungsberechtigten AN anknüpft.[66] So ist ein Anspruchsausschluss zulässig, wenn die Ehe erst nach Eintritt in den Ruhestand geschlossen wird,[67] nicht aber eine Anspruchsvoraussetzung, wonach die Ehe vor Vollendung eines bestimmten (etwa des 60.) Lebensjahres geschlossen worden sein muss.[68] Erlaubt eine Versorgungsordnung einen abschlagsfreien vorzeitigen Rentenbezug mit Vollendung des 50. Lebensjahres, so ist der Ausschluss der Hinterbliebenenrente für Eheschließungen nach dem Ausscheiden aus dem Arbeitsverhältnis unter dem Gesichtspunkt der Kompensation gerechtfertigt.[69] Zulässig ist auch die Forderung einer **Mindestehedauer**, wenn ein Anspruch einen einjährigen Bestand der Ehe voraussetzt,[70] nicht aber, wenn sie verlangt, dass die Ehe zehn Jahre bestanden hat.[71] Ebenso sind **Stichtagsregelungen** gerechtfertigt, die zwar eine Ungleichbehandlung in Anknüpfung an das Alter darstellen, aber erforderlich und angemessen sind, um AG eine Reaktion auf sich verändernde Verhältnisse zu ermöglichen;[72] selbes gilt für das Erfordernis eines Mindestalters von 35 bei Beendigung des Arbeitsverhältnisses,[73] die Voraussetzung einer mindestens 15-jährigen Betriebs-

---

65 BAG 14.11.17 – 3 AZR 781/16.

66 LAG Niedersachsen 9.8.18 – 4 Sa 956/16 (B) für das 60. Lebensjahr; ebenso BAG 14.11.17 – 3 AZR 781/16 für das 65. und BAG 22.1.19 – 3 AZR 560/17, Rn. 50 für das 62. Lebensjahr, das als Regelaltersgrenze eine Zäsur darstelle; ebenso zur Forderung des betriebsrentenrechtlichen Strukturprinzip BAG 21.11.23 – 3 AZR 44/23, Rn. 26.

67 BAG 14.11.17 – 3 AZR 781/16; BAG 15.10.13 – 3 AZR 294/ 11: Ausschluss auch dann, wenn eine erste Ehe mit derselben Frau bereits während des Arbeitslebens bestand.

68 BAG 4.8.15 – 3 AZR 137/13 (zum Lebensalter 60): schon die Legitimität der Ziele sei fraglich, jedenfalls aber die Zweck-Mittel-Relation unangemessen; BAG 19.2.19 – 3 AZR 215/18, Rn. 42 ff. (unzulässiger Ausschluss bei Eheschließung nach Vollendung des 62. Lebensjahres); BAG 19.2.19 – 3 AZR 198/18 (unzulässiger Ausschluss bei Eheschließung nach Vollendung des 63. Lebensjahres); BAG 21.11.23 – 3 AZR 44/23, Rn. 26 f.

69 BAG 3.6.20 – 3 AZR 226/19.

70 EuGH 19.12.19 – C-460/18 P; vgl. zur gesetzlichen Rente § 46 Abs. 2a SGB-VI.

71 BAG 19.2.19 – 3 AZR 150/18.

72 BAG 11.8.09 – 3 AZR 23/08: rückwirkende Einführung eines neuen Versorgungssystems unter Ausschluss solcher Betriebsrentner, die zum Stichtag bereits das 63. Lebensjahr vollendet haben.

73 BAG 15.10.13 – 3 AZR 10/12.

zugehörigkeit bis zur Erreichung der Regelaltersgrenze[74] und die ratierliche Kürzung von Anwartschaften bei Ausscheiden aus dem Arbeitsverhältnis vor dem Versorgungsfall nach § 2 Abs. 1 Satz 1 BetrAVG.[75] Bei alledem sind eingetragene Lebenspartnerschaften der Ehe gleichgestellt.[76]

Indem der Gesetzgeber den in Nr. 4 geregelten Tatbestand in die Rechtfertigungsgründe des § 10 eingeordnet hat, hat er zum Ausdruck gebracht, dass die Festsetzung von Altersgrenzen für den Anspruch auf Leistungen aus den dort aufgeführten betrieblichen Systemen der sozialen Sicherheit grundsätzlich objektiv und angemessen und durch ein legitimes Ziel i. S. v. § 10 Satz 1 gerechtfertigt ist. Da eine solche Altersgrenze in der jeweiligen Versorgungsregelung festzusetzen ist, muss die konkret gewählte Altersgrenze allerdings i. S. v. § 10 Satz 2 angemessen und erforderlich sein.[77] Insofern hat immer eine Verhältnismäßigkeitsprüfung stattzufinden (vgl. oben Rn. 1). Nach der Gesetzesbegründung sollen auch unterschiedliche Altersgrenzen für bestimmte Beschäftigte oder Gruppen von Beschäftigten zulässig sein, solange diese nicht zu einer Benachteiligung wegen eines in § 1 genannten Grundes führen.[78] **23**

## 6. Befristung oder auflösende Bedingung auf den Zeitpunkt eines Anspruchs auf Altersrente

**Nr. 5** hat **keine Parallele in der EG-Richtlinie**. Der Gesetzgeber wollte hierdurch klarstellen, dass auch weiterhin das Alter bei der Beendigung von Arbeitsverhältnissen berücksichtigt werden kann.[79] **24**

Das Beispiel bezieht sich auf die in Tarifverträgen und Arbeitsverträgen gängige Klausel, die das Arbeitsverhältnis **befristet auf** den Zeitpunkt, zu dem eine **Berechtigung zum Bezug einer Altersrente** entsteht. Hinter solchen Regelungen stehen z. T. mit dem Alter abnehmende Fähigkeiten, die arbeitsvertraglich vereinbarten Leistungen angemessen zu erbringen, z. T. aber auch die in der EG-Richtlinie 2000/78/EG genannten legitimen Ziele aus den Bereichen Beschäftigungspolitik und Arbeitsmarkt zur Integration jüngerer AN. Im Rahmen der notwendigen Verhältnismäßigkeitsprüfung sind die zunehmende Lebenserwartung und die durch Art. 12 GG Abs. 1 **25**

---

74 BAG 12.2.13 – 3 AZR 100/11.

75 LAG Köln 6.5.09 – 9 Sa 1/09.

76 BAG 14.1.09 – 3 AZR 20/07: Gleichstellung von eingetragenen Lebenspartnern mit Ehegatten in der betrieblichen Altersversorgung hinsichtlich der Hinterbliebenenversorgung, soweit am 1. Januar 2005 zwischen der oder dem Versorgungsberechtigten und dem Versorgungsschuldner noch ein Rechtsverhältnis bestand.

77 BAG 4.8.15 – 3 AZR 137/13; BAG 14.11.17 – 3 AZR 781/14.

78 BT-Drs. 16/1780 S. 36.

79 BT-Drs. 16/1780 S. 36.

geschützte Freiheit der Berufsausübung zu berücksichtigen. Eine in Tarifverträgen enthaltene Klausel über die Zwangsversetzung in den Ruhestand oder eine Befristung auf den Zeitpunkt des Renteneintritts werden von der Rechtsprechung regelmäßig anerkannt, weil sie dem legitimen Ziel dienen, im Rahmen der nationalen Beschäftigungspolitik jüngeren Beschäftigten Chancen auf dem Arbeitsmarkt zu eröffnen, wenn die Mittel hierfür angemessen und erforderlich sind.[80] Dies gilt ohne Rücksicht auf die konkret ausgeübte Tätigkeit oder die konkrete wirtschaftliche Absicherung der betroffenen Beschäftigten.[81] Die Regelaltersgrenze wurde gem. § 35 SGB VI auf die Vollendung des 67. Lebensjahres angehoben;[82] für schwerbehinderte Menschen gilt gem. § 37 SGB VI die Vollendung des 65. Lebensjahres.[83] Eine Höchstaltersgrenze von 68 Jahren für die Tätigkeit als Zahnarzt mit Kassenzulassung ist gerechtfertigt, wenn sie tatsächlich zum Schutz der Gesundheit der Patienten geeignet und erforderlich ist oder das legitime Ziel einer Verteilung der Berufschancen zwischen den Generationen innerhalb der Berufsgruppe der Vertragszahnärzt:innen verfolgt.[84] Das Gleiche gilt für eine Altersgrenze von 70 Jahren für die Ausübung des Notarberufs[85] und für 68 Jahre als Grenze für Hochschullehrer:innen.[86] **Unzulässig** hingegen ist eine Höchstaltersgrenze für öffentlich bestellte und vereidigte Sachverständige.[87] Die Rechtfertigung gilt entsprechend für die Ablehnung einer

---

80 EuGH 12.10.10 – C-45/09 8 – [Rosenbladt]; vgl. auch EuGH 16.10.07 – C-411/05 – [Palacios de la Villa]. Unzulässig ist hingegen die Befristung auf den »frühestmöglichen« Bezugszeitpunkt: EuGH 19.9.18 – C-312/17; LAG Köln 24.7.15 – 3 Sa 257/17: Benachteiligung wegen Behinderung.

81 EuGH 8.7.12 – C-141/11 – [Hörnfeldt]: Altersgrenze von 67 ohne Beachtung der konkreten Rentenansprüche; BAG 18.6.08 – 7 AZR 116/07, Rn. 26; BAG 9.12.15 – 7 AZR 68/14, Rn. 27; kritisch angesichts der gestiegenen Leistungsfähigkeit im Alter und der gerade bei Frauen mit durchbrochener Erwerbsbiografie häufig nicht gewährleisteten Absicherung durch die Altersrente Dickerhof-Borello AuR 2009, 251.

82 Regelungen, wonach das Arbeitsverhältnis mit Vollendung des 65. Lebensjahres ende, sind dahingehend auszulegen, dass sie auf die Regelaltersgrenze gelten: BAG 13.10.15 – 1 ABR 853/13; BAG 21.12.22 – 7 AZR 489/21, Rn. 33; kritisch im Hinblick auf die Transparenz der Regelung ErfK-Schlachter, SGB VI, § 35 Rn. 11.

83 EuGH 24.7.11 – C-159/10 – [Fuchs] und C-160/10 – [Köhler] für die Altersgrenze 65 im öffentlichen Dienst.

84 EuGH 12.1.10 – C-341/08 – [Petersen].

85 BGH 23.7.12 – NotZ (Brfg) 15/11; zum Höchstalter für die erstmalige Bestellung zum Notar vgl. BGH 27.5.19 – NotZ (Brfg) 7/18.

86 EuGH 18.11.10 – C-250/09 – [Georgiev].

87 BVerwG 1.2.12 – 8 C 24/11: es fehlt an einem legitimen Ziel, dazu oben Rn. 7a; vgl. auch BVerwG 21.1.15 – 10 CN 1/14, das die Zulässigkeit eines Höchstalters von 70 für Prüfsachverständige technischer Anlagen und Einrichtungen in Gebäuden im Hinblick auf die öffentliche Sicherheit bejaht, allerdings ausdrücklich

Bewerbung auf die Stelle, aus der der Beschäftigte gerade ausgeschieden ist.[88] Zur Möglichkeit der Arbeitsvertragsparteien, den Beendigungszeitpunkt durch Vereinbarung hinauszuschieben, vgl. § 41 S. 3 SGB VI; die Regelung ist wirksam.[89]

Die Vereinbarung einer **Beendigung** des Arbeitsverhältnisses zu einem Zeitpunkt **vor Erreichen des Regelrentenalters** für die gesetzliche Altersrente fällt nicht unter Nr. 5 und kann nur Bestand haben, wenn sie nach § 10 Nr. 1 bzw. § 8 gerechtfertigt ist. Dabei sind bei einer Altersgrenze, die ein Ausscheiden aus dem Beschäftigungsverhältnis vor Erreichen des Regelrentenalters vorsieht, sowohl an eine Rechtfertigung gem. § 10 sowie auch an das Vorliegen eines sachlichen Grundes (§ 14 Abs. 1 Satz 1 TzBfG) schon deshalb erhöhte Anforderungen zu stellen, weil in diesen Fällen regelmäßig keine ausreichende Absicherung durch einen Rentenanspruch besteht. Gleichzeitig ist sorgfältig zu prüfen, ob wirklich das Lebensalter und nicht etwa die individuelle Leistungsfähigkeit den zutreffenden Anknüpfungspunkt für die Unterscheidung bildet. Unzulässig sind: die tarifrechtliche Altersgrenze von 60 Jahren für Flugingenieure[90] sowie für Flugbegleiter[91]; für Piloten im Flugverkehr hat der EuGH die Zulässigkeit einer Altersgrenze mit 60 verneint,[92] für solche im Dienst der nationalen Sicherheit hingegen im Fall konkreter Verhältnismäßigkeit für grundsätzlich zulässig erachtet.[93] Eine tarifvertragliche Bestimmung, die eine Versetzung in den Ruhestand für weibliche Chormitglieder mit Vollendung des 60. und für männliche mit Vollendung des 63. Lebensjahres vorsieht, ist wegen Alters- und wohl auch wegen Diskriminierung aufgrund Behinderung unwirksam.[94] Zur Rechtsprechungsübersicht s. im Einzelnen § 1 Rn. 35b und § 7 Rn. 30a. 25a

## 7. Differenzierung von Leistungen in Sozialplänen

**Nr. 6** nennt die **Differenzierung von Leistungen in Sozialplänen** als grundsätzlich gerechtfertigt. Eine Staffelung von Sozialplanleistungen nach Lebensalter und Betriebszugehörigkeit ist danach zulässig.[95] Gerechtfertigt 26

---

feststellt, dass die Regelung weder durch § 8 noch durch § 10 AGG gerechtfertigt sei.

88 LAG Köln 27.6.12 – 9 Sa 20/12.

89 BAG 19.12.18 – 7 AZR 70/17; EuGH 28.2.2018 – C 46/17 – [John].

90 BAG 15.2.12 – 7 AZR 904/08.

91 BAG 23.6.10 – 7 AZR 1021/08.

92 EuGH 13.9.11 – C 447/09 – [Prigge]; BAG 18.1.12 – 7 AZR 112/08. Eine Grenze von 65 ist hingegen gerechtfertigt, EuGH 5.7.17 – C-190/16 – [Fries].

93 EuGH 7.11.19 – C-396/18.

94 ArbG München 16.6.10 – 38 Ca 1892/10.

95 EuGH 6.12.12 – C-152/11 – [Odar]; BVerfG 25.3.15 – 1 BvR 2803/11; BAG 12.4.11 – 1 AZR 743/09: Ausgleich des erhöhten wirtschaftlichen Nachteils.

sein kann auch eine Regelung, die Beschäftigte dann von einem Sozialplan ausschließt, wenn sie unmittelbar nach dem Ausscheiden oder einem daran anschließenden Bezug von ALG I Anspruch auf Altersrente und eine Versetzung abgelehnt haben.[96] Eine **Abfindung** kann aber nicht allein deswegen versagt werden, weil Beschäftigte eine Altersrente beziehen können. Besteht ein Wahlrecht, ob sie weiterhin dem Arbeitsmarkt zur Verfügung stehen oder eine Altersrente in Anspruch nehmen wollen, ist der Wegfall der Abfindung nur in dem Fall verhältnismäßig, dass die Altersrente tatsächlich in Anspruch genommen wird.[97] Etwas Anderes kommt nur in Betracht, wenn Anspruch auf eine gesetzliche Altersrente besteht und die Sozialplanregelung zum einen objektiv und angemessen und durch ein legitimes Ziel aus den Bereichen Beschäftigungspolitik und Arbeitsmarkt gerechtfertigt ist und zum anderen ein angemessenes und erforderliches Mittel zur Erreichung dieses Ziels darstellt.[98] Zulässig ist es, die Abfindung im Hinblick auf die mögliche Rente in Form eines pauschalierten Rentenausgleichs abzusenken, solange hierdurch keine Diskriminierung wegen eines anderen Merkmals erfolgt. Denkbar ist trotz der besonderen Betroffenheit älterer AN eine Höchstgrenze der Abfindung zur Sicherung der Verteilungsgerechtigkeit, wenn die verbleibende Abfindung die Nachteile spürbar abfängt.[99] Die Möglichkeit eines früheren Rentenbezuges wegen Behinderung darf nicht zu einer Minderung der Abfindung führen: dies wäre eine Benachteiligung wegen Behinderung.[100] Zur Rechtsprechungsübersicht s. § 1 Rn. 35b und § 7 Rn. 30a-c.

---

96 BAG 9.12.14 – 1 AZR 102/13.

97 EuGH 12.10.10 – C-499/08 – [Andersen].

98 EuGH 26.2.15 – C-515/13 – [Ingeniørforeningen i Danmark].

99 BAG 7.12.21 – 1 AZR 562/20, Rn. 45 ff.; BAG 8.2.22 – 1 AZR 252/21, Rn. 21 ff., 27. Beide Entscheidungen prüfen allerdings die Rechtfertigung einer mittelbaren Benachteiligung wegen des Alters nach § 3 Abs. 2 und nicht anhand von § 10.

100 EuGH 6.12.12 – C-132/10 – [Odar]; EuGH 19.9.18 – C-312/17 (Überbrückungsgeld nur bis zur vorgezogenen Altersrente); BAG 16.7.19 – 1 AZR 842/16; BAG 25.8.20 – 9 AZR 266/19, das ausdrücklich klarstellt, dass § 10 keine Schlechterbehandlung behinderter gegenüber nichtbehinderten AN rechtfertigen könne (Rn. 20).

# Unterabschnitt 2
# Organisationspflichten des Arbeitgebers

## § 11 Ausschreibung

**Ein Arbeitsplatz darf nicht unter Verstoß gegen § 7 Abs. 1 ausgeschrieben werden.**

**Inhaltsübersicht**



### I. Allgemeines

Die Vorschrift erstreckt das früher in § 611b BGB geregelte Verbot der geschlechtsbezogenen Stellenausschreibung auf jede benachteiligende Form der Stellenausschreibung bezogen auf alle Merkmale des § 1. Die Regelung betrifft den sensiblen Bereich des Zugangs zu einem Arbeitsplatz und soll schon bei der Ausschreibung einer Stelle eine mögliche Benachteiligung bestimmter Gruppen von Bewerber:innen verhindern. Das hat große Relevanz in der Praxis, was sich unter anderem anhand der zahlreichen Urteile feststellen lässt. Nach der Begründung zum Gesetzentwurf[1] bedeutet die sprachliche Straffung gegenüber dem vergleichbaren § 611b BGB und § 7 Abs. 1 TzBfG durch den Verzicht auf die Formulierung »weder öffentlich noch innerhalb des Betriebs« keine inhaltliche Änderung. Unter einer **Ausschreibung** i. S. d. § 11 ist die an eine unbekannte Vielzahl von Personen gerichtete Aufforderung von AG zu verstehen, sich auf die ausgeschriebene Stelle zu bewerben.[2] Der Begriff ist weit zu verstehen und erfasst jede mündliche oder schriftliche Äußerung einer Einstellungsabsicht, die geeignet ist, mögliche Bewerber:innen anzusprechen oder wegen eines Merkmals des § 1 von einer Bewerbung abzusehen. Darunter fällt daher auch die öffentliche Äußerung von AG, man werde keine Beschäftigten einer bestimmten ethnischen Herkunft oder Rasse einstellen[3] oder die öffentliche Mitteilung einer dem AG zurechenbaren Person, die mitteilt, einen vermeintlich schwulen Fußballspieler nicht in die Mannschaft aufzunehmen.[4] Die Vorschrift erfasst jede Ausschreibung einer Stelle für den in § 6 Abs. 1 genannten Kreis von Beschäftigten einschließlich des Bereichs der beruflichen Aus- und Weiter- 1

1 BT-Drs. 16/1780 S. 36.
2 BAG 23.11.23 – 8 AZR 164/22, Rn. 30.
3 EuGH 10.7.08 – C-54/07 – [Feryn].
4 EuGH 25.4.13 – C-81/12.

bildung, also sowohl außerbetriebliche als auch innerbetriebliche Ausschreibungen. Die Anwendbarkeit von § 11 setzt eine Stellenausschreibung voraus, begründet aber keine Verpflichtung von AG zur Ausschreibung einer zu besetzenden Stelle. Eine gezielt an eine Person gerichtete Aufforderung zur Bewerbung ist keine Ausschreibung im Sinne des § 11. Der Betriebsrat kann gem. § 93 BetrVG die Ausschreibung von Arbeitsplätzen verlangen.

1a Ein Verstoß gegen § 11 ist leicht nachzuweisen und begründet regelmäßig die Vermutung einer Diskriminierung bei der Einstellung (s. auch § 22 Rn. 11a).

Da eine Benachteiligung weder eine **ernsthafte Bewerbung noch eine objektive Eignung** von Bewerber:innen voraussetzt, kommt es immer wieder zum **Einwand des Rechtsmissbrauchs (§ 242 BGB)**. Tatsächlich handelt eine Person, die mit ihrer Bewerbung nicht die betreffende Stelle erhalten, sondern nur die formale Position eines Bewerbers i. S. v. § 6 Abs. 1 Satz 2 AGG erlangen will mit dem alleinigen Ziel, eine Entschädigung oder Schadensersatz nach § 15 Abs. 1 und Abs. 2 AGG geltend zu machen, nach der Rechtsprechung von BAG und EuGH rechtsmissbräuchlich.[5] AG können in einem solchen Fall gegen eine Forderung nach Entschädigung den Einwand der unzulässigen Rechtsausübung erheben. Dafür müssen allerdings – etwa im Bewerbungsschreiben – hinreichende objektive Umstände vorliegen, die den Schluss auf ein rechtsmissbräuchliches Verhalten zulassen. Zudem muss aus einer Reihe objektiver Anhaltspunkte ersichtlich sein, dass subjektiv wesentlicher Zweck der fraglichen Handlungen die Erlangung eines ungerechtfertigten Vorteils ist. Denn das Missbrauchsverbot greift nicht, wenn die fraglichen Handlungen eine andere Erklärung haben können als nur die Erlangung eines Vorteils. Zum Beweis für das Vorliegen dieses zweiten Tatbestandsmerkmals, das auf die Absicht der Handelnden abstellt, kann u. a. der rein künstliche Charakter der fraglichen Handlungen berücksichtigt werden. Dies kann in der Gesamtschau der Umstände festgestellt werden.[6] Die Beweislast für diese Umstände liegt bei demjenigen, der sich auf den Missbrauch beruft.[7] Auf Rechtsmissbrauch kann nicht bereits daraus geschlossen werden, dass eine Person eine Vielzahl erfolgloser Bewerbungen versandt und mehrere Entschädigungsprozesse geführt hat oder führt.[8] Maßgeblicher Zeitpunkt für die Beurteilung dieser Frage ist in der Regel der Zeitpunkt der Bewerbung[9] (s. hierzu § 15 Rn. 26 f.).

5 EuGH 28.7.16 – C-423/15 – [Kratzer], Rn. 35 ff.; BAG 26.1.17 – 8 AZR 848/13; BAG 19.1.23, 8 AZR 437/21; BAG 31.3.22 – 8 AZR 238/21.
6 BAG 19.1.23 – 8 AZR 437/21.
7 BAG 18.6.15 – 8 AZR 848/13 (A) – Rn. 26; 26.1.17 – 8 AZR 848/13, Rn. 126.
8 BAG 18.6.15 – 8 AZR 848/13 (A), Rn. 24; BAG 11.8.16 – 8 AZR 406/14, Rn. 64.
9 BAG 26.1.17 – 8 AZR 848/13.

## II. Adressat

Primärer Adressat der Pflicht zur diskriminierungsfreien Stellenausschreibung sind **AG**. Für den Fall, dass sich AG zur Stellenausschreibung eines Dritten bedienen (zum Beispiel eines Personalberatungsunternehmens oder der Bundesagentur für Arbeit) und der eingeschaltete Dritte die Pflicht zur diskriminierungsfreien Stellenausschreibung verletzt, ist diese Pflichtverletzung den AG zuzurechnen, da sie die Sorgfaltspflicht trifft, die Ordnungsmäßigkeit der Ausschreibung zu überwachen (s. auch § 15 Rn. 7).[10] Auf ein Verschulden kommt es gem. § 3 Abs. 1 und 5 nicht an. 2

## III. Inhalt der Verpflichtung

Eine Stellenausschreibung darf weder unmittelbar noch mittelbar an ein Merkmal gem. § 1 anknüpfen, wenn hierfür keine Rechtfertigung vorliegt. Diese kann sich bei einer unmittelbaren Benachteiligung aus §§ 5, 8, 9 oder 10 ergeben und bei einer indirekten Benachteiligungen aus § 3 Abs. 2 HS 2. Rechtmäßige Ziele in diesem Sinne können nur solche sein, die nicht ihrerseits diskriminierend wirken, sondern **sachlich gerechtfertigt** sind. Die Zugehörigkeit zu einer bestimmten Religion von Bewerber:innen darf deshalb auch eine kirchliche Einrichtung nur dann zur Einstellungsvoraussetzung machen, wenn die vorgesehene Tätigkeit im Zusammenhang mit dem Verkündungsauftrag steht.[11] Außerdem müssen auch die Mittel zur Erreichung dieses Ziels angemessen und erforderlich sein (siehe dazu § 3 Rn. 12). Diese Anforderung erfüllen Ziele unzulässiger Ausschreibungskriterien nicht, wenn diese Ziele ihrerseits nur – anders formuliert – das merkmalsbezogene Anforderungskriterium der Stellenausschreibung selbst wiedergeben. So stellt z. B. das in einer Stellenausschreibung enthaltene Anforderungskriterium eines Hochschulabschlusses, der nicht länger als ein Jahr zurückliegt oder innerhalb der nächsten Monate erfolgt, eine mittelbare Benachteiligung wegen des Alters dar. Das arbeitgeberseitig genannte Ziel, lernfähige und formbare Personen für ein Trainee-Programm zu gewinnen, hat das BAG als rechtmäßiges Ziel anerkannt, ist aber zu dem Ergebnis gekommen, dass zur Erreichung dieses Ziels eine Beschränkung auf Berufseinsteiger:innen nicht erforderlich und das Anforderungskriterium deshalb nicht angemessen ist.[12] Zur Festlegung von Höchstaltersgrenzen für eine Einstellung s. § 1 Rn. 35c. 3

10 BVerfG 21.9.06 – 1 BvR 308/03; BAG 5.2.04 – 8 AZR 112/03.

11 EuGH 17.4.18 – C-414/16 – [Egenberger]: Volle gerichtliche Überprüfbarkeit der Voraussetzungen ohne Entscheidungsspielraum für kirchliche Gemeinschaften und ihre Einrichtungen; Folgeentscheidung des BAG 25.10.18 – 8 AZR 501/14; s. hierzu auch Rn 6 zu § 9.

12 BAG 26.1.17 – 8 AZR 848/13 mit dem Hinweis, dass somit auch das Ziel eines »ausgewogenen Verhältnisses von Mitarbeitern mit und ohne Berufserfahrung«

Alle in der Ausschreibung genannten Anforderungen, die Rückschlüsse auf eines der Merkmale aus § 1 zulassen, sind gerichtlich überprüfbar und können eine Vermutung für eine Benachteiligung begründen.

**Beispiele für diskriminierende Formulierungen:**

- Langjährige, **ununterbrochene Berufserfahrung** (mögliche mittelbare Diskriminierung von Frauen im Hinblick auf die Inanspruchnahme von Elternzeit);
- **Deutsch als Muttersprache** (unmittelbare Diskriminierung wegen ethnischer Herkunft);[13]
- Ausschreibung einer Stelle für ein **Ehepaar** (mögliche Benachteiligung wegen der sexuellen Identität);
- Suche nach »jüngeren« oder »jungen« Bewerber:innen;[14] Beschränkung des Bewerberkreises in einer innerbetrieblichen Stellenausschreibung auf Beschäftigte im ersten Berufs-/Tätigkeitsjahr;[15] »**junges Team**«;[16] »Digital Native«;[17] Anforderung eines Hochschulabschlusses, der »nicht länger als ein Jahr zurück liegt oder innerhalb der nächsten Monate erfolgt«[18] (möglich mittelbare Benachteiligung wegen des Alters);
- Erfordernis, einen **PKW-Führerschein** vorweisen zu können (mögliche mittelbare Benachteiligung von Behinderten).[19]

---

bezogen auf das Traineeprogramm kein seinerseits diskriminierungsfreies Ziel ist (Rn. 105).

13 Mit dem Hinweis darauf, dass das Kriterium der Muttersprache nur die Herkunft indiziert, nicht die sprachliche Fähigkeit des einzelnen: LAG Hessen 15.6.15 – 16 Sa 1619/14, Rn. 35; aber BAG 15.12.16 – 8 AZR 418/15 zu einem Online-Bewerbungsformular mit mehreren Möglichkeiten um die Frage nach den Deutschkenntnissen (»Deutsch Muttersprache«, »Deutsch verhandlungssicher«, »Deutsch fortgeschritten« und »Deutsch Grundkenntnisse«): Dies ließe es als durchaus möglich erscheinen, dass es dem Arbeitgeber ausschließlich darum geht, sich Informationen über das Sprachniveau und die Qualität der Beherrschung der deutschen Sprache durch den Bewerber/die Bewerberin zu verschaffen.

14 BAG 19.8.10 – 8 AZR 530/09; LAG Schleswig-Holstein 9.12.08 – 5 Sa 286/08.

15 BAG 18.8.09 – 1 ABR 47/08: mittelbare Benachteiligung wegen des Alters.

16 Eine solche Angabe in einer Stellenanzeige kann laut BAG nur so verstanden werden, dass damit nicht nur ein »Istzustand« beschrieben werden soll, sondern dass der Arbeitgeber zum Ausdruck bringt, dass er AN sucht, die ebenso jung und dynamisch sind wie die Mitglieder des vorhandenen Teams. Andernfalls wäre die so formulierte Passage der Stellenausschreibung ohne Aussagegehalt und damit überflüssig; BAG 11.8.2016 – 8 AZR 406/14, Rn. 35; 23.11.2017 – 8 AZR 604/16, Rn. 33.

17 ArbG Heilbronn 18.1.24 – 8 Ca 191/23.

18 BAG 26.1.17 – 8 AZR 848/13, Rn. 64: mögliche mittelbare Altersdiskriminierung.

19 Sächsisches OVG 17.5.2018 – 8 A 527/17.PB, Rn. 41.

Eine Vermutung für eine Benachteiligung wird aber noch **nicht** allein dadurch begründet, dass für eine Bewerbung ein **Lichtbild, Lebenslauf und/ oder Zeugnisse** gefordert werden, aus denen Alter oder ethnische Herkunft hervorgehen können (s. hierzu § 22 Rn. 12). Eine Ausschreibung einer **Vollzeitstelle** ohne Hinweis auf ihre Eignung als Teilzeitstelle ist noch kein Indiz für eine Diskriminierung aufgrund des Geschlechts.[20] Anders als die Beschreibung eines »jungen Teams« soll der Hinweis auf ein »junges und dynamisches Unternehmen« in einer Ausschreibung kein Indiz für eine Altersdiskriminierung sein, da das Alter eines Unternehmens nichts über die dort Beschäftigten aussagt und keine entsprechende Erwartung an das Lebensalter von Bewerber:innen vermittelt.[21]

Ausschreibungen müssen **geschlechtsneutral** erfolgen. Nach den bis- **3a**
lang nur unvollständig umgesetzten Vorgaben des BVerfG ist dem Selbstbestimmungsrecht von intersexuellen Menschen und trans Menschen Rechnung zu tragen und ihre selbstempfundene geschlechtliche Identität rechtlich anzuerkennen.[22] **Geschlecht** i.S.d. § 1 erfasst demnach auch die geschlechtliche Identität von Menschen, die weder dem männlichen noch dem weiblichen Geschlecht zuzuordnen sind[23] (s. auch § 1 Rn. 10f.). Die bisher häufig in Stellenausschreibungen verwendete Formulierung »(m/w)« wird deshalb den Anforderungen nicht mehr gerecht. Vielmehr muss – falls keine geschlechtsneutrale Formulierung gewählt werden kann – das **dritte Geschlecht auch genannt werden**, um klarzustellen, dass Bewerber:innen unabhängig von ihrer geschlechtlichen Identität willkommen sind. Sinnvoll ist die Ergänzung **»(m/w/d)«** für divers. Auch die Verwendung des Gendersterns oder eines »:« symbolisieren nach allgemeinem Sprachgebrauch alle Geschlechter.[24] Durch die Verwendung des **Gendersterns** als symbolhaftes Sonderzeichen wird typischerweise mitgeteilt, dass sich die Ausschreibung an jede die Anforderungen erfüllende Person richtet und das Geschlecht – gleich welches – bei der Auswahlentscheidung keine Rolle spielen wird.[25]

## IV. Rechtsfolge einer Verletzung

Die **Verletzung** des Gebots der diskriminierungsfreien Ausschreibung be- **4**
gründet eine **Vermutung für das Vorliegen einer Benachteiligung** gem.

20 BAG 23.11.17 – 8 AZR 604/16, Rn. 30.
21 BAG 23.11.17 – 8 AZR 604/16, Rn. 34.
22 BVerfG 11.1.11 – 1 BvR 3295/07.
23 BAG 23.11.23 – 8 AZR 164/22, Rn. 25; zur Definition des Begriffs »Geschlecht« s. § 1, Rn 10f.
24 S.a. den Bericht der unabhängigen Expert:innenkommission der Antidiskriminierungsstelle des Bundes, Gleiche Rechte – gegen Diskriminierung aufgrund des Geschlechts, Dezember 2015, S. 21.
25 BAG 23.11.23 – 8 AZR 164/22 , Rn. 31.

§ 7 Abs. 1 und führt zur Beweiserleichterung gem. § 22 (s. dort Rn. 11).[26] Die Vermutung kann widerlegt werden z. B. durch Einstellung von Bewerber:innen, die nicht dem ausdrücklich benannten Geschlecht angehören.[27] Nach § 22 tragen AG die Beweislast dafür, dass nicht auf ein Merkmal des § 1 bezogene, sachliche Gründe eine unterschiedliche Behandlung rechtfertigen oder die unterschiedliche Behandlung wegen eines in § 1 genannten Grundes nach Maßgabe dieses Gesetzes gem. §§ 8, 9, 10 oder 21 zulässig ist. Auch die Darlegungs- und Beweislast für die die Rechtfertigung einer mittelbaren Benachteiligung i. S. v. § 3 Abs. 2 HS 2 begründenden Tatsachen tragen AG.[28]

## § 12 Maßnahmen und Pflichten des Arbeitgebers

**(1) Der Arbeitgeber ist verpflichtet, die erforderlichen Maßnahmen zum Schutz vor Benachteiligungen wegen eines in § 1 genannten Grundes zu treffen. Dieser Schutz umfasst auch vorbeugende Maßnahmen.**
**(2) Der Arbeitgeber soll in geeigneter Art und Weise, insbesondere im Rahmen der beruflichen Aus- und Fortbildung, auf die Unzulässigkeit solcher Benachteiligungen hinweisen und darauf hinwirken, dass diese unterbleiben. Hat der Arbeitgeber seine Beschäftigten in geeigneter Weise zum Zwecke der Verhinderung von Benachteiligung geschult, gilt dies als Erfüllung seiner Pflichten nach Absatz 1.**
**(3) Verstoßen Beschäftigte gegen das Benachteiligungsverbot des § 7 Abs. 1, so hat der Arbeitgeber die im Einzelfall geeigneten, erforderlichen und angemessenen Maßnahmen zur Unterbindung der Benachteiligung wie Abmahnung, Umsetzung, Versetzung oder Kündigung zu ergreifen.**
**(4) Werden Beschäftigte bei der Ausübung ihrer Tätigkeit durch Dritte nach § 7 Abs. 1 benachteiligt, so hat der Arbeitgeber die im Einzelfall geeigneten, erforderlichen und angemessenen Maßnahmen zum Schutz der Beschäftigten zu ergreifen.**
**(5) Dieses Gesetz und § 61b des Arbeitsgerichtsgesetzes sowie Informationen über die für die Behandlung von Beschwerden nach § 13 zuständigen Stellen sind im Betrieb oder in der Dienststelle bekannt zu machen. Die Bekanntmachung kann durch Aushang oder Auslegung an**

---

26 EuGH 10.7.08 C-54/07 – [Feryn] für die öffentliche Äußerung eines Arbeitgebers; so auch die bisherige Rechtsprechung zum früheren § 611b BGB: BAG 14.3.89 – 8 AZR 447/87; BAG 5.2.04 – 8 AZR 112/03; BVerfG 16.11.93 – 1 BvR 258/86.

27 LAG Berlin 16.5.01 – 3 Sa 393/01; ArbG Frankfurt 19.3.03 – 7 Ca 8038/01.

28 BAG 26.1.17 – 8 AZR 848/13.

**geeigneter Stelle oder den Einsatz der im Betrieb oder der Dienststelle üblichen Informations- und Kommunikationstechnik erfolgen.**

**Inhaltsübersicht**



## I. Präventionsmaßnahmen

**Abs. 1 und 2** dienen der Prävention von Diskriminierungen. **Abs. 1** verpflichtet AG, die erforderlichen Maßnahmen zum **Schutz der** bei ihnen **Beschäftigten** vor Benachteiligungen zu treffen. Der erforderliche Schutz bezieht sich auf **Benachteiligungen durch Vorgesetzte, Arbeitskolleg:innen oder Dritte**, wie z. B. Kund:innen, und selbstverständlich auch auf Benachteiligungen durch AG selbst.[1] 1

Die Norm dient auch als Anspruchsgrundlage für **angemessene Vorkehrungen** insbesondere – aber nicht nur – für Menschen mit Behinderung.[2] Gemäß Art. 5 der RL 200/78/EG sind angemessene Vorkehrungen für Menschen mit Behinderung zu treffen mit dem Ziel, diesen eine Ausübung von Berufstätigkeit faktisch zu ermöglichen. Angemessene Vorkehrungen werden in Art. 2 der in Deutschland ratifizierten UN-Behindertenrechtskonvention (UN-BRK) definiert als »notwendige und geeignete Anpassungen [...], wenn sie in einem bestimmten Falle erforderlich sind«. Gemäß der UN-BRK stellt das Unterlassen angemessener Vorkehrungen eine Diskriminierung dar (siehe dazu § 3 Rn. 4a). Die Grenze in der Pflicht zum Treffen angemessener Vorkehrungen liegt gem. § 2 UN-BRK in unverhältnismäßiger oder unbilliger Belastung von AG. 1a

Für den Bereich der **Entgeltgleichheit** (siehe § 2 Rn. 22a ff.) wird § 12 durch **§ 6 Abs. 2 EntgTranspG** konkretisiert, dazu unten Rn. 4a. Dort ist geregelt, dass AG verpflichtet sind, die erforderlichen Maßnahmen zu treffen, um die Beschäftigten vor **Benachteiligungen wegen des Geschlechts in Bezug auf das Entgelt** zu schützen. Dieser Schutz umfasst ausdrücklich auch vorbeugende Maßnahmen. 2

Im Rahmen der Prävention bestehen nach Abs. 2 zunächst **Hinweis- und Informationspflichten** der AG. Diese gehen über die Pflicht zur **Bekanntmachung** der geltenden Regelungen nach **Abs. 5** (s. Rn. 22) deutlich hinaus. Eine weitergehende **Aufklärung** über die Gesetzeslage und eine Sensibilisierung der Beschäftigten für ggf. vorhandene Diskriminierungen, deren 3

1 Däubler/Beck-Buschmann, § 12 Rn. 7.
2 Ausführliche Herleitung Kocher/Wenckebach, SR 13, 17 ff.

Auswirkungen auf die Betroffenen und Möglichkeiten ihrer Verhinderung kann beispielsweise im Rahmen einer **Betriebsversammlung** erfolgen oder durch eine **schriftliche Information**, wie sie z. T. im öffentlichen Dienst im Rahmen der Korruptionsprävention üblich ist und die von den AN gegengezeichnet werden muss. Je konkreter diese Information ist und je eindringlicher AG den Beschäftigten klarmachen, welches Verhalten nicht geduldet werden kann, desto leichter tun sich AG mit einer eventuell erforderlichen personellen Maßnahme gegen Schädiger:innen (s. zur Möglichkeit einer Abmahnung bzw. Kündigung als geeignete und erforderliche Maßnahme Rn. 11 ff.). AG haben außerdem gem. **Abs. 2** die Möglichkeit, **betriebliche Bildungsmaßnahmen** (unter Einbeziehung eines vorhandenen Betriebsrats gem. § 98 BetrVG) durchzuführen. Darüber hinaus können AG auf den Abschluss einer **Betriebsvereinbarung** hinwirken (s. hierzu Rn. 3 f. zu § 17 und die Musterbetriebsvereinbarung im Anhang).

4 Welche **konkreten Maßnahmen** von Arbeitgeberseite **erforderlich sind**, ist weder dem Gesetz noch der Gesetzesbegründung zu entnehmen. Dort heißt es lediglich: »Was erforderlich ist, ist nach objektiven Gesichtspunkten zu beurteilen, nicht nach der subjektiven Einschätzung auf Arbeitgeber- oder Arbeitnehmerseite. Welche Maßnahmen geboten sind, kann je nach der Größe des Betriebes unterschiedlich zu beurteilen sein. Die Verpflichtung kann immer nur so weit gehen, wie AG rechtlich und tatsächlich zur Pflichterfüllung in diesem Bereich in der Lage sind. Die Sätze 1 und 2 sind an die frühere Regelung des § 2 Abs. 1 des BeschSchutzG angelehnt. Zu denken ist sowohl an **organisatorische Maßnahmen** als auch an eine **Aufklärung** über die Problematik der Benachteiligung«.[3] Zu den Organisationspflichten gehört es z. B. auch, das unerwünschte Zeigen und sichtbare Anbringen von **pornographischen Darstellungen gem. § 3 Abs. 4** zu unterbinden. Diesbezüglich müssen AG ohne Aufforderung tätig werden.[4] AG haben im Übrigen verschiedene Möglichkeiten, wie sie ihren Pflichten zur Prävention nachkommen.[5] Ganz wesentlich für eine wirkliche Prävention ist hier zunächst das generelle und deutliche **Bekenntnis der AG zur Ablehnung von Benachteiligung und Belästigung,**[6] das sich beispielsweise in einer Regelung zum Beschwerdeverfahren oder einer entsprechenden Betriebsvereinbarung ausdrücken kann. Nicht zuletzt liegen vorbeugende Maßnahmen zum Schutz der Beschäftigten auch im besonderen **Interesse der AG**, weil Benachteiligungen sich, ähnlich wie Mobbing, negativ auf die Leistungsbereitschaft und -fähigkeit von Beschäftigten auswirken können (s. hierzu auch Rn. 32 zu § 3). Zudem wird dem Risiko einer Rufschädigung begegnet

3 BT-Drs. 16/1780 S. 37.
4 Linde, Sexuelle Belästigung ist unerwünscht, AuR 18, 123.
5 S. dazu auch Däubler/Beck-Buschmann, § 12 Rn. 11.
6 S. hierzu Däubler/Beck-Buschmann, § 12 Rn. 15, 16.

und Schadensersatzrisiken werden begrenzt. Erforderlich ist außerdem eine **aktive Information** der Beschäftigten über das Beschwerdeverfahren gem. § 13 – und nicht nur die Bekanntmachung der hierfür zuständigen Stellen, da in der Mehrzahl der Betriebe hier nach wie vor große Defizite bestehen.[7] Welche Intensität von Maßnahmen schließlich »erforderlich« i. S. des Gesetzes ist, wird in der Praxis auch davon abhängen, ob bereits Beschwerden gem. § 13 Abs. 1 vorliegen oder ob AG Kenntnis von konkreten Diskriminierungen haben. Auch die Beschäftigtenstruktur ist von Bedeutung. Die in der Gesetzesbegründung sowohl zum AGG als auch zum EntgTranspG[8] als Kriterium genannte Größe des Betriebes ist dabei sicherlich nur eine Komponente. Bei der Schulung geht es **nicht nur um Beschäftigte mit Personalverantwortung**, denn nach Abs. 2 sollen AG ihre (im Wortlaut »seine«) Beschäftigten – somit alle – schulen.[9] Gegebenenfalls kommen bei einer Verletzung der Pflicht der AG zu präventiven Maßnahmen Schadensersatzansprüche wegen Verletzung einer vertraglichen Nebenpflicht gemäß § 280 Abs. 1 BGB in Betracht. Ein **Anspruch auf eine konkrete Maßnahme** kann sich dann ergeben, wenn eine rechtsfehlerfreie Ermessensentscheidung der AG nur das Ergebnis haben kann, diese Maßnahme zu ergreifen (s. u. Rn. 10).

Um den für den Bereich der **Entgeltgleichheit** spezialgesetzlich geregelten **Informationspflichten aus § 6 Abs. 2 EntgTranspG** nachzukommen, sollten AG **bestehende Entgeltsysteme aufschlüsseln und aufbereiten**. Empfehlenswert ist auch deren Evaluierung zur Überprüfung möglicher Geschlechtsdiskriminierungen.[10] Dies kann im Wege **betrieblicher Prüfverfahren** erfolgen, zu denen AG mit mehr als 500 Beschäftigten gemäß **§ 17 EntgTranspG** »aufgefordert« sind (vgl. § 2 Rn. 22b).[11] Hierfür sind zertifizierte Prüfverfahren empfehlenswert, die aber durch §§ 17, 18 EntgTranspG nicht verpflichtend vorgeschrieben werden (s. § 2 Rn. 22b). AG mit mehr als 500 Beschäftigten ist zudem wegen der in § 21 EntgTranspG normierten **Berichtspflichten** (s. § 2 Rn. 22b) eine Evaluierung der Entgeltsysteme zu empfehlen. Aber auch kleinere AG sind zur Aufbereitung der Bruttolohn- und Gehaltslisten verpflichtet, um dem Betriebsrat das in § 13 EntgTranspG geregelte **Einblicksrecht** zu gewähren (vgl. § 2 Rn. 22d; § 17 Rn. 8). Die bis Juni 2026 ins deutsche Recht umzusetzende **EU-Entgelttransparenzricht-** 4a

7 Berghahn/Klapp/Tischbirek, Evaluation AGG, 2016, S. 130; Brors, Evaluation AGG, 20.6.2022, S. 130 f.

8 BT-Drs. 18/11133, S. 56.

9 ErfK-Schlachter, AGG, § 12 Rn. 2.

10 Oerder/Wenckebach, EntgTranspG, § 6 Rn. 6; ErfK-Schlachter, EntgTranspG, § 6 Rn. 4.

11 Ausführlich Oerder/Wenckebach, EntgTranspG, § 17 Rn. 11.

**linie**[12] schreibt weitergehende Transparenz- und Berichtspflichten vor und sieht nur noch für AG mit weniger als 100 AN eine Befreiung von diesen Pflichten vor.

5 Von der Frage der »Erforderlichkeit« von Maßnahmen ist die Frage zu trennen, wann AG ihre Pflicht zur Prävention schuldhaft verletzt haben. Nach **Abs. 2 Satz 2** gilt als **Erfüllung der Verpflichtung** nach Abs. 1 die **Schulung der Beschäftigten** in geeigneter Weise zum Zweck der Verhinderung von Benachteiligung. Dies trägt allerdings zur Rechtsklarheit wenig bei, denn weder ist der notwendige Umfang noch der notwendige Inhalt noch die Häufigkeit einer solchen Schulung vorgegeben. Insofern ist der unbestimmte Rechtsbegriff »in geeigneter Weise« von der Rechtsprechung auszufüllen. In jedem Fall muss eine Schulung weitergehen als die reine Information gem. Abs. 5. Entsprechend dem Gesetzeszweck müssen Schulungsmaßnahmen insbesondere geeignet sein, Benachteiligungen, die auf Vorurteilen beruhen, bewusst zu machen mit dem Ziel, zu einer Verhaltensänderung oder größeren Sensibilität beizutragen. Sie müssen so angeboten werden, dass **alle Beschäftigten hiervon Kenntnis erlangen und die Gelegenheit zur Teilnahme** haben. Damit Schulungen ihren präventiven Charakter erfüllen können, ist für Führungskräfte oder für Beschäftigte, die bereits gegen das Benachteiligungsverbot verstoßen haben, eine obligatorische Teilnahme denkbar. Dies ist auch für AG sinnvoll, da ihnen diskriminierende Handlungen durch Beschäftigte mit Weisungsbefugnis gem. § 278 BGB zuzurechnen sind.[13] Möglicherweise kann die Erfüllung der Schulungspflicht bei der Festsetzung einer Entschädigung gem. § 15 Abs. 2 Berücksichtigung finden.[14] Im Übrigen entlastet der Verweis auf die durchgeführten Schulungen AG nur bedingt und kann in keinem Fall konkret erforderliche Maßnahmen gem. Abs. 3 und 4 ersetzen.

6 **Mitbestimmung:** Bei **betrieblichen Bildungsmaßnahmen gem. Abs. 2** hat der Betriebsrat ein Mitbestimmungsrecht gem. § 98 BetrVG. Als betriebliche Bildungsmaßnahme gilt auch die Durchführung von Schulungen zum AGG.

## II. Personelle Maßnahmen bei Benachteiligung

7 **Abs. 3** verpflichtet AG, **geeignete Maßnahmen** zu ergreifen, wenn Benachteiligungen oder (sexuelle) Belästigungen von Beschäftigten untereinander stattfinden. Sinn und Zweck der Regelung ist auch hier der Schutz von Beschäftigten am Arbeitsplatz und im beruflichen Umfeld. AG können nur

---

12 2023/970 vom 10.5.2023; dazu Jung, Die EU-Entgelttransparenz-Richtlinie, RdA 2024, 89 ff.

13 BAG 25.10.07 – 8 AZR 593/06.

14 So Bezani/Richter, AGG im ArbR, Rn. 308.

dann gegen Beschäftigte vorgehen, wenn es sich um ein Fehlverhalten im Zusammenhang mit der geschuldeten Tätigkeit handelt, der oder die Beschäftigte also vertragliche Pflichten oder Nebenpflichten verletzt. In **§ 7 Abs. 3** ist ausdrücklich geregelt, dass eine **Benachteiligung** von anderen Beschäftigten eine **Verletzung vertraglicher Pflichten** darstellt. Bei Beschäftigten i. S. d. Abs. 3 handelt es sich um die in § 6 genannten (s. dort). Hierzu gehört auch **außerdienstliches Verhalten** gegenüber Beschäftigten, wie z. B. bei Stalking[15] oder sexueller Belästigung außerhalb der Arbeitszeit.[16] Der erforderliche Bezug zum Arbeitsverhältnis[17] ergibt sich schon aus der beruflichen Beziehung zwischen Täter:in und Opfer der sexuellen Belästigung.[18]

Steht ein Verstoß von Beschäftigten gegen § 7 Abs. 1 fest – ein Verdacht reicht in der Regel nicht aus[19] – stellt sich die Frage nach einer angemessenen **Sanktion. Abs. 3** nennt mit Abmahnung, Umsetzung, Versetzung oder Kündigung beispielhaft mögliche arbeitsrechtliche Maßnahmen, mit denen AG auf die Benachteiligung reagieren können. Hierbei handelt es sich **nicht um eine abschließende Aufzählung**. Vielmehr ist die zu treffende Maßnahme im Einzelfall nach den Gesamtumständen, insbesondere der Schwere des Verstoßes und der Wiederholungsgefahr, zu bestimmen. Geeignet im Sinne der Verhältnismäßigkeit sind nur solche Maßnahmen, von denen AG annehmen dürfen, dass sie die Benachteiligung für die Zukunft abstellen, also eine Wiederholung ausschließen.[20] In Anlehnung an den nunmehr aufgehobenen § 4 Abs. 1 Ziff. 1 BeschSchG können die von AG zu treffenden Maßnahmen von einer einfachen Ermahnung, einer Abmahnung und Versetzung bis hin zur außerordentlichen Kündigung reichen. 8

**Beispiel:** 9
Ein AN beleidigt einen Kollegen vor anderen Mitarbeiter:innen wiederholt mit antisemitischen Schimpfworten. Der beschimpfte AN kennt lediglich den Spitznamen des Beleidigers. Der AG muss nicht nur, wie bisher, Auskunft über die Person des Schädigers erteilen, sondern auch gegen diesen vorgehen, weil er seinen Kollegen gem. § 3 Abs. 3 aufgrund seiner ethnischen Herkunft in einer Weise beleidigt hat, die die Würde seiner Person verletzt und ein feindliches Umfeld schafft und hierdurch gem. § 7 Abs. 3 gegen seine vertraglichen Pflichten

---

15 Zur zunehmenden Problematik des Stalking und die sich daraus im Zusammenhang mit dem AGG ergebenden Haftungsfragen siehe Göpfert/Siegrist, NZA 07, 473.

16 LAG Niedersachsen 28. 2. 2024 – 2 Sa 375/23.

17 BAG 27. 1. 2011 – 2 AZR 825/09, Rn. 31.

18 LAG Niedersachsen 28. 2. 2024 – 2 Sa 375/23, Rn. 72.

19 Aber s. hierzu BAG 2. 3. 17 – 2 AZR 698/15: Außerordentliche Verdachtskündigung eines Lehrers wegen des Verdachts der sexuellen Belästigung von Schülerinnen.

20 BAG 9. 6. 11 – 2 AZR 323/10; BAG 20. 5. 2021 – 2 AZR 596/20, Rn. 27.

verstoßen hat. Der AG muss ihn deswegen gem. § 12 Abs. 2 abmahnen, ggf. versetzen oder umsetzen oder ihm je nach den Umständen kündigen sowie Präventionsmaßnahmen gem. § 12 Abs. 1 treffen. Der Betroffene hat außerdem ein Beschwerderecht gem. § 13. Wie bisher kann der Betroffene außerdem einen Anspruch gegenüber dem Beleidiger auf Ersatz des materiellen und immateriellen Schadens wegen einer Verletzung des allgemeinen Persönlichkeitsrechts geltend machen.

10 Es liegt im Ermessen der AG, mit welchen Maßnahmen sie auf Benachteiligungen von Beschäftigten untereinander reagieren. Die Betroffenen haben allerdings einen **Anspruch auf die Ausübung rechtsfehlerfreien Ermessens** und damit auf die Ergreifung solcher Maßnahmen, die nach den Umständen des Einzelfalles verhältnismäßig und zumutbar sind. Ggf. kommt nach diesen Maßstäben nur eine einzige konkrete Maßnahme in Betracht, um den erforderlichen Schutz sicherzustellen.[21] In diesem Fall besteht ein **Anspruch auf die konkrete Maßnahme**. Der Verhältnismäßigkeitsgrundsatz wird dabei durch Abs. 3 konkretisiert und schränkt das Auswahlermessen der AG für geeignete Maßnahmen insoweit ein, als AG die Benachteiligung zu »unterbinden« haben. Geeignet i. S. d. Verhältnismäßigkeit sind daher nur solche Maßnahmen, von denen AG annehmen dürfen, dass sie die **Benachteiligung für die Zukunft abstellen**, d. h. eine Wiederholung ausschließen.[22]

11 Die gleichen Grundsätze gelten im **öffentlichen Dienst**: In schweren Fällen dienstlicher sexueller Belästigung von Beschäftigten, insbesondere unter Ausnutzung einer Vorgesetzteneigenschaft, kann sich grundsätzlich die Frage der weiteren Tragbarkeit im öffentlichen Dienst stellen, während in minderschweren Fällen eine mildere Disziplinarmaßnahme verhängt werden kann.[23]

12 Eine sexuelle Belästigung i. S. v. § 3 Abs. 4 stellt nach § 7 Abs. 3 eine Verletzung vertraglicher Pflichten dar und ist »an sich« als wichtiger Grund für den Ausspruch einer **außerordentlichen Kündigung i. S. v. § 626 Abs. 1 BGB** geeignet.[24] Ob im Einzelfall eine außerordentliche Kündigung berechtigt ist, hängt von den Umständen des Einzelfalls ab. Sie kommt nur

21 BAG 25.10.07 – 8 AZR 593/06 – NZA 08, 223: Anspruch auf Ausspruch einer konkreten Abmahnung und ggf. auf das Angebot eines gleichwertigen Arbeitsplatzes, an dem Betroffene nicht mehr mit einem Schädiger zusammenarbeiten müssen, wenn ein solcher Arbeitsplatz im Unternehmen vorhanden ist.

22 BAG 20.11.14 – 2 AZR 651/13, Rn. 23; BAG 29.6.2017 – 2 AZR 302/16, Rn. 29; BAG 20.5.2021 – 2 AZR 596/20, Rn. 28; BAG 20.5.2021 – 2 AZR 596/20, Rn. 24; LAG Rheinland-Pfalz 23.3.18 – 1 Sa 507/17, Rn. 75; LAG Niedersachsen 20.6.2022 – 12 Sa 434/21, Rn. 98.

23 BVerwG 16.7.09 – 2 AV 4/09.

24 BAG 9.6.11 – 2 AZR 323/10; BAG 20.11.2014 – 2 AZR 651/13; BAG 29.6.17 – 2 AZR 302/16; LAG Rheinland-Pfalz 23.3.18 – 1 Sa 507/17; LAG Niedersachsen 20.6.2022 – 12 Sa 434/21, Rn. 63.

in Betracht, wenn es keinen angemessenen Weg gibt, das Arbeitsverhältnis fortzusetzen, etwa weil dem AG sämtliche milderen Reaktionsmöglichkeiten unzumutbar sind. Im Vergleich zu einer außerordentlichen fristlosen Kündigung kommen als mildere Mittel insbesondere eine Abmahnung oder eine ordentliche Kündigung in Betracht.[25] Grundsätzlich muss auch **bei sexuellen Belästigungen** mit Ausnahme von Extremfällen und von Fällen, die die Grenze zur Strafbarkeit überschreiten, einer Kündigung des Arbeitsverhältnisses regelmäßig eine Abmahnung vorausgehen, um eine negative Prognose zu begründen.[26] Einer Abmahnung bedarf es demnach auch im Lichte des § 12 Abs. 3 nur dann nicht, wenn bereits ex ante erkennbar ist, dass eine Verhaltensänderung in Zukunft auch nach einer Abmahnung nicht zu erwarten steht.[27] Für eine solche negative Prognose spricht im Fall rassistischer Beleidigungen von Kolleg:innen, wenn das pflichtwidrige Verhalten beharrlich und die Selbstwahrnehmung uneinsichtig ist und somit nichts dafür spricht, dass eine Bereitschaft besteht, rassistisches Verhalten oder Kommunikation zu verändern.[28] Sind mehrere Maßnahmen geeignet und möglich, die Benachteiligung infolge sexueller Belästigung abzustellen, so haben AG diejenige zu wählen, die Täter:innen am wenigsten belastet.[29] Eine Kündigung ist ggf. erforderlich, wenn eine Abmahnung nicht ausreicht, um die Fortsetzung einer (sexuellen) Belästigung mit der gebotenen Sicherheit zu unterbinden und eine Umsetzung oder Versetzung der Person des Störers nicht in Betracht kommt.[30] Im Falle eines **strafbaren Verhaltens** kann auch eine außerdienstliche, sexuelle Belästigung zur Berechtigung einer außerordentlichen Kündigung führen, wenn das Opfer in enger Beziehung zu den Mitarbeiter:innen steht und das außerdienstliche Verhalten sich auf den betrieblichen Bereich auswirkt und dort zu Störungen führt.[31] Auch bei **langjährigen Beschäftigten** berechtigen die Frage nach der Echtheit der Oberweite einer **Auszubildenden** und die anschließende Berührung der Brust zu einer fristlosen Kündigung ohne vorherige Abmahnung.[32] Das Gleiche gilt für die Kündigung eines Lehrers bei sexueller Belästigung einer Schüle-

---

25 BAG 20.11.14 – 2 AZR 651/13, Rn. 21.

26 BAG 9.6.11 – 2 AZR 323/10.

27 BAG 20.5.21 – 2 AZR 596/20, Rn. 27.

28 LAG Köln 6.6.19 – 4 Sa 18/19, Rn. 76.

29 LAG Niedersachsen 13.10.09 – 1 Sa 832/09.

30 LAG Hamm 22.10.96 – 6 Sa 730/96 – NZA 97, 769; zur außerordentlichen Kündigung eines Vorgesetzten wegen sexueller Belästigung einer Mitarbeiterin BAG 25.3.04 – 2 AZR 341/03 ; zur Entbehrlichkeit einer Abmahnung bei sexueller Belästigung BAG 9.1.86 – 2 ABR 24/85; zur Verhältnismäßigkeit und zum Vorrang einer Abmahnung bei unbeabsichtigter, sexueller Belästigung: LAG Hamm 13.2.97 – 17 Sa 1544/96 – NZA-RR 97, 250.

31 LAG Hessen 21.2.14 – 14 Sa 609/13.

32 LAG Niedersachsen 6.12.13 – 6 Sa 391/13.

rin[33] und für die fortgesetzte sexuelle Belästigung von einer oder mehrerer Praktikantinnen.[34] Diese Grundsätze kommen auch in Fällen **rassistischer Belästigung** zur Anwendung.[35]

13 Bei **sexuellen Belästigungen** ist zu beachten, dass **bereits eine einmalige sexuell bestimmte Verhaltensweise** den Tatbestand der sexuellen Belästigung erfüllen und somit die Pflichten von AG aus § 12 Abs. 3 auslösen kann. Für das Bewirken einer Verletzung der Würde i. S. d. § 3 Abs. 4 genügt der bloße Eintritt der Belästigung (s. § 3 Rn. 39). Auf vorsätzliches Verhalten kommt es nicht an. Maßgeblich ist allein, ob die Unerwünschtheit der Verhaltensweisen objektiv erkennbar war.[36]

14 **Rechtsschutz:** Die **von einer Sanktion betroffenen Beschäftigten** können insbesondere Abmahnungen, Versetzungen und Kündigungen auf ihren diskriminierenden Charakter hin arbeitsgerichtlich überprüfen lassen und Klage erheben. Für Entschädigungsansprüche ist der Rechtsweg zu den Arbeitsgerichten gemäß § 2 Abs. 1 Nr. 3 Buchst. c ArbGG eröffnet, wenn sich die Klage gegen potenzielle AG richtet. Schalten potenzielle AG einen Dritten ein (z. B. für die Veröffentlichung einer Stellenanzeige beauftragte Anwält:innen), sind die Arbeitsgerichte nicht zuständig, wenn Bewerber:innen den Dritten auf Auskunft über die Identität des Auftraggebers oder gemäß § 15 Abs. 2 auf Entschädigung in Anspruch nehmen[37] (s. zur Haftung für Dritte § 15 Rn. 7 und zur gerichtlichen Geltendmachung § 15 Rn. 33). Für die Frage der Rechtmäßigkeit und Angemessenheit der Maßnahme sind die allgemeinen arbeitsrechtlichen Grundsätze insbesondere zum Ausspruch einer verhaltensbedingten Kündigung oder außerordentlichen Kündigung innerhalb der gem. § 626 Abs. 2 BGB einzuhaltenden 2-Wochen-Frist maßgebend. Allein der Vorwurf einer Diskriminierung ohne Vorliegen eines entsprechenden Tatnachweises gibt AG regelmäßig noch kein Recht zur Kündigung.[38] Für die Möglichkeit des Ausspruchs einer Verdachtskündigung nach Anhörung der betroffenen AN gelten ebenfalls die allgemeinen Grundsätze.[39] Stellt sich heraus, dass Beschäftigte wahrheitswidrig einer verbotenen Diskriminierung bezichtigt wurden, kommt die Kündigung der Person in Betracht, die den falschen Verdacht geäußert hat.[40]

33 LAG Hamm 8. 5. 13 – 5 Sa 513/12.
34 LAG Niedersachsen 20. 6. 22 – 12 Sa 434/21.
35 LAG Köln 6. 6. 19 – 4 Sa 18/19; LAG Berlin-Brandenburg 14. 10. 22 – 12 Sa 51/22; vgl. auch BVerfG 2. 11. 20 – 1 BvR 2727/19, Rn. 19.
36 BAG 20. 11. 14 – 2 AZR 651/13; LAG Rheinland-Pfalz 21. 12. 15 – 3 Sa 335/15; Wisskirchen DB 06, 1491.
37 BAG 27. 8. 08 – 5 AZB 71/08.
38 BAG 8. 6. 00 – 2 ABR 1/00.
39 BAG 8. 6. 00 – 2 ABR 1/00.
40 LAG Rheinland-Pfalz 16. 2. 96 – NZA-RR 97, 169 für den Fall der wahrheitswidrigen Behauptung einer sexuellen Belästigung.

Beschäftigte, die diskriminiert wurden und eine **verhängte Sanktion als nicht ausreichend erachten oder gegen das Unterlassen von Sanktionen** vorgehen wollen, können gem. § 12 Abs. 3 von AG die **Verhängung einer im Einzelfall geeigneten, erforderlichen und angemessenen Sanktion zur Unterbindung der Benachteiligung verlangen.** Da AG hier einen erheblichen Spielraum haben, wird sich ein Anspruch gegen AG zur Verhängung einer konkreten Maßnahme gerichtlich nur sinnvoll durchsetzen lassen, wenn entweder dem Entscheidungsspielraum der Arbeitgeberseite im Antrag Rechnung getragen wird oder im Einzelfall der Schutz der Betroffenen nur durch eine ganz bestimmte Maßnahme (beispielsweise durch eine Kündigung oder Abmahnung) erreicht werden kann (vgl. Rn. 10). Wie schon bei § 4 Abs. 1 BeschSchG gelten insoweit die Grundsätze des § 104 BetrVG entsprechend. AG haften außerdem nach § 278 BGB für Schäden, die AN dadurch erleiden, dass sie durch Vorgesetzte schuldhaft in ihren Rechten verletzt werden.[41] 15

Verletzen AG schuldhaft ihre **Fürsorgepflicht** gem. Abs. 3, haften sie den Betroffenen nach den allgemeinen Vorschriften (§ 280 Abs. 1 BGB) auf Schadensersatz. Allein die Tatsache, dass keine oder keine ausreichenden Sanktionen getroffen werden, stellt zunächst noch keine eigene Benachteiligung dar. Sie kann aber eine **Benachteiligung durch Unterlassen** bewirken, da Abs. 4 eine arbeitgeberseitige Handlungspflicht zum Schutz vor einer Benachteiligung durch Dritte vorsieht. Das Unterlassen von Präventionsmaßnahmen nach § 12 kann zudem ein **Indiz für eine Diskriminierung** gemäß § 22 sein.[42] Eine Haftung für das Verhalten Dritter sieht das AGG nicht vor (zur Haftung über §§ 278, 831 BGB s. Rn. 7 und 42 zu § 15). Dies wurde im Zuge der Evaluation des AGG als ein Durchsetzungsdefizit der Gleichbehandlungsrechte ausgemacht.[43] 16

**Mitbestimmung:** Ohne dass es einer expliziten Normierung wie in § 4 Abs. 1 BeschSchG bedarf, sind bei der Durchführung von personellen Maßnahmen gem. Abs. 3 die Mitbestimmungsrechte des Betriebsrats (insbesondere §§ 99, 102 BetrVG) zu beachten. Außerdem kann der Betriebsrat bei Vorliegen der Voraussetzungen des § 104 BetrVG (Störung des Betriebsfriedens durch gesetzwidriges Verhalten oder durch grobe Verletzung der Grundsätze von § 75 BetrVG) im Beschlussverfahren die Entlassung oder Versetzung des Schädigers verlangen. 17

---

41 BAG 25.10.07 – 8 AZR 593/06: Anspruch auf Abmahnung.
42 ErfK-Schlachter, AGG, § 12 Rn. 7.
43 Berghahn/Klapp/Tischbirek, Evaluation AGG, 2016, S. 113.

## III. Maßnahmen gegenüber Dritten

18 **Abs. 4** verpflichtet AG, ihre Beschäftigten in Ausübung ihrer Tätigkeit auch vor einer **Benachteiligung durch Dritte** zu schützen und geeignete, erforderliche und angemessene Maßnahmen zu ergreifen. Die Begründung zum Gesetzesentwurf[44] nennt als Beispiel einen Auslieferungsfahrer, der von Kunden rassistisch schikaniert wird, und führt an, dass gerade in Kundenbeziehungen die Form einer angemessenen Reaktion anhand der konkreten Umstände des Einzelfalls zu bestimmen ist. Zu denken ist auch an Geschäftspartner:innen. Werkvertragsnehmer:innen und Dienstleister:innen fallen bei wirtschaftlicher Abhängigkeit unter den Beschäftigten-Begriff des § 6 (s. dort) und sind somit keine »Dritten« i. S. d. Abs. 4.

19 Der Gesetzeswortlaut normiert den **Verhältnismäßigkeitsgrundsatz** ohne genauere Bestimmung, was AG zu tun haben. Die Zumutbarkeit und die Form des Tätigwerdens von AG hängen damit von der Schwere der Beeinträchtigung der betroffenen Beschäftigten und den Möglichkeiten ihres Schutzes ab. Grundsätzlich sind sowohl innerbetriebliche Maßnahmen denkbar, wie etwa im oben (Rn. 18) genannten Beispiel ein geänderter Einsatzplan des Auslieferungsfahrers, der damit keine Kunden mehr beliefern muss, die ihn diskriminieren, als auch **Maßnahmen den Kund:innen gegenüber** etwa in Form eines Gesprächs, einer Aufforderung, die Diskriminierung zu unterlassen, oder gar Kündigung der Vertragsbeziehungen.

20 Besteht die Möglichkeit, durch **innerbetriebliche Maßnahmen**, wie Umsetzung oder Versetzung oder andere organisatorische Maßnahmen, der Diskriminierung wirksam zu begegnen, werden solche Maßnahmen den AG immer zumutbar sein. Allerdings muss ausgeschlossen sein, dass betroffene Beschäftigte durch eine solche »Schutzmaßnahme« eine Benachteiligung erfahren.

21 Nach den Umständen des Einzelfalles wird bei **Maßnahmen gegenüber Kund:innen oder Geschäftspartner:innen** – wie etwa einem Hausverbot – eine Grenze dessen zu beachten sein, was AG wirtschaftlich zumutbar ist. Hier ist zum einen die Schwere des diskriminierenden Verhaltens einschließlich dessen Außenwirkung, eine Wiederholungsgefahr sowie die Wichtigkeit der Kund:innen für den Bestand des Betriebes zu beachten. Kommt es z. B. in einem Restaurant zu der sexuellen Belästigung einer Bedienung oder zu einer schweren rassistischen Beleidigung, wird der Arbeitgeberseite ein Lokalverweis als angemessene Reaktion zumutbar sein, gegebenenfalls auch die vorherige Abfrage von Namen und Anschrift der Person des Schädigers, um dem oder der Beschäftigten ein weitergehendes Vorgehen zu ermöglichen. Werden AG nicht oder nicht ausreichend tätig und verletzen dadurch schuldhaft ihre **Fürsorgepflicht**, haften sie den be-

44 BT-Drs. 16/1730 S. 37.

troffenen Beschäftigten nach den allgemeinen Vorschriften (§ 280 Abs. 1 BGB) auf Schadensersatz.

### IV. Bekanntmachungspflichten

**Abs. 5** setzt Art. 10 der Richtlinie 2000/43/EG (Antirassismus-Richtlinie), 22
Art. 12 der Richtlinie 2000/78/EG (Rahmenrichtlinie Beschäftigung) und Art. 8 der Richtlinie 76/207/EWG (Gender-Richtlinie) um und enthält die Verpflichtung von AG, die gesetzlichen **Vorschriften** einschließlich der maßgeblichen Klagefrist des § 61b ArbGG **in geeigneter Weise bekannt zu machen**. Die **Adressat:innen** für die Bekanntmachung sind nach den EG-Richtlinien die Betroffenen, also die bei den AG **Beschäftigten**. Außerdem wird AG die Pflicht auferlegt, über die für die Behandlung von Beschwerden nach § 13 Abs. 1 zuständigen Stellen zu informieren. Welchen Weg der Bekanntmachung AG wählen, ist ihnen überlassen. Es muss lediglich sichergestellt sein, dass Beschäftigte auch tatsächlich in zumutbarer Weise Kenntnis erlangen können. Üblich sind bisher vor allem der Aushang oder die Auslegung im Betrieb oder elektronische Informations- und Kommunikationstechnik, wie z.B. das Intranet oder E-Mail-Verteiler. Auch individuelle Information ist möglich. Bei der Bekanntmachungsverpflichtung des Abs. 5 handelt es sich um Mindestanforderungen an die erforderlichen Informationen. Verletzt ein AG die Pflicht zur Bekanntmachung, stellt sich die Frage, inwieweit dies gem. § 22 zu der Vermutung einer Benachteiligung wegen eines der Merkmale des § 1 beitragen kann.[45]

## Unterabschnitt 3
## Rechte der Beschäftigten

### Vor §§ 13–16

Von Benachteiligung Betroffene haben verschiedene Möglichkeiten, gegen 1
ihre Benachteiligung vorzugehen. **Gegenüber AG** ist das **Beschwerderecht** in § 13 im Normalfall das erste Mittel der Wahl und kann, je nach den Umständen, ggf. Voraussetzung für ein **Leistungsverweigerungsrecht** gem. § 14 sein, das ein Unterlassen oder ungeeignetes Handeln des AG voraussetzt. Unabhängig vom Erheben und dem Erfolg einer Beschwerde haften AG für eine Benachteiligung (auch über § 278 BGB) gem. § 15 Abs. 1 und 2 auf **Schadensersatz und Entschädigung**. Der Schadensersatzanspruch umfasst entgangenes Entgelt bei unterbliebener Einstellung und Beförderung

45 Bejahend: Brors, Evaluation AGG, 20.6.2022, S. 129.

sowie die Bewerbungskosten sowohl für die erfolglose Bewerbung als auch für eine neue Stelle. Bei einer durch die Benachteiligung verursachten Erkrankung sind auch die Arzt- und Therapiekosten zu ersetzen.

2 Außerdem bleiben gem. § 15 Abs. 5 durch die Regelungen im AGG weitere Ansprüche gegenüber AG unberührt. In Betracht kommen gem. §§ 280, 823 BGB insbesondere Ansprüche, die sich aus der schuldhaften Verletzung von Pflichten aus dem AGG (wie z. B. §§ 12 oder 17) ergeben und die keinen Verstoß gegen das Benachteiligungsverbot von § 7 Abs. 1 bedingen.

3 Nicht ausdrücklich geregelt sind außerdem die nach allgemeinen Rechtsvorschriften bestehenden Ansprüche auf Unterlassen einer Benachteiligung (§ 1004 BGB i. V. m. § 7, s. Rn. 41 zu § 15) und die Möglichkeit des Ausspruchs einer Eigenkündigung gem. § 626 BGB mit der Folge des Schadensersatzanspruchs von § 628 Abs. 2 BGB.

4 Ein **Unterlassungsanspruch** richtet sich gegen die Person des Schädigers, also die Person, die gegen das Benachteiligungsverbot gem. § 7 Abs. 1 verstößt. Betroffene können in analoger Anwendung des § 1004 BGB einen Anspruch auf künftige Unterlassung des belästigenden Verhaltens geltend machen.

4a Die Speicherung, Nutzung oder Übermittlung von Bewerberdaten oder auch nur der Namens von Bewerber:innen als sog. »AGG-Hopper«, womit der Vorwurf einer rechtsmissbräuchlichen Inanspruchnahme der Schutzvorschriften dieses Gesetzes verbunden wird (siehe dazu § 15 Rn. 26), sind rechtswidrig und deswegen zu unterlassen. Dennoch hatte eine größere Stuttgarter Anwaltssozietät ein sog. »AGG-Archiv« zur Auskunft an jeden AG, die Rechtsanwaltschaft und jedes Gericht betrieben, »ob ein bestimmter Bewerber in der Vergangenheit bereits mit Entschädigungsklagen wegen angeblicher Diskriminierung bei Bewerbungen aufgefallen ist«. Dieses Vorgehen ist mit den Schutzvorschriften des AGG (insbesondere dem Maßregelungsverbot in § 16) und dem BDSG nicht vereinbar.[1] Die zuständige Aufsichtsbehörde hatte den Verstoß gegen das BDSG beanstandet,[2] woraufhin die Sozietät ab 2009 Anfragen nach angeblichen »AGG-Hoppern« nicht mehr beantwortete.

5 Werden Beschäftigte durch AG rechtswidrig i. S. von § 3 benachteiligt, kommt neben einem Unterlassungsanspruch bei einem bestehenden Arbeitsverhältnis regelmäßig eine **Eigenkündigung** gem. § 626 BGB aus wichtigem Grund in Betracht. Gegenüber den Interessen von AG an der Einhaltung der ordentlichen Kündigungsfrist bedarf es einer Interessenabwägung. Bei ehrverletzenden und sexuellen Belästigungen, die als Benachteiligung i. S. von § 3 Abs. 3 und 4 zu sehen sind, überwiegen regelmäßig auch dann die Interessen der Betroffenen, wenn die Belästigung von anderen

1 S. auch Däubler/Beck-Buschmann, AGG, § 13 Rn. 11.
2 2-0552/B25/08, dokumentiert in AuR 2009, 307.

Mitarbeiter:innen oder Dritten ausgeht und die Arbeitgeberseite keinen effektiven Schutz gewährt. Allerdings müssen Betroffene in einem solchen Fall zunächst das mildere Mittel einer Beschwerde gem. § 13 wählen, um AG die Möglichkeit des Handelns zu geben. Eine außerordentliche Kündigung muss gem. § 626 Abs. 2 BGB innerhalb von zwei Wochen ab Kenntnis des Kündigungsgrundes erfolgen. Bei fortdauernden Verletzungen, also etwa ständigen Belästigungen, beginnt die Ausschlussfrist mit dem letzten Vorfall, der ein weiteres und letztes Glied in der Kette der Ereignisse bildet, die zum Anlass für eine Kündigung genommen werden.[3] Zusätzlich kommt bei einer berechtigten Kündigung aus wichtigem Grund ein Schadensersatzanspruch gem. § 628 Abs. 2 BGB in Betracht.

**Gegenüber anderen Beschäftigten oder Dritten**, die gegen das Benachteiligungsverbot des § 7 Abs. 1 verstoßen, bestehen Schadensersatzansprüche gem. § 823 Abs. 1 und 2 BGB und ggf. Ansprüche auf Schmerzensgeldzahlungen gem. § 253 Abs. 2 BGB. Daneben besteht gegenüber anderen Beschäftigten oder Dritten gegebenenfalls ein Anspruch auf Entschädigung wegen Verletzung des allgemeinen Persönlichkeitsrechts, der auch nach der Einfügung des § 253 Abs. 2 BGB mit unveränderten Voraussetzungen fortbesteht. Nur gegenüber AG sieht das AGG in § 15 Abs. 2 insoweit eine abschließende Sonderregelung vor (s. zu einer Verletzung des allgemeinen Persönlichkeitsrechts Rn. 19ff. zu § 15 m.w.N.). Außerdem kommt auch ihnen gegenüber ein Anspruch auf Unterlassung in analoger Anwendung des § 1004 BGB in Betracht (s. Rn. 4 oben). 6

**Ansprüche** gegenüber schädigenden Dritten können auch **für AG** bestehen. Wird beispielsweise Entgeltfortzahlung geleistet bei einer Arbeitsunfähigkeit, die auf einer Diskriminierung beruht, besteht gegenüber der Person des Schädigers gem. § 6 EFZG ein Anspruch auf Rückzahlung der geleisteten Entgeltfortzahlung. 7

**Rechtschutz:** Von einer Diskriminierung betroffene Beschäftigte können regelmäßig die genannten Ansprüche gegen AG und gegen andere Beschäftigte vor dem Arbeitsgericht geltend machen (§§ 2 Abs. 1 Ziff. 3 a) und d), Ziff. 9 ArbGG), da sich der Arbeitnehmerbegriff des § 5 ArbGG weitgehend mit dem Begriff des Beschäftigten gem. § 6 Abs. 1 deckt. Ansprüche gegenüber nicht betriebsangehörigen Dritten können nur dann gem. § 2 Abs. 3 ArbGG im arbeitsgerichtlichen Verfahren durchgesetzt werden, wenn gleichzeitig Klage gegen den AG wegen derselben Benachteiligung erhoben wird. Anders als i. R. des AGG haften Dritte nur bei Verschulden. Die Beweislastregelung des § 22 sieht eine Beweiserleichterung nur für die Geltendmachung einer Benachteiligung, nicht aber hinsichtlich des Verschuldens vor. Von einer Benachteiligung Betroffene sollten die aus ihrer Sicht erfolgten Benachteiligungen nach Zeit, Situation und sonstigen 8

3 BAG 6.7.72 – 2 AZR 386/71, DB 1972, 2119.

Umständen sowie möglichen Beweismitteln (schriftliche Unterlagen, Zeugen etc.) sorgfältig dokumentieren, da nur dann im innerbetrieblichen Beschwerdeverfahren oder bei einem sich ggf. daran anschließenden Rechtsstreit Aussicht auf Erfolg besteht.[4]

## § 13 Beschwerderecht

**(1) Die Beschäftigten haben das Recht, sich bei den zuständigen Stellen des Betriebs, des Unternehmens oder der Dienststelle zu beschweren, wenn sie sich im Zusammenhang mit ihrem Beschäftigungsverhältnis vom Arbeitgeber, von Vorgesetzten, anderen Beschäftigten oder Dritten wegen eines in § 1 genannten Grundes benachteiligt fühlen. Die Beschwerde ist zu prüfen und das Ergebnis der oder dem Beschwerde führenden Beschäftigten mitzuteilen.**
**(2) Die Rechte der Arbeitnehmervertretungen bleiben unberührt.**

**Inhaltsübersicht**



### I. Benennung oder Einrichtung der Beschwerdestelle

1 **Abs. 1** enthält das **Recht der Beschäftigten**, sich wegen einer eingetretenen Benachteiligung **bei einer zuständigen Stelle** des Betriebs oder bei der Arbeitnehmervertretung **zu beschweren**. Beim Beschwerderecht nach § 13 handelt es sich ebenso wie bei der früheren Regelung in § 3 Abs. 1 BeschSchG und dem Beschwerderecht bei nicht ausreichenden Arbeitsschutzmaßnahmen nach § 17 Abs. 2 ArbSchG um eine Spezialvorschrift, die nach herrschender Meinung das allgemeine Beschwerderecht nach § 84 BetrVG nicht einschränkt.[1] Allerdings ist im **betriebsverfassungsrechtlichen Beschwerdeverfahren** gem. § 85 Abs. 2 Satz 3 BetrVG die Anrufung der Einigungsstelle ausgeschlossen, soweit Gegenstand der Beschwerde ein Rechtsanspruch ist. Soweit also Beschwerdeführende Ansprüche nach dem AGG oder allgemeinen Regelungen aus der Feststellung einer Benachteiligung herleiten können, ist die Bedeutung der zusätzlichen Möglichkeit

4 LAG Berlin 7.11.02 – 16 Sa 938/02, AiB 2004, 108 zum erforderlichen Vortrag bei Mobbing.

1 Fitting, BetrVG, § 84 Rn. 2.

einer Beschwerde nach § 84 BetrVG eingeschränkt. Der Gesetzgeber hat das Beschwerderecht noch einmal ausdrücklich im AGG normiert, weil die Beschwerde sowohl Grundlage für Maßnahmen der Arbeitgeberseite als auch für weitere Ansprüche von Beschäftigten sein kann.[2] Außerdem wird damit **auch** für **betriebsratslose Betriebe** ein Beschwerdeverfahren gewährleistet und dieses auch auf Fälle erstreckt, in denen eine dritte, nicht betriebsangehörige Person beschuldigt wird. Es besteht ein Anspruch auf Errichtung einer Beschwerdestelle. Bestehen innerhalb eines Unternehmens mehrere Betriebe, können AG entweder in jedem ihrer Betriebe eine Beschwerdestelle einrichten oder diese überbetrieblich im Unternehmen ansiedeln.[3] Deshalb ist es nicht relevant, ob der Betriebsbegriff i. S. v. Abs. 1 Satz 1 AGG identisch ist mit demjenigen des Betriebsverfassungsrechts.

Nach der Gesetzesbegründung ist der Begriff **»zuständige Stelle«** umfassend zu verstehen und kann beispielsweise einen Vorgesetzten, eine Gleichstellungsbeauftragte oder eine betriebliche Beschwerdestelle gem. § 86 BetrVG meinen. Es muss sich also nicht eigens um eine durch AG zu diesem Zweck geschaffene Stelle handeln. Vielmehr reicht es aus – und ist gleichzeitig zwingend erforderlich – dass die **Arbeitgeberseite die zuständige(n) Stelle(n) benennt** und **gem. § 12 Abs. 5 bekannt gibt**, da ansonsten die Zuständigkeit für die Beschäftigten kaum zu erkennen ist. Es können also konkrete Personen im Betrieb benannt werden, die die Funktion der Beschwerdestelle übernehmen. AG können aber auch eine förmliche Stelle einrichten oder einen eigenen Funktionsbereich schaffen, der die Funktion der Beschwerdestelle einnimmt. Dabei geht der Begriff der »Einrichtung« weiter als der Begriff der »Benennung«, da Einrichtung auch die Schaffung einer bestimmten Organisation und einer bestimmten Struktur beinhaltet. Außerdem ist es möglich, **externe Personen oder unabhängige externe Stellen** zu benennen.[4] Allerdings muss in jedem Fall gewährleistet sein, dass das Beschwerderecht tatsächlich auch ausgeübt werden kann und nicht erschwert wird. Deshalb dürfte eine Benennung von Anwält:innen der Arbeitgeberseite unzulässig sein[5] – jedenfalls dann, wenn es sich nicht um eine neutrale Anwaltskanzlei handelt, die nur zu diesem Zweck eingeschaltet wird.[6] Zudem muss ein relativ einfacher Zugang auch örtlich gewährleistet 2

---

2 BT-Drs. 16/1780 S. 37.

3 LAG Hamburg 17.4.07 – 3 TaBV 6/07; Schiek-Kocher, AGG, § 13 Rn. 12; Oetker, NZA 2008, 264, 266.

4 Gach/Julis, BB 2007, 773.

5 Däubler/Beck-Buschmann, AGG, § 13 Rn. 35; Herberger/Martinek/Rüßmann/Weth/Würdinger-Harwart, jurisPK-BGB, AGG, § 13 Rn. 4.

6 Mit Empfehlung zur Auslagerung jedenfalls der Meldestellen nach dem HinSchG auf sachkundige Dritte, z. B. Anwaltskanzleien: Gravenhorst, NZA 2023, 1425 (1433).

sein, da ansonsten das Beschwerderecht vereitelt würde.[7] Die Effektivität des Zugangs zu der Beschwerdestelle wird erhöht durch eine personelle Besetzung der Stelle, die betriebliche Diversität abbildet.[8] Der Wortlaut »bei den zuständigen Stellen« geht außerdem davon aus, dass **ggf. mehrere Anlaufstellen** im Betrieb bestehen, an die sich betroffene Beschäftigte wenden können.

**2a** Die Datenerhebung im Zuge der Evaluation des AGG hat ergeben, dass trotz des Inkrafttretens der Regelung bereits 2006 auch heute noch in nur wenigen Betrieben Beschwerdestellen eingerichtet wurden und dort, wo sie bestehen, häufig nicht bekannt sind. Zudem spielt § 13 auch in der gerichtlichen Praxis kaum eine Rolle.[9]

## II. Mitbestimmung des Betriebsrates

**3** **Mitbestimmung:** § 13 Abs. 1 begründet selbständig keine Mitbestimmungsrechte des Betriebsrats. Der Betriebsrat hat hinsichtlich der **Einführung und Ausgestaltung des Beschwerdeverfahrens** ein Mitbestimmungsrecht gem. § 87 Abs. 1 Nr. 1 BetrVG. Es handelt sich um eine Frage der betrieblichen Ordnung, da die Ausgestaltung des Verfahrens darauf angelegt ist, das Ordnungsverhalten der Arbeitnehmer in standardisierter Weise zu steuern.[10] Das Mitbestimmungsrecht umfasst auch ein entsprechendes **Initiativrecht**, das in Abhängigkeit davon, wo AG eine Beschwerdestelle eingerichtet haben (im Betrieb oder betriebsübergreifend), dem örtlichen Betriebsrat oder dem Gesamtbetriebsrat zusteht.[11]

**Kein Mitbestimmungsrecht** besteht bei der Frage, **wo** AG die Beschwerdestelle errichten und **wie** sie diese **personell besetzen**. Diese Fragen sind grundsätzlich Teil der mitbestimmungsfreien Organisation.[12] Die örtliche Festlegung gestaltet nicht das betriebliche Zusammenleben und Zusammenwirken der AN.[13] Allerdings dürfen AG die Beschwerdestelle nicht so bestimmen, dass davon der Effekt einer Abschreckung für die Beschäftigten ausgeht und sie schon durch die Bestimmung und Auswahl der Stelle von

---

7 Däubler/Beck-Buschmann, § 13 Rn. 18.

8 Herberger/Martinek/Rüßmann/Weth/Würdinger-Harwart, jurisPK-BGB, AGG, § 13 Rn. 4.

9 Berghahn/Klapp/Tischbirek, Evaluation AGG, 2016, S. 130 ff.; Brors, Evaluation AGG, 20.6.2022, S. 130 f.

10 BAG 21.7.09 – 1 ABR 42/08 und für § 75 Abs. 3 Nr. 15 BPersVG bzw. die entsprechende Vorschrift in Hessen: Hess. VGH 20.3.08 – 22 TL 2257/07.

11 BAG 21.7.09 – 1 ABR 42/08. Ausführlich zu den Inhalten, zu denen das Mitbestimmungsrecht besteht, Biere, AiB 2010, 84.

12 BAG 21.7.09 – 1 ABR 42/08; LAG Hamburg 29.10.08 – 5 TaBV 5/08; LAG Rh-Pf 17.4.08 – 9 TaBV 9/09; a. A. noch LAG Hamburg 17.4.07 – 3 TaBV 6/07.

13 BAG 23.8.16 – 1 ABR 43/14, Rn. 22.

der Erhebung einer Beschwerde nach § 13 abgehalten werden.[14] Falls AG ihre Verpflichtung, eine den Erfordernissen des AGG genügende Beschwerdestelle einzurichten, in grober Weise verletzen, kann der Betriebsrat dagegen nach § 17 Abs. 2 Satz 1 vorgehen.[15] Allerdings liegt es bei der Benennung und/oder Einrichtung der Beschwerdestelle gerade auch im Interesse der Arbeitgeberseite, eine von allen Seiten akzeptierte Anlaufstelle zu schaffen mit dem Ziel, auftretende Konflikte schon in einem möglichst frühen Stadium zu lösen. Die Einbindung des Betriebsrats auf freiwilliger Basis ist daher sinnvoll.

## III. Beschwerdeverfahren

4 **Abs. 1 Satz 2** enthält die Verpflichtung, die Beschwerde inhaltlich zu prüfen und den Beschwerdeführenden das Ergebnis der Prüfung mitzuteilen. **Beschwerdeberechtigt** sind alle Beschäftigten – und damit keine Bewerber:innen[16] –, die sich im Zusammenhang mit ihrem Beschäftigungsverhältnis wegen eines in § 1 genannten Merkmals benachteiligt fühlen, ohne dass es darauf ankommt, ob tatsächlich eine Benachteiligung vorliegt.[17] Leiharbeitnehmende sind auch gegenüber dem Entleiherbetrieb beschwerdebefugt.[18] Nach dem Gesetzestext ist es nicht relevant, ob die behauptete Benachteiligung von AG, Vorgesetzten, anderen Beschäftigten oder Dritten ausgeht. Voraussetzung ist lediglich, dass die Betroffenen **in eigener Sache** Beschwerde einlegen.

4a Das **Beschwerdeverfahren** ist **weder form- noch fristgebunden**. Fraglich ist, ob § 86 BetrVG auch für das Beschwerdeverfahren gem. § 13 Abs. 1 gilt. § 13 Abs. 2 legt dies nahe. Damit können durch **Tarifvertrag oder Betriebsvereinbarung** bestimmte Verfahrensregeln auch für das Beschwerdeverfahren gem. § 13 Abs. 1 festgelegt werden. Da das Beschwerdeverfahren dem Schutz der von Benachteiligung betroffenen Beschwerdeführenden dient, haben diese das Verfahren in der Hand und müssen die Möglichkeit haben, durch eine Rücknahme der Beschwerde das Verfahren jederzeit zu beenden.[19]

4b Bei der **inhaltlichen Prüfung** haben AG Verpflichtungen nach zwei Seiten: Auf der einen Seite steht die Pflicht zur Prüfung der behaupteten Benachteiligung und zum angemessenen Einschreiten. Andererseits müssen AG sich

---

14 Hess. VGH 20.3.08 – 22 TL 2257/07.

15 BAG 21.7.09 – 1 ABR 42/08, Rn. 27.

16 Sächsisches LAG 11.3.20 – 5 Sa 414/18, Rn. 88.

17 S.a. Oetker, NZA 2008, 264, 265.

18 Däubler/Beck-Buschmann, AGG, § 13 Rn. 19, 26; Herberger/Martinek/Rüßmann/Weth/Würdinger-Harwart, jurisPK-BGB, AGG, § 13 Rn. 9.

19 Küttner-Kreitner, Nr. 100, Beschwerderecht [Arbeitnehmer], Rn. 6.

zum Schutz der anderen Beschäftigten und ggf. beschuldigter Dritter bei ihrer Prüfung im Rahmen der allgemeinen rechtlichen Grenzen halten und sind auch gegenüber Beschuldigten verpflichtet, alle ihnen zur Verfügung stehenden Aufklärungsmittel auszuschöpfen. Die zu § 3 BeschSchG entwickelte Rechtsprechung zum Grundsatz der Verhältnismäßigkeit kann hier herangezogen werden.[20]

5 Fraglich ist, ob AG gegenüber Beschuldigten die **beschwerdeführende Person bekannt geben** müssen. Dies kann allenfalls dann in Betracht kommen, wenn AG auf Grund der Vorwürfe die Verhängung konkreter und schwerwiegender personeller Maßnahmen wie Abmahnung oder Kündigung planen.[21]

6 Ein formelles Verfahren zur Sachverhaltsaufklärung oder Zwangsmittel gegenüber nicht aussagewilligen Beschäftigten bestehen für AG nicht. Sie sind also in der Praxis auf eine **Befragung der unmittelbar beteiligten Personen und eventueller Zeugen** beschränkt. Soweit AG selbst in die Vorwürfe involviert sind oder persönliche Beziehungen zu beschuldigten Mitarbeitenden bestehen, kann ggf. die Hinzuziehung einer unparteiischen Person zur Sachverhaltsaufklärung und/oder Mediation zwischen Betroffenen und Beschuldigten notwendig sein. Ist ein Betriebsrat vorhanden, kommt außerdem die **freiwillige Errichtung einer Einigungsstelle** im Einvernehmen mit dem Betriebsrat in Betracht, da eine sachgerechte Behandlung der Beschwerde in diesem frühen Verfahrensstadium oftmals ein ansonsten später folgendes gerichtliches Verfahren entbehrlich machen kann.[22] Im Anschluss an die inhaltliche Prüfung müssen AG bzw. die im Betrieb zuständigen Stellen die Beschwerde bescheiden.

7 Die **Mitteilungspflicht** hat den Zweck, dass betroffene Beschäftigte durch die Antwort erfahren, inwieweit sie Unterstützung oder Schutz erwarten dürfen, aber auch, wenn infolge der Beschwerde keine konkreten Maßnahmen ergriffen werden.[23] In Anlehnung an das Verfahren des § 84 BetrVG können Betroffene regelmäßig bei länger dauernden Beschwerdeverfahren einen Zwischenbescheid und die Begründung eines ablehnenden Bescheids verlangen.[24] Allerdings können nach dem Wortlaut von Abs. 1 Satz 2 keine zu hohen Anforderungen an die Mitteilung des Ergebnisses gestellt werden.

---

20 LAG Hamm 13.2.97 – 17 Sa 1544/96 zur Vorrangigkeit einer Abmahnung; LAG Hamm 22.10.96 – 6 Sa 730/96 zur Angemessenheit einer (außerordentlichen) Kündigung.

21 ErfK-Kania, § 84 BetrVG Rn. 10.

22 Küttner-Kreitner, Nr. 379, Sexuelle Belästigung, Rn. 10.

23 BT-Drs. 16/1780 S. 37.

24 H. M.; Fitting, BetrVG, § 84 Rn. 16.

## IV. Rechtsfolgen der Beschwerde

Wenn AG im Rahmen der Prüfung eine tatsächlich erfolgte Belästigung feststellen, sind sie gem. § 12 Abs. 3 verpflichtet, **geeignete Maßnahmen zur Unterbindung** dieser Benachteiligung zu treffen (Rn. 10 ff. zu § 12). Eine Verpflichtung zur Abhilfe der Beschwerde muss daher nicht wie in § 84 Abs. 2 BetrVG ausdrücklich genannt werden. 8

Die Durchführung eines Beschwerdeverfahrens ist **keine formelle Anspruchsvoraussetzung für die Geltendmachung anderer Ansprüche** und deren klageweiser Geltendmachung. Allerdings ist die Beschwerde regelmäßig als erster Schritt für betroffene Beschäftigte sinnvoll, weil sie der frühzeitigen Deeskalation dient und damit dem Fortbestand des Beschäftigungsverhältnisses ggf. mehr nützen kann als eine sofortige Klage vor dem Arbeitsgericht. Auch für AG ist es sinnvoll, sich trotz der geringen gesetzlichen Anforderungen an die Mitteilung des Prüfungsergebnisses bereits an dieser Stelle in angemessener Weise mit betroffenen Beschäftigten auseinanderzusetzen, um negative Folgen für das Betriebsklima von vornherein möglichst zu vermeiden (Rn. 6 ff. zu § 12). 9

AG dürfen wegen der Erhebung einer Beschwerde keine nachteiligen Maßnahmen treffen (§ 16, **Maßregelungsverbot**). 10

Beschäftigte, die AN i. S. von § 5 BetrVG sind, können im Beschwerdeverfahren gem. § 84 Abs. 1 Satz 2 BetrVG auch ein **Mitglied des Betriebsrats zur Unterstützung** oder Vermittlung hinzuziehen. Allerdings kann die Mitwirkung des Betriebsrats mangels einer entsprechenden Anspruchsgrundlage nicht erzwungen werden. Weigern sich hingegen AG, ein von der oder dem Betroffenen ausgewähltes Betriebsratsmitglied zu beteiligen, besteht die Möglichkeit, dessen Hinzuziehung **gerichtlich zu erzwingen**.[25] Auch der Anspruch auf Hinzuziehung eines Betriebsratsmitglieds ist im Urteilsverfahren geltend zu machen.[26] 11

## V. Verhältnis zu anderen Beschwerdeverfahren

**Abs. 2** stellt klar, dass **Rechte der Arbeitnehmervertretungen**, wie z. B. das Beschwerdeverfahren gem. § 85 BetrVG, unberührt bleiben. Allerdings ist zu beachten, dass der Arbeitnehmerbegriff des BetrVG und der Begriff des Beschäftigten gem. § 6 Abs. 1 voneinander abweichen und das Verfahren des § 85 BetrVG nur für AN i. S. d. § 5 BetrVG in Betracht kommt. Auch scheidet gem. § 85 Abs. 2 Satz 3 BetrVG eine Anrufung der Einigungsstelle aus, denn Gegenstand der Beschwerde sind individualrechtlich durchsetzbare Rechtsansprüche der betroffenen Beschäftigten. 12

25 ErfK-Kania, § 84 BetrVG Rn. 9; Fitting, BetrVG, § 84 Rn. 22.
26 BAG 24. 4. 79 – 6 AZR 69/77.

13 Werden aufgrund einer Beschwerde i. R. des § 12 Abs. 2 durch AG personelle Maßnahmen gegenüber Schädiger:innen durchgeführt, sind die **Mitbestimmungsrechte des Betriebsrats** insbesondere gem. §§ 99, 102 BetrVG zu beachten. Gem. § 104 BetrVG kann der Betriebsrat die Entfernung der Person des Schädigers aus dem Betrieb verlangen, wenn es sich um eine:n AN gem. § 5 BetrVG handelt. Zu den Möglichkeiten der Mitwirkung des Betriebsrats an präventiven Maßnahmen s. Rn. 3 ff. zu § 17.

13a Seit Juli 2023 gilt in Umsetzung der europäischen Whistleblower-Richtlinie das **Hinweisgeberschutzgesetz** (HinSchG). Unternehmen mit mehr als 50 Beschäftigten müssen künftig daher sowohl Meldestellen nach dem AGG als auch Meldestellen nach dem HinSchG betreiben. Das HinSchG erfasst auch strafbewehrte Verstöße (§ 2 Abs. 1 Nr. 1 HinSchG) und solche, die bußgeldbewehrt sind, soweit die verletzte Vorschrift dem Schutz von Leben, Leib oder Gesundheit oder dem Schutz der Rechte von Beschäftigten oder ihrer Vertretungsorgane dient (§ 2 Abs. 1 Nr. 2 HinSchG). Da das AGG aber kein Bußgeld bei Verstößen vorsieht, werden diese grundsätzlich nicht vom HinSchG erfasst, so dass Beschwerden lediglich an die Beschwerdestellen nach dem AGG zu richten sind. Eine Ausnahme gilt bei sexueller Belästigung, die eine Straftat nach dem StGB darstellt (§ 177 StGB: sexueller Übergriff, sexuelle Nötigung, Vergewaltigung; § 184i StGB: sexuelle Belästigung und § 185 StGB: Beleidigung). Hier sind sowohl AGG als auch HinSchG einschlägig und ggf. zwei Beschwerdestellen zuständig, wenn der AG diese nicht gemeinsam, sondern getrennt organisiert. Ggf. empfiehlt sich eine Bündelung von Beschwerdestelle nach AGG und Meldestelle nach HinSchG und ein einheitliches Vorgehen nach den detaillierten Regelungen des HinSchG.[27]

## VI. Rechtsschutz

14 **Rechtsschutz:** Beschäftigte haben gegenüber AG einen **Anspruch auf Entgegennahme und Bescheidung ihrer Beschwerde** (nach dem Wortlaut von § 13 Abs. 1: Prüfung und Mitteilung des Prüfungsergebnisses). Dieser Anspruch kann notfalls im Wege einer **Klage** erzwungen werden. Ein Anspruch auf eine konkrete Beschwerdeentscheidung besteht allerdings nicht. Wenn die Prüfung durch AG das Vorliegen einer Benachteiligung ergibt, besteht für betroffene Beschäftigte ein **Anspruch auf Tätigwerden der Arbeitgeberseite gem. § 12**. Dabei liegt es grundsätzlich im Ermessen der AG, mit welchen Maßnahmen sie reagieren, so dass die Entlassung des Vorgesetzten in der Regel nicht verlangt werden kann. Einen Anspruch auf das Angebot eines gleichwertigen Arbeitsplatzes, an dem die Betroffenen nicht mehr den Weisungen bisheriger Vorgesetzter unterstehen, kommt nur dann

27 Gravenhorst, NZA 2023, 1425 (1430 f.).

in Betracht, wenn ein solcher Arbeitsplatz im Unternehmen vorhanden ist. Beschäftigte haben aber einen Anspruch auf Ausübung rechtsfehlerfreien Ermessens durch die Arbeitgeberseite, das sich im Einzelfall auf die Durchführung einer bestimmten Maßnahme (wie den Ausspruch einer Abmahnung) reduzieren kann.[28] Bleiben AG dennoch untätig oder weigern sich, Maßnahmen zur Abhilfe zu ergreifen, können Beschäftigte solche Maßnahmen auch mit einer Klage erzwingen. Ganz überwiegend handelt es sich bei Beschäftigten i. S. von § 6 um AN i. S. von § 5 ArbGG, sodass der Rechtsweg zum Arbeitsgericht gegeben ist. Die Ansprüche können gem. § 2 Abs. 1 Ziff. 3 ArbGG im Urteilsverfahren durchgesetzt werden. Da die Einrichtung einer explizit für Diskriminierungsfälle zuständigen Beschwerdestelle freiwillig ist (s. o. Rn. 1), soll die fehlende Funktionsfähigkeit einer bestehenden Stelle **nicht als Indiz einer Diskriminierung** wegen eines in § 1 genannten Grundes infrage kommen.[29] In der Praxis der britischen Arbeitsgerichte – die in größerem Umfang mit dem Antidiskriminierungsrecht befasst sind – wird dagegen als Indiz berücksichtigt, wenn AG bei der Bearbeitung antidiskriminierungsrechtlicher Beschwerdeverfahren unsachliches Verhalten an den Tag legen.[30] Das LAG Köln sieht jedenfalls arbeitgeberseitiges Nichtstun auf eine Beschwerde gem. § 13 hin nicht als Indiz für eine Benachteiligung und verweist auf die Rechtsprechung des BAG,[31] demgemäß grundsätzlich kein »Indiz« im Sinne des § 22 sein kann, wenn ein beklagter AG die Gründe seiner Rechtsverteidigung nicht hinreichend substantiiert dargelegt hat.[32]

## § 14 Leistungsverweigerungsrecht

**Ergreift der Arbeitgeber keine oder offensichtlich ungeeignete Maßnahmen zur Unterbindung einer Belästigung oder sexuellen Belästigung am Arbeitsplatz, sind die betroffenen Beschäftigten berechtigt, ihre Tätigkeit ohne Verlust des Arbeitsentgelts einzustellen, soweit dies zu ihrem Schutz erforderlich ist. § 273 des Bürgerlichen Gesetzbuchs bleibt unberührt.**

**Inhaltsübersicht**



28 BAG 25.7.07 – 8 AZR 593/06.
29 So ArbG Berlin 1.2.17 – 56 Ca 5356/15, Rn. 197; einschränkend in Bezug auf konkreten Fall LAG Köln, 17.4.15 – 4 Sa 482/13, Rn. 67.
30 Mit Präzedenzfällen aus dem britischen Recht Wenckebach, Antidiskriminierungsrechtliche Aspekte des Kündigungsschutzes, S. 132 ff.
31 BAG 21.6.12 – 8 AZR 364/11, Rn. 48.
32 LAG Köln 6.5.21 – 8 Sa 581/20, Rn. 32.

## I. Voraussetzungen

1 § 14 hat den Zweck, den Schutz vor (sexueller) Belästigung effektiv zu gestalten. Die Vorschrift ersetzt § 4 BeschSchG und regelt eine Ausnahme vom Grundsatz »kein Lohn ohne Arbeit«: Wenn AG keine ausreichenden Maßnahmen zur Unterbindung der Belästigung oder sexuellen Belästigung ergreifen, kann der oder die benachteiligte Beschäftigte die Tätigkeit ohne Verlust des Entgeltanspruchs einstellen, soweit dies zu seinem oder ihrem Schutz erforderlich ist. Es müssen also vier Voraussetzungen vorliegen, damit Beschäftigte berechtigt sind, ihre Arbeitsleistung zu verweigern:

- eine einzelfallbezogene Benachteiligung in Form einer (sexuellen) **Belästigung** (s. hierzu Rn. 27 ff. und 36 ff. zu § 3),
- **Unterlassung ausreichender Schutzmaßnahmen** durch die Arbeitgeberseite und
- eine fortbestehende Gefahr weiterer Benachteiligungen, die anders nicht beseitigt werden kann (**Wiederholungsgefahr**, s. Rn. 3) und
- die Leistungsverweigerung muss erforderlich – also **verhältnismäßig** (s. Rn. 4) – sein.

2 Ob eine **Unterlassung ausreichender Schutzmaßnahmen** durch eine:n AG vorliegt, ist objektiv zu beurteilen. Sie kann insbesondere gegeben sein, wenn auf eine Beschwerde gar nicht reagiert und die (sexuelle) Belästigung durch AG selbst, andere Beschäftigte oder Dritte gem. § 12 Abs. 3 oder 4 deshalb fortdauert, oder wenn offensichtlich ungeeignete Maßnahmen ergriffen werden. Dies ist der Fall, wenn der Arbeitgeberseite erfolgversprechende Maßnahmen erkennbar möglich sind, die Betroffenen aber nicht wirksam vor weiteren Übergriffen geschützt werden.[1] Klare, zweifelsfrei gegebene sexuelle Belästigungen dürfen nicht ignoriert oder als »Kavaliersdelikt« behandelt werden. Eine vorausgehende Beschwerde ist zwar regelmäßig sinnvoll, aber nicht erforderlich. Es reicht aus, wenn AG von einer konkreten Belästigung **Kenntnis haben und untätig bleiben oder die ergriffenen Maßnahmen nicht ausreichend oder unwirksam sind**. Eine Verletzung der allgemeinen Pflicht der AG zu Schutzmaßnahmen nach § 12 Abs. 1 genügt nicht. Geht die Belästigung von AG selbst aus, liegt hierin naturgemäß auch immer eine Unterlassung des erforderlichen Schutzes.

3 Eine **fortbestehende Gefahr weiterer Benachteiligungen**, die **anders nicht beseitigt werden kann** und deshalb eine Verweigerung der Arbeitsleistung zum Schutz des oder der Betroffenen erforderlich macht, setzt außerdem eine **Wiederholungsgefahr** voraus. Dies ist regelmäßig bei vorausgehenden Belästigungen oder sexuellen Belästigungen gem. § 3 Abs. 3 und 4 dann gegeben, wenn keine ausreichenden Schutzmaßnahmen getroffen wurden.

---

1 Däubler/Beck-Buschmann, AGG, § 14, Rn. 10; Herberger/Martinek/Rüßmann/Weth/Würdinger-Harwart, jurisPK-BGB, AGG, § 14, Rn. 12.

## II. Erforderlichkeit und Verhältnismäßigkeit der Leistungsverweigerung

4 Auch wenn eine Wiederholungsgefahr besteht, ist die Einstellung der Tätigkeit regelmäßig nur dann **erforderlich**, wenn die Gefahr nicht durch andere, für die Arbeitgeberseite weniger einschneidende und den Beschäftigten zumutbare Maßnahmen beseitigt werden kann. Schon bei der § 14 vorausgehenden Vorschrift, dem § 4 Abs. 2 BeschSchG, war die »Erforderlichkeit« Voraussetzung für die Berechtigung der Beschäftigten zur Einstellung der Tätigkeit und sollte den Anwendungsbereich erheblich einschränken.[2] Die Rechtmäßigkeit der Leistungsverweigerung wird demnach von der Verhältnismäßigkeit zwischen der Belästigung und der Reaktion bestimmt. Regelmäßig müssen daher AG vorher über die geplante Einstellung der Tätigkeit informiert und ihnen ggf. unter Fristsetzung die Verweigerung der Arbeitsleistung angedroht werden. Anders kann der Fall liegen, wenn die Belästigung von AG selbst ausgeht.

5 Bei der **Prüfung der Verhältnismäßigkeit** handelt es sich um einen **objektiven Maßstab**, so dass die Ausübung des Leistungsverweigerungsrechts auch dann rechtswidrig ist, wenn Belästigte das Vorhandensein geeigneter milderer Mittel nicht erkannt haben.[3] Der Gesetzgeber geht außerdem davon aus, dass bei der Erfüllung vordringlicher öffentlicher oder privater Aufgaben in bestimmten Tätigkeitsfeldern (Polizei, Feuerwehr, Krankenhaus usw.) das Recht zur Leistungsverweigerung ausgeschlossen sein kann, wenn die Erbringung der Arbeitsleistung für die Erfüllung der genannten Aufgaben unverzichtbar ist (s. auch Rn. 2 ff. zu § 24).[4] Die von einer Belästigung oder sexuellen Belästigung Betroffenen sollten sich vor Ausübung eines Leistungsverweigerungsrechts im eigenen Interesse beraten lassen, um das Risiko zu vermeiden, eine Abmahnung oder Kündigung wegen eigenen vertragswidrigen Verhaltens zu bekommen.

6 AG können die Leistungsverweigerung auch dadurch abwenden, dass sie den Betroffenen **einen anderen dem Arbeitsvertrag entsprechenden Arbeitsplatz** im Betrieb anbieten, an dem diese vor der Benachteiligung geschützt sind. Zwar enthält der Wortlaut von § 14 nicht mehr die in § 4 Abs. 2 BeschSchG normierte Einschränkung, dass die Tätigkeit nur »am betreffenden Arbeitsplatz« eingestellt werden kann. Dennoch entfällt bei einem solchen Angebot auch nach der neuen Regelung die Erforderlichkeit der Leistungsverweigerung, da AG im Rahmen ihres Direktionsrechts eine solche Maßnahme in den Grenzen des § 106 GewO sogar einseitig treffen

---

2 BT-Drs. 12/5468 S. 47 f.
3 ErfK-Schlachter, AGG, § 14 Rn. 1.
4 BT-Drucks. 16/1780 S. 49.

könnten und hierdurch ihre Pflicht gem. § 12 Abs. 1 zum Schutz der Betroffenen vor Benachteiligung erfüllen.

7 Nur wenn alle Voraussetzungen vorliegen, ist eine Verweigerung der Arbeitsleistung rechtmäßig. Ist dies nicht der Fall, verlieren AN ihren **Vergütungsanspruch**.

8 In der Praxis ist für die Beschäftigten bei der Geltendmachung eines Leistungsverweigerungsrechts gem. § 14 Vorsicht geboten. Beschäftigte tragen ein erhebliches Risiko, da sie die Darlegungs- und Beweislast für das Vorliegen der Voraussetzungen und damit erstens für alle Umstände tragen, die eine (sexuelle) Belästigung gem. § 22 im Einzelfall vermuten lassen, zweitens für die Unterlassung von geeigneten Maßnahmen durch die Arbeitgeberseite und drittens für die Erforderlichkeit der Einstellung der Tätigkeit. **Verweigern** Beschäftigte **zu Unrecht** die Arbeitsleistung, können AG ihnen eine **Abmahnung** erteilen (sinnvollerweise mit konkreter Begründung, warum aus ihrer Sicht die Voraussetzungen nicht vorliegen bzw. ausreichende Schutzmaßnahmen getroffen sind) und bei fortdauernder Leistungsverweigerung unter Umständen verhaltensbedingt kündigen. Das Maßregelungsverbot gem. § 16 greift dann nicht ein, da es nur bei zulässiger Rechtsausübung gilt.

9 Das Zurückbehaltungsrecht des § 273 BGB bleibt ausdrücklich unberührt. Nach der Begründung zum Gesetzentwurf verfolgen die Vorschriften unterschiedliche Ziele, weil § 273 BGB einen Zwang zur Erfüllung einer Verbindlichkeit ausüben soll, während § 14 dem Schutz der Beschäftigten vor weiteren Benachteiligungen dient.

10 **Rechtsschutz:** Ob ein Leistungsverweigerungsrecht besteht, kann im Wege einer Feststellungsklage geklärt werden. Dazu ist es erforderlich, den Grund für das Leistungsverweigerungsrecht, handelnde Personen, Art und Form der (sexuellen) Belästigung und mögliche (unterlassene) Gegenmaßnahmen so genau wie möglich zu benennen.[5]

## § 15 Entschädigung und Schadensersatz

**(1) Bei einem Verstoß gegen das Benachteiligungsverbot ist der Arbeitgeber verpflichtet, den hierdurch entstandenen Schaden zu ersetzen. Dies gilt nicht, wenn der Arbeitgeber die Pflichtverletzung nicht zu vertreten hat.**

**(2) Wegen eines Schadens, der nicht Vermögensschaden ist, kann der oder die Beschäftigte eine angemessene Entschädigung in Geld verlangen. Die Entschädigung darf bei einer Nichteinstellung drei Monatsgehälter nicht übersteigen, wenn der oder die Beschäftigte auch bei benachteiligungsfreier Auswahl nicht eingestellt worden wäre.**

5 BAG 23.1.07 – 9 AZR 557/06.

**(3) Der Arbeitgeber ist bei der Anwendung kollektivrechtlicher Vereinbarungen nur dann zur Entschädigung verpflichtet, wenn er vorsätzlich oder grob fahrlässig handelt.**

**(4) Ein Anspruch nach Absatz 1 oder 2 muss innerhalb einer Frist von zwei Monaten schriftlich geltend gemacht werden, es sei denn, die Tarifvertragsparteien haben etwas anderes vereinbart. Die Frist beginnt im Falle einer Bewerbung oder eines beruflichen Aufstiegs mit dem Zugang der Ablehnung und in den sonstigen Fällen einer Benachteiligung zu dem Zeitpunkt, in dem der oder die Beschäftigte von der Benachteiligung Kenntnis erlangt.**

**(5) Im Übrigen bleiben Ansprüche gegen den Arbeitgeber, die sich aus anderen Rechtsvorschriften ergeben, unberührt.**

**(6) Ein Verstoß des Arbeitgebers gegen das Benachteiligungsverbot des § 7 Abs. 1 begründet keinen Anspruch auf Begründung eines Beschäftigungsverhältnisses, Berufsausbildungsverhältnisses oder einen beruflichen Aufstieg, es sei denn, ein solcher ergibt sich aus einem anderen Rechtsgrund.**

**Inhaltsübersicht**

## I. Vorbemerkung: europarechtliche Notwendigkeit einer verschuldensunabhängigen Haftung – Sozialversicherungsfreiheit und steuerliche Einordnung von Schadensersatz und Entschädigung

1 Die Regelung dient der Umsetzung des in Art. 15 der Richtlinie 2000/43/EG (Antirassismus-Richtlinie), Art. 17 der Richtlinie 2000/78/EG (Rahmenrichtlinie Beschäftigung) und Art. 6 und 8d der Richtlinie 76/207/EWG (Gender-Richtlinie) normierten Gebots einer effektiven Sanktionierung verbotener Benachteiligungen. Sie enthält den für das AGG zentralen Anspruch der unrechtmäßig benachteiligten Beschäftigten gegenüber AG auf angemessene Wiedergutmachung der entstandenen Schäden. Anders als in der bisherigen Regelung des § 611a BGB besteht **neben** dem Anspruch auf Gewährung einer verschuldensunabhängigen Entschädigung gem. Abs. 2 eine verschuldensabhängige Haftung auf **Schadensersatz (Abs. 1)**. Damit steht der Anspruch auf Entschädigung **kumulativ** neben dem Anspruch auf Schadensersatz – wie im Zivilrecht der Anspruch auf Schmerzensgeld neben dem auf Ersatz des materiellen Schadens. Ein immaterieller Schaden kann nicht durch einen materiellen Schadensersatz (teilweise) ausgeglichen werden.[1] Deshalb kann ein Anspruch auf materiellen Schadensersatz kein Umstand sein, der bei der Bemessung der Entschädigung nach § 15 Abs. 2 Berücksichtigung findet.[2] Die Anwendbarkeit ist anders als in § 611a BGB und § 81 Abs. 2 SGB IX nicht mehr auf Fälle der Benachteiligung bei Einstellung oder Beförderung beschränkt, sondern erstreckt sich auf alle benachteiligenden Maßnahmen wie z. B. auch auf Abmahnung und Kündigung (zur Anwendbarkeit des AGG auf Kündigungen s. Rn. 58 ff. zu § 2). Solche Maßnahmen sind also nicht nur gem. § 7 Abs. 1 i. V. m. § 134 BGB oder § 7 Abs. 2 unwirksam, sondern lösen außerdem Ansprüche auf Schadensersatz und Entschädigung aus; ein Anspruch auf Begründung eines Beschäftigungsverhältnisses oder eine Beförderung ist allerdings ausgeschlossen (Abs. 6).

2 Die europarechtliche Vorgabe verlangt eine effektive Sanktion bei Diskriminierungen. Der deutsche Gesetzgeber hat sich mit der Regelung des § 15 für eine zivilrechtliche Sanktion (und nicht für die ebenso mögliche über eine Straf- oder Ordnungswidrigkeitsvorschrift) entschieden. Allerdings muss in diesem Fall nach der Rechtsprechung des EuGH ein vollständiger und effektiver Schadensausgleich gewährleistet sein, der wirksam, verhältnismäßig und abschreckend und dazu verschuldensunabhängig sein muss.[3]

1 BAG 28.11.21 – 8 AZR 371/20, Rn. 19 f.

2 BAG 28.11.21 – 8 AZR 371/20, Rn. 19 f.

3 EuGH 8.11.90 – C-177/88 – [Dekker]; EuGH 22.4.97 – C-180/95 – [Draehmpaehl]; auch wenn sich diese Entscheidungen nicht auf die RiLi 2000/78/EG bezogen, wird von der Übertragbarkeit der Grundsätze ausgegangen, vgl. BAG 18.5.17 – 8 AZR 74/16, Rn. 53; s. a. VG Frankfurt 21.4.08 – 9 E 3856/07; Däubler/Beck-Deinert, AGG, § 15 Rn. 31; Schiek-Kocher, AGG, § 15 Rn. 20; MüKo-

Fraglich ist daher, ob das **Erfordernis eines Verschuldens** für den Anspruch auf Schadensersatz nach Abs. 1 **mit EU-Recht vereinbar** ist. Über die Konsequenz daraus besteht Uneinigkeit; zum Meinungsstand s. Rn. 9 ff. Nach der hier vertretenen Ansicht ist eine europarechtskonforme Auslegung der Norm möglich: Da Abs. 1 und Abs. 2 als Gesamtheit den europäischen Vorgaben entsprechen müssen, kann die erforderliche verschuldensunabhängige Haftung für materielle Schäden auch dadurch erzielt werden, dass in die Festsetzung der Höhe der Entschädigung – der Rechtsprechung zu § 611a BGB folgend – auch ein entstandener materieller Schaden miteinbezogen wird[4] (s. hierzu im Einzelnen Rn. 11 ff. und 21).

Im Zusammenhang mit einer Einigung über Schadensersatz oder Entschädigung stellt sich in der Praxis häufig die Frage, ob benachteiligte AN ohne nachteilige sozialrechtliche Folgen für das **Arbeitslosengeld** das Arbeitsverhältnis beenden können (Eigenkündigung, Aufhebungs- oder Abwicklungsvertrag). Zugunsten der Beschäftigten gilt, dass die erlittene Benachteiligung regelmäßig einen wichtigen Grund für die Beendigung des Beschäftigungsverhältnisses gem. § 144 SGB III darstellt mit der Folge, dass keine Sperrzeit verhängt werden darf.[5] 3

Der wirtschaftliche Wert der **Vereinbarung einer (sozialversicherungsfreien) Entschädigung gem. Abs. 2** oder eines Schadensersatzes gem. Abs. 1, ggf. zusätzlich zu der Vereinbarung einer Abfindung, hängt außerdem maßgeblich von der **steuerlichen Behandlung** dieser Zahlungen ab. Aus **steuerlicher Sicht** prüft das Finanzamt, ob die Zahlung zu steuerpflichtigem Arbeitslohn führt oder steuerfrei zu belassen ist. **Steuerpflichtiger Arbeitslohn** wird angenommen, wenn AG den durch den Verstoß gegen das Benachteiligungsverbot entstandenen materiellen **Schaden gem. Abs. 1** zu ersetzen haben. Dann ist die Zahlung Ausfluss des Arbeitsverhältnisses und ist der steuerpflichtigen Sphäre des AN zuzuordnen. Eine **Entschädigung nach Abs. 2** bleibt – genauso wie Schmerzensgeld oder eine Entschädigungen wegen Mobbings – regelmäßig **steuerfrei**, weil dem AN ein immaterieller oder ideeller Schaden zu ersetzen ist.[6] In diesem Fall ist die Zahlung nicht durch das Arbeitsverhältnis im steuerlichen Sinne veranlasst.[7] Allerdings prüft die Finanzverwaltung auch, ob es sich möglicherweise nur um ein Scheingeschäft handelt und eine als Entschädigung bezeichnete Zahlung tatsäch- 3a

---

Thüsing, AGG, § 15 Rn. 24, 33; ErfK-Schlachter, AGG, § 15 Rn. 1 ff.; Kamanabrou, RdA 2006, 321 (336).

4 S. auch MüKo-Thüsing, AGG, § 15 Rn. 15 und differenzierend für die unmittelbare Benachteiligung auch ErfK-Schlachter, AGG, § 15 Rn. 1 ff.

5 Hauck/Novzt-Valgoglin, SGB III § 159 Rn. 188. Zur Problematik der Strafbarkeit falscher Angaben insbesondere in einem Vergleich s. Cornelius/Lipinski, BB 2007, 496.

6 Meier, NZA 2018, 1120.

7 Intemann, NZA 2018, 990.

lich eine zu versteuernde Abfindung für den Verlust des Arbeitsplatzes darstellt.[8] Für die steuerrechtliche Beurteilung kommt es in diesem Fall darauf an, ob sich die Vertragspartner wirklich über den von der einen Seite geltend gemachten und von der anderen Seite bestrittenen Anspruch einigen wollten oder ob sie eine entsprechende Vereinbarung nur zum Schein abgeschlossen haben. Steht eine Benachteiligung fest oder ist eine solche nachvollziehbar dargelegt, dürfte die Steuerfreiheit der in einer Vereinbarung (Aufhebungs- oder Abwicklungsvertrag, gerichtlicher Vergleich) vereinbarten angemessenen Entschädigung nach Abs. 2 gegeben sein. Sollte aber der von einer Seite geltend gemachte Anspruch rechtlich so fernliegend sein, dass er so gut wie sicher ausgeschlossen werden kann, ist dies ein Indiz für die Annahme einer Scheinvereinbarung.[9] Wenn sich die Abfindung in einem üblichen Rahmen hält und die außerdem vereinbarte Entschädigung diesen Rahmen bei zusammenfassender Betrachtung in besonderem Maße überschreitet, spricht dies dafür, dass eine »echte« Entschädigung nach Abs. 2 gemeint ist, die nicht besteuert werden darf.[10] Wegen der unterschiedlichen steuerlichen Behandlung ist es wichtig, Abfindung und Entschädigung in der Vereinbarung jeweils voneinander getrennt auszuweisen.

## II. Schadensersatz

### 1. Allgemeines

4 **Abs. 1** regelt den **Ersatz materieller Schäden** und lehnt sich an die Formulierung von § 280 Abs. 1 Satz 1 und 2 BGB an. Damit wollte der Gesetzgeber klarstellen, »dass der materielle Schadensersatzanspruch – anders als bei der Entschädigung – nur entsteht, wenn der AG die Pflichtverletzung zu vertreten hat«.[11] AG sollen nach dem Willen des Gesetzgebers **für eigenes und fremdes Verschulden** gem. §§ 276 bis 278 BGB **für alle Schäden haften**, die durch die Verletzung des Benachteiligungsverbots des § 7 Abs. 1 kausal verursacht worden sind. Zur Frage einer verschuldensunabhängigen Haftung der AG s. Rn. 2, 11 und 21. Eine Beschränkung des Schadensersatzanspruchs der Höhe nach ist nicht vorgesehen.

### 2. Anspruchsberechtigte und Anspruchsgegner

5 Einen Anspruch auf Schadensersatz können unter Berücksichtigung der systematischen Stellung von § 15 und dem Bezug zu einem Verstoß gegen das

8 Steuerrechtlich: Ausgleich für entgehende Einkünfte i. S. von Entschädigung »als Ersatz für entgangene oder entgehende Einnahmen« i. S. d. § 24 Nr. 1a EStG.

9 BFH 9.1.2018 – IX R 34/16.

10 Meier, NZA 2018, 1120.

11 BT-Drs. 16/1780 S. 38.

Benachteiligungsverbot des § 7 Abs. 1 **alle Beschäftigten** i. S. des § 6 Abs. 1 **gegenüber ihren AG** gem. § 6 Abs. 2 geltend machen. Die im Gesetzestext formulierte Verpflichtung der AG zum Schadensersatz bedeutet nicht, dass nur Ansprüche aus einem laufenden Beschäftigungsverhältnis erfasst werden; gem. § 2 Abs. 1 Nr. 1 und Nr. 2 werden sowohl Benachteiligungen beim Zugang zur Beschäftigung vor Abschluss eines Beschäftigungsvertrages als auch alle Maßnahmen bei der Beendigung eines Beschäftigungsverhältnisses einschließlich der nachgehenden Ansprüche miterfasst.

### 3. Pflichtverletzung

Anspruchsvoraussetzung ist das Vorliegen einer Pflichtverletzung des AG. 6
Dies betrifft gem. § 7 Abs. 3 **alle Verstöße gegen das Benachteiligungsverbot**, die nicht gerechtfertigt sind. Hiervon erfasst werden die verschiedenen Formen einer Benachteiligung im Sinne des § 3, die der **AG selbst** – im Fall einer juristischen Person deren Organ[12] – vorgenommen hat. Verstöße gegen sonstige Pflichten aus diesem Gesetz (insbesondere Informations- und Schulungspflichten oder mangelnder Schutz vor Benachteiligungen durch andere Beschäftigte oder Dritte gem. § 12) stellen als solche (noch) keinen Verstoß gegen das Benachteiligungsverbot dar. Eine Haftung kommt aber gem. § 280 Abs. 1 BGB in Betracht (s. Rn. 8 und 43). Eine Pflichtverletzung liegt auch im Einsatz von Programmen wie **Algorithmen** oder KI, wenn diese zu einer Benachteiligung von Bewerber:innen im Einstellungsverfahren wegen eines der Merkmale des § 1 führen. Das System muss so aufgebaut sein, dass unmittelbare und mittelbare Diskriminierungen von Bewerber:innen ausgeschlossen sind. Die Letztentscheidung für die Ablehnung oder die Einstellung darf gem. Art. 22 DS-GVO nicht bei dem KI-System liegen. Das System darf die Entscheidung nur vorbereiten, die Entscheidung muss ein Mensch treffen, der damit grundsätzlich auch die Haftung für diskriminierende Entscheidungen trägt.[13] Da ein Verschulden für die Haftung der AG nicht erforderlich ist (s. Rn. 9 f.), schulden diese AG auch insoweit Schadensersatz und Entschädigung gem. Abs. 1 und 2, wenn sie solche Programme einsetzen, die eine diskriminierende Wirkung haben.[14]

Benachteiligungen, die von **Dritten** ausgehen, führen dann zu einer Haftung 7
des AG aus § 15 Abs. 1, wenn die Pflichtverletzung diesem nach § 278 BGB

---

12 Etwa der Vorstand eines Vereins (dazu § 31 BGB) oder einer Aktiengesellschaft oder der Geschäftsführer einer GmbH, OHG oder KG.

13 Meyer, Künstliche Intelligenz im Personalmanagement und Arbeitsrecht, NJW 23, 1841 (1846), Rn. 31, 33 f.

14 Freyler, NZA 2020, 284, 287, dort auch zur schwierigen Frage des Verschuldens; BeckOGK-Benecke, AGG § 15 Rn. 31.

zuzurechnen ist;[15] denn gem. § 7 Abs. 3 stellt ein Verstoß gegen das Benachteiligungsverbot eine Verletzung vertraglicher Pflichten dar, sodass für die Zurechnung § 278 BGB anwendbar ist.[16] Die **Zurechnung** betrifft in diesem Fall nicht nur das Verschulden, sondern auch den geleisteten Handlungsbeitrag.[17] Die Haftung der AG erfasst daher Schäden, die auf eine Pflichtverletzung ihrer **Erfüllungsgehilfen** sowohl hinsichtlich eines Tuns als auch eines Unterlassens zurückgehen. Erfüllungsgehilfe ist, wer nach den tatsächlichen Gegebenheiten des Falles mit dem Willen des Schuldners bei der Erfüllung einer diesem obliegenden Verbindlichkeit als dessen Hilfsperson tätig wird.[18] Bei der Erfüllung der dem AG obliegenden Verpflichtungen aus einem Beschäftigungsverhältnis gilt das für Beschäftigte, denen AG eine **Vorgesetztenfunktion** gegenüber den Betroffenen einräumen und denen sie (teilweise) die Ausübung des arbeitsrechtlichen Weisungsrechts übertragen haben,[19] dann also, wenn die betreffende Person personalbezogene Pflichten wahrnimmt. Erfüllungsgehilfen müssen nicht dem Weisungsrecht des AG unterliegen,[20] so dass auch Dritte, denen der AG Verpflichtungen gegenüber Beschäftigten überträgt, grundsätzlich als Erfüllungsgehilfen in Betracht kommen. So haften AG für eine diskriminierende Stellenausschreibung, die sie z. B. durch die Agentur für Arbeit vornehmen lassen, wie für eigenes Verhalten,[21] nicht allerdings für einen Werkunternehmer, der auf dem Betriebsgelände ohne Bezug zu den AN eingesetzt war.[22] Ein eingesetztes System der KI ist kein Dritter in diesem Sinne.[23]

8 Abs. 1 enthält für einen Schadensersatzanspruch wegen einer Benachteiligung **eine Spezialregelung zu § 280 Abs. 1 BGB**, schließt den Anspruch aber nicht völlig aus: dieser findet gem. Abs. 5 daneben Anwendung, soweit es um eine Verletzung anderer Pflichten aus dem Arbeitsverhältnis geht (z. B. die verspätete Ausstellung von Arbeitspapieren, um einen AN wegen seiner ethnischen Herkunft zu benachteiligen).[24] Für Betroffene kann dies günstig sein, denn für den Anspruch gem. § 280 BGB muss nicht die benachteiligende Wirkung dargelegt werden; außerdem gilt für ihn nicht die Ausschlussfrist des Abs. 4. Die Anspruchsgrundlagen können deshalb nebeneinander bestehen.

---

15 Kummer, S. 116 f., Däubler/Beck-Deinert, AGG, § 15 Rn. 27.
16 Stoffels, RdA 2009, 204.
17 Schiek-Kocher, AGG, § 15 Rn. 21.
18 BGH 21. 4. 54 – VI ZR 55/53; BGH 9. 10. 86 – I ZR 138/84.
19 BAG 16. 5. 07 – 8 AZR 709/06 und BAG 25. 10. 07 – 8 AZR 593/06.
20 BGH 24. 11. 95 – V ZR 40/94.
21 BVerfG 21. 9. 06 – 1 BvR 308/03.
22 BAG 25. 5. 00 – 8 AZR 518/99.
23 Freyer, NZA 2020, 284, 287; BeckOGK-Benecke, AGG, § 15 Rn. 31.
24 Däubler/Beck-Deinert, AGG, § 15 Rn. 25.

## 4. Verschulden

Nach Satz 2 wird das Verschulden des AG im Rahmen der Beweislastverteilung vermutet. Nach dem Wortlaut könnte dieser allerdings sein fehlendes Verschulden geltend machen und sich hierdurch von der Haftung befreien. Dies ist **mit** dem **europarechtlichen Erfordernis** einer effektiven Sanktion **nicht vereinbar** (siehe dazu oben Rn. 2). In der Literatur wird daher von der herrschenden Meinung ein Verstoß von § 15 Abs. 1 Satz 2 gegen vorrangiges Europarecht gesehen.[25] Nach den allgemeinen Grundsätzen[26] ist dann zu prüfen, ob die europarechtswidrige Regelung durch Auslegung den Vorgaben angepasst werden kann oder, wenn dies nicht möglich ist, unangewendet bleiben muss.[27] Alternativ könnte ein zur Entscheidung berufenes Arbeitsgericht bei Zweifeln an der Vereinbarkeit der Norm mit EU-Recht die Frage dem EuGH in einem Vorabentscheidungsersuchen vorlegen. Solche Zweifel hat inzwischen auch das BAG geäußert, eine Entscheidung über die damit verbundenen Rechtsfragen aber offenlassen.[28] 9

Nationales Recht ist, soweit möglich, **richtlinienkonform auszulegen.**[29] Nur wenn dies nicht möglich ist, bleibt eine entgegenstehende Bestimmung des nationalen Rechts unangewandt.[30] Ein Weg einer richtlinienkonformen Auslegung besteht darin, bei der Haftung gem. § 15 Abs. 1 Satz 2 die Regelung des § 276 Abs. 1 so anzuwenden, dass ein »Vertretenmüssen« auch ohne Verschulden der AG besteht.[31] Diese Lösung führt aber entgegen dem erklärten Willen des Gesetzgebers zu einer Abweichung des § 15 Abs. 1 von den zivilrechtlichen Grundsätzen des vertraglichen Schadensersatzes gem. § 280 Abs. 1 BGB. 10

Die Frage einer richtlinienkonformen Auslegung bezieht sich in diesem Fall aber nicht nur auf § 15 Abs. 1, sondern auf die Gesamtheit von § 15 Abs. 1 und 2, da es dem Gesetzgeber freisteht, ob er die EU-rechtlich geforderte volle und verschuldensunabhängige Haftung durch einen Anspruch auf 11

25 So Schiek-Kocher, AGG, § 15 Rn. 20; Däubler/Beck-Deinert, AGG, § 15 Rn. 31; Bauer/Thüsing/Schunder, NZA 2006, 774, 776; Deinert, DB 2007, 398; MüKoBGB-Thüsing, AGG § 15 Rn. 24, 33; ErfK-Schlachter, AGG, § 15 Rn. 1 ff.; Kamanabrou, RdA 2006, 321.

26 Diese sind dargestellt in EuGH 17.4.18 – C-414/16 – [Egenberger], Rn. 70 ff.

27 So Schiek-Kocher, AGG, § 15 Rn. 20; Däubler/Beck-Deinert, § 15 Rn. 31; Bauer/Thüsing/Schunder, NZA 2006, 774 [776]; v. Roetteken, NZA-RR 2013, 337; Lehmann, Die Höhe des finanziellen Ausgleichs nach § 15 Abs. 1 und § 2 AGG unter besonderer Berücksichtigung der Rechtsprechung des EuGH, S. 41 ff.

28 BAG 18.5.17 – 8 AZR 74/16, Rn. 51 ff.

29 EuGH 10.4.84 – C-14/83; BAG 2.4.96 – 1 ABR 47/95.

30 EuGH 22.11.05 – C-144/04 – [Mangold/Helm].

31 Hierzu Däubler/Beck-Deinert, AGG, § 15 Rn. 31, m.w.N.; ablehnend BAG 18.5.17 – 8 AZR 74/16, Rn. 52: eine solche Auslegung sei mit dem Wortlaut und dem Willen des Gesetzgebers nicht vereinbar.

Schadensersatz oder durch einen Anspruch auf Entschädigung herstellt. Der EuGH hat dementsprechend in der Vergangenheit die auf einen Entschädigungsanspruch beschränkte Regelung des § 611a BGB nicht beanstandet.[32] Das Unionsrecht unterscheidet bei der Regelung von Schadensersatzansprüchen grundsätzlich nicht zwischen einem materiellen Schaden des Vermögens und einem immateriellen Schaden an sonstigen Rechtsgütern, sondern erfasst den Ausgleich sämtlicher Schäden.[33] Vorzuziehen ist deshalb eine **EU-rechtskonforme Auslegung des § 15 Abs. 2:** Wenn bei der Höhe der festzusetzenden Entschädigung der materielle Schaden mit einbezogen wird, ist dem EU-rechtlichen Gebot einer verschuldensunabhängigen Haftung genügt.[34] Zwar sieht der Wortlaut der Vorschrift eine Entschädigung nur für Schäden vor, die nicht Vermögensschäden sind; allerdings wird nach Satz 2 die Beschränkung der Entschädigung auf drei Monatsgehälter davon abhängig gemacht, ob Bewerber bei benachteiligungsfreier Auswahl eingestellt worden wären oder nicht. Die Höhe der Entschädigung hängt also auch nach dem Willen des Gesetzgebers in diesem Fall davon ab, ob ein materieller Schaden eingetreten ist oder nicht. Der materielle Schaden soll dann über eine erhöhte Entschädigungsleistung ausgeglichen werden und nicht durch Schadensersatz. Dementsprechend kann Abs. 2 insgesamt dahingehend verstanden werden, dass die Höhe des Schadens immer auch bei der verschuldensunabhängig zu gewährenden Entschädigung zu berücksichtigen ist. Bei einer entsprechenden Auslegung von Abs. 2 bleibt es bei dem durch das Gesetz vorgegebenen Erfordernis eines Verschuldens für einen Anspruch auf weitergehenden Schadensersatz gem. Abs. 1.

**Beispiel:**
AG A gibt der Personalleitung als Kriterium für Einstellungen eine langjährige durchgehende Erwerbstätigkeit vor. Die bestqualifizierte F bewirbt sich. Als Mutter zweier Kinder war sie in den 15 Jahren ihrer Berufstätigkeit insgesamt 5 Jahre in Elternzeit und ist erst seit 5 Jahren wieder durchgehend tätig. Von der Personalleitung wird B eingestellt, der seit 9 Jahren durchgehend beschäftigt war. Die Ablehnung der besseren Bewerbung der F erfolgt aufgrund der geringeren ununterbrochenen Beschäftigungszeit, obwohl für dieses Kriterium keine konkrete Rechtfertigung besteht; ohne dieses Kriterium hätte F die Stelle bekommen. Da durch das Kriterium wegen Zeiten der Kindererziehung statistisch belegbar wesentlich mehr Frauen betroffen sind als Männer, handelt es sich um eine mittelbare Benachteiligung. A haftet F auf Schadensersatz für die erlittene Benachteiligung der Nichteinstellung, die gem. § 7 Abs. 3 eine Pflichtverletzung darstellt. Das Handeln der Personalleitung ist A über § 278 BGB zurechenbar.

---

32 EuGH 22.4.97 – C-180/95 – [Draempaehl].

33 v. Roetteken, NZA-RR 2013, 337; Wagner, AcP 2006, 352; Wurmnest, S. 199 (210, 223); EuGH 12.3.02 – C-168/00 – [Leitner]; EuGH 22.4.97 – C-180/95 – [Draempaehl].

34 Kritisch insgesamt zur Gesetzeslage MüKoBGB-Thüsing, AGG, § 15 Rn. 15.

Wenn A bei Zugrundelegung der erforderlichen Sorgfalt davon ausgehen durfte, dass das Kriterium nicht zu einer unzulässigen Benachteiligung der F führe, entfällt gem. § 15 Abs. 1 Satz 2 die Haftung auf Schadensersatz. F hat jedoch in jedem Fall einen Anspruch auf Entschädigung gem. § 15 Abs. 2, bei dem verschuldensunabhängig die Höhe ihres Schadens einzubeziehen ist und bei deren Festsetzung für sie als Bestqualifizierte keine Beschränkung der Entschädigung auf drei Monatsverdienste besteht.

Wird der materielle Schaden eingeklagt und gleichzeitig Entschädigung gefordert, so muss beachtet werden, dass der materielle Schaden nicht doppelt berücksichtigt wird. Um eine Doppelleistung zu vermeiden, muss in einem solchen Fall entweder eine gem. Abs. 2 zugesprochene Entschädigung mit ihrem Teil, der den materiellen Schaden ausgleichen soll, schadensmindernd bei den Ansprüchen nach Abs. 1 berücksichtigt werden oder ein verschuldensabhängig zugesprochener Schadensersatzanspruch gem. Abs. 1 dazu führen, dass der materielle Schaden nicht zusätzlich in die Bemessung der Entschädigung nach Abs. 2 einbezogen wird. 12

**Beispiel:**
B wird wegen ihrer Behinderung, die keine Auswirkung auf ihre tätigkeitsbezogene Leistungsfähigkeit hat, nicht eingestellt. Das Gericht spricht ihr eine Entschädigung in Höhe von sechs Monatsverdiensten zu, von denen jeweils drei Monatsverdienste zum einen für den Ausgleich der Persönlichkeitsverletzung und zum anderen für den materiellen Schaden durch Ausfall des vorgesehen Verdienstes festgesetzt werden.[35]

Würde B zusätzlich Schadensersatz fordern, wäre der festgestellte Schaden um den Betrag von drei Monatsverdiensten zu mindern, da er insoweit bereits ausgeglichen ist.

In der Praxis sollte die Klage auf Entschädigung mit der Klage auf Schadensersatz verbunden werden, da dann das Urteil bei der Angemessenheit der Entschädigung berücksichtigen kann, ob für den Schadensersatzanspruch der Nachweis des Verschuldens geglückt ist und ein über die Entschädigung hinausgehender Anspruch auf Schadensersatz zuzusprechen ist. 13

## 5. Umfang der Haftung

Die Haftung richtet sich nach den §§ 249 ff. BGB und erstreckt sich auf **Personen-, Sach- und Vermögensschäden.** Bei einer diskriminierenden Kündigung stellt die Rechtsfolge der Unwirksamkeit der Kündigung eine Naturalrestitution gem. § 249 BGB dar, die den Schaden i. d. R. behebt.[36] In diesem Zusammenhang gelten für Ansprüche auf Entgeltzahlungen die 14

35 ArbG Berlin 13.7.05 – 86 Ca 24618/04.

36 Angedeutet in BAG 19.12.13 – 6 AZR 190/12, Rn. 38.

Spezialregelungen des § 615 BGB (Annahmeverzug) und ggf. § 11 KSchG. Daneben kann ein Anspruch auf Entschädigung geltend gemacht werden, da die Unwirksamkeit der diskriminierenden Kündigung die in der Diskriminierung liegende Persönlichkeitsrechtsverletzung nicht kompensieren kann[37] (s. hierzu Rn. 19b). Im Zusammenhang mit einer Diskriminierung, die bei der Einstellung oder Beförderung oder dadurch verursacht wird, dass unter Verstoß gegen das Benachteiligungsverbot während des laufenden Beschäftigungsverhältnisses geringere Leistungen an Betroffene gezahlt werden als an andere Beschäftigte, kommen vor allem Schäden in Form von **Verdienstausfall (§ 252 BGB) in Betracht**. Ein Schaden wird durch die Benachteiligung dann verursacht, wenn ohne die Benachteiligung eine Einstellung oder Beförderung erfolgt bzw. das Arbeitsverhältnis gleichbehandelnd geführt worden wäre. Für das Vorliegen dieser Voraussetzungen tragen Betroffene im Fall der Klageerhebung nach den allgemeinen zivilprozessualen Grundsätzen die Darlegungs- und Beweislast (haftungsausfüllende Kausalität) und müssen demnach darlegen und gegebenenfalls beweisen, dass die (behauptete) Benachteiligung für den Schaden ursächlich war, der Schaden also bei benachteiligungsfreier Behandlung nicht eingetreten wäre. § 22 gilt in diesem Zusammenhang nicht.[38] In Frage kommt aber eine **Beweiserleichterung**, wenn nach der Lebenserfahrung eine tatsächliche Vermutung oder Wahrscheinlichkeit für eine Einstellung bei regelgerechten Vorgehen besteht.[39]

15 Für die **Höhe des Verdienstausfallschadens** ist das **positive Interesse** zugrunde zu legen. Das bedeutet, der oder die Geschädigte soll so gestellt werden, wie der Vertragsverlauf ohne die Benachteiligung gewesen wäre. Allerdings ist gem. **Abs. 6** bei einer Benachteiligung im Hinblick auf Einstellung oder Beförderung der Anspruch auf den versagten Arbeitsplatz gem. § 249 BGB **ausgeschlossen** (zu einem eventuellen Anspruch aus anderen Rechtsgründen s. Rn. 41 ff.). Das **Restitutionsinteresse** besteht in solchen Fällen in der entgangenen Nettovergütung unter Anrechnung der stattdessen erlangten Einkünfte oder Sozialleistungen.[40] Umstritten ist der **Zeitraum**, für den Vergütung zu zahlen ist: ob dieser ggf. bis zur Rente gehen kann. Die Höhe des Schadens ist gem. § 287 ZPO unter Beachtung konkreter Schadensposten und Schätzungsgrundlagen zu ermitteln. Eine Orientierung an der ordentlichen Kündigungsfrist ist abzulehnen, denn dadurch würde unzulässigerweise unterstellt, dass das Arbeitsverhältnis auch ohne Benach-

---

37 Wenckebach, AuR 2010, 499; Däubler/Beck-Däubler, AGG, § 2 Rn. 298 ff.; Däubler/Beck-Deinert, AGG, § 15 Rn. 60.

38 BAG 18.5.17 – 8 AZR 74/16; BAG 26.1.17 – 8 AZR 736/15, Rn. 48.

39 BAG 26.1.17 – 8 AZR 736/15, Rn. 48; BGH 23.4.12 – II ZR 163/10.

40 Däubler/Beck-Deinert, AGG, § 15 Rn. 47; a.A. Schiek-Kocher, AGG, § 15 Rn. 10, m.w.N.: Bruttoentgelt.

teiligung beendet worden wäre, weil der AG den Bewerber ablehnt.[41] Ohne die diskriminierenden Beweggründe des AG wäre dies aber gerade nicht der Fall. Nach einer Einstellung bestehen die meisten Arbeitsverhältnisse über den Ablauf der Probezeit hinaus – viele auch bis zum Ruhestand. Anhaltspunkt für eine angemessene Höhe der Entschädigung können ggf. die Grundsätze für die Schadensberechnung bei einem Anwalts-Haftungsfall in einer Bestandsschutzstreitigkeit sein. Dort wird aber keine Begrenzung in Bezug auf die Länge des möglichen Arbeitsverhältnisses vorgenommen. Versuche, die Wahrscheinlichkeit der Einstellung oder Beförderung bei der Festsetzung der Höhe des Schadens zu berücksichtigen[42] oder eine durchschnittliche Beschäftigungsdauer im betroffenen Beruf und in dem jeweiligen Unternehmen zugrunde zu legen,[43] sind in der Praxis schwer umzusetzen. Der nach Abs. 1 zu leistende materielle Schadensersatz besteht daher im Fall einer Diskriminierung bei der Stellenbesetzung in Höhe der Vergütungsdifferenz zwischen der tatsächlich erhaltenen und der Vergütung, die auf der höherwertigen Stelle ggf. bis zum Renteneintritt gezahlt wird (unter Berücksichtigung des durchschnittlichen Verlaufs eines Arbeitsverhältnisses).[44] Praktikabel, aber dogmatisch nicht zu begründen sind Versuche in der Literatur, mit einer Pauschale zu arbeiten.[45] Im Fall einer benachteiligenden Versetzung besteht ein materieller Schadensersatzanspruch in Form der Vergütungsdifferenz für die Zukunft wegen des Prinzips der Naturalrestitution nicht, solange die Beschäftigung auf dem alten Arbeitsplatz geltend gemacht werden kann.[46]

Bei der Festsetzung der Höhe des Schadensersatzes ist gem. § 254 BGB ein **16**
**Mitverschulden** des oder der Beschäftigten zu berücksichtigen. Ein Mitverschulden wird z. T. bejaht, wenn im öffentlichen Dienst kein einstweiliger Rechtsschutz bei Ablehnung einer Stellenbewerbung durchgeführt wird.[47] Ein solches liegt aber nicht vor, wenn benachteiligte AN nicht rechtzeitig gem. § 7 Abs. 3 KSchG Klage erheben, da kein Zwang zur Fortsetzung des Arbeitsverhältnisses nach erfolgter Benachteiligung bestehen darf; insofern

---

41 Gegen jede zeitliche Begrenzung: Bauer/Thüsing/Schunder, NZA 2006, 774 (776); Schlachter, Anm. zu EuGH 22.4.97 – [Draehmpahl], NZA 1997, 645; Däubler/Beck-Deinert, AGG, § 15 Rn. 42 ff. (jedenfalls de lege lata); a. A. Annuß, BB 2006, 1629 (1634); Hanau, ZIP 2006, 2189 (2200): wie bei § 628 BGB nur ordentliche Kündigungsfrist.

42 Wagner/Potsch, JZ 2006, 1085.

43 Wagner, AcP 2006, 352.

44 LAG Berlin-Brandenburg 26.11.08 – 15 Sa 517/08 unter Hinweis auf die ständige Rechtsprechung zu Art. 33 Abs. 2 GG in vergleichbaren Fällen.

45 4 Monate: Zwanziger, DB 1998, 1330; 6 Monate: APS-Linck, § 611a BGB Rn. 104; 3 Monate: ArbG Berlin 13.7.05 – 86 Ca 24618/04.

46 ArbG Wiesbaden 18.12.08 – 5 Ca 46/08, Rn. 113 ff.

47 VG Schleswig 26.3.15 – 12 A 120/14; VG Arnsberg 14.8.13 – 2 K 2669/11.

gilt der Grundsatz aus § 15 Abs. 6 – kein Kontrahierungszwang für AG – hier zugunsten der AN. Entsprechend dem Rechtsgedanken des § 628 Abs. 2 BGB liegt auch dann kein Mitverschulden vor, wenn ein Diskriminierungsopfer berechtigterweise vorzeitig aus dem Arbeitsverhältnis austritt.[48]

17 **Personenschäden** sind insbesondere im Zusammenhang mit Benachteiligungen durch (sexuelle) Belästigung relevant, da sich ein feindliches Umfeld und/oder Angriffe auf die sexuelle Selbstbestimmung regelmäßig nachteilig auf die Gesundheit der Betroffenen auswirken. Der in § 104 SGB VII vorgesehene Haftungsausschluss für Personenschäden bezieht sich nur auf Versicherungsfälle gem. § 7 Abs. 2 SGB VII und setzt einen Arbeitsunfall oder eine Berufskrankheit voraus. Eine Berufskrankheit liegt nur vor, wenn zum einen die Krankheit durch die versicherte Tätigkeit hervorgerufen worden und zum anderen in der Anlage zur BKV vom 31.10.97 als solche aufgeführt ist. Diese Voraussetzungen sind bei körperlichen und psychischen Beschwerden durch Belästigung als krankmachendem Faktor nicht gegeben.

18 Der Anspruch auf Schadensersatz schließt einen Ersatz von Aufwendungen aus, die auch bei rechtmäßigem Alternativverhalten des AG angefallen wären, wie etwa die **Kosten der Bewerbung**. Insofern ist die Benachteiligung **nicht kausal**.

## III. Entschädigung

### 1. Allgemeines

19 **Abs. 2 Satz 1** enthält eine **verschuldensunabhängige** Haftung der AG für **immaterielle Schäden**,[49] die über § 7 Abs. 1 allein an das Vorliegen einer Benachteiligung gem. § 3 und damit an das Ergebnis anknüpft und deshalb als »**Ergebnishaftung**« bezeichnet werden kann. Die Bestimmung hat neben dem Zweck der Kompensation des immateriellen Schadens einen doppelten Sanktionszweck: Eine »spezialpräventive Funktion«, den konkreten AG zukünftig zur ordnungsgemäßen Erfüllung seiner Pflichten nach dem AGG anzuhalten, und gleichzeitig eine »generalpräventive Funktion«, Dritte von ähnlichen Verstößen abzuhalten.[50] Die Entschädigung gem. § 15 Abs. 2 hat den Charakter eines Schmerzensgeldes, auf das unabhängig davon Anspruch besteht, ob ein materieller Schaden eingetreten ist oder nicht und das neben die Sanktion der Unwirksamkeit einer diskriminierenden Maßnahme

---

48 Schiek-Kocher, AGG, § 15 Rn. 18.

49 Ausführlich zur Verschuldensunabhängigkeit: BAG 22.1.09 – 8 AZR 906/07.

50 BAG 18.6.15 – 8 AZR 848/13 (A); BAG 27.8.20 – 8 AZR 62/19, Rn. 86; BAG 28.10.21 – 8 AZR 371/20, Rn. 16f.

tritt (zur Anwendbarkeit von Abs. 2 bei Kündigungen s. Rn. 19 b).[51] Der Wortlaut kann Zweifel daran begründen, ob Abs. 2 lediglich an Abs. 1 Satz 1 anknüpft oder auch an Abs. 1 Satz 2 und damit für einen Anspruch auf Entschädigung für immaterielle Schäden ebenfalls ein Verschulden voraussetzt. Die verschuldensunabhängige Ausgestaltung ist EU-rechtlich erforderlich[52] und vom Gesetzgeber als verschuldensunabhängige Haftung für immaterielle Schäden und **Spezialregelung zu § 253 BGB** gewollt.[53] Daher ist beispielsweise bei einer altersdiskriminierenden Besoldung eine Entschädigung auch dann zu zahlen, wenn der Verstoß gegen das Benachteiligungsverbot des § 7 Folge des korrekten Vollzugs eines Besoldungsgesetzes ist, also allein auf normativem Unrecht beruht.[54]

Die Entschädigung wird als »Schmerzensgeld« wegen der mit einer Benach- **19a** teiligung verbundenen Persönlichkeitsverletzung gewährt.[55] Es ist nicht erforderlich, dass diese besonders schwer wiegt.[56] Als Spezialregelung schließt Abs. 2 deshalb Ansprüche wegen Verletzung des allgemeinen Persönlichkeitsrechts aus, da solche nur dann in Betracht kommen, wenn der oder die Verletzte auf andere Weise keine Wiedergutmachung des immateriellen Schadens erhalten kann.[57] Dieses Auffangtatbestandes bedarf es nun bei einem Verstoß gegen das Benachteiligungsverbot nicht mehr. Abs. 2 enthält somit eine für den **Ersatz immaterieller Schäden** insgesamt **abschließende Regelung.**

Eine Entschädigung kann **auch bei diskriminierenden Kündigungen** gel- **19b** tend gemacht werden. Neben der Unwirksamkeit der Kündigung kann es zu einem Anspruch auf Entschädigung wegen immaterieller Schäden nach § 15 Abs. 2 kommen, der durch § 2 Abs. 4 nicht gesperrt ist.[58] Insbesondere stellt die Unwirksamkeit der Kündigung noch keine hinreichende Sanktion im Sinne der Antidiskriminierungsrichtlinien dar und kompensiert nicht die in der Diskriminierung regelmäßig enthaltene Persönlichkeitsrechtsverletzung[59] (s. auch Rn. 22). Eine merkmalsbezogene Belastung im Zusammen-

---

51 BAG 22.1.09 – 8 AZR 906/07: Die Unwirksamkeit einer Maßnahme beeinträchtigt nicht die Höhe des Anspruchs auf Entschädigung.

52 EuGH 22.4.97 – C-180/95 – [Draehmpahl], Rn. 18; BAG 27.8.21 – 8 AZR 62/19, Rn. 88 f.; Verbot der Verschlechterung: Art. 8e Abs. 2 der Richtlinie 76/207/EWG (Gender-Richtlinie), eingefügt durch die Richtlinie 2002/73/EG (Änderung der Gender-Richtlinie).

53 BT-Drs. 16/1780 S. 38.

54 BVerwG 6.4.17 – 2 C 11/16.

55 BAG 19.12.13 – 6 AZR 190/12, Rn. 37 f.

56 BAG 22.1.09 – 8 AZR 906/07; LAG Niedersachsen 15.9.08 – 14 Sa 1769/07.

57 BVerfG 4.3.04 – 1 BvR 2098/01.

58 BAG 12.12.13 – 8 AZR 838/12; BAG 19.12.13 – 6 AZR 190/12, Rn. 36 ff.; LAG Berlin-Brandenburg 13.7.17 – 10 Sa 491/17, Rn. 44; LAG Berlin-Brandenburg 10.8.18 – 6 Sa 335/18, Rn. 54 ff.

59 Wenckebach, AuR 2010, 499.

hang mit dem Ausspruch einer Kündigung führt jedenfalls dann zu einem Entschädigungsanspruch nach § 15 Abs. 2, wenn sie über das Normalmaß hinausgeht, wie dies auch bisher schon im Falle einer schwerwiegenden Persönlichkeitsrechtsverletzung Voraussetzung ist.[60] Eine Kündigung gegenüber einer schwangeren AN unter Verstoß gegen das Kündigungsverbot des § 9 Abs. 1 MuSchG erfüllt regelmäßig die Voraussetzungen eines Verstoßes gegen das Benachteiligungsverbot gem. § 7 AGG.[61] Die Geltendmachung einer Entschädigung ist unabhängig von der Erhebung einer Kündigungsschutzklage. In jedem Fall ist dem EU-rechtlichen Erfordernis einer abschreckenden Sanktion und der erforderlichen Ahndung eines Verstoßes gegen Gemeinschaftsrecht durch ähnliche sachliche und verfahrensmäßige Regelungen wie bei einem nach Art und Schwere gleichartigen Verstoß gegen nationales Recht Rechnung zu tragen.[62]

19c Auch bei anderen Personalmaßnahmen wie Abmahnungen oder Versetzungen, die wegen Diskriminierung unwirksam sind, können die Betroffenen nicht nur gegen die Maßnahme selbst vorgehen, sondern auch eine Entschädigung geltend machen.[63]

## 2. Anspruchsvoraussetzung

20 Für die **Feststellung einer Benachteiligung** bedarf es anders als bei einer Haftung für Verschulden keiner Darlegung konkret benachteiligender Handlungen oder Unterlassungen durch AG. Eine Benachteiligung gem. § 3 Abs. 1, 2 und 5 liegt vielmehr in jeder Form der Zurücksetzung wegen eines in § 1 genannten Grundes, so dass **vom Ergebnis her** auf die Benachteiligung geschlossen werden kann. Allerdings muss die Benachteiligung von (potenziellen) AG ausgehen oder analog § 278 BGB zurechenbar sein (s. zur Haftung für Erfüllungsgehilfen Rn. 7). Einzige **Voraussetzung** für den Anspruch auf Entschädigung ist daher ein **dem AG zurechenbarer Verstoß** gegen das Benachteiligungsverbot des § 7, ohne dass es auf ein Verschulden oder auf das Vorliegen einer besonders schwerwiegenden Persönlichkeitsverletzung der Betroffenen ankommt. Bei einem Verstoß gegen das Benachteiligungsverbot ist grundsätzlich das Entstehen eines immateriellen Schadens beim AN anzunehmen, welcher zu einem Entschädigungsanspruch führt.[64] Ein Personalvermittler, der als Vertreter des potentiellen AG aufgetreten ist und Beschäftigte tatsächlich diskriminiert hat, haftet selbst nicht

60 BAG 12.12.13 – 8 AZR 838/12.
61 LAG Berlin-Brandenburg 16.9.15 – 23 Sa 1045/15.
62 EuGH 21.9.89 – C-68/88 und EuGH 22.4.97 – C-180/95 – [Draehmpaehl].
63 Zur Versetzung: BAG 22.1.09 – 8 AZR 906/07; Wenckebach, AuR 2010, 499; Däubler/Beck-Deinert, AGG, § 15 Rn. 60.
64 BAG 22.1.09 – 8 AZR 906/07; LAG Niedersachsen 15.9.08 – 14 Sa 1769/07.

nach Abs. 2 (wohl aber der potenzielle AG, der sich seiner bedient und sich dessen Handlung zurechnen lassen muss),[65] kann jedoch wegen der Verletzung des allgemeinen Persönlichkeitsrechts aus § 823 Abs. 1 BGB i. V. m. Art. 2 Abs. 1, Art. 1 Abs. 1 GG auf Zahlung einer Geldentschädigung in Anspruch genommen werden.[66]

### 3. Höhe der Entschädigung

§ 15 Abs. 2 eröffnet den Anspruch auf eine **angemessene Entschädigung**, gibt aber weder hinsichtlich der Bemessungskriterien noch der **Höhe der Entschädigung** nähere Anhaltspunkte. Zur Gewährleistung eines tatsächlichen und wirksamen Rechtsschutzes muss die hierfür zu zahlende Entschädigung nach EU-Recht geeignet sein, eine wirklich **abschreckende Wirkung** gegenüber AG zu haben **und** auf jeden Fall **in einem angemessenen Verhältnis zum erlittenen Schaden stehen.**[67] Damit kommt eine Festsetzung der Entschädigung auf »Null« nicht in Betracht.[68] Dem Arbeitsgericht bleibt damit ein erheblicher Spielraum, um die Besonderheiten jedes einzelnen Falles zu berücksichtigen (zu den Kriterien für die Angemessenheit einer Entschädigung s. im Einzelnen Rn. 23 ff.). 21

Die Entschädigung soll nach dem Wortlaut des Abs. 2 verschuldensunabhängig ausschließlich **immaterielle Schäden** ausgleichen in Ergänzung zu dem verschuldensabhängigen Schadensersatzanspruch in Abs. 1. Dies ist mit der zitierten EU-Rechtsprechung nicht zu vereinbaren (s. hierzu ausführlich Rn. 9 ff.). Der Wortlaut ist deshalb **europarechtskonform** dahingehend **auszulegen**, dass die Bemessung der verschuldensunabhängig zu zahlenden Entschädigung einen tatsächlich entstandenen Schaden berücksichtigen kann, auch wenn der Anspruch auf Ersatz des materiellen Schadens in Abs. 1 geregelt ist und neben dem Anspruch auf Entschädigung besteht.[69] Wäre der **tatsächlich entstandene Schaden** nicht **unabhängig vom Verschulden zu berücksichtigen**, würde die Neuregelung gegen Europarecht verstoßen (s. Rn. 2, 9 ff.). 21a

Grund für die nach Abs. 2 Satz 1 zu zahlende **Entschädigung** ist eine in der Verletzung des Benachteiligungsverbotes liegende Persönlichkeitsverletzung.[70] Das BAG[71] hat ausgeführt, dass ein AG, der einen Bewerber beim Zugang zu einem Arbeitsverhältnis wegen seines Geschlechts benachtei- 22

65 BAG 23.1.14 – 8 AZR 118/13, Rn. 26.
66 OLG Celle 13.2.14 – 13 U 37/13, Rn. 5.
67 EuGH 22.4.97 – C-180/95 – [Draehmpahl].
68 BAG 28.10.21 – 8 AZR 371/20, Rn. 17 f.
69 ErfK-Schlachter, AGG, § 15 Rn. 8.
70 BAG 19.12.13 – 6 AZR 190/12, Rn. 37 f.
71 BAG 14.3.89 – 8 AZR 351/86; BAG 15.3.12 – 8 AZR 97/11, Rn. 41.

ligt, dessen berufliche Fähigkeiten herabwürdigt und ihn an der Entfaltung seiner individuellen Persönlichkeit hindert. Das gleiche gilt grundsätzlich wegen jeder in § 3 geregelten Benachteiligung wegen eines in § 1 genannten Grundes. **Nicht erforderlich** ist eine Verletzung der Betroffenen in ihrem allgemeinen Persönlichkeitsrecht, die nach der Rechtsprechung eine **Erheblichkeit** voraussetzt. Bei einem Verstoß des AG gegen das Benachteiligungsverbot ist grundsätzlich das Entstehen eines immateriellen Schadens bei den Betroffenen vermutet, welcher zu einem Entschädigungsanspruch führt.[72]

23 **Kriterien für die Angemessenheit einer Entschädigung** sind in Anlehnung an § 253 Abs. 2 BGB unter Abwägung aller Umstände des Einzelfalles vor allem die **Art und die Schwere** der Beeinträchtigung, **Nachhaltigkeit und Fortdauer** der Interessenschädigung der Benachteiligten, **Anlass und Beweggründe des** Handelns des AG sowie das gemeinschaftsrechtliche Erfordernis einer **abschreckenden Wirkung** der Sanktion.[73] Erhöhend bei der Bemessung wirkt außerdem eine **besondere Schwere des Verschuldens.**[74] Möglicherweise kann in diesem Zusammenhang auch die Frage, ob der AG seine Schulungspflicht gem. § 12 Abs. 2 erfüllt hat oder nicht, bei der Festsetzung einer Entschädigung gem. § 15 Abs. 2 Berücksichtigung finden.[75] Auch wird etwa eine erhöhte Entschädigung geboten sein, wenn ein Beschäftigter aus mehreren Gründen unzulässig benachteiligt oder belästigt wird.[76] Beachtlich ist schließlich eine Wiedergutmachung durch den AG, wobei die Einladung in einem anderen Bewerbungsverfahren nicht genügt.[77] Ohne Relevanz auf die Höhe der Entschädigung ist hingegen, dass der AG bisher seinen Verpflichtungen zur Einstellung schwerbehinderter Menschen nachgekommen ist[78] oder dass es sich bei der versagten Stelle um eine befristete Anstellung gehandelt hat.[79] Demgegenüber erscheint die **Monatsvergütung als Bemessungsgrundlage** für die Höhe einer Entschädigung entgegen einer in der Praxis zu beobachtenden Tendenz **ungeeignet**, weil damit die Benachteiligung von Geringverdienern ohne nachvollziehbare Begründung

---

72 BAG 22.1.09 – 8 AZR 906/07; LAG München 19.11.08 – 5 Sa 556/08.

73 EuGH 25.4.13 – C 81/12 – [Accept]; BAG 22.1.09 – 8 AZR 906/07; BAG 5.2.04 – 8 AZR 112/03 ; LAG Hamm 22.11.96 – 10 Sa 1069/96.

74 BAG 28.5.20 – 8 AZR 140/19, Rn. 20f. und 39; BAG 25.11.21 – 8 AZR 313/20, Rn. 45, das aber im Hinblick auf die Verschuldensunabhängigkeit der Haftung einen (leichten) Grad des Verschuldens nicht zugunsten des AG berücksichtigen will.

75 So Bezani/Richter, AGG im ArbR, Rn. 308.

76 BAG 12.9.06 – 9 AZR 807/05.

77 BAG 28.5.20 – 8 AZR 170/19, Rn. 35.

78 BAG 28.5.20 – 8 AZR 170/19, Rn. 37.

79 BAG 28.5.20 – 8 AZR 170/19, Rn. 32, 36f.

geringer entschädigt wird als bei besser Verdienenden.[80] Vielmehr gibt Abs. 2 keinen Rahmen für die Bemessung der Entschädigung vor, zumal anderes mit den unionsrechtlichen Vorgaben nicht vereinbar wäre. Bei Satz 2 handelt es sich um eine Kappungs- bzw. Höchstgrenze. Dies bedeutet, dass in einem ersten Schritt die Höhe der angemessenen Entschädigung ohne Rücksicht auf irgendeine Begrenzung zu ermitteln und diese ggf. in einem zweiten Schritt zu kappen ist, sofern sie drei Bruttomonatsentgelte übersteigt.[81] Als Monatsverdienst ist derjenige zu berücksichtigen, den Bewerber:innen im Fall der Einstellung erzielt hätten;[82] welche Vorstellungen diese hinsichtlich der zu erzielenden Vergütung gehabt haben, ist unbeachtlich.[83] Lediglich die Höchstgrenze hat der Gesetzgeber also an das Monatsgehalt gekoppelt. Das BAG beschränkt die strikte Orientierung an der Monatsvergütung auf Nichteinstellungen und Entlassungen[84] und löst sich hiervon bei sonstigen Benachteiligungen auch im Hinblick auf die notwendige abschreckende Wirkung.[85] Die Entschädigung darf drei Monatsgehälter nicht übersteigen, wenn Bewerber:innen auch bei benachteiligungsfreier Auswahl nicht eingestellt worden wären, § 15 Abs. 2 Satz 2 AGG. Eine exakte Ermittlung ist nicht erforderlich; vielmehr hat das Gericht bei der Festsetzung einen Ermessensspielraum.[86] Aus diesem Grund ist ein unbezifferter Zahlungsantrag zulässig. Betroffene müssen gleichwohl Tatsachen benennen, die das Gericht bei der Bestimmung des Betrages heranziehen soll, und die Größenordnung der geltend gemachten Forderung angeben.

Grundsätzlich steht der Anspruch auf angemessene Entschädigung neben **24** einem Anspruch auf Ausgleich eines materiellen Schadens, der ggf. bei der Festsetzung der Höhe der Entschädigung zu berücksichtigen ist.[87] S. auch Rn. 9 ff.

In der **Rechtsprechung zum AGG** wurden folgende Entschädigungen ohne **25** Einbeziehung eines materiellen Schadens zugesprochen:

**Alter:** BVerwG 6.4.17 – 2 C 11/16: bei Ansprüchen aus § 15 Abs. 2 AGG und aus dem unionsrechtlichen Haftungsanspruch bei altersdiskriminierender Besoldung: monatlich € 100 als pauschale Entschädigungssumme. Die Pauschale wird bei einer Teilzeitbeschäftigung nicht anteilsmäßig gekürzt; BAG 22.1.09 – 8 AZR 906/07 und LAG Berlin-Brandenburg 19.9.07 –

80 Däubler/Beck-Deinert, AGG, § 15 Rn. 98; ebenso kritisch ErfK-Schlachter, AGG, § 15 Rn. 12.
81 BAG 28.5.20 – 8 AZR 170/19, Rn. 22.
82 BAG 25.11.21 – 8 AZR 313/20.
83 LAG Hamburg 3.4.13 – 4 Ta 4/13.
84 BAG 28.5.20 – 8 AZR 170/19, Rn. 24.
85 BAG 22.1.09 – 8 AZR 906/07.
86 BAG 25.11.21 – 8 AZR 313/20.
87 So auch ArbG Mainz 2.9.08 – 3 Ca 1133/08: Schadensersatz wegen entgangenem Verdienst und zusätzlich auf angemessene Entschädigung.

15 Sa 1144/07 (Vorinstanz): altersdiskriminierende Zuordnung zum Personalüberhang = € 1000; BAG 19.8.10 – 8 AZR 530/09: altersdiskriminierende Stellenausschreibung = 1 Monatsgehalt; LAG Baden-Württemberg 20.3.09 – 9 Sa 5/09: Diskriminierung eines Bewerbers wegen des Alters = 1 Monatsgehalt als absolute Untergrenze des Vertretbaren, da aus prozessualen Gründen keine höhere Entschädigung zugesprochen werden konnte; LAG Hamm 26.2.09 – 17 Sa 923/08: altersdiskriminierende Versagung einer befristeten Weiterbeschäftigung = 6 Monatsgehälter; LAG Niedersachsen 15.9.08 – 14 Sa 1769/07: Altersdiskriminierung einer Bewerberin für eine auf 5 Tage befristete Stelle, die nach einem Tag doch noch eingestellt worden war = € 1000; LAG Hamm 7.8.08 – 11 Sa 284/08: benachteiligende Höchstaltersgrenze für die Einstellung = 2 Monatsgehälter.

**Schwerbehinderung: Nichteinladung eines schwerbehinderten Menschen zu einem Vorstellungsgespräch:** BAG 28.5.20 – 8 AZR 170/19, Rn. 38f.: 1,5 Monatsvergütungen; LAG Hessen 28.8.09 – 19/3 Sa 2136/08 und 19/3 Sa 1636/08: 1 Monatsgehalt; LAG Hessen 28.8.09 – 19/3 Sa 1742/08: bei dreimaliger Benachteiligung (Bewerbung auf drei verschiedene Stellen und jeweils Nichteinladung) für jeden Verstoß, der eine Stelle betrifft = 1 Monatsgehalt; LAG München 19.11.08 – 5 Sa 556/08: 1,5 Monatsgehälter; ArbG Cottbus 11.6.08 – 7 Ca 108/08: 2 Monatsgehälter. Bei **nicht unmittelbarer Information der Schwerbehindertenvertretung nach § 164 Abs. 1 Satz 4 SGB IX**: LAG Hessen 12.10.20 – 7 Sa 1041/19, Rn. 105 und LAG Düsseldorf 12.11.21 – 7 Sa 483/21, Rn. 48: 2 Monatsvergütungen.

**Geschlecht:** LAG Rheinland-Pfalz 14.8.14 – 5 Sa 509/13: schlechtere Bezahlung von Frauen im Verhältnis zu Männern = € 6000 für jede betroffene Frau als einheitlicher Entschädigungsbetrag; LAG Rheinland-Pfalz 13.5.15 – 5 Sa 436/13 und LAG Rheinland-Pfalz 28.10.15 – 4 Sa 12/14: je € 6000 pauschal ohne Berücksichtigung der Höhe der Vergütung; LAG Sachsen 27.7.12 – 3 Sa 129/12: schwerwiegende, bewusste und gewollte Benachteiligung einer Schwangeren durch völlig unangemessene Reaktion eines Geschäftsführers auf ihre Weigerung, während des Beschäftigungsverbotes zu arbeiten: 4 Bruttomonatsgehälter – bestätigt durch BAG 12.12.13 – 8 AZR 838/12; ArbG Mainz 2.9.08 – 3 Ca 1133/08: benachteiligende Versagung der Weiterbeschäftigung einer Schwangeren = etwas unter 3 Monatsgehältern entsprechend dem Klageantrag; Benachteiligung bei der **Einstellung**: ArbG Düsseldorf 10.6.08 – 11 Ca 754/08: 1,5 Monatsgehälter; ArbG Stuttgart 26.4.07 – 15 Ca 11133/06: € 1500 bei auf 10 Monate befristeter Stelle; benachteiligende **Stellenanzeige**: ArbG Berlin 28.11.07 – 75 Ca 12083/07: 3 Monatsgehälter; ArbG Stuttgart 5.9.07 – 29 Ca 2793/07: 1 Monatsgehalt; VG Schleswig 26.3.15 – 12 A 29/14: **mittelbare Benachteiligung** von **Frauen** aufgrund Körperlängenanforderung für die Bundespolizei = 1 Monatsgehalt; OVG Lüneburg 10.1.12 – 5 LB 9/10: Nichternennung zu einer kommunalen Wahlbeamtin = 1 Monatsgehalt.

**Ethnie:** Stellenerfordernis **»Deutsch als Muttersprache«**: BAG 29.6.17 – 8 AZR 402/15: 2 Monatsvergütungen; ArbG Hamburg 26.1.10 – 25 Ca 282/09: Ablehnung, weil »kein Muttersprachler« = 3 Monatsgehälter; ArbG Berlin 11.2.09 – 55 Ca 16952/08: Benachteiligung einer Bewerberin wegen ihrer ethnischen Herkunft = Höchstgrenze von 3 Monatsgehältern; LAG Bremen 29.6.10 – 1 Sa 29/10: diskriminierende **Probezeitkündigung** wegen russischem Akzent (kein Kündigungsschutz) = 3 Bruttomonatsverdienste.
**Religion:** ArbG Hamburg 28.8.09 – 11 Ca 121/09: Nichtverlängerung eines befristeten Vertrages wegen der Mitgliedschaft in der neuapostolischen Kirche = 5 Monatsgehälter; ArbG Wiesbaden 18.12.08 – 5 Ca 46/08: Benachteiligung durch Zuweisung eines minderwertigen Arbeitsplatzes nach Rückkehr aus der Mutterschutzfrist = 3 Monatsgehälter.

## 4. Rechtsmissbrauch, Eignung und Ernsthaftigkeit der Bewerbung

Im Einzelfall kann die Geltendmachung eines Entschädigungsanspruches 26
**rechtsmissbräuchlich** sein (§ 242 BGB). Dies ist der Fall, wenn eine Person sich nur deswegen auf eine Stelle bewirbt, um eine Entschädigung zu erhalten. In einem solchen Fall geht es der Bewerberin / dem Bewerber tatsächlich nicht um einen Zugang zur Beschäftigung oder zu abhängiger Erwerbstätigkeit im Sinne von § 2 Abs. 1 Nr. 1, sondern umgekehrt um die Ablehnung der Bewerbung, so dass der formale Status als Bewerber rechtsmissbräuchlich erlangt wird mit der Folge, dass auch das Verlangen einer Entschädigung rechtsmissbräuchlich ist und der AG den Einwand der unzulässigen Rechtsausübung geltend machen kann.[88] Allerdings sind an den Einwand eines Rechtsmissbrauchs hohe Anforderungen zu stellen: Es müssen im Einzelfall besondere Umstände vorliegen, die ausnahmsweise den Schluss auf ein rechtsmissbräuchliches Verhalten rechtfertigen. Hierzu bedarf es in der Regel eines systematischen und zielgerichteten Vorgehens, das auf der Erwägung beruht, bei wirtschaftlicher Betrachtungsweise werde letztlich ein auskömmlicher »Gewinn« aufgrund der gezahlten Entschädigung verbleiben.[89] Davon ist auszugehen, wenn Anspruchsteller in einer Vielzahl von Fällen eine Entschädigung verlangen, sodass es sich bei der Entschädigung faktisch um einen Nebenverdienst handelt. Voraussetzung ist, dass der Bewerber oder die Bewerberin das ausgeschriebene Arbeitsverhältnis tatsächlich nicht begründen wollte. Indizien für ein solches rechtsmissbräuchliches Verhalten können gleichzeitige, identische Bewerbungen ausschließlich auf Stellen, die für das andere Geschlecht ausgeschrieben

88 EuGH 28.7.16 – C-423/15 – [Kratzer], Rn. 35ff.; BAG 11.8.16 – 8 AZR 406/14, Rn. 48ff.; BAG 25.10.18 – 8 AZR 562/16, Rn. 46 und 54; BAG 31.3.22 – 8 AZR 238/21, Rn. 37.

89 BAG 19.5.16 – 8 AZR 583/14.

sind, mangelnde Eignung der Stelle im Hinblick auf die berufliche Qualifikation des Bewerbers/der Bewerberin oder ein anderweitig bestehendes, ungekündigtes Arbeitsverhältnis mit höherer Vergütung sein. Allein aus der Tatsache, dass sich jemand häufig oder stets auf Stellen mit sehr unterschiedlichen Schwerpunkten beworben hat und bewirbt oder in anderen Entschädigungsstreitigkeiten überhöhte Forderungen gestellt hat, kann noch nicht auf Rechtsmissbrauch geschlossen werden.[90] Dies gilt insbesondere dann, wenn sich ein Bewerber/eine Bewerberin auch erfolgreich beworben und Anstellungen erreicht hat.[91] Auch wenn sich Bewerber im Anschreiben keine »Mühe« geben und das Bewerbungsschreiben inhaltslos und floskelhaft formuliert ist, kann allein daraus noch nicht auf ein rechtsmissbräuchliches Verhalten geschlossen werden.[92] Allerdings kann ein Anschreiben, das vor allem pointiert herausstellt, welche diskriminierungsrechtlich relevanten Anforderungen des AG durch den Bewerber / die Bewerberin nicht erfüllt werden, ein Hinweis darauf sein, dass die Bewerbung ausschließlich der Geltendmachung einer Entschädigung dient.[93]
Die **Darlegungs- und Beweislast** für das Vorliegen der Voraussetzungen, die den – rechtshindernden – Einwand des Rechtsmissbrauchs begründen, trägt der AG, wenn er diesen Einwand geltend machen will.[94] In extremen Fällen, in denen eine Person eine große Zahl von aussichtslosen Verfahren wegen angeblicher Diskriminierung führt und damit Gerichts- und Anwaltskosten gegen sich in einer Höhe verursacht, die ihre wirtschaftliche Existenz auf Dauer jedenfalls erheblich bedrohen, kann Prozessunfähigkeit wegen Querulantenwahns vorliegen.[95] Die Speicherung, Nutzung oder Übermittlung von Bewerberdaten oder des Namens eines Bewerbers als sogenannte AGG-Hopper mit dem inzidenten Vorwurf einer rechtsmissbräuchlichen Inanspruchnahme der Schutzvorschriften dieses Gesetzes ist mit den Schutzvorschriften des AGG (insb. dem Maßregelungsverbot in § 16) und Datenschutzrecht nicht vereinbar[96] und deswegen zu unterlassen.

27 **Die subjektive Ernsthaftigkeit der Bewerbung und die objektive Eignung eines Bewerbers / einer Bewerberin sind nicht erforderlich** für einen Anspruch nach Abs. 1 und 2; die »vergleichbare Situation« oder vergleichbare

---

90 EuGH 28.7.16 – C-423/15 – [Kratzer]; BAG 11.8.16 – 8 AZR 4/15.
91 BAG 13.10.11 – 8 AZR 608/10.
92 BAG 11.8.16 – 8 AZR 4/15; BAG 31.3.22 – 8 AZR 238/21, Rn. 47.
93 BAG 25.10.18 – 8 AZR 562/16, Rn. 56ff. (Betonung des Fehlens der geforderten Kirchenzugehörigkeit und des Alters); BAG 31.3.22 – 8 AZR 238/21, Rn. 49ff. (Alter).
94 BAG 25.10.18 – 8 AZR 562/16, Rn. 48; BAG 25.11.21 – 8 AZR 313/21, Rn. 39; Bettinghausen, BB 2018, 2229.
95 LAG Hamburg 9.8.17 – 3 Sa 50/16.
96 S. auch Däubler/Beck-Buschmann, AGG, § 13 Rn. 22.

Lage i. S. von § 3 Abs. 1 und 2 setzen dies nicht voraus.[97] Der Bewerberbegriff demnach ein rein formaler. Vielfach wird in den Fällen, in denen an der notwendigen **Ernsthaftigkeit** der Bewerbung zu zweifeln ist, Rechtsmissbrauch in Frage kommen.[98] Allerdings muss der AG den Einwand des Rechtsmissbrauchs (§ 242 BGB) erheben; er wird nicht von Amts wegen berücksichtigt.[99] Anders ist es, wenn der Stellenbewerber / die Stellenbewerberin an dem Vorstellungstermin, zu dem er/sie eingeladen ist, nicht teilnimmt und die Bewerbung vor Abschluss des Verfahrens zurückzieht:[100] In diesen Fällen liegt keine Vergleichbarkeit mit den anderen Bewerber:innen gem. § 3 Abs. 1 oder 2 vor, sodass die Nichtberücksichtigung durch den AG von vornherein nicht mit einem Merkmal des § 1 in Verbindung gebracht werden kann.

## 5. Obergrenze für die Entschädigung

**Abs. 2 Satz 2** entspricht als **Kappungs- bzw. Höchstgrenze** einer Entschä- **28**
digung für den Fall eines Bewerbers oder einer Bewerberin, die auch ohne Benachteiligung nicht eingestellt worden wäre, den früheren Regelungen des § 611a Abs. 3 Satz 1 BGB und § 81 Abs. 2 Nr. 3 SGB IX. In diesem Fall ist zunächst die angemessene Entschädigung zu bestimmen und dann auf die Obergrenze des Dreifachen des Bruttomonatsverdienstes für die in Aussicht genommene Stelle zu beschränken. Die Regelung bedeutet für benachteiligte Beschäftigte, dass nur dann eine höhere Entschädigung in Betracht kommt, wenn der Nachweis gelingt, dass sie oder er bei diskriminierungsfreier Auswahl eingestellt worden wäre (§ 22). Damit bleibt es bei der für die Praxis schwierigen Unterscheidung von bestqualifizierten und anderen

---

97 BAG 19.5.16 – 8 AZR 470/14; BAG 11.8.16 – 8 AZR 4/15; BAG 23.11.17 – 8 AZR 372/16.

98 LAG Hamm 26.6.09 – 15 Sa 63/08: ausschließlich Bewerbungen auf altersdiskriminierende Stellenausschreibungen; LAG Baden-Württemberg 13.8.07 – 3 Ta 119/07: Bewerbungsfoto vom Schachturnier und die Selbstbeschreibung »auf Bahnhofpennerniveau verharzt«; LAG Hamburg 19.11.08 – 3 Ta 19/08: Ausschlagung der Einladung zum Vorstellungsgespräch ohne Grund; LAG Hamburg 12.1.09 – 3 Ta 26/08: Vielzahl von AGG-Klagen und Bewerbungsschreiben aus Textbausteinen ohne Aussagekraft; LAG Köln 10.2.10 – 5 Ta 408/09: offenkundig fehlende Eignung eines Bewerbers wegen provokantem Auftreten im Bewerbungsverfahren; LAG Hamburg 29.10.08 – 3 Sa 15/08: Stellenbewerber, der dem Anforderungsprofil nicht ansatzweise entspricht; BAG 31.3.22 – 8 AZR 238/21: Gesamtumstände von fehlenden Ausführungen zu Qualifikationen und pointierten Hinweisen auf das Alter, provokanten Formulierungen, einer Häufung von Rechtschreibfehlern und dem mangelnden Bemühen, Nachfragen des AG nachzukommen.

99 Kritisch zu den für den Arbeitgeber schwer darzulegenden Kriterien für einen Rechtsmissbrauch: Benecke, EuZA 2018, 403.

100 LAG Köln 29.1.09 – 7 Sa 980/08.

Bewerbern. Weil der AG als Einziger das Verfahren im Ganzen überblickt, gilt im arbeitsgerichtlichen Verfahren eine abgestufte Darlegungs- und Beweislast: Es genügt zunächst die Behauptung der Klägerin oder des Klägers, er oder sie sei am besten geeignet. Dann ist es Sache des beklagten AG darzulegen, aus welchem Grund die klagenden Bewerber:innen nicht ausgewählt worden sind. Die Begrenzung der Entschädigung auf maximal drei Monatsgehälter findet keine Anwendung, wenn der AG Beschäftigte bereits mehrmals im Rahmen befristeter Arbeitsverträge beschäftigt hat und daher davon ausgegangen werden kann, dass mit der oder dem Betroffenen bei benachteiligungsfreier Vorgehensweise erneut ein befristetes Arbeitsverhältnis abgeschlossen worden wäre.[101] Die höhenmäßige Beschränkung der Entschädigung gilt nur für den Fall der Einstellung und – erst recht – für eine diskriminierende **Versagung des beruflichen Aufstiegs**, wobei die Entschädigung nicht auf die dreifache Vergütungs*differenz* beschränkt ist.[102]

## IV. Entschädigung bei benachteiligenden Kollektivvereinbarungen

29 **Abs. 3** enthält eine **Ausnahme vom verschuldensunabhängigen Anspruch auf Zahlung einer Entschädigung** für die Fälle, in denen die Benachteiligung auf der **Anwendung kollektivrechtlicher Vereinbarungen** beruht. Hierunter fallen **Tarifverträge** und **Betriebsvereinbarungen**. Tarifrechtliche Regeln gelten gem. § 4 TVG bei beiderseitiger Tarifbindung der Parteien, bei allgemeinverbindlich erklärten Tarifverträgen und auch, wenn die Geltung von Tarifverträgen im Arbeitsvertrag vereinbart ist.[103] Betriebsvereinbarungen gelten gem. § 77 Abs. 4 BetrVG unmittelbar und zwingend. AG soll nach dem Willen des Gesetzgebers bei Anwendung von Regeln eines Tarifvertrages oder einer Betriebsvereinbarung, die gegen das Benachteiligungsverbot verstoßen, eine Entschädigungspflicht nur dann treffen, wenn sie vorsätzlich oder grob fahrlässig die Benachteiligung herbeiführen, sie also ein hoher Grad an Verschulden trifft. Schon vom Wortlaut her ist damit Abs. 3 auf die Fälle beschränkt, in denen AG einen Kollektivvertrag mit diskriminierendem Inhalt anwenden; er gilt nicht, wenn AG einen diskriminierungsfreien Tarifvertrag in diskriminierender Weise und damit falsch anwenden.[104] Allerdings ist die Erforderlichkeit eines Verschuldens

101 ArbG Hamburg 28.8.09 – 11 Ca 121/09.
102 BAG 17.8.10 – 9 AZR 839/08, Rn. 61.
103 Ebenso für Bezugnahmeklauseln ErfK-Schlachter, AGG, § 15 Rn. 14.
104 BAG 16.2.12 – 8 AZR 697/10 für eine Rahmenintegrationsvereinbarung; BAG 16.2.23 – 8 AZR 450/21, Rn. 109: Deckelung der Vergütung nach Haus-TV.

für einen Anspruch auf Entschädigung **mit dem EU-Recht nicht vereinbar** (s. hierzu Rn. 9 ff.).[105]

30 Der Wortlaut lässt keinen Spielraum für eine europarechtskonforme Auslegung. Der Gesetzgeber begründet die eingeschränkte Haftung der AG mit der unmittelbaren Bindungswirkung von Bestimmungen eines Tarifvertrages, wenn AG und AN einem tarifschließenden Verband angehören, sowie Betriebsvereinbarungen, die ggf. über den Spruch der Einigungsstelle diese Wirkung entfalten. Dies überzeugt nicht: AG sind nie verpflichtet, benachteiligende Regelungen aus Kollektivverträgen anzuwenden; diese sind gem. § 7 Abs. 2 nichtig. Entgegen der Gesetzesbegründung gibt es auch keinen Erfahrungssatz, wonach kollektiven Vereinbarungen eine »höhere Richtigkeitsgewähr« zugesprochen werden könnte und der es deshalb rechtfertigte, die Rechtsfolgen benachteiligender kollektiver Regelungen anders auszugestalten als die solcher Maßnahmen, für die die AG allein verantwortlich sind,[106] zumal AG für den Inhalt kollektiver Normen zumindest dann verantwortlich zeichnen, wenn es sich um Firmentarifverträge oder Betriebsvereinbarungen handelt, die durch ein Einvernehmen der Betriebsparteien zustande gekommen sind. Da keine Möglichkeit einer richtlinienkonformen Auslegung besteht, muss die Vorschrift wegen **Verstoßes gegen EU-Vorgaben** unangewandt bleiben, so dass es für den Entschädigungsanspruch bei der in Abs. 2 geregelten verschuldensunabhängigen Haftung bleibt.[107]

31 **Benachteiligende kollektive Regelungen** sind **nach § 7 Abs. 2 unwirksam**. Für die Bereiche des Kollektivvertragsrechts bleibt es bei den von der Rechtsprechung entwickelten Folgen von Verstößen gegen höherrangiges Recht. Regelmäßig besteht in solchen Fällen ein Anspruch auf die bessere Leistung (Rn. 33 und 38 ff. zu § 7). Eine Haftung der Tarifvertragsparteien oder des Betriebsrats ist ausgeschlossen.

## V. Ausschlussfristen

### 1. Schriftliche Geltendmachung

32 **Abs. 4** schreibt eine Frist von zwei Monaten zur Geltendmachung **aller Ansprüche auf Schadensersatz und Entschädigung** fest. **Ansprüche außerhalb des AGG** einschließlich anderer Ansprüche auf Schadensersatz werden von den Ausschlussfristen **nicht erfasst** (s. Rn. 42). Es handelt sich um eine Sonderregelung für die Fälle, in denen die Beweisregel des § 22 AGG un-

105 So auch Däubler/Beck-Deinert, AGG, § 15 Rn. 108; Schiek-Kocher, AGG, § 15 Rn. 52; Thüsing in Bauer/Thüsing/Schunder, NZA 2005, 32; Kamanabrou, RdA 2006, 321; differenzierend ErfK-Schlachter, AGG, § 15 Rn. 15; offengelassen in BAG 22.1.09 – 8 AZR 906/07 und BAG 16.2.12 – 8 AZR 697/10.

106 BT-Drs. 16/1780 S. 38.

107 Däubler/Beck-Deinert, AGG, § 15 Rn. 108; Schiek-Kocher, AGG, § 15 Rn. 52.

mittelbar Anwendung findet. Auch für die Geltendmachung einer höheren Vergütung, auf die ein Anspruch besteht, um eine Benachteiligung zu beseitigen, findet die Frist keine Anwendung. Machen beispielsweise Arbeitnehmerinnen wegen geschlechtsbezogener Entgeltdiskriminierung Vergütungsdifferenzen zum Lohn geltend, der männlichen Kollegen gezahlt worden ist, geht es nicht um Schadenersatz, sondern um Erfüllungsansprüche aus dem Arbeitsvertrag, die nicht dem Abs. 4 unterliegen.[108] Bei der Frist handelt es sich um eine **materielle Ausschlussfrist**. Die rechtzeitige **schriftliche** Geltendmachung gehört zu den Anspruchsvoraussetzungen und ist daher grundsätzlich von dem oder der betroffenen Beschäftigten darzulegen und zu beweisen.

**32a** Das BAG hat nach den Vorgaben des EuGH die **Vereinbarkeit** der kurzen Ausschlussfristen von zwei Monaten **mit EU-Recht** bejaht mit der Begründung, dass die Frist sowohl den unionsrechtlichen Grundsatz der Äquivalenz als auch den der Effektivität wahrt und nicht gegen das Verbot der Absenkung des von den Mitgliedstaaten bereits garantierten allgemeinen Schutzniveaus verstößt.[109] Dies gilt sowohl für die Frist in Abs. 4 als auch für die Klagefrist des § 61b ArbGG.

**32b** Maßgeblich für die rechtzeitige Geltendmachung eines Anspruchs ist der **Zugang der Geltendmachung beim Anspruchsgegner**. Für die Fristberechnung gelten §§ 187 ff. BGB. Die Wahrung der Ausschlussfrist setzt nicht die Einhaltung der gesetzlichen Schriftform (§ 126 BGB) voraus. Da die Geltendmachung keine Willenserklärung, sondern eine rechtsgeschäftsähnliche Handlung ist und damit nach der Interessenlage eine eigenhändige Unterschrift (§ 126 BGB) nicht erforderlich erscheint, ist die Wahrung der Textform (§ 126b) und damit auch ein Telefax zur Geltendmachung von Ansprüchen ausreichend.[110] Ob eine E-Mail den gesetzlichen Anforderungen gerecht wird, ist umstritten.[111] Die Einhaltung der Schriftform oder der elektronischen Form (§ 126a BGB) genügt in jedem Fall. Die Schriftform wird auch durch eine gerichtliche Klage gewahrt. § 167 ZPO findet Anwendung, so dass der rechtzeitige Eingang der Klage bei Gericht genügt, wenn die Klage »demnächst« zugestellt wird.[112] In den Fällen, in denen der Fristbeginn nicht feststeht, muss der AG, der sich auf einen früheren Fristbeginn beruft, diesen darlegen und beweisen (s. Rn. 36).

---

108 BAG 30.11.10 – 3 AZR 754/08, Rn. 23; BAG 21.1.21 – 8 AZR 488/19, Rn. 75; LAG Rheinland-Pfalz 13.5.15 – 5 Sa 436/13, Rn. 32.

109 EuGH 8.7.10 – C-246/09 – [Bulicke]; BAG 15.3.12 – 8 AZR 160/11, Rn. 29; BAG 18.5.17 – 8 AZR 74/16.

110 BAG 19.8.10 – 8 AZR 530/09.

111 Bejahend Däubler/Beck-Deinert, AGG, § 15 Rn. 1246; a.A. Annuß, BB 2006, 1629.

112 BAG 22.5.14 – 8 AZR 662/13 unter Aufgabe der früher als obiter dictum geäußerten gegenteiligen Auffassung in BAG 21.6.12 – 8 AZR 188/11.

Ansprüche sind **beim AG geltend zu machen**, nicht bei Dritten.[113] Wird bei der Ausschreibung von Stellen ein Personalvermittler eingeschaltet, haftet dieser für solche Ansprüche nicht (vgl. dazu oben Rn. 7).[114] Soweit der AG nicht bekannt ist, steht dem abgelehnten Bewerber ein Auskunftsanspruch gegen den zwischengeschalteten Dritten zu;[115] von ihm muss innerhalb der Frist verlangt werden, die Identität des AG preiszugeben.[116] Im übrigen beginnt die Frist des § 15 Abs. 4 Satz 1 AGG im Falle einer Bewerbung erst dann zu laufen, wenn der Bewerber von »der« Ablehnung Kenntnis erlangt, wozu auch gehört, wer ihn als AG abgelehnt hat.[117] Wenn der AG eine Beschwerdestelle einrichtet, wird man zumindest von einer Empfangsbotenschaft ausgehen müssen, sodass die Frist (erst) gewahrt ist, wenn nach dem gewöhnlichen Lauf der Dinge mit einer Weiterleitung an den AG zu rechnen ist.[118] Es empfiehlt sich deshalb unabhängig von der Beschwerde eine Geltendmachung direkt beim AG.[119] **32c**

**Inhaltliche Anforderungen** an die Geltendmachung: die schriftliche Geltendmachung muss die Angabe enthalten, dass die Ansprüche auf eine bestimmte Diskriminierung wegen eines der Merkmale des § 1 gestützt werden.[120] Wegen der Verwendung des unbestimmten Artikels »ein Anspruch« genügt es, einen Anspruch auf eine angemessene Entschädigung beispielsweise wegen Benachteiligung auf Grund einer Behinderung geltend zu machen, ohne dass es einer Bezifferung bedarf.[121] Eine auf Befristungskontrolle gerichtete Klage umfasst nicht die Geltendmachung eines Entschädigungsanspruchs, auch wenn der gleichzeitig geltend gemachte Anspruch auf Weiterbeschäftigung in einem unbefristeten Arbeitsverhältnis mit einer Benachteiligung begründet wird;[122] ebenso enthält auch eine Kündigungsschutzklage gegen eine diskriminierende Kündigung noch keine Geltendmachung einer Entschädigung. **32d**

---

113 BAG 13.1.14 – 8 AZR 118/13, Rn. 22ff.

114 BAG 23.1.14 – 8 AZR 118/13.

115 LAG Berlin 30.3.06 – 10 Sa 2395/05, Rn. 26.

116 OLG Karlsruhe 13.9.11 – 17 U 99/10, Rn. 25.

117 BAG 23.1.14 – 8 AZR 118/13, Rn. 29.

118 BGH NJW-RR 1989, 757.

119 Däubler/Beck-Deinert, AGG, § 15 Rn. 128.

120 Weitergehend LAG Düsseldorf 12.11.08 – 12 Sa 1102/08, das für die ordnungsgemäße Geltendmachung einer Entschädigung nach Abs. 2 die erkennbare Reklamation der Verletzung des Persönlichkeitsrechts verlangt.

121 BAG 3.4.07 – 9 AZR 823/06 zu § 81 Abs. 2 Satz 2 Nr. 4 SGB IX a.F., m.w.N.; Däubler/Beck-Deinert, AGG, § 15 Rn. 129.

122 BAG 21.2.13 – 8 AZR 68/12; LAG München 7.3.22 – 4 Sa 512/21, Rn. 31ff.

## 2. Gerichtliche Geltendmachung

33 Zusammen mit dem neuen § 61b ArbGG, der eine Klagefrist von drei Monaten nach schriftlicher Geltendmachung des Anspruchs nach Abs. 4 vorsieht, ergibt sich eine **zweistufige Ausschlussfrist** für die Geltendmachung einer **Entschädigung**. Trotz des allgemeinen Verweises auf § 15 ist durch den Begriff »Entschädigung« klargestellt, dass sich der neue § 61b ArbGG nur auf Abs. 2 und 3 bezieht und nicht auf den Schadensersatzanspruch nach Abs. 1.[123] Für Ansprüche auf **materiellen Schadensersatz** gilt daher nur die **einstufige Ausschlussfrist** des Abs. 4. Bei einer benachteiligenden Kündigung gilt außerdem die materielle Ausschlussfrist des **§ 4 KSchG:** Hiernach muss die Unwirksamkeit einer Kündigung – auch wegen eines Verstoßes gegen das Benachteiligungsverbot (§ 134 BGB i. V. m. § 7 Abs. 1) – von AN innerhalb von **drei Wochen nach deren Zugang** klageweise geltend gemacht werden. Für einen Entschädigungsanspruch gem. Abs. 2 ist der Rechtsweg zu den Arbeitsgerichten gemäß § 2 Abs. 1 Nr. 3c ArbGG eröffnet, wenn sich die Klage gegen den AG richtet. Schaltet der AG einen Dritten ein (etwa Veröffentlichung einer Stellenanzeige durch einen beauftragten Anwalt) sind die Arbeitsgerichte nicht zuständig, wenn der Bewerber den Dritten auf Auskunft über die Identität des Auftraggebers oder gemäß § 15 Abs. 2 AGG auf Entschädigung in Anspruch nimmt; weder das AGG noch flankierende Normen führen zu einer erweiterten Zuständigkeit der Gerichte für Arbeitssachen.[124]

Zur Fristwahrung genügt eine Leistungsklage, die auch **mit unbeziffertem Klageantrag** eingereicht werden kann,[125] oder (wegen § 696 Abs. 3 ZPO) ein zu beziffernder Mahnbescheid, mit dem sich Antragsteller allerdings der Möglichkeit begeben, die Höhe der Entschädigung in das Ermessen des Gerichts zu stellen.[126] Eine auf Benachteiligung gestützte Entfristungsklage wahrt die Frist nicht.[127]

## 3. Tarifvertragliche Ausschlussfristen

34 **Gem. Abs. 4 Satz 1, 2. HS** bleibt die bisher in § 611a Abs. 4 BGB enthaltene **Möglichkeit einer Verkürzung der Frist durch Tarifvertrag** bestehen. Die gesetzliche Regelung will die Tarifvertragsparteien ausdrücklich privilegieren,[128] zumal eine tarifliche Verlängerung der Frist als Veränderung zugunsten der AN auch ohne einen entsprechenden Tarifvorbehalt möglich

123 Däubler/Beck-Deinert, AGG, § 15 Rn. 135 m. w. N.
124 BAG 27.8.08 – 5 AZB 71/08.
125 BAG 16.9.08 – 9 AZR 791/07.
126 S. a. Däubler/Beck-Deinert, AGG, § 15 Rn. 140.
127 BAG 21.2.13 – 8 AZR 68/12; LAG München 7.3.22 – 4 Sa 512/21, Rn. 31 ff.
128 Gesetzesbegründung BT-Drs. 16/1780 S. 53.

ist. Abs. 4 stellt gegenüber § 31 die speziellere Regelung dar und ist damit vorrangig.[129] Allerdings sind auch die Tarifvertragsparteien an das Unionsrecht gebunden und müssen den Effektivitätsgrundsatz beachten. Dies führt dazu, dass trotz des Wortlauts faktisch auch die tarifvertraglichen Ausschlussfristen die Grenze von zwei Monaten nicht unterschreiten dürfen.[130] Denn zwar ist die Festsetzung von Ausschlussfristen grundsätzlich mit dem Erfordernis der Effektivität vereinbar, weil hierdurch das grundlegende Prinzip der Rechtssicherheit zur Anwendung kommt und solche Fristen die Rechtsausübung nicht praktisch unmöglich machen oder übermäßig erschweren; doch müssen die Fristen der Bedeutung der zu treffenden Entscheidungen für die Betroffenen, der Komplexität der Verfahren und der anzuwendenden Rechtsvorschriften sowie anderen (öffentlichen oder privaten) Belangen entsprechen.[131] Zugleich muss der Fristlauf zwingend mit dem Zeitpunkt beginnen, zu dem der/die AN von der behaupteten Diskriminierung Kenntnis erlangt (vgl. dazu unten Rn. 35a). Hieraus folgt zum einen, dass die Regelung des **Fristbeginns nicht tarifdispositiv** ist.[132] Zum anderen erscheint die gesetzliche Frist von zwei Monaten ab Kenntnisnahme für die genannten Belange erforderlich: eine kürzere Frist würde die Rechtsausübung, insbesondere die Inanspruchnahme von rechtlicher Beratung, die für viele Betroffene wichtig ist, erheblich erschweren; und dies ist für reine Zahlungsansprüche unüblich und unverhältnismäßig. **Arbeitsvertragliche Ausschlussfristen** dürfen gem. § 31 nicht zuungunsten der Beschäftigten von den gesetzlichen Fristen abweichen, und Ausschlussfristen sind nur zulässig, wenn sie mindestens einen Zeitraum von drei Monaten für die Geltendmachung vorsehen.[133] Nimmt der Arbeitsvertrag auf einen Tarifvertrag Bezug, so gilt ebenfalls gem. § 31 das Verbot einer kürzeren Geltendmachungsfrist.[134]

---

129 So auch Däubler/Beck-Deinert, AGG, § 15 Rn. 118; BeckOGK-Benecke, AGG, § 31 Rn. 3, a. A. Däubler/Beck-Däubler, AGG, § 31 Rn. 6; ErfK-Schlachter, AGG, § 15 Rn. 16.

130 ErfK-Schlachter, AGG, § 15 Rn. 16; unklar Däubler/Beck-Deinert, AGG, § 15 Rn. 119, der Bedenken hinsichtlich der Effektivität hat, aber als absolute Untergrenze im Hinblick auf die gesetzliche Wertung des § 4 KSchG eine dreiwöchige Frist nennt.

131 EuGH 27.2.20 – C-773/18, 774/18 und 775/18, Rn. 69.

132 Däubler/Beck-Deinert, AGG, § 15 Rn. 119, 121.

133 BAG 28.9.05 – 5 AZR 52/05; BAG 12.3.08 – 10 AZR 152/07.

134 Däubler/Beck-Deinert, AGG, § 15 Rn. 118; BeckOGK-Benecke, AGG, § 31 Rn. 95.

### 4. Fristbeginn bei Bewerbung und beruflichem Aufstieg

35 Der **Fristbeginn** ist bei erfolglosen Bewerbungen (Einstellung und beruflicher Aufstieg) grundsätzlich der **Zugang der Ablehnung.** Mit »Ablehnung« ist eine auf den Beschäftigten bezogene ausdrückliche oder konkludente Erklärung des AG gemeint, aus der sich für den Beschäftigten aus der Sicht eines objektiven Erklärungsempfängers eindeutig ergibt, dass seine Bewerbung keine Aussicht (mehr) auf Erfolg hat.[135] Die Ablehnung ist keine rechtsgestaltende Willenserklärung, sondern eine rechtsgeschäftsähnliche Handlung und muss weder schriftlich noch sonst verkörpert erfolgen und kann deshalb auch mündlich vom AG erklärt werden. Ein Schweigen oder sonstiges Untätigbleiben des AG reicht grundsätzlich nicht aus, um die Frist in Lauf zu setzen.[136] Nur ausnahmsweise kann eine Ablehnung entbehrlich sein, wenn AN selbst eine Frist für die Annahme ihrer Bewerbung gesetzt haben oder die Leistung offensichtlich nur innerhalb eines bestimmten, abgelaufenen Zeitraums hätte erbracht werden können.[137] Erhält der Bewerber / die Bewerberin auf andere Weise (zufällig) Kenntnis davon, setzt dies den Fristlauf nicht in Gang.[138]

35a Die Vorschrift ist außerdem europarechtskonform dahingehend auszulegen, dass der Fristbeginn **nicht vor** dem Zeitpunkt liegt, ab dem der Bewerber oder die Bewerberin **Kenntnis von der Benachteiligung** erlangt hat; andernfalls wäre die Effektivität der Durchsetzung übermäßig erschwert.[139] Der Zugang der Ablehnung ist damit lediglich der frühestmögliche Zeitpunkt für den Beginn der Ausschlussfrist. Zugegangen ist die Ablehnung unter Anwesenden mit deren Erklärung oder im Falle eines Schriftstücks mit dessen Aushändigung; gegenüber Abwesenden dann, wenn sie so in den Bereich des Empfängers gelangt ist, dass dieser unter normalen Verhältnissen die Möglichkeit hat, vom Inhalt der Erklärung Kenntnis zu nehmen (auch E-Mail, Briefkasten, Postfach und Anrufbeantworter sind ausreichend) und dies entweder tut oder seine Kenntnisnahme nach den Umständen zu erwarten ist.[140]

35b Hinsichtlich der Frage, wann Kenntniserlangung von der Benachteiligung vorliegt, kann auf die Maßstäbe des § 199 Abs. 1 Nr. 2 BGB mit der Maßgabe

---

135 BAG 29.6.17 – 8 AZR 402/15, Rn. 24.

136 BAG 29.6.17 – 8 AZR 402/15, Rn. 20ff.; BAG 23.1.20 – 8 AZR 484/18, Rn. 26.

137 BAG 29.6.17 – 8 AZR 402/15, Rn. 35; a. A. LAG Hessen 15.6.15 – 16 Sa 1619/14: der Ablauf des Zeitraums, für den eine befristete Stelle ausgeschrieben war, setzt die Frist nicht in Lauf.

138 BAG 29.6.17 – 8 AZR 402/15, Rn. 26.

139 EuGH 8.7.10 – C-246/09 – [Bulicke]; EuGH 21.12.16 – C-327/15 (TDC A/S), Rn. 98; EuGH 7.11.10 – C-280/18, Rn. 60; BAG 15.3.12 – 8 AZR 37/11; BAG 18.5.17 – 8 AZR 74/16, Rn. 30ff.

140 Grüneberg-Ellenberger, § 130 Rn. 5.

zurückgegriffen werden, dass wegen des Wortlauts von § 15 Abs. 4 Satz 2 eine grob fahrlässige Unkenntnis nicht genügt. Kenntnis von der Benachteiligung hat der/die Beschäftigte daher erst dann, wenn er/sie **Kenntnis von den anspruchsbegründenden Tatsachen** hat. Für Schadensersatzansprüche ist anerkannt, dass es für den Beginn der Verjährungsfrist darauf ankommt, ob Geschädigte aufgrund der ihnen bekannten Tatsachen gegen eine bestimmte Person eine Schadensersatzklage – sei es auch nur in der Form einer Feststellungsklage – erheben können, die bei verständiger Würdigung der ihnen bekannten Tatsachen so viel Aussicht auf Erfolg bietet, dass sie zumutbar ist. Neben der **Kenntnis der Person des Anspruchsgegners**, hier des AG, ist Voraussetzung eines Entschädigungsanspruchs, dass die Benachteiligten auch Kenntnis von der Benachteiligung haben. Eine positive Kenntnis von den Motiven des Benachteiligenden ist nicht erforderlich; vielmehr reicht die **Kenntnis von Vermutungstatsachen** i. S. des § 22, um die Frist in Gang zu setzen.[141]

Für Beginn und Ablauf der **Ausschlussfrist** ist der **AG** darlegungs- und **beweisbelastet**, da die Ausschlussfrist zu seinen Gunsten wirkt. Will der AG die Ausschlussfrist nutzen, sollte er eine Zugangsform wählen, die einen Nachweis erlaubt (z. B. Einwurfeinschreiben [besser als ein Einschreiben, das erst bei Übergabe oder Abholung zugeht] oder eine andere Form der Dokumentation [Faxbericht, Botenbestätigung etc.]). Bei dem üblichen Verfahren, bei dem mit einfachem Brief die Ablehnung mitsamt den Bewerbungsunterlagen an die Bewerber zurückgeschickt wird, ist kein Zugangsnachweis vorhanden. **35c**

## 5. Fristbeginn in sonstigen Fällen

Insbesondere in Fällen, bei denen die Betroffenen keine Mitteilung über eine Ablehnung ihrer **Bewerbung** erhalten, kann es vorkommen, dass sie erst wesentlich später nach Durchführung einer Maßnahme von Tatsachen **Kenntnis** erlangen, die die Vermutung einer Benachteiligung begründen. Für die Frage, wann eine ausreichende Kenntnis erlangt ist, kann auf die Regelung des § 199 Abs. 1 Nr. 2 BGB zurückgegriffen werden. Maßgeblich ist hiernach die Kenntnis von den Umständen, die den Anspruch begründen.[142] **36**

In **Fällen fortgesetzter Benachteiligungen** oder Belästigungen kann es schwierig sein, den Fristbeginn zu bestimmen. Auch hier kann auf die bei einer Verjährung geltenden Grundsätze zurückgegriffen werden: Bei Dauerhandlungen kann der Lauf der Ausschlussfrist nicht beginnen, solange der Eingriff andauert. Bei wiederholten Handlungen setzt jede Handlung eine neue Ausschlussfrist in Lauf. Bei einer dauernden Beeinträchtigung ist für **37**

141 BAG 15.3.12 – 8 AZR 37/11, Rn. 62 ff., 66.
142 BAG 15.3.12 – 8 AZR 37/11, Rn. 62 ff., 66.

den Beginn der Ausschlussfrist maßgeblich, wann die Beeinträchtigung entstanden ist.[143] Bei einem diskriminierenden Besoldungssystem ist die diskriminierende Handlung nicht die einmalige Festsetzung des Besoldungsdienstalters, sondern die monatliche Berechnung und Auszahlung der Bezüge auf der Basis der altersdiskriminierenden Regelung. Da die monatliche Auszahlung von Vergütung den jeweils monatlich entstehenden Anspruch nach Abs. 2 begründet, kommt es hinsichtlich der Erlangung der Kenntnis von der Benachteiligung i. S. v. Abs. 4 Satz 2 auf den Eingang der Zahlungen an.[144] Bei einer wiederkehrenden Benachteiligung wirkt die erstmalige Geltendmachung für die Zukunft fort.[145] Ist die Rechtslage unsicher und zweifelhaft, beginnt der Lauf der Ausschlussfrist ausnahmsweise erst mit der objektiven Klärung der Rechtslage durch eine höchstrichterliche Entscheidung (Verkündung und Bereitstellung des Volltextes der Entscheidung).[146] Der AG kann wegen der Unsicherheit des Fristbeginns nicht damit rechnen, dass nach Ablauf von zwei Monaten nach Durchführung einer Maßnahme keine Ansprüche mehr geltend gemacht werden. Wenn er sichergehen will, dass er seiner Darlegungslast nach § 22 nachkommen und nachweisen kann, dass keine Benachteiligung vorliegt, sollte er eine vorhandene Dokumentation vorsorglich bis zum Ablauf der dreijährigen Verjährungsfrist gem. § 195 BGB aufbewahren. Bei **Belästigungen nach § 3 Abs. 3** beginnt die Ausschlussfrist wegen der systematischen, sich aus mehreren Einzelakten zusammensetzenden Verletzung regelmäßig mit Abschluss der zeitlich letzten Handlung.[147]

### 6. Dokumentationspflicht für Arbeitgeber?

38 AG treffen nach dem AGG keine Dokumentationspflichten: weder hinsichtlich des Nachweises des Beginns der Ausschlussfristen noch hinsichtlich einer benachteiligungsfreien Durchführung von Personalmaßnahmen. Zwar hat nach dem Willen des Gesetzgebers die kurze Ausschlussfrist den Zweck, AG angesichts der in § 22 geregelten Beweislastverteilung keine allzu lange Dokumentation über Einstellungsverfahren oder andere Maßnahmen bis zum Ablauf der allgemeinen Verjährungsfrist von 3 Jahren zuzumuten.[148]

143 Grüneberg-Ellenberger, BGB, § 199 Rn. 22, m. w. N.
144 BVerwG 6.4.17 – 2 C 11/16.
145 Ebd.
146 EuGH 27.2.20 – C-773/18, 774/18 und 775/18, Rn. 77 ff., 96; BVerwG 30.10.14 – 2 C 3/13, 2 C 6/13 und 2 C 36/13 u. a.: für einen Entschädigungsanspruch von Beamten wegen altersdiskriminierender Besoldung, hier durch die Verkündung des Urteils des EuGH 8.9.11 – C-297/10 und C-298/10 – [Hennigs/Mai]; HessVGH 15.9.15 – 1 A 861/15.
147 BAG 16.5.07 – 8 AZR 709/06; BAG 18.5.17 – 8 AZR 74/16, Rn. 95 ff.
148 BT-Drs. 16/1780 S. 38.

AG sind aber frei, Kosten und Nutzen einer Dokumentation abzuwägen und eine für sie passende Lösung zu finden. Sinnvoll können vor allem die Dokumentation des Zugangs einer Stellenabsage und die benachteiligungsfreie Durchführung von Personalmaßnahmen sein.

**Welchen Nutzen hat die Dokumentation des Zugangs einer Stellen-** 39
**absage?** Fristbeginn für die Ausschlussfrist ist bei erfolglosen Bewerbungen (Einstellung und beruflicher Aufstieg) regelmäßig der **Zugang der Ablehnung**. Wenn der oder die Bewerber:in behauptet, er oder sie habe erst später Kenntnis von der Benachteiligung erhalten oder das Ablehnungsschreiben nicht oder verspätet erhalten, kann sich der AG nur dann erfolgreich auf die Ausschlussfrist berufen, wenn er darlegen und im Streitfall beweisen kann, dass die Ablehnung vor mehr als 2 Monaten zugegangen ist (zum Fristbeginn und zum Zugangsnachweis s. Rn. 35c). Dann obliegt es den Betroffenen einzuwenden, dass sie trotz Zugangs der Ablehnung keine oder erst eine spätere Möglichkeit der Kenntnisnahme hatten. Anderenfalls greift die Anschlussfrist nicht, sodass in einem Gerichtsverfahren zu überprüfen ist, ob materiell die Anspruchsvoraussetzungen vorliegen.

**Welchen Nutzen hat die Dokumentation der benachteiligungsfreien** 40
**Durchführung einer Personalmaßnahme?** Wenn die Ausschlussfrist nicht greift und Bewerber:innen Vermutungstatsachen für eine Benachteiligung darlegen und beweisen können, müssen AG ihrerseits darlegen können, dass entgegen dem Anschein keine Benachteiligung wegen eines Merkmals des § 1 erfolgt oder eine solche gem. §§ 8 bis 10 gerechtfertigt ist. In einem solchen Fall ist eine Dokumentation hilfreich.

> **Beispiel:**
> In der Stellenausschreibung des A hat sich ein Tippfehler eingeschlichen. Der Text lautet: »Sekretärin gesucht« statt »Sekretär/in (m/w/d) gesucht«. A stellt Frau B als geeignete Bewerberin ein.

Die Stellenausschreibung verstößt in diesem Fall gegen § 11, weil es keine Rechtfertigung dafür gibt, die Tätigkeit mit einem bestimmten Geschlecht zu verbinden. Für Bewerber:innen, die sich einem anderen als dem weiblichen Geschlecht zugehörig fühlen, begründet die Stellenausschreibung deshalb die Vermutung, im Einstellungsverfahren benachteiligt worden zu sein. In einem solchen Fall sollte A zum einen den Zugang des Ablehnungsschreibens bei den vermeintlich ausgeschlossenen Bewerber:innen dokumentieren (z. B. Einwurfeinschreiben), um den Beginn der Ausschlussfrist dokumentieren zu können. Zum anderen ist es sinnvoll, die Berücksichtigung von Bewerbern anderen Geschlechts im Einstellungsverfahren zu dokumentieren (z. B. Einladung zum Vorstellungsgespräch auch von männlichen Bewerbern und solchen mit der Angabe »divers«), um im Streitfall den Gegenbeweis gem. § 22 führen zu können, dass keine Benachteiligung wegen des Geschlechts erfolgt ist. Entsprechendes gilt für die Einhaltung von Schutzvorschriften zugunsten von Schwerbehinderten (namentlich nach § 164 SGB IX), deren Beachtung von abgelehnten Bewerbern zunächst mit Nichtwissen bestritten werden kann (s. dazu § 22 Rn. 24). Indem sie den Auswahlprozess dokumentieren, können AG im Fall einer Klage die Befolgung der gesetzlichen Vorgaben darlegen.

## VI. Ansprüche außerhalb des AGG

41 **Abs. 5** stellt klar, dass sich aus sonstigen allgemeinen Rechtsvorschriften ergebende Ansprüche gegen benachteiligende AG unberührt bleiben. Verstößt eine Vereinbarung gegen das Benachteiligungsverbot, ist diese gem. § 7 Abs. 2 nichtig. **Erfüllungsansprüche**, die sich aus der ergänzenden Vertragsauslegung ergeben, stehen in einem solchen Fall genauso neben einem Anspruch auf Entschädigung und Schadensersatz wie **Ansprüche auf Gleichbehandlung** nach dem allgemeinen arbeitsrechtlichen Gleichbehandlungsgrundsatz (s. hierzu ausführlich § 7 Rn. 32 f. und 45). Für einen **Auskunftsanspruch** gem. § 242 BGB, der die Geltendmachung von Ansprüchen nach dem AGG erst ermöglichen soll, gelten die von der Rechtsprechung entwickelten Grundsätze: Er kommt dann in Betracht, wenn der eine Teil einer Rechtsbeziehung entschuldbar über das Bestehen oder den Umfang eines Rechts im Ungewissen ist und der Verpflichtete die zur Beseitigung der Ungewissheit erforderliche Auskunft unschwer geben kann (s. hierzu im Einzelnen § 22 Rn. 21 ff.). Wirkt die Benachteiligung weiter, kann gem. § 7 Abs. 1 i. V. m. § 1004 BGB analog eine **Beseitigung** der Benachteiligung und bei Besorgnis zukünftiger Beeinträchtigungen auch **Unterlassung** verlangt werden.

42 Auch andere **Schadensersatzansprüche** bleiben neben § 15 Abs. 1 relevant, da die kurze Ausschlussfrist von zwei Monaten gem. § 15 Abs. 4 nur Ansprüche gem. § 15 Abs. 1 und 2 erfasst. Für Teilzeitbeschäftigte, die wegen eines Merkmals des § 1 diskriminiert werden, ist der Anspruch auf diskriminierungsfreie Behandlung nach dem pro-rata-temporis-Grundsatz des § 4 Abs. 1 S 2 TzBfG umzusetzen, der nicht unter die Ausschlussfrist fällt.[149] Als Anspruchsgrundlage für Schadensersatz kommt insbesondere ein **Anspruch wegen Verletzung eines Schutzgesetzes** gem. § 823 BGB i. V. m. § 7 Abs. 1 (Benachteiligungsverbot als Schutzgesetz) in Betracht. Das Benachteiligungsverbot ist wie der frühere § 611a Abs. 1 BGB als Schutzgesetz i. S. d. § 823 Abs. 2 BGB zu verstehen.[150] In diesem Zusammenhang haften AG auch für die Handlungen von Verrichtungsgehilfen gem. § 831

149 BAG 22.10.15 – 8 AZR 168/14, Rn. 64: Diskriminierung bei der Vergütung aufgrund tariflicher Teilzeit und des Alters.

150 LAG Hamm 21.11.96 – 17 Sa 987/96.

BGB. Eine Haftung kommt daher in Betracht, wenn AG im Rahmen ihres Weisungsrechts AG-Funktionen an Beschäftigte als Vorgesetzte des oder der Betroffenen weitergegeben haben. Allerdings können die AG sich dadurch vor einer Haftung gem. § 823 BGB schützen, dass sie gem. § 831 Abs. 1 Satz 2 BGB beweisen, die Verrichtungsgehilfen unter Beachtung der erforderlichen Sorgfalt eingestellt und überwacht zu haben.

**Beispiel:**
P leitet die Personalabteilung des U. P gibt eine Stellenanzeige auf, in der er eine »große, blonde Sekretärin« für die Personalabteilung sucht. P ist in diesem Fall sowohl Erfüllungsgehilfe als auch Verrichtungsgehilfe des U. Gem. § 7 Abs. 3 stellt ein Verstoß gegen das Benachteiligungsverbot eine Verletzung vertraglicher Pflichten dar, sodass für die Zurechnung § 278 BGB maßgebend ist.[151] Sein Verstoß gegen § 7 Abs. 1 und § 11 ist dem U daher gem. § 278 BGB zuzurechnen, auch wenn dieser den P sorgfältig ausgesucht und überwacht hat. U haftet folglich auf Entschädigung und Schadenersatz.

§ 15 schließt als Sonderregelung für Benachteiligungen vertragliche Ansprü- 43
che aus § 280 Abs. 1 BGB aus, soweit die Vertragsverletzung in der Benachteiligung selbst liegt.[152] Eine Haftung der AG kommt aber bei schuldhafter Verletzung einer **Fürsorgepflicht** im Zusammenhang mit ihren nunmehr **in § 12 geregelten Pflichten** in Betracht (insbesondere Informations- und Schulungspflichten oder mangelnder Schutz vor Benachteiligungen durch andere Beschäftigte oder Dritte); ein Verstoß gegen diese Verpflichtungen stellt als solcher noch keinen Verstoß gegen das Benachteiligungsverbot des § 7 Abs. 1 dar. Hervorzuheben ist in diesem Zusammenhang die Pflicht der AG, Benachteiligungen (einschließlich Belästigungen), die von anderen AN ausgehen, im Rahmen ihrer Möglichkeiten zu unterbinden (s. zum Mobbing Rn. 32 zu § 3).[153] Ist die Benachteiligung gleichzeitig von einem Dritten verschuldet, besteht insofern eine Gesamtschuld gem. § 421 BGB und kommt der in § 426 Abs. 1 BGB vorgesehene Gesamtschuldnerausgleich in Betracht. Gegenüber anderen Beschäftigten, die eine Benachteiligung verursachen, können AG ihrerseits Ansprüche gem. § 280 Abs. 1 BGB i. V. m. § 7 Abs. 3 geltend machen, wobei im Verhältnis AG – AN die von der Rechtsprechung entwickelten Haftungsbeschränkungen gelten.[154]

Ohne Verschulden haften AG gem. § 670 BGB für Sach- und Vermögens- 44
schäden, soweit sich dabei ein von ihnen zu tragendes und nicht abgegoltenes Risiko verwirklicht hat.

151 S. hierzu Rn. 7 und Stoffels, RdA 2009, 204.

152 BAG 21.6.12 – 8 AZR 188/11, Rn. 40 ff.

153 S. zur zunehmenden Problematik des Stalking und die sich daraus im Zusammenhang mit dem AGG ergebenden Haftungsfragen: Göpfert/Siegrist, NZA 2007, 473.

154 Küttner-Griese, Nr. 35 »Arbeitnehmerhaftung« Rn. 12 ff., m. w. N.

44a Aus dem Wesen der Verträge, auf denen die Union beruht, folgt außerdem der Grundsatz der Haftung des Mitgliedstaates für Schäden, die Einzelnen durch die dem Staat zurechenbaren Verstöße gegen das Unionsrecht entstehen.[155] Der unionsrechtliche Staatshaftungsanspruch besteht neben dem Anspruch aus Abs. 2. Die gesetzliche Ausschlussfrist des Abs. 4 ist nicht anwendbar.[156]

## VII. Ausschluss des Anspruchs auf einen Arbeitsplatz

45 **Abs. 6** greift die frühere Regelung des § 611a Abs. 2 und 5 BGB auf und beschränkt Benachteiligte auf finanzielle Entschädigung und Schadensersatz. Ein Anspruch auf Begründung eines Beschäftigungsverhältnisses oder auf einen beruflichen Aufstieg besteht ausdrücklich nicht.[157] Hiervon bleiben Rechtsansprüche auf einen beruflichen Aufstieg, die sich aus anderen Gründen ergeben, unberührt. In Frage kommen neben einem tariflichen Bewährungsaufstieg insbesondere vertragliche Ansprüche auf Einstellung oder Aufstieg oder solche aus Art. 33 Abs. 2 GG.[158] Abs. 6 greift nicht, wenn es um die Unwirksamkeit einer diskriminierenden Beendigung geht, sodass in diesem Fall ein Anspruch auf Fortführung des Arbeitsverhältnisses und auch eines Vorruhestandsverhältnisses besteht.[159] Hier geht es nicht um die Begründung eines neuen Arbeitsverhältnisses, sondern um den Bestand eines bereits geschlossenen.

46 **Im öffentlichen Dienst** kommt gem. Art. 33 Abs. 2 GG ein Anspruch der Bewerberin / des Bewerbers auf Übertragung einer ausgeschriebenen Stelle in Betracht, wenn diese noch nicht besetzt ist.[160] Es gilt eine abgestufte Darlegungs- und Beweislast; für AG des öffentlichen Dienstes besteht die Verpflichtung zur Darlegung für alle Vorgänge aus ihrem Verantwortungs- und Verfügungsbereich, die dem Einblick der Bewerber entzogen sind. Wird im Auswahlverfahren das Dokumentationsgebot verletzt, sodass der Bewerber oder die Bewerberin keine oder nur unzureichende Kenntnisse über die Ent-

155 Verneint etwa für beamtenrechtliche Regelungen, die für Polizeibeamte ein niedrigeres Alter zum Eintritt in den Ruhestand festlegen: BGH 23.7.15 – III ZR 4/15.

156 BVerwG 6.4.17 – 2 C 11/16; BGH 23.7.15 – III ZR 4/15, Rn. 13.

157 Dies soll analog gelten bei einer maßregelnden Verweigerung der Verlängerung eines befristeten Vertrags, weil die Ansprüche aufgrund Maßregelung nicht weiter gehen könnten als die wegen Benachteiligung, BAG 21.9.11 – 7 AZR 150/10, Rn. 45.

158 Düwell, BB 2006, 1741, s. hierzu auch BAG 5.3.96 – 1 AZR 590/92 (A) zum insoweit bestehenden Beurteilungsspielraum des öffentlichen Dienstherrn.

159 BAG 21.11.17 – 9 AZR 141/17, Rn. 39: Vorruhestandsverhältnis; LAG Düsseldorf 26.7.18 – 3 Sa 257/17: unwirksame Befristung.

160 BAG 29.2.24 – 8 AZR 187/23, Rn. 14.

scheidungsgrundlagen hat, stellt dies eine Vereitelung des Anspruchs dar, die entsprechend § 162 Abs. 2 BGB dazu führt, dass auch noch bei einer zwischenzeitlich erfolgten Stellenbesetzung die Einstellung verlangt werden kann.[161]

## § 16 Maßregelungsverbot

**(1) Der Arbeitgeber darf Beschäftigte nicht wegen der Inanspruchnahme von Rechten nach diesem Abschnitt oder wegen der Weigerung, eine gegen diesen Abschnitt verstoßende Anweisung auszuführen, benachteiligen. Gleiches gilt für Personen, die den Beschäftigten hierbei unterstützen oder als Zeuginnen oder Zeugen aussagen.**
**(2) Die Zurückweisung oder Duldung benachteiligender Verhaltensweisen durch betroffene Beschäftigte darf nicht als Grundlage für eine Entscheidung herangezogen werden, die diese Beschäftigten berührt. Abs. 1 Satz 2 gilt entsprechend.**
**(3) § 22 gilt entsprechend.**

Abs. 1 setzt Art. 9 der Richtlinie 2000/43/EG (Antirassismus-Richtlinie), Art. 11 der Richtlinie 2000/78/EG (Rahmenrichtlinie Beschäftigung) und Art. 7 der Richtlinie 76/207/EWG (Gender-Richtlinie) um und entspricht dem bereits in § 612a BGB und § 5 TzBfG enthaltenen Grundsatz, dass Beschäftigte wegen der Inanspruchnahme ihrer gesetzlichen Rechte nicht benachteiligt werden dürfen. 1

Auch in **§ 9 EntgTranspG** ist ein Maßregelungsverbot normiert. Demnach dürfen Beschäftigte nicht benachteiligt werden, wenn sie Rechte nach dem EntgTranspG in Anspruch nehmen. Dieses Maßregelungsverbot gilt zudem, genauso wie § 16, ausdrücklich auch für Personen, die Beschäftigte bei der Inanspruchnahme von Rechten aus dem EntgTranspG unterstützen oder als Zeuginnen oder Zeugen aussagen. Das Maßregelungsverbot wird somit durch § 9 EntgTranspG erweitert auf den **Bereich der Entgeltgleichheit**. Gem. § 9 Abs. 3 EntgTranspG bleibt § 16 unberührt. Die Vorschriften sind im Wesentlichen gleich aufgebaut. Es spricht deshalb viel dafür, dass auch für den Bereich des EntgTranspG analog § 16 Abs. 3 die Beweiserleichterung des § 22 (s. u. Rn. 14) gilt.[1] 1a

Der **persönliche Geltungsbereich** des Maßregelungsverbots bezieht sich zunächst auf Beschäftigte gem. § 6. Entsprechend den Vorgaben der EG-Richtlinien erstreckt Abs. 1 Satz 2 den Schutz außerdem auf Personen, die 2

161 LAG Hessen 23.4.10 – 19/3 Sa 47/09, Rn. 33 ff., 59; LAG Hessen 11.2.22 – 10 Sa 920/21, Rn. 74 ff., 88.

1 ErfK-Schlachter, EntgTranspG, § 9 Rn. 1.

Beschäftigte unterstützen, sowie auf Zeugen. Dies verbessert die Chancen der Betroffenen auf den Nachweis der Tatsachen, die eine Benachteiligung vermuten lassen, da andere Beschäftigte nunmehr aussagen können, ohne selbst Sanktionen fürchten zu müssen.

3 Der **sachliche Geltungsbereich** des Maßregelungsverbots bezieht sich zum einen auf die Ausübung von Rechten aus dem AGG wegen einer selbst erfahrenen Benachteiligung und zum anderen auf die Weigerung, eine benachteiligende Anweisung von AG oder Vorgesetzten auszuführen. Als **Inanspruchnahme von Rechten** aus diesem Gesetz kommen insbesondere die Beschwerde gem. § 13, das Leistungsverweigerungsrecht gem. § 14 und Geltendmachung von Ansprüchen auf Entschädigung oder Schadensersatz nach § 15 in Betracht. Auch schon die Berichterstattung über erfahrene Diskriminierungen, z. B. bei Vorgesetzten oder Kolleg:innen, ist als Inanspruchnahme von Rechten zu werten, die § 16 schützt.[2] Die **Ausführung einer Anweisung**, die andere Beschäftigte benachteiligt, ist nach § 7 Abs. 1 ebenso rechtswidrig wie die Erteilung der Anweisung selbst. Zum Schutz von Mitarbeiter:innen, die weisungsgebunden sind und sich einer rechtswidrigen, weil benachteiligenden Weisung verweigern, stellt Satz 1 deshalb ausdrücklich klar, dass auch ein solches Verhalten von AG nicht mit Sanktionen belegt werden darf.

4 Vom sachlichen Geltungsbereich der Vorschrift wird nur die **zulässige Rechtsausübung** durch Beschäftigte erfasst, auch wenn dies entgegen dem Wortlaut des § 612a BGB nicht ausdrücklich im Gesetz festgehalten ist. Abs. 1 entspricht insoweit dem Wortlaut von § 5 TzBfG. Die »Inanspruchnahme von Rechten« setzt voraus, dass das in Bezug genommene Recht nach dem AGG auch tatsächlich besteht. Dementsprechend muss die Ausübung des Rechtes, das dem Maßregelungsverbot unterliegt, objektiv rechtmäßig sein. Kommen Beschäftigte hingegen den arbeitsvertraglichen Pflichten nicht nach, ohne dass hierfür ein ausreichender Grund besteht, können AG zu Sanktionen berechtigt sein, ohne gegen das Maßregelungsverbot zu verstoßen.

5 Verweigern Beschäftigte beispielsweise aufgrund einer subjektiv empfundenen, vom Gericht später aber nicht bestätigten Belästigung gem. § 3 Abs. 3 die Arbeitsleistung, werden die daraufhin verhängten Sanktionen wie Entgeltkürzung, Abmahnung oder Kündigung gegenüber den Beschäftigten vom Maßregelungsverbot nicht erfasst. Die Rechtmäßigkeit solcher Maßnahmen ist dann allein an den einschlägigen gesetzlichen Regelungen, z. B. dem KSchG zu messen. Insbesondere bei einer **Kündigung** ist im Rahmen der Interessenabwägung zu berücksichtigen, ob Beschäftigte gutgläubig waren und von der Arbeitgeberseite vorher ausreichend auf die Rechtswidrigkeit ihres Verhaltens und die geplante Kündigung (etwa durch vorherige Ertei-

2 ErfK-Schlachter, AGG, § 16 Rn. 1.

lung einer Abmahnung) hingewiesen wurden. Dennoch tragen Beschäftigte letztlich das Risiko der Berechtigung einer Leistungsverweigerung. Bei einer **unberechtigten Leistungsverweigerung** besteht kein Vergütungsanspruch (s. zur Rechtmäßigkeit einer Leistungsverweigerung Rn. 1 ff. zu § 14).

Das gleiche gilt, wenn die **Ausführung einer Anweisung zu Unrecht verweigert** wird, z. B. weil sich im Nachhinein herausstellt, dass kein Verstoß gegen das Benachteiligungsverbot gem. § 7 vorliegt. Etwaige Sanktionen wegen der damit verbundenen, unzulässigen Arbeitsverweigerung werden dann ebenfalls nicht vom Maßregelungsverbot erfasst. 6

In der **Einlegung einer Beschwerde** dagegen ist **immer** eine **zulässige Rechtsausübung** zu sehen. Sie ist bereits dann zulässig, wenn sich Betroffene gem. § 14 Abs. 1 benachteiligt »fühlen«. Liegt diese subjektive Voraussetzung vor, dürfen Beschäftigte wegen der Einlegung der Beschwerde nicht benachteiligt werden. Ein Widerrufsanspruch der Beschwerdegegner wegen Behauptungen im Beschwerdeverfahren kommt daher nur dann in Betracht, wenn diese bewusst unwahr sind oder jedenfalls leichtfertig aufgestellt wurden.[3] 7

Ferner liegt in der **Geltendmachung von Ansprüchen auf Entschädigung oder Schadensersatz** gem. § 15 bei der subjektiven Annahme einer Benachteiligung regelmäßig eine **zulässige Rechtsausübung**, auch wenn eine entsprechende Klage keinen Erfolg haben sollte. Ausgenommen hiervon ist ein rechtsmissbräuchliches Verhalten, das aber durch den oder die AG dargelegt und bewiesen werden muss. 8

Problematisch sind die Fälle, in denen **Beschäftigte irrtümlich, aber ohne Verschulden, vom** Bestehen des geltend gemachten, objektiv aber **nicht bestehenden Rechts ausgehen.**[4] Ist für AG erkennbar, dass Beschäftigte gutgläubig von einem tatsächlich nicht bestehenden Recht ausgehen, müssen die Beschäftigten vor einer belastenden Maßnahme **angehört** und darauf hingewiesen werden, dass sie sich über das Vorliegen eines Rechtes geirrt haben, um die Verhältnismäßigkeit zu wahren.[5] 9

Auch eine **Unterstützung durch andere Personen** nach **Abs. 2 Satz 2** wird nur geschützt, soweit es sich um rechtmäßiges Verhalten handelt. Deshalb dürfen beispielsweise andere Beschäftigte Unterlagen an Betroffene regelmäßig nur herausgegeben, soweit Datenschutzbestimmungen oder berechtigte 10

3 LAG Hessen 28.6.00 – 8 Sa 195/99; ErfK-Schlachter, BeschSchG, § 4 Rn. 6.

4 Für eine zulässige Rechtsausübung in diesem Fall zu § 612a BGB: Erman/Hanau, BGB, § 612a Rn. 3; zu § 5 TzBfG: Holwe/Kossens/Pielenz/Räder, TzBfG, § 5 Rn. 4; a. A. die wohl h. M.: APS-Linck, BGB, § 612a Rn. 7; KR-Pfeiffer, BGB, § 612a Rn. 6; ErfK-Preis, BGB, § 612a Rn. 5; Meinel/Heyn/Herms, TzBfG, § 5 Rn. 5.

5 Zu § 612a BGB: ErfK-Preis, BGB, § 612a Rn. 5; zu § 5 TzBfG: Boecken/Joussen-Jacob/Joussen, TzBfG, § 5 Rn. 9.

Pflichten zur Geheimhaltung nicht entgegenstehen. Pflichtwidriges Verhalten können AG auch hier durch nachteilige Maßnahmen beantworten.

11 Das Maßregelungsverbot setzt eine **Kausalität zwischen der zulässigen Inanspruchnahme eines Rechts nach diesem Gesetz und der getroffenen Sanktion** voraus; die Inanspruchnahme des Rechts durch Beschäftigte muss also der tragende Beweggrund für die Benachteiligung sein und nicht nur in irgendeiner Weise ursächlich bzw. der äußerliche Anlass für die weniger günstige Behandlung.[6] Ist dies der Fall, liegt ein Verstoß gegen das Maßregelungsverbot auch dann vor, wenn AG die Vereinbarung oder Maßnahme auch auf einen anderen Sachverhalt hätten stützen können. Eine dem Maßregelungsverbot widersprechende Maßnahme kann also auch dann vorliegen, wenn an sich ein Sachverhalt gegeben ist, der die arbeitgeberseitige Maßnahme gerechtfertigt hätte.[7] Kläger:innen müssen für die Kausalität zwischen der Inanspruchnahme von Rechten und der Sanktion lediglich **Indizien** nachweisen, denn § 16 Abs. 3 verweist auf § 22 (s. Rn. 14). Ein solches Indiz kann beispielsweise ein enger zeitlicher Zusammenhang zwischen den beiden Ereignissen sein.

12 Ein Verstoß gegen das Maßregelungsverbot führt zur **Rechtsfolge** der **Nichtigkeit der Maßnahme oder der Vereinbarung gem. § 134 BGB**. Beschäftigte sind nicht verpflichtet, Weisungen, die gegen das Maßregelungsverbot verstoßen, zu befolgen. Geht es um Leistungen, die andere Beschäftigte erhalten, die aber einem oder einer Beschäftigten, der oder die sich auf eine Benachteiligung beruft, wegen einer berechtigten Rechtswahrnehmung nicht gewährt werden, besteht unabhängig von Ansprüchen aus dem AGG regelmäßig ein Anspruch auf die Leistung aus dem arbeitsrechtlichen Gleichbehandlungsgrundsatz.[8] Auf die Frage, ob tatsächlich eine Benachteiligung gem. § 3 wegen eines Merkmals des § 1 vorliegt, kommt es dann nicht mehr an. Eine Kündigung, die als Reaktion auf eine Beschwerde wegen eines Diskriminierungsverstoßes ausgesprochen wird, ist gemäß § 16 Abs. 1 AGG i. V. m. § 134 BGB nichtig.[9]

12a Ein Verstoß gegen § 16 begründet **keinen Anspruch** auf **Schadensersatz** nach § 15 Abs. 1, da es sich dabei nicht um ein Benachteiligungsverbot i. S. dieser Vorschrift handelt, sondern um ein Maßregelungsverbot.[10] Möglich sind Schadensersatzansprüche aber aus § 280 Abs. 1, § 241 Abs. 2 und aus § 823 Abs. 2 BGB i. V. m. § 16 AGG.[11]

---

6 BAG 22.10.15 – 2 AZR 569/14; BAG 17.3.10 – 5 AZR 168/09.
7 BAG 2.4.87 – 2 AZR 227/86.
8 BAG 2.4.87 – 2 AZR 227/86, NZA 1988, 18.
9 ArbG Frankfurt 19.11.19 – 24 Ca 5275/19.
10 BAG 18.5.17 – 8 AZR 74/16, Rn. 86; LAG Berlin-Brandenburg 5. 2. 19 – 16 Sa 983/18, Rn. 579.
11 BAG 18.5.17 – 8 AZR 74/16, Rn. 88.

**Abs. 2** stellt klar, dass es für Entscheidungen durch AG keinen Unterschied machen darf, ob Benachteiligte die **Benachteiligung dulden oder zurückweisen**. Beschäftigte sind also weder verpflichtet, sofort gegen Benachteiligungen vorzugehen, noch ist es ihnen zumutbar, mit der berechtigten Wahrnehmung ihrer Rechte zuzuwarten. Unabhängig von der Art der Reaktion von Beschäftigten gilt bei Vorliegen der Voraussetzungen gem. Abs. 1 das Maßregelungsverbot. Gleiches gilt gegenüber Personen, die Beschäftigte unterstützen oder als Zeugen aussagen. 13

**Abs. 3** erstreckt die **Regelung über die Beweiserleichterung** des § 22 auf den Fall eines Verstoßes von AG gegen das Maßregelungsverbot, so dass § 22 zum einen (direkt) für die Frage der Diskriminierung und (über Abs. 2) für die der Maßregelung heranzuziehen ist.[12] Die Beweislast für den kausalen Zusammenhang zwischen der Rechtsausübung und der getroffenen Sanktion tragen damit zwar grundsätzlich die Beschäftigten. Dies gilt allerdings nur für die Tatsachen, die eine Vermutung für den Verstoß gegen das Maßregelungsverbot begründen. Die Kausalität der berechtigten Rechtsausübung für die nachteilige Maßnahme ist zu vermuten, wenn es keinen anderen sachlichen Grund für die arbeitgeberseitige Maßnahme gibt, der sie rechtfertigen könnte. Legen Beschäftigte z. B. den offensichtlichen zeitlichen Zusammenhang zwischen ihrer Rechtsausübung und der nachteiligen Maßnahme dar, begründet dies die Vermutung für die Kausalität. Die AG müssen dann ihrerseits substantiiert darlegen und ggf. beweisen, dass sie die Maßnahmen aus anderen sachlichen Gründen getroffen haben. 14

Das Maßregelungsverbot bindet nicht nur AG, sondern **auch die Betriebsparteien**. Das BAG hat offengelassen, ob sich dies aus einer unmittelbaren Anwendung der entsprechenden Verbotsvorschriften – also u. a. § 16 – oder mittelbar aus § 75 Abs. 1 BetrVG ergibt.[13] 15

> **Beispiel:**
> Der Beschäftigte X wird nach einer erstinstanzlichen Verurteilung des AG, ihm eine Entschädigung gem. § 15 Abs. 1 zu zahlen, an einen Arbeitsplatz gesetzt, der räumlich von anderen AN abgetrennt ist, erhält sinnlose Beschäftigungen und muss sich als einziger AN bei jedem Verlassen des Arbeitsplatzes mündlich an- und abmelden.[14]

12 ErfK-Schlachter, AGG, § 16 Rn. 2; HaKo AGG-Deinert, § 16 Rn. 46; ArbG Frankfurt 19. 11. 19 – 24 Ca 5275/19, Rn. 46.
13 BAG 18. 9. 07 – 3 AZR 639/06, Rn. 28.
14 Nach LAG Schleswig-Holstein 25. 7. 89 – 1 (3) Sa 557/88.

## Unterabschnitt 4
## Ergänzende Vorschriften

### § 17 Soziale Verantwortung der Beteiligten

**(1) Tarifvertragsparteien, Arbeitgeber, Beschäftigte und deren Vertretungen sind aufgefordert, im Rahmen ihrer Aufgaben und Handlungsmöglichkeiten an der Verwirklichung des in § 1 genannten Ziels mitzuwirken.**

**(2) In Betrieben, in denen die Voraussetzungen des § 1 Abs. 1 Satz 1 des Betriebsverfassungsgesetzes vorliegen, können bei einem groben Verstoß des Arbeitgebers gegen Vorschriften aus diesem Abschnitt der Betriebsrat oder eine im Betrieb vertretene Gewerkschaft unter der Voraussetzung des § 23 Abs. 3 Satz 1 des Betriebsverfassungsgesetzes die dort genannten Rechte gerichtlich geltend machen; § 23 Abs. 3 Satz 2 bis 5 des Betriebsverfassungsgesetzes gilt entsprechend. Mit dem Antrag dürfen nicht Ansprüche des Benachteiligten geltend gemacht werden.**

1 **Abs. 1** setzt Art. 11 Abs. 2 der Richtlinie 2000/43/EG (Antirassismus-Richtlinie), Art. 2 Abs. 5 und Art. 13 Abs. 2 der Richtlinie 2000/78/EG (Rahmenrichtlinie Beschäftigung) und Art. 8b Abs. 2 und 3 der Richtlinie 76/207/EWG (Gender-Richtlinie) um. Der Gesetzgeber fordert die Tarifvertragsparteien, AG, Beschäftigten und deren Vertretungen auf, ihren Beitrag zum Schutz der Beschäftigten vor Benachteiligung zu leisten und sich aktiv dafür einzusetzen, dass das Ziel des Gesetzes gem. § 1 in der Praxis umgesetzt wird. In der Begründung führt der Gesetzgeber aus, dass das Gesetz zum Anlass genommen werden kann, Personalprozesse in Unternehmen und Betrieben unter dem Gesichtspunkt des Benachteiligungsschutzes zu überprüfen und gegebenenfalls neu zu definieren oder Verhaltenskodizes zu vereinbaren.[1] Eine ausdrückliche Verpflichtung zum Handeln normiert Abs. 1 nicht. Im Zusammenhang mit den Verpflichtungen der AG aus § 12 ergibt sich jedoch aus der Aufforderung des § 17, dass ein **bewusstes Zusammenwirken von allen Beteiligten zur praktischen Umsetzung des Gesetzes** erwartet wird. Ob der Gesetzgeber damit seiner EG-rechtlichen Verpflichtung ausreichend nachkommt, Maßnahmen zur Förderung des sozialen Dialogs, zur Verwirklichung des Gleichbehandlungsgrundsatzes durch die Überwachung der betrieblichen Praxis, durch Tarifverträge, Verhaltenskodizes, Forschungsarbeiten oder den Erfahrungsaustausch zu treffen, ist zweifelhaft.[2] Die Evaluation des AGG kam zu dem Ergebnis, dass § 17 Abs. 1 in der Praxis wenig genutzt wird und es nicht nur einer Aufforderung, sondern eines Rechts zur

---

1 S. Begründung zum Gesetzentwurf BT-Drs. 16/1780 S. 39.

2 ErfK-Schlachter AGG § 17 Rn. 1.

Durchsetzung von Gleichbehandlungsrechten kollektiver Akteurinnen und Akteure – Gewerkschaften und Betriebsräte – bedürfte, um das Ziel des Gesetzes zu erreichen; beispielsweise ein Verbandsklagerecht.[3]

Für die **Tarifvertragsparteien** bedeuten die Vorgaben, dass sie zunächst aufgefordert sind, die Vereinbarkeit bestehender Tarifverträge mit den Bestimmungen des AGG zu überprüfen. Insbesondere kommt in Betracht, dass hinsichtlich der Anknüpfung bestimmter tarifvertraglicher Bestimmungen an das Merkmal Alter über die Grenzen des § 10 hinaus Änderungen erforderlich sein können. Viel diskutiert wird außerdem die Frage, inwieweit tarifliche Entgeltsysteme dazu beitragen, dass der prozentuale Unterschied im durchschnittlichen Bruttostundenverdienst zum Nachteil des weiblichen Geschlechts immer noch bei 18 % liegt.[4] Mit Blick auf mögliche Diskriminierungen in Tarifverträgen wurde bereits lange vor Erlass des EntgTranspG vorgeschlagen, dass die Tarifvertragsparteien Lohngleichheitskommissionen einsetzen, um die kollektiven Entgeltsysteme auf diskriminierende Elemente zu überprüfen und umzugestalten.[5] Außerdem kann daran gedacht werden, auf tariflicher Ebene ein Schlichtungsverfahren für Fälle zu etablieren, in denen sich Beschäftigte benachteiligt fühlen, oder gem. § 86 BetrVG Regelungen für das Beschwerdeverfahren zu treffen. Mit solchen Maßnahmen könnte ein Angebot zur wirksamen Prävention an die Betriebsparteien herangetragen werden. 2

Mit Blick auf mögliche Entgeltdiskriminierungen (siehe § 2 Rn. 22a ff.) ist in **§ 4 Abs. 5 EntgTranspG** für Tarifverträge bisher eine **Angemessenheitsvermutung** normiert. Dies soll der Koalitionsfreiheit gemäß Art. 9 Abs. 3 GG Rechnung tragen. Zwar geht auch das BAG vor dem Hintergrund der durch die Koalitionsfreiheit gesicherten Verhandlungsparität von einer Richtigkeitsgewähr von Tarifverträgen aus.[6] Der EuGH hat allerdings eindeutig entschieden, dass sich das Diskriminierungsverbot auch auf Tarifverträge erstreckt.[7] Zu Recht bestehen deshalb Zweifel an der Europarechtskonformität der Angemessenheitsvermutung in § 4 Abs. 5 EntgTranspG.[8] Zu beachten ist jedenfalls bei der Umsetzung von tariflichen Entgeltsystemen, dass auch Kriterien der **Arbeitsbewertung**, die nicht direkt an verpönte Merkmale des 2a

---

3 Berghahn/Klapp/Tischbirek, Evaluation AGG, 2016, S. 141.

4 https://www.destatis.de/DE/Themen/Arbeit/Verdienste/Verdienste-GenderPayGap/Tabellen/ugpg-01-gebietsstand.html; ausführlich zur Entgeltlücke Oerder/Wenckebach, Entgelttransparenzgesetz, § 1; § 4 Rn. 23 ff.

5 Kocher, djbZ 10, 128, m. w. N.; Pfarr, Festschrift 50 Jahre BAG, 2004, 779.

6 Zuletzt BAG 21.5.14 – 4 AZR 50/13; Vgl. Oerder/Wenckebach, EntgTranspG, § 4 Rn. 23 ff.

7 EuGH 7.2.91 – C-184/89 – [Nimz].

8 Deutscher Juristinnenbund e.V., 10 Irrtümer zur Entgeltgleichheit, 2014; Kocher, spw 2017, 51, 54; Oerder/Wenckebach, EntgTranspG, § 4 Rn. 24.

§ 1 anknüpfen, diskriminierend wirken können.[9] Die bislang noch nicht ins deutsche Recht umgesetzte **Entgelttransparenzrichtlinie** 2023/97 (siehe dazu § 2 Rn. 22a) adressiert in Art. 13 explizit die Sozialpartner und verpflichtet Mitgliedstaaten, »unbeschadet der Autonomie der Sozialpartner«, geeignete Maßnahmen zu ergreifen zur Förderung der Rolle der Sozialpartner und zur Ermutigung zur Ausübung des Rechts auf Kollektivverhandlungen über Maßnahmen, um gegen Entgeltdiskriminierung und deren nachteilige Auswirkungen auf die Bewertung von Arbeit, die überwiegend von einem Geschlecht verrichtet wird, vorzugehen. Die Sozialpartner sollen »wirksam einbezogen« werden. Die Richtlinie soll dabei gemäß gem. Art. 30 »in keiner Weise das Recht auf die Aushandlung, den Abschluss und die Durchsetzung von Tarifverträgen« berühren. Wie die Vorgaben bis 2026 in das deutsche Recht umgesetzt werden und ob die Angemessenheitsvermutung beibehalten wird, ist noch offen.

2b **§ 6 Abs. 1 EntgTranspG** enthält für den Bereich der Entgeltdiskriminierung (siehe zum Verhältnis von EntgTranspG und AGG § 2 Rn. 22a) eine Konkretisierung des § 17 Abs. 1, der allerdings ebenfalls keine neuen Kompetenzen der Verantwortlichen – AG, betriebliche Interessenvertretungen und Tarifvertragsparteien – schafft.[10] Anders als § 17 richtet sich § 6 Abs. 1 EntgTranspG nicht an die Beschäftigten. Vor dem Hintergrund, dass Entgeltgleichheit auf kollektiver Ebene hergestellt werden muss, ist das folgerichtig.

3 Als **Vertretung** der Beschäftigten sind Betriebs- und Personalräte genauso wie die Jugend- und Auszubildendenvertretung, Sprecherausschuss und Schwerbehindertenvertretung aufgefordert, das AGG mit Leben zu füllen. Es gehört zu den originären Aufgaben des **Betriebsrates und des Personalrates**, darüber zu wachen, dass alle AN nach den Grundsätzen von Recht und Billigkeit behandelt werden und jede unterschiedliche Behandlung, die ohne sachliche Rechtfertigung an ein Merkmal des § 1 anknüpft, unterbleibt. Die Mitbestimmungsrechte des Betriebsrats sind ausschließlich im BetrVG geregelt, die des Personalrats im BPersVG bzw. den entsprechenden Personalvertretungsgesetzen der Länder. § 17 enthält – ebenso wenig wie § 6 Abs. 1 EntgTranspG – kein darüberhinausgehendes, eigenständiges Mitbestimmungsrecht. Folgende Bestimmungen regeln schon jetzt Mitbestimmungsrechte des Betriebsrates bzw. Personalrates im Zusammenhang mit Benachteiligungen:

- **§ 75 Abs. 1 BetrVG, § 2 Abs. 4 BPersVG:** originäre Aufgabe des Betriebsrats zu überwachen, dass jede unterschiedliche Behandlung, die an ein Merkmal des § 1 anknüpft, unterbleibt.

---

9 Zu den Anforderungen an geschlechtsneutrale Arbeitsbewertung Lillemaier in AuR 2018, 119, 120 ff.

10 Oerder/Wenckebach, EntgTranspG, § 6 Rn. 23 ff.

- **§ 87 Abs. 1 Nr. 1 BetrVG, § 80 Abs. 1 Nr. 18 BPersVG:** erzwingbares Mitbestimmungsrecht bei Fragen der Ordnung und des Verhaltens der Beschäftigten und damit für Regelungen zur Vermeidung von Benachteiligungen und zum Umgang mit diskriminierenden Vorgängen (auch Initiativrecht). In diesem Rahmen besteht ein Mitbestimmungsrecht über die **Einführung und Ausgestaltung eines Beschwerdeverfahrens** für die Beschwerdemöglichkeit gem. § 13 Abs. 1.[11] Die Entscheidung, **wo** AG die Beschwerdestelle errichten und **wie** sie diese **personell besetzen,** ist hingegen mitbestimmungsfrei (s. auch Rn. 3 zu § 13).[12]
- **§ 99 Abs. 2 Nr. 1 BetrVG, § 78 Abs. 1 Nr. 1 und § 78 Abs. 5 Nr. 1 BPersVG:** Widerspruch gegen Einstellung bei diskriminierender Stellenausschreibung oder sonstigem Verstoß gegen das Benachteiligungsverbot (s. §§ 7 Abs. 1, 11).
- **§ 99 Abs. 2 Nr. 6 BetrVG, § 78 Abs. 5 Nr. 3 BPersVG:** Widerspruch bei Einstellung einer Person, die die Rechte anderer AN aus dem AGG bedroht.
- **§ 36 Abs. 6 BetrVG, § 54 Abs. 1 BPersVG:** Anspruch auf Schulung über die neue Rechtslage, die verschiedenen Ansprüche der Beschäftigten und die Handlungsmöglichkeiten des Betriebsrates. Die Frage, in welchem Umfang ein Schulungsanspruch besteht, folgt den allgemeinen Grundsätzen. Das LAG Hessen hat ein knapp viertägiges Betriebsratsseminar zum Thema: »Das neue Allgemeine Gleichbehandlungsgesetz«, das sich u. a. mit Handlungsmöglichkeiten des Betriebsrats im Rahmen des AGG und der Ausarbeitung einer Musterbetriebsvereinbarung befasst, unabhängig davon für erforderlich i. S. der §§ 37 Abs. 6, 40 BetrVG gehalten, ob konkrete Diskriminierungen oder Ungleichbehandlungen im Betrieb nicht festgestellt werden konnten oder nicht.[13]
- **§ 98 BetrVG, § 80 Abs. 1 Nr. 10 BPersVG:** Mitbestimmung bei betrieblichen Bildungsmaßnahmen, auch solchen gem. § 12 Abs. 2.

Die Betriebspartner waren daher schon vor dem Inkrafttreten von AGG und EntgTranspG dazu verpflichtet, bestehende Betriebsvereinbarungen auf diskriminierende Vorschriften hin zu überprüfen und auf betrieblicher Ebene aktiv Maßnahmen zu ergreifen, die zur Verhinderung und Beseitigung von Benachteiligungen beitragen. Durch § 17 Abs. 1 und § 6 Abs. 1 EntgTranspG wird diese Verpflichtung verstärkt. Ein sinnvoller Ansatz zur Aus-

---

11 BAG 21.7.09 – 1 ABR 42/08 und entsprechend für § 75 Abs. 3 Nr. 15 BPersVG bzw. die entsprechende Vorschrift in Hessen: HessVGH 20.3.08 – 22 TL 2257/07 – PersR 08, 337; ausführlich zu den Inhalten, zu denen das Mitbestimmungsrecht besteht s. Biere, AiB 10, 84.

12 BAG 21.7.09 – 1 ABR 42/08; LAG Hamburg 29.10.08 – 5 TaBV 5/08 – EzA-SD 09, Nr. 4, 18; LAG Rheinland-Pfalz 17.4.08 – 9 TaBV 9/09; a. A. noch LAG Hamburg 17.4.07 – 3 TaBV 6/07.

13 LAG Hessen 25.10.07 – 9 TaBV 84/07.

füllung dieser Verpflichtung besteht darin, in einer Betriebsvereinbarung ein Schlichtungsverfahren für Fälle zu regeln, in denen sich ein Beschäftigter benachteiligt fühlt, oder gem. § 86 BetrVG Regelungen für das Beschwerdeverfahren zu treffen. Ob in Umsetzung der Entgelttransparenzrichtlinie 2023/97 (s.o. Rn. 2a und § 2 Rn. 22aff.) weitere Mitbestimmungsrechte geschaffen werden, ist noch offen.

**4** Das erzwingbare Mitbestimmungsrecht des § 87 Abs. 1 Nr. 1 BetrVG bei Fragen der Ordnung des Betriebes und des Verhaltens der AN, das ein Initiativrecht für den Betriebsrat mit einschließt, umfasst Regelungen zur Vermeidung von Benachteiligungen und zum Umgang mit diskriminierenden Vorgängen, nicht aber die Entscheidung, **wo** AG eine Beschwerdestelle gem. § 13 errichten und **wie** sie diese **personell besetzen.**[14] Dabei können sich Regelungen zur Verhinderung von Diskriminierung an vorhandene Betriebsvereinbarungen zur Verhinderung sexueller Belästigungen am Arbeitsplatz anlehnen.[15] Wie auch beim BeschSchG ist demgegenüber die Aufstellung einer Betriebsbussenordnung bzw. die Aufnahme von Benachteiligungen in den Sanktionskatalog einer bereits vorhandenen Betriebsbussenordnung wenig empfehlenswert. Bei der Sanktionierung bedarf es einer wertenden Einzelfallentscheidung (s. Rn. 11ff. zu § 12), der eine starre Bußordnung nicht gerecht werden kann.[16]

**5** Der Betriebsrat ist außerdem gem. **§ 75 BetrVG** verpflichtet, gegen eine unzulässige Diskriminierung auch ohne eine Beschwerde der betroffenen AN vorzugehen, sobald er hiervon Kenntnis erlangt. Der Betriebsrat kann danach einer Einstellung **nach § 99 Abs. 2 Nr. 1 BetrVG** mit der Begründung widersprechen, dass die Stellenausschreibung diskriminierend war[17] und gem. **§ 99 Abs. 2 Nr. 6 BetrVG** schon im Einstellungsverfahren dafür Sorge tragen, dass Beschäftigte vor neuen AN geschützt werden, die eine Gefahr für ihre Rechte aus dem AGG darstellen.

**6** Erfolgt eine Diskriminierung oder Belästigung durch eine:n AN, kann der Betriebsrat in gravierenden Fällen nach **§ 104 BetrVG** von seinem Recht Ge-

---

14 BAG 21.7.09 – 1 ABR 42/08; zu den möglichen Inhalten s. Biere, AiB 10, 84; zum erzwingbaren Abschluss einer Betriebsvereinbarung zum »Schutz der AN vor Mobbing und sexueller Belästigung« s. auch ArbG Köln 21.11.00 – 12 BV 227/00 mit Besprechung Wolmerath, AiB 02, 475; a.A. LAG Hamburg 15.7.98 – 5 TaBV 4/98, das von einer abschließenden, gesetzlichen Regelung gem. §§ 75 und 82ff. BetrVG und damit einem Gesetzesvorbehalt i.S. von § 87 Abs. 1 BetrVG ausgeht.

15 Vgl. Schiek, AiB 97, 441 mit Muster-Betriebsvereinbarung.

16 Küttner-Kreitner, Nr. 379, Sexuelle Belästigung, Rn. 3.

17 LAG Hessen 13.7.99 – 4 TaBV 192/97, das bei einem Verstoß einer innerbetrieblichen Ausschreibung gegen die Verpflichtung aus § 611b, das Recht des Betriebsrats zu einer Verweigerung der Zustimmung wegen unterbliebener Ausschreibung gem. § 99 Abs. 2 Nr. 5 BetrVG bejaht.

brauch machen, die Versetzung oder Entlassung dieses/r Person, die andere Beschäftigte gem. § 3 benachteiligt, zu verlangen.[18]

Eine **Schulung von Betriebsratsmitgliedern** zum Thema der Umsetzung des AGG ist gem. 37 Abs. 6 BetrVG erforderlich – und zwar nicht erst, wenn bereits Diskriminierungen festgestellt wurden.[19] Der Betriebsrat wacht gem. §§ 75 und 80 Abs. 1 Nr. 1, 2, 2a, 4, 6 und 7 BetrVG allgemein über die Verpflichtung von AG gem. § 12 Abs. 1 und 2, Maßnahmen zum Schutz vor Benachteiligung vorzusehen und kann gem. § 99 BetrVG bei personellen Einzelmaßnahmen auf ein diskriminierungsfreies Verhalten der Arbeitgeberseite hinwirken. Außerdem kommt gem. § 87 Abs. 1 Nr. 1 BetrVG ein Initiativrecht zum Abschluss einer Betriebsvereinbarung in Betracht, soweit es um Fragen der Ordnung des Betriebs und des Verhaltens der AN im Betrieb geht. Im Hinblick auf die in der Begründung zum Gesetzentwurf belegte, weite Verbreitung von Diskriminierung[20] ist der Betriebsrat gem. Abs. 1 explizit aufgefordert, an der Verwirklichung der Ziele des AGG mitzuwirken. Auch ohne einen konkreten Anhaltspunkt für Benachteiligungen im Betrieb hat der Betriebsrat daher gem. § 36 Abs. 6 BetrVG einen Anspruch auf Schulung über die aktuelle Rechtslage, die verschiedenen Ansprüche der AN und seine Handlungsmöglichkeiten.[21] § 6 Abs. 1 EntgTranspG begründet entsprechend die Erforderlichkeit von Schulungen für Betriebsräte gem. § 37 Abs. 6 BetrVG zum Thema Entgeltgleichheit. Wegen § 178 Abs. 1 S. 2 Nr. 1 SGB IX und dem besonderen Risiko von Beschäftigten mit Behinderung, Diskriminierungen ausgesetzt zu sein, müssen **auch Schwerbehindertenvertretungen und Vertrauenspersonen** Kenntnisse im AGG haben und haben entsprechenden Schulungsbedarf.[22] 7

Zusätzlich können Betriebsräte Strategien entwickeln, um die Umsetzung des AGG zu begleiten. Dazu gehört z. B. die Erinnerung der AG an ihre Pflicht zur **Bekanntmachung** (§ 12 Abs. 5) oder die Einberufung einer **Betriebsversammlung** nach § 43 BetrVG zur Information über das AGG. Betriebsräte haben außerdem einen **Anspruch auf Errichtung einer Beschwerdestelle** durch AG. Bestehen innerhalb eines Unternehmens mehrere Betriebe, können AG entweder in jedem ihrer Betriebe eine Beschwerdestelle einrichten, oder diese überbetrieblich im Unternehmen ansiedeln.[23] Die Entgelttransparenzrichtlinie (s. § 2 Rn. 22a) sieht neue Aufgaben für 8

18 Vgl. zu den korrespondierenden Pflichten des Arbeitgebers § 16.

19 LAG Hessen 25.10.07 – 9 TaBV 84/07: Betriebsrat-Seminar von knapp 4 Tagen; LAG Berlin-Brandenburg 9.3.21 – 11 TaBV 1371/20, Rn. 64.

20 BT-Drs. 16/1780 S. 23 f.

21 LAG Hessen 25.10.07 – 9 TaBV 84/07; LAG Berlin-Brandenburg 9.3.21 – 11 TaBV 1371/20.

22 LAG Berlin-Brandenburg 9.3.21 – 11 TaBV 1371/20, Rn. 64.

23 LAG Hamburg 17.4.07 – 3 TaBV 6/07; Schiek-Kocher, AGG, § 13 Rn. 12; Oetker, NZA 08, 264, (266).

Interessenvertretungen bei der Durchsetzung von Entgeltgleichheit vor. Die konkrete Umsetzung ins deutsche Recht steht noch aus. Deshalb ist es nicht relevant, ob der Betriebsbegriff i. S. v. Abs. 1 Satz 1 identisch ist mit demjenigen des Betriebsverfassungsrechts. Ferner sollten vorhandene **Betriebsvereinbarungen** auf mögliche Benachteiligungen überprüft werden. Bei der Überwachung des Grundsatzes der **Entgeltgleichheit** (seit 2018 für geschlechtsbezogene Entgeltsdiskriminierung spezialgesetzlich normiert in §§ 3, 7 EntgTranspG [s. dazu § 2 Rn. 22a ff.];[24] für die übrigen Merkmale gemäß § 8 Abs. 2 i. V. m. § 7 Abs. 1, § 1 und § 2 Abs. 2) kommt ggf. die statistische Auswertung der Höhe der Vergütung für gleiche Arbeit gem. den Kriterien des § 1 in Betracht. Dazu stand Betriebsräten bereits vor Erlass des EntgTranspG ein Einblicksrecht in die Bruttoentgeltlisten (einschließlich dem Fertigen von Notizen) gem. § 80 Abs. 2 Satz 2 BetrVG zu.[25] Dieses wird wahrgenommen durch den Betriebsausschuss (ab 201 AN) oder den gem. § 28 BetrVG gebildeten Ausschuss (ab 101 AN) oder den oder die Betriebsratsvorsitzende:n/Stellvertreter:in.[26] Eine Verpflichtung zur Bildung bestimmter Ausschüsse zum Schutz von Beschäftigten wegen eines Merkmals gem. § 1 besteht nicht.[27] Für den Bereich der geschlechtsbezogenen Entgeltdiskriminierung regelt nun **§ 13 Abs. 3 EntgTranspG** ein **weitergehendes Einblicksrecht**, damit Betriebsräte ihre Aufgaben aus dem EntgTranspG wahrnehmen können.[28] Demnach sind dem Betriebsrat die Bruttolohn- und -gehaltslisten **nach Geschlecht aufzuschlüsseln**. § 13 Abs. 3 S. 2 EntgTranspG stellt zudem klar, dass dem Betriebsrat **sämtliche Entgeltbestandteile** aufzuzeigen sind. Die Listen sollen so aufbereitet werden, dass der Betriebsrat in die Lage versetzt wird, den Auskunftsanspruch nach § 10 EntgTranspG (siehe § 2 Rn. 62 ff.) zu erfüllen.

9 **Abs. 2** eröffnet den Betriebsräten und den im Betrieb vertretenen Gewerkschaften in Betrieben, auf die das BetrVG Anwendung findet, die Möglichkeit, unter der Voraussetzung des § 23 Abs. 3 Satz 1 BetrVG die dort genannten Rechte gerichtlich geltend zu machen **(Klagerecht)**. **Voraussetzung des Vorgehens nach Abs. 2** ist zunächst die **Anwendbarkeit des BetrVG**. Liegen die Voraussetzungen von § 1 Abs. 1 Satz 1 BetrVG vor, muss kein Betriebsrat gewählt sein, um den Anspruch gem. Abs. 2 geltend zu machen. In diesen Fällen ist dann allein eine im Betrieb vertretene Gewerkschaft antragsberechtigt. Betriebe mit weniger als fünf AN sind von dem Anwendungsbereich ausgeschlossen. Da aber in diesen Betrieben auch kein Betriebsrat vor-

24 Siehe § 2 Rn. 62 ff.; ausführlich auch Oerder/Wenckebach, EntgTranspG.

25 LAG Hamm 19.9.17 – 7 TaBV 43/17: diese dürfen nicht anonymisiert werden.

26 Kleinebrink, FA 07, 295 ff.

27 LAG Niedersachsen 24.4.09 – 10 TaBV 55/08 zur Frage eines Ausschusses für die Belange ausländischer AN.

28 Siehe § 2 Rn. 62 ff; ausführlich auch Oerder/Wenckebach, EntgTranspG.

handen und der Organisationsgrad der Gewerkschaften ebenfalls gering ist, dürfte die praktische Konsequenz dieser Beschränkung unbedeutend sein. Relevant ist die Einschränkung hingegen im Hinblick auf Personalräte, Mitarbeitervertretungen oder den Sprecherausschuss für leitende Angestellte, denen **kein Klagerecht** zusteht. In Betrieben, auf die Personalvertretungsrecht Anwendung findet, oder in kirchlichen Einrichtungen ist wegen der Voraussetzung der Geltung des BetrVG auch das Klagerecht der im Betrieb vertretenen Gewerkschaft ausgeschlossen.

Außerdem muss ein **grober Verstoß** der Arbeitgeberseite **gegen die Vorschriften des zweiten Abschnitts** vorliegen, damit das Klagerecht ausgelöst wird. Die Singularform macht deutlich, dass auch ein **einmaliger Verstoß** ausreicht, um das Verfahren einzuleiten. Der grobe Verstoß kann sich auf alle Beschäftigten beziehen, die unter den persönlichen Anwendungsbereich des AGG nach § 6 fallen, also auch auf **leitende Angestellte** und **Organmitglieder**. Wegen des insoweit eindeutigen Wortlauts der Vorschrift kommt für leitende Angestellte kein eigenständiges Klagerecht des Sprecherausschusses in Betracht. 10

Ein grober Rechtsverstoß, der den Betriebsrat oder die im Betrieb vertretene Gewerkschaft zum Antrag berechtigt, setzt zunächst einen Verstoß gegen das Benachteiligungsverbot des § 7 Abs. 1, das Unterlassen von Schutzmaßnahmen gem. § 12, die fehlende Gewährleistung des Beschwerdeverfahrens gem. § 13 durch Errichtung/Benennung einer Beschwerdestelle oder einen Verstoß gegen das Maßregelungsverbot gem. § 16 voraus. Ein grober Verstoß der AG gegen ihre sich aus dem AGG ergebenden Pflichten liegt dann vor, wenn es sich um eine **objektiv erhebliche und offensichtlich schwerwiegende Pflichtverletzung** handelt.[29] Auch ein einmaliger Verstoß kann eine grobe Pflichtverletzung darstellen.[30] Die für das Merkmal des »groben« Verstoßes i. S. v. § 23 Abs. 3 BetrVG bestehenden Grundsätze gelten insoweit auch im Rahmen des § 17 Abs. 2 Satz 1.[31] Ein grober Verstoß ist nach der Rechtsprechung des BAG regelmäßig zu bejahen, wenn AG mehrfach und erkennbar gegen ihre sich aus dem AGG ergebenden Pflichten verstoßen haben.[32] Es bedarf also zwar keines mehrmaligen Verstoßes, die Häufigkeit ist aber ein Indiz für einen groben Verstoß. 11

29 BAG 18.8.09 – 1 ABR 47/08.
30 BAG 14.11.89 – 1 ABR 87/88.
31 BT-Drucks. 16/2022 S. 12.
32 Sächsisches LAG 17.9.10 – 3 TaBV 2/10.

**Beispiele:**
Die Arbeitgeberin setzt eine diskriminierende Ausschreibungspraxis trotz der hiergegen vom Betriebsrat erhobenen Einwendungen fort.[33] Öffentliche Äußerung der Arbeitgeberin, dass sie keine Beschäftigten einer bestimmten ethnischen Herkunft einstellt[34] oder homophobe Äußerungen eines Entscheidungsträgers, die auf eine diskriminierende Einstellungspraxis schließen lassen.[35]

Auch ein **mittelbarer Verstoß** gegen das Verbot einer Benachteiligung wegen des Alters durch eine Stellenausschreibung kann einen groben Verstoß darstellen und einen Unterlassungsanspruch für den Betriebsrat auslösen, wenn AG ihre Ausschreibungspraxis trotz der hiergegen vom Betriebsrat erhobenen Einwendungen fortsetzen.[36] Ausscheiden soll nach Auffassung des BAG ein grober Verstoß der AG allerdings dann, wenn diese ihre Rechtspositionen in einer schwierigen und ungeklärten Rechtsfrage verteidigen.[37] Daraus hat das sächsische LAG[38] abgeleitet, die Einfügung der Buchstaben »TR« (= Trade restricted) in die innerbetriebliche E-Mail-Adresse einer russischen Staatsbürgerin stelle keinen groben Verstoß dar, weil dies US-amerikanischen Sicherheitsbestimmungen des Konzerns Rechnung getragen habe. Eine solche Ausnahme kommt dann nicht in Betracht, wenn die diskriminierende Maßnahme offensichtlich untauglich ist, legitime Ziele zu sichern.[39] Wie bei der entsprechenden betriebsverfassungsrechtlichen Norm ist Sinn und Zweck der Regelung, rechtswidriges Verhalten der Arbeitgeberseite zu verhindern. Ein Verschulden der AG ist deshalb nicht erforderlich.

12 Ist diese Voraussetzung erfüllt, kann der **Betriebsrat** oder **eine im Betrieb vertretene Gewerkschaft** einen **Antrag auf Handlung, Duldung oder Unterlassung des Arbeitgebers** gerichtlich geltend machen, um die Benachteiligungen wirksam zu unterbinden bzw. die Erfüllung der Verpflichtungen der AG aus § 12 herbeizuführen.[40] Hierdurch können Betriebsrat und Gewerkschaft erheblich dazu beitragen, dass Benachteiligungen unterbleiben. Dies zeigt beispielhaft ein Verfahren, das sich auf der Grundlage von § 17 Abs. 2 mit der Frage der Rechtfertigung der Anwendung unterschiedlicher

---

33 BAG 18.8.09 – 1 ABR 47/08.

34 EuGH 10.7.08 – C-54/07 – [Feryn].

35 EuGH 25.4.13 – C-81/12 – [Asociatia ACCEPT] homophobe Äußerungen eines »Patrons« eines Profifußballvereins.

36 BAG 18.8.09 – 1 ABR 47/08 und LAG Saarland 11.2.09 – 1 TaBV 73/08: Stellenausschreibungen, die sich ausschließlich an »Mitarbeiter im ersten Berufsjahr« richten, als mittelbare Altersdiskriminierung.

37 BAG 18.8.09 – 1 ABR 47/08, aaO., Rn. 36.

38 Sächsisches LAG 17.9.10 – 3 TaBV 2/10.

39 BAG 18.8.09 – 1 ABR 47/08 – AuR 09, 310.

40 BAG 18.8.09 – 1 ABR 47/08; s auch die ausführliche Erläuterung bei Däubler/Beck-Buschmann, § 17 Rn. 27.

Tarifverträge für Männer und Frauen befasste. Der Betriebsrat konnte dort erreichen, dass der AG sich zunächst zu einem gerichtlichen Vergleich und anschließend durch eine betriebliche Vereinbarung zur Aufgabe dieser Praxis bereitfand. Daraufhin stellte das ArbG das Verfahren durch Beschluss ein.[41] Auch bei sexuellen Belästigungen des weiblichen Personals im Sinne des § 3 Abs. 4 durch den Geschäftsführer hat der Betriebsrat einen Unterlassungsanspruch.[42]

Das **Antragsrecht** steht neben den Betriebsräten nur Gewerkschaften, also 13
tariffähigen Vereinigungen von AN zu, die im Betrieb vertreten sind, bei denen also mindestens ein:e AN Mitglied ist. Wird dies arbeitgeberseitig bestritten, kann der Nachweis auch mittels einer notariellen Erklärung geführt werden, ohne dass Namen der Gewerkschaftsmitglieder offengelegt werden müssen.[43] Andere als die in Abs. 2 Genannten haben kein Antragsrecht. Daher scheidet ein Unterlassungsanspruch für Stellenbewerber:innen aus; die Möglichkeit einer sogenannten Popularklage ist im AGG nicht vorgesehen und unionsrechtlich auch nicht geboten.[44]

**Welche Art der Handlung, Duldung oder Unterlassung** Betriebsrat oder 14
Gewerkschaft verlangen können, wird beispielhaft auch in der Begründung zum Änderungsantrag der Fraktionen von CDU/CSU und SPD vom 27.6.06[45] erläutert. Danach kann AG mit der Klage aufgegeben werden, gegen das AGG verstoßende Handlungen, wie eine bestimmte Einstellungspraxis oder eine diskriminierende Praxis der Stellenausschreibungen zu unterlassen, vom AGG vorgesehene Handlungen, wie die Beschwerde nach § 13 zu dulden oder auch Handlungen wie solche zur Prävention nach § 12 vorzunehmen. **Das gesamte Maßnahmenspektrum des AGG wird also von dem Klagerecht erfasst.**

**Ausgenommen sind** nach Abs. 2 Satz 2 **die individuellen Ansprüche der** 15
**Benachteiligten auf Schadensersatz und Entschädigung**, da es sich nicht um eine Regelung zur Prozessstandschaft handeln soll.[46] Das ist eine wesentliche Einschränkung der Rechtsschutzmöglichkeiten. Die Durchsetzung von Individualansprüchen wird im Arbeitsverhältnis durch verschiedene Hürden gehemmt.[47] Obwohl die Umsetzung im deutschen Recht formell den Anforderungen der europäischen Vorgaben genügt, kommt die Evaluation des AGG zu dem Ergebnis, dass eine Stärkung der Antidiskriminierungsverbände dringend geboten ist.[48]

---

41 ArbG Hamburg 24.8.07 – 17 BV 2/07.
42 ArbG Berlin 27.1.12 – 28 BV 17992/11.
43 BAG 25.3.92 – 7 ABR 65/90 .
44 BAG 14.11.13 – 8 AZR 997/12, Rn. 45.
45 Ausschussdrucksache 16[11]337.
46 BT-Drs. 16/1780 S. 39.
47 Kocher, KJ 2007, 22 ff.
48 Berghahn/Klapp/Tischbirek, Evaluation AGG, 2016, S. 159 ff.

16 Das Verfahren wird entsprechend § 23 Abs. 3 Satz 2–5 BetrVG eingeleitet. Insofern handelt es sich um eine eigenständige, prozessuale Antragsbefugnis im **Beschlussverfahren** für den Betriebsrat oder eine im Betrieb vertretene Gewerkschaft. Das Verfahren wird **ohne Beteiligung betroffener Beschäftigter** durchgeführt und es erfordert auch nicht die Zustimmung des oder der Betroffenen.

## § 18 Mitgliedschaft in Vereinigungen

**(1) Die Vorschriften dieses Abschnitts gelten entsprechend für die Mitgliedschaft oder die Mitwirkung in einer**

**1. Tarifvertragspartei,**

**2. Vereinigung, deren Mitglieder einer bestimmten Berufsgruppe angehören oder die eine überragende Machtstellung im wirtschaftlichen oder sozialen Bereich innehat, wenn ein grundlegendes Interesse am Erwerb der Mitgliedschaft besteht,**

**sowie deren jeweiligen Zusammenschlüssen.**

**(2) Wenn die Ablehnung einen Verstoß gegen das Benachteiligungsverbot des § 7 Abs. 1 darstellt, besteht ein Anspruch auf Mitgliedschaft oder Mitwirkung in den in Abs. 1 genannten Vereinigungen.**

1 Die Vorschrift setzt Art. 3 Abs. 1 d) der Richtlinien 2000/43/EG (Antirassismus-Richtlinie), 2000/78/EG (Rahmenrichtlinie Beschäftigung) und 76/207/EWG (Gender-Richtlinie) um.

2 Der Begriff »**Tarifvertragspartei**« in Abs. 1 Nr. 1 beschränkt die Vorschrift auf die für den Abschluss von Tarifverträgen maßgeblichen AG- und Beschäftigtenvereinigungen.[1] Die Mitwirkungsmöglichkeit muss **auch für Betriebsrentner:innen** offen sein, da sich die Regelungsbefugnis der Tarifvertragsparteien auf diese erstreckt. Gewerkschaftsmitglieder, die Betriebsrentner:innen sind, haben deshalb grundsätzlich einen Anspruch darauf, an den sie betreffenden Entscheidungen tarifpolitisch ebenso mitzuwirken wie Gewerkschaftsmitglieder, die noch aktive AN sind.[2]

3 **Abs. 1 Nr. 2** erstreckt die Geltung der Regelungen über die Benachteiligungsverbote im Beschäftigungsverhältnis und deren Rechtsfolgen auf Mitgliedschaft und Mitwirkung in Berufsorganisationen und in Vereinigungen, die eine überragende Machtstellung im wirtschaftlichen oder sozialen Bereich innehaben.

4 **Berufsverbände** sind freiwillige Zusammenschlüsse von Beschäftigten oder Selbständigen der gleichen oder ähnlicher Berufsgruppen (z. B. Deutscher

---

1 S. zur Tariffähigkeit einer Gewerkschaft: BAG 14.12.04 – 1 ABR 51/03.

2 BAG 17.6.08 – 3 AZR 409/06; BAG 11.8.09 – 3 AZR 961/07, Rn. 25.

Anwaltsverein), die durch ihre Tätigkeit die Arbeit der jeweiligen Berufsgruppe auch durch öffentliche Verlautbarungen beeinflussen können.

Was unter Vereinigungen zu verstehen ist, die eine überragende **Machtstellung im wirtschaftlichen oder sozialen Bereich** haben, wird aus den Gesetzesmaterialien nicht deutlich. Die Rechtsprechung hat für § 18 Abs. 2 die Herleitung der Machtstellung in Anlehnung an die für § 826 BGB entwickelten Grundsätze zur **Monopolstellung** angenommen und dabei auf regionale Einzigartigkeit, Mitgliederzahlen und traditionelle Verwurzelung in der regionalen Geschichte abgestellt, was auch für einen regionalen Fischertagsverein zutreffen kann.[3] Infrage kommen auch Sportverbände – etwa wenn Mitgliedschaft dort Voraussetzung für die Zulassung zu Wettbewerben ist – oder der Stadtjugendring. Eine Monopolstellung ist anzunehmen, wenn es zu der betreffenden Vereinigung keine Alternativen gibt und es ohne Aufnahme nahezu unmöglich wäre, eine grundrechtlich geschützte Tätigkeit auszuüben.[4] 5

Ebenso wenig wird aus den Gesetzesmaterialien klar, was ein **grundlegendes Interesse an einer Mitgliedschaft** begründen kann. Während sich dieses Interesse in Berufsvereinigungen unmittelbar aus der beruflichen Tätigkeit ergibt, kann sich bei den übrigen Vereinigungen aus der spezifischen Aufgabenstellung der Vereinigung und der beruflichen Tätigkeit desjenigen, der die Aufnahme begehrt, das grundlegende Interesse ergeben. 6

**Abs. 2** enthält einen **Anspruch auf Aufnahme** bzw. auf **Mitwirkung in Tarifvertragsparteien und Vereinigungen** nach Abs. 1. Das heißt, es darf weder beim Zutritt noch beim Ausschluss sowie bei der Betätigung innerhalb der Vereinigung wegen eines Merkmals nach § 1 benachteiligt werden. Der Gesetzentwurf[5] begründet dies mit der monopolartigen Stellung von Berufsvereinigungen bei der Wahrnehmung beruflicher Interessen. Die mit einer Ablehnung der Aufnahme verbundene Benachteiligung kann in Abweichung von § 15 Abs. 5 nur in der Weise behoben werden, dass den Benachteiligten ein Anspruch auf Aufnahme bzw. auf Inanspruchnahme der satzungsmäßigen Leistungen zugebilligt werde, soweit die übrigen vereinsrechtlichen und satzungsmäßigen Voraussetzungen dafür erfüllt sind. 7

3 AG Memmingen 31.8.20 – 21 C 952/19.

4 Bauer/Krieger/Günter, AGG, § 18 Rn. 11; Herberger/Martinek/Rüßmann/Weth/Würdinger-Altmayer, jurisPK-BGB, AGG, § 18 Rn. 8.

5 BT-Drs. 16/1780 S. 39.

# Abschnitt 3
# Schutz vor Benachteiligung im Zivilrechtsverkehr

## Vor §§ 19–21

1 In Abschnitt 3 wird über arbeitsrechtliche Vertragsverhältnisse hinaus auch **für den Bereich des allgemeinen Zivilrechts** das Verbot von Benachteiligungen aus den in § 1 genannten Gründen geregelt.

2 Damit geht die gesetzliche Regelung weiter als die zugrundeliegenden Richtlinien 2000/43/EG und 2004/113/EG, die lediglich für die Merkmale Rasse, Ethnie und Geschlecht auch für das allgemeine Zivilrecht einen Schutz vor Benachteiligung vorsehen. Im Sinne eines **gesamtgesellschaftlichen Konzeptes** der Beseitigung von Benachteiligung ist dieser horizontale Ansatz jedoch richtig. Der Eindruck, es gäbe Merkmale, aufgrund derer Benachteiligungen (im zivilrechtlichen Geschäftsverkehr) grundsätzlich gerechtfertigt seien, würde eine Schieflage auch im Hinblick auf Benachteiligungen im Arbeitsverhältnis erzeugen und den Schutz relativieren. Ohne Diskriminierungsverbote im Zivilrechtsverkehr ist eine gleichberechtigte Teilhabe am gesellschaftlichen Leben nicht erreichbar.

3 Darüber hinaus sind nur mit der Aufnahme aller Kriterien sachgerechte Lösungen in den Fällen **mehrdimensionaler Diskriminierung** zu finden, in denen in einer Person nicht ein, sondern mehrere Merkmale vorliegen.[1] So wäre ohne die jetzt gewählte, alle Merkmale umfassende Lösung der Fall denkbar, dass einer muslimisch gelesenen Frau und ihrer Lebensgefährtin der Abschluss eines Mietvertrages zwar nicht deswegen verweigert werden darf, weil Muslime nicht erwünscht sind, wohl aber mit der Begründung, man lehne gleichgeschlechtliche Beziehungen ab.

4 Schließlich ist auch zu bedenken, dass das Grundgesetz in Art. 3 die Benachteiligung aus allen Gründen des § 1 untersagt. Es wäre widersprüchlich, wenn der Gesetzgeber selbst im Rahmen seiner Normsetzung gegen dieses Verbot der Benachteiligung verstieße, indem er für die unterschiedlichen Merkmale einen unterschiedlichen Maßstab anlegte.

5 **Für die Barrierefreiheit im allgemeinen Zivilrechtsverkehr sind die §§ 19 ff. AGG** – auch im Zusammenspiel mit dem Behindertengleichstellungsgesetz (BGG) – **von großer Relevanz**[2]. Da dieser Kommentar sich auf den arbeitsrechtlichen Teil beschränkt, werden im Folgenden zu den einzelnen Vorschriften dieses Abschnittes nur kurze Erläuterungen gegeben.

---

1 Ausführlich zur mehrdimensionalen Diskriminierung Baer/Bittner/Goettsche, Mehrdimensionale Diskriminierung – Begriffe, Theorien und juristische Analyse, 2010.

2 Wenckebach/Welti, VuR 2015, S. 209–216.

## § 19 Zivilrechtliches Benachteiligungsverbot

**(1) Eine Benachteiligung aus Gründen der Rasse oder wegen der ethnischen Herkunft, wegen des Geschlechts, der Religion, einer Behinderung, des Alters oder der sexuellen Identität bei der Begründung, Durchführung und Beendigung zivilrechtlicher Schuldverhältnisse, die**

**1. typischerweise ohne Ansehen der Person zu vergleichbaren Bedingungen in einer Vielzahl von Fällen zustande kommen (Massengeschäfte) oder bei denen das Ansehen der Person nach der Art des Schuldverhältnisses eine nachrangige Bedeutung hat und die zu vergleichbaren Bedingungen in einer Vielzahl von Fällen zustande kommen oder**

**2. eine privatrechtliche Versicherung zum Gegenstand haben,**

**ist unzulässig.**

**(2) Eine Benachteiligung aus Gründen der Rasse oder wegen der ethnischen Herkunft ist darüber hinaus auch bei der Begründung, Durchführung und Beendigung sonstiger zivilrechtlicher Schuldverhältnisse im Sinne des § 2 Abs. 1 Nr. 5 bis 8 unzulässig.**

**(3 Bei der Vermietung von Wohnraum ist eine unterschiedliche Behandlung im Hinblick auf die Schaffung und Erhaltung sozial stabiler Bewohnerstrukturen und ausgewogener Siedlungsstrukturen sowie ausgeglichener wirtschaftlicher, sozialer und kultureller Verhältnisse zulässig.**

**(4) Die Vorschriften dieses Abschnitts finden keine Anwendung auf familien- und erbrechtliche Schuldverhältnisse.**

**(5) Die Vorschriften dieses Abschnitts finden keine Anwendung auf zivilrechtliche Schuldverhältnisse, bei denen ein besonderes Nähe- oder Vertrauensverhältnis der Parteien oder ihrer Angehörigen begründet wird. Bei Mietverhältnissen kann dies insbesondere der Fall sein, wenn die Parteien oder ihre Angehörigen Wohnraum auf demselben Grundstück nutzen. Die Vermietung von Wohnraum zum nicht nur vorübergehenden Gebrauch ist in der Regel kein Geschäft im Sinne des Absatzes 1 Nr. 1, wenn der Vermieter insgesamt nicht mehr als 50 Wohnungen vermietet.**

Abs. 1 legt fest, dass eine Benachteiligung aus einem in § 1 genannten Grund, 1
mit Ausnahme des Merkmals der Weltanschauung, das aus dem Anwendungsbereich ausgenommen wurde, unzulässig ist, wenn die Begründung, Durchführung und Beendigung des entsprechenden Schuldverhältnisses typischerweise ohne Ansehen der Person zu Stande kommen. Die **Herausnahme der Weltanschauung** wurde damit begründet, es solle verhindert werden, dass sich Anhänger:innen rechtsradikalen Gedankengutes Zugang zu Geschäften verschaffen können, obwohl ihnen der Zugang mit guten

Gründen verweigert wird.[1] Allerdings fällt politische Betätigung nicht unter den Schutz der Weltanschauung, so dass das AGG ohnehin für rechtsradikale Betätigung keinen Schutz bietet (s. Rn. 15 f. zu § 1). Auch ist die Herausnahme der »Weltanschauung« und damit deren Schlechterstellung im Vergleich zur »Religion« im Hinblick auf Art. 3 Abs. 3 und Art. 4 Abs. 1 GG problematisch. So kam auch die Evaluation des AGG zu dem Ergebnis, dass es einer Ergänzung des hiesigen Diskriminierungsverbotes um das Merkmal der Weltanschauung bedarf.[2]

2 Die in **Nr. 1, 1. Alt.** als **Massengeschäfte** bezeichneten Vertragsverhältnisse, die immer wieder gleich gelagert abgeschlossen werden, ohne dass es Anbieter:innen darauf ankommt, mit wem sie den Vertrag schließen (solange der andere Teil willig und in der Lage ist, seinen Vertragsteil, in der Regel die Bezahlung, zu erfüllen), **rechtfertigen generell keine unterschiedliche Behandlung** aufgrund der genannten Merkmale.

3 Der typische Fall ist ein Discounter, dem völlig gleichgültig ist, wer seine Kund:innen sind. Damit bleibt das Recht der Anbietenden von Waren oder Dienstleistungen weiterhin gewahrt, Vertragspartner:innen auch aus irrationalen Gründen, etwa auf der Grundlage von Kleidungsvorschriften in bestimmten Restaurants zurückzuweisen. Mit dem Begriff »**ohne Ansehen einer Person**« ist lediglich gemeint, dass die Entscheidung für oder gegen eine:n Vertragspartner:in in der Regel unabhängig von individuellen Eigenschaften zustande kommt und deshalb auch nicht von Vorurteilen aufgrund der in § 1 genannten Merkmale getragen sein darf. Das AGG schützt aber auch bei Massengeschäften nur vor einer Benachteiligung wegen eines Merkmals des § 1 und nicht vor anderen subjektiven Gründen bei der Entscheidung für oder gegen einen Vertragspartner. Die Freiheit der Wahl der Vertragspartner:innen bleibt damit grundsätzlich gewahrt.[3]

4 Den Massegeschäften gleichgestellt sind gem. **Nr. 1, 2. Alt. Schuldverhältnisse, bei denen das Ansehen der Person eine nachrangige Bedeutung hat.** Hier spielt das Ansehen der Person also eine Rolle, tritt aber in den Hintergrund. Der Gesetzgeber nennt in der Begründung als Beispiel hierfür große Wohnungsanbieter:innen, die eine Vielzahl von Wohnungen anbieten.[4] Nach der Gesetzesbegründung ist daher die »nachrangige Bedeutung« weit auszulegen, denn üblicherweise wird ein Mietverhältnis immer im Ansehen einer Person abgeschlossen. Ebenso setzt jedes auf Dauer angelegte Schuldverhältnis für beide Vertragsparteien eine gewisse Zuverlässigkeit des anderen Vertragsteils voraus. Von der zweiten Alternative sollen daher

1 Änderungsantrag der CDU/CSU- und SPD-Fraktion, Ausschuss-Drs. 16 [11] 337, S. 2 f.

2 Berghahn/Klapp/Tischbirek, Evaluation AGG, 2016, S. 118.

3 BT-Drs. 16/1780 S. 40.

4 BT-Drs. 16/1780 S. 42.

solche Fallgestaltungen erfasst werden, bei denen angesichts der **hohen Anzahl gleichartiger Schuldverhältnisse** die individuellen Eigenschaften des Vertragspartners kaum noch Bedeutung haben, solange die Zahlungsfähigkeit gewährleistet ist. Sind die individuellen Eigenschaften typischerweise nachrangig, darf auch nicht an ein Merkmal des § 1 angeknüpft werden.

Gleichermaßen werden gem. **Nr. 2 Versicherungsinstitute** in die Pflicht genommen, bei privatrechtlichen Versicherungen den Gleichbehandlungsgrundsatz anzuwenden. Der EuGH hat die insoweit in Art 5 Abs. 2 der RL 2004/113/EG vorgesehene Ausnahme hinsichtlich der Gleichbehandlung wegen des Geschlechts für ungültig erklärt.[5] Dies hat zur Streichung des früheren § 20 Abs. 2 Satz 1 geführt. Die frühere Ausnahme gilt nach § 33 Abs. 5 nur noch für Versicherungsverhältnisse, die vor dem 21. Dezember 2012 begründet wurden (s. im Einzelnen Rn. 6f. zu § 20). 5

Der für Massengeschäfte und privatrechtliche Versicherungen festgelegte Grundsatz wird in **Abs. 2** für die **Merkmale Rasse und ethnische Herkunft** außerdem **auch** auf **andere zivilrechtliche Schuldverhältnisse im Sinne des § 2 Abs. 1 Nr. 5–8** ausgedehnt. Damit soll sichergestellt werden, dass Vertragsabschlüsse, die beispielsweise Gesundheitsversorgung, Pflegeleistungen, außerschulische Bildung oder auch schlicht das Anmieten einer Wohnung oder den Ankauf eines Autos zum Inhalt haben, nicht aus Gründen der Rasse und Ethnie verweigert werden dürfen. Dies gilt in Abgrenzung zu der Regelung des Abs. 1 **auch, wenn diese Angebote nicht als Massengeschäfte ausgestaltet sind**, sondern im Einzelfall (öffentlich) angeboten werden. So kann beispielsweise weder der Kauf eines gebrauchten Fahrrades noch die Gewährung von Musikunterricht aus rassistischen Gründen verweigert werden. Auch wenn im Zweifel der oder die Zurückgewiesene sicherlich lieber auf den Vertragsabschluss verzichten wird: Es besteht immerhin die Möglichkeit, Schadensersatz und Entschädigung geltend zu machen, wenn der Vertrag nicht zustande kommt. Zumindest offener Rassismus wird so wirksam bekämpft. 6

**Abs. 3 schränkt das Benachteiligungsverbot für Vermietungen ein**, indem es generell für alle Benachteiligungsmerkmale eine unterschiedliche Behandlung mit der Begründung zulässt, bestimmte Bewohner – oder Siedlungsstrukturen – nicht nur zu erhalten, sondern auch neu zu schaffen. Selbstverständlich ist eine generationenübergreifende Mischung in einer Wohnanlage ein ebenso lobenswertes Ziel wie die Verhinderung einer Gettoisierung. Die Begründung zum Gesetzesentwurf[6] stellt aber klar, dass mit Abs. 3 **keine Unterrepräsentanz bestimmter Gruppen** zu rechtfertigen ist. Gleichwohl bergen die gewählten unbestimmten Rechtsbegriffe eine nicht 7

---

5 EuGH 1.3.11 – C-236/09 – [Association belge des Consommateurs Test-Achats ASBL u. a./Conseil des ministres].

6 BT-Drs. 16/1780 S. 42.

unerhebliche Gefahr, genau dieses zu bewirken. Vor allem die Tatsache, dass die Ausnahme nicht mehr als Kann-Vorschrift ausgestaltet ist, sondern die Berufung auf bestimmte Strukturen bei der Wohnraumvermietung die unterschiedliche Behandlung grundsätzlich zulässt, engt den Interpretationsspielraum deutlich ein und ist in Bezug auf die ordnungsgemäße Umsetzung der Richtlinien bedenklich, da diese Richtlinien keine entsprechende Einschränkung kennen. § 19 Abs. 3 ist richtlinienkonform dahingehend auszulegen, dass es sich bei der gezielten Vermietung an bestimmte Personen oder Personengruppen um »**positive Maßnahmen**« **i. S. v. § 5 AGG** handelt, denn diese Ausnahmen gestatten auch Art. 5 RL 2000/78/EG und Art. 6 RL 2004/113/EG.[7] Das zivilrechtliche Benachteiligungsverbot gilt auch bereits im Vorfeld der Vermietung.[8]

8 **Abs. 4** sieht für **familien- und erbrechtliche Schuldverhältnisse** eine **Ausnahme** vom Verbot der Diskriminierung vor. Diese Regelung ist zwar mit den Wertungen des Gesetzes und der Richtlinie vereinbar und für die Praxis vermutlich folgenlos. Gleichwohl ist sie im Sinne einer gesellschaftlichen Ächtung von Benachteiligung aufgrund von Vorurteilen bedenklich, besagt sie doch: Im persönlichen Umfeld bleiben Diskriminierungen zulässig.

9 **Abs. 5** regelt eine tatbestandliche Ausnahme vom Benachteiligungsverbot für zivilrechtliche Schuldverhältnisse, bei denen ein **besonderes Nähe- oder Vertrauensverhältnis** der Parteien oder ihrer Angehörigen begründet wird. Die Vorschrift wird laut amtlicher Begründung auf die Antirassismusrichtlinie (Erwägungsgrund 4) und auf die Gender-Richtlinie Zivilrecht (Erwägungsgrund 3 und Art. 3 Abs. 1) gestützt. Hierdurch soll gewährleistet werden, dass nicht unverhältnismäßig in den engsten Lebensbereich der durch das Benachteiligungsverbot verpflichteten Person eingegriffen wird.[9] Hinsichtlich der Merkmale Geschlecht, Religion, Behinderung, Alter und sexuelle Identität hat die Einschränkung keine Relevanz, weil diesbezüglich das Benachteiligungsverbot gem. Abs. 1 nur bei Massengeschäften und mit ihnen vergleichbaren Geschäften gilt, für die definitionsgemäß das Ansehen der Person keine oder nur nachrangige Bedeutung hat. Nur für Benachteiligungen aus Gründen der »Rasse« oder wegen der ethnischen Herkunft gilt auch zivilrechtlich ein weitergehendes Benachteiligungsverbot gem. Abs. 2 i. V. m. § 2 Abs. 1 Nr. 5–8. Problematisch ist der Anwendungsausschluss, soweit der Wortlaut über den engen Begriff der Privatsphäre und des Familienlebens gem. Art. 7 GRCh und Art. 8 EMRK hinausgeht. Hinsichtlich des Merkmals »Rasse« oder ethnische Herkunft ist dies nicht mit der RL 2000/43/EG vereinbar, denn die Antirassismusrichtlinie enthält keine

7 AG Hamburg-Barmbek 3.2.17 – 811b C 273/15, Rn. 12; AG Charlottenburg 14.1.20 – 203 C 31/19, Rn. 36.
8 AG Charlottenburg 14.1.20 – 203 C 31/19, Rn. 27.
9 BT-Drs. 16/1780, 42.

solche Einschränkung für den Nähe- oder Vertrauensbereich. Abs. 5 ist deshalb **richtlinienkonform auszulegen** und der Anwendungsausschluss auf den **Schutz von Privatsphäre und Familienleben** der Anbieter:innen zu beschränken.[10] Bei einer Grundstücksnutzung durch insgesamt 17 Parteien kann nicht mehr von einem besonderen Nähe- und Vertrauensverhältnis der Bewohner:innen untereinander ausgegangen werden, vielmehr nimmt die Rechtsprechung zu Recht an, dass das Verhältnis zwischen den Bewohner:innen umso unpersönlicher wird, je mehr Parteien ein Haus bewohnen.[11]

Angesprochen ist hier die Notwendigkeit eines engen persönlichen Ver- **9a**
hältnisses der Parteien selbst oder ihnen verwandter Personen. So kann fraglos eine ältere Dame ihren Wunsch, nur eine Frau mittleren Alters als Untermieterin in ihrer Wohnung aufzunehmen, durch das besondere Nähe- oder Vertrauensverhältnis begründen. Nach dem Gesetz ist in solchen Fällen gar keine Begründung für die Auswahl einer bestimmten Person, bzw. die Ablehnung anderer Personen erforderlich, weil durch das Wohnen in einer Wohnung die Auswahl des Vertragspartners typischerweise stark subjektiv geprägt ist.

Beispielhaft für ein besonderes Nähe- oder Vertrauensverhältnis wird im **10**
Gesetzestext ein Mietverhältnis aufgeführt, bei dem **Wohnraum auf demselben Grundstück** genutzt wird. Allerdings ist nicht bei jeder Wohnraumnutzung auf demselben Grundstück ein entsprechendes Nähe- oder Vertrauensverhältnis gegeben. So werden sich beispielsweise Vermieter:innen, die auf einem Grundstück zwei Mehrfamilienhäuser besitzen, schwerlich auf ein besonderes Nähe- oder Vertrauensverhältnis berufen können. Der Gesetzestext trägt dem Rechnung, indem er durch das Wort »kann« lediglich die Möglichkeit eines solchermaßen engen, persönlichen Verhältnisses beschreibt.

**Satz 3** enthält eine nähere Bestimmung im Hinblick auf die Vielzahl von **11**
Geschäften, die ein Massengeschäft oder ein solches, bei dem das Ansehen der Person nachrangig ist, gem. Abs. 1 Nr. 1 ausschließt. Die generelle Ausnahme von Vermietungen, wenn **Vermieter:innen nicht mehr als 50 Wohnungen besitzen,** ist willkürlich und mit den europäischen Vorgaben nicht zu vereinbaren. **Diese Begrenzung gilt** allerdings **nicht** für das **Verbot**, beim Zugang zu Wohnraum Menschen **aus Gründen der Rasse oder wegen der ethnischen Herkunft zu benachteiligen**, da für diesen Fall gem. Abs. 2 die Häufigkeit der Vermietung keine Rolle spielt.

---

10 BeckOGK-Groß, AGG, § 19 Rn. 45 ff.; MüKo BGB -Thüsing, AGG § 19 Rn. 99 und 107; Däubler/Beck-Franke/Schlichtmann, AGG § 19 Rn. 66 ff.

11 AG Augsburg 10.12.19 – 20 C 2566/19, Rn. 72.

## § 20 Zulässige unterschiedliche Behandlung

**(1) Eine Verletzung des Benachteiligungsverbots ist nicht gegeben, wenn für eine unterschiedliche Behandlung wegen der Religion, einer Behinderung, des Alters, der sexuellen Identität oder des Geschlechts ein sachlicher Grund vorliegt. Das kann insbesondere der Fall sein, wenn die unterschiedliche Behandlung**

1. **der Vermeidung von Gefahren, der Verhütung von Schäden oder anderen Zwecken vergleichbarer Art dient,**
2. **dem Bedürfnis nach Schutz der Intimsphäre oder der persönlichen Sicherheit Rechnung trägt,**
3. **besondere Vorteile gewährt und ein Interesse an der Durchsetzung der Gleichbehandlung fehlt,**
4. **an die Religion eines Menschen anknüpft und im Hinblick auf die Ausübung der Religionsfreiheit oder auf das Selbstbestimmungsrecht der Religionsgemeinschaften, der ihnen zugeordneten Einrichtungen ohne Rücksicht auf ihre Rechtsform sowie der Vereinigungen, die sich die gemeinschaftliche Pflege einer Religion zur Aufgabe machen, unter Beachtung des jeweiligen Selbstverständnisses gerechtfertigt ist.**

**(2) Kosten im Zusammenhang mit Schwangerschaft und Mutterschaft dürfen auf keinen Fall zu unterschiedlichen Prämien oder Leistungen führen. Eine unterschiedliche Behandlung wegen der Religion, einer Behinderung, des Alters oder der sexuellen Identität ist im Falle des § 19 Abs. 1 Nr. 2 nur zulässig, wenn diese auf anerkannten Prinzipien risikoadäquater Kalkulation beruht, insbesondere auf einer versicherungsmathematisch ermittelten Risikobewertung unter Heranziehung statistischer Erhebungen.**

1 **Abs. 1** beschränkt das Benachteiligungsverbot des § 19 auf ein **Willkürverbot**. Eine Ungleichbehandlung ist dementsprechend nur dann nicht berechtigt, wenn es an einem sachlichen Grund fehlt. Zur Rechtfertigung genügt dabei nach der Rechtsprechung des EuGH nicht jeder abstrakt anerkennenswerte **sachliche Grund**, sondern dieser **muss in angemessenem Verhältnis zum Grad der Ungleichbehandlung stehen.**[1]

2 **Abs. 1 Satz 1** nennt Regelbeispiele für das Vorliegen eines sachlichen Grundes, der eine Ungleichbehandlung rechtfertigt. Nach **Nr. 1** ist eine unterschiedliche Behandlung gerechtfertigt, die der **Vermeidung von Gefahren und** der Verhütung von **Schäden** oder anderen Zwecken vergleichbarer Art dient. Hierunter zu fassen sind beispielsweise das Verbot des Verkaufs

1 EuGH 22.11.05 – C-144/04 – [Mangold/Helm].

alkoholischer Getränke oder Tabakwaren an Kinder und Jugendliche, Zugangsvorschriften zu Filmen oder zu Gasthäusern.

Geschützt sind außerdem in **Nr. 2** die **Intimsphäre** und die **persönliche Sicherheit** (zum Beispiel durch Frauenparkplätze oder die bevorzugte Vergabe von Firmenparkplätzen an Frauen durch den AG) und in **Nr. 3** die **Möglichkeit**, besondere **Vorteile zu gewähren**, wenn kein Interesse an der Durchsetzung der Gleichbehandlung besteht. Dies verdeutlicht, dass die sachlichen Gründe, die die unterschiedliche Behandlung rechtfertigen, sowohl in der Person derjenigen liegen können, die die Unterscheidung treffen, als auch in der Sphäre derer, die von der Benachteiligung betroffen sind. Insgesamt sind die Abwägung und Berücksichtigung aller Besonderheiten des Einzelfalles erforderlich. 3

Nr. 4 nennt als sachlichen Grund für eine Ungleichbehandlung wegen der Religion den **Schutz der Ausübung der Religionsfreiheit** und das **Selbstbestimmungsrecht der Religionsgemeinschaften**. Insbesondere geht es nach der Gesetzesbegründung um den an eine bestimmte Religion gebundenen Zugang zu Einrichtungen, die kirchlich sind. Ob dies bei konfessionell getragenen Schulen oder Kindergärten, die durch Beiträge oder durch den Staat finanziert werden, gerechtfertigt ist, ist zumindest fraglich. Die Abgrenzung kann in der Weise erfolgen, dass nur dann eine unterschiedliche Behandlung im Hinblick auf die Religionszugehörigkeit gerechtfertigt ist, wenn in der Gewährung von Zugang zu einer Einrichtung oder im Abschluss eines Vertrages mit einer Person selbst eine religiös oder weltanschaulich motivierte Handlung zu sehen ist. Tangiert jedoch der Vertrag selbst nicht das weltanschaulich oder religiös motivierte Handeln, sondern ist lediglich ein Teil der (auch wirtschaftlichen) Betätigung der Religionsgemeinschaft oder der Person, die sich auf ihre Religionsfreiheit beruft, ohne oder lediglich mit einem geringen Bezug zum religiösen Bekenntnis, rechtfertigt der Hinweis auf die Religion nicht die Ungleichbehandlung. Insofern ist das in der Begründung zum Gesetzesentwurf[2] aufgeführte Beispiel hilfreich: Ein islamischer Metzger kann sich auf seinen Glauben berufen, wenn es um die Art der Schlachtung geht, nicht aber seine Kund:innen nach deren Religion aussuchen. Ein Glaubenskonflikt als Konsequenz aus dem Zwang, der eigenen Glaubensüberzeugung zuwider zu handeln, muss konkret substantiiert und objektiv nachvollziehbar dargelegt werden. 4

Folgerichtig zum Wegfall des Schutzes der »**Weltanschauung**« in § 19 Abs. 1 bedarf es im zivilrechtlichen Teil keiner Regelung mehr zur Möglichkeit einer unterschiedlichen Behandlung wegen der Weltanschauung, weil diese generell nicht mehr vom Schutzbereich der Norm erfasst wird, auch wenn sie in Abs. 1 Satz 1 noch enthalten ist. 5

2 BT-Drs. 16/1780 S. 45.

6 **Abs. 2** bezieht sich im Wesentlichen auf **private Versicherungsverträge** und stellt klar, dass Mehrkosten, die durch Schwangerschaft und Geburt entstehen, niemals zu unterschiedlichen Prämien oder Leistungen führen dürfen. Damit ist geklärt, dass die vor allem bei der Krankenversicherung übliche Praxis, diese Kosten allein Frauen aufzubürden, unzulässig ist. Dies führt auch dazu, dass das Verschweigen früherer Schwangerschaftskomplikationen beim Abschluss eines Krankenversicherungsvertrages die Versicherer nicht zum Rücktritt vom oder zur Kündigung des Vertrages berechtigen. Vielmehr stellt der Rücktritt oder die Kündigung in diesen Fällen einen Verstoß gegen das Benachteiligungsverbot des § 19 dar und kann zu Entschädigungsansprüchen der Diskriminierten führen.[3]

7 Eine **Differenzierung nach dem Geschlecht** aufgrund einer höheren Lebenserwartung von Frauen ist in **Versicherungsverträgen, die ab dem 21. 12. 2012** abgeschlossen wurden, **nicht mehr zulässig** und darf nicht zu allgemein höheren Prämien in der privaten Kranken- und Rentenversicherung oder zu niedrigeren Prämien in der Risikolebensversicherung führen. Die eine solche Unterscheidung ermöglichende Klausel in Art. 5 Abs. 2 der RL 2004/113/EG ist vom EuGH mit Wirkung vom 21. 12. 2012 für ungültig erklärt worden[4] und hat zur Streichung des früheren Abs. 2 Satz 1 geführt. Aus den gleichen Gründen darf die geringere Unfallwahrscheinlichkeit bei Frauen ab diesem Zeitpunkt nicht mehr pauschal zu günstigeren Tarifen in der Auto-Haftpflichtversicherung führen.[5] Für Versicherungsverhältnisse, die vor dem 21. 12. 2012 begründet wurden, gilt nach § 33 Abs. 5 genauso wie für eine unterschiedliche Behandlung aus Gründen des Alters, der sexuellen Identität, der Religion oder einer Behinderung, dass diese nur dann gerechtfertigt sein kann, wenn der Grund, auf dem die Benachteiligung beruht, ein bestimmender Faktor bei einer auf relevanten und genauen versicherungsmathematischen und statistischen Daten beruhenden Risikobewertung ist, wie z. B. bei einer höheren Kfz-Unfallwahrscheinlichkeit junger Erwachsener.

## § 21 Ansprüche

**(1) Der Benachteiligte kann bei einem Verstoß gegen das Benachteiligungsverbot unbeschadet weiterer Ansprüche die Beseitigung der Beeinträchtigung verlangen. Sind weitere Beeinträchtigungen zu besorgen, so kann er auf Unterlassung klagen.**

---

3 Schulze-Ebert, BGB, AGG § 20 Rn. 6, m. w. N.

4 EuGH 1. 3. 11 – C-236/09 – [Association belge des Consommateurs Test-Achats ASBL u. a./Conseil des ministres].

5 Schulze-Ebert, BGB, AGG § 20 Rn. 6.

**(2) Bei einer Verletzung des Benachteiligungsverbotes ist der Benachteiligende verpflichtet, den hierdurch entstandenen Schaden zu ersetzen. Dies gilt nicht, wenn der Benachteiligende die Pflichtverletzung nicht zu vertreten hat. Wegen eines Schadens, der nicht Vermögensschaden ist, kann der Benachteiligte eine angemessene Entschädigung in Geld verlangen.**
**(3) Ansprüche aus unerlaubter Handlung bleiben unberührt.**
**(4) Auf eine Vereinbarung, die von dem Benachteiligungsverbot abweicht, kann sich der Benachteiligende nicht berufen.**
**(5) Ein Anspruch nach Absatz 1 und 2 muss innerhalb einer Frist von zwei Monaten geltend gemacht werden. Nach Ablauf der Frist kann der Anspruch nur geltend gemacht werden, wenn der Benachteiligte ohne Verschulden an der Einhaltung der Frist verhindert war.**

In § 21 werden die **Rechtsfolgen bei Verstößen gegen das zivilrechtliche Benachteiligungsverbot in § 19** – und nur gegen dieses[1] – geregelt. Neben den Primäransprüchen auf Beseitigung und Unterlassung der Benachteiligung bestehen Ansprüche auf Schadensersatz und Entschädigung neben den allgemeinen Ansprüchen aus unerlaubter Handlung, die allerdings innerhalb der kurzen Ausschlussfrist von zwei Monaten geltend gemacht werden müssen. Vereinbarungen, die gegen das Benachteiligungsverbot verstoßen, sind unwirksam. 1

**Abs. 1** legt fest, dass die **Beseitigung der Beeinträchtigung** verlangt werden kann und für die Zukunft deren Unterlassung. Die Regelung lehnt sich an § 1004 BGB an und erfordert einen rechtswidrigen Verstoß gegen das Benachteiligungsverbot oder für den Anspruch auf Unterlassung die Gefahr einer konkret bevorstehenden Benachteiligung. Wird beispielsweise einer Person mit Behinderung rechtswidrig der Zugang zu einem Restaurant verwehrt, hat sie Anspruch auf Beseitigung der Beeinträchtigung, also der Benachteiligung, was in diesem Fall auch damit verbunden ist, dass sie Anspruch auf Abschluss eines Vertrages hat, also nicht nur Zugang zum Lokal, sondern auch ein Essen erhält. 2

Darüber hinaus ist gemäß **Abs. 2** zum **Schadensersatz** verpflichtet, wer gegen das Benachteiligungsverbot verstößt. Die Schadensersatzpflicht setzt **Verschulden** voraus. Ein Verschuldensvorwurf kann sich auch daraus ergeben, dass keine Ansätze erkennbar sind, Diskriminierungen zu vermeiden, also Mitarbeitende **keine Schulungen oder Arbeitsanweisungen** erhalten.[2] **Unabhängig vom Verschulden** besteht zusätzlich ein Anspruch auf Ersatz des immateriellen Schadens, der regelmäßig in der **Verletzung des Persönlich-** 3

1 BAG 14.11.13 – 8 AZR 997/12, Rn. 42.
2 Für den Fall eines großen Wohnungsbauunternehmens AG Charlottenburg 14.1.20 – 203 C 31/19, Rn. 40.

**keitsrechts** besteht. Dafür spricht, dass sich die Exkulpationsmöglichkeit in § 21 Abs. 2 Satz 2 in systematischer Hinsicht allein auf die vorstehende Regelung zum materiellen Vermögensschaden in § 21 Abs. 2 Satz 1 bezieht.[3] Eine Verletzung des Persönlichkeitsrechts kann auch dadurch gegeben sein, dass die **Maske eines Kundenportals** für Internetgeschäfte nur die vorgegebene Option »Frau/Herr« anbietet.[4] Das Persönlichkeitsrecht schützt auch die geschlechtliche Identität von Personen, die weder dem männlichen noch dem weiblichen Geschlecht zuzuordnen sind.[5] Zum Schutzbereich des Persönlichkeitsrechts gehört es, betroffene Personen entsprechend ihrem gewählten Rollenverständnis anzureden und anzuschreiben.[6] Anders als beim arbeitsrechtlichen Verbot der Benachteiligung ist für keine Fallgestaltung eine Begrenzung in der Höhe vorgesehen. Die Gewährung einer Geldentschädigung setzt im Anwendungsbereich des § 21 Abs. 2 Satz 3 **keine besondere Intensität** voraus. Die Beschränkung des § 253 Abs. 1 BGB lässt sich auf § 21 Abs. 2 Satz 3 nicht übertragen.[7] Eine Beschränkung auf schwerwiegende Diskriminierungen würde Opfer einer »gewöhnlichen« Diskriminierung völlig ohne Schutz zurücklassen. Darin wäre zu Recht ein eindeutiger Verstoß gegen europäisches Recht zu sehen.[8]

4 **Abs. 4** sieht vor, dass sich Benachteiligende nicht auf eine **Vereinbarung** berufen können, **die gegen das Benachteiligungsverbot verstößt**. Die Vereinbarung ist vielmehr gem. § 19 Abs. 1 und 2 i. V. m. § 134 BGB unwirksam, auch wenn diese Rechtsfolge anders als in § 7 Abs. 2 nicht noch einmal ausdrücklich im Gesetz genannt ist. Die hierdurch entstehende Vertragslücke ist grundsätzlich zugunsten der Benachteiligten dahingehend zu schließen, dass für die Zukunft die gleichen Konditionen gelten wie für andere Personen. Für die Vergangenheit entsteht ein Schadensersatzanspruch (s. hierzu im Einzelnen Rn. 46 zu § 7).

5 **Abs. 5** regelt die **Ausschlussfrist** für die Geltendmachung der Ansprüche gem. Abs. 1 und 2. Diese beträgt zwei Monate. Eine Schriftform für die Geltendmachung ist nicht vorgesehen. Der **Beginn der Frist** ist im Gesetz nicht näher definiert, kann aber erst mit Kenntnis der Benachteiligung,[9]

---

3 Angedeutet, aber offen gelassen OLG Frankfurt 21.6.22 – 9 U 92/20, Rn. 96.

4 OLG Karlsruhe 14.12.21 – 24 U 19/21, Rn. 31.

5 BVerfG 10.10.17 – 1 BvR 2019/16, Rn. 39.

6 BVerfG 27.10.11 – 1 BvR 2027/11.

7 Däubler/Beck-Deinert, § 21 Rn. 62; Herberger/Martinek/Rüßmann/Weth/Würdinger-Overkamp, jurisPK-BGB, § 21 AGG, Rn. 22; offen gelassen OLG Frankfurt 21.6.22 – 9 U 92/20, Rn. 97 ff.

8 Herberger/Martinek/Rüßmann/Weth/Würdinger-Overkamp, jurisPK-BGB, § 21 AGG, Rn. 22.

9 BeckOGK-Mörsdorf, AGG § 21, Rn. 85; Ernst/Braunroth/Franke, AGG, § 21 Rn. 14; a. A. Herberger/Martinek/Rüßmann/Weth/Würdinger-Overkamp, jurisPK-BGB, AGG § 21 Rn. 44.

denklogisch jedenfalls erst mit Entstehung des Anspruchs beginnen. Die entsprechende Vorschrift zum Verjährungsbeginn gem. § 199 Abs. 1 Nr. 2 BGB kann zur Auslegung herangezogen werden. Im Fall einer schuldlosen Verhinderung an der Einhaltung der Frist kann ein Anspruch auch nach deren Ablauf geltend gemacht werden.

# Abschnitt 4
# Rechtsschutz

## § 22 Beweislast

**Wenn im Streitfall die eine Partei Indizien beweist, die eine Benachteiligung wegen eines in § 1 genannten Grundes vermuten lassen, trägt die andere Partei die Beweislast dafür, dass kein Verstoß gegen die Bestimmungen zum Schutz vor Benachteiligungen vorgelegen hat.**

**Inhaltsübersicht**



### I. Europarechtliche Vorgaben

1 Die Vorschrift geht auf Art. 8 der Richtlinie 2000/43/EG (Antirassismusrichtlinie), Art. 10 der Richtlinie 2000/78/EG (Rahmenrichtlinie Beschäftigung) und Art. 4 der Richtlinie 97/80/EG (Beweislastrichtlinie) zurück und berücksichtigt die EU-rechtlichen Vorgaben.[1] Die Richtlinien sehen vor, dass in dem Fall, in dem bei einem Gericht oder einer anderen zustän-

1 Im Wortlaut weicht die Norm allerdings vom dort verwendeten Begriff der »Glaubhaftmachung« ab. Wie hier Däubler/Beck-Beck, AGG, § 22 Rn. 4; Dü-

digen Stelle Tatsachen glaubhaft gemacht werden, die das Vorliegen einer unmittelbaren oder mittelbaren Diskriminierung vermuten lassen, es der beklagten Partei obliegt zu beweisen, dass keine Verletzung des Gleichbehandlungsgrundsatzes gegeben ist. Erwägungsgrund Nr. 17 der Richtlinie 97/80/EG (Beweislastrichtlinie) begründet dies damit, dass der klagenden Partei sonst unter Umständen kein wirksames Mittel der Rechtsdurchsetzung bliebe, wenn der »Beweis des Anscheins einer Diskriminierung« nicht zur Beweislast der Gegenseite führe.

## II. Notwendigkeit einer Beweiserleichterung

2 Das Vorliegen einer **Benachteiligung** ist **Voraussetzung** für die Geltendmachung von Verstößen gegen das Benachteiligungsverbot gem. §§ 7 und 19 und die daraus resultierenden **Ansprüche**, insbesondere auf Beseitigung der Benachteiligung und Unterlassung sowie auf Schadensersatz und Entschädigung gem. §§ 15, 21. Die **Beweislast** für eine Benachteiligung wie für die diskriminierende Wirkung derselben trägt in einem Rechtsstreit grundsätzlich der oder die klagende Betroffene, weil es sich um eine **anspruchsbegründende Tatsache** handelt. Damit haben Menschen, die von einer Benachteiligung **betroffen** sind, zunächst eine prozessual schwierigere Ausgangsposition, zumal es regelmäßig um den Nachweis von Tatsachen geht, die in der Sphäre der AG liegen und den Benachteiligten z. T. gar nicht oder jedenfalls nicht im Einzelnen bekannt sind.

3 Das **europäische Recht verlangt** deshalb eine **Beweiserleichterung** für die klagende Partei. Es ist streitig, ob sich diese Vorgabe allein auf den **Kausalzusammenhang** zwischen einer Benachteiligung und einem sanktionierten Merkmal nach § 1 beschränkt oder für alle Anspruchsvoraussetzungen, namentlich auch das Vorliegen einer schlechteren Behandlung, gilt.[2] Das BAG versteht § 22 als auf den Kausalzusammenhang beschränkt.[3]

well, BB 2006, 1741 (1744); a. A. Thüsing, Arbeitsrechtlicher Diskriminierungsschutz, Rn. 645, der aber zu einer richtlinienkonformen Auslegung kommt.

2 Im letzteren weiten Sinn u. a. Seiwerth/Witschen, NZA 2022, 1361, 1365, m. w. N.; a. A. die h. M., etwa BAG 25.11.21 – 8 AZR 313/20, Rn. 24.

3 BAG 25.11.21 – 8 AZR 313/20, Rn. 24; BAG 14.6.23 – 8 AZR 136/22, Rn. 20; so auch die h. M. zu den früheren Vorschriften in § 611a Abs. 1 Satz 3 BGB und § 81 Abs. 2 Nr. 1 Satz 3 SGB IX. Die in der Vorauflage unter Berufung auf den Wortlaut des Gesetzes und auf die Notwendigkeit einer europarechtskonformen Auslegung der Vorschrift vertretene Ansicht einer umfassenden Geltung, wonach die Beweiserleichterung den gesamten Diskriminierungstatbestand einschließlich des Vorliegens einer Benachteiligung umfasse, wird nicht mehr aufrechterhalten; vgl. die Vorauflage Rn. 7; ebenso Däubler/Beck-Beck, AGG, § 22 Rn. 16 ff.; Seiwerth/Witschen, NZA 2022, 1361, 1365 f.

**Beispiel:**
Der gut qualifizierte und schwerbehinderte A bewirbt sich bei B und bekommt eine Absage. Die Benachteiligung steht fest (er hat die Stelle nicht bekommen). Er muss nun Tatsachen vortragen, aus denen sich eine Vermutung dafür ergibt, dass die Absage *wegen* seiner Behinderung erfolgt ist.
X ist Chefredakteurin einer großen Zeitung und hört immer wieder Gerüchte, wonach ihre männlichen Kollegen deutlich mehr verdienen. Ob tatsächlich eine Benachteiligung vorliegt, ist unklar. Die bloße Unterstellung einer Benachteiligung reicht nicht aus, um Rechte geltend zu machen. Erst wenn eine Schlechterbehandlung dargelegt und im Streitfall bewiesen werden kann, können für die Frage, ob dies aufgrund des Geschlechts erfolgt, Tatsachen vorgetragen werden, die auf einen solchen Zusammenhang schließen lassen.

Eine Beschränkung des § 22 auf den Kausalzusammenhang schließt allerdings nicht aus, nach allgemeinen prozessualen Regeln der Sachnähe für die Darlegung der schlechteren Behandlung eine abgestufte Last der klagenden Partei anzuerkennen: Es genügt zunächst für den schlüssigen Vortrag der Benachteiligung, die Gruppe der Begünstigten zu benennen, worauf es Sache des AG ist, die nicht ohne Weiteres erkennbaren Gründe für die von ihm vorgenommene Differenzierung offenzulegen und so substantiiert darzutun, dass durch das Gericht beurteilt werden kann, ob die Gruppenbildung auf sachlichen Kriterien beruht.[4] Im Fall der Geschlechterdiskriminierung beim Entgelt genügt die betroffene AN ihrer Darlegungslast dadurch, dass sie angibt, ihre Vergütung liege unter dem vom AG auf Verlangen mitgeteilten Median-Entgelt.[5] Zu entsprechenden Auskunftsansprüchen s. Rn. 23 und § 2 Rn. 8b.

## III. Fortgeltung der früheren Rechtsprechung

Inhaltlich **entspricht die Regelung den früheren § 611a Abs. 1 Satz 3 BGB** 4
**und § 81 Abs. 2 Nr. 1 Satz 3 SGB IX**, obwohl die Formulierung geändert wurde, sodass die frühere Rechtsprechung weiterhin herangezogen werden kann.[6] Die erforderliche **Glaubhaftmachung** von Tatsachen, die eine diskriminierende Benachteiligung vermuten lassen, bedeutet demnach keine Glaubhaftmachung i. S. von § 294 ZPO, sondern lediglich eine Beweiserleichterung in dem Sinne, dass die klagende Partei im arbeitsgerichtlichen Verfahren eine Beweislast des AG dadurch herbeiführen kann, dass Hilfstatsachen dargelegt und ordnungsgemäß unter Beweis gestellt werden, die eine Benachteiligung wegen eines sanktionierten Merkmals vermuten lassen. Es

---

4 BAG 12.10.22 – 5 AZR 135/22, Rn. 23 ff. zum allg. Gleichbehandlungsgrundsatz.

5 BAG 21.1.21 – 8 AZR 488/19, Rn. 33 ff., 52; die Information umfasst inzident die Gruppe der vergleichbaren AN (Rn. 42 ff.).

6 So auch Grobys, NZA 2006, 898.

genügt demnach die **Überzeugung des Gerichts von der überwiegenden Wahrscheinlichkeit** einer Kausalität zwischen einem Merkmal des § 1 und der Benachteiligung.[7]

5 Durch den nunmehr **geänderten Wortlaut** wollte der Gesetzgeber lediglich klarstellen, dass es für AN nicht ausreicht, durch die bloße Glaubhaftmachung einer Benachteiligung i. S. d. § 294 ZPO die Beweislast für das Gegenteil auf die AG abzuwälzen,[8] und damit der bisherigen Rechtsprechung Rechnung tragen. Auch das Europarecht fordert nicht, »Glaubhaftmachung« von Tatsachen i. S. von § 294 ZPO zu verstehen.[9] Der **Beweis von Indizien** (Hilfstatsachen) bedeutet das Gleiche wie die vor Inkrafttreten des AGG in § 611a Abs. 1 Satz 3 BGB a. F. und § 81 Abs. 2 Nr. 1 Satz 3 SGB IX a. F. normierte **Glaubhaftmachung**, die gleichermaßen der Umsetzung der in den EG-Richtlinien vorgesehenen Beweiserleichterung diente: Hiernach ist es ausreichend, in einem Rechtsstreit das Gericht von der **überwiegenden Wahrscheinlichkeit** einer diskriminierenden Benachteiligung zu überzeugen; ein Beweis der diskriminierenden Benachteiligung selbst ist nicht erforderlich.

**Beispiel:**
Aus der feststehenden Tatsache einer diskriminierenden Stellenausschreibung (§ 11) ergibt sich ein Indiz für eine Benachteiligung wegen eines Merkmals des § 1, das im Streitfall von der oder dem abgelehnten Bewerber:in durch Vorlage des Ausschreibungstextes bewiesen werden muss. Die diskriminierende Stellenausschreibung ist aber nicht geeignet zu *beweisen*, dass tatsächlich eine Benachteiligung aus diesem Grund vorliegt. Umgekehrt fehlt es an der überwiegenden Wahrscheinlichkeit einer Diskriminierung, wenn ein schwerbehinderter Bewerber lediglich geltend macht, er habe auf seine den Anforderungen entsprechende Bewerbung eine Stelle nicht erhalten, wenn keine weiteren (unstreitigen oder aufgrund Beweis feststehenden) Tatsachen vorliegen, die auf einen Zusammenhang zwischen Ablehnung und Schwerbehinderung schließen lassen: allein die Schlechterbehandlung eines Merkmalsträgers ist nicht notwendig eine solche *wegen* des Merkmals. Allerdings reicht im Rahmen der abgestuften Darlegungs- und Beweislast zunächst ein Bestreiten mit Nichtwissen darüber aus, entgegen den gesetzlichen Bestimmungen in § 164 Abs. 1 Satz 4 SGB IX sei der Betriebsrat oder die Schwerbehindertenvertretung nicht über die Bewerbung informiert worden. AG müssen dann ihrerseits dazu vortragen (s. hierzu Rn. 7 und § 8 Rn. 9).

---

7 BVerfG 16. 11. 93 – 1 BvR 258/86; BAG 5. 2. 04 – 8 AZR 112/03.

8 Änderungsantrag der CDU/CSU- und SPD-Fraktionen vom 27. 6. 2006, Ausschussdrucksache 16[11]337 S. 3.

9 In der englischen Fassung der Beweislastrichtlinie heißt es »established facts«.

## IV. Umfang der Vermutung für eine diskriminierende Benachteiligung

6 § 22 sieht für den Rechtsschutz bei Diskriminierungen **im Hinblick auf den Kausalzusammenhang** eine Erleichterung der Darlegungslast, eine Absenkung des Beweismaßes und eine Umkehr der Beweislast vor.[10] Zunächst haben die betroffenen Beschäftigten eine Benachteiligung darzulegen und im Bestreitensfall (vollumfänglich) zu beweisen (s. dazu Rn. 3 und 7). Für den Zusammenhang der Schlechterbehandlung mit einem Merkmal nach § 1 müssen sie dann das Gericht von Indizien, also von der überwiegenden Wahrscheinlichkeit einer Diskriminierung, überzeugen. Dabei sind sämtliche Umstände der Rechtstreitigkeit in einer **Gesamtbetrachtung und -Würdigung** des Sachverhalts zu berücksichtigen.[11] **Ausreichend, aber auch notwendig** ist daher auf Seiten der Betroffenen die Darlegung und, soweit bestritten, auch der Nachweis derjenigen Tatsachen, die eine Benachteiligung wegen eines sanktionierten Grundes vermuten lassen, wobei die Beweiswürdigung nach § 286 Abs. 1 S. 1 ZPO unter Zugrundelegung des gesenkten Beweismaßes vorzunehmen ist.[12] (Erst) dann, wenn dieser Nachweis geführt ist, trifft die **andere Seite** die Pflicht zum Gegenbeweis und damit die **Beweislast, dass das Verhalten in Wirklichkeit nicht diskriminierend war.**[13] Wenn also die klägerseits vorgetragenen Tatsachen eine Benachteiligung wegen eines Merkmals nach § 1 vermuten lassen, tragen AG die Beweislast dafür, dass eine solche Benachteiligung nicht vorlag (Widerlegung der Vermutung), etwa weil ausschließlich andere Gründe (etwa bessere Qualifikation, Berufserfahrung) und keine Benachteiligung wegen eines Merkmals nach § 1 zu der weniger günstigen Behandlung geführt haben.[14]

6a Von einer Benachteiligung Betroffene genügen ihrer Darlegungs- und Beweislast, wenn sie Tatsachen (Indizien) vortragen und im Bestreitensfall beweisen, die eine Diskriminierung vermuten lassen (sog. **»Vermutungstatsachen«**). **Indizien** (vom lateinischen indicare = anzeigen) sind Hinweise, die für sich allein oder in ihrer Gesamtheit den Rückschluss auf das Vorliegen einer Tatsache zulassen. Insofern ist ein Indiz mehr als eine Behauptung, aber regelmäßig weniger als ein Beweis für die Benachteiligung. Behauptungen »ins Blaue hinein« ohne jeglichen tatsächlichen Anhaltspunkt stellen keinen ausreichenden Tatsachenvortrag dar und sind deshalb nicht ge-

---

10 BAG 15.12.16 – 8 AZR 454/15; BAG 25.11.21 – 8 AZR 313/20, Rn. 24; BAG 16.2.23 – 8 AZR 450/21, Rn. 42; BAG 14.6.23 – 8 AZR 136/22, Rn. 20.

11 BAG 26.6.14 – 8 AZR 547/13, Rn. 31.

12 BAG 26.6.14 – 8 AZR 547/13, Rn. 32; BAG 15.12.16 – 8 AZR 454/15.

13 Erwägungsgrund 17 und Art. 4 Abs. 1 der Richtlinie 97/80/EG (Beweislastrichtlinie).

14 BAG 15.12.16 – 8 AZR 454/15.

eignet, die Vermutung einer unzulässigen Benachteiligung zu begründen.[15] Im Rahmen der abgestuften Darlegungs- und Beweislast reicht allerdings zunächst die bloße Vermutung eines Verstoßes gegen Schutzvorschriften (insbeondere die für Schwerbehinderte z. B. § 164 Abs. 1 Satz 4: Betiligung der Schwerbehinderenvertreung und des Betriebsratst) bzw. die Rüge eines solchen Verstoßes, über den die Betroffenen keine Kenntnis haben, zunächst aus, um die Verpflichtung des AG auszulösen, seinerseits zur Einhaltung der Vorschriften vorzutragen.[16] Eine Generalvermutung, dass jede Benachteiligung des Trägers eines Merkmals nach § 1 wegen dieses Merkmals geschieht, gibt es nicht.[17] An die Vermutungsvoraussetzungen des § 22 ist kein allzu strenger Maßstab anzulegen. Es ist nicht erforderlich, dass die Tatsachen einen zwingenden Indizienschluss zwischen der Benachteiligung und einem Benachteiligungsmerkmal zulassen. Vielmehr reicht es, wenn **nach allgemeiner Lebenserfahrung eine überwiegende Wahrscheinlichkeit für eine Diskriminierung besteht**.[18] Allerdings genügt die bloße Möglichkeit, dass ein geschütztes Merkmals die Ursache für eine schlechtere Behandlung ist, nicht.[19] Tatsachen, welche jeweils für sich allein betrachtet nicht ausreichen, um die Vermutungswirkung herbeizuführen, können i. R. d. notwendigen Gesamtbetrachtung die Vermutungswirkung begründen.[20]
Die **öffentliche Äußerung** von AG, sie würden keine Beschäftigten einer bestimmten ethnischen Herkunft oder Rasse einstellen, begründet eine Vermutung für das Vorliegen einer unmittelbar diskriminierenden Einstellungspolitik. Es obliegt den AG zu beweisen, dass keine Verletzung des Gleichbehandlungsgrundsatzes vorliegt. Dazu können sie nachweisen, dass die tatsächliche Einstellungspraxis des Unternehmens diesen Äußerungen nicht entspricht.[21] Zu Beispielen und Fallgruppen aus der Rechtsprechung siehe Rn. 10 ff.

**Beispiele:**
1. Der dunkelhäutige A arbeitet als einer von 20 Boten in der Verwaltung eines großen Unternehmens. Er erfährt, dass die anderen Boten, die alle hellhäutig sind, erheblich mehr verdienen als er. Im Klageverfahren um gleiches Entgelt muss er darlegen und beweisen, dass mit ihm eine geringere Vergütung vereinbart wurde als mit den Angehörigen einer anderen Ethnie, die gleiche oder

15 LAG Rheinland-Pfalz 17. 6. 09 – 8 Sa 639/08; LAG Hamburg 2. 7. 21 – 2 Sa 58/20, Rn. 54; vgl. auch BAG 27. 3. 19 – 10 AZR 318/18, Rn. 19.
16 BAG 14. 6. 23 – 8 AZR 136/22.
17 LAG München 10. 10. 22 – 4 Sa 290/22.
18 BAG 17. 12. 09 – 8 AZR 670/08; BAG 25. 10. 18 – 8 AZR 501/14, Rn. 52; BAG 25. 11. 21 – 8 AZR 313/20, Rn. 25.
19 BAG 26. 1. 17 – 8 AZR 736/15, Rn. 30.
20 Vgl. oben Rn. 6; BAG 24. 4. 08 – 8 AZR 257/07; BAG 26. 6. 14 – 8 AZR 547/13, Rn. 31.
21 EuGH 10. 7. 08 – C-54/07 – [Feryn], NZA 2008, 929.

gleichwertige Arbeit leisten. Um die Gleichwertigkeit zweier Tätigkeiten darzulegen, genügt zunächst im Sinne abgestufter Darlegungslast der Vortrag von Indizien, die dem Betroffenen aus eigener Anschauung zugänglich sind. Stehen Tatsachen fest, die eine Ungleichbehandlung wegen der ethnischen Zugehörigkeit als wahrscheinlich erscheinen lassen, muss der AG beweisen, dass eine Benachteiligung nicht vorliegt, dass sie nicht ethnisch bedingt ist oder dass eine Benachteiligung gerechtfertigt ist.[22]

2. Bewirbt sich eine schwangere AN um eine Stelle und besetzt der AG, dem die Schwangerschaft bekannt ist, diese Stelle mit einem männlichen Mitbewerber, so stellt dies für sich allein betrachtet keine Tatsache dar, die eine Benachteiligung der AN wegen ihres Geschlechts vermuten lässt. Die klagende AN muss weitere Tatsachen darlegen und gegebenenfalls beweisen, die eine Benachteiligung wegen ihres Geschlechts vermuten lassen. Solche Vermutungstatsachen können in Äußerungen des AG bzw. anderen Verfahrenshandlungen begründet sein, welche die Annahme einer Benachteiligung wegen des Geschlechts nahelegen. Es genügen Indizien, die aus einem regelhaft einem Geschlecht gegenüber geübten Verhalten auf eine solchermaßen motivierte Entscheidung schließen lassen.[23]

Aus den Beispielen wird klar, dass **allein das Vorliegen eines Diskriminierungsmerkmals in der Person** der Benachteiligten für die Annahme eines Kausalzusammenhangs gem. § 22 prinzipiell **nicht ausreicht**.[24] 7

**Beispiel:**
Der schwerbehinderte A bewirbt sich bei B auf eine Stelle und hört ein paar Wochen später, dass die Stelle anderweitig besetzt wurde. A fühlt sich diskriminiert. Im Verfahren muss er zunächst darlegen und gegebenenfalls beweisen, dass seine Bewerbung bei B eingegangen ist und aus ihr seine Schwerbehinderung hervorgeht. Außerdem muss er Tatsachen vortragen, welche die Vermutung einer Benachteiligung wegen seiner Behinderung stützen (z.B. Nichteinhaltung der Schutzvorschriften für Schwerbehinderte, diskriminierende Äußerungen im Gespräch, Telefonat etc.; die Formulierung der Ausschreibung; eine statistisch relevante, fehlende bzw. weit unterdurchschnittliche Beschäftigung schwerbe-

---

22 Im Fall unterschiedlicher Vergütung einer AN gegenüber ihren männlichen Kollegen wird die Benachteiligung wegen des Geschlechts vermutet: BAG 21.1.21 – 8 AZR 488/19; BAG 16.2.23 – 8 AZR 450/21. Allgemein zum Nachweis von Entgeltdiskriminierungen: Tondorf, AiB 2003, 78 ff.

23 BAG 24.4.08 – 8 AZR 257/07.

24 BAG 22.10.09 – 8 AZR 642/08: keine hinreichende Indiztatsache für die Vermutung der Benachteiligung eines Behinderten allein wegen des Ausspruchs einer personenbedingten Kündigung wegen häufiger, wiederkehrender Arbeitsunfähigkeit (zur Unterscheidung der Begriffe »Krankheit« und Behinderung s. § 1 Rn. 26); LAG Schleswig-Holstein 23.12.09 – 6 Sa 158/09: keine Belästigung allein durch die Aufforderung an einen AN, der nicht deutscher »Muttersprachler« ist, einen Deutschkurs zu besuchen; LAG München 10.10.22 – 4 Sa 290/22: keine Generalvermutung der Benachteiligung *wegen* eines vorliegenden Merkmals.

hinderter Menschen im Betrieb etc.). Wenn A dies gelingt, muss B darlegen und beweisen, dass die Nichteinstellung des A nicht auf dessen Behinderung zurückgeht. Bei einer Vermutung eines Verstoßes gegen Schutzvorschriften (unterbliebene Beteiligung der Schwerbehindertenvertretung oder des Betriebsrats) genügt zunächst die Rüge zusammen mit dem Bestreiten mit Nichtwissen; dann ist es an B, hierzu konkret vorzutragen.[25]

Angesichts des eingeschränkten Einblicks der Betroffenen in interne Vorgänge der AG-Seite besteht die **Möglichkeit einer abgestuften Darlegungs- und Beweislast hinsichtlich der Benachteiligung**: So kann eine Beschäftigte eine unmittelbare Benachteiligung wegen des Geschlechts schon dann geltend machen, wenn das Entlohnungssystem des AG nicht durchschaubar ist und ein statistisch relevanter Unterschied in der durchschnittlichen Vergütung von vergleichbaren männlichen und weiblichen Beschäftigten besteht, ohne dass sie den vollen Beweis einer eigenen Benachteiligung erbringen muss.[26] Bezogen auf das Beispiel in Rn. 6a kann also A eine Vermutung für seine Benachteiligung ggf. auch durch die Tatsache begründen, dass ohne nachvollziehbare Kriterien für eine unterschiedliche Entlohnung hellhäutige AN statistisch relevant mehr verdienen als dunkelhäutige (zur statistischen Relevanz s. Rn. 13). Denkbar ist auch eine Stufenklage, auf deren erster Stufe Auskunft über die Hintergründe einer Leistung verlangt werden (s. dazu unten Rn. 23).[27]

**Beispiel:**
A behauptet, er habe sich bei B schriftlich beworben und sei trotz hervorragender Qualifikation wegen seiner ethnischen Zugehörigkeit zur Volksgruppe der Roma nicht eingestellt worden. Ist nicht nachweisbar, ob die Bewerbung des A überhaupt bei B eingegangen ist, kommt eine überwiegende Wahrscheinlichkeit für eine Benachteiligung im Einstellungsverfahren nicht in Betracht.

**7a** Die Beweiserleichterung des § 22 erfasst nur den Nachweis einer Benachteiligung wegen eines Merkmals des § 1, **nicht** aber den Nachweis eines **Verschuldens**, der **Kausalität zwischen Benachteiligung und geltend gemachtem Schaden oder den Nachweis der Schadenshöhe**. Für Schadensersatzansprüche gem. § 15 Abs. 1 ist ein Verschulden ohnehin nicht erforderlich (s. § 15 Rn. 9ff.). Außerdem ist bei einer schuldhaften Verletzung vertraglicher Pflichten oder einem schuldhaften Verstoß gegen das Benachteiligungsverbot die Beweislast bereits gem. § 280 Abs. 1 Satz 2 BGB bzw. § 15 Abs. 1 Satz 2 oder § 21 Abs. 2 Satz 2 auf den Schädiger verlagert.

---

25 BAG 14.6.23 – 8 AZR 136/22.

26 EuGH 27.10.93 – C-127/92 – [Enderby]; BAG 21.1.21 – 8 AZR 488/19, Rn. 52; BAG 16.2.23 – 8 AZR 450/21, Rn. 41 ff., 44.

27 BAG 12.10.22 – 5 AZR 135/22, Rn. 26ff.; BAG 26.4.23 – 5 AZR 137/22, Rn. 18ff.

Daneben findet für die Frage, ob ein Schaden entstanden ist und in welcher Höhe, die Beweiserleichterung des § 287 ZPO Anwendung.[28]

7b Die Beweiserleichterung findet nicht nur Anwendung auf Anspruchsgrundlagen, die im AGG normiert sind (insbesondere Ansprüche auf Schadensersatz und Entschädigung gem. § 15 Abs. 1 und 2), sondern nach dem Wortlaut des Gesetzes **auf alle »Bestimmungen zum Schutz vor Benachteiligung«**. Dieses Verständnis entspricht den zugrundeliegenden EG-Richtlinien, die hinsichtlich der erforderlichen Beweiserleichterung nicht nach Anspruchsgrundlagen differenzieren. Damit ist § 22 auf die Geltendmachung aller Ansprüche anzuwenden, die auf eine unzulässige *Diskriminierung* gestützt werden.[29] Dies schließt Unterlassungsforderungen gem. § 1004 BGB analog mit ein;[30] auch für einen Streit über die Feststellung der Unwirksamkeit einer benachteiligenden Vereinbarung gem. § 7 Abs. 2 i. V. m. § 134 BGB kommt den Betroffenen die Beweiserleichterung zugute. Für parallele Ansprüche aus anderem Grund etwa nach § 280 BGB gilt § 22 hingegen nicht (zur Anwendbarkeit der Anspruchsgrundlagen neben den Normen des AGG vgl. § 15 Rn. 43).

## V. Beweiserleichterung im gerichtlichen Verfahren

8 Die Beweiserleichterung greift im arbeitsgerichtlichen Urteilsverfahren. In Beschlussverfahren, in denen die Frage einer Benachteiligung wegen eines Merkmals des § 1 eine Rolle spielt (§§ 17 Abs. 2, 23 Abs. 3, 75 BetrVG), findet gem. § 83 ArbGG eine Beweiserhebung von Amts wegen statt. Allerdings kann auch in diesen Verfahren bei Nichtaufklärbarkeit des Sachverhalts die Beweiserleichterung des § 22 für die objektive Beweislast herangezogen werden.[31] Im Urteilsverfahren müssen solche Vermutungstatsachen für eine diskriminierende Benachteiligung **zunächst konkret dargelegt werden.** Dazu muss der oder die Betroffene als Klagepartei die aus seiner oder ihrer Sicht erfolgten **Benachteiligungen nach Zeit, Situation und sonstigen Umständen möglichst genau vortragen.**[32] Eine Benachteiligung setzt notwendigerweise voraus, dass eine andere Person oder Gruppe eine bessere Behandlung erfahren hat. Ist eine Ungleichbehandlung dargelegt, muss sich aus dem Sachverhalt außerdem der Schluss ziehen lassen, dass diese mit überwiegender Wahrscheinlichkeit auf einem in § 1 genannten

---

28 Schiek-Kocher, AGG, § 22 Rn. 13; KR-Pfeiffer, AGG, § 22 Rn. 138.

29 Für Ansprüche aufgrund anderer rechtlicher Gesichtspunkte (etwa Persönlichkeitsrechtsverletzung) gilt § 22 indes nicht, vgl. BAG 15.3.12 – 8 AZR 37/11 Rn. 77 ff.; s. auch § 15 Rn. 31, 42.

30 Thüsing, Arbeitsrechtlicher Diskriminierungsschutz, Rn. 647.

31 Schiek-Kocher, AGG, § 22 Rn. 9.

32 LAG Berlin 7.11.02 – 16 Sa 938/02 zum erforderlichen Vortrag bei Mobbing.

Merkmal oder einer damit zusammenhängenden gesetzwidrigen Motivation beruht.[33] Es reicht weder die Behauptung aus, schlechter behandelt worden zu sein, noch genügt es, die schlechtere Behandlung nachzuweisen, wenn es keine Anhaltspunkte dafür gibt, dass sie wegen eines Merkmals nach § 1 erfolgt ist.

> **Beispiel:**
> Ein behinderter Arbeitnehmer wird nachweislich wiederholt nicht zu Fortbildungen zugelassen und fühlt sich diskriminiert. Sind vergleichbare, nicht behinderte Kollegen ebenfalls in ähnlicher Häufigkeit nicht zu Fortbildungsveranstaltungen zugelassen worden, liegen keine Anhaltspunkte dafür vor, dass die schlechtere Behandlung auf der Behinderung beruht.

Die beklagte Partei hat im nächsten Schritt zum Vortrag der Klagepartei gemäß § 138 ZPO konkret Stellung zu nehmen. Soweit einzelne Tatsachen nicht oder nicht ausreichend bestritten werden, gelten diese als zugestanden. Auf Beweisfragen kommt es dann nicht mehr an.

9 Ein **Beweis** muss also nur dann **durch die** klagenden **Betroffenen** geführt werden, wenn Vermutungstatsachen vorgetragen und streitig sind. Der Beweis bezieht sich auf die Tatsachen, die nach allgemeiner Lebenserfahrung eine überwiegende Wahrscheinlichkeit für die Benachteiligung aufgrund eines Merkmals gem. § 1 ergeben. In diesem Fall hat die klagende Partei sie mit den in der Zivilprozessordnung vorgesehenen Beweismitteln nachzuweisen. Stehen ihr dabei keine anderen Beweismittel, insbesondere Zeugen oder schriftliche Unterlagen, zur Verfügung, hat das Gericht alle zulässigen Möglichkeiten der Anhörung (§ 141 ZPO) und Vernehmung (§ 448 ZPO) der Klagepartei auszunutzen.[34]

## VI. Beispiele für Vermutungstatsachen und Fallgruppen

10 Eine **Vermutung** für eine Benachteiligung kann sich ergeben aus

- den tatsächlichen Umständen in einem Betrieb oder Unternehmen
- aus **Äußerungen** des AG oder des zivilrechtlichen Vertragspartners oder anderen **Handlungen**, die die Annahme einer Benachteiligung nahelegen
- einem **Verstoß** des AG **gegen** spezielle **gesetzliche Schutzvorschriften** (Rn. 11)
- einer benachteiligenden Stellenausschreibung gem. § 11 (Rn. 11a und 16a)
- unzulässigen Fragen nach einem Merkmal des § 1 (Rn. 11b)
- Statistiken oder Testing-Verfahren (Rn. 11cff.)

---

33 LAG Niedersachsen 12.3.10 – 10 Sa 583/09.

34 BAG 6.12.01 – 2 AZR 396/00; BVerfG 21.2.01 – 2 BvR 140/00.

Falsche, wechselnde oder in sich **widersprüchliche Begründungen** für eine benachteiligende Maßnahme oder die Erteilung einer Auskunft, die im Widerspruch zu dem sonstigen Verhalten steht, können für die Vermutung einer Diskriminierung ausreichend sein.[35] Der Einsatz von **Algorithmen** ist je nach Programmierung geeignet, Stereotype bei Stellenbesetzungen fortzuschreiben und zu verstärken und so zu einer mittelbaren Benachteiligung von Bewerber:innen – zum Beispiel wegen einer Behinderung, ihrer ethnischen Herkunft oder ihres Geschlechts – beizutragen.[36] Ihr Einsatz allein begründet aber noch keine Vermutung für eine Benachteiligung, und ihre Wirkweise ist nur schwer nachvollziehbar. Eine sachverständige Überprüfung eines vom AG verwendeten Algorithmus ist nicht praktikabel. Daher können benachteiligende Wirkungen von Algorithmen wohl erst nachvollzogen werden, wenn sie statistisch relevante Auswirkungen haben (s. Rn. 11cff.). Erhalten vergleichbare Beschäftigte eine Einladung zu einem Gespräch über einen Beförderungsposten unter Auslassung der Träger eines Merkmals des § 1, begründet dies die Vermutung für eine Benachteiligung;[37] das Gleiche gilt bei einer unterlassenen Höhergruppierung des Trägers eines Merkmals des § 1.[38] Die Umstände, aus denen sich eine Vermutung für eine Benachteiligung ergibt, können außerdem nach den Merkmalen des § 1 in verschiedene Fallgruppen eingeteilt werden. Insbesondere für die Merkmale der ethnischen Herkunft (Rn. 12), des Geschlechts (Rn. 13) der Behinderung (Rn. 14ff.), und des Alters (Rn. 15) gibt es inzwischen in der Rechtsprechung eine umfangreiche Kasuistik, die im Folgenden beispielhaft wiedergegeben wird. Generell reicht es aus, wenn in dem **Motivbündel**, das der Entscheidung des AG zugrunde liegt, die verbotene Anknüpfung an ein Merkmal des § 1 als eines von mehreren Kriterien enthalten ist.[39]

## 1. Verstoß gegen gesetzliche Schutzvorschriften

Bei einem **Verstoß** der AG **gegen** spezielle **gesetzliche Schutzvorschriften** 11
zugunsten von Merkmalsträgern folgt hieraus i. d. R. die Vermutung für eine Benachteiligung der wegen dieses Merkmals geschützten Beschäftigten.[40] Insbesondere für Schwerbehinderte liegen zahlreiche Schutzbestimmungen vor, die Gegenstand einer umfangreichen Rechtsprechung sind (hierzu Rn. 14ff.). Eine Kündigung, die unter **Missachtung** des MuSchG erfolgt, in-

35 BAG 21.6.12 – 8 AZR 364/11.
36 Dzida/Groh, NJW 2018, 1917.
37 LAG Köln 10.5.90 – 8 Sa 462/89.
38 BAG 23.2.00 – 10 AZR 1/99.
39 LAG Niedersachsen 12.3.10 – 10 Sa 583/09; BVerfG 16.11.93 – 1 BvR 258/86; BAG 12.9.06 – 9 AZR 807/05; BAG 5.2.04 – 8 AZR 112/03.
40 Seiwerth/Witschen, NZA 2022, 1361ff.

diziert eine Benachteiligung wegen der Schwangerschaft und damit gleichzeitig die wegen des Geschlechts.[41] Ein ungerechtfertigter Verstoß gegen die Verpflichtung gem. § 7 Abs. 1 TzBfG, einen Arbeitsplatz als **Teilzeitarbeitsplatz** auszuschreiben, kann eine Vermutung für eine mittelbare Benachteiligung von Frauen begründen, solange die weit überwiegende Anzahl der Teilzeitbeschäftigten Frauen sind. Im öffentlichen Dienst besteht nach § 6 Abs. 1 Satz 2 BGleiG und den entsprechenden Regelungen in den Gleichstellungsgesetzen der Länder die Verpflichtung zu einer Prüfung von Teilzeitbeschäftigung und einer entsprechenden Ausschreibung; ein Verstoß hiergegen kann ebenfalls zur Vermutung einer Benachteiligung führen. Dasselbe gilt für Verstöße gegen Vorschriften des EntgTranspG zur Auskunftserteilung (s. § 2 Rn. 22c).

## 2. Benachteiligende Stellenausschreibung gemäß § 11 AGG

11a Wird im Verfahren zur Besetzung eines Arbeitsplatzes das **Gebot der diskriminierungsfreien Ausschreibung** gem. § 11 verletzt, begründet dies die Vermutung für eine Benachteiligung.[42] Hierzu reicht es nach der Rechtsprechung des BAG allerdings nicht aus, wenn Formulierungen und insbesondere auch Anforderungen in Stellenausschreibungen zu einer unmittelbaren oder mittelbaren Schlechterstellung wegen eines in § 1 AGG genannten Grundes führen. Ein Verstoß gegen § 11 liegt vielmehr nur dann vor, wenn bei einer unmittelbaren Benachteiligung keine Rechtfertigung nach §§ 8, 9 oder § 10 AGG vorliegt oder bei einer unmittelbaren Benachteiligung die Anforderung nicht durch ein rechtmäßiges Ziel sachlich gerechtfertigt und zur Erreichung dieses Ziels angemessen und erforderlich ist. Obwohl § 11 nach seinem Wortlaut nur auf § 7 Abs. 1 AGG verweist, muss die Bestimmung so ausgelegt werden, dass ein Verstoß gegen das Benachteiligungsverbot des § 7 Abs. 1 nicht vorliegt, wenn die mögliche mittelbare oder die unmittelbare Benachteiligung nach § 3 Abs. 2 AGG oder §§ 8, 9 oder § 10 gerechtfertigt ist.[43] S. auch Rn. 16a. Zu Formulierungen, die eine Benachteiligung wegen der ethnischen Herkunft indizieren s. Rn. 12 und § 1 Rn. 6b, zum Geschlecht die Rn. 13 und zum Alter Rn. 15.

## 3. Unzulässige Fragen nach einem Merkmal des § 1 AGG

11b Eine Vermutung für eine Benachteiligung ergibt sich außerdem aus einer **unzulässigen Frage nach einem Merkmal des § 1** (s. hierzu § 2 Rn. 10 ff.).

41 EuGH 19.10.17 – C-531/15; EuGH 19.9.18 – C-41/17, Rn 63; BAG 12.12.13 – 8 AZR 838/12; LAG Berlin-Brandenburg 16.9.15 – 23 Sa 1045/15.
42 BAG 15.12.16 – 8 AZR 454/15.
43 BAG 19.5.16 – 8 AZR 583/14; BAG 19.5.16 – 8 AZR 470/14.

Dies gilt auch für eine gegebenenfalls unzulässige Frage nach der Schwerbehinderteneigenschaft (s. § 2 Rn. 17 ff.), die allerdings keine ausreichende Indiztatsache für eine spätere Benachteiligung durch Freistellung, Anfechtung und Kündigung sein soll.[44] Im mindestens sechs Monate bestehenden Arbeitsverhältnis ist die Frage nach der Schwerbehinderung zulässig,[45] sodass eine Indizwirkung schon aus diesem Grund zu verneinen ist. Die Frage an schwerbehinderte Bewerber:innen nach der Fähigkeit, Überstunden zu leisten, stellt ebenso wenig ein Indiz für eine Benachteiligung dar wie die Frage nach einem Bedarf an Hilfsmitteln, mit dem der AG i. d. R. seine Pflichten aus § 164 Abs. 4 Satz 1 Nr. 5 SGB IX erfüllen will.[46] Wird für eine schriftliche Bewerbung ein **Lichtbild** verlangt, lässt diese allgemein übliche Praxis noch keinen Schluss auf eine beabsichtigte Benachteiligung wegen der Ethnie oder wegen des Alters zu. Die Frage nach einer kurzfristig geplanten Schwangerschaft ist auch im Fall der befristeten Beschäftigung als Schwangerschaftsvertretung unzulässig und indiziert eine geschlechtsspezifische Benachteiligung.[47]

## 4. Statistik oder Testing-Verfahren

Auch die Ergebnisse von **Statistiken oder sogenannten Testing-Verfahren** sind Tatsachen, die eine Vermutung für eine Benachteiligung begründen können.[48] Insbesondere bei der **mittelbaren Benachteiligung** sind **Statistiken** von erheblicher Bedeutung, da die Benachteiligung nur an ihrer Wirkung festgemacht werden kann. Ist der statistische Nachweis für eine Schlechterbehandlung bei Vorliegen eines Merkmals gem. § 1 erbracht, ohne dass hierfür ein ersichtlicher Grund besteht, wird hierdurch außerdem eine Vermutung für eine fehlende Rechtfertigung begründet.[49] Gem. § 291 ZPO kann das Gericht ohne Parteibehauptung statistische Daten aus öffentlich zugänglichen Statistiken entnehmen (so auch Krankenstände von AN aus einschlägigen Publikationen der Krankenkassen), um den gem. § 3 Abs. 2 notwendigen statistischen Vergleich vorzunehmen.[50] Eine Benachteiligung »in besonderer Weise« gem. § 3 Abs. 2 wird durch einen statistischen Nachweis belegt, wenn im Vergleich ein wesentlich höherer Anteil der Gruppe, **11c**

44 BAG 7.7.11 – 2 AZR 396/10, Rn. 43: Es fehle der sichere Schluss auf die Benachteiligungsabsicht, weil der AG mit der Frage auch die bevorzugte Einstellung von Schwerbehinderten habe verfolgen können.

45 BAG 16.2.12 – 6 AZR 553/10, Rn. 11.

46 BAG 21.2.13 – 8 AZR 180/12, Rn. 51 ff.; BAG 26.6.14 – 8 AZR 547/13, Rn. 53 ff.: Frage nach Einschränkungen aufgrund der Behinderung.

47 LAG Köln 17.1.20 – 4 Sa 862/17, Rn. 77.

48 BT-Drs. 16/1780 S. 47.

49 So auch Schiek-Kocher, AGG, § 22 Rn. 40.

50 LAG Baden-Württemberg 18.6.07 – 4 Sa 14/07.

die ein geschütztes Merkmal aufweist, durch eine Regelung benachteiligt wird.[51] Die bisherige Rechtsprechung legt keine eindeutige Grenze für einen statistischen Nachweis fest. Bislang wurden nur eindeutige Fälle entschieden, in denen Frauen mit durchschnittlich mehr als 90 % betroffen waren.[52] Statistiken müssen jedenfalls »aussagekräftig« sein, also eine relevante Aussage für die Verhältnisse in einem bestimmten Betrieb oder Unternehmen zulassen.[53] Jede Abweichung von dem Median-Entgelt, das der AG auf Verlangen mitteilen muss, indiziert die Benachteiligung einer AN, deren Vergütung darunter liegt.[54]

**11d** Eine Vermutung für ein regelhaft benachteiligendes Verhalten kann sich aus statistischen Daten aber nur dann ergeben, wenn sie sich konkret auf den betreffenden AG beziehen und Aussagekraft für sein Verhalten gegenüber der Gruppe der Merkmalsträger haben.[55] Soweit dabei von in der Vergangenheit erfolgten Diskriminierungen auf die Gegenwart geschlossen wird, spricht dies nicht gegen die Berücksichtigung von Statistiken, weil ein regelhaft geübtes Verhalten gerade nur durch die Betrachtung der Vergangenheit ausgemacht werden kann.[56] So kann sich eine Vermutung für eine Benachteiligung bei der Einstellung daraus ergeben, dass Personen mit einem bestimmten Merkmals des § 1 zu einem weit unterdurchschnittlichen Anteil beschäftigt werden, wenn die Zusammensetzung der Bewerbungen eine andere Beschäftigungsstruktur nahe legt (z. B. Beschäftigung nur von Männern, aber Bewerbungen auch von Frauen,[57] oder Beschäftigung von AN nur unter 40, aber Bewerbungen aller Altersgruppen). Allein die Tatsache, dass in einem Unternehmen alle Führungspositionen (im konkreten Fall 27) nur mit Männern besetzt sind, obwohl Frauen 2/3 der Belegschaft stellen, ist kein ausreichendes Indiz für die Benachteiligung einer abgelehnten Bewerberin wegen des Geschlechts: Das Verhältnis der Geschlechterverteilung in der Gesamtbelegschaft zu der Geschlechterverteilung in Führungspositionen hat keinen entsprechenden Aussagewert, weil es nichts über die Qualifikation für und die Anzahl von Bewerbungen auf Führungspositionen aussagt; beim statistischen Beweis kommt es auf eine Gesamtschau der relevanten Zahlen an, und im konkreten Fall ist zu klären, ob von der weiblichen Mehrheit der Belegschaft ein nennenswerter Anteil für Füh-

51 EuGH 27.10.93 – C-127/92 – [Enderby].
52 S. zur Statistik BAG 20.11.90 – 3 AZR 613/89.
53 EuGH 31.5.95 – C-400/93 – [Royal Copenhagen], Rn. 38; EuGH 27.10.93 – C-127/92 – [Enderby].
54 BAG 21.1.21 – 8 AZR 488/19, Rn. 34 ff.
55 Allein der Hinweis darauf, dass schwerbehinderte Menschen generell statistisch in Auswahlverfahren weniger Berücksichtigung finden, genügt danach nicht, BAG 28.9.17 – 8 AZR 492/16, Rn. 44.
56 BAG 21.6.12 – 8 AZR 364/11.
57 So auch LAG Berlin-Brandenburg 12.2.09 – 2 Sa 2070/08.

rungspositionen qualifiziert ist.[58] Zahlen und Auswertungen, die lediglich Aufschluss über bestimmte allgemeine Verhältnisse des Arbeitsalltags z. B. in Deutschland wiedergeben, begründen regelmäßig noch keine Vermutung dafür, dass diese Verhältnisse auch im konkreten Beschäftigungsverhältnis bestehen.[59] Für die Frage der Benachteiligung einer Beschäftigten als Mutter eines siebenjährigen Kindes bei einer konkreten Bewerbung ist die Statistik (Mikrozensus) für den Anteil von Ehefrauen mit Kind an der Gesamtzahl der Vollbeschäftigten nicht aussagekräftig.[60]

Maßgeblich ist das **prozentuale Verhältnis der Personen** in beiden Gruppen, die das Merkmal tragen; die absoluten Zahlen der betroffenen Personen sind kein hinreichend aussagekräftiges Indiz.[61] Allein durch die zahlenmäßig wesentlich größere nachteilige Betroffenheit der Angehörigen der Gruppe, die ein Merkmal des § 1 trägt, wird die Vermutung für eine Benachteiligung bei der Entlohnung nur dann belegt, wenn die Kriterien für die Entlohnungspraxis des AG für die AN nicht durchschaubar sind.[62] **Unabhängig von der Statistik** besteht auch dann eine ausreichende Vermutung für eine Benachteiligung, wenn die mittelbare Benachteiligung einer geschützten Gruppe offensichtlich und der Nachweis tatsächlich ungleicher Betroffenheit schwer zu führen ist (§ 3 Abs. 2 Rn. 13a).[63] **11e**

**Beispiel:**
Die Versicherung V verbietet ihren Mitarbeitern, in geschlossenen Räumen Kopfbedeckungen zu tragen. Auch wenn es keine Zahlen über den Anteil der betroffenen Mitarbeiter hinsichtlich ihrer geschlechtlichen und religiösen Zuordnung gibt, ist offensichtlich, dass in der Praxis von dieser Regelung fast ausschließlich muslimische Mitarbeiterinnen betroffen werden.

Auch **Testing-Verfahren** sind geeignet, eine Vermutung für eine Benachteiligung zu begründen. Bei Testing-Verfahren wird z. B. eine Vergleichsperson eingesetzt, um zu überprüfen, ob ein Verhalten gegenüber einer oder einem Merkmalsträger:in gleichermaßen auch gegenüber der Vergleichsperson erfolgt, bei der das Merkmal nicht vorliegt.[64] Vorausgesetzt ist die objektive Vergleichbarkeit der Personen.[65] **11f**

---

58 BAG 22.7.10 – 8 AZR 1012/08 – [GEMA]; a. A. die Vorinstanz LAG Berlin-Brandenburg 12.2.09 – 2 Sa 2070/08.
59 S. auch Grobys, NZA 2006, 898.
60 BAG 18.9.14 – 8 AZR 753/13.
61 BAG 2.12.92 – 4 AZR 152/92; BAG 18.2.03 – 9 AZR 272/01.
62 BAG 23.9.92 – 4 AZR 30/92.
63 Thüsing, Sonderbeilage zu NZA 22/2004, 3.
64 BT-Drs. 16/1780 S. 47.
65 LAG Schleswig-Holstein 9.4.14 – 3 Sa 401/13, Rn. 91.

**Beispiel:**
A trägt einen arabisch klingenden Namen. Auf Wohnungssuche macht er die Feststellung, dass er auf seinen Anruf hin nie einen Besichtigungstermin erhält und alle Wohnungen stets bereits vergeben sind. Ein Anruf bei V wegen einer Wohnung führt zu dem gleichen Ergebnis. Auf seine Bitte hin ruft eine viertel Stunde danach sein deutscher Freund an und erhält sofort einen Besichtigungstermin. Diese Tatsache begründet die Vermutung, dass A wegen seiner ethnischen Herkunft benachteiligt wird.

### 5. Vermutung einer Benachteiligung wegen der ethnischen Herkunft

12 Die Forderung von sehr guten oder guten **Sprachkenntnissen** kann dann ein Indiz für eine (i. d. R. mittelbare) Benachteiligung sein, wenn dies nicht zu der vorgesehenen Tätigkeit passt.[66] So darf z. B. für die Besetzung eines »Service Desk«, an dem telefonische Anfragen von EDV-Nutzern zu bearbeiten sind, eine hohe Kommunikationsfähigkeit in deutscher Sprache gefordert werden, ohne dass dies ein Indiz für eine Diskriminierung ausländischer Bewerber wegen ihrer Herkunft darstellt.[67] Demgegenüber stellt die Forderung »Deutsch als Muttersprache« eine mittelbare, nicht gerechtfertigte Benachteiligung dar.[68] Werden in einem Betrieb **keine AN nichtdeutscher Herkunft beschäftigt**, jedoch im gesamten Unternehmen AN aus insgesamt 13 Nationen, so ist dies kein aussagekräftiges Indiz dafür, dass in diesem Betrieb AN nichtdeutscher Herkunft benachteiligt werden.[69]

### 6. Vermutung einer Benachteiligung wegen des Geschlechts

13 Hier kommt insbesondere eine ungerechtfertigt nicht geschlechtsneutrale Stellenausschreibung in Betracht (s. Rn. 11a und § 1 Rn. 10a). Wer einen Arbeitsplatz ausschreibt, muss entsprechend der Rechtsprechung des BVerfG geschlechtliche Identitäten außerhalb des binären Systems berücksichtigen,[70] um den Anschein einer Benachteiligung wegen des Geschlechts zu vermeiden und einen Zusatz für das dritte Geschlecht hinzufügen; ein Gender* genügt dem[71] (s. hierzu ausführlich § 1 Rn. 10af.). Die Vermutung kann widerlegt werden z. B. durch Einstellung eines Bewerbers, der nicht

---

66 Zweifelnd, dass die Forderung von »Sprachkenntnissen« überhaupt einen Bezug zu einer Ethnie habe, BAG 23.11.17 – 8 AZR 372/16, Rn. 39; s. im Einzelnen § 1 Rn. 6b.

67 LAG Frankfurt 12.06.15 – 14 Sa 1075/14.

68 BAG 15.12.16 – 8 AZR 418/15, Rn. 39; BAG 29.6.17 – 8 AZR 402/15, Rn. 44, 62 f.; BAG 23.11.17 – 8 AZR 372/16, Rn. 44.

69 BAG 21.6.12 – 8 AZR 364/11.

70 BVerfG 10.10.17 – 1 BvR 2019/16; Körlings, NZA 2018, 282.

71 BAG 23.11.23 – 8 AZR 164/22, Rn. 31.

dem ausdrücklich benannten Geschlecht angehört.[72] Eine Stellenausschreibung ist hingegen kein hinreichendes Indiz für eine Benachteiligung wegen des Geschlechts, wenn sie zwar in der Positionsbezeichnung in der Überschrift eine männliche Bezeichnung enthält, aber im weiteren Text nicht zu übersehen und durch Fettdruck hervorgehoben »Hinweise für Bewerber:innen« steht;[73] auch eine »Bürofee« muss nicht notwendig weiblich sein.[74] Eine diskriminierende Ausschreibung durch einen Dritten, z. B. die Agentur für Arbeit, ist AG zuzurechnen.[75] Im Zusammenhang mit einer Absage kann ein Unterstreichen des AG bei der von der Beschäftigten stammenden Angabe »ein **Kind**« auf dem zurückgesandten Lebenslauf zusammen mit dem Vermerk »7 Jahre alt!« beim Familienstand ein Indiz für eine Benachteiligung aufgrund des Geschlechts sein.[76] Eine solche Vermutung für eine Benachteiligung besteht auch bei einem **engen zeitlichen Zusammenhang** zwischen einer benachteiligenden Maßnahme und der kurz zuvor erfolgten Anzeige einer Schwangerschaft[77] oder Offenbarung der Eigenschaft als Trans-Person[78] sowie bei der Nichtverlängerung des befristeten Arbeitsverhältnisses einer AN nach Mitteilung der Schwangerschaft, wenn gleichzeitig die befristeten Arbeitsverhältnisse aller vergleichbaren männlichen AN verlängert worden sind.[79] Auch die Missachtung von Schutzvorschriften nach dem MuSchG oder für Teilzeitbeschäftigte begründet regelmäßig eine Vermutung für eine Benachteiligung von Frauen. Ungleiches Entgelt lässt bei vergleichbarer Beschäftigung die Benachteiligung wegen des Geschlechts vermuten.[80]

## 7. Vermutung einer Benachteiligung wegen Behinderung

Eine nicht tätigkeitsbezogene Frage nach einer Behinderung oder Schwer- 14
behinderung vor Ablauf von sechs Monaten (dem Eintritt des besonderen Schutzes für Schwerbehinderte) indiziert regelmäßig eine Benachteiligung wegen des Merkmals (s. Rn. 11b). In einem Personalbogen gestellte **Fragen**, die in unzulässiger Weise auf die Erlangung von Informationen über den Gesundheitszustand und das Vorliegen einer Behinderung der Bewerber abzielen, können nicht nur für das Einstellungsverfahren, sondern auch noch bei einer **späteren Kündigung** je nach den Umständen des Einzelfalls ein

72 LAG Berlin 16.5.01 – 3 Sa 393/01; ArbG Frankfurt 19.3.03 – 7 Ca 8038/01.
73 LAG Hessen 3.2.09 – 12 Sa 28/08.
74 LAG Rheinland-Pfalz 27.3.2017 – 3 Sa 487/16.
75 BVerfG 21.9.06 – 1 BvR 308/03.
76 BAG 18.9.14 – 8 AZR 753/13.
77 LAG Hamm 6.6.91 – 16 Sa 1558/90.
78 ArbG Gießen 16.9.22 – 9 Ca 31/22.
79 LAG Köln 6.4.09 – 5 Ta 89/09, Rn. 14.
80 BAG 21.1.21 – 8 AZR 485/19; BAG 16.2.23 – 8 AZR 450/21.

Indiz für eine Benachteiligung wegen der Behinderung darstellen.[81] Wird die Bewerbung eines Menschen mit Sprechstörung wegen fehlender »Kommunikationsstärke« und »großer Kommunikationsprobleme« abgelehnt, so kann dies die Vermutung einer Benachteiligung wegen seiner **Behinderung** begründen.[82] Veröffentlicht ein AG über einen längeren Zeitraum eine größere Anzahl von Stellenanzeigen und unterlässt er dabei in Einzelfällen einen gesetzlich nicht vorgeschriebenen Hinweis auf erwünschte Bewerbungen schwerbehinderter Menschen, so stellt dies hingegen kein im Rahmen des § 22 erhebliches Indiz für ein diskriminierendes Verhalten dar.[83]

14a Insbesondere für das **Einstellungsverfahren** gibt es zudem spezielle **gesetzliche Schutzvorschriften** für Schwerbehinderte, deren Nichteinhaltung zu der Vermutung einer Diskriminierung führt. Der Verstoß gegen Verfahrens- und Förderpflichten zugunsten schwerbehinderter Menschen ist grundsätzlich geeignet, den Anschein zu erwecken, an ihrer Beschäftigung uninteressiert zu sein.[84] Hier ist zu unterscheiden zwischen Pflichten, die alle AG treffen, und speziellen Pflichten für öffentliche AG. Nach § 164 Abs. 1 Satz 2 SGB IX ist **jeder AG** verpflichtet, vor der Besetzung einer freien Stelle frühzeitig mit der Agentur für Arbeit Verbindung aufzunehmen; eine entsprechende Meldepflicht frei werdender und neuer Arbeitsplätze gilt nach § 165 Satz 1 SGB IX für jede Dienststelle der öffentlichen AG. Dadurch soll gewährleistet werden, dass AG von der Bundesagentur für Arbeit Kenntnis über geeignete schwerbehinderte oder ihnen gleichgestellte Bewerber:innen erhalten, damit diese vermittelt werden können. Die Tatsache der **Nichteinschaltung der Agentur für Arbeit** ist geeignet, die Vermutung einer Benachteiligung wegen der Schwerbehinderung zu begründen.[85] Gleiches gilt, wenn AG die **Schwerbehindertenvertretung**[86] oder den Betriebsrat[87] entgegen § 164 Abs. 1 Satz 4 SGB IX nicht über die eingegangene Bewerbung Schwerbehinderter unterrichten. Besteht der Verdacht einer derartigen Unterlassung, so genügt zunächst die Rüge des Verstoßes und das Bestreiten der Einhaltung der gesetzlichen Pflichten mit Nichtwissen; AG müssen dann

81 ArbG Stuttgart 16.3.11 – 30 Ca 1772/10.

82 LAG Köln 26.1.12 – 9 Ta 272/11.

83 LAG Köln 21.1.09 – 3 Sa 1369/08.

84 BAG 27.8.20 – 8 AZR 45/19, Rn. 29; BAG 25.11.21 – 8 AZR 313/20, Rn. 26; BAG 14.6.23 – 8 AZR 135/22, Rn. 22. Sehr weitgehend lässt das BAG die Berufung auf Verfahrensfehler genügen, auch wenn der klagenden Partei keine Details bekannt sind, BAG 14.6.23 – 8 AZR 136/22, Rn. 26 ff.

85 BAG 12.9.06 – 9 AZR 807/05; BAG 13.10.11 – 8 AZR 608/10; BAG 25.11.21 – 8 AZR 313/20, Rn. 35 ff.

86 BAG 15.2.05 – 9 AZR 635/03; BAG 22.8.13 – 8 AZR 574/12: dies gilt auch dann, wenn sich sowohl die oder der Schwerbehindertenvertreter:in als auch die/der Stellvertreter:in auf Beförderungsstellen beworben haben.

87 BAG 14.6.23 – 8 AZR 136/22.

ihrerseits die Einhaltung der Schutzvorschriften darlegen oder bei einem evtl. Verstoß die Kausalitätsvermutung dadurch widerlegen, dass sie darlegen und ggf. beweisen, dass die erfolglosen Bewerber:innen eine formale Qualifikation oder Anforderung nicht erfüllen, die unverzichtbare Voraussetzung für die Ausübung der Tätigkeit ist.[88]

Nach § 165 Satz 2 SGB IX hat der **öffentliche AG**[89] schwerbehinderte Bewer- 14b
ber: innen zu einem **Vorstellungsgespräch**[90] einzuladen, wenn diesen die fachliche Eignung nicht offensichtlich fehlt (§ 165 Satz 3 SGB IX). Ein Verstoß hiergegen begründet die Vermutung einer diskriminierenden Benachteiligung.[91] Dasselbe gilt auch dann, wenn der öffentliche AG die **Einladung** zu einem Vorstellungsgespräch »**abschreckend**« gestaltet und nachfragt, ob der Bewerber das Vorstellungsgespräch tatsächlich wahrnehmen wolle, obwohl »nach der Papierform« die Bewerbung nur eine geringe Erfolgsaussicht habe.[92] Dafür, dass Bewerber offensichtlich fachlich ungeeignet sind, trifft den öffentlichen AG in einem Prozess die Darlegungs- und Beweislast.[93] Der AG kann die fachliche Eignung durch ein **Anforderungsprofil** definieren, um entscheiden zu können, wann eine Einladung zum Vorstellungsgespräch unterbleiben kann. Maßgeblich sind allerdings nur sachlich nachvollziehbare Anforderungen, die durch die Erfordernisse der wahrzunehmenden Aufgaben gedeckt sind, da der AG nicht willkürlich den Diskriminierungsschutz durch überzogene Anforderungen beseitigen darf.[94] Das Nichtbestehen eines **Eignungstests** entbindet den öffentlichen AG nur dann von der Pflicht zur Einladung, wenn der Test einen konkreten Bezug zu den für die Tätigkeit erforderlichen Fähigkeiten und Kenntnissen hat.[95] Schwerbe-

88 BAG 14.6.23 – 8 AZR 136/22.

89 Kirchliche Institutionen gehören nicht dazu, auch wenn sie Körperschaften des öffentlichen Rechts sind, BAG 25.1.24 – 8 AZR 318/22, Rn. 16ff.

90 Der Begriff des Vorstellungsgesprächs ist weit auszulegen und umfasst alle Instrumente der Personalauswahl, etwa in mehrstufigen Auswahlverfahren eine Potenzialanalyse nach einem ersten Gespräch, BAG 27.8.20 – 8 AZR 45/19, Rn. 44ff.

91 BAG 12.9.06 – 9 AZR 807/05; BAG 22.8.13 – 8 AZR 563/12; BAG 17.12.20 – 8 AZR 171/20, Rn. 27; BAG 1.7.21 – 8 AZR 297/20, Rn. 21; anders BVerwG 3.3.11 – 5 C 16/10, das in der unterbliebenen Einladung selbst die Benachteiligung sieht, weil ein gesetzlich eingerichteter Vorteil vorenthalten wurde (Rn. 17).

92 LAG Baden-Württemberg 3.11.14 – 1 Sa 13/14.

93 BAG 20.1.16 – 8 AZR 194/14; BAG 11.8.16 – 8 AZR 375/15.

94 BAG 7.4.11 – 8 AZR 679/09; BAG 13.10.11 – 8 AZR 608/10; BAG 14.11.13 – 8 AZR 997/12; LAG Berlin-Brandenburg 19.2.15 – 26 Sa 1990/14.

95 LAG Berlin-Brandenburg 8.1.18 – 4 Ta 1489/17: sehr gute Sprachkenntnisse als Anforderungsprofil der Stelle, das durch den Test überprüft wird; anders bei LAG Schleswig-Holstein 9.9.15 – 3 Sa 36/15: Test nicht Bestandteil des Auswahlverfahrens, weil die Eignung nicht Teil des Stellenprofils war.

hinderte Bewerber:innen haben eine Mitwirkungspflicht und müssen i.R. ihrer Bewerbung durch geeignete Angaben zum fachlichen Leistungsprofil die Prüfung ihrer fachlichen Eignung ermöglichen; andernfalls entfällt die Pflicht der Einladung zu einem Vorstellungsgespräch.[96] **Verstöße** gegen die Verpflichtungen aus § 165 SGB IX **sind auch dann nicht heilbar**, wenn das Bewerbungsverfahren noch nicht abgeschlossen ist und die Bewerbung Schwerbehinderter nach anfänglicher Absage noch rechtzeitig ordnungsgemäß in das Verfahren eingeschlossen wird. Ein Verfahrensfehler kann nicht »rückgängig« und quasi »ungeschehen« gemacht werden; durch eine nachträgliche Einladung wird die ursprüngliche Nichteinladung bzw. schriftliche Absage nicht zu einem rechtlich unbeachtlichen »nullum«.[97]

**14c** Nach § 164 Abs. 1 Satz 9 SGB IX ist **jeder AG** Schwerbehinderten gegenüber verpflichtet, die **Gründe für die Ablehnung einer Bewerbung unverzüglich mitzuteilen**. Diese Pflicht ist der Abschluss des besonderen Erörterungsverfahrens nach § 164 Abs. 1 Satz 7–9 SGB IX und besteht nur, wenn sämtliche Voraussetzungen des 164 Abs. 1 Satz 7 SGB IX vorliegen, also gegen die gesetzliche Pflicht zur Beschäftigung schwerbehinderter Menschen (§§ 154 ff. SGB IX) verstoßen wird und die Schwerbehindertenvertretung oder eine in § 176 SGB IX genannte Vertretung mit der beabsichtigten Einstellungsentscheidung des AG nicht einverstanden ist. Wenn also der AG entgegen dieser Bestimmung behinderte Bewerber:innen nicht unverzüglich von seiner Einstellungsentscheidung unterrichtet, ist dies ein Indiz für eine diskriminierende Benachteiligung, wenn der AG der Pflicht zur Beschäftigung von schwerbehinderten Menschen nach § 154 SGB IX nicht hinreichend nachkommt.[98] Hinzu kommt, dass es AG im Rahmen einer gerichtlichen Prüfung grundsätzlich verwehrt ist, sich auf sachliche Gründe für die Ablehnung zu berufen, die sie bei der Unterrichtung nach § 164 Abs. 1 Satz 9 SGB IX nicht mitgeteilt haben.[99]

**14d** Im Zusammenhang mit der Kündigung eines Arbeitsverhältnisses kann die Nichtbeteiligung der Schwerbehindertenvertretung ein Indiz für eine Benachteiligung wegen der Schwerbehinderung sein[100] mit der Folge, dass nicht nur die Kündigung unwirksam ist, sondern zusätzlich ein An-

---

96 BAG 20.1.16 – 8 AZR 194/14: Eine Nichteinladung aus personalpolitischen Gründen bei Überqualifikation widerlegt die Vermutung einer Benachteiligung; BAG 11.8.16 – 8 AZR 375/15.

97 BAG 18.3.10 – 8 AZR 1044/08, Rn. 33: Selbst eine spätere Einstellung vermag eine einmal erfolgte ungünstigere Behandlung (etwa Absage) nicht »aufzuheben« und einen Entschädigungsanspruch zu beseitigen; BAG 22.8.13 – 8 AZR 563/12, Rn. 53 ff.

98 BAG 21.2.13 – 8 AZR 180/12, Rn. 37 ff.; BAG 28.9.17 – 8 AZR 492/16.

99 LAG Hessen 7.11.05 – 7 Sa 473/05.

100 BAG 26.1.2017 – 8 AZR 736/15. Die Darlegungslast für das Bestehen einer Schwerbehindertenvertretung trägt die klagende Partei.

spruch auf Entschädigung besteht. Das Gleiche gilt, wenn AG in Kenntnis der Schwerbehinderung das Integrationsamt nicht beteiligen.[101] Wird die Schwerbehindertenvertretung zwar angehört, aber entgegen § 178 Abs. 2 Satz 1 SGB IX nicht unverzüglich, führt dies weder zur Unwirksamkeit der Kündigung gem. § 178 Abs. 2 Satz 3 SGB IX,[102] noch kann hieraus auf einen Zusammenhang zwischen der Benachteiligung und der Behinderung geschlossen werden. Eine personenbedingte Kündigung aufgrund hoher Fehlzeiten ist grundsätzlich kein Indiz, wenn der AG vorher versucht hat, das Beschäftigungshindernis auszugleichen.[103] Die unterlassende Durchführung eines BEM ist kein Indiz für eine Benachteiligung, weil es sich nicht um eine spezifische Schutzvorschrift zugunsten schwerbehinderter Menschen handelt.[104]

Die Indizwirkung für das Vorliegen einer Benachteiligung wegen einer Behinderung wird bei einem Verstoß gegen Schutzvorschriften nur ausgelöst, wenn dem AG die **Behinderung bekannt ist** oder – etwa bei sichtbaren Behinderungen[105] – bekannt sein muss; andernfalls fehlt es an der Kausalität zwischen Benachteiligung und Behinderung.[106] Bewerber:innen, die sich auf den Schwerbehindertenschutz berufen wollen, müssen daher am Besten im Bewerbungsschreiben selbst unter Angabe des GdB (Grad der Behinderung) bzw. einer Gleichstellung auf ihre Schwerbehinderung **hinweisen**. Der AG ist verpflichtet, bei jeder Bewerbung das eigentliche Bewerbungsschreiben zur Kenntnis zu nehmen. Befindet sich die Information über die Schwerbehinderung im Lebenslauf, so sollte dies an hervorgehobener Stelle und deutlich geschehen, etwa durch eine besondere Überschrift. »Eingestreute« oder unauffällige Informationen, indirekte Hinweise in beigefügten amtlichen Dokumenten oder eine Kopie des Schwerbehindertenausweises in den weiteren Bewerbungsunterlagen sind keine ordnungsgemäße Information.[107] Die Mitteilung hat bei jeder einzelnen Bewerbung erneut zu erfolgen.[108] Die Vorlage eines abgelaufenen Schwerbehindertenausweises genügt nicht.[109] 14e

---

101 BAG 25.11.21 – 8 AZR 313/20, Rn. 26; BAG 2.6.22 – 8 AZR 191/21, Rn. 30.

102 BAG 13.12.18 – 2 AZR 378/18.

103 BAG 28.4.11 – 8 AZR 515/10, Rn. 34; zum Präventionsverfahren als (nicht ausreichende) Maßnahme: BAG 21.4.16 – 8 AZR 402/14, Rn. 21; zum BEM BAG 7.9.21 – 9 AZR 571/20, Rn. 20.

104 BAG 2.6.22 – 8 AZR 191/21, Rn. 48.

105 Für eine offenkundige Schwerbehinderung muss nicht nur das Vorliegen einer oder mehrerer Beeinträchtigungen offenkundig sein, sondern auch, dass der Grad der Behinderung in einem Feststellungsverfahren auf wenigstens 50 festgesetzt würde, BAG 2.6.22 – 8 AZR 191/21, Rn. 39.

106 BAG 17.12.20 – 8 AZR 171/20, Rn. 33.

107 BAG 26.9.13 – 8 AZR 650/12.

108 BAG 18.9.14 – 8 AZR 759/13.

109 LAG Köln 2.11.12 – 4 Sa 248/12.

Bei ordnungsgemäßer Information wird die fehlende Kenntnisnahme durch die in seinem Einflussbereich eingesetzten Personen dem AG als objektive Pflichtverletzung zugerechnet, ohne dass es auf ein Verschulden der handelnden Personen ankommt.[110]

### 8. Vermutung einer Benachteiligung wegen des Alters

15 Eine **Benachteiligung wegen des Alters** wird i.d.R. vermutet bei der Suche nach »jüngeren« oder »jungen« Bewerbern[111] und einer Stellenausschreibung, die sich gezielt an **Berufsanfänger** richtet, wie dies bei der Beschränkung des Bewerberkreises auf Beschäftigte im ersten Berufs-/Tätigkeitsjahr,[112] bei einer Stellenanzeige für ein Traineeprogramm »Hochschulabsolventen/Young Professionals«[113] oder der Suche nach einer Person, die »gerade frisch gebacken aus einer kaufmännischen Ausbildung kommt«[114] der Fall ist. Auch wenn die Wortwahl »Berufsanfänger:in« oder »mit erster Berufserfahrung« dem Anschein nach neutral ist (§ 3 Abs. 2), sind die Begriffe doch mittelbar mit dem »Alter« verknüpft, da Bewerber: innen mit einer längeren Berufserfahrung typischerweise ein höheres Lebensalter haben. Mit solchen Begriffen signalisiert ein AG daher, lediglich Interesse an der Gewinnung jüngerer Mitarbeiter:innen zu haben mit der Folge, dass ältere Personen allein wegen dieser Anforderung häufig von vornherein von einer Bewerbung absehen und allein hierdurch benachteiligt werden.[115] Die mittelbare Benachteiligung älterer Bewerber:innen durch eine Stellenausschreibung für »Berufsanfänger« begründet für eine abgelehnte ältere Person die Vermutung einer unmittelbaren Diskriminierung wegen des Alters.[116] Auch der Hinweis auf ein **»junges Team«** kann für eine Benachteiligung älterer Menschen sprechen;[117] demgegenüber soll eine Stellenbeschreibung als ein »junges, dynamisches Unternehmen« kein Indiz für eine Benachteiligung wegen des Alters liefern.[118] Die Bezeichnung »Junior Personalreferent Re-

110 BAG 16.9.08 – 9 AZR 791/07.
111 BAG 19.8.10 – 8 AZR 530/09; LAG Schleswig-Holstein 9.12.08 – 5 Sa 286/08.
112 BAG 18.8.09 – 1 ABR 47/08: mittelbare Benachteiligung wegen des Alters.
113 BAG 24.1.13 – 8 AZR 429/11.
114 BAG 15.12.16 – 8 AZR 454/15.
115 BAG 11.8.16 – 8 AZR 4/15 Rn. 81.
116 BAG 15.12.16 – 8 AZR 454/15.
117 BAG 23.11.17 – 8 AZR 604/16, Rn. 33: Die Bezeichnung lässt darauf schließen, dass sich der Begriff »jung« auf die Mitglieder des Teams bezieht und dabei nicht nur einen Ist-Zustand beschreibt, sondern auch den Wunsch des AG, eine/n AN zu finden, der/die in dieses Team passt; anders LAG Baden-Württemberg 15.1.16 – 19 Sa 27/15, LAG Nürnberg 16.5.12 – 2 Sa 574/11 und LAG München 13.11.12 – 7 Sa 105/12 für den Fall, dass es sich um eine reine Selbstdarstellung des AG handelt.
118 BAG 23.11.17 – 8 AZR 604/16, Rn. 34: Beschreiben eines Ist-Zustands.

cruiting« knüpft weder unmittelbar noch mittelbar an das Alter an, sondern bezieht sich auf die Stellung in der betrieblichen Hierarchie.[119] Auch die Erklärung eines AG gegenüber einer älteren Stellenbewerberin, die von ihr angegebenen EDV-Kenntnisse seien veraltet, stellt keinen Umstand dar, der eine Benachteiligung wegen Alters vermuten lässt.[120]

## VII. Widerlegung der Vermutung – Beweislast des Arbeitgebers

Stehen Tatsachen fest, die die Vermutung für eine Benachteiligung aufgrund eines Merkmals des § 1 begründen, haben **AG (bei § 21 die andere Seite) die Beweislast** dafür, dass **ausschließlich andere Gründe** für die weniger günstige Behandlung maßgeblich waren als die verbotenen Merkmale[121] **oder** die unterschiedliche Behandlung wegen eines in § 1 genannten Grundes **nach Maßgabe dieses Gesetzes gerechtfertigt** ist. Dies ist bei einer unmittelbaren Benachteiligung (§ 3 Abs. 1) nur dann der Fall, wenn einer der Rechtfertigungsgründe **gem. §§ 5, 8, 9, 10 oder 21 vorliegt.**[122] Auch bei einer mittelbaren Benachteiligung (§ 3 Abs. 2), bei der das Fehlen einer Rechtfertigung zum Tatbestand gehört und damit Voraussetzung für die Qualifikation einer Benachteiligung als Diskriminierung ist, tragen AG die Darlegungs- und Beweislast für die Tatsachen, die eine Rechtfertigung gem. § 3 Abs. 2 HS 2 begründen (s. § 3 Rn. 2 und 18). Hierfür gilt das Beweismaß des Vollbeweises.[123] Dies trägt der Tatsache Rechnung, dass die **Rechtfertigungsgründe** in der Sphäre desjenigen liegen, der die mögliche Benachteiligung verursacht hat. 16

Der Beweis, dass das verbotene Merkmal überhaupt keine Rolle bei der Ablehnung gespielt hat, kann hinsichtlich des Alters im Bewerbungsverfahren z. B. auch dadurch geführt werden, dass der potenzielle AG vorträgt und gegebenenfalls beweist, eine/n Bewerber:in mit ähnlichem Lebensalter eingestellt oder altersgleiche Bewerber:innen zu Einstellungsgesprächen eingeladen zu haben. AG können auch andere Tatsachen vortragen, aufgrund derer das Gericht zu der Überzeugung gelangt, dass **ausschließlich** andere Gründe wie der bisherige berufliche Werdegang oder die Ausbildung für 17

119 LAG Berlin-Brandenburg 21. 7. 11 – 5 Sa 847/11.

120 LAG Köln 27. 8. 08 – 9 Sa 649/08.

121 EuGH 16. 7. 15 – C-83/14; BAG 13. 10. 11 – 8 AZR 608/10; BAG 19. 5. 16 – 8 AZR 470/14; BAG 11. 8. 16 – 8 AZR 375/15. Allein die Berufung auf Vertragsfreiheit genügt nicht für die unterschiedliche Bezahlung eines männlichen gegenüber einer weiblichen Mitarbeiterin, BAG 16. 2. 23 – 8 AZR 450/21, Rn. 54.

122 Etwa kann der Ausschluss von Bewerber:innen, die das gesetzlich festgelegte Renteneintrittsalter überschritten haben, mit dem Ziel einer Beschäftigungsverteilung zwischen den Generationen nach § 10 gerechtfertigt sein, BAG 31. 3. 22 – 8 AZR 238/21.

123 BAG 21. 1. 21 – 8 AZR 488/19, Rn. 31, 61; MüKo-Thüsing, AGG, § 22 Rn. 24 ff.

die Nichtberücksichtigung maßgeblich waren.[124] Soweit AG darlegen und im Bestreitensfall beweisen, dass die klagende Partei eine formale Qualifikation nicht aufweist oder eine formale Anforderung nicht erfüllt, die unverzichtbare Voraussetzung für die Ausübung der Tätigkeit an sich ist, kann in der Regel davon ausgegangen werden, dass die Bewerbung ausschließlich aus diesem Grund ohne Erfolg blieb; in einem solchen Fall besteht demzufolge in der Regel kein Kausalzusammenhang zwischen der benachteiligenden Behandlung und einem in § 1 AGG genannten Grund.[125] AG können die Vermutung auch dadurch widerlegen, dass sie substantiiert dazu vortragen und im Bestreitensfall beweisen, dass sie bei der Behandlung aller Bewerbungen konsequent nach einem bestimmten Verfahren vorgegangen sind, das eine Benachteiligung wegen eines in § 1 AGG genannten Grundes ausschließt.[126] Dies ist etwa der Fall, wenn in die Auswahl nur solche Bewerber:innen um eine befristete Anstellung berücksichtigt werden, bei denen keine naheliegende Möglichkeit einer rechtsmißbräuchlichen Sachgrundbefristung vorliegt.[127]

18 Ein Verstoß gegen § 11 bei der Stellenausschreibung begründet grundsätzlich die Vermutung für eine Diskriminierung.[128] Anders ist es allerdings, wenn eine mögliche mittelbare Benachteiligung (etwa das Erfordernis »längerer Berufserfahrung«) gem. § 3 Abs. 1 HS. 1 nach § 3 Abs. 2 HS. 2 durch ein rechtmäßiges Ziel sachlich gerechtfertigt und zur Erreichung dieses Ziels angemessen und erforderlich ist oder eine unmittelbare Benachteiligung (etwa »weibliche Bewerberinnen werden bevorzugt berücksichtigt«) gem. § 3 Abs. 1 nach §§ 8–10 zulässig ist.[129] Auch wenn eine Stellenausschreibung Formulierungen, insb. Anforderungen, enthält, die »auf den ersten Blick« den Anschein erwecken, AG hätten den Arbeitsplatz unter Verstoß gegen § 11 ausgeschrieben, begründet dies deshalb nicht ohne Weiteres die Ver-

---

124 LAG Schleswig-Holstein 22.11.12 – 4 Sa 246/12.

125 BAG 11.8.16 – 8 AZR 4/15 Rn. 91; BAG 19.1.23 – 8 AZR 437/21, Rn. 35 ff.: keine Pflicht zur Einladung eines schwerbehinderten Bewerbers bei offensichtlich mangelnder Eignung.

126 BAG 11.8.16 – 8 AZR 4/15 Rn. 92 ff.: AG, die sich auf ein solches Verfahren berufen, müssen auch darlegen und im Bestreitensfall beweisen, wie viele Bewerbungen eingegangen sind, welche Bewerber:innen aus demselben Grund aus dem weiteren Auswahlverfahren ausgenommen wurden bzw. welche im weiteren Auswahlverfahren verblieben sind und dass die letztlich ausgewählte Person die Anforderung, wegen deren Fehlens die klagende Partei aus dem weiteren Auswahlverfahren ausgenommen wurde, erfüllt.

127 BAG 29.2.24 – 8 AZR 187/23: Teil der dem Auswahlverfahren vorgelagerten Organisationsentscheidung.

128 BAG 25.10.18 – 8 AZR 501/14; BAG 23.11.17 – 8 AZR 604/16; zur Vorgängerregelung BVerfG 21.9.06 – 1 BvR 308/03.

129 BAG 19.5.16 – 8 AZR 470/14, Rn. 55 f.; BAG 23.11.17 – 8 AZR 372/16, Rn. 23; BAG 25.10.18 – 8 AZR 501/14, Rn. 53.

mutung einer Benachteiligung im Auswahl- und Stellenbesetzungsverfahren wegen eines in § 1 genannten Grundes.[130] Im Rahmen der Prüfung eines Verstoßes gegen § 11 tragen AG die Darlegungs- und Beweislast für eine eventuelle Rechtfertigung einer nach dem ersten Anschein diskriminierenden Formulierung. Liegt ein Verstoß gegen § 11 vor, steht fest, dass eine Vermutung für eine konkrete Benachteiligung von Bewerber:innen besteht, die das in der Stellenanzeige ausgeschossene Merkmal tragen. AG haben dann in einem zweiten Schritt im Wesentlichen die Möglichkeit, die Vermutung für den Zusammenhang zwischen der Benachteiligung und dem Merkmal zu widerlegen.[131] AG bleibt es unbenommen, Tatsachen vorzutragen und ggf. zu beweisen, aus denen sich ergibt, dass ausschließlich andere als die in § 1 genannten Gründe zu einer ungünstigeren Behandlung geführt haben.[132]

Die Vermutung für eine Benachteiligung durch eine Stellenausschreibung, 19
die gegen § 11 verstößt, entfällt nicht ohne weiteres von selbst, nur weil das Auswahlverfahren abgebrochen oder die Stelle doch nicht besetzt wird. Anders ist es, wenn AG substantiiert vortragen und ggf. beweisen, dass das Auswahlverfahren bereits abgeschlossen war oder aus sachlichen und nachvollziehbaren Gründen abgebrochen wurde, z. B. weil das Erfordernis einer Stellenbesetzung entfallen ist, bevor die Bewerbung eingegangen ist: In einem solchen Fall gab es kein Auswahlverfahren mehr, in dessen Rahmen eine Diskriminierung hätte stattfinden können. Zwingend sind solche Überlegungen nicht, da die Benachteiligung bei einer Stellenausschreibung, die gegen § 11 verstößt, (auch) darin liegt, dass sie die betroffenen Bewerber:innen gegenüber anderen zurücksetzt oder gar von einer Bewerbung ganz abhält. Soweit es um die Vermutungswirkung in Bezug auf die unterbliebene Einstellung geht, sind jedenfalls nachträgliche, nach Eingang der Bewerbung stattfindende Änderungen nicht mehr geeignet, die Vermutung zu entkräften: Bleibt eine Stelle aufgrund einer Entscheidung, die nach Beginn der eigentlichen Bewerberauswahl erfolgt, unbesetzt, ändert dies an der einmal begründeten Vermutung einer Benachteiligung nichts mehr.[133] Die Auslegung und Anwendung von § 22 darf nicht dazu führen, dass AG es in der Hand haben, durch eine geeignete Verfahrensgestaltung die Chancen von Bewerber:innen wegen der in § 1 genannten Gründe so zu mindern, dass ihre Entscheidung praktisch unangreifbar wird.[134]

Im Einstellungsverfahren ist ein **nachträglich vorgebrachtes Auswahlkri-** 20
**terium**, das nicht in der Ausschreibung genannt ist, nur dann geeignet, die unterschiedliche Behandlung zu rechtfertigen, wenn besondere Umstände

---

130 BAG 19. 5. 16 – 8 AZR 470/14, Rn. 55; BAG 11. 8. 16 – 8 AZR 406/14, Rn. 31.
131 BAG 11. 8. 16 – 8 AZR 4/15, Rn. 63, 65, 88 ff.
132 BAG 19. 5. 16 – 8 AZR 470/14, Rn. 56.
133 BAG 23. 8. 12 – 8 AZR 285/11 Rn. 23; BAG 11. 8. 16 – 8 AZR 4/15, Rn. 89 f.
134 BVerfG 21. 9. 06 – 1 BvR 308/03, Rn. 13; BAG 11. 8. 16 – 8 AZR 4/15, Rn. 89.

erkennen lassen, dass dieser Grund nicht nur vorgeschoben ist.[135] Das Gleiche gilt für die Behauptung, dass eine Einstellung nicht erfolgt sei, weil der oder die Bewerber:in eine formale Ausbildungsvoraussetzung nicht erfüllt habe. Der AG muss in einem solchen Fall beweisen, dass die Ausbildung im Hinblick auf die Anforderungen der zu besetzenden Stelle nicht gleichwertig ist.[136] Auch für die **Behauptung, dass der Bewerber oder die Bewerberin ohne die Benachteiligung nicht eingestellt worden wäre** und deshalb der Anspruch gem. § 15 Abs. 2 Satz 2 auf 3 Monatsvergütungen beschränkt ist, ist der AG beweispflichtig, da es sich um eine **anspruchseinschränkende Tatsache** handelt. Dem AG ist es im Rahmen einer gerichtlichen Prüfung grundsätzlich verwehrt, sich auf sachliche Gründe für die Ablehnung zu berufen, die er der oder dem betroffenen Bewerber:in bei der Unterrichtung nach § 164 Abs. 1 Satz 9 SGB IX nicht mitgeteilt hat.[137]

## VIII. Auskunftsanspruch

21 Das AGG kennt **keinen generellen Auskunftsanspruch** gegenüber AG über Umstände, die Betroffenen die Glaubhaftmachung von Vermutungstatsachen ermöglichen.[138] Namentlich können abgelehnte Bewerber:innen, die die Voraussetzungen für eine ausgeschriebene Stelle erfüllen, nicht Informationen über Mitbewerber:innen, die Kriterien für eine Auswahlentscheidung oder die Bezahlung anderer Mitarbeiter:innen verlangen. Für den Fall, dass Betroffene aufgrund der bekannten Tatsachen bereits eine Vermutung für eine Benachteiligung gem. § 22 darlegen können, bedarf es keines (zusätzlichen) Auskunftsanspruchs mehr, da sie ihre Rechte aus dem AGG unmittelbar geltend machen können. AG können dann wählen, ob sie in einem Gerichtsverfahren die näheren Umstände offenlegen, um die Vermutung für eine diskriminierende Benachteiligung zu entkräften und ggf. einen Gegenbeweis zu führen, oder ob sie die nur ihnen bekannten Tatsachen für sich behalten und damit ihr Unterliegen in Kauf nehmen. In aller Regel aber wissen Bewerber:innen nicht, weshalb sie z. B. eine Einstellung oder Beförderung nicht erhalten und ob AG zu ihren Gunsten geltende Schutzvorschriften beachtet haben. Werden sie bei der Stellenbesetzung nicht berücksichtigt, steht jedenfalls die Benachteiligung als solche fest; es fehlen allein Informationen, ob ein geschütztes Merkmal Grund hierfür war. Nach unionsrechtlichen Vorgaben darf die Ausübung der durch die Richtlinie 2000/78/EG verliehenen Rechte weder praktisch unmöglich gemacht

135 BVerfG 16. 11. 93 – 1 BvR 258/86; BAG 28. 5. 09 – 8 AZR 536/08, Rn. 43.
136 BAG 12. 9. 07 – 9 AZR 807/05.
137 LAG Hessen 7. 11. 05 – 7 Sa 473/05.
138 EuGH 21. 7. 11 – C-104/10 – [Kelly], Rn. 34 f.; EuGH 19. 4. 12 – C-415/10 – [Meister], Rn. 46; BAG 25. 4. 13 – 8 AZR 287/08, Rn. 56.

noch übermäßig erschwert werden. Die neuere Rechtsprechung gewährt deshalb im Rahmen einer besonderen rechtlichen Beziehung im Fall einer **entschuldbaren Unkenntnis** der Betroffenen über Bestehen und Umfang ihrer Rechte einen Anspruch auf Auskunftserteilung gem. § 242 BGB, wenn die Existenz eines Leistungsanspruchs zumindest wahrscheinlich, die Auskunftserteilung für den Anspruchsgegner zumutbar ist und außerdem hierdurch keine allgemeinen Beweisgrundsätze unterlaufen werden.[139] Die Verweigerung jeden Zugangs zu Informationen gibt für sich genommen auch kein Indiz für eine Benachteiligung i. S. v. § 22; allerdings kann sie ein Gesichtspunkt sein, der im Rahmen des Nachweises der Tatsachen heranzuziehen ist, die das Vorliegen einer Diskriminierung vermuten lassen, nämlich dann, wenn andernfalls der Anspruch ins Leere liefe.[140]

Die Frage eines Auskunftsanspruchs nach den allgemeinen Rechtsgrundsätzen stellt sich zudem für die Frage der Benachteiligung selbst, für die § 22 nicht gilt (s. oben Rn. 7). Auch hier ist nach den genannten Grundsätzen ein Auskunftsanspruch **nach Treu und Glauben** (§ 242 BGB) zu bejahen, wenn die Auskunftserteilung für AG nicht mit einem unverhältnismäßigen Aufwand verbunden oder aus anderen Gründen unzumutbar ist.[141] Zu den speziellen Ansprüchen auf Informationen zum Entgelt aus § 10 EntgTranspG vgl. die Kommentierung unter § 2 Rn. 22c. 22

**Beispiel:**
P ist nach Abschluss ihres Betriebswirtschaftsstudiums bei U als Praktikantin tätig und erhält monatlich 400,00 Euro. Außer ihr sind im Betrieb zwei männliche Praktikanten mit gleicher Ausbildung tätig. Aufgrund einer wissenschaftlichen Studie steht fest, dass in Deutschland weibliche Praktikantinnen im Schnitt 543 Euro im Monat erhalten, während der Durchschnitt für männliche Praktikanten bei 741,00 Euro liegt.[142] P möchte gleiche Vergütung für gleiche Arbeit. Eine konkrete Vermutung für eine Benachteiligung wegen des Geschlechts wird

---

139 BAG 12.10.22 – 5 AZR 135/22: Hiernach können AN sowohl einen Auskunftsanspruch geltend machen, wenn sie keine Kenntnis über die Höhe der gewährten Leistungen haben und erst mit der Auskunft den Leistungsanspruch beziffern und begründen können, als auch ggf. direkt eine Leistung einfordern mit der Begründung, dass AG einer Gruppe von AN Leistungen gewähren und sie wegen eines Merkmals gem. § 1 davon ausnehmen. AG müssen dann die Behauptung der unzulässigen Ungleichbehandlung entkräften und Gründe für die unterschiedliche Behandlung bzw. Kriterien für die vorgenommene Gruppenbildung offenlegen.

140 EuGH 21.7.11 – C-104/10 – [Kelly] Rn. 34 f.; EuGH 19.4.12 – C-415/10 – [Meister], Rn. 44, 47; BAG 25.4.13 – 8 AZR 287/08, Rn. 59.

141 BAG 12.10.22 – 5 AZR 135/22, Rn. 23; BAG 26.4.23 – 5 AZR 137/22, Rn. 18 ff., 20; Grüneberg-Grüneberg, BGB, § 260 Rn. 4 ff., m. w. N.; s. auch die nach wie vor relevanten Erwägungen von Hanau, FS Gnade, S. 351 (362) und Wisskirchen, Mittelbare Diskriminierung von Frauen im Erwerbsleben, S. 171 ff.

142 Grün/Hecht, Berlin 2007.

durch die vorliegenden Zahlen nicht belegt. Eine persönliche Benachteiligung steht nicht fest, weil unklar ist, was die anderen Praktikanten verdienen. Weil aber durch die wissenschaftliche Untersuchung die statistisch relevante Benachteiligung von weiblichen Praktikantinnen feststeht und U ohne jeden Aufwand die Höhe der Vergütung der anderen Praktikanten mitteilen kann, die für die Prüfung eines Anspruchs der P Voraussetzung ist, hat P einen entsprechenden Auskunftsanspruch.

**23** Für einen Auskunftsanspruch gegenüber den potenziellen AG ist der **Rechtsweg** zu den Arbeitsgerichten gemäß § 2 Abs. 1 Nr. 3c ArbGG eröffnet. Wird ein vom AG beauftragter Dritter auf Auskunft in Anspruch genommen, besteht der Rechtsweg zur Zivilgerichtsbarkeit.[143] Der Auskunftsanspruch ist mit dem Zwang des Vollstreckungsrechts (i. d. R. Zwangsgeld) durchsetzbar.

**24** Alternativ zum Auskunftsanspruch können Betroffene i. R. der **abgestuften Darlegungs- und Beweislast** auch direkt ihre Ansprüche geltend machen und Vermutungstatsachen behaupten, über die sie mangels entsprechender Erkenntnisquellen oder Sachkunde kein zuverlässiges Wissen besitzen und auch nicht erlangen können. Die Grenze zum unzulässigen und damit unbeachtlichen Sachvortrag ist grundsätzlich erreicht, wenn die Partei ohne greifbare Anhaltspunkte für das Vorliegen eines bestimmten Sachverhalts willkürliche Behauptungen »aufs Geratewohl« oder »ins Blaue hinein« aufstellt.[144] Hiernach reicht die Rüge eines Verstoßes gegen Schutzvorschriften durch ein Bestreiten derer Einhaltung mit Nichtwissen, etwa dass Betriebsrat oder Schwerbehindertenvertretung den Vorgaben des § 164 SGB IX entsprechend über eine Bewerbung unterrichtet worden seien. AG müssen dann, weil es sich um Informationen in ihrer Sphäre handelt, die Einhaltung der Schutzvorschriften darlegen (sekundäre Darlegungslast).[145] Zum Nutzen einer Dokumentation des Auswahlprozesses durch AG s. § 15 Rn. 40. Die Beweislast für einen Verstoß liegt schließlich bei der anspruchstellenden Partei.

## § 23 Unterstützung durch Antidiskriminierungsverbände

**(1) Antidiskriminierungsverbände sind Personenzusammenschlüsse, die nicht gewerbsmäßig und nicht nur vorübergehend entsprechend ihrer Satzung die besonderen Interessen von benachteiligten Personen oder Personengruppen nach Maßgabe von § 1 wahrnehmen. Die Befug-**

143 BAG 27.8.08 – 5 AZB 71/08: Klage gegen einen Rechtsanwalt, der für seinen Mandanten eine Stellenanzeige aufgegeben hatte, auf Bekanntgabe dessen Identität.

144 BAG 14.6.23 – 8 AZR 136/22, Rn. 29.

145 BAG 14.6.23 – 8 AZR 136/22, Rn. 39, 44 ff.

**nisse nach den Absätzen 2 bis 4 stehen ihnen zu, wenn sie mindestens 75 Mitglieder haben oder einen Zusammenschluss aus mindestens sieben Verbänden bilden.**

**(2) Antidiskriminierungsverbände sind befugt, im Rahmen ihres Satzungszwecks in gerichtlichen Verfahren, als Beistände Benachteiligter in der Verhandlung aufzutreten. Im Übrigen bleiben die Vorschriften der Verfahrensordnungen, insbesondere derjenigen nach denen Beiständen weiterer Vortrag untersagt werden kann, unberührt.**

**(3) Antidiskriminierungsverbänden ist im Rahmen ihres Satzungszwecks die Besorgung von Rechtsangelegenheiten Benachteiligter gestattet.**

**(4) Besondere Klagerechte und Vertretungsbefugnisse von Verbänden zu Gunsten von behinderten Menschen bleiben unberührt.**

§ 23 regelt entsprechend den Vorgaben von Art. 7 Abs. 2 der Richtlinie 2000/43/EG (Antirassismus-Richtlinie), Art. 9 Abs. 2 der Richtlinie 2000/78/EG (Rahmen-Richtlinie Beschäftigung), Art. 6 Abs. 3 der Richtlinie 2002/73/EG (Änderung der Gender-Richtlinie), Art. 8 Abs. 3 der Richtlinie 2004/113/EG (Gleichbehandlungsrichtlinie wegen des Geschlechts außerhalb der Arbeitswelt) die **Mitwirkungsbefugnisse von Verbänden**, die sich die Bekämpfung von Benachteiligungen zur Aufgabe gemacht haben. Sie können sich zur Unterstützung Betroffener und mit deren Einwilligung an den zur Durchsetzung der Ansprüche vorgesehenen Verfahren beteiligen, haben jedoch **kein eigenes Klagerecht**.[1] Erklärtes Ziel des Gesetzgebers ist es, ein weiteres, richtlinienkonformes Instrument zur effektiven Durchsetzung des Gleichbehandlungsgrundsatzes zur Verfügung zu stellen, das die individualrechtlichen Ansprüche (§§ 15, 21), die Möglichkeiten der betrieblichen Interessenvertreter (§ 17) und die Tätigkeit der Antidiskriminierungsstelle (§§ 25 ff.) ergänzt. Die Evaluation des AGG ist allerdings zu dem Ergebnis gekommen, dass diese Ziele wesentlich besser erreicht würden, wenn den Antidiskriminierungsverbänden ein Verbandsklagerecht zur Verfügung gestellt würde.[2] 1

**Abs. 1 Satz 1** enthält eine **Legaldefinition der Antidiskriminierungsverbände**. Es muss sich um **Personenzusammenschlüsse** handeln, die **nicht gewerbsmäßig** und **nicht nur vorübergehend** die besonderen Interessen benachteiligter Personen oder Personengruppen wahrnehmen. Dadurch wird sichergestellt, dass sich nicht Vereine gründen, die ein eigenes wirtschaftliches Interesse an der Rechtswahrnehmung haben, wie bei Verstößen gegen das Wettbewerbsverbot. 2

---

1 LG Kiel 28.5.15 – 17 O 79/15.

2 Berghahn/Klapp/Tischbirek, Evaluation AGG, S. 159 ff.

3 Denkbar sind alle **Vereine**, die sich entsprechend ihrer Satzung um Personengruppen besonders kümmern, die eines der Merkmale des § 1 tragen, wie etwa Vereine, die sich der besonderen Interessen von Migrantinnen und Migranten annehmen, aber auch **Verbände**, die sich spezifisch für die Rechte von Frauen oder Männern, für die besonderen Interessen älterer Menschen, für Menschen mit Behinderungen oder für gleichgeschlechtliche Lebensweisen engagieren. Es gibt inzwischen viele Antidiskriminierungsverbände, die regional aktiv sind, und den Antidiskriminierungsverband Deutschland (advd) als Dachverband vieler unabhängiger Antidiskriminierungsbüros und -beratungsstellen. Fraglich ist, ob unter § 23 auch die großen Wohlfahrtsverbände fallen, die sich unter anderem für den Schutz von Personengruppen einsetzen, die eines der Merkmale tragen, wie z. B. im Rahmen der Schwangerenberatung für die Anliegen von Frauen oder im Rahmen einer Ausländerberatung für die Interessen ethnischer Gruppen. Hier wird es auf die Regelung in der Satzung ankommen und auch darauf, wie Satzungsbestimmungen auszulegen sind, die nicht eindeutig nur den Schutz einer bestimmten benachteiligten Gruppe zum Inhalt haben, aber bestimmte Dienstleistungen für eine benachteiligte Gruppe vorsehen. Auch Gewerkschaften sind Antidiskriminierungsverbände, soweit ihre Satzungen den besonderen Schutz von Personengruppen, die Merkmale des § 1 tragen, vorsehen.

4 Durch das Tatbestandsmerkmal »**nicht gewerbsmäßig**« sollen Verbände ausgeschlossen werden, die (auch) eigene gewerbliche Interessen haben und nicht nur die Interessen der Benachteiligten vertreten.[3]

5 **Abs. 1 Satz 2** normiert als Voraussetzungen für die Wahrnehmung der Befugnisse nach den Absätzen 2 bis 4 eine **Mindestgröße** für die Antidiskriminierungsverbände und fordert mindestens 75 Mitglieder oder bei Dachverbänden die Mitgliedschaft von 7 Verbänden. Der Gesetzgeber hat wegen der großen Heterogenität der in Frage kommenden Verbände von einem Listenverfahren entsprechend § 4 UKlaG oder einem Anerkennungsverfahren gem. § 13 Abs. 3 des Gesetzes zur Gleichstellung behinderter Menschen abgesehen und überlässt es den Gerichten, im Einzelfall die Voraussetzungen für die Vertretungsbefugnis zu prüfen (siehe dazu Rn. 6).[4] Die Prüfung kann sich im Einzelfall schwierig gestalten, da ungeklärt ist, in welcher Form im Bestreitensfall der Nachweis über die Mitgliedschaft geführt werden muss.

6 **Abs. 2** gibt den Antidiskriminierungsverbänden die Befugnis, bei **Gerichtsverfahren** als Beistände Benachteiligter in der Verhandlung aufzutreten. Eine formelle Anerkennung als Antidiskriminierungsverband ist dabei nicht erforderlich. Es reicht, wenn das Tätigwerden als Beistand in Gerichtsver-

---

3 So zu § 4 Abs. 2 UKlaG VG Köln 10.3.03 – 1 L 361/03.

4 BT-Drs. 16/1780 S. 48.

fahren satzungsmäßig vorgesehen ist und die nach Abs. 1 erforderliche Mindestgröße besteht. Das Vorliegen dieser Voraussetzungen ist von den Gerichten zu prüfen, die über den Streitfall zu entscheiden haben, an dem sich der Verband beteiligen möchte. Das BAG hat das Büro zur Umsetzung von Gleichbehandlung (BUG) e. V., Berlin, als Verband im Sinne des § 23 Abs. 1 S. 1 AGG angesehen und damit als Beistand (auch in der Revisionsinstanz) zugelassen.[5] Der Beistand tritt neben einer Partei zu ihrer Unterstützung auf, nicht an ihrer Stelle, sodass es lediglich des Einverständnisses der Betroffenen bedarf und keiner Vollmacht. Er darf alle Prozesshandlungen vornehmen, zu denen die mündliche Verhandlung Anlass bietet, wie etwa Sachverhaltsschilderungen und Antragstellungen. Gem. § 90 II ZPO gilt der Vortrag eines Beistands als Parteivortrag, falls diese nicht sofort berichtigt oder widerruft.[6] Die Bestimmung gilt nicht für das Strafverfahren. Die Vorschriften der Verfahrensordnungen, nach denen ungeeigneten Beiständen der weitere Vortrag untersagt werden kann, bleiben unberührt. Es besteht zudem die Möglichkeit, sich in der mündlichen Verhandlung vor dem **Amtsgericht** durch einen Verband als Beistand gem. § 90 ZPO vertreten zu lassen. Diese Vertretung ist nicht gem. § 157 Abs. 1 ZPO ausgeschlossen. Das Gericht kann nach § 157 Abs. 2 ZPO den weiteren Vortrag untersagen, wenn sich herausstellt, dass der Verband zu einem geeigneten Vortrag nicht in der Lage ist.

Auch vor dem **Arbeitsgericht** können die Verbände nach Abs. 2 lediglich **7** als Beistand die betroffenen Personen begleiten. Die ursprünglich in Abs. 2 ausdrücklich vorgesehene Möglichkeit der Prozessvertretung ist entfallen. Abs. 2 gilt neben der Regelung in § 11 Abs. 1 Satz 6 ArbGG mit der Folge, dass das Auftreten als Beistand nicht auf die 1. Instanz beschränkt ist.[7]

Nicht geregelt ist die Frage, ob die Verbände im Rahmen ihres Satzungs- **8** zwecks alle Personen vertreten dürfen, für deren Interessen sie eintreten, oder ob die Vertretung auf ihre Mitglieder beschränkt ist. Bei den vergleichbaren Regelungen im Gesetz gegen unlauteren Wettbewerb können die Verbände nur Mitglieder vertreten. Da der Wortlaut von § 23 keine solche Einschränkung vorsieht, können die Verbände grundsätzlich **auch Nichtmitglieder** vertreten.

Für die Wahrung der Frist zur Geltungsmachung von Ansprüchen auf Scha- **8a** densersatz gemäß § 15 Abs. 4 Satz 1 reicht ein Schreiben eines gemäß § 23 beauftragten Antidiskriminierungsverbands aus.[8]

---

5 BAG 19.12.13 – 6 AZR 190/12.

6 S. auch ErfK-Schlachter AGG § 23 Rn. 3.

7 BAG 19.12.13 – 6 AZR 190/12; a. A. Germelmann/Matthes/Prütting- Künzl ArbGG § 11 Rn. 136.

8 ArbG Berlin 28.3.12 – 55 Ca 2426/12, Rn. 45.

9 Nach **Abs. 3** können die Antidiskriminierungsverbände im Rahmen ihres Satzungszwecks unter **Freistellung vom Rechtsberatungsverbot** benachteiligte Personen außergerichtlich und gerichtlich beraten. Im Gegensatz zum früheren Entwurf eines Antidiskriminierungsgesetzes ist die Möglichkeit, abgetretene Forderungen durch die Verbände geltend zu machen, nicht mehr im Gesetzestext enthalten. Nach § 398 BGB kann aber eine Forderung durch Vertrag mit einem anderen auf diesen übertragen werden, ohne dass es einer besonderen Regelung bedarf. Damit ist auch weiterhin die Möglichkeit für Benachteiligte gegeben, ihre Geldforderungen an Dritte, also auch an die Verbände abzutreten, die die Forderungen geltend machen können.

10 Über die ausdrücklich in Abs. 2 und 3 beschriebenen Möglichkeiten der Beratung und Interessenvertretung hinaus haben die Verbände schon nach geltendem Recht **weitere Möglichkeiten**, sich aktiv für die Belange Benachteiligter einzusetzen. Die Möglichkeit einer Zusammenarbeit mit spezialisierten Rechtsanwältinnen und Rechtsanwälten, die in ihrer Prozessvertretung nicht beschränkt sind, bleibt von der Regelung des § 23 unberührt. Auch können die Verbände Verstöße gegen zivilrechtliche Benachteiligungsverbote nach dem UKlaG und dem UWG verfolgen, wenn sie die Voraussetzungen für die Eintragung in die Liste der qualifizierten Einrichtungen erfüllen.[9]

11 Mit **Abs. 4** wird klargestellt, dass die **Sonderstellung von Behindertenverbänden** auch und gerade in Bezug auf die Prozessstandschaft nach § 63 SGB IX erhalten bleibt.[10]

# Abschnitt 5
# Sonderregelungen für öffentlich-rechtliche Dienstverhältnisse

## § 24 Sonderregelung für öffentlich-rechtliche Dienstverhältnisse

**Die Vorschriften dieses Gesetzes gelten unter Berücksichtigung ihrer besonderen Rechtsstellung entsprechend für**

1. **Beamtinnen und Beamte des Bundes, der Länder, der Gemeinden, der Gemeindeverbände sowie der sonstigen der Aufsicht des Bundes oder eines Landes unterstehenden Körperschaften, Anstalten und Stiftungen des öffentlichen Rechts,**
2. **Richterinnen und Richter des Bundes und der Länder,**
3. **Zivildienstleistende sowie anerkannte Kriegsdienstverweigerer, soweit ihre Heranziehung zum Zivildienst betroffen ist.**

---

9 BT-Drs. 16/1780 S. 48.
10 BT-Drs. 16/1780 S. 48.

Entsprechend den Vorgaben der EU-Richtlinien werden **auch die öffentlich-rechtlichen Dienstverhältnisse**, die in den Nr. 1 bis 3 abschließend aufgezählt sind, von den Regelungen des AGG erfasst. Dies gilt sowohl für das Verbot der Benachteiligung als auch für die Ausnahmeregelungen und die Rechtsfolgen wie Ansprüche auf Schadensersatz und Entschädigung. 1

Eingeschränkt wird diese grundsätzliche Geltung allerdings dadurch, dass die Vorschriften nur »unter besonderer Berücksichtigung ihrer Rechtsstellung **entsprechend**« Anwendung finden sollen. Nach der Begründung zum Gesetzesentwurf soll dies insbesondere für das Leistungsverweigerungsrecht Auswirkungen haben, das für die Beschäftigten des Öffentlichen Dienstes keine Geltung erlangen soll, soweit dienstliche Belange entgegenstehen. Als Grund hierfür wird die Notwendigkeit der sachgerechten und kontinuierlichen Erfüllung öffentlicher Aufgaben mit Blick auf die Gemeinwohlverpflichtung angegeben.[1] Die Vorschriften bezüglich der Verpflichtungen der AG finden jedenfalls uneingeschränkt Anwendung.[2] Wegen Art. 33 Abs. 5 GG sind die hergebrachten Grundsätze des Berufsbeamtentums und die verfassungsrechtlich geschützte Stellung der Richter:innen, Art. 97 GG, zu berücksichtigen.[3] 2

Nach dieser Begründung muss für die Beschäftigten im öffentlichen Dienst gem. Nr. 1–3 genauso wie bei den Beschäftigten gem. § 6 in jedem Einzelfall eine **Güter- und Interessenabwägung** unter Berücksichtigung der jeweiligen konkreten Umstände erfolgen (s. hierzu Rn. 2 ff. zu § 14). Bei einer individuellen Benachteiligung dürfte in aller Regel keine andere Behandlung des Sachverhaltes in Betracht kommen als bei Beschäftigungsverhältnissen außerhalb des öffentlichen Dienstes. 3

**Beispiel:**
Eine Beamtin im Finanzamt wird sexuell belästigt. Der Dienstherr unterbindet die Belästigung nicht. Somit steht auch der Beamtin in aller Regel das Leistungsverweigerungsrecht neben dem Anspruch auf Schadensersatz oder Entschädigung zu. Es ist kaum anzunehmen, dass durch die Leistungsverweigerung die kontinuierliche und sachgerechte Erfüllung öffentlicher Aufgaben mehr gefährdet würde als wenn die Betroffene weiter der Belästigung ausgesetzt bliebe. Zudem hat es der Dienstherr selbst in der Hand, den rechtswidrigen Zustand abzustellen.[4]

Deshalb kann angenommen werden, dass nur ausnahmsweise und nur, wenn damit eine Gefahr für die Funktionsfähigkeit der öffentlichen Verwaltung 4

1 BT-Drs. 16/1780 S. 49.

2 So auch OVG Lüneburg 10.1.12 – 5 LB 9/10 für das Auswahlverfahren um die Stelle eines kommunalen Wahlbeamten.

3 Herberger/Martinek/Rüßmann/Weth/Würdinger, jurisPK-BGB, § 24, Rn. 6.

4 Für die Frage, welche Disziplinarmaßnahmen im Falle einer sexuellen Belästigung angemessen sind, s. BVerwG 16.7.09 – 2 AV 4/09, das ohne nähere Begründung das AGG heranzieht.

oder der Gerichte verbunden wäre, Beamt:innen und Richter:innen im Falle einer Benachteiligung anders zu behandeln sind als andere Beschäftigte.

5 Der **sachliche Anwendungsbereich** der Diskriminierungsverbote erstreckt sich auf die Ernennung, Beförderung, die Ausgestaltung der Arbeitsbedingungen, auf Besoldung und sonstiges Entgelt, auf die Mitgliedschaft in Vereinigungen sowie auf die Beendigung des Dienstverhältnisses.[5] In der Rechtsprechung wurde die diskriminierende Wirkung von **Altersstufen in den Besoldungssystemen** auch bei der besoldungsrechtlichen Ersteinstufung gesehen[6] (s. auch § 1 Rn. 35 und § 10 Rn. 19). Große Bedeutung für den **Kündigungsschutz von Schwerbehinderten** hat die Rechtsprechung des EuGH, nach der beim Schutz von Behinderten aufgrund des allgemeinen Gleichbehandlungsgrundsatzes nicht nach der Art des Beschäftigungsverhältnisses differenziert werden darf. Beamtinnen und Beamte dürfen also nicht von besonderen Schutzvorschriften wie z. B. dem besonderen Kündigungsschutz gem. §§ 168 ff. SGB IX ausgenommen werden, wenn kein anderweitiger, vergleichbarer Schutz besteht.[7] Der EuGH wendet damit im Ergebnis über die Anknüpfung an Art. 7 Abs. 2 RL 2000/78/EG im Lichte der UN-BRK den allgemeinen Gleichbehandlungsgrundsatz der EU-Grundrechtecharta im (öffentlichen) Arbeitsverhältnis an.[8] Zeitlich ist **das gesamte Beamtenverhältnis** einschließlich des Ruhestands vom Anwendungsbereich des AGG erfasst.

6 Die Regeln des Art. 33 Abs. 2 GG, dessen Konkretisierung in § 9 S. 1 BBG und § 2 BPersVG sowie die für Soldatinnen und Soldaten geltenden Gleichstellungs- und Gleichbehandlungsgesetze (SGleiG und SoldGG) gehen dem AGG als **lex specialis** vor, § 2 Abs. 3.[9]

7 § 24 ändert nichts daran, dass es an einer bürgerlichen Rechtsstreitigkeit zwischen AN und AG i. S. v. § 2 Abs. 1 Nr. 3 ArbGG fehlt, wenn es um Beamtenverhältnisse geht, sodass in diesem Fall der **Rechtsweg zu den Arbeitsgerichten nicht eröffnet** ist.[10] Die Rechtswegzuweisung nach § 54 Abs. 1 Beamtenstatusgesetz gilt umfassend und erfasst auch »vorbeamtenrechtliche« Entschädigungs- und Schadensersatzansprüche nach dem AGG wegen einer diskriminierenden Stellenausschreibung.[11]

---

5 Siehe § 2; zu den beamtenrechtlichen Besonderheiten Däubler/Beck-Mahlmann, AGG, § 24.

6 EuGH 9.9.15 – C-20/13 – [Unland]: Richterbesoldung; EuGH 19.6.14 – C-501/12 bis C-506/12, C-540/12, C-541/12 – [Specht u. a.]: Beamtenbesoldung; BVerwG 30.10.14 – 2 C 3/13: Beamtenbesoldung; BVerwG 6.4017 – 2 C 11/16: zum BAT; OVG NRW 24.5.17 – 1 A 2493/15: zur Richterbesoldung NRW; OVG NRW 8.2.17 – 3 A 1972/15: Besoldung nach Altersstufen für Landesbeamte; OVG NRW 8.2.17 – 3 A 80/16: zur Besoldung von Kommunalbeamten; OVG NRW 31.10.23 – 3 A 2043/22, Rn. 121: Besoldung von Lehrkräften.

7 EuGH 9.3.17 – C-406/15 – [Milkova]; Köhlert, NZA-RR 2018, 113; v. Roetteken, jurisPR-ArbR 16/17, Anm. 4; Schmitt, BB 2017, 2293.

# Abschnitt 6
# Antidiskriminierungsstelle des Bundes und Unabhängige Bundesbeauftragte oder Unabhängiger Bundesbeauftragter für Antidiskriminierung

## Vor §§ 25–30

**Abschnitt 6** wurde 2022 reformiert[1] und regelt die Ausgestaltung und Organisation der erforderlichen unabhängigen Stelle, deren Einrichtung nach Art. 13 der Richtlinie 2000/43/EG Antirassismusrichtlinie und Art. 8a der Richtlinie 2002/73/EG (Änderung der Genderrichtlinie), sowie Art. 12 der Richtlinie 2004/113/EG (Gleichbehandlungsrichtlinie wegen des Geschlechts außerhalb der Arbeitswelt) vorgeschrieben ist. 1

Gem. § 25 Abs. 1 wird die **Antidiskriminierungsstelle** (ADS) bei dem Bundesministerium für Familie, Senioren, Frauen und Jugend angesiedelt und von diesem mit Personal und Sachmitteln ausgestattet. Die Evaluation des AGG[2] hat allerdings gezeigt, dass das Budget der ADS bisher – im Jahr 2015 waren es 3,7 Mio. Euro – unterhalb des EU-Durchschnitts lag und dies, gemessen an den Bedarfen und der Größe der Wohnbevölkerung der Bundesrepublik, zu gering ist.[3] 2022 wurde folgerichtig eine deutliche Aufstockung der Mittel für 2023 auf über 13 Millionen beschlossen, darunter Forschungsgelder und Budget für den Aufbau des von der Evaluation dringend empfohlenen Netzwerks von Beratungsstellen in den Ländern.[4] 2

Die **Leitung der Antidiskriminierungsstelle** obliegt seit der diesbezüglichen Reform des AGG im Jahr 2022 der oder dem **»Unabhängigen Bundesbeauftragten für Antidiskriminierung«, § 25 Abs. 3**. Diese/r wird nach der Reform des § 26 auf Vorschlag der Bundesregierung nicht mehr wie zuvor durch das Bundesministerium für Familie, Senioren, Frauen und Jugend bestellt, sondern **durch den Bundestag gewählt**, § 26 Abs. 1 – 3, und 3

---

8 Köhlert, NZA-RR 2018, 113.

9 Zum Verhältnis zu Art. 33 GG ausführlich Däubler/Beck-Mahlmann, AGG, § 24 Rn. 2 ff.

10 LAG München 10. 12. 08 – 3 Ta 467/08.

11 LAG Rostock 2. 1. 18 – 3 Ta 51/17; dazu Tiedemann, jurisPR-ArbR 16/2018 Anm. 4.

1 Gesetz zur Änderung des AGG vom 23. 5. 2022, Bundesgesetzblatt Jahrgang 2022 Teil I Nr. 17.

2 Berghahn/Klapp/Tischbirek, Evaluation AGG, 2016.

3 Berghahn/Klapp/Tischbirek, Evaluation AGG, 2016, S. 200 ff; Brors, Evaluation AGG, 20. 6. 2022, S. 127 f., mit Verweis auch auf den Migrant Integration Policy Index 2020, *https://www.mipex.eu/anti-discrimination* und die ECRI-Empfehlung Nr. 2, Kapitel A, Prinzip 5.1.

4 Haushaltsgesetz 2023, BTDrs. 20/3100 vom 5. 8. 2022.

durch den oder die Bundespräsident:in vereidigt und ernannt. Die Amtszeit beträgt fünf Jahre, § 26b. Der Evaluationsbericht aus 2016 kam zu dem Ergebnis, dass die Einrichtung der ADS zwar den Vorgaben der Richtlinien genügt – dennoch wurde empfohlen, die ADS in eine eigenständige oberste Bundesbehörde umzuwandeln, um die Unabhängigkeit sowie die demokratische Legitimation der Stelle zu stärken.[5] Dabei wird zu Recht darauf hingewiesen, dass die Stelle auch mit Diskriminierungen im Bereich der Behörde selbst befasst sein kann. Dieser Empfehlung kam die Reform 2022 zwar nicht nach, die Stellung der oder des Unabhängigen Beauftragten wurde dennoch gestärkt, die Amtsbefugnisse in § 28 erweitert und die Beteiligungsrechte auf Bundesebene gestärkt. Explizites Ziel der Reform war, der fachlichen Expertise dieser Funktion im politischen Meinungsbildungsprozess mehr Gewicht beizumessen.[6] In §§ 26a bis i sind nun die Rechte und Pflichten der ADS geregelt. Ein Ausbau ihrer rechtlichen Handlungsmöglichkeiten ist nach wie vor Gegenstand rechtspolitischer Debatten.[7]

**4** Aufgabe der ADS ist es, gem. § 27 **wissenschaftliche Untersuchungen** zum Thema Diskriminierung durchzuführen und durch **Öffentlichkeitsarbeit** für das Thema zu sensibilisieren; hierfür spielt auch die oder der Unabhängige Beauftragte eine zentrale Rolle. Zusätzlich zu den Verbänden soll die Stelle neben den Beauftragten der Bundesregierung auch in konkreten Einzelfällen durch Beratung, konkrete Hilfe und Schlichtung Unterstützung bieten. Anders als in anderen EU-Ländern hat die ADS nach wie vor **keine Sanktions- oder Klagebefugnisse**. Mit Blick auf ihre Funktion als Schlichtungs- und Unterstützungsstelle wird das zu Recht kritisiert.[8] § 27 Abs. 2 Satz 2 AGG gibt der ADS **kein Mandat zur formalen Rechtsberatung**.[9] Laut der Gesetzesbegründung ist ein niedrigschwelliges Beratungsangebot zur Klärung der Situation und zu den Möglichkeiten des rechtlichen Vorgehens vorgesehen.[10] Obwohl die ADS auf ihrer Homepage Kontaktformulare zur Verfügung stellt und eine Beratungshotline eingerichtet hat,[11] kam die Evaluation des AGG zu dem Ergebnis, dass der Beratungsumfang unzureichend ist.[12] Die Auswertung der eingehenden Beratungsanfragen dienen der Analyse der Diskriminierungserfahrungen in Deutschland.

---

5 Ausführlich mit vielen Quellen: Brors, Evaluation AGG, 20.6.2022, S. 111 ff; unter Verweis auf das Modell der Bundesbeauftragten für Datenschutz Berghahn/Klapp/Tischbirek, Evaluation AGG, 2016, S. 176.

6 Gesetzesentwurf zur Änderung des AGG, BTDrs. 20/1332.

7 Siehe etwa BTDrs. 20/2696.

8 Berghahn/Klapp/Tischbirek, Evaluation AGG, 2016, S. 193 ff. mit dem Vorschlag, ein »kleines Verbandsklagerecht« der ADS zu normieren.

9 Däubler/Beck-Ernst, AGG, § 27 Rn. 5.

10 BT-Drs. 16/1780, S. 50.

11 *www.antidiskriminierungsstelle.de.*

12 Berghahn/Klapp/Tischbirek, Evaluation AGG, S. 185 ff.

Die Arbeitsweise der ADS soll nach den neuen Richtlinien des Rates sowie des Europäischen Parlaments vom 7. bzw. 14.5.2024 (RiLi 2024/1499 und RiLi 2024/1500, in Geltung seit 18.6.2024, umzusetzen bis 19.6.2026) konkretisiert und unionsweit wirksamer ausgestaltet werden. Ein Referentenentwurf des Bundesministeriums für Familie, Senioren, Frauen und Jugend zur **Umsetzung der Richtlinien über Standards für Gleichbehandlungsstellen** vom 4.10.2024 sah daher zahlreiche Ergänzungen in den §§ 25ff. vor. Das Gesetzgebungsverfahren wurde jedoch Ende 2024 nicht fortgeführt und die Umsetzung der Richtlinien steht nach wie vor aus. **4a**

Die oder der Unabhängige Beauftragte ist bei der Ausübung des Amtes **unabhängig und nur dem Gesetz unterworfen**, § 26a. Die Antidiskriminierungsstelle und die in ihrem Zuständigkeitsbereich betroffenen **Beauftragten der Bundesregierung und des Bundestages** legen diesem alle vier Jahre einen **Bericht** über Benachteiligungen vor und schlagen Maßnahmen zu deren Beseitigung vor, § 27 Abs. 4.[13] Gem. § 28 Abs. 1 ist die oder der Unabhängige Beauftragte bei allen Vorhaben, die ihre oder seine Aufgaben berühren, **zu beteiligen**; er/sie kann um **Stellungnahmen ersuchen** (§ 28 Abs. 3), und alle Bundesministerien, sonstigen Bundesbehörden und öffentlichen Stellen im Bereich des Bundes sind verpflichtet, die oder den Beauftragten bei der Erfüllung der Aufgaben zu unterstützen, insbesondere erforderliche **Auskünfte zu erteilen**, § 28 Abs. 4. Um die Effektivität der ADS zu stärken, sollte das Auskunftsrecht um ein explizites Recht auf Akteneinsicht ergänzt werden und die ADS sollte gegenüber öffentlichen Stellen des Bundes ein Beanstandungsrecht haben, wenn sie Kenntnis von Verstößen gegen das AGG erhält.[14] **5**

Die ADS soll eine breitere Wirkung durch Zusammenarbeit mit **Nichtregierungsorganisationen** gem. § 29 sowie **Einrichtungen auf nationaler und europäischer Ebene** erzielen. Gemäß der europäischen Richtlinien[15] ist es Aufgabe der Mitgliedsstaaten, den Dialog zu führen mit geeigneten Nichtregierungsorganisationen (NGOs), die an den vom Anwendungsbereich der Richtlinien erfassten Diskriminierungskategorien ein rechtmäßiges Interesse haben und sich an der Bekämpfung von Diskriminierung beteiligen.[16] Damit ist ein umfassender Auftrag an die Antidiskriminierungsstelle erteilt.[17] Die Evaluationen des AGG sowie der Bericht der ADS aus 2021 haben jedoch ergeben, dass die Zusammenarbeit – die u.a. von Beratungsstellen **6**

---

13 Zuletzt: Antidiskriminierungsstelle des Bundes, Diskriminierung in Deutschland – Erfahrungen, Risiken und Fallkonstellation, 2023.

14 Brors, Evaluation AGG, 20.6.2022, S. 121.

15 Art. 12 RL 2000/43/EG, Art. 14 RL 2000/78/EG, Art. 11 RL 2004/113/EG und Art. 22 RL 2006/54/EG.

16 Brors, Evaluation AGG, 20.6.2022, S. 126f, Berghahn/Klapp/Tischbirek, Evaluation AGG, 2016, S. 181.

17 Däubler/Beck-Ernst, AGG, § 29 Rn. 2.

und Rechtsanwält:innen als positiv bewertet wurde – einer Intensivierung bedarf, um dem Ziel des Gesetzes gerecht zu werden.[18]

6a Dem gleichen Zweck wie § 29 dient gem. § 30 die Beiordnung eines **Beirates** mit beratender Funktion, der aus maximal 16 Personen besteht, die die gesellschaftlichen Gruppen und Organisationen repräsentieren sollen und in den außerdem Expertinnen und Experten in Benachteiligungsfragen berufen werden.

6b Während der Start der Antidiskriminierungsstelle zunächst schwierig war und ihre Existenz in der Öffentlichkeit kaum wahrgenommen wurde, hat sich dies inzwischen geändert. Der zunächst angestrebte »Pakt mit der Wirtschaft« ist nie zustande gekommen.[19] Die Stelle widmet sich verstärkt der Einzelfallberatung und der Aufbereitung der Rechtsprechung. Sie hat zahlreiche Publikationen zum Antidiskriminierungsrecht herausgegeben und ein Grundlagenpapier zur Reform des AGG vorgelegt.[20] Alles wird übersichtlich auf der Homepage unter *www.antidiskriminierungsstelle.de* dokumentiert und kostenlos zur Verfügung gestellt. Mit einem gut konzipierten Newsletter, der kostenlos auf der Seite abonniert werden kann, ergänzt die Stelle ihr deutlich verbessertes Serviceangebot. Darüber hinaus unterstützt die Stelle aber auch durch verschiedene Forschungsprojekte, die politische Bildung sowie die Weiterentwicklung eines effektiven Schutzes vor Diskriminierung und die Erleichterung der Rechtsdurchsetzung.

7 Der Evaluationsbericht zum AGG regt an, Regionalstellen der ADS einzurichten, um so das **Defizit an antidiskriminierungsrechtlichen Beratungsstellen** auszugleichen, das der Bericht festgestellt hat.[21]

## § 25 Antidiskriminierungsstelle des Bundes

**(1) Beim Bundesministerium für Familie, Senioren, Frauen und Jugend wird unbeschadet der Zuständigkeit der Beauftragten des Deutschen Bundestages oder der Bundesregierung die Stelle des Bundes zum Schutz vor Benachteiligungen wegen eines in § 1 genannten Grundes (Antidiskriminierungsstelle des Bundes) errichtet.**
**(2) Der Antidiskriminierungsstelle des Bundes ist die für die Erfüllung ihrer Aufgaben notwendige Personal- und Sachausstattung zur Verfügung**

18 Berghahn/Klapp/Tischbirek, Evaluation AGG, 2016, S. 197ff.; Antidiskriminierungsstelle des Bundes, Diskriminierung in Deutschland – Erfahrungen, Risiken und Fallkonstellation, 2023.

19 Kritisch zur Bedeutung der ADS für die Effizienz des Diskriminierungsschutzes Wenckebach in AuR 08, 340, mit einem Vergleich zu den in GB und Österreich geltenden Regelungen.

20 PM der ADS vom 19.7.2023.

21 Brors, Evaluation AGG, 20.6.2022, S. 125, Berghahn/Klapp/Tischbirek, Evaluation AGG, 2016, S. 173.

zu stellen. Sie ist im Einzelplan des Bundesministeriums für Familie, Senioren, Frauen und Jugend in einem eigenen Kapitel auszuweisen.
(3) Die Antidiskriminierungsstelle des Bundes wird von der oder dem Unabhängigen Bundesbeauftragten für Antidiskriminierung geleitet.

## § 26 Wahl der oder des Unabhängigen Bundesbeauftragten für Antidiskriminierung; Anforderungen

(1) Die oder der Unabhängige Bundesbeauftragte für Antidiskriminierung wird auf Vorschlag der Bundesregierung vom Deutschen Bundestag gewählt.
(2) Über den Vorschlag stimmt der Deutsche Bundestag ohne Aussprache ab.
(3) Die vorgeschlagene Person ist gewählt, wenn für sie mehr als die Hälfte der gesetzlichen Zahl der Mitglieder des Deutschen Bundestages gestimmt hat.
(4) Die oder der Unabhängige Bundesbeauftragte für Antidiskriminierung muss zur Erfüllung ihrer oder seiner Aufgaben und zur Ausübung ihrer oder seiner Befugnisse über die erforderliche Qualifikation, Erfahrung und Sachkunde insbesondere im Bereich der Antidiskriminierung verfügen. Insbesondere muss sie oder er über durch einschlägige Berufserfahrung erworbene Kenntnisse des Antidiskriminierungsrechts verfügen und die Befähigung für die Laufbahn des höheren nichttechnischen Verwaltungsdienstes des Bundes haben.

## § 26a Rechtsstellung der oder des Unabhängigen Bundesbeauftragten für Antidiskriminierung

(1) Die oder der Unabhängige Bundesbeauftragte für Antidiskriminierung steht nach Maßgabe dieses Gesetzes in einem öffentlich-rechtlichen Amtsverhältnis zum Bund. Sie oder er ist bei der Ausübung ihres oder seines Amtes unabhängig und nur dem Gesetz unterworfen.
(2) Die oder der Unabhängige Bundesbeauftragte für Antidiskriminierung untersteht der Rechtsaufsicht der Bundesregierung.

## § 26b Amtszeit der oder des Unabhängigen Bundesbeauftragten für Antidiskriminierung

(1) Die Amtszeit der oder des Unabhängigen Bundesbeauftragten für Antidiskriminierung beträgt fünf Jahre.
(2) Eine einmalige Wiederwahl ist zulässig.
(3) Kommt vor Ende des Amtsverhältnisses eine Neuwahl nicht zustande, so führt die oder der bisherige Unabhängige Bundesbeauftragte

für Antidiskriminierung auf Ersuchen der Bundespräsidentin oder des Bundespräsidenten die Geschäfte bis zur Neuwahl fort.

## § 26c Beginn und Ende des Amtsverhältnisses der oder des Unabhängigen Bundesbeauftragten für Antidiskriminierung; Amtseid

(1) Die oder der nach § 26 Gewählte ist von der Bundespräsidentin oder dem Bundespräsidenten zu ernennen. Das Amtsverhältnis der oder des Unabhängigen Bundesbeauftragten für Antidiskriminierung beginnt mit der Aushändigung der Ernennungsurkunde.
(2) Die oder der Unabhängige Bundesbeauftragte für Antidiskriminierung leistet vor der Bundespräsidentin oder dem Bundespräsidenten folgenden Eid: »Ich schwöre, dass ich meine Kraft dem Wohl des deutschen Volkes widmen, seinen Nutzen mehren, Schaden von ihm wenden, das Grundgesetz und die Gesetze des Bundes wahren und verteidigen, meine Pflichten gewissenhaft erfüllen und Gerechtigkeit gegen jedermann üben werde. So wahr mir Gott helfe.« Der Eid kann auch ohne religiöse Beteuerung geleistet werden.
(3) Das Amtsverhältnis endet
1. regulär mit dem Ablauf der Amtszeit oder
2. wenn die oder der Unabhängige Bundesbeauftragte für Antidiskriminierung vorzeitig aus dem Amt entlassen wird.

(4) Entlassen wird die oder der Unabhängige Bundesbeauftragte für Antidiskriminierung
1. auf eigenes Verlangen oder
2. auf Vorschlag der Bundesregierung, wenn die oder der Unabhängige Bundesbeauftragte für Antidiskriminierung eine schwere Verfehlung begangen hat oder die Voraussetzungen für die Wahrnehmung ihrer oder seiner Aufgaben nicht mehr erfüllt.

Die Entlassung erfolgt durch die Bundespräsidentin oder den Bundespräsidenten.
(5) Im Fall der Beendigung des Amtsverhältnisses vollzieht die Bundespräsidentin oder der Bundespräsident eine Urkunde. Die Entlassung wird mit der Aushändigung der Urkunde wirksam.

## § 26d Unerlaubte Handlungen und Tätigkeiten der oder des Unabhängigen Bundesbeauftragten für Antidiskriminierung

(1) Die oder der Unabhängige Bundesbeauftragte für Antidiskriminierung darf keine Handlungen vornehmen, die mit den Aufgaben des Amtes nicht zu vereinbaren sind.
(2) Die oder der Unabhängige Bundesbeauftragte für Antidiskriminierung darf während der Amtszeit und während einer anschließenden

Geschäftsführung keine anderen Tätigkeiten ausüben, die mit dem Amt nicht zu vereinbaren sind, unabhängig davon, ob es entgeltliche oder unentgeltliche Tätigkeiten sind. Insbesondere darf sie oder er

1. kein besoldetes Amt, kein Gewerbe und keinen Beruf ausüben,
2. nicht dem Vorstand, Aufsichtsrat oder Verwaltungsrat eines auf Erwerb gerichteten Unternehmens, nicht einer Regierung oder einer gesetzgebenden Körperschaft des Bundes oder eines Landes angehören und
3. nicht gegen Entgelt außergerichtliche Gutachten abgeben.

## § 26e Verschwiegenheitspflicht der oder des Unabhängigen Bundesbeauftragten für Antidiskriminierung

(1) Die oder der Unabhängige Bundesbeauftragte für Antidiskriminierung ist verpflichtet, über die Angelegenheiten, die ihr oder ihm im Amt oder während einer anschließenden Geschäftsführung bekannt werden, Verschwiegenheit zu bewahren. Dies gilt nicht für Mitteilungen im dienstlichen Verkehr oder für Tatsachen, die offenkundig sind oder ihrer Bedeutung nach keiner Geheimhaltung bedürfen. Die oder der Unabhängige Bundesbeauftragte für Antidiskriminierung entscheidet nach pflichtgemäßem Ermessen, ob und inwieweit sie oder er über solche Angelegenheiten vor Gericht oder außergerichtlich aussagt oder Erklärungen abgibt.

(2) Die Pflicht zur Verschwiegenheit gilt auch nach Beendigung des Amtsverhältnisses oder nach Beendigung einer anschließenden Geschäftsführung. In Angelegenheiten, für die die Pflicht zur Verschwiegenheit gilt, darf vor Gericht oder außergerichtlich nur ausgesagt werden und dürfen Erklärungen nur abgegeben werden, wenn dies die oder der amtierende Unabhängige Bundesbeauftragte für Antidiskriminierung genehmigt hat.

(3) Unberührt bleibt die Pflicht, bei einer Gefährdung der freiheitlichen demokratischen Grundordnung für deren Erhaltung einzutreten und die gesetzlich begründete Pflicht, Straftaten anzuzeigen.

## § 26f Zeugnisverweigerungsrecht der oder des Unabhängigen Bundesbeauftragten für Antidiskriminierung

(1) Die oder der Unabhängige Bundesbeauftragte für Antidiskriminierung ist berechtigt, über Personen, die ihr oder ihm in ihrer oder seiner Eigenschaft als Leitung der Antidiskriminierungsstelle des Bundes Tatsachen anvertraut haben, sowie über diese Tatsachen selbst das Zeugnis zu verweigern. Soweit das Zeugnisverweigerungsrecht der oder des Unabhängigen Bundesbeauftragten für Antidiskriminierung reicht, darf

von ihr oder ihm nicht gefordert werden, Akten oder andere Dokumente vorzulegen oder herauszugeben.

(2) Das Zeugnisverweigerungsrecht gilt auch für die der oder dem Unabhängigen Bundesbeauftragten für Antidiskriminierung zugewiesenen Beschäftigten mit der Maßgabe, dass über die Ausübung dieses Rechts die oder der Unabhängige Bundesbeauftragte für Antidiskriminierung entscheidet.

## § 26g Anspruch der oder des Unabhängigen Bundesbeauftragten für Antidiskriminierung auf Amtsbezüge, Versorgung und auf andere Leistungen

(1) Die oder der Unabhängige Bundesbeauftragte für Antidiskriminierung erhält Amtsbezüge entsprechend dem Grundgehalt der Besoldungsgruppe B 6 und den Familienzuschlag entsprechend den §§ 39 bis 41 des Bundesbesoldungsgesetzes.

(2) Der Anspruch auf die Amtsbezüge besteht für die Zeit vom ersten Tag des Monats, in dem das Amtsverhältnis beginnt, bis zum letzten Tag des Monats, in dem das Amtsverhältnis endet. Werden die Geschäfte über das Ende des Amtsverhältnisses hinaus noch bis zur Neuwahl weitergeführt, so besteht der Anspruch für die Zeit bis zum letzten Tag des Monats, in dem die Geschäftsführung endet. Bezieht die oder der Unabhängige Bundesbeauftragte für Antidiskriminierung für einen Zeitraum, für den sie oder er Amtsbezüge erhält, ein Einkommen aus einer Verwendung im öffentlichen Dienst, so ruht der Anspruch auf dieses Einkommen bis zur Höhe der Amtsbezüge. Die Amtsbezüge werden monatlich im Voraus gezahlt.

(3) Für Ansprüche auf Beihilfe und Versorgung gelten § 12 Absatz 6, die §§ 13 bis 18 und 20 des Bundesministergesetzes entsprechend mit der Maßgabe, dass an die Stelle der vierjährigen Amtszeit in § 15 Absatz 1 des Bundesministergesetzes eine Amtszeit als Unabhängige Bundesbeauftragte oder Unabhängiger Bundesbeauftragter für Antidiskriminierung von fünf Jahren tritt. Ein Anspruch auf Übergangsgeld besteht längstens bis zum Ablauf des Monats, in dem die für Bundesbeamtinnen und Bundesbeamte geltende Regelaltersgrenze nach § 51 Absatz 1 und 2 des Bundesbeamtengesetzes vollendet wird. Ist § 18 Absatz 2 des Bundesministergesetzes nicht anzuwenden, weil das Beamtenverhältnis einer Bundesbeamtin oder eines Bundesbeamten nach Beendigung des Amtsverhältnisses als Unabhängige Bundesbeauftragte oder Unabhängiger Bundesbeauftragter für Antidiskriminierung fortgesetzt wird, dann ist die Amtszeit als Unabhängige Bundesbeauftragte oder Unabhängiger Bundesbeauftragter für Antidiskriminierung bei der wegen Eintritt oder Versetzung der Bundesbeamtin oder des Bundesbeamten in den Ruhe-

stand durchzuführenden Festsetzung des Ruhegehalts als ruhegehaltfähige Dienstzeit zu berücksichtigen.

(4) Die oder der Unabhängige Bundesbeauftragte für Antidiskriminierung erhält Reisekostenvergütung und Umzugskostenvergütung entsprechend den für Bundesbeamtinnen und Bundesbeamte geltenden Vorschriften.

Zur Abmilderung der Folgen der gestiegenen Verbraucherpreise werden der oder dem Unabhängigen Bundesbeauftragten für Antidiskriminierung in entsprechender Anwendung des § 14 Absatz 4 bis 8 des Bundesbesoldungsgesetzes die folgenden Sonderzahlungen gewährt:

1. für den Monat Juni 2023 eine einmalige Sonderzahlung in Höhe von 1240 Euro sowie
2. für die Monate Juli 2023 bis Februar 2024 eine monatliche Sonderzahlung in Höhe von jeweils 220 Euro.

## § 26h Verwendung der Geschenke an die Unabhängige Bundesbeauftragte oder den Unabhängigen Bundesbeauftragten für Antidiskriminierung

(1) Erhält die oder der Unabhängige Bundesbeauftragte für Antidiskriminierung ein Geschenk in Bezug auf das Amt, so muss sie oder er dies der Präsidentin oder dem Präsidenten des Deutschen Bundestages mitteilen.

(2) Die Präsidentin oder der Präsident des Deutschen Bundestages entscheidet über die Verwendung des Geschenks. Sie oder er kann Verfahrensvorschriften erlassen.

## § 26i Berufsbeschränkung

(1) Die oder der Unabhängige Bundesbeauftragte für Antidiskriminierung ist verpflichtet, eine beabsichtigte Erwerbstätigkeit oder sonstige entgeltliche Beschäftigung außerhalb des öffentlichen Dienstes, die innerhalb der ersten 18 Monate nach dem Ende der Amtszeit oder einer anschließenden Geschäftsführung aufgenommen werden soll, schriftlich oder elektronisch gegenüber der Präsidentin oder dem Präsidenten des Deutschen Bundestages anzuzeigen. Die Präsidentin oder der Präsident des Deutschen Bundestages kann der oder dem Unabhängigen Bundesbeauftragten für Antidiskriminierung die beabsichtigte Erwerbstätigkeit oder sonstige entgeltliche Beschäftigung untersagen, soweit zu besorgen ist, dass öffentliche Interessen beeinträchtigt werden. Von einer Beeinträchtigung ist insbesondere dann auszugehen, wenn die beabsichtigte Erwerbstätigkeit oder sonstige entgeltliche Beschäftigung in Angelegenheiten oder Bereichen ausgeführt werden soll, in denen die oder der

Unabhängige Bundesbeauftragte für Antidiskriminierung während der Amtszeit oder einer anschließenden Geschäftsführung tätig war. Eine Untersagung soll in der Regel die Dauer von einem Jahr nach dem Ende der Amtszeit oder einer anschließenden Geschäftsführung nicht überschreiten. In Fällen der schweren Beeinträchtigung öffentlicher Interessen kann eine Untersagung auch für die Dauer von bis zu 18 Monaten ausgesprochen werden.

## § 27 Aufgaben der Antidiskriminierungsstelle des Bundes

(1) Wer der Ansicht ist, wegen eines in § 1 genannten Grundes benachteiligt worden zu sein, kann sich an die Antidiskriminierungsstelle des Bundes wenden. An die Antidiskriminierungsstelle des Bundes können sich auch Beschäftigte wenden, die der Ansicht sind, benachteiligt worden zu sein auf Grund

1. der Beantragung oder Inanspruchnahme einer Freistellung von der Arbeitsleistung oder der Anpassung der Arbeitszeit als Eltern oder pflegende Angehörige nach dem Bundeselterngeld- und Elternzeitgesetz, dem Pflegezeitgesetz oder dem Familienpflegezeitgesetz,
2. des Fernbleibens von der Arbeit nach § 2 des Pflegezeitgesetzes oder
3. der Verweigerung ihrer persönlich zu erbringenden Arbeitsleistung aus dringenden familiären Gründen nach § 275 Absatz 3 des Bürgerlichen Gesetzbuchs, wenn eine Erkrankung oder ein Unfall ihre unmittelbare Anwesenheit erforderten.

(2) Die Antidiskriminierungsstelle des Bundes unterstützt auf unabhängige Weise Personen, die sich nach Absatz 1 an sie wenden, bei der Durchsetzung ihrer Rechte zum Schutz vor Benachteiligungen. Hierbei kann sie insbesondere

1. über Ansprüche und die Möglichkeiten des rechtlichen Vorgehens im Rahmen gesetzlicher Regelungen zum Schutz vor Benachteiligungen informieren,
2. Beratung durch andere Stellen vermitteln,
3. eine gütliche Beilegung zwischen den Beteiligten anstreben.

Soweit Beauftragte des Deutschen Bundestages oder der Bundesregierung zuständig sind, leitet die Antidiskriminierungsstelle des Bundes die Anliegen der in Absatz 1 genannten Personen mit deren Einverständnis unverzüglich an diese weiter.

(3) Die Antidiskriminierungsstelle des Bundes nimmt auf unabhängige Weise folgende Aufgaben wahr, soweit nicht die Zuständigkeit der Beauftragten der Bundesregierung oder des Deutschen Bundestages berührt sind:

1. Öffentlichkeitsarbeit,
2. Maßnahmen zur Verhinderung von Benachteiligungen aus den in § 1 genannten Gründen sowie von Benachteiligungen von Beschäftigten gemäß Absatz 1 Satz 2,
3. Durchführung wissenschaftlicher Untersuchungen zu diesen Benachteiligungen.

(4) Die Antidiskriminierungsstelle des Bundes und die in ihrem Zuständigkeitsbereich betroffenen Beauftragten der Bundesregierung und des Deutschen Bundestages legen gemeinsam dem Deutschen Bundestag alle vier Jahre Berichte über Benachteiligungen aus den in § 1 genannten Gründen sowie über Benachteiligungen von Beschäftigten gemäß Absatz 1 Satz 2 vor und geben Empfehlungen zur Beseitigung und Vermeidung dieser Benachteiligungen. Sie können gemeinsam wissenschaftliche Untersuchungen zu Benachteiligungen durchführen.

(5) Die Antidiskriminierungsstelle des Bundes und die in ihrem Zuständigkeitsbereich betroffenen Beauftragten der Bundesregierung und des Deutschen Bundestages sollen bei Benachteiligungen aus mehreren der in § 1 genannten Gründe zusammenarbeiten.

## § 28 Amtsbefugnisse der oder des Unabhängigen Bundesbeauftragten für Antidiskriminierung und Pflicht zur Unterstützung durch Bundesbehörden und öffentliche Stellen des Bundes

(1) Die oder der Unabhängige Bundesbeauftragte für Antidiskriminierung ist bei allen Vorhaben, die ihre oder seine Aufgaben berühren, zu beteiligen. Die Beteiligung soll möglichst frühzeitig erfolgen. Sie oder er kann der Bundesregierung Vorschläge machen und Stellungnahmen zuleiten.

(2) Die oder der Unabhängige Bundesbeauftragte für Antidiskriminierung informiert die Bundesministerien – vorbehaltlich anderweitiger gesetzlicher Bestimmungen – frühzeitig in Angelegenheiten von grundsätzlicher politischer Bedeutung, soweit Aufgaben der Bundesministerien betroffen sind.

In den Fällen, in denen sich eine Person wegen einer Benachteiligung an die Antidiskriminierungsstelle des Bundes gewandt hat und die Antidiskriminierungsstelle des Bundes die gütliche Beilegung zwischen den Beteiligten anstrebt, kann die oder der Unabhängige Bundesbeauftragte für Antidiskriminierung Beteiligte um Stellungnahmen ersuchen, soweit die Person, die sich an die Antidiskriminierungsstelle des Bundes gewandt hat, hierzu ihr Einverständnis erklärt.

Alle Bundesministerien, sonstigen Bundesbehörden und öffentlichen Stellen im Bereich des Bundes sind verpflichtet, die Unabhängige Bundesbeauftragte oder den Unabhängigen Bundesbeauftragten für Anti-

**diskriminierung bei der Erfüllung der Aufgaben zu unterstützen, insbesondere die erforderlichen Auskünfte zu erteilen.**

## § 29 Zusammenarbeit der Antidiskriminierungsstelle des Bundes mit Nichtregierungsorganisationen und anderen Einrichtungen

**Die Antidiskriminierungsstelle des Bundes soll bei ihrer Tätigkeit Nichtregierungsorganisationen sowie Einrichtungen, die auf europäischer, Bundes-, Landes- oder regionaler Ebene zum Schutz vor Benachteiligungen wegen eines in § 1 genannten Grundes tätig sind, in geeigneter Form einbeziehen.**

## § 30 Beirat der Antidiskriminierungsstelle des Bundes

**(1) Zur Förderung des Dialogs mit gesellschaftlichen Gruppen und Organisationen, die sich den Schutz vor Benachteiligungen wegen eines in § 1 genannten Grundes zum Ziel gesetzt haben, wird der Antidiskriminierungsstelle des Bundes ein Beirat beigeordnet. Der Beirat berät die Antidiskriminierungsstelle des Bundes bei der Vorlage von Berichten und Empfehlungen an den Deutschen Bundestag nach § 27 Abs. 4 und kann hierzu sowie zu wissenschaftlichen Untersuchungen nach § 27 Abs. 3 Nr. 3 eigene Vorschläge unterbreiten.**

**(2) Das Bundesministerium für Familie, Senioren, Frauen und Jugend beruft im Einvernehmen mit der oder dem Unabhängigen Bundesbeauftragten für Antidiskriminierung sowie den entsprechend zuständigen Beauftragten der Bundesregierung oder des Deutschen Bundestages die Mitglieder dieses Beirats und für jedes Mitglied eine Stellvertretung. In den Beirat sollen Vertreterinnen und Vertreter gesellschaftlicher Gruppen und Organisationen sowie Expertinnen und Experten in Benachteiligungsfragen berufen werden. Die Gesamtzahl der Mitglieder des Beirats soll 16 Personen nicht überschreiten. Der Beirat soll zu gleichen Teilen mit Frauen und Männern besetzt sein.**

**(3) Der Beirat gibt sich eine Geschäftsordnung, die der Zustimmung des Bundesministeriums für Familie, Senioren, Frauen und Jugend bedarf.**

**(4) Die Mitglieder des Beirats üben die Tätigkeit nach diesem Gesetz ehrenamtlich aus. Sie haben Anspruch auf Aufwandsentschädigung sowie Reisekostenvergütung, Tagegelder und Übernachtungsgelder. Näheres regelt die Geschäftsordnung.**

# Abschnitt 7
# Schlussvorschriften

## § 31 Unabdingbarkeit

**Von den Vorschriften dieses Gesetzes kann nicht zuungunsten der geschützten Personen abgewichen werden.**

Die gesetzlichen Schutzvorschriften des AGG haben **zwingenden Charakter** und lassen nur günstigere Regelungen zu. Der Schutzzweck des § 31, den unionsrechtlich vorgegebenen Mindeststandard zum Schutz vor Benachteiligungen im Arbeits- und Zivilrecht zu garantieren, steht vertraglichen Vereinbarungen entgegen, die die Entstehung von Ansprüchen nach dem AGG verhindern oder beschränken.[1] Das gilt auch für kollektivrechtliche Regelungen (insb. Tarifvertrag und Betriebsvereinbarung). Umstritten ist, ob § 31 ausschließt, dass die Tarifvertragsparteien gemäß § 15 Abs. 4 Satz 1 2. HS eine kürzere Frist zur Geltendmachung von Ansprüchen vereinbaren können.[2] Laut der Gesetzesbegründung sind den europarechtlichen Vorgaben entsprechend die im Gesetz enthaltenen Schutzvorschriften zwingend. In der Praxis hat dieser Streit aber keine Relevanz, weil kürzere Ausschlussfristen als im Gesetzestext des AGG vorgesehen nicht mit den europarechtlichen Vorgaben vereinbar wären (s. § 15 Rn. 34). 1

§ 31 steht einer Vereinbarung über Ansprüche aus dem AGG im Nachhinein nicht entgegen. **Verzichts-, Vergleichs- und/oder Abgeltungsvereinbarungen** sind demnach zulässig, soweit sie sich auf in der Vergangenheit liegende mögliche Benachteiligungen beziehen.[3] Demnach ist es Betroffenen unbenommen, in einem **Aufhebungsvertrag** eine Vereinbarung über eine **Abgeltung** ihrer Ansprüche aus dem AGG zu treffen. Hierzu verweist das BAG auch auf das in § 27 Abs. 2 Satz 2 Nr. 3 formulierte Anliegen des Gesetzgebers, eine gütliche Einigung zwischen den Beteiligten anzustreben.[4] 2

## § 32 Schlussbestimmung

**Soweit in diesem Gesetz nicht Abweichendes bestimmt ist, gelten die allgemeinen Bestimmungen.**

---

1 BAG 28.10.21 – 8 AZR 371/20; Bauer/Krieger/Günther, § 31, Rn. 12; Däubler/Beck-Däubler, § 31, Rn. 1.

2 Bejahend HWK/Rupp, 5. Aufl. 2012 § 15 AGG Rn. 13; ArbG Herford 18.6.13 – 1 Ca 1445/12; ablehnend ErfK/Schlachter, 12. Aufl. 2012, § 15 AGG Rn. 15; offen gelassen LAG Düsseldorf 29.8.12 – 12 Sa 576/12, Rn. 126.

3 BAG 28.10.21 – 8 AZR 371/20, Rn. 42; Bauer/Krieger/Günther, § 31, Rn. 13 und 15 f.; Däubler/Beck-Däubler, § 31, Rn. 4.

4 BAG 28.10.21 – 8 AZR 371/20, Rn. 42.

## § 33 Übergangsbestimmungen

(1) Bei Benachteiligungen nach den §§ 611a, 611b und 612 Abs. 3 des Bürgerlichen Gesetzbuchs oder sexuellen Belästigungen nach dem Beschäftigtenschutzgesetz [vom 24. Juni 1994 (BGBl. I S. 1406, 1412)] ist das vor dem 18. August 2006 maßgebliche Recht anzuwenden.

(2) Bei Benachteiligungen aus Gründen der Rasse oder wegen der ethnischen Herkunft sind die §§ 19 bis 21 nicht auf Schuldverhältnisse anzuwenden, die vor dem 18. August 2006 begründet worden sind. Satz 1 gilt nicht für spätere Änderungen von Dauerschuldverhältnissen.

(3) Bei Benachteiligungen wegen des Geschlechts, der Religion, einer Behinderung, des Alters oder der sexuellen Identität sind die §§ 19 bis 21 nicht auf Schuldverhältnisse anzuwenden, die vor dem 1. Dezember 2006 begründet worden sind. Satz 1 gilt nicht für spätere Änderungen von Dauerschuldverhältnissen.

(4) Auf Schuldverhältnisse, die eine privatrechtliche Versicherung zum Gegenstand haben, ist § 19 Abs. 1 nicht anzuwenden, wenn diese vor dem 22. Dezember 2007 begründet worden sind. Satz 1 gilt nicht für spätere Änderungen solcher Schuldverhältnisse.

(5) Bei Versicherungsverhältnissen, die vor dem 21. Dezember 2012 begründet werden, ist eine unterschiedliche Behandlung wegen des Geschlechts im Falle des § 19 Absatz 1 Nummer 2 bei den Prämien oder Leistungen nur zulässig, wenn dessen Berücksichtigung bei einer auf relevanten und genauen versicherungsmathematischen und statistischen Daten beruhenden Risikobewertung ein bestimmender Faktor ist. Kosten im Zusammenhang mit Schwangerschaft und Mutterschaft dürfen auf keinen Fall zu unterschiedlichen Prämien oder Leistungen führen.

# Anhang

## Musterbetriebsvereinbarung[1]

### Vereinbarung zur Förderung von Gleichbehandlung und zum Schutz der Beschäftigten vor Diskriminierung und Belästigung

Zwischen
Arbeitgeber und
Betriebsrat
wird folgende Vereinbarung zur Förderung von Gleichbehandlung und zum Schutz der Beschäftigten vor Diskriminierung und Belästigung abgeschlossen:

#### Präambel

Ein effektiver Schutz vor Diskriminierung und Belästigung – einschließlich sexueller Belästigung – ist nach der übereinstimmenden Auffassung der vertragsschließenden Parteien ein Gebot der Achtung der Würde aller Beschäftigten. Diskriminierungen und Belästigungen wirken sich zudem negativ auf Gesundheit, Leistungsfähigkeit und Motivation von Beschäftigten aus, schädigen das Betriebsklima und das Ansehen des Unternehmens und sind deshalb auch eine Gefahr für die wirtschaftliche Leistungsfähigkeit.
Die vertragsschließenden Parteien achten gemeinsam darauf, dass Diskriminierungen und Belästigungen nicht toleriert werden und der Grundsatz der Gleichbehandlung von allen und für alle Beschäftigten sowie Kunden

1 Ein Mitbestimmungsrecht ist nach § 87 Abs. 1 1. HS BetrVG ausgeschlossen, soweit eine abschließende gesetzliche Regelung besteht (BAG 22.7.08 – 1 ABR 40/07, AiB 2008, 669): Dies betrifft § 1, soweit sich dieser auf Merkmale des § 1 AGG bezieht, und die Hinweispflicht in § 2. Die Regelungen sind insoweit sinnvoll, als dass sie der Klarstellung und dem Bekenntnis von AG und Betriebsrat zum Verbot jeglicher Diskriminierung dienen, schaffen aber keine neue Rechtsgrundlage, die über die gesetzlichen Ansprüche hinausgeht.

und mit dem Unternehmen sonst in Kontakt tretenden Personen beachtet wird.

## § 1 Verbot der Diskriminierung, Belästigung und sexuellen Belästigung

(1) Niemand darf aus Gründen der Rasse, der ethnischen Herkunft, Abstammung, Nationalität, des Alters, einer Behinderung, des Geschlechts, der sexuellen Identität, wegen einer Religion und Weltanschauung oder der gewerkschaftlichen oder demokratisch orientierten politischen Einstellung sowie wegen der sozialen Herkunft oder der Familienverhältnisse schlechter gestellt oder belästigt werden. Das Verbot gilt für bestehende Arbeitsverhältnisse einschließlich Beförderungen, Stellenausschreibungen, Einstellungsverfahren, die Ausgestaltung der Arbeitsbedingungen und die Beendigung und Abwicklung der Arbeitsverhältnisse.
(2) In jedem Fall verboten ist die direkte Benachteiligung aus einem der genannten Gründe (unmittelbare Benachteiligung). Unter das Verbot fällt auch eine an sich neutrale Regelung oder Handhabung, die indirekt eine ungerechtfertigte Schlechterstellung von Beschäftigten wegen eines der genannten Merkmale zur Folge hat (mittelbare Benachteiligung).
(3) (Sexuelle) Belästigungen sind unerwünschte Verhaltensweisen, die geeignet sind oder zum Ziel haben, die Würde der betroffenen Person zu verletzen.
(4) Benachteiligungen und Belästigungen stellen eine Verletzung vertraglicher Pflichten dar und führen entsprechend der Schwere des Verstoßes zu einer Abmahnung, einer Umsetzung, einer Versetzung oder einer gegebenenfalls auch fristlosen Kündigung.
Benachteiligungen und Belästigungen durch betriebsfremde Dritte (Kunden, Leiharbeitskräfte, Mitarbeiter von Fremdfirmen) werden vom Arbeitgeber unterbunden.

## § 2 Informations- und Schulungsmaßnahmen

(1) Die vertragsschließenden Parteien sorgen dafür, dass an geeigneter Stelle auf das Allgemeine Gleichbehandlungsgesetz sowie das Entgelttransparenzgesetz hingewiesen wird. Der Text der Gesetze wird im Intranet veröffentlicht. Außerdem liegen die Gesetze sowohl in der Personalabteilung als auch im Betriebsratsbüro zur jederzeitigen Einsichtnahme aus.
(2) Der Arbeitgeber stellt dem Betriebsrat regelmäßig die nach Geschlechtern aufgeschlüsselten Listen der Bruttolöhne und -gehälter zur Verfügung; die Betriebsparteien stimmen darin überein, dass sie das Gebot der Entgeltgleichheit von Männern und Frauen im Betrieb achten.

(3) Der Arbeitgeber bietet jährlich Schulungen zum Schutz der Arbeitnehmer vor Benachteiligungen an, die während der Arbeitszeit stattfinden. Für Mitarbeiter mit Vorgesetztenfunktion ist eine regelmäßige Teilnahme – etwa alle drei Jahre – verpflichtend. Die Schulungen sollen neben Informationen zur Gesetzeslage Strategien zur Vermeidung und Beseitigung von Benachteiligungen und Belästigung vermitteln und die Aufmerksamkeit für Benachteiligungen und Belästigungen schärfen. Die mit den Schulungen erworbenen Kenntnisse werden den Mitarbeitern im Rahmen von Abteilungszusammenkünften vermittelt.
(4) Ist eine Benachteiligung oder Belästigung durch einen Mitarbeiter oder eine Mitarbeiterin erfolgt, wird der Arbeitgeber geeignete personelle Maßnahmen (wie z. B. Abmahnung, Umsetzung, Kündigung) ergreifen und für den Fall des Fortbestehens des Arbeitsverhältnisses eine Schulung anbieten. Für den Mitarbeiter oder die Mitarbeiterin besteht die Verpflichtung zur Teilnahme an der entsprechenden Schulung. Arbeitgeber und Betriebsrat beraten über die Notwendigkeit weiterer Maßnahmen zum Opferschutz.

## § 3 Positive Maßnahmen

(1) Arbeitgeber und Betriebsrat beraten regelmäßig über Maßnahmen gem. § 80 Abs. 1 Nr. 2, 2a, 2b, 4, 6 und 7 BetrVG.
(2) Der barrierefreie Zugang zum Arbeitsplatz und zur jeweiligen Tätigkeit wird für behinderte Arbeitnehmer und Arbeitnehmerinnen sichergestellt (*z. B. Installierung von Rampen, optische Signale für Gehörlose, Spezialbildschirme für Sehbehinderte, besonderes Mobiliar für Körperbehinderte etc.*). Bei Unklarheit, welche Maßnahmen geeignet und erforderlich sind, findet eine Begehung und Besprechung unter Einbeziehung der betroffenen Person mit je einem Vertreter des Arbeitgebers und des Betriebsrats sowie dem Betriebsarzt oder der Fachkraft für Arbeitssicherheit statt. Das Ergebnis wird dokumentiert. Zur Integration ausländischer Mitarbeiter werden regelmäßig Sprachkurse angeboten. Möglichkeiten der Verbesserung einer Vereinbarkeit von Familienpflichten und beruflicher Tätigkeit werden angeboten (*z. B. Teilzeittätigkeit, Jobsharing, Rückkehrrecht auf Vollzeit, Zuschuss oder Organisation von Kinderbetreuung*).
(3) Betriebsrat und Geschäftsführung überprüfen bestehende Vereinbarungen und Zusagen auf mögliche Benachteiligungen und passen sie gegebenenfalls an. Außerdem wird jährlich ein betriebliches Prüfverfahren i. S. v. § 17 EntgTranspG durchgeführt, in dem die Einhaltung der Entgeltgleichbehandlung überprüft wird.

## § 4 Informations- und Beschwerderecht

(1) Beschäftigte können beim Betriebsrat oder der zuständigen Personalabteilung über die Kriterien und Verfahren der Entgeltfindung sowie über die Entgelte für Vergleichstätigkeiten Auskunft verlangen. Betriebsrat und Personalabteilung werden sich gegenseitig unter Beachtung des Datenschutzes über das Vorliegen von Auskunftsverlangen ohne Nennung des Antragstellers unterrichten. Die Auskunft wird sodann von (*hier die zuständige(n) Stelle(n) des Betriebes nennen*) erteilt.
(2) Beschäftigte können außerdem, sofern sie sich benachteiligt oder ungerecht behandelt fühlen, bei (*die zuständige(n) Stelle(n) des Betriebes nennen*) den Sachverhalt schildern. Ein Mitglied des Betriebsrates kann zur Unterstützung oder Vermittlung hinzugezogen werden. Wegen der Erhebung einer solchen Beschwerde entstehen den Beschäftigten keine Nachteile.
(3) Von (*zuständige(n) Stelle(n) nennen*) wird die Beschwerde nach Abs. 2 in Abstimmung mit dem/der Beschwerdeführer/in geprüft und gegebenenfalls aufgeklärt. Beteiligte sind zu hören. Über das Ergebnis der Überprüfung erhält der/die beschwerdeführende Mitarbeiter/in spätestens innerhalb eines Monats eine Mitteilung. Ist die Prüfung noch nicht abgeschlossen, erhält der/die Mitarbeiter/in einen Zwischenbescheid unter Nennung der Gründe, die zu der Verzögerung geführt haben und des voraussichtlichen Termins, zu dem die Prüfung abgeschlossen sein wird. Stellt die Beschwerdestelle eine Benachteiligung oder Belästigung fest, unterbreitet sie in Abstimmung mit der bzw. dem Betroffenen, der Personalabteilung und dem Betriebsrat einen Vorschlag zum weiteren Vorgehen.
(4) Die Beschwerdestelle erstellt einen jährlichen Bericht über ihre Tätigkeit. Beschwerdeführende Mitarbeiter sind in dem Bericht zu anonymisieren.

## § 5 Gleichstellungsbericht

(1) Die Betriebsparteien erstellen jährlich einen Gleichstellungsbericht, der im Intranet veröffentlicht und auf einer Betriebsversammlung bekannt gemacht wird. Darin werden die Daten zur Gesamtbeschäftigtenzahl, den Einstellungen und Entlassungen, zu Entgelt (Bruttodurchschnittsentgelt nach Entgeltgruppen, aufgeschlüsselt nach Entgeltbestandteilen bzw. Zuordnung zu den betriebsspezifisch zu definierenden Vergütungsbereichen), Typus der Beschäftigten nach Ausbildungsstand (z. B. Fachkraft, Anlerntätigkeit), Stellung in der betrieblichen Hierarchie (z. B. Bereichsleitung, Abteilungsleitung, Gruppenleitung etc.), Art des Arbeitsvertrages (unbefristet, Zeitvertrag, Leiharbeit etc.), Arbeitszeit, Versetzungen/Umgruppierungen zu einer höheren oder niedrigeren Position, Weiterbildung (z. B. Teilnahme an Qualifizierungsmaßnahmen, Talentpools, Führungskräftetraining, Fort-

bildungen) und Krankenstand in % aufgeschlüsselt jeweils in männlich, weiblich, divers nach der Staatsangehörigkeit (Deutsche bzw. Ausländer), Behinderung und dem Alter (Altersgruppen) erfasst, um den Ist-Status festzustellen. Auffällige Unterschiede sind ggf. zu erläutern.
(2) Der Gleichstellungsbericht enthält außerdem Angaben dazu, welche Maßnahmen im Berichtszeitraum ergriffen wurden, um die in § 1 genannten Ziele umzusetzen.
(3) Die Betriebsparteien erörtern sodann, welche weitergehenden Maßnahmen ergriffen werden sollen, insbesondere, um eventuell festgestellte Ungleichbehandlungen zu beseitigen.

## § 6 Schlussbestimmungen

Diese Vereinbarung tritt zum … (*Zeitpunkt einfügen*) in Kraft. Sie kann mit einer Frist von 6 Monaten zum Ende des Kalenderjahres gekündigt werden.

# Gesetz zur Förderung der Entgelttransparenz zwischen Frauen und Männern (Entgelttransparenzgesetz – EntgTranspG)

vom 30. Juni 2017 (BGBl. I S. 2152), zuletzt geändert durch Gesetz vom 5. Juli 2021 (BGBl. I S. 3338)

## Abschnitt 1
## Allgemeine Bestimmungen

### § 1 Ziel des Gesetzes

Ziel des Gesetzes ist es, das Gebot des gleichen Entgelts für Frauen und Männer bei gleicher oder gleichwertiger Arbeit durchzusetzen.

### § 2 Anwendungsbereich

(1) Dieses Gesetz gilt für das Entgelt von Beschäftigten nach § 5 Absatz 2, die bei Arbeitgebern nach § 5 Absatz 3 beschäftigt sind, soweit durch dieses Gesetz nichts anderes bestimmt wird.
(2) Das Allgemeine Gleichbehandlungsgesetz bleibt unberührt. Ebenfalls unberührt bleiben sonstige Benachteiligungsverbote und Gebote der Gleichbehandlung sowie öffentlich-rechtliche Vorschriften, die dem Schutz oder der Förderung bestimmter Personengruppen dienen.

### § 3 Verbot der unmittelbaren und mittelbaren Entgeltbenachteiligung wegen des Geschlechts

(1) Bei gleicher oder gleichwertiger Arbeit ist eine unmittelbare oder mittelbare Benachteiligung wegen des Geschlechts im Hinblick auf sämtliche Entgeltbestandteile und Entgeltbedingungen verboten.
(2) Eine unmittelbare Entgeltbenachteiligung liegt vor, wenn eine Beschäftigte oder ein Beschäftigter wegen des Geschlechts bei gleicher oder gleichwertiger Arbeit ein geringeres Entgelt erhält, als eine Beschäftigte oder ein Beschäftigter des jeweils anderen Geschlechts erhält, erhalten hat oder erhalten würde. Eine unmittelbare Benachteiligung liegt auch im Falle eines geringeren Entgelts einer Frau wegen Schwangerschaft oder Mutterschaft vor.
(3) Eine mittelbare Entgeltbenachteiligung liegt vor, wenn dem Anschein nach neutrale Vorschriften, Kriterien oder Verfahren Beschäftigte wegen des

Geschlechts gegenüber Beschäftigten des jeweils anderen Geschlechts in Bezug auf das Entgelt in besonderer Weise benachteiligen können, es sei denn, die betreffenden Vorschriften, Kriterien oder Verfahren sind durch ein rechtmäßiges Ziel sachlich gerechtfertigt und die Mittel sind zur Erreichung dieses Ziels angemessen und erforderlich. Insbesondere arbeitsmarkt-, leistungs- und arbeitsergebnisbezogene Kriterien können ein unterschiedliches Entgelt rechtfertigen, sofern der Grundsatz der Verhältnismäßigkeit beachtet wurde.
(4) Die §§ 5 und 8 des Allgemeinen Gleichbehandlungsgesetzes bleiben unberührt.

## § 4 Feststellung von gleicher oder gleichwertiger Arbeit, benachteiligungsfreie Entgeltsysteme

(1) Weibliche und männliche Beschäftigte üben eine gleiche Arbeit aus, wenn sie an verschiedenen Arbeitsplätzen oder nacheinander an demselben Arbeitsplatz eine identische oder gleichartige Tätigkeit ausführen.
(2) Weibliche und männliche Beschäftigte üben eine gleichwertige Arbeit im Sinne dieses Gesetzes aus, wenn sie unter Zugrundelegung einer Gesamtheit von Faktoren als in einer vergleichbaren Situation befindlich angesehen werden können. Zu den zu berücksichtigenden Faktoren gehören unter anderem die Art der Arbeit, die Ausbildungsanforderungen und die Arbeitsbedingungen. Es ist von den tatsächlichen, für die jeweilige Tätigkeit wesentlichen Anforderungen auszugehen, die von den ausübenden Beschäftigten und deren Leistungen unabhängig sind.
(3) Beschäftigte in unterschiedlichen Rechtsverhältnissen nach § 5 Absatz 2 können untereinander nicht als vergleichbar nach Absatz 1 oder als in einer vergleichbaren Situation nach Absatz 2 befindlich angesehen werden.
(4) Verwendet der Arbeitgeber für das Entgelt, das den Beschäftigten zusteht, ein Entgeltsystem, müssen dieses Entgeltsystem als Ganzes und auch die einzelnen Entgeltbestandteile so ausgestaltet sein, dass eine Benachteiligung wegen des Geschlechts ausgeschlossen ist. Dazu muss es insbesondere

1. die Art der zu verrichtenden Tätigkeit objektiv berücksichtigen,
2. auf für weibliche und männliche Beschäftigte gemeinsamen Kriterien beruhen,
3. die einzelnen Differenzierungskriterien diskriminierungsfrei gewichten sowie
4. insgesamt durchschaubar sein.

(5) Für tarifvertragliche Entgeltregelungen sowie für Entgeltregelungen, die auf einer bindenden Festsetzung nach § 19 Absatz 3 des Heimarbeitsgesetzes beruhen, gilt eine Angemessenheitsvermutung. Tätigkeiten, die aufgrund dieser Regelungen unterschiedlichen Entgeltgruppen zugewiesen werden,

werden als nicht gleichwertig angesehen, sofern die Regelungen nicht gegen höherrangiges Recht verstoßen.

(6) Absatz 5 ist sinngemäß auch auf gesetzliche Entgeltregelungen anzuwenden.

## § 5 Allgemeine Begriffsbestimmungen

(1) Entgelt im Sinne dieses Gesetzes sind alle Grund- oder Mindestarbeitsentgelte sowie alle sonstigen Vergütungen, die unmittelbar oder mittelbar in bar oder in Sachleistungen aufgrund eines Beschäftigungsverhältnisses gewährt werden.

(2) Beschäftigte im Sinne dieses Gesetzes sind

1. Arbeitnehmerinnen und Arbeitnehmer,
2. Beamtinnen und Beamte des Bundes sowie der sonstigen der Aufsicht des Bundes unterstehenden Körperschaften, Anstalten und Stiftungen des öffentlichen Rechts,
3. Richterinnen und Richter des Bundes,
4. Soldatinnen und Soldaten,
5. die zu ihrer Berufsbildung Beschäftigten sowie
6. die in Heimarbeit Beschäftigten sowie die ihnen Gleichgestellten.

(3) Arbeitgeber im Sinne dieses Gesetzes sind natürliche und juristische Personen sowie rechtsfähige Personengesellschaften, die Personen nach Absatz 2 beschäftigen, soweit durch dieses Gesetz nichts anderes bestimmt wird. Für die in Heimarbeit Beschäftigten und die ihnen Gleichgestellten tritt an die Stelle des Arbeitgebers der Auftraggeber oder Zwischenmeister.

(4) Tarifgebundene Arbeitgeber im Sinne dieses Gesetzes sind Arbeitgeber, die einen Entgelttarifvertrag oder Entgeltrahmentarifvertrag aufgrund von § 3 Absatz 1 des Tarifvertragsgesetzes anwenden. Von Satz 1 erfasst werden auch Arbeitgeber, die einen Entgelttarifvertrag aufgrund der Tarifgeltung einer Allgemeinverbindlichkeitserklärung nach § 5 des Tarifvertragsgesetzes oder Entgeltregelungen aufgrund einer bindenden Festsetzung nach § 19 Absatz 3 des Heimarbeitsgesetzes anwenden.

(5) Tarifanwendende Arbeitgeber im Sinne dieses Gesetzes sind Arbeitgeber, die im Geltungsbereich eines Entgelttarifvertrages oder Entgeltrahmentarifvertrages die tariflichen Regelungen zum Entgelt durch schriftliche Vereinbarung zwischen Arbeitgeber und Beschäftigten verbindlich und inhaltsgleich für alle Tätigkeiten und Beschäftigten übernommen haben, für die diese tariflichen Regelungen zum Entgelt angewendet werden.

## § 6 Aufgaben von Arbeitgebern, Tarifvertragsparteien und betrieblichen Interessenvertretungen

(1) Arbeitgeber, Tarifvertragsparteien und die betrieblichen Interessenvertretungen sind aufgefordert, im Rahmen ihrer Aufgaben und Handlungsmöglichkeiten an der Verwirklichung der Entgeltgleichheit zwischen Frauen und Männern mitzuwirken. Die zuständigen Tarifvertragsparteien benennen Vertreterinnen und Vertreter zur Einhaltung des Entgeltgleichheitsgebots im Sinne dieses Gesetzes und zur Wahrnehmung der Aufgaben nach § 14 Absatz 3.
(2) Arbeitgeber sind verpflichtet, die erforderlichen Maßnahmen zu treffen, um die Beschäftigten vor Benachteiligungen wegen des Geschlechts in Bezug auf das Entgelt zu schützen. Dieser Schutz umfasst auch vorbeugende Maßnahmen.

## § 7 Entgeltgleichheitsgebot

Bei Beschäftigungsverhältnissen darf für gleiche oder für gleichwertige Arbeit nicht wegen des Geschlechts der oder des Beschäftigten ein geringeres Entgelt vereinbart oder gezahlt werden als bei einer oder einem Beschäftigten des anderen Geschlechts.

## § 8 Unwirksamkeit von Vereinbarungen

(1) Bestimmungen in Vereinbarungen, die gegen § 3 oder § 7 verstoßen, sind unwirksam.
(2) Die Nutzung der in einem Auskunftsverlangen erlangten Informationen ist auf die Geltendmachung von Rechten im Sinne dieses Gesetzes beschränkt. Die Veröffentlichung personenbezogener Gehaltsangaben und die Weitergabe an Dritte sind von dem Nutzungsrecht nicht umfasst.

## § 9 Maßregelungsverbot

Der Arbeitgeber darf Beschäftigte nicht wegen der Inanspruchnahme von Rechten nach diesem Gesetz benachteiligen. Gleiches gilt für Personen, welche die Beschäftigten hierbei unterstützen oder als Zeuginnen oder Zeugen aussagen. 3§ 16 des Allgemeinen Gleichbehandlungsgesetzes bleibt unberührt.

## Abschnitt 2
## Individuelle Verfahren zur Überprüfung von Entgeltgleichheit

### § 10 Individueller Auskunftsanspruch

(1) Zur Überprüfung der Einhaltung des Entgeltgleichheitsgebots im Sinne dieses Gesetzes haben Beschäftigte einen Auskunftsanspruch nach Maßgabe der §§ 11 bis 16. Dazu haben die Beschäftigten in zumutbarer Weise eine gleiche oder gleichwertige Tätigkeit (Vergleichstätigkeit) zu benennen. Sie können Auskunft zu dem durchschnittlichen monatlichen Bruttoentgelt nach § 5 Absatz 1 und zu bis zu zwei einzelnen Entgeltbestandteilen verlangen.
(2) Das Auskunftsverlangen hat in Textform zu erfolgen. Vor Ablauf von zwei Jahren nach Einreichen des letzten Auskunftsverlangens können Beschäftigte nur dann erneut Auskunft verlangen, wenn sie darlegen, dass sich die Voraussetzungen wesentlich verändert haben.
(3) Das Auskunftsverlangen ist mit der Antwort nach Maßgabe der §§ 11 bis 16 erfüllt.
(4) Sonstige Auskunftsansprüche bleiben von diesem Gesetz unberührt.

### § 11 Angabe zu Vergleichstätigkeit und Vergleichsentgelt

(1) Die Auskunftsverpflichtung erstreckt sich auf die Angabe zu den Kriterien und Verfahren der Entgeltfindung nach Absatz 2 und auf die Angabe zum Vergleichsentgelt nach Absatz 3.
(2) Die Auskunftsverpflichtung zu den Kriterien und Verfahren der Entgeltfindung erstreckt sich auf die Information über die Festlegung des eigenen Entgelts sowie des Entgelts für die Vergleichstätigkeit. Soweit die Kriterien und Verfahren der Entgeltfindung auf gesetzlichen Regelungen, auf tarifvertraglichen Entgeltregelungen oder auf einer bindenden Festsetzung nach § 19 Absatz 3 des Heimarbeitsgesetzes beruhen, sind als Antwort auf das Auskunftsverlangen die Nennung dieser Regelungen und die Angabe, wo die Regelungen einzusehen sind, ausreichend.
(3) Die Auskunftsverpflichtung in Bezug auf das Vergleichsentgelt erstreckt sich auf die Angabe des Entgelts für die Vergleichstätigkeit (Vergleichsentgelt). Das Vergleichsentgelt ist anzugeben als auf Vollzeitäquivalente hochgerechneter statistischer Median des durchschnittlichen monatlichen Bruttoentgelts sowie der benannten Entgeltbestandteile, jeweils bezogen auf ein Kalenderjahr, nach folgenden Vorgaben:
1. in den Fällen des § 14 sowie in den Fällen einer gesetzlichen Entgeltregelung ist das Vergleichsentgelt der Beschäftigten des jeweils anderen Ge-

schlechts anzugeben, die in die gleiche Entgelt- oder Besoldungsgruppe eingruppiert sind wie der oder die auskunftverlangende Beschäftigte;
2. in den Fällen des § 15 ist das Vergleichsentgelt aller Beschäftigten des jeweils anderen Geschlechts anzugeben, die die erfragte Vergleichstätigkeit oder die nach § 15 Absatz 4 ermittelte Vergleichstätigkeit ausüben.

(4) Auf kollektiv-rechtliche Entgeltregelungen der Kirchen oder der öffentlich-rechtlichen Religionsgesellschaften ist Absatz 2 Satz 2 und Absatz 3 Nummer 1 entsprechend anzuwenden.

## § 12 Reichweite

(1) Der Anspruch nach § 10 besteht für Beschäftigte nach § 5 Absatz 2 in Betrieben mit in der Regel mehr als 200 Beschäftigten bei demselben Arbeitgeber.

(2) Die Auskunftspflicht nach § 10 umfasst
1. nur Entgeltregelungen, die in demselben Betrieb und bei demselben Arbeitgeber angewendet werden,
2. keine regional unterschiedlichen Entgeltregelungen bei demselben Arbeitgeber und
3. keinen Vergleich der Beschäftigtengruppen nach § 5 Absatz 2 untereinander.

(3) Bei der Beantwortung eines Auskunftsverlangens ist der Schutz personenbezogener Daten der auskunftverlangenden Beschäftigten sowie der vom Auskunftsverlangen betroffenen Beschäftigten zu wahren. Insbesondere ist das Vergleichsentgelt nicht anzugeben, wenn die Vergleichstätigkeit von weniger als sechs Beschäftigten des jeweils anderen Geschlechts ausgeübt wird. Es ist sicherzustellen, dass nur die mit der Beantwortung betrauten Personen Kenntnis von den hierfür notwendigen Daten erlangen.

## § 13 Aufgaben und Rechte des Betriebsrates

(1) Im Rahmen seiner Aufgabe nach § 80 Absatz 1 Nummer 2a des Betriebsverfassungsgesetzes fördert der Betriebsrat die Durchsetzung der Entgeltgleichheit von Frauen und Männern im Betrieb. Dabei nimmt der Betriebsrat insbesondere die Aufgaben nach § 14 Absatz 1 und § 15 Absatz 2 wahr. Betriebsverfassungsrechtliche, tarifrechtliche oder betrieblich geregelte Verfahren bleiben unberührt.

(2) Der Betriebsausschuss nach § 27 des Betriebsverfassungsgesetzes oder ein nach § 28 Absatz 1 Satz 3 des Betriebsverfassungsgesetzes beauftragter Ausschuss hat für die Erfüllung seiner Aufgaben nach Absatz 1 das Recht, die Listen über die Bruttolöhne und -gehälter im Sinne des § 80 Absatz 2 Satz 2 des Betriebsverfassungsgesetzes einzusehen und auszuwerten. Er kann mehrere Auskunftsverlangen bündeln und gemeinsam behandeln.

(3) Der Arbeitgeber hat dem Betriebsausschuss Einblick in die Listen über die Bruttolöhne und -gehälter der Beschäftigten zu gewähren und diese aufzuschlüsseln. Die Entgeltlisten müssen nach Geschlecht aufgeschlüsselt alle Entgeltbestandteile enthalten einschließlich übertariflicher Zulagen und solcher Zahlungen, die individuell ausgehandelt und gezahlt werden. Die Entgeltlisten sind so aufzubereiten, dass der Betriebsausschuss im Rahmen seines Einblicksrechts die Auskunft ordnungsgemäß erfüllen kann.
(4) Leitende Angestellte wenden sich für ihr Auskunftsverlangen nach § 10, abweichend von den §§ 14 und 15, an den Arbeitgeber.
(5) Der Arbeitgeber erklärt schriftlich oder in Textform gegenüber dem Betriebsrat für dessen Beantwortung des Auskunftsverlangens, ob eine § 5 Absatz 5 entsprechende Anwendung der tariflichen Regelungen zum Entgelt erfolgt. Der Betriebsrat bestätigt gegenüber den Beschäftigten schriftlich oder in Textform die Abgabe dieser Erklärung. Die Sätze 1 und 2 gelten in den Fällen des § 14 Absatz 3 Satz 3 entsprechend.
(6) Gesetzliche und sonstige kollektiv-rechtlich geregelte Beteiligungsrechte des Betriebsrates bleiben von diesem Gesetz unberührt.

## § 14 Verfahren bei tarifgebundenen und tarifanwendenden Arbeitgebern

(1) Beschäftigte tarifgebundener und tarifanwendender Arbeitgeber wenden sich für ihr Auskunftsverlangen nach § 10 an den Betriebsrat. Die Vorgaben bestimmen sich nach § 13. Der Betriebsrat hat den Arbeitgeber über eingehende Auskunftsverlangen in anonymisierter Form umfassend zu informieren. Abweichend von Satz 1 kann der Betriebsrat verlangen, dass der Arbeitgeber die Auskunftsverpflichtung übernimmt.
(2) Abweichend von Absatz 1 Satz 1 kann der Arbeitgeber die Erfüllung der Auskunftsverpflichtung generell oder in bestimmten Fällen übernehmen, wenn er dies zuvor gegenüber dem Betriebsrat erläutert hat. Die Übernahme kann jeweils längstens für die Dauer der Amtszeit des jeweils amtierenden Betriebsrates erfolgen. Übernimmt der Arbeitgeber die Erfüllung der Auskunftsverpflichtung, hat er den Betriebsrat umfassend und rechtzeitig über eingehende Auskunftsverlangen sowie über seine Antwort zu informieren. Die Beschäftigten sind jeweils darüber zu informieren, wer die Auskunft erteilt.
(3) Besteht kein Betriebsrat, wenden sich die Beschäftigten an den Arbeitgeber. Der Arbeitgeber informiert die Vertreterinnen und Vertreter der zuständigen Tarifvertragsparteien nach § 6 Absatz 1 Satz 2 über seine Antwort zu eingegangenen Auskunftsverlangen. Der Arbeitgeber sowie die Vertreterinnen und Vertreter der zuständigen Tarifvertragsparteien können vereinbaren, dass die Vertreterinnen und Vertreter der zuständigen Tarifvertragsparteien die Beantwortung von Auskunftsverlangen übernehmen. In

diesem Fall informiert der Arbeitgeber diese umfassend und rechtzeitig über eingehende Auskunftsverlangen. Die Beschäftigten sind jeweils darüber zu informieren, wer die Auskunft erteilt.

(4) Soweit die Vertreterinnen und Vertreter der zuständigen Tarifvertragsparteien nach Absatz 3 Satz 3 das Auskunftsverlangen beantworten, hat der Arbeitgeber diesen auf Verlangen die zur Erfüllung ihrer Aufgaben erforderlichen Informationen bereitzustellen. Diese unterliegen im Rahmen ihrer Aufgaben der Verschwiegenheitspflicht.

## § 15 Verfahren bei nicht tarifgebundenen und nicht tarifanwendenden Arbeitgebern

(1) Beschäftigte nicht tarifgebundener und nicht tarifanwendender Arbeitgeber wenden sich für ihr Auskunftsverlangen nach § 10 an den Arbeitgeber.

(2) Besteht ein Betriebsrat, gilt § 14 Absatz 1 und 2 entsprechend.

(3) Der Arbeitgeber oder der Betriebsrat ist verpflichtet, die nach § 10 verlangten Auskünfte innerhalb von drei Monaten nach Zugang des Auskunftsverlangens in Textform zu erteilen. Droht Fristversäumnis, hat der Arbeitgeber oder der Betriebsrat die auskunftverlangende Beschäftigte oder den auskunftverlangenden Beschäftigten darüber zu informieren und die Antwort ohne weiteres Verzögern zu erteilen.

(4) Der Arbeitgeber oder der Betriebsrat gibt an, inwiefern die benannte Vergleichstätigkeit überwiegend von Beschäftigten des jeweils anderen Geschlechts ausgeübt wird. Hält der Arbeitgeber oder der Betriebsrat die erfragte Vergleichstätigkeit nach den im Betrieb angewendeten Maßstäben für nicht gleich oder nicht gleichwertig, hat er dies anhand dieser Maßstäbe nachvollziehbar zu begründen. Dabei sind die in § 4 genannten Kriterien zu berücksichtigen. Der Arbeitgeber oder der Betriebsrat hat in diesem Fall seine Auskunft auf eine seines Erachtens nach gleiche oder gleichwertige Tätigkeit zu beziehen. Soweit der Betriebsrat für die Beantwortung des Auskunftsverlangens zuständig ist, hat der Arbeitgeber dem Betriebsrat auf Verlangen die zur Erfüllung seiner Aufgaben erforderlichen Informationen bereitzustellen.

(5) Unterlässt der Arbeitgeber die Erfüllung seiner Auskunftspflicht, trägt er im Streitfall die Beweislast dafür, dass kein Verstoß gegen das Entgeltgleichheitsgebot im Sinne dieses Gesetzes vorliegt. Dies gilt auch, wenn der Betriebsrat aus Gründen, die der Arbeitgeber zu vertreten hat, die Auskunft nicht erteilen konnte.

### § 16 Öffentlicher Dienst

Der Anspruch nach § 10 besteht auch für Beschäftigte des öffentlichen Dienstes nach § 5 Absatz 2 Nummer 1 bis 5 in Dienststellen mit in der Regel mehr als 200 Beschäftigten. Die §§ 11 bis 14 sind sinngemäß anzuwenden.

## Abschnitt 3
## Betriebliche Verfahren zur Überprüfung und Herstellung von Entgeltgleichheit

### § 17 Betriebliche Prüfverfahren

(1) Private Arbeitgeber mit in der Regel mehr als 500 Beschäftigten sind aufgefordert, mithilfe betrieblicher Prüfverfahren ihre Entgeltregelungen und die verschiedenen gezahlten Entgeltbestandteile sowie deren Anwendung regelmäßig auf die Einhaltung des Entgeltgleichheitsgebots im Sinne dieses Gesetzes zu überprüfen. Nimmt in einem Konzern das herrschende Unternehmen auf die Entgeltbedingungen mindestens eines Konzernunternehmens entscheidenden Einfluss, kann das herrschende Unternehmen das betriebliche Prüfverfahren nach Satz 1 für alle Konzernunternehmen durchführen.
(2) Wird ein betriebliches Prüfverfahren durchgeführt, hat dies in eigener Verantwortung der Arbeitgeber mithilfe der Verfahren nach § 18 und unter Beteiligung der betrieblichen Interessenvertretungen zu erfolgen.

### § 18 Durchführung betrieblicher Prüfverfahren

(1) In das betriebliche Prüfverfahren sind die Tätigkeiten einzubeziehen, die demselben Entgeltsystem unterliegen, unabhängig davon, welche individualrechtlichen, tarifvertraglichen und betrieblichen Rechtsgrundlagen zusammenwirken.
(2) Betriebliche Prüfverfahren haben aus Bestandsaufnahme, Analyse und Ergebnisbericht zu bestehen. Der Arbeitgeber ist unter Berücksichtigung betrieblicher Mitwirkungsrechte frei in der Wahl von Analysemethoden und Arbeitsbewertungsverfahren. Es sind valide statistische Methoden zu verwenden. Die Daten sind nach Geschlecht aufzuschlüsseln. Dabei ist der Schutz personenbezogener Daten zu wahren.
(3) Bestandsaufnahme und Analyse haben die aktuellen Entgeltregelungen, Entgeltbestandteile und Arbeitsbewertungsverfahren zu erfassen und diese und deren Anwendung im Hinblick auf die Einhaltung des Entgeltgleichheitsgebots im Sinne dieses Gesetzes auszuwerten. Dabei ist § 4 zu beachten. § 12 Absatz 1 und 2 ist sinngemäß anzuwenden. Bei gesetzlichen, bei tarifvertrag-

lichen Entgeltregelungen und bei Entgeltregelungen, die auf einer bindenden Festsetzung nach § 19 Absatz 3 des Heimarbeitsgesetzes beruhen, besteht keine Verpflichtung zur Überprüfung der Gleichwertigkeit von Tätigkeiten. Auf kollektiv-rechtliche Entgeltregelungen der Kirchen oder der öffentlich-rechtlichen Religionsgesellschaften ist Satz 4 entsprechend anzuwenden.
(4) Die Ergebnisse von Bestandsaufnahme und Analyse werden zusammengefasst und können betriebsintern veröffentlicht werden.

### § 19 Beseitigung von Entgeltbenachteiligungen

Ergeben sich aus einem betrieblichen Prüfverfahren Benachteiligungen wegen des Geschlechts in Bezug auf das Entgelt, ergreift der Arbeitgeber die geeigneten Maßnahmen zur Beseitigung der Benachteiligung.

### § 20 Mitwirkung und Information

(1) Der Arbeitgeber hat den Betriebsrat über die Planung des betrieblichen Prüfverfahrens rechtzeitig unter Vorlage der erforderlichen Unterlagen zu unterrichten.
(2) Die Beschäftigten sind über die Ergebnisse des betrieblichen Prüfverfahrens zu informieren. § 43 Absatz 2 und § 53 Absatz 2 des Betriebsverfassungsgesetzes sind zu beachten.

## Abschnitt 4
## Berichtspflichten für Arbeitgeber

### § 21 Bericht zur Gleichstellung und Entgeltgleichheit

(1) Arbeitgeber mit in der Regel mehr als 500 Beschäftigten, die zur Erstellung eines Lageberichts nach den §§ 264 und 289 des Handelsgesetzbuches verpflichtet sind, erstellen einen Bericht zur Gleichstellung und Entgeltgleichheit, in dem sie Folgendes darstellen:
1. ihre Maßnahmen zur Förderung der Gleichstellung von Frauen und Männern und deren Wirkungen sowie
2. ihre Maßnahmen zur Herstellung von Entgeltgleichheit für Frauen und Männer.

Arbeitgeber, die keine Maßnahmen im Sinne des Satzes 1 Nummer 1 oder 2 durchführen, haben dies in ihrem Bericht zu begründen.
(2) Der Bericht enthält außerdem nach Geschlecht aufgeschlüsselte Angaben
1. zu der durchschnittlichen Gesamtzahl der Beschäftigten sowie
2. zu der durchschnittlichen Zahl der Vollzeit- und Teilzeitbeschäftigten.

### § 22 Berichtszeitraum und Veröffentlichung

(1) Arbeitgeber nach § 21 Absatz 1, die tarifgebunden nach § 5 Absatz 4 sind oder die tarifanwendend nach § 5 Absatz 5 sind und die gemäß § 13 Absatz 5 erklärt haben, tarifliche Regelungen zum Entgelt nach § 5 Absatz 5 anzuwenden, erstellen den Bericht alle fünf Jahre. Der Berichtszeitraum umfasst die vergangenen fünf Jahre.
(2) Alle anderen Arbeitgeber nach § 21 Absatz 1 erstellen den Bericht alle drei Jahre. Der Berichtszeitraum umfasst die vergangenen drei Jahre.
(3) Die Angaben nach § 21 Absatz 2 beziehen sich nur auf das jeweils letzte Kalenderjahr im Berichtszeitraum. Ab dem zweiten Bericht sind für die genannten Angaben die Veränderungen im Vergleich zum letzten Bericht anzugeben.
(4) Der Bericht nach § 21 ist dem nächsten Lagebericht nach § 289 des Handelsgesetzbuches, der dem jeweiligen Berichtszeitraum folgt, als Anlage beizufügen und im Unternehmensregister offenzulegen.

## Abschnitt 5
## Evaluation, Aufgabe der Gleichstellungsbeauftragten, Übergangsbestimmungen

### § 23 Evaluation und Berichterstattung

(1) Die Bundesregierung evaluiert nach Inkrafttreten dieses Gesetzes laufend die Wirksamkeit dieses Gesetzes und informiert alle vier Jahre, erstmals zwei Jahre nach Inkrafttreten, über die Ergebnisse. Die Evaluation hat die Umsetzung des Gebots des gleichen Entgelts für Frauen und Männer bei gleicher oder gleichwertiger Arbeit in allen Betriebs- und Unternehmensformen und -größen darzustellen, die unter den Anwendungsbereich des Abschnittes 2 dieses Gesetzes unterfallen.
(2) Über die Entwicklung des Gebots des gleichen Entgelts für Frauen und Männer bei gleicher oder gleichwertiger Arbeit in Betrieben mit in der Regel weniger als 200 Beschäftigten berichtet die Bundesregierung alle vier Jahre, erstmals zwei Jahre nach Inkrafttreten dieses Gesetzes.
(3) Die Bundesregierung hat in die Evaluation nach Absatz 1 und in die Berichterstattung nach Absatz 2 die Stellungnahme der Sozialpartner miteinzubeziehen.

## § 24 Aufgabe der Gleichstellungsbeauftragten

Die Gleichstellungsbeauftragten in der Bundesverwaltung und in den Unternehmen und den Gerichten des Bundes sowie die Beauftragten, die in Unternehmen für die Gleichstellung von Frauen und Männern zuständig sind, haben die Aufgabe, den Vollzug dieses Gesetzes in Bezug auf die Durchsetzung des Gebots des gleichen Entgelts bei gleicher oder gleichwertiger Arbeit für Frauen und Männer zu fördern.

## § 25 Übergangsbestimmungen

(1) Der Auskunftsanspruch nach § 10 kann erstmals sechs Kalendermonate nach dem 6. Juli 2017 geltend gemacht werden. Soweit der Auskunftsanspruch nach Satz 1 dann innerhalb von drei Kalenderjahren erstmals geltend gemacht wird, können Beschäftigte abweichend von § 10 Absatz 2 Satz 2 erst nach Ablauf von drei Kalenderjahren erneut Auskunft verlangen. Satz 2 gilt nicht, soweit die Beschäftigten darlegen, dass sich die Voraussetzungen wesentlich verändert haben.

(2) Der Bericht nach § 21 ist erstmals im Jahr 2018 zu erstellen.

(3) Abweichend von § 22 Absatz 1 Satz 2 und Absatz 2 Satz 2 umfasst der Berichtszeitraum für den ersten Bericht nur das letzte abgeschlossene Kalenderjahr, das dem Jahr 2017 vorausgeht.

(4) § 22 Absatz 4 in der ab dem 1. August 2022 geltenden Fassung ist erstmals anzuwenden auf Berichte zur Gleichstellung und Entgeltgleichheit, die Lageberichten beizufügen sind, welche für das nach dem 31. Dezember 2021 beginnende Geschäftsjahr aufgestellt werden.

# Stichwortverzeichnis

Die halbfett gedruckten Zahlen verweisen auf die jeweiligen Paragrafen des AGG, die mager gedruckten Zahlen auf die jeweiligen Randnummern.